Grundwissen Wirtschaft

Sekundarstufe II

herausgegeben von Dirk Lange
erarbeitet von Moritz-Peter Haarmann, Dirk Lange,
Jan Eike Thorweger und Helen Weiden

9783060641772 Grundwissen Wirtschaft

Cornelsen

Grundwissen Wirtschaft
Sekundarstufe II

herausgegeben von Prof. Dr. Dirk Lange
erarbeitet von Moritz-Peter Haarmann, Prof. Dr. Dirk Lange, Jan Eike Thorweger, Helen Weiden

Redaktion:	Jürgen Schmidt, Judith Schneider
Umschlaggestaltung:	Klein & Halm Grafikdesign, Berlin
Layout und technische Umsetzung:	Stephan Hilleckenbach, Berlin
Grafik:	Markus Kluger, Berlin

www.cornelsen.de

1. Auflage, 1. Druck 2011

Alle Drucke dieser Auflage sind inhaltlich unverändert und können im Unterricht nebeneinander verwendet werden.

Druck: Mohn Media Mohndruck, Gütersloh

ISBN 978-3-06-064177-2

Inhalt gedruckt auf säurefreiem Papier aus nachhaltiger Forstwirtschaft.

Inhalt

Inhalt

1 Grundfragen des Wirtschaftens

Was ist wirtschaftliches Handeln? Wo begegnen uns wirtschaftliches Handeln und Wirtschaft im Allgemeinen? Und warum überhaupt handeln Menschen wirtschaftlich? Diese und weitere Fragen werden im folgenden Kapitel aufgegriffen. Ziel ist es dabei, die zentralen Grundfragen des Wirtschaftens zu beleuchten, Begriffe, Phänomene und Prozesse zu klären und somit Schritt für Schritt die Grundlage für eine tiefer gehende Auseinandersetzung mit wirtschaftsbezogenen Frage- und Problemstellungen zu schaffen.

Grundfragen des Wirtschaftens

Wo begegnet uns Wirtschaft?

An der Kasse im Supermarkt, bei Auktionen im Internet, am Geldautomaten, am Arbeitsplatz – Wirtschaft begegnet uns in zahlreichen Bereichen unseres Alltagslebens. Oftmals hat man es mit sehr unterschiedlichen wirtschaftlichen Phänomenen und Prozessen zu tun, ohne dass man es auf den ersten Blick bemerkt.

Die oder der Einzelne kommt im Alltag jedoch nicht nur als Konsumentin bzw. Konsument, Anbieterin bzw. Anbieter, Arbeitnehmerin bzw. Arbeitnehmer o. Ä. mit Wirtschaft in Kontakt, sondern auch als Bürgerin oder Bürger: So stellen wirtschaftsbezogene Problemstellungen sowie hierauf bezogene Programme und Maßnahmen einen ganz wesentlichen Bestandteil von Politik dar. Unter den Bedingungen der Demokratie bedeutet dies: Jede Bürgerin bzw. jeder Bürger ist nicht nur von Wirtschaftspolitik betroffen, sondern hat potenziell auch die Möglichkeit, an ihrer Entstehung mitzuwirken.

► *1. Wirtschaft im Alltag*

Warum wirtschaftliches Handeln?

Wirtschaft bzw. wirtschaftliches Handeln sind wesentlicher Bestandteil unseres Alltags. Warum aber wird überhaupt wirtschaftlich gehandelt? Warum werden Güter arbeitsteilig produziert und über Handel ausgetauscht, anstatt dass jeder Mensch die von ihm benötigten Güter selbst produziert?

Zu den zentralen Antriebskräften des wirtschaftlichen Handelns werden in erster Linie die Bedürfnisse wirtschaftlich handelnder Akteure gerechnet. Sie streben danach, diese Bedürfnisse zu befriedigen, müssen dies aber im Rahmen ihrer begrenzten Ressourcen erreichen und deshalb teilweise zwischen Alternativen abwägen.

► *2. Antriebskräfte des Wirtschaftens*

Wirtschaftliches Kernphänomen: Das Zusammenspiel von Angebot und Nachfrage

Ein zentraler Bereich des Wirtschaftslebens besteht im Austausch von Waren und Dienstleistungen. Dieser Austausch wird auf Märkten organisiert. Doch wer oder was ordnet den Markt einer freien Marktwirtschaft? Wer bestimmt, was wie viel kosten und was überhaupt produziert werden soll? Man sagt, der (ideale) Markt reguliere sich selbst. Aber wie? Für das Verständnis von Marktmechanismen sind die Gesetze von Angebot und Nachfrage und ihr Zusammenhang mit dem Güterpreis von grundlegender Bedeutung.

Nachfrage und Angebot bestimmter Güter treffen auf Märkten aufeinander und werden so miteinander in Ausgleich gebracht, dass (im Idealfall) ein optimaler Güteraustausch erreicht werden kann. „Optimal" bedeutet dabei: Sowohl für die Anbieter als auch für die Nachfrager wird das maximal beste Ergebnis erzielt. Der Güterpreis spielt dabei eine entscheidende Rolle für das Zustandekommen eines Marktgleichgewichts.

Darüber hinaus kann das Zusammenspiel von Angebot und Nachfrage aber auch durch Faktoren beeinflusst werden, die von außen auf das Marktgeschehen einwirken. Hier spricht man von sogenannten exogenen Faktoren, die eine Verschiebung des Marktgleichgewichts auslösen können.

► *3. Nachfrage und Verbrauch*
► *4. Produktion und Angebot*
► *5. Das Prinzip von Angebot und Nachfrage*

Effizienz als ökonomische Kategorie

Wirtschaftliches Handeln findet unter Bedingungen der Knappheit statt und zielt grundsätzlich darauf ab, für die Beteiligten zu einem möglichst vorteilhaften Ergebnis zu führen. Entscheidend ist das Verhältnis zwischen dem eingebrachten Aufwand und dem tatsächlich erzielten Ergebnis. Dieses Verhältnis wird mit dem Konzept der Effizienz beschrieben. Besonders effizientes wirtschaftliches Handeln ist dabei durch ein möglichst günstiges Verhältnis zwischen Aufwand und Ertrag gekennzeichnet.

Die Orientierung der Wirtschaftsakteure am Ziel der Effizienz wird als ökonomisches Prinzip bezeichnet. Unterschieden wird darüber hinaus zwischen dem Minimal- und Maximalprinzip.

► *6. Effizienz und ökonomisches Prinzip*

Theorie des wirtschaftlichen Verhaltens

Wirtschaftsakteure sind unter den jeweils gegebenen Rahmenbedingungen gefordert, Entscheidungen zu treffen und diese schließlich in konkretes wirtschaftliches Handeln umzusetzen. Die Frage, wie genau Wirtschaftsakteure zu ihren Entscheidungen gelangen, steht im Mittelpunkt der ökonomischen Verhaltenstheorien.

Als wichtigster Erklärungsansatz in diesem Zusammenhang diente lange das klassische Modell des Homo Oeconomicus, das noch immer relevant ist. Daneben haben sich jedoch weitere verhaltenstheoretische Vorstellungen etabliert, die das klassische Modell erweitern und einen vielschichtigeren sowie insbesondere stärker realitätsorientierten Blick auf die Frage des wirtschaftlichen Verhaltens richten.

► *7. Ökonomische Verhaltenstheorie: Homo Oeconomicus*
► *8. Kritik am Homo Oeconomicus und neuere Ansätze*

Wirtschaftseinheit und Gesamtwirtschaft

Alltäglich treffen einzelne Wirtschaftseinheiten wirtschaftliche Entscheidungen und setzen diese um. Ein Unternehmen entscheidet sich beispielsweise für eine Investition, ein privater Haushalt fragt bestimmte Güter nach, ein Arbeitnehmer bietet seine Arbeitskraft an, die wiederum gegebenenfalls von einem bestimmten Unternehmen nachgefragt wird und so weiter. Betrachtet man die Gesamtheit dieser zahlreichen und vielfältigen wirtschaftlichen Entscheidungen, so zeigt sich, dass sie die Grundlage für die Ausprägung und Entwicklung der Gesamtwirtschaft bilden. Wenn beispielsweise in einem bestimmten Zeitraum besonders viele unternehmerische Investitionen getätigt werden, hat dies spürbare Folgen für die Entwicklung des gesamtwirtschaftlichen Produktionsniveaus und somit des Wirtschaftswachstums. Ähnlich verhält es sich mit dem Ausmaß der privaten Güternachfrage.

Es bestehen somit enge Bezüge zwischen der Ebene einzelner Wirtschaftseinheiten einerseits und der Gesamtwirtschaft andererseits. Darüber hinaus lassen sich die einzelnen Wirtschaftseinheiten zu Teilbereichen zusammenfassen und in einen gesamtwirtschaftlichen Kreislaufzusammenhang einordnen. Das so entstehende Modell des Wirtschaftskreislaufs ermöglicht, Auswirkungen bestimmter teilwirtschaftlicher Phänomene auf die Gesamtwirtschaft nachzuvollziehen.

► *9. Von der einzelnen Wirtschaftseinheit zur Volkswirtschaft*
► *10. Der Wirtschaftskreislauf*

Wirtschaft im Alltag

Alltägliches Agieren auf Märkten

In der Marktwirtschaft spielt sich wirtschaftliches Handeln auf Märkten ab. Diese dienen dabei als (nicht unbedingt räumlich definierbare) Orte, an dem Angebot und Nachfrage aufeinandertreffen und schließlich ökonomische Tauschvorgänge ermöglichen. Das theoretische Prinzip des Marktes hat eine ausgesprochen hohe praktische Bedeutung. Das ***Agieren auf Märkten*** ist für Menschen in marktwirtschaftlich organisierten Gesellschaften ein zentraler Alltagsbestandteil – vielfach ohne dass sie sich dessen immer vollkommen bewusst sind. Wirtschaftliche Prozesse spielen sich keinesfalls nur in Chefetagen oder an der Börse ab.

Hinzu kommt, dass sich zahlreiche Prozesse der politischen Meinungs- und Entscheidungsbildung auf wirtschaftliche Sachverhalte und Problemstellungen beziehen. Dies gilt nicht nur für die internationale, europäische, Bundes- oder Landesebene: Vor allem die ***Kommunalpolitik*** befasst sich mit wirtschaftsbezogenen Anliegen, die unmittelbar und direkt vor Ort wichtig sind. In einer Demokratie bedeutet dies, dass jeder einzelne Bürger im Rahmen der Politik vor Ort mit wirtschaftlichen Zusammenhängen zu tun hat.

Dienstleistung Kfz-Reparatur

Beispiel Gütermarkt

Auf Gütermärkten wird der Austausch von unterschiedlichsten Waren und Dienstleistungen organisiert. So handelt es sich etwa bei dem Markt für Autos und demjenigen für Autoreparaturen um Gütermärkte. Kraftfahrzeuge selbst werden hier als Produkt bzw. Ware und ihre Reparatur als Dienstleistung gehandelt.

Es gibt Gütermärkte mit besonders hoher Alltagsbedeutung. Hierbei geht es insbesondere um ***Güter des täglichen Bedarfs***. Das wichtigste Beispiel ist hier der Markt für Lebensmittel. Es ist für die meisten Menschen selbstverständlich, Nahrungsmittel nicht selbst zu erzeugen, sondern in einem Supermarkt oder auf einem Wochenmarkt käuflich zu erwerben.

Auf dem Arbeitsmarkt

Beispiel Arbeitsmarkt

Nicht nur Güter und Dienstleistungen (als Folge der Erbringung einer wirtschaftlichen Leistung) werden auf Märkten gehandelt, sondern auch Arbeitskraft (zur Ermöglichung der Erbringung entsprechender wirtschaftlicher Leistungen, z. B. der Produktion eines Gutes) . Man spricht deshalb auch von einem Arbeitsmarkt bzw. den Arbeitsmärkten für bestimmte Wirtschaftsbranchen und/oder Berufsprofile. Der Marktmechanismus führt hier zu einer Koordinierung der Nachfrage nach und des Angebots von Arbeitskraft: Arbeitnehmer treten als Anbieter auf, Arbeitgeber als Nachfrager. Auch auf dem Arbeitsmarkt werden die ***Tauschprozesse zu bestimmten Preisen*** vollzogen – hier spricht man vom Arbeitslohn. Ein Blick in die Stellenangebote einer Tageszeitung zeigt die alltägliche Bedeutung des Arbeitsmarkts.. Das gilt durchaus schon für Schüler oder Studierende, etwa wenn sie nach einem passenden Ferienjob suchen.

Beispiel Wirtschaftspolitik

Der Ausbau leistungsstarker Internetverbindungen, die gezielte Förderung von Zukunftsbranchen, die Erschließung eines Gewerbegebietes, der Schutz des Wettbewerbs – dies sind nur einige Beispiele für wirtschaftspolitische Aktivitäten auf unterschiedlichen Ebenen. Gemeinsam ist ihnen, dass sie sich – wenn auch unterschiedlich wahrnehmbar – im gesellschaftlichen und wirtschaftlichen Alltag bemerkbar machen. So kann die Erschließung eines Gewerbegebietes etwa die Anzahl der Arbeitsplätze an einem bestimmten Ort deutlich erhöhen, während wettbewerbspolitische Maßnahmen dafür sorgen können, dass die Preise für bestimmte Güter nicht sprunghaft und ungerechtfertigt ansteigen.

Sind Ökonomen wirklichkeitsfremd?

Ein beliebter Witz über Volkswirte

Ein Mann sitzt im Heißluftballon und hat wegen des starken Windes völlig die Orientierung verloren. Er schwebt in fünf Metern Höhe über einem Acker und sieht einen Mann unter sich. „Entschuldigung, können Sie mir sagen, wo ich bin?", ruft er hinunter.

Der Mann auf dem Acker antwortet: „Sie sind in einem Heißluftballon, fünf Meter über der Erdoberfläche."

Da sagt der Ballonfahrer: „Sie müssen Volkswirt sein."

„Stimmt", erwidert der Mann auf dem Acker. „Woher wissen Sie denn das?"

„Ist doch offensichtlich – Ihre Antwort ist zwar technisch absolut korrekt, aber trotzdem völlig wertlos." (...)

Doch die Volkswirtschaftslehre ist viel besser als ihr Image. Sie ist eine der spannendsten, vielleicht sogar DIE interessanteste Sozialwissenschaft. (...) Worum geht es in der Volkswirtschaftslehre? Vereinfacht gesprochen befasst sich diese Wissenschaft damit, wie Märkte funktionieren. Insofern hat sie einen Forschungsgegenstand, mit dem wir täglich konfrontiert sind:

- Schon früh am Morgen nehmen wir am ***Gütermarkt*** teil, wenn wir unsere Brötchen beim Bäcker holen.
- Den größten Teil des Tages verbringen wir dann als Akteur auf dem ***Arbeitsmarkt***.
- Je nach unserer Funktion sind wir dabei auf dem ***Dienstleistungsmarkt*** (z. B. als Arzt) oder auf dem ***Gütermarkt*** (z. B. als Schreiner) tätig.
- Wenn wir dann abends unser Wertpapier-Depot disponieren, sind wir ein Teil des ***Finanzmarktes***.
- Als Mieter einer Wohnung sind wir auch noch in den ***Immobilienmarkt*** einbezogen.

Wir alle haben unsere eigenen Erfahrungen mit diesen und anderen Märkten gesammelt. Wir haben bei unseren Einkäufen manches „Schnäppchen" gemacht, sind aber immer wieder auch auf Sonderangebote hereingefallen. Wir kennen Menschen, die ihren Arbeitsplatz verloren, und andere, die beeindruckende Karrieren gemacht haben. Wir haben uns über schlechte Ärzte geärgert, aber es auch mit sehr engagierten Medizinern zu tun gehabt. Wir haben Höhen und Tiefen am Aktienmarkt erlebt, einen schwachen und einen starken Euro.

Peter Bofinger: Grundzüge der Volkswirtschaftslehre. Eine Einführung in die Wissenschaft von Märkten. München, Pearson, 2003, S. 21f.

1 ***Ermitteln Sie: Wie und wo kommen Sie selbst in Ihrem Alltag mit wirtschaftlichen Phänomenen und Prozessen in Berührung?***

2 ***Beurteilen Sie: Handeln Sie in diesen Bereichen ökonomisch?***

Antriebskräfte des Wirtschaftens

Warum werden Güter und Dienstleistungen produziert? Warum kommt es zum Aufbau ökonomischer Tauschbeziehungen? Kurz: Warum gibt es überhaupt wirtschaftliches Handeln?

Fragt man nach den zentralen Antriebskräften des Wirtschaftens, ist es zunächst hilfreich zu ergründen, worauf ökonomisches Handeln grundsätzlich abzielt. Generell geht es hierbei um die Befriedigung unterschiedlicher ***Bedürfnisse*** unter den Bedingungen der ***Knappheit***. Individuen streben dabei danach, einen möglichst hohen Nutzen zu erzielen, und stehen dabei in der Regel vor unterschiedlichen Entscheidungsalternativen. Besondere Bedeutung kommt in diesem Zusammenhang der arbeitsteiligen Organisation des Wirtschaftens zu. Hierin ist wiederum die zentrale Grundlage des Handels zu sehen, der in marktwirtschaftlichen Systemen auf Märkten organisiert wird.

Maslow'sche Bedürfnispyramide

Bedürfnisse

Individuen haben unterschiedliche Bedürfnisse und streben danach, diese zu befriedigen. In Bezug auf menschliche Bedürfnisse entwickelte der US-amerikanische Psychologe Abraham Maslow (1908–1970) die Vorstellung, dass Menschen grundsätzlich über Bedürfnisse verfügen, die sich unterschiedlichen hierarchisch geordneten Bereichen zuordnen lassen. Diese Auffassung findet ihren Ausdruck in der *Maslow'schen Bedürfnispyramide*:

- Grundbedürfnisse: Bedürfnis nach Nahrung, Kleidung, Unterkunft.
- Sicherheitsbedürfnisse: Bedürfnis nach Absicherung und Stabilität, auch mit Blick auf die Zukunft.
- Soziale Bedürfnisse: Bedürfnis nach Zugehörigkeit und Kommunikation.
- Wertschätzungsbedürfnisse: Bedürfnis nach Selbstachtung sowie nach Anerkennung und Bestätigung durch andere.
- Entwicklungsbedürfnisse: Bedürfnis nach Selbstverwirklichung und nach eigener positiver Weiterentwicklung.

Aus ökonomischer Sicht besteht die wichtigste Strategie zur Bedürfnisbefriedigung darin, auf ***unterschiedlichen Wirtschaftsmärkten*** zu agieren (d. h. mit den für den jeweiligen Bedürfnisbereich notwendigen Gütern zu handeln). So lässt sich etwa das Grundbedürfnis nach Nahrung dadurch befriedigen, dass Nahrungsmittel durch Tausch (in der Regel gegen Geld) erworben werden. Gleiches gilt beispielsweise auch für Investitionen in den eigenen Bildungsstand (z. B. über die Nachfrage einer berufsbezogenen Fortbildung): Hier werden jedoch keine Grundbedürfnisse, sondern weitergehende Entwicklungsbedürfnisse befriedigt.

Alternativen – Beispiel Grundbedürfnisse

Knappheit und Alternativen

Dem Wunsch nach einer möglichst umfassenden Befriedigung individueller Bedürfnisse steht andererseits eine grundsätzliche ***Knappheit der Ressourcen*** für die Bedürfnisbefriedigung gegenüber. Durch diese Knappheit werden Individuen, die ihre Bedürfnisse befriedigen wollen und dafür zugleich nicht über unendliche Ressourcen verfügen, stetig mit der Anforderung konfrontiert, Entscheidungen zu treffen. Konkret geht es hierbei darum, unterschiedliche Alternativen der Bedürfnisbefriedigung abzuwägen und schließlich zwischen ihnen zu wählen. Am Beispiel der Grundbedürfnisse: Es könnten bei einem gegebenen monatlichen Einkommen die gesamten Einnahmen dafür genutzt werden, eine große Wohnung in bester Lage zu mieten. Für den Erwerb von Nahrung und Kleidung stünden dann jedoch keine Ressourcen mehr zur Verfügung. Wesentliche Bedürfnisse blieben unberücksichtigt. Erwartbar ist deshalb, dass (unter den Bedingungen der Knappheit) eine Aufteilung der verfügbaren Ressourcen gewählt wird, die eine möglichst ausgewogene Bedürfnisbefriedigung erlaubt.

Nutzen

Warum entscheiden sich Individuen schließlich für eine bestimmte Art und Weise der Befriedigung eigener Bedürfnisse? Entscheidend ist dabei das Konzept des Nutzens: Der Nutzen eines Gutes wird definiert über dessen Eigenschaften für die Befriedigung der Bedürfnisse wirtschaftlicher Akteure. Der Nutzen eines Gutes gibt also Auskunft über die Höhe der Bedürfnisbefriedigung durch den Erwerb eines Gutes.
Von besonderer Bedeutung ist dabei auch das Konzept der ***Opportunitätskosten***: Die Kosten des Erwerbs einer Gütereinheit bestehen demzufolge auch aus dem, worauf man verzichtet, um diese Einheit zu erlangen. Beispielsweise werden die Kosten für den Nutzen eines Liters Wasser auch durch den Nutzen bestimmt, der durch den gleichzeitigen Verzicht auf ein Stück Kuchen *nicht* erlangt werden kann.
Der Nutzen einer jeweils zusätzlichen Gütereinheit fällt jedoch nicht immer identisch aus. Neben individuellen Präferenzen spielt insbesondere der Faktor der bereits erhaltenen Güter eine entscheidende Rolle. So fällt der zusätzliche Nutzen einer bestimmten Gütereinheit in der Regel immer geringer aus, je mehr Einheiten des jeweiligen Guts zuvor bereits erworben wurden. Während z. B. der Nutzen eines Liters Wasser bei großem Durst ohne Zweifel als sehr hoch einzuschätzen ist, dürfte der Nutzen der folgenden (unmittelbar erstandenen) Liter immer geringer ausfallen, wenn der Durst bereits gestillt wurde. Dieser Zusammenhang wird mit dem Konzept des ***Grenznutzens*** beschrieben: Dieses beschreibt den Nutzenzuwachs durch eine zusätzliche Gütereinheit, der vor dem Hintergrund der bereits erlangten Gütereinheiten erzielt werden kann.
Zur Bedürfnisbefriedigung können Wirtschaftsakteure demnach unterschiedliche Güterkombinationen nachfragen. Ein Modell dafür bietet die sogenannte Nutzenfunktion. Diese bezieht sich auf die Frage, welche Güterkombinationen bei gleich bleibendem Gesamtnutzen realisiert werden können. Grafisch dargestellt wird die Nutzenfunktion mithilfe einer ***Indifferenzkurve***. Daran wird modellhaft ersichtlich, welche Kombinationen zweier Güter vor dem Hintergrund des Ziels der Nutzenmaximierung möglich sind.

Grenznutzen

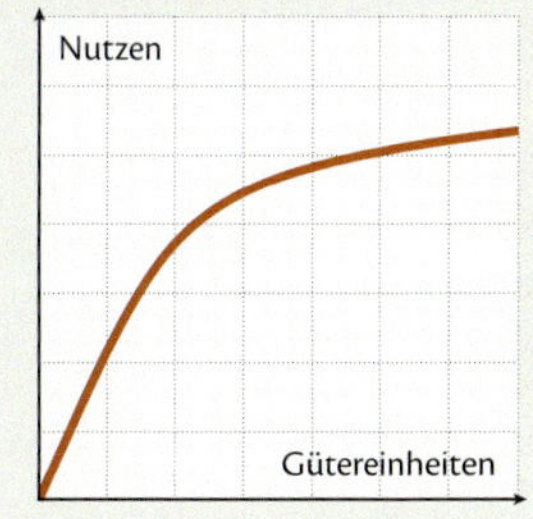

Indifferenzkurve

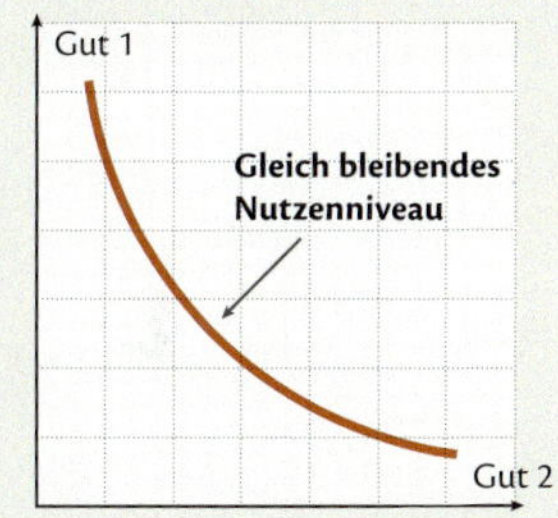

Produktion, Arbeitsteilung und Handel

Das Streben nach Bedürfnisbefriedigung geht mit einer entsprechenden Güternachfrage einher. Diese Güternachfrage führt wiederum dazu, dass die Produktion und der ***Tausch von Gütern*** notwendig werden. Gesamtwirtschaftlich sind dabei die folgenden zentralen Fragen zu beantworten:

- Welche Güter sind zu produzieren?
- Wie sollen die Güter produziert werden?
- Wie soll der Güteraustausch organisiert werden?

Unter Einsatz der Produktionsfaktoren Arbeit, Kapital und Boden werden die nachgefragten Güter produziert. Anwendung findet dabei das Prinzip der ***Arbeitsteilung***. Dies bedeutet, dass sich Wirtschaftssubjekte gemäß ihrer spezifischen Fähigkeiten und Ressourcen auf die Produktion bestimmter Güter beschränken/spezialisieren. Die Arbeitsteilung macht wiederum Handel notwendig, der auf Märkten vollzogen wird. Märkte ermöglichen – sofern die auf ihnen ablaufenden Prozesse nicht gestört sind – eine optimale Vermittlung zwischen Angebot und Nachfrage. Das Marktgeschehen wird dabei durch das Zusammenspiel von Angebot und Nachfrage beeinflusst und wirkt wiederum steuernd auf beides zurück (siehe 1.3–1.5).

Nachfrage und Verbrauch

Preis und Nachfrage

Ein entscheidendes Element wirtschaftlicher Aktivität ist das Kaufverhalten der Konsumenten, also ihre Nachfrage nach Waren und Dienstleistungen. Wie viele und welche Güter nachgefragt werden, wird zum einen durch die Bedürfnisse der Konsumenten bestimmt, zum anderen maßgeblich durch den Preis, der für diese Güter verlangt wird. Das ***Gesetz der Nachfrage*** besagt grundsätzlich, dass die nachgefragte Menge eines Gutes bei steigendem Preis sinkt, sofern alle anderen Rahmenbedingungen unverändert bleiben. Entsprechend wird mehr gekauft, je niedriger der Preis ist. Begründet wird dies dadurch, dass man für die gleiche Menge Geld mehr bekommen kann bzw. die verfügbaren Ressourcen weiter reichen und ein günstigeres Gut gegenüber anderen attraktiver ist. Dieser Zusammenhang wird etwa am Beispiel des Marktes für Flugtickets deutlich: Je günstiger Flüge angeboten werden, desto mehr werden sie nachgefragt (etwa weil man sich durch die niedrigen Kosten doch noch einen Urlaub leisten kann oder fliegen billiger ist als Zug fahren). Je höher der Ticketpreis, desto weniger Konsumenten entscheiden sich fürs Fliegen (sie bleiben zu Hause oder nehmen ein anderes Verkehrsmittel).

Preis pro Ticket	Anzahl der nachgefragten Tickets pro Tag
0 €	600
50 €	550
100 €	500
150 €	450
200 €	400
250 €	350
300 €	300
350 €	250
400 €	200
450 €	150
500 €	100
550 €	50
600 €	0

Der Zusammenhang zwischen dem Preis pro Ticket und der Anzahl der nachgefragten Tickets kann grafisch dargestellt werden. Dies geschieht mithilfe einer ***Nachfragekurve***.

Insbesondere der Blick auf die grafische Darstellung macht deutlich, dass sich die Nachfrage in Abhängigkeit von der Entwicklung des Preises verändert. Auffällig sind zudem zwei weitere Aspekte:

- Ab einem bestimmten Preis kommt die Nachfrage völlig zum Erliegen, es gibt also eine Art Höchstpreisgrenze/maximale Preisgrenze und erst ab einem unterhalb dieser Grenze liegendem Preis wird ein Gut überhaupt gekauft. Man spricht hier von einem ***Prohibitivpreis***.
- Selbst bei einem Preis von 1 € ist irgendwann eine Höchstabsatzmenge erreicht, die sich nicht mehr steigern lässt. Hier wird vom Erreichen einer ***Sättigungsmenge*** gesprochen. So ist davon auszugehen, dass Wirtschaftsakteure ein Gut nur bis zu einem gewissen Ausmaß nachfragen. Dies hängt mit dem Konzept des Grenznutzens zusammen, denn ab einer bestimmten Gütermenge ist der Nutzen einer zusätzlichen Gütereinheit so gering, dass eine weitere Nachfrage nicht mehr sinnvoll erscheint.

Nachfragekurve

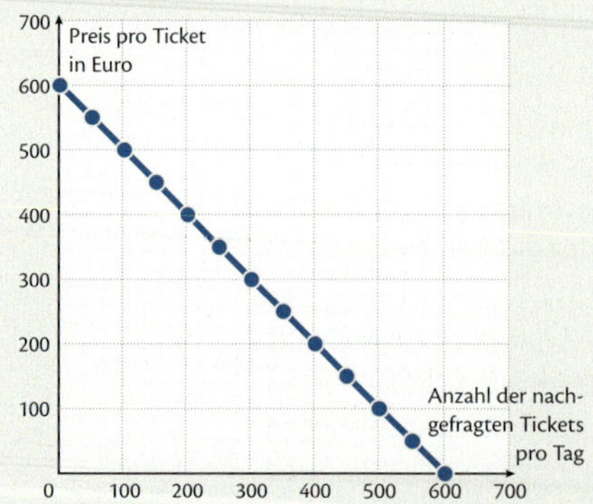

Weitere Einflussfaktoren

Der Preis beeinflusst also die Güternachfrage maßgeblich. Doch auch bei konstantem Preisniveau kann die Nachfrage schwanken. Denn es gibt weitere Faktoren, die die Güternachfrage beeinflussen können. Hierzu zählen vor allem:

- *Das verfügbare Einkommen:* Verändert sich das verfügbare Einkommen derjenigen Wirtschaftsakteure, die ein bestimmtes Gut nachfragen, so hat dies entsprechende Effekte auf die Nachfrage. Unabhängig vom Preis des Gutes wird bei gestiegenem Einkommen eine höhere Gütermenge nachgefragt bzw. bei gesunkenem Einkommen eine geringere Menge nachgefragt.
- *Präferenzen (Vorlieben) der Nachfrager:* Denkbar ist auch, dass sich die Präferenzen der Nachfrager grundsätzlich und dauerhaft ändern. Je nach Änderung der Präferenzen kann dies zu einer Veränderung der Nachfrage führen (z. B.: Aus ökologischen Gründen fahren Verbraucher neuerdings lieber Zug als zu fliegen).
- *Die Preise verwandter Güter:* Auch Veränderungen der Preise verwandter Güter können die Nachfrage nach einem bestimmten Gut beeinflussen. Wenn sich der Preis für ein Gut verändert, das dem ursprünglich nachgefragten Gut sehr ähnlich ist und es gegebenenfalls ersetzen kann, tritt auch eine Nachfrageänderung ein (z. B.: Preissenkung für Flugtickets verringert Nachfrage nach Zugtickets). Ebenso verändert sich die Nachfrage, wenn sich der Preis bestimmter Güter verändert, die oftmals zusammen mit dem ursprünglich nachgefragten Gut nachgefragt werden (z. B.: Hotelpreise sinken erheblich, damit erhöht sich Nachfrage nach Flugtickets).
- *Erwartungen der Nachfrager:* Eine Nachfrageveränderung kann ihren Ausgangspunkt auch in geänderten Erwartungen der Nachfrager haben (z. B.: Erwartung eines dauerhaften Einkommensrückgangs verringert Nachfrage nach Flugtickets).

Stellt man Nachfrageänderungen, die nicht auf einer Preisänderung beruhen, grafisch dar, wird eine ***Verschiebung der Nachfragekurve*** sichtbar. Hierdurch wird ersichtlich, dass sich die Nachfrageänderung auf die Nachfrage zu jedem denkbaren Preis (also unabhängig vom Preisniveau) bezieht. Eine Verschiebung der Nachfragekurve nach innen kennzeichnet einen Nachfragerückgang, eine Verschiebung nach außen bedeutet eine Nachfragesteigerung.

Verschiebung der Nachfragefunktion

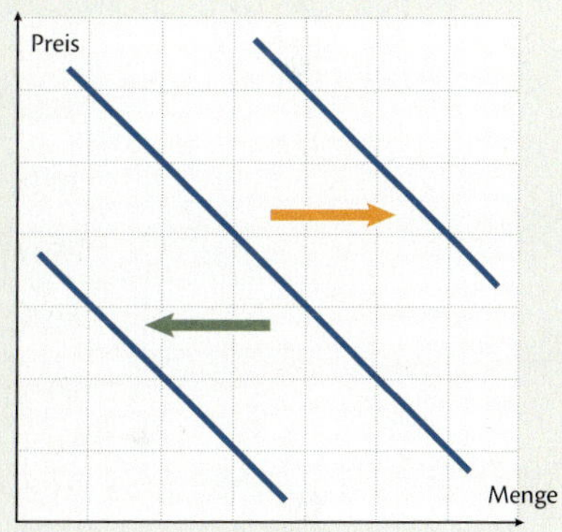

Gesamtwirtschaftliche Nachfrage

Im wirtschaftlichen Alltagsgeschehen werden selbstverständlich nicht nur einzelne, sondern verschiedenste Güter in hoher Anzahl nachgefragt. Insgesamt gibt es dabei drei Arten der Güternachfrage, die jeweils von privaten Haushalten, von Unternehmen sowie vom Staat ausgehen können:

- *Binnennachfrage nach Konsumgütern:* Inländische Nachfrage nach Gütern, die unmittelbar für die Bedürfnisbefriedigung bestimmt sind (z. B. Nahrungsmittel, Wohnraum).
- *Binnennachfrage nach Investitionsgütern:* Inländische Nachfrage nach Gütern, die als Produktionsfaktoren in die Güterproduktion eingebracht werden sollen (z. B. Maschinen, Gewerbeflächen).
- *Nachfrage nach Exportgütern:* Ausländische Nachfrage nach im Inland produzierten Konsum- und Investitionsgütern.

Diese unterschiedlichen Arten der Nachfrage ergeben zusammen genommen die gesamtwirtschaftliche Nachfrage: Dies ist die Gesamtnachfrage in einer Volkswirtschaft innerhalb eines bestimmten Zeitraums. Hierzu zählt allerdings nicht die Nachfrage nach Importgütern aus anderen Ländern. Diese wird der gesamtwirtschaftlichen Nachfrage dieser Länder zugerechnet (hier als Nachfrage nach Exportgütern).

Produktion und Angebot

Preis und Angebot

Den Konsumenten aufseiten der Nachfrage steht natürlich auch eine Angebotsseite gegenüber. Diese, verkörpert durch Produzenten und Dienstleister, befriedigt die Nachfrage nach bestimmten Gütern durch deren Produktion und Bereitstellung. Ebenso wie die Nachfrage nach einem bestimmten Gut hängt dessen Angebot maßgeblich mit seinem Preis zusammen.

Preis pro Ticket	Anzahl der angebotenen Tickets pro Tag
0 €	0
50 €	50
100 €	100
150 €	150
200 €	200
250 €	250
300 €	300
350 €	350
400 €	400
450 €	450
500 €	500
550 €	550
600 €	600

Das ***Gesetz des Angebots*** besagt grundsätzlich, dass die angebotene Menge eines Gutes bei steigendem Preis zunimmt, sofern alle anderen Rahmenbedingungen unverändert bleiben. Es werden also mehr Güter angeboten, je höher der Preis ist, und weniger, je niedriger der Preis ist. Das Motiv der Produzenten ist dabei, ihre Gewinne zu maximieren und ihre Waren zum bestmöglichen Preis zu veräußern. Auch dieser Zusammenhang lässt sich am Markt für Flugtickets veranschaulichen: Wenn der Preis für Flugtickets hoch ist, werden die Fluggesellschaften versuchen, möglichst viele Tickets zu verkaufen (sie könnten zu gefragten Reisezeiten z. B. am Wochenende zusätzliche Flüge anbieten). Bei niedrigen Ticketpreisen werden sie das Angebot dagegen nicht ausweiten (weil es sich ganz einfach nicht für sie lohnt).

Der Zusammenhang zwischen dem Preis pro Ticket und der Anzahl der angebotenen Tickets kann grafisch dargestellt werden. Dies geschieht mithilfe einer ***Angebotskurve***.

Der Blick auf die Angebotskurve verdeutlicht den Zusammenhang zwischen dem Preis und der angebotenen Gütermenge. Mit steigendem Preis erhöht sich das Güterangebot, mit sinkendem Preis nimmt es dagegen ab. Zudem ergeben sich zwei weitere Auffälligkeiten:

- Güterproduktion und -angebot setzen überhaupt erst ab einer bestimmten Preisgrenze ein. Dies liegt nahe, da für die Anbieterseite kein ökonomischer Anreiz dazu besteht, ein Gut verlustbringend anzubieten, wenn nämlich noch nicht einmal die Produktionskosten gedeckt werden würden.
- Eine Ausweitung des Angebots ist theoretisch mit steigendem Preis (im Interesse der Absatz- und Gewinnausweitung) stetig fortführbar. Allerdings ist auch hier davon auszugehen, dass irgendwann eine Grenze der Angebotsausweitung erreicht wird: Dies hängt vornehmlich damit zusammen, dass auf der Nachfrageseite ab einem gewissen Punkt die Sättigungsmenge erreicht wird und somit eine Zunahme der Nachfrage nicht mehr zu erwarten wäre. Zudem würde es bei den Anbietern irgendwann zu einer Auslastung sämtlicher Produktions- und Handelskapazitäten kommen, sodass eine Angebotsausweitung nicht mehr möglich wäre.

Angebotskurve

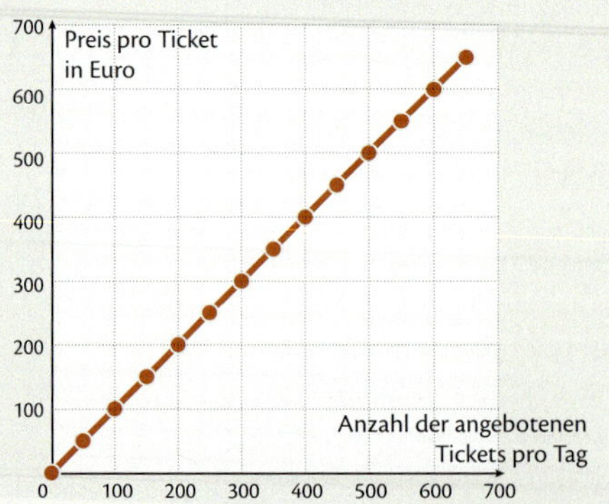

Weitere Einflussfaktoren

Auch bei gleich bleibendem Preisniveau kann sich das Güterangebot verändern. Wie bei der Güternachfrage gibt es auch hier Faktoren, die das Güterangebot beeinflussen können:

- *Preise von Inputfaktoren:* Eine Preisänderung von zentralen Inputfaktoren kann Auslöser sein für eine Ausweitung oder Verringerung des Güterangebots bei gleich bleibendem Preisniveau. Hierbei handelt es sich um Faktoren, die für die Produktion des anzubietenden Gutes eine Rolle spielen. Steigende Preise von Inputfaktoren bedingen einen Rückgang, sinkende Preise für Inputfaktoren dagegen eine Ausweitung des Güterangebots (z. B.: Sinkende Kerosinpreise führen zu einer Ausweitung des Angebots an Flugtickets, etwa über die Einrichtung neuer Verbindungen).
- *Technologie:* Sofern für die Güterproduktion bestimmte Technologien genutzt werden, kann sich auch ein möglicher technologischer Fortschritt auf die angebotene Gütermenge auswirken. So tritt beispielsweise dann eine Ausweitung der Angebotsmenge ein, wenn durch den Einsatz neuer oder weiterentwickelter Technologien die Produktionskosten gesenkt werden können (z. B.: Einsatz neuer Turbinen senkt die Kosten pro Flug, wodurch das Angebot an Flugtickets ausgeweitet wird).
- *Erwartungen:* Auch auf der Angebotsseite können sich Erwartungen auswirken. Erwarten die Anbieter etwa einen baldigen Einkommensanstieg auf der Nachfrageseite, kann dies zu einer Ausweitung des Güterangebots führen.
- *Regulierungen:* Auch verschiedene staatliche Regulierungen (z. B. Steuern und Abgaben auf Anbieterseite) können einen Einfluss auf die Produktionskosten und somit auf die angebotene Gütermenge haben. Mit zunehmenden Regulierungen sinkt das Güterangebot, mit abnehmenden Regulierungen steigt das Güterangebot (z. B.: Senkung des Mehrwertsteuersatzes für Flugreisen führt zur Ausweitung des Angebots über die Einrichtung neuer Strecken).
- *Anzahl der Anbieter:* Schließlich wirkt sich notwendig die Anzahl der Anbieter eines bestimmten Gutes auf die insgesamt angebotene Gütermenge aus (z. B.: Je mehr Fluggesellschaften es gibt, desto mehr Tickets werden angeboten).

Genau wie die Nachfrageänderungen werden auch Angebotsänderungen in der grafischen Darstellung durch eine ***Verschiebung der Angebotskurve*** sichtbar. Dies zeigt, dass sich die Angebotsänderung auf die angebotene Gütermenge zu jedem denkbaren Preis (unabhängig vom Preisniveau) bezieht. Eine Verschiebung der Angebotskurve nach innen kennzeichnet einen Angebotsrückgang, einer Verschiebung nach außen entspricht eine Angebotssteigerung.

Verschiebung der Angebotsfunktion

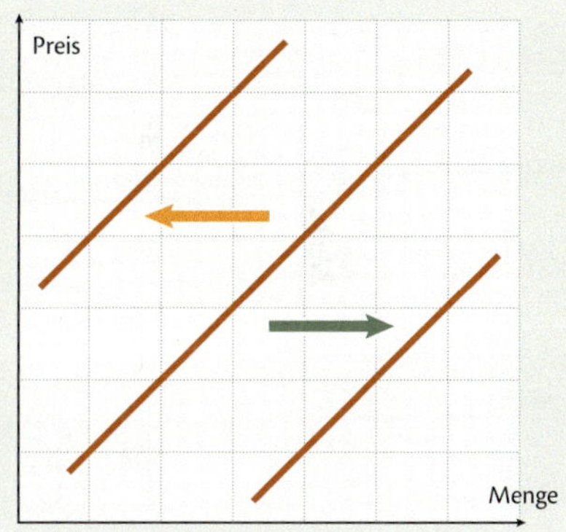

Gesamtwirtschaftliches Angebot

Aus den Angeboten auf den einzelnen Gütermärkten ergibt sich in der Summe das gesamtwirtschaftliche Angebot. Hier werden unterschiedliche Güter angeboten, die über den Handel an Nachfrager im In- und Ausland weitergegeben werden:

- Angebot an Konsumgütern,
- Angebot an Investitionsgütern.

Das gesamtwirtschaftliche Angebot spiegelt sich im ***gesamtwirtschaftlichen Produktionsniveau*** wider. Es ist die gesamte in einer Volkswirtschaft realisierte Güterproduktion innerhalb eines bestimmten Zeitraumes. Das gesamtwirtschaftliche Produktionsniveau gibt Aufschluss über die momentane Lage und Leistungsfähigkeit innerhalb einer Volkswirtschaft und kann wie die gesamtwirtschaftliche Nachfrage auch als Bezugspunkt für wirtschaftspolitische Maßnahmen dienen.

Das Prinzip von Angebot und Nachfrage

Das Zusammenspiel von Angebot und Nachfrage

Der für ein Gut zu entrichtende Preis bestimmt sowohl die Nachfrage nach als auch das Angebot von diesem Gut. Wie bereits dargelegt, geben zwei zentrale ökonomische Gesetzmäßigkeiten Auskunft über das erwartbare Verhalten von Konsumenten und Produzenten bei der Erhöhung des Preises:

- Das Gesetz der Nachfrage: Je höher der Preis eines bestimmten Gutes, desto geringer fällt die Nachfrage nach diesem Gut aus.
- Das Gesetz des Angebots: Je höher der Preis eines bestimmten Gutes, desto höher fällt das Angebot dieses Gutes aus.

Vor diesem Hintergrund stellt sich nun eine entscheidende Frage: Wie kommt es zu der Herausbildung eines ***verbindlichen Preises*** für ein bestimmtes Gut? Da sich Konsumenten und Produzenten gewissermaßen gegensätzlich verhalten, ist ein Kompromiss naheliegend. Aber wie lässt sich die Vielzahl der Akteure im Wirtschaftsleben unter einen Hut bringen, ohne dass z. B. von zentraler Stelle vorgegeben wird, welche Mengen von welchen Gütern produziert und zu welchem Preis verkauft werden sollen? Gibt es die unsichtbare Hand, die den Markt regiert?

Preis pro Ticket	Angebotene Tickets	Nachgefragte Tickets
0 €	0	600
50 €	50	550
100 €	100	500
150 €	150	450
200 €	200	400
250 €	250	350
300 €	300	300
350 €	350	300
400 €	400	250
450 €	450	200
500 €	500	150
550 €	550	100
600 €	600	50

Die jeweilige Entwicklung von Angebot und Nachfrage in Abhängigkeit vom Preis wurde auf den vorherigen Seiten beschrieben. Entscheidend ist aber ein darüber hinausgehender Aspekt: Welche Erkenntnisse lassen sich aus einer zusammenfassenden Betrachtung von Angebot und Nachfrage gewinnen?

Marktgleichgewicht und Gleichgewichtspreis

Das Aufeinandertreffen von Angebot und Nachfrage ist grafisch in einem ***Preis-Mengen-Diagramm*** dargestellt. Hierbei fällt auf, dass nur ein Punkt existiert, an dem Angebot und Nachfrage übereinstimmen (am Schnittpunkt der Kurven, hier bei einem Preis von 300 €). Man spricht hierbei von einem Marktgleichgewicht und der im Marktgleichgewicht vorliegende Güterpreis wird als ***Gleichgewichtspreis*** bezeichnet. Der Gleichgewichtspreis bezeichnet den optimalen Punkt des Güteraustauschs: Denn hier kommt es zu der für alle Beteiligten vorteilhaften Situation, dass alle Anbieter, die das jeweilige Gut (mindestens) zu diesem Preis verkaufen wollen, auch einen Nachfrager finden und dass alle Nachfrager, die das jeweilige Gut (höchstens) zu diesem Preis kaufen wollen, ein ausreichendes Angebot vorfinden.

Märkte tendieren zum Gleichgewichtspreis

Wie genau kommt es nun aber zur Herausbildung des Gleichgewichtspreises? Entscheidend ist in diesem Zusammenhang, dass das Zusammenspiel von Angebot und Nachfrage in einer ganz bestimmten Art und Weise abläuft. Man spricht hier vom ***Markt-Preis-Mechanismus***: Dieser besagt, dass die Koordination von Angebot und Nachfrage auf Märkten grundsätzlich zum Gleichgewichtspreis tendiert. Am Beispiel der Flugtickets: Bei einem Ticketpreis von nur 50 € würden deutlich mehr Flugtickets nachgefragt als zum Gleichgewichtspreis. Zu diesem Preis ist es jedoch für die Fluggesellschaften nicht sinnvoll, Flüge in einem nennenswerten Umfang anzubieten, da die Einnahmen die anfallenden Kosten bei weitem nicht decken würden. Jede Fluggesellschaft bietet hingegen Flugtickets zu demjenigen Preis an, den sie aus ihrer Sicht mindestens verlangen muss. Da nur sehr wenige Tickets zum Preis von 50 € angeboten werden, kommt es zu verstärkter Konkurrenz zwischen den zahlreichen Nachfragern um die jeweils günstigsten Tickets. Übersteigt die Nachfrage dabei das jeweilige Ticketangebot, können die Anbieter wiederum einen noch höheren Preis verlangen (zu dem sie ebenfalls Ticketkäufer finden).

Der Marktpreis steigt an. Der steigende Marktpreis bedingt wiederum zwei Effekte: einerseits ein Absinken der Nachfrage (Nachfrager, deren individuelle Zahlungsbereitschaft unter dem jeweiligen Marktpreis liegt, fragen keine Flugtickets mehr nach), andererseits eine Ausweitung der Angebotsmenge (mit steigendem Marktpreis wird die Mindestpreiserwartung von immer mehr Anbietern erreicht bzw. übertroffen, wodurch diese in den Markt eintreten). Dieser Prozess setzt sich fort, bis der Gleichgewichtspreis erreicht ist und Angebots- und Nachfragemenge übereinstimmen.

Beeinflussung von Angebot und Nachfrage durch exogene Faktoren

Angebot und Nachfrage können nicht nur durch den Preis verändert werden, sondern auch durch Faktoren, die nicht unmittelbar in Beziehung zum Markt-Preis-Mechanismus stehen. Solche ***exogenen Faktoren*** (z. B. Einkommen, Präferenzen, Erwartungen, Preise für Inputfaktoren) können Auslöser für eine Ausweitung bzw. Verringerung des Angebots und/oder der Nachfrage bestimmter Güter unabhängig vom Preisniveau sein. Exogene Faktoren wirken sich dementsprechend auch auf das Zusammenspiel von Angebot und Nachfrage aus:

- So führt etwa ein durch exogene Faktoren ausgelöster Nachfrageanstieg dazu, dass zu jedem Preis eine höhere Güternachfrage vorliegt (Nachfragekurve wird nach rechts verschoben). Zum ursprünglichen Gleichgewichtspreis liegt nun ein zu geringes Angebot bzw. ein Nachfrageüberschuss vor. Eine Ausweitung des Angebots ist die logische Folge. Dies gilt allerdings nur, bis ein neues Marktgleichgewicht erreicht ist. Dieses ist zugleich durch einen gesteigerten Gleichgewichtspreis gekennzeichnet.
- Ein durch exogene Faktoren ausgelöster Angebotsrückgang führt dazu, dass zu jedem Preis eine geringere Gütermenge angeboten wird (Angebotskurve wird nach links verschoben). Auch hier kommt es zu einem neuen Marktgleichgewicht, mit einer Verringerung von Gleichgewichtsmenge und -preis.

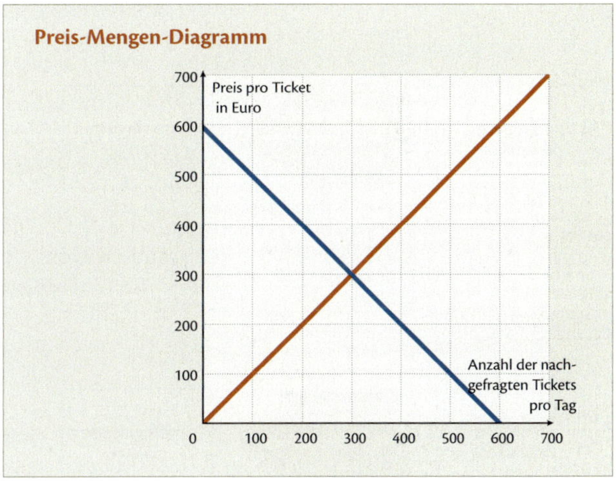

Störungen und Grenzen des Markt-Preis-Mechanismus

Das Zusammenspiel von Angebot und Nachfrage bietet in theoretischer Hinsicht die optimale Möglichkeit der Organisation wirtschaftlicher Austauschprozesse und es hilft, die grundsätzlichen Marktmechanismen zu verdeutlichen. Dies ist aber nur ein Modell. In der Realität zeigt sich, dass der Markt einerseits nicht immer den Erwartungen entspricht – weil sich z. B. die Bedürfnisse der Konsumenten nicht immer fehlerfrei vorhersagen lassen oder zu wenige Informationen ausgetauscht werden –, der Markt-Preis-Mechanismus andererseits störanfällig ist. Seine Funktionsfähigkeit ist insbesondere dann beeinträchtigt, wenn auf der Angebotsseite nur ***unzureichender Wettbewerb*** herrscht. Deshalb ist der Schutz des Wettbewerbs eine zentrale Anforderung an Wirtschaftspolitik in der freien Marktwirtschaft.
Es gibt aber auch Güter, bei deren Bereitstellung der Markt-Preis-Mechanismus generell versagt. Hierbei handelt es sich um ***öffentliche Güter***. Diese Güter zeichnen sich dadurch aus, dass ihre Nutzung grundsätzlich allen Nachfragern offensteht und es zugleich nicht möglich ist, Nachfrager, die für die Nutzung keinen Preis entrichten, von der Nutzung auszuschließen (weshalb sich kein Gleichgewichtspreis herausbilden kann). Klassische Beispiele hierfür sind etwa eine intakte Umwelt, die nationale Verteidigung oder Leuchttürme. Auch hier sind politische Eingriffe erforderlich, um eine Bereitstellung der öffentlichen Güter zu gewährleisten.

Effizienz und ökonomisches Prinzip

Effizienz als ökonomische Kategorie

Tendenziell unbegrenzten Bedürfnissen der Wirtschaftssubjekte steht die Begrenztheit knapper Ressourcen für die Bedürfnisbefriedigung gegenüber. Hierdurch wird wirtschaftliches Handeln erst notwendig. Wenn es dagegen unbegrenzte Ressourcen geben würde, könnte sich jede und jeder einfach nehmen, was er braucht, ohne im Gegenzug etwas geben zu müssen. Es wurde bereits beschrieben, wie Angebot und Nachfrage aufeinander reagieren und die Preise (mit)bestimmen – ist aber ein Preis angemessen, allein weil es der Gleichgewichtspreis ist, oder gibt es andere Möglichkeiten, wirtschaftliche Austauschprozesse zu bewerten?

Von entscheidender Bedeutung im Zusammenhang mit wirtschaftlichem Handeln ist das jeweils erzielte Verhältnis zwischen eingebrachtem Aufwand und erzieltem Nutzen. Die konkrete Ausprägung dieses Verhältnisses wird durch die Kategorie der ***Effizienz*** beschrieben. Je höher der erzielte Nutzen im Vergleich zum eingebrachten Aufwand ausfällt, desto effizienter ist das jeweilige wirtschaftliche Handeln (z. B. ist die Produktion eines Autos in Handarbeit deutlich weniger effizient als die Produktion eines Autos in einer spezialisierten Fabrikanlage).

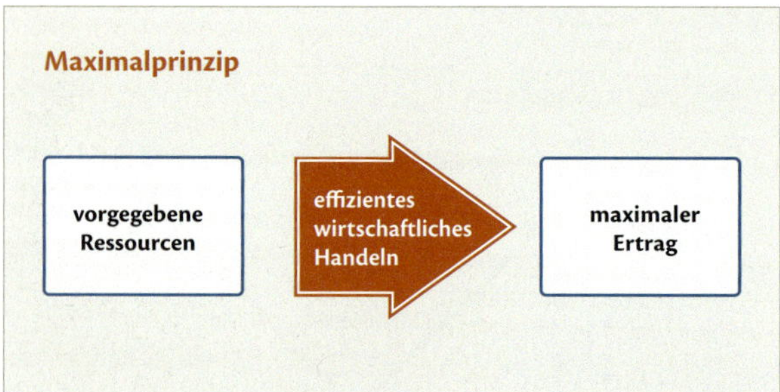

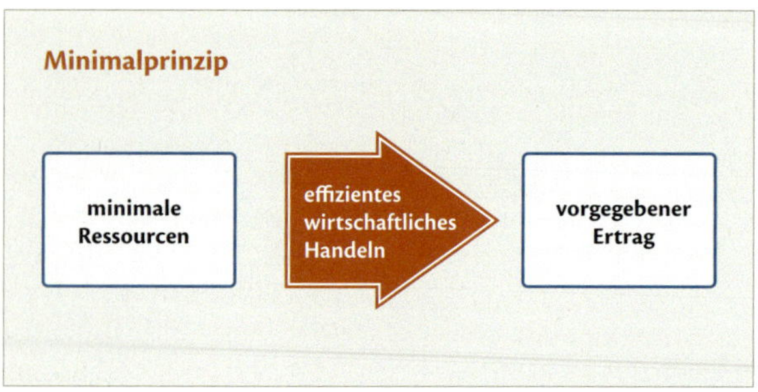

Ökonomisches Prinzip

Wirtschaftliches Handeln richtet sich also maßgeblich an der ökonomischen Kategorie der Effizienz aus. Man spricht in diesem Zusammenhang auch vom ***ökonomischen Prinzip***. In Bezug auf die konkrete Umsetzung wirtschaftlicher Entscheidungen werden zwei zentrale Kriterien unterschieden. So können sowohl Nachfrager als auch Anbieter ihre Entscheidungen entweder am Maximalprinzip oder am Minimalprinzip ausrichten:

- *Maximalprinzip:* Mit einer vorgegebenen Menge an Ressourcen soll ein möglichst hoher Ertrag bzw. Nutzen erzielt werden.
- *Minimalprinzip:* Ein vorgegebener Ertrag bzw. Nutzen soll mit möglichst geringem Ressourceneinsatz erreicht werden.

Effizienz und unternehmerisches Handeln

Die ökonomische Leitkategorie der Effizienz ist für alle Wirtschaftsakteure von Bedeutung. Hierzu zählen zunächst die Konsumenten bestimmter Güter, die mit möglichst geringen Mitteln möglichst viel erwerben möchten. Einen besonderen Stellenwert hat das Ziel der Effizienz jedoch auf der Anbieterseite. Die wichtigste Zielsetzung besteht hier darin, bestimmte Güter so zu produzieren, dass sie auf dem jeweils zugehörigen Markt Absatz finden können. Unternehmer als Produzenten und Anbieter bestimmter Güter stehen deshalb vor der Anforderung, die Kosten für die Güterproduktion im Blick zu haben und möglichst gering zu halten. Angestrebt wird dementsprechend eine möglichst ***effiziente Güterproduktion***.

Möglichst geringe Kosten der Güterproduktion sind aus Unternehmersicht natürlich erstrebenswert, da sie den Ertrag steigern. Allerdings kann es sehr problematische Nebenwirkungen haben, wenn im Interesse der Kostensenkung bzw. Effizienzsteigerung etwa auch die Umgehung wichtiger sozialer und ökologischer Standards begründet wird/würde. Eine (wirtschafts-)politische Begrenzung des unternehmerischen Effizienzstrebens kann deshalb durchaus angebracht sein.

Effizienz versus Erhalt von Arbeitsplätzen

M 1 Schließung aus Kostengründen

Nokia schließt sein Bochumer Werk aus Kostengründen. 2300 Mitarbeiter stehen vor der Entlassung. Mit der Ankündigung ist das Ende der Handy-Herstellung in Deutschland besiegelt. Die Entscheidung wurde schon kurz vor Weihnachten getroffen: „Der gesamte Standort Bochum wird stillgelegt", erklärte Veli Sundbäck, Aufsichtsratschef von Nokia-Deutschland in Düsseldorf. (...)
„Der Standort ist im internationalen Vergleich nicht wettbewerbsfähig", begründete Sundbäck die Entscheidung. Die Produktion soll in die anderen europäischen Werke in Finnland und Ungarn verlagert werden, vor allem aber in eine neue rumänische Fabrik, die in diesem Jahr die Produktion aufnimmt. Der finnische Konzern führte vor allem die hohen Produktionskosten in Deutschland an. Sundbäck gestand zwar ein, dass „die Arbeitskosten weniger als fünf Prozent der Produktionskosten ausmachen". Allerdings seien sie immer noch zehnmal so hoch wie in Rumänien.
In den letzten Jahren habe es immer wieder Verhandlungen mit den Arbeitnehmern gegeben, diese hätten aber zu keinem zufriedenstellenden Ergebnis geführt. „Wir waren Vorreiter in Schichtmodellen und hätten das auch packen können", sagte dagegen ein Betriebsrat. „Ich bezeichne so etwas als Habgier bei einer Firma, die Milliardengewinne macht."
Im dritten Quartal 2007 hatte Nokia ein Rekordergebnis vermeldet. Der Umsatz kletterte auf 12,9 Milliarden Euro – ein Plus von 28 Prozent gegenüber dem Vorjahreszeitraum. Der Reingewinn betrug 1,56 Milliarden Euro, rund drei Viertel entfielen auf das Geschäft mit Handys. Allein zwischen Juli und September vergangenen Jahres produzierte das Unternehmen 112 Millionen Geräte – etwa so viele wie die Konkurrenten Motorola, Samsung und Sony Ericsson zusammen.
„Der Markt verändert sich rasant und Nokia ist darauf angewiesen, seine Standorte laufend zu hinterfragen", erklärte Sundbäck. Mehrere Zulieferer hätten wegen der hohen Kosten keine Möglichkeit gesehen, nach Bochum zu kommen. Nokia versuche jedoch, die Zulieferer möglichst nah an den Produktionsstandorten anzusiedeln. In Rumänien soll das in sogenannten Industrial Villages entstehen. (...)
Mit Nokia gibt der letzte Hersteller Deutschland als Standort für die Handy-Produktion auf. Vor gut einem Jahr hatten durch die Pleite von BenQ-Mobile rund 3000 Menschen ihren Job bei der ehemaligen Siemens-Handysparte verloren. Der US-Konzern Motorola hatte im vergangenen Jahr seine UMTS-Produktion aus Flensburg nach China verlegt und das Logistik-Zentrum geschlossen.

Oliver Voß/AP/rtr: Standortschließung. Nokia beerdigt deutsche Handy-Herstellung. In: wiwo.de Portal der Wirtschaftswoche, abrufbar unter: http://www.wiwo.de/unternehmen-maerkte/nokia-beerdigt-deutsche-handy-herstellung-262027/ (04.10.2010)

Proteste bei Nokia in Bochum

1 ***Analysieren Sie das Fallbeispiel und arbeiten Sie die Begründungen für die Standortverlagerung heraus.***

2 ***Setzen Sie die Begründungen zum ökonomischen Prinzip sowie zur Kategorie der Effizienz in Bezug und beurteilen Sie, inwiefern hier eine Entscheidung nach ökonomischen Kriterien getroffen wurde.***

3 ***Erörtern Sie: Welche zusätzlichen Aspekte finden im Rahmen einer rein ökonomischen Betrachtung keine Beachtung? Führt die Berücksichtigung zusätzlicher Aspekte zu einer veränderten Bewertung des Sachverhalts?***

Ökonomische Verhaltenstheorie: Homo Oeconomicus

Das Interesse ökonomischer Verhaltenstheorie

Das Ziel einer ökonomischen Verhaltenstheorie ist, möglichst genaue Erklärungen und Vorhersagen über das Verhalten der Menschen in wirtschaftlichen Zusammenhängen zu liefern. Von besonderem Interesse sind daher Fragen nach den Beweggründen und Kriterien einzelner Individuen oder auch ganzer Unternehmen, wirtschaftliche Entscheidungen zu treffen sowie diese umzusetzen.

Die jeweiligen Annahmen der ökonomischen Verhaltenstheorie können wiederum als wesentliche Grundlage für die Entwicklung von Modellvorstellungen herangezogen werden, die sich auf den gesamtwirtschaftlichen Kontext beziehen.

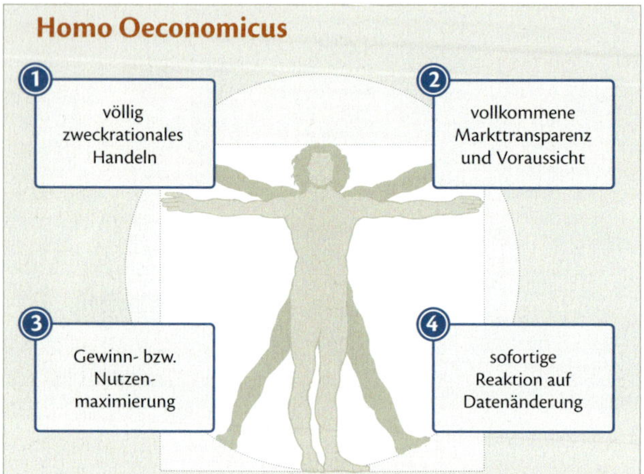

Nach: www.wpgs.de

Das klassische ökonomische Verhaltensmodell: Homo Oeconomicus

Als zentrales Verhaltensmodell der klassischen Wirtschaftstheorie dient der ***Homo Oeconomicus***. Dem Modell liegen bestimmte Vorstellungen zugrunde, wie sich ein wirtschaftlich handelnder Mensch unter bestimmten Bedingungen verhält. Der Homo Oeconomicus …

- verfügt stets über ***vollständige Informationen*** über die exakten Kosten und Folgen aller wirtschaftlichen Entscheidungsalternativen.
- ist in der Lage, auch sehr kurzfristig auf ***veränderte Rahmenbedingungen*** (z. B. Kostenänderungen) zu reagieren.
- verfolgt ein System von ökonomischen Zielsetzungen, das in sich ***widerspruchsfrei*** ist.
- entscheidet vor dem Hintergrund seiner Informationen und Zielsetzungen grundsätzlich ***rational***. Das bedeutet, dass der Homo Oeconomicus bei seinen wirtschaftlichen Entscheidungen vornehmlich seinen eigenen Vorteil im Blick hat. Er strebt dementsprechend danach, größtmöglichen Nutzen bzw. Gewinn bei gleichzeitig möglichst geringen Kosten aus seinem ökonomischen Handeln zu erzielen.

Die grundsätzliche Orientierung am ***ökonomischen Prinzip*** bildet demnach die wichtigste Grundlage für das rationale Handeln des Homo Oeconomicus.

Kritik am Modell des Homo Oeconomicus

Das Modell des Homo Oeconomicus bildet eine wesentliche Grundlage des klassischen wirtschaftstheoretischen Denkens. Es wird insbesondere angenommen, dass der Eigennutz der Individuen, d. h. ihr Streben nach dem eigenen Vorteil, grundsätzlich auch der Gesamtwirtschaft und Gesellschaft zugute kommt.

Im Zuge der wissenschaftlichen Auseinandersetzung mit wirtschaftstheoretischen Grundannahmen wurden wesentliche Kritikpunkte entwickelt, die sich auf das Modell des Homo Oeconomicus beziehen. Dazu zählen insbesondere:

- Es wird als unrealistisch angesehen, dass der Homo Oeconomicus immer genau über das aktuelle Marktgeschehen im Bilde ist und dass die von ihm verfolgten Ziele niemals in Widerspruch zueinander stehen.
- Es wird als unzutreffend angesehen, davon auszugehen, dass der Mensch sich immer rational verhält. Hingegen wird die Ansicht vertreten, dass viele menschliche Entscheidungen gerade nicht auf rationalen Überlegungen basieren, sondern dass andere Aspekte eine Rolle spielen (z. B. fest verinnerlichte Ansichten, Vorstellungen von Gerechtigkeit, subjektive Zukunftserwartungen).

Homo Oeconomicus: Wie verhalten wir uns wirklich?

M1 Der Mensch ist nicht ganz rational

Stellen Sie sich vor, Sie wären auf einer Feier und zur Unterhaltung würde folgendes Spiel angekündigt: Jeder Gast muss eine Zahl zwischen null und hundert auf einen Zettel schreiben. Die Zettel werden eingesammelt, und der Durchschnitt der Zahlen wird ermittelt. Wer mit seiner Zahl am nächsten an zwei Dritteln des Durchschnitts liegt, hat gewonnen. Welche Zahl würden Sie aufschreiben?

Kurz nachgerechnet: Würde jeder Gast einfach irgendeine Zahl angeben, läge der Durchschnitt bei 50, zwei Drittel davon sind 33. Es wäre also sinnvoll, die 33 auf den Zettel zu schreiben. Doch so weit können auch die anderen denken. Schreiben alle 33 auf den Zettel, dann ist der Durchschnitt aller Zahlen 33, zwei Drittel davon sind 22. Also sollte man die 22 wählen. Und so weiter. Wenn man annimmt, dass alle Gäste vollkommen rational handeln und all diese Schritte zu Ende denken, müsste man die Zahl Null angeben.

Das tut aber kaum jemand. Und die, die es tun, handeln nicht besonders klug. Denn die wenigsten Menschen können einen solchen Gedankengang zu Ende denken. In den wenigsten Fällen wird also Null die Zahl sein, die gewinnt. Der Mensch ist nicht ganz rational – zumindest weniger, als den Ökonomen lieb ist.

Über Jahre haben Volkswirte die Annahme des Homo Oeconomicus, des rationalen Gewinnmaximierers, für plausibel gehalten – oder zumindest für eine gute Annäherung an die Wirklichkeit. Spiele wie das beschriebene zeigen: Sie haben es sich zu leicht gemacht. Es gibt nämlich nicht nur einige wenige Situationen, in denen der Mensch das Schema F der vollkommenen Rationalität verlässt und völlig anders handelt. Es gibt deren Hunderte, Tausende.

Zum Beispiel bereiten uns Verluste weit größere Schmerzen, als angebracht wäre, um rationale Entscheidungen zu treffen. In der Folge trennen wir uns oft zu spät von schlechten Wertpapieren. Derweil lieben wir unverhältnismäßig, was wir besitzen. Eine Tasse, die uns gehört, ist uns auf einmal weit teurer, als wir bereit wären zu zahlen, um eine solche Tasse zu kaufen. Haben wir eine Tafel Schokolade erhalten und können sie danach gegen einen Stift tauschen, so wollen viel weniger von uns den Stift, als wenn wir von Anfang an zwischen Schokolade und Stift hätte wählen können. Das muss nicht unbedingt bedeuten, dass der Mensch chaotisch und nicht vorhersagbar handelt. Vielmehr muss sein Verhalten anders erklärt werden. Es ist die junge Wissenschaft der Verhaltensökonomik (Behavioral Economics), die hier nach Lösungen sucht. Sie hinterfragt althergebrachte Wahrheiten und beweist mithilfe von Experimenten, wo der Mensch von der Theorie abweicht. Dann versucht sie, die Abweichungen zu erklären.

Noch sind ihre Erkenntnisse sehr frisch und weitgehend ungeordnet. Doch so viel ist schon klar: Die komplizierten Modelle, die sich die Volkswirte alten Schlags von der Wirtschaft und den Menschen gemacht haben, müssen überdacht werden. Denn sie beruhen auf falschen Annahmen. Sie haben den Menschen überschätzt in seiner Rationalität. Und sie haben ihn gleichzeitig unterschätzt, als sie ihm ein simples egoistisches Gewinnstreben andichteten. So einfach ist das nämlich nicht.

So gibt es zum Beispiel Situationen, in denen Menschen Geld ausgeben, um einen anderen zu bestrafen, von dem sie sich ungerecht behandelt fühlen – auch dann, wenn sie wissen, dass sie den anderen nie wiedersehen werden. Aus finanzieller Sicht ist das vollkommen unsinnig. Verhaltensökonomen erklären es mit Reziprozität: Bist du bös zu mir, so bin ich bös zu dir.

Eine zweite Erklärungsmöglichkeit ist, dass wir neben unserem eigenen Vorteil zusätzlich die Fairness lieben. Dafür spricht eine weitere Beobachtung. Gibt man zwei Menschen gemeinsam 10 Dollar und erlaubt einem von ihnen, mit dem Geld zu verfahren, wie er mag, dann gibt er in der Regel dem anderen etwas ab. Das gilt auch, wenn die Menschen sich nicht kennen, ja es gilt sogar, wenn sie sich nicht einmal sehen können.

Dieses sogenannte Diktatorspiel ist eines der berühmtesten Experimente der neuen Ökonomie. Was früher unglaublich schien, als die Volkswirtschaft sich eher für eine philosophische denn für eine empirische Wissenschaft hielt, ist mittlerweile Wirklichkeit: Ökonomen rund um die Welt forschen im Labor.

Lisa Nienhaus: Verhaltensökonomik. Die Ökonomie entdeckt die Menschlichkeit. In: Frankfurter Allgemeine Sonntagszeitung v. 09.03.2008, S. 46

1 ***Setzen Sie die im Text vertretenen Thesen in Kontrast zur Modellvorstellung des Homo Oeconomicus.***

Kritik am Homo Oeconomicus und neue Ansätze

Die Kritik am klassischen Verhaltensmodell des Homo Oeconomicus führte dazu, dass Erklärungsversuche des Verhaltens ökonomischer Akteure aus unterschiedlichen Perspektiven überdacht wurden. Insbesondere zentrale Grundannahmen, die sich bei einem Blick auf das tatsächliche wirtschaftliche Geschehen als eher unrealistisch erwiesen (z. B. der Zugang zu vollständigen Informationen), wurden angezweifelt und von neueren Ansätzen der ökonomischen Verhaltenstheorie teilweise modifiziert. Zu den wichtigsten Alternativen gehören die ***Entscheidungstheorie***, die ***Neue Institutionenökonomik*** sowie die ***Verhaltensökonomik***.

Homo Oeconomicus – auf der Suche nach der richtigen Entscheidung

Entscheidungstheorie

Die Entscheidungstheorie fragt vor dem Hintergrund unterschiedlicher Rahmenbedingungen nach dem Verhalten ökonomischer Akteure. Sie unterscheidet drei wesentliche Arten von wirtschaftlichen Entscheidungssituationen, die für die Wirtschaftsakteure jeweils durch ein unterschiedliches Maß an Ungewissheit gekennzeichnet sind:

- *Entscheidung unter Bedingungen der Sicherheit:* Alle Entscheidungsalternativen, ihre Kosten und ihr Nutzen sind bekannt. Eine rationale Entscheidung im Interesse der Nutzenmaximierung ist – wie beim Modell des Homo Oeconomicus – möglich bzw. zu erwarten.
- *Entscheidung unter Unsicherheit der Entscheidungsfolgen:* Entscheidungsalternativen sind bekannt, nicht aber ihre letztendlichen Kosten und ihr tatsächlicher Nutzen. Aufgrund des hohen Ausmaßes an Unsicherheit sind vollkommen rationale Entscheidungen nicht möglich.
- *Entscheidung unter Risiko:* Entscheidungsalternativen sind bekannt, nicht aber jedoch ihre vollständigen Kosten und tatsächlichen Folgen. Allerdings verfügen die Wirtschaftsakteure über Informationen zu den Wahrscheinlichkeiten, mit denen bestimmte Handlungsfolgen eintreten könnten. Wirtschaftliche Entscheidungen sind hier nur unter Kalkulation des jeweils gegebenen Risikos möglich.

Insgesamt wird die Annahme eines strikt rationalen Verhaltens wirtschaftlicher Akteure – wie im Modell des Homo Oeconomicus angenommen – aus Sicht der Entscheidungstheorie nicht geteilt. Zwar wird die Nutzenmaximierung ebenso als Leitmotiv für wirtschaftliches Handeln postuliert, gleichfalls jedoch, dass vor dem Hintergrund unterschiedlicher Entscheidungssituationen nicht immer von einer rationalen Entscheidungsfindung ausgegangen werden kann.

Neue Institutionenökonomik

Auch die Neue Institutionenökonomik geht davon aus, dass eine Vielzahl ökonomischer Entscheidungen und Handlungen durch Unsicherheit und einen ungleichmäßigen Informationszugang gekennzeichnet sind. Vor diesem Hintergrund werden die Bedeutung und Funktion weithin akzeptierter Normen, Regeln und Einrichtungen für wirtschaftliche Beziehungen interessant. Entsprechende Normen, Regeln und Einrichtungen werden dabei als Institutionen aufgefasst und in zwei zentrale Kategorien unterteilt:

- *Formelle Institutionen* sind Bestandteile der verbindlich geltenden Rechtsordnung eines Staates bzw. einer Volkswirtschaft (Verfassung, Gesetze, Verträge sowie auch Polizei und Justiz als Instanzen zur Durchsetzung der Rechtsordnung mit entsprechenden Sanktionsmöglichkeiten).
- *Informelle Institutionen* sind als gültig anerkannte, in der Regel aber nicht verbindlich festgeschriebene Mechanismen zur Regelung gesellschaftlicher bzw. wirtschaftlicher Beziehungen (Normen, Sitten, Traditionen).

Wirtschaftliche Akteure sind aus Sicht der Neuen Institutionenökonomik grundsätzlich eingebunden in gegebene institutionelle Zusammenhänge. Von besonderem

Interesse ist dabei, wie diese Institutionen wirtschaftliches Handeln ermöglichen bzw. beeinflussen.

Verhaltensökonomik

Die Verhaltensökonomik schließlich setzt an der Beobachtung an, dass zahlreiche ökonomische Entscheidungen in der Realität nicht dem Prinzip der strikt rationalen Maximierung des individuellen Nutzens folgen. Das Modell des Homo Oeconomicus wird also wiederum kritisch betrachtet. Die Hauptthese ist, dass zahlreiche wirtschaftliche Entscheidungen umgesetzt werden, obwohl diese den beteiligten Akteuren kurzfristig nicht den maximal möglichen Nutzen einbringen. Es wird vielmehr angenommen, dass Wirtschaftsakteure unter bestimmten Bedingungen ***strategisch handeln***, um einen langfristigen und/oder durch Teilung der Vorteile erreichbaren Nutzen zu erlangen. Als wichtigste Antriebskraft eines solchen Handelns gilt die individuelle Wahrnehmung, dass eigene wirtschaftliche Entscheidungen nicht isoliert erfolgen, sondern mit den Entscheidungen anderer Wirtschaftsakteure in engen Zusammenhängen stehen.
Theoretisch werden entsprechende Entscheidungssituationen im Rahmen der ***Spieltheorie*** in den Blick genommen. Die Zusammenhänge zwischen unterschiedlichen Entscheidungsalternativen und -folgen zweier Akteure illustriert das sogenannte ***Gefangenendilemma***. In der hypothetischen Situation werden zwei Personen einer gemeinsam begangenen Straftat verdächtigt und getrennt voneinander verhört. Beide bekommen unabhängig voneinander das folgende Angebot: Bei eigenem Geständnis der Straftat und gleichzeitigem Leugnen durch die andere Person wird der Geständige freigesprochen, während der Belastete die höchstmögliche Haftzeit anzutreten hat. Zudem ist bekannt, dass ein unabhängig voneinander vorgenommenes Geständnis beider Verdächtiger zu einer verringerten Haftzeit für beide führt. Im Falle eines beständigen Leugnens beider Personen hingegen ist aufgrund der vorliegenden Indizien nur mit einer geringen Haftstrafe für beide zu rechnen. Die Entscheidungsalternativen stellen sich demnach wie folgt dar:

	Person A: Geständnis	Person A: Leugnung
Person B: Geständnis	A: 4 Jahre Haft B: 4 Jahre Haft	A: 8 Jahre Haft B: Freiheit
Person B: Leugnung	A: Freiheit B: 8 Jahre Haft	A: 2 Jahre Haft B: 2 Jahre Haft

Folgen beide Beschuldigte – wie es das klassische Modell des Homo Oeconomicus vorsieht – der individuell rationalen Verhaltensweise (beide gestehen in der Hoffnung, dass die andere Person weiterhin leugnet), führt dies zu einem für beide Seiten vergleichsweise ungünstigen Ergebnis (4 Jahre Haft). Demgegenüber besteht mit der strikten Leugnung eine mögliche Strategie, die ein individuelles Risiko birgt (8 Jahre Haft), zugleich aber den höchsten kollektiven Gewinn verspricht (2 Jahre Haft). Aus Sicht der Spieltheorie bzw. Verhaltensökonomik besteht ein deutlicher Unterschied zwischen einem individuell rationalen Entscheidungsverhalten einerseits sowie einem kollektiv rationalen Entscheidungsverhalten andererseits. Dem handelnden Akteur wird die Fähigkeit zugeschrieben, sich nicht ausschließlich am kurzfristigen individuellen Nutzen zu orientieren (wie dies der Homo Oeconomicus tun würde), sondern vielmehr strategisch zu handeln. Ein entsprechendes kollektiv rationales Entscheidungsverhalten bestünde im hier betrachteten Beispiel also für beide Akteure darin, das Verbrechen konsequent zu leugnen.

Von der einzelnen Wirtschaftseinheit zur Volkswirtschaft

Unterschiedliche Perspektiven auf wirtschaftliches Geschehen

Setzt man sich mit wirtschaftlichen Prozessen und Sachverhalten auseinander, kann die Betrachtung zunächst auf der Ebene einzelner Wirtschaftseinheiten ansetzen. Das Interesse gilt dann dem ***Verhalten einzelner Haushalte und Unternehmen***, beispielsweise mit einem Fokus auf deren ökonomischer Entscheidungsfindung. Andererseits besteht die Möglichkeit, die Wirtschaft als Ganze in den Blick zu nehmen. Es werden dann nicht einzelne Wirtschaftseinheiten, sondern ***gesamtwirtschaftliche Phänomene und Prozesse*** untersucht. Besonders wichtig ist dabei die Auseinandersetzung mit den Phänomenen Geldwert, Arbeitslosigkeit und Wirtschaftswachstum. In den Wirtschaftswissenschaften werden folglich zwei zentrale Betrachtungsperspektiven unterschieden:

- Die ***Mikroökonomik*** befasst sich mit der Analyse des wirtschaftlichen Verhaltens einzelner Haushalte und Unternehmen sowie ihres Zusammenwirkens auf einzelnen Märkten.
- Die ***Makroökonomik*** analysiert gesamtwirtschaftliche Phänomene und Prozesse.

Wirtschaftseinheit und Gesamtwirtschaft

Zwischen den beiden genannten Perspektiven bestehen enge Wechselwirkungen. So sind grundsätzlich Einflüsse von der gesamtwirtschaftlichen Ebene auf die Ebene der einzelnen Wirtschaftseinheiten zu erwarten. Andererseits wirkt sich das Handeln der Gesamtheit von einzelnen Wirtschaftseinheiten auf das gesamtwirtschaftliche Geschehen aus. Dies wird etwa dann ersichtlich, wenn man sich die Eingebundenheit einzelner Wirtschaftseinheiten (z. B. einer Privatperson) in unterschiedliche, gesamtwirtschaftlich relevante Geld- und Güterkreisläufe vergegenwärtigt.

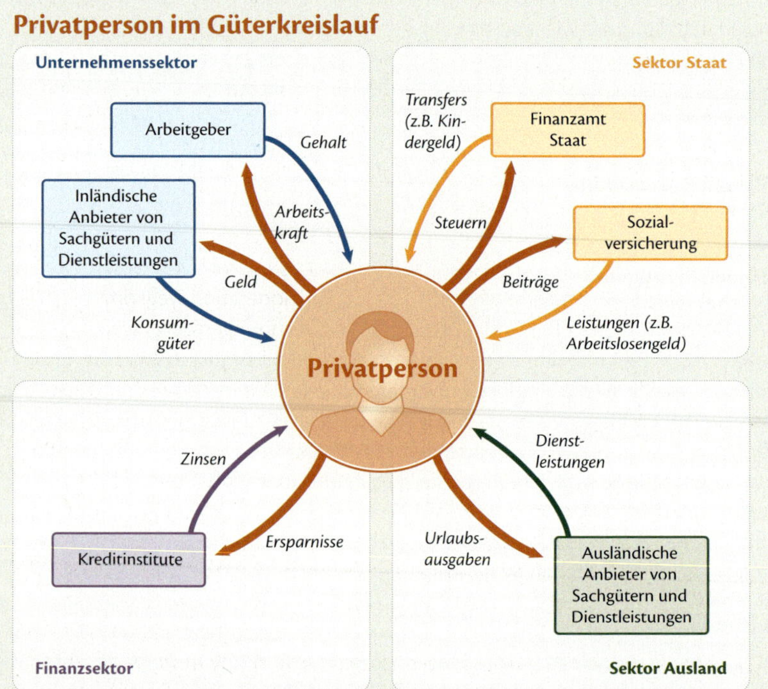

Quelle: Bpb (Hg.): Wirtschaft heute. Bonn, Bpb, 2009, S. 43

Individuum und Wirtschaftssystem

M 1 Gesamtwirtschaftliche Folgen von Lohnsteigerungen

Nach der Meinung des Wirtschaftsweisen Peter Bofinger sollten Arbeitnehmer kräftigere Lohnsteigerungen von mindestens drei Prozent bekommen. Forderungen der Arbeitgeber nach maßvollen Lohnabschlüssen erteilte der Volkswirtschaftsprofessor in der „Rheinischen Post" (...) eine klare Absage. In den vergangenen zehn Jahren sei die Kaufkraft der Beschäftigten in Deutschland nicht gestiegen (...).

Bofingers Kollege im Sachverständigenrat, der RWI-Präsident Christoph M. Schmidt, warnte dagegen vor zu hohen Lohnsteigerungen. „Zu diesem Zeitpunkt die Löhne zu stark anzuheben, könnte Arbeitsplätze gefährden", sagte er dem Bremer „Weser-Kurier" (...). Schmidt hält allenfalls einen Aufschlag in Höhe des langfristigen Produktivitätszuwachses für vernünftig. Dieser werde von Experten einhellig bei etwa einem Prozent pro Jahr angesetzt. Sollte es branchenbezogen weiteren Spielraum geben, plädiert der Wirtschaftsweise eher für Einmalzahlungen als für flächendeckende Lohnerhöhungen.

Bofinger verwies auf die Spannungen innerhalb der Euro-Zone. Die Lohnzurückhaltung in Deutschland habe dazu beitragen, dass die Volkswirtschaften auseinanderdrifteten, erklärte das Mitglied des sogenannten Rats der Wirtschaftsweisen, der offiziell Sachverständigenrat zur Begutachtung der gesamtwirtschaftlichen Entwicklung (SVR) heißt.

Der Unterschied in Europa müsse durch höhere Lohnabschlüsse in Deutschland und niedrigere Abschlüsse in den weniger wettbewerbsstarken Ländern Südeuropas ausgeglichen werden. Daran hingen auch die Erfolgsaussichten der Bemühungen, die Haushalte zu sanieren.

Die Kaufkraft der Beschäftigten in Deutschland sei in den vergangenen zehn Jahren nicht gestiegen, erläuterte Bofinger. Im gleichen Zeitraum seien aber die Exporte um 70 Prozent preisbereinigt gestiegen und hätten für kräftige Gewinne gesorgt, sagte er im dpa-Audiodienst. Es habe eine massive Umverteilung zulasten der Beschäftigten stattgefunden.

„Für die ausgeprägte Lohnzurückhaltung der letzten Jahre gab es keine Rechtfertigung", erklärte der Regierungsberater. Auch die Gewerkschaften hätten sich zu stark auf die Erhaltung der Arbeitsplätze fixiert. Eine radikale Änderung der Tarifpolitik sei aber nicht zu erwarten: „Ich fürchte, dass wir in Deutschland nicht so schnell von dieser Politik der Lohnmoderation wegkommen."

Nach Berechnungen der gewerkschaftlichen Hans-Böckler-Stiftung sind die realen Bruttolöhne und Gehälter sechs Jahre in Folge nicht gestiegen. Zuvor hatten sie auf dem Niveau von 2000 stagniert. Die erzielten Tarifsteigerungen wurden demnach regelmäßig von der Teuerung aufgebraucht.

In der jüngsten Wirtschaftskrise hatten Arbeitszeitverkürzungen zwar dafür gesorgt, dass die pro Stunde gezahlten Entgelte stiegen. Bei den Gesamtgehältern und -löhnen fehlten am Jahresende aber etliche Zuschläge und Überstundenvergütungen. Für das erste Quartal dieses Jahres ermittelte das Statistische Bundesamt ein Reallohn-Plus von 0,8 Prozent.

dpa/abendblatt.de: Konjunktur. Wirtschaftsweiser Bofinger für kräftigere Lohnsteigerungen. In: abendblatt.de v. 02.08.2010, abrufbar unter http://www.abendblatt.de/wirtschaft/article1587083/Wirtschaftsweiser-Bofinger-fuer-kraeftigere-Lohnsteigerungen.html (22.10.2010)

Forderung nach Lohnsteigerungen als Konjunkturmotor

1 ***Analysieren Sie den im Text behandelten Sachverhalt unter besonderer Berücksichtigung möglicher Zusammenhänge zwischen individueller und gesamtgesellschaftlicher Ebene.***

2 ***Vergleichen Sie die Argumentationen der beiden Experten: Welcher Bezug wird jeweils zwischen individueller und gesamtwirtschaftlicher Ebene hergestellt?***

Der Wirtschaftskreislauf

Wirtschaft als Geschehen in komplexen Zusammenhängen

Wirtschaftliche Handlungen werden auf unterschiedlichen Ebenen vollzogen. Zwischen diesen unterschiedlichen Ebenen bestehen wiederum verschiedene Zusammenhänge. Dies zeigt die nähere Betrachtung von Beziehungen zwischen privaten Unternehmen einerseits sowie privaten Haushalten andererseits bereits sehr deutlich. Ein noch umfassenderes Bild des komplexen und stark vernetzten wirtschaftlichen Geschehens entsteht, wenn mit dem Staat, der Finanzwirtschaft und dem Ausland die drei weiteren zentralen Wirtschaftsbereiche in die Betrachtung einbezogen werden.

Um komplexe Zusammenhänge in ihren unterschiedlichen Dimensionen erschließen und verstehen zu können, wird in der Ökonomie vielfach auf ***Modelle*** bzw. Modellvorstellungen zurückgegriffen. Hierbei handelt es sich um vereinfachte Darstellungen der Realität mit dem Ziel, diese besser erklären bzw. verstehen zu können. Ein wichtiges Modell zur Erklärung der komplexen und vernetzten Beziehungen zwischen einzelnen Wirtschaftsbereichen ist der ***Wirtschaftskreislauf***.

Das Modell des Wirtschaftskreislaufs

Grundlegend werden im Modell des Wirtschaftskreislaufs die einzelnen Akteure in unterschiedlichen ökonomischen Bereichen zu ***Sektoren*** zusammengefasst. Dabei werden meistens die folgenden fünf Sektoren unterschieden:

- Private Haushalte
- Privatwirtschaftliche Unternehmen
- Staat
- Banken/Finanzsektor
- Ausland

Die Beziehungen zwischen den einzelnen Sektoren werden als Stromgrößen bzw. ***Ströme*** dargestellt, von denen es zwei Arten gibt:

- Geldströme
- Naturalströme (Güter, Dienstleistungen, Arbeitskraft)

Das zentrale Erklärungsmoment des Wirtschaftskreislaufs besteht darin, die Wirtschaftssektoren über die einzelnen Stromgrößen miteinander zu verbinden und somit in einen ***Kreislaufzusammenhang*** zu setzen.

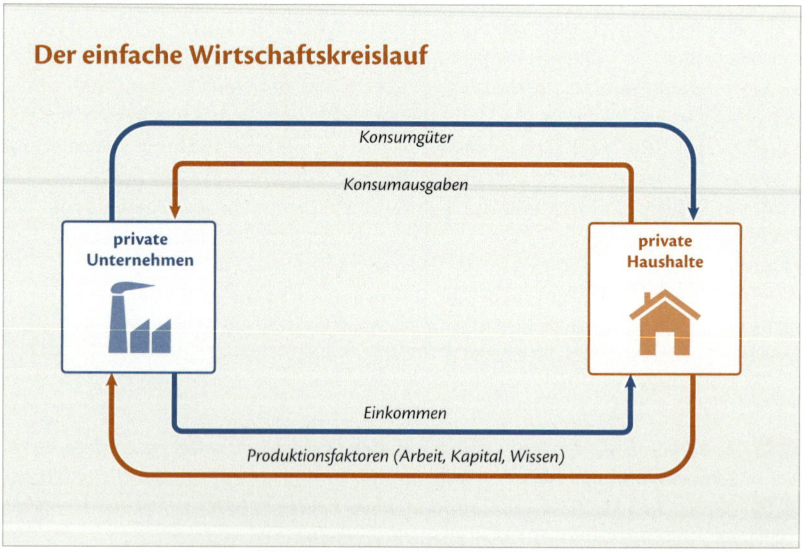

Einfacher und komplexer Wirtschaftskreislauf
Je nachdem, wie viele Sektoren in die Betrachtung einbezogen werden, kann der Wirtschaftskreislauf in unterschiedlichen Komplexitätsgraden dargestellt werden. Der ***einfache Wirtschaftskreislauf*** umfasst dabei lediglich die beiden Sektoren privatwirtschaftliche Unternehmen und private Haushalte.
Demgegenüber ist das Modell des ***komplexen Wirtschaftskreislaufs*** so angelegt, dass es die unterschiedlichen Geld- und Naturalströme zwischen den fünf Sektoren private Haushalte, privatwirtschaftliche Unternehmen, Staat, Banken/Finanzsektor und Ausland abbildet.

Die Arbeit mit dem Modell des Wirtschaftskreislaufs
Das Modell des Wirtschaftskreislaufs bildet die unterschiedlichen Zusammenhänge zwischen den einzelnen Sektoren ab. Wie der Name des Modells bereits verdeutlicht, werden die entsprechenden Zusammenhänge dabei als insgesamt ***geschlossener Kreislauf*** dargestellt. Veränderungen einer bestimmten Stromgröße haben folglich automatisch Auswirkungen auf den Gesamtkreislauf und werden auch in Form von Veränderungen der anderen Stromgrößen sichtbar.
Durch die modellhafte Vereinfachung der Realität bietet die Arbeit mit dem Modell des Wirtschaftskreislaufs insbesondere die Möglichkeit, bestimmte wirtschaftliche Entwicklungen und Phänomene in ihren Auswirkungen auf die Gesamtwirtschaft zu verstehen. Darauf aufbauend lassen sich wiederum weitere Entwicklungen prognostizieren und/oder mögliche Gegenstrategien entwickeln und erproben. So kann mithilfe des Wirtschaftskreislaufs beispielsweise nachvollzogen werden, welche problematischen Effekte aus einer stark eingeschränkten Kreditvergabe des Finanzsektors folgen würden. Investitionen der Unternehmen und Konsumausgaben der privaten Haushalte würden schlagartig sinken. Ein geringeres Produktionsniveau wäre die Folge, was wiederum mit einer geringeren Nachfrage nach Arbeitskräften einhergehen würde. Der Staat wäre schließlich von geringeren Steuereinnahmen bei gleichzeitig höheren Staatsausgaben betroffen.

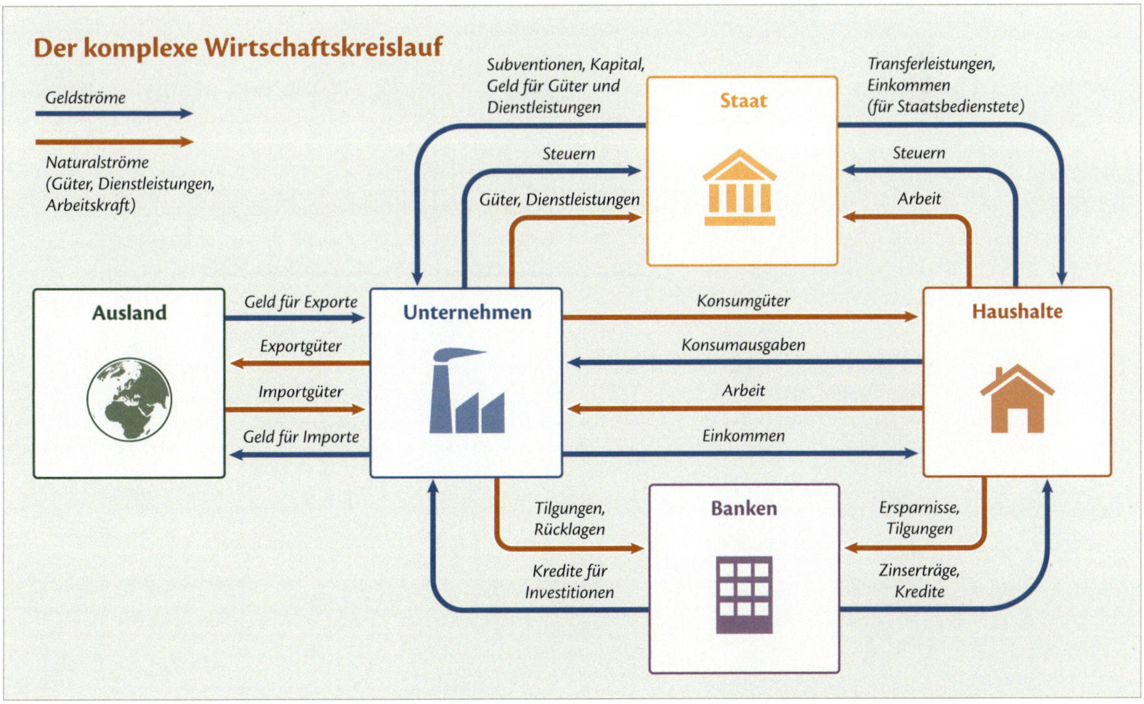

Auseinandersetzung mit Modellvorstellungen zu Grundfragen des Wirtschaftens

Text 1 Schnäppchenjäger stürmen neuen Elektromarkt

Es ist dunkel und kalt. Hundert Menschen harren vor den verschlossenen Türen. Einige murmeln müde miteinander. Es ist kurz vor 6 am Montagmorgen. Gleich wird das Geschäft im Gewerbegebiet West öffnen. Nein, die frierenden Frauen und Männer warten nicht etwa, um rare Konzertkarten oder einen überraschenden neuen „Harry Potter"-Band als Erste zu ergattern. Nein: Hier öffnet ein neuer Elektromarkt seine Pforten. Mit vielen Sonderangeboten hat der in der Gottlieb-Daimler-Straße beheimatete „Saturn" geworben – mit Erfolg, wie sich zeigt. Punkt 6 heben sich die Rollläden. Die Schnäppchenjäger laufen eilig in das Licht. Binnen eineinhalb Stunden füllt sich das Geschäft mit knapp 500 Menschen. Gemächliches Schlendern ist im neueröffneten „Saturn" nicht das Gebot der ersten Stunden. Die Kunden suchen ohne Umwege, was sie kaufen wollen. Kurz orientieren sie sich. Dann greifen sie zu. Und schlagen stracks den Weg in Richtung Kasse ein.

srs: Großer Ansturm auf neuen „Saturn"-Elektromarkt. In: Giessener-Allgemeine.de v. 08.02.2008. Abrufbar unter: http://www.giessener-allgemeine.de/Home/Stadt/Uebersicht/Artikel,-Grosser-Ansturm-auf-neuen-Saturn-Elektromarkt-_arid,76971_regid,1_puid,1_pageid,113.html (30.04.2011)

Text 2 „Der Homo Oeconomicus ist als Zerrbild entlarvt"

Aus einem Interview mit dem Wirtschaftswissenschaftler Matthias Sutter:

Wirtschaftswoche: Professor Sutter, Sie und Ihre Kollegen suchen wirtschaftswissenschaftliche Erkenntnisse nicht in mathematischen Formeln, sondern setzen auf Verhaltensforschung und psychologische Experimente. Warum?
Sutter: So können wir schnell feststellen, ob eine ökonomische Theorie stimmt – oder sie widerlegen. Wir machen nicht nur Feld-, sondern auch Laborversuche. Experimentalökonomen haben gezeigt, dass Menschen häufig emotionaler handeln als früher angenommen. Der stets auf Eigennutz bedachte Homo Oeconomicus der klassischen Wirtschaftstheorie ist als Zerrbild entlarvt.
Sind wir in Wirklichkeit etwa Altruisten statt Egoisten?
Bis zu einem gewissen Maß schon, denn selbst wenn es um Geld geht, berücksichtigen viele Menschen, welche Folgen ihr Handeln für andere hat. Wir haben zum Beispiel beobachtet, wie zwei Partner eine Geldsumme unter sich aufteilen. Dabei bestimmt der Erste, wer wie viel bekommen soll. Der Zweite entscheidet, ob er damit einverstanden ist. Wenn ja, nimmt jeder Geld mit nach Hause. Anderenfalls gehen beide leer aus.
Was taten die Testpersonen?
Viele teilten ziemlich fair, gaben also die Hälfte des Geldes ab – oder etwas weniger. Der Partner war in diesen Fällen zufrieden. Doch sobald er sich grob ungerecht behandelt fühlte, pfiff er auf seinen geringen Gewinn – und ließ das Geschäft gänzlich scheitern.
Der Homo Oeconomicus hätte sich auch Minibeiträge geschnappt, weil ihm egal ist, dass der andere mehr bekommt.
Richtig. Ein vollständig egoistischer Entscheider vergleicht seinen Lohn mit der Alternative, leer auszugehen. Anders als reale Personen ist er daher schon mit kleinsten Summen zufrieden. Sitzt er dagegen selbst am Drücker, gibt er nur Peanuts ab, gerade genug, damit der Deal nicht platzt.
Doch in Wirklichkeit handeln wir fair und rebellieren gegen Ungerechtigkeit, selbst wenn das teuer kommt?
So selbstlos ist der Mensch dann doch nicht. Versuche von US-Kollegen zeigen, dass der Altruismus nachlässt, sobald es um sehr viel Geld geht, also Beträge in der Höhe von Jahresgehältern.

wiwo.de, Portal der Wirtschaftswoche: Wirtschaftsforschung. Der Homo oeconomicus ist als Zerrbild entlarvt. Interview: Mark Fehr. Abrufbar unter: http://www.wiwo.de/politik-weltwirtschaft/der-homo-oeconomicus-ist-als-zerrbild-entlarvt-446655/ (01.05.2011)

Aufgaben

1 ***Erläutern Sie das ökonomische Verhaltensmodell des Homo Oeconomicus in seinen Grundzügen. Beziehen Sie hierbei auch das Fallbeispiel (Text 1) mit ein.***

2 ***Legen Sie dar, welche Argumente der Wirtschaftswissenschaftler Matthias Sutter dem klassischen ökonomischen Verhaltensmodell des Homo Oeconomicus entgegenstellt.***

3 ***Ordnen Sie die Thesen Sutters begründet in den Theoriekontext neuerer Ansätze der ökonomischen Verhaltenstheorie ein und erörtern Sie, inwieweit diese neueren Ansätze helfen, wirtschaftliches Handeln erklären zu können.***

Hinweise

Aufgabe 1: Hier geht es zunächst darum, das klassische Verhaltensmodell des Homo Oeconomicus in seinen Grundzügen darzulegen. Im Vordergrund sollten dabei die Prämissen des strikt rationalen Handelns sowie des Strebens nach individueller Nutzenmaximierung stehen. Ergänzend könnten wesentliche Grundannahmen zu den Rahmenbedingungen des wirtschaftlichen Handelns (vollständige Information, widerspruchsfreies Zielsystem) benannt werden. Die herausgearbeiteten Aspekte des theoretischen Modells können daraufhin mit dem Fallbeispiel (rational handelnde, nutzenmaximierende Konsumenten als Nachfrager von Sonderangeboten) verknüpft bzw. hieran verdeutlicht werden.

Aufgabe 2: Den Ausgangspunkt bildet eine möglichst exakte Textanalyse, die sich sowohl auf die allgemeinen fachlichen Aussagen als auch auf das geschilderte Beispiel bezieht. Anschließend ist ein Bezug zum Modell des Homo Oeconomicus (bzw. zur Diskussion um dieses Modell) herzustellen. Dessen zentrale Aspekte sind daraufhin in Kontrast zu den Auffassungen des Wissenschaftlers zu setzen.

Aufgabe 3: Zunächst geht es darum, die zentralen Aussagen des Wissenschaftlers zu zentralen Kernaussagen neuerer Ansätze der ökonomischen Verhaltenstheorie in Bezug zu setzen. Deutliche Bezüge ergeben sich hierbei zur Verhaltensökonomik/Spieltheorie, wobei sich vereinzelt auch Aspekte der Entscheidungstheorie (Unsicherheit von Entscheidungssituationen) sowie der Neuen Institutionenökonomik (Bedeutung von Normen) erkennen lassen. Vor dem Hintergrund einer begründeten Einordnung in den Theoriekontext kann daraufhin eine Erörterung der Eignung der neueren Ansätze für die Erklärung wirtschaftlichen Handelns erfolgen.

Zum Weiterarbeiten

Aufgaben zu den verschiedenen Anforderungsbereichen

Anforderungsbereich I

- Benennen Sie die zentralen Antriebskräfte des Wirtschaftens und stellen Sie diese in einen schlüssigen Zusammenhang.
- Legen Sie dar, inwieweit wirtschaftlichen Phänomenen und Prozessen eine Alltagsbedeutung zukommt.
- Zählen Sie wesentliche exogene Faktoren auf, die zu einer Verringerung bzw. einer Ausweitung des Angebots bzw. der Nachfrage nach Waren und Dienstleistungen beitragen können.
- Beschreiben Sie die Preisbildung im Marktmodell.
- Stellen Sie zentrale Ansätze der ökonomischen Verhaltenstheorie in ihren Grundzügen dar.

Anforderungsbereich II

- Charakterisieren Sie neuere Ansätze der ökonomischen Verhaltenstheorie hinsichtlich ihrer Unterschiede und Gemeinsamkeiten.
- Erläutern Sie das Modell des Wirtschaftskreislaufs unter Berücksichtigung verschiedener Beispiele aus dem Wirtschaftsleben.

Anforderungsbereich III

- Nehmen Sie vor dem Hintergrund zentraler ökonomischer Grundannahmen Stellung zu der These, dass das freie Spiel der Marktkräfte vielfach zu optimalen Ergebnissen führt.
- Problematisieren Sie die ökonomische Kategorie der Effizienz anhand eines Beispiels Ihrer Wahl.
- Setzen Sie sich am Beispiel des Homo Oeconomicus mit der Bedeutung und Funktion von sowie den Maßgaben zum Umgang mit ökonomischen Modellen auseinander.

Links zu den Grundfragen des Wirtschaftens

www.bpb.de/wissen/H75VXG,0,0,Begriffe_nachschlagen.html	Lexikonsuche der Bundeszentrale für politische Bildung. Basisinformationen zu zahlreichen ökonomischen Grundbegriffen.
http://wirtschaftslexikon.gabler.de/	Gabler-Wirtschaftslexikon. Umfassende Informationen zu ökonomischen Phänomenen und Prozessen.
www.bpb.de/publikationen/BWTIBZ,0,Wirtschaft_%96_%D6konomische_Grundbegriffe.html	„Pocket Wirtschaft", Lexikon ökonomischer Fachbegriffe.

2 Wirtschaftssystem

Wirtschaft erweckt oftmals den Eindruck, wie selbstständig zu funktionieren. Das dahinter stehende Wirtschaftssystem ist einem selten bewusst. Doch die jeweilige Wirtschaftsordnung hat weitreichende Auswirkungen auf alle Beteiligten am Wirtschaftsgeschehen (der Wirtschaftswissenschaftler spricht auch von „Wirtschaftssubjekten"). Sie bildet den Rahmen für die wirtschaftlichen Beziehungen untereinander und legt den Entscheidungsspielraum der wirtschaftenden Personen und Unternehmen gegenüber dem Staat fest.
Das folgende Kapitel beleuchtet rund um den Themenkomplex „Wirtschaftssystem" sowohl Fragen nach den unterschiedlichen Wirtschaftsordnungen und möglichen Marktstrukturen als auch Aspekte der Leistungsfähigkeit einer Volkswirtschaft.

Wirtschaftssystem

Liberalismus oder Sozialismus?

Die auch heute noch in vielen Bereichen immer wieder aufeinanderprallenden Kerngedanken des Liberalismus und des Sozialismus finden ihren Ursprung im 18. bzw. 19. Jahrhundert. So markierte Adam Smith mit seinem 1776 erschienenen Werk über den Wohlstand der Nationen nicht nur die Geburtsstunde des klassischen ökonomischen Denkens, sondern stellte zugleich die noch heute vielfach zitierte These der „unsichtbaren Hand" des Marktes auf. Grundprinzip bei ihm und allen anderen Vertretern des klassischen Liberalismus ist die Freiheit.

Ganz anders bei Karl Marx: Nach ihm führt die Befreiung der Märkte zu einer Ausbeutung der Arbeiterschaft durch die Kapitalisten. Einzig die durch Klassenkampf hervorgerufene Revolution vermag es, die Auswüchse des Marktes zu stoppen und den Wandel zum Sozialismus bzw. Kommunismus einzuleiten.

► *1. Theoretische Grundlagen I: Klassischer Liberalismus*
► *2. Theoretische Grundlagen II: Marxismus*

Welche Wirtschaftsordnung darf es sein?

Der Begriff „Wirtschaftsordnung" bezeichnet den organisatorischen Aufbau und Ablauf aller wirtschaftlichen Tätigkeiten innerhalb eines Landes. Wirtschaftsordnungen werden im Allgemeinen entweder dem Typ der Zentralverwaltungsgesellschaft oder dem Typ der Marktwirtschaft zugeordnet. Markt- und Zentralverwaltungswirtschaft unterscheiden sich maßgeblich bei der Frage, wer über die Produktionsmittel verfügt und wie die Wirtschaft gesteuert wird. So reguliert in einer Zentralverwaltungswirtschaft eine zentrale Planungsbehörde, welche Güter auf welche Weise herzustellen sind, während in einer Markwirtschaft der Mechanismus von Angebot und Nachfrage greift. Mit Blick auf Länder wie China oder auch Deutschland wird jedoch schnell deutlich, dass zwischen Ideal- und Realtypen zu unterscheiden ist. So lassen sich vielfältigste Formen – von der selbstverwalteten sozialistischen Marktwirtschaft über den Rheinischen Kapitalismus hin zum Sozialismus des 21. Jahrhunderts – in Vergangenheit und Gegenwart finden. Gleichwohl zeichnet sich ein deutlicher Trend von der zentral gelenkten zur marktwirtschaftlich orientierten Wirtschaftsordnung ab.

► *3. Klassifikation von Wirtschaftsordnungen*
► *4. Realtypische Wirtschaftsordnungen*
► *5. Wirtschaftsordnung der BRD*

Was soll produziert werden?

Um die menschlichen Bedürfnisse nach Nahrung, Wohnung, Kleidung, aber auch nach Unterhaltung und Bildung befriedigen zu können, müssen Güter bereitgestellt werden. Doch nur die wenigsten Güter sind frei wie der Sand in der Wüste verfügbar. Angesichts dieser Knappheit gilt daher zu klären, welche Güter produziert werden sollen. Als Güter werden dabei nicht nur materielle Produkte wie Jeans oder Brot bezeichnet, sondern auch Dienstleistungen gilt es zu berücksichtigen. Darüber hinaus gibt es weitere Möglichkeiten, das Güterangebot einer Volkswirtschaft zu differenzieren. So zum Beispiel auch hinsichtlich der Frage, wer letztlich überhaupt die bereitgestellten Güter konsumieren darf.

► *6. Güterarten und Gütertausch*

Wettbewerb: Darf's noch etwas mehr sein?

Wettbewerb kann als das zentrale Merkmal einer Marktwirtschaft gesehen werden. Er funktioniert jedoch nur, wenn gewisse Voraussetzungen, wie beispielsweise die Vertragsfreiheit, gewährleistet werden. Der Wettbewerb erfüllt nicht nur wichtige ökonomische Funktionen wie die bedürfnisorientierte Güterbereitstellung und den Antrieb des technischen Fortschritts, er wirkt auch gesellschaftspolitisch. Dies geschieht z. B. in Form der mit ihm verbundenen freien Wahl der Produkte und des Arbeitsplatzes. Trotz dieser positiven Funktionen kann der Wettbewerbsdruck auch problematische Auswirkungen (Qualitätsverlust, Dumpinglöhne etc.) haben.

Der Wettbewerb steht letztlich immer wieder vor Herausforderungen. So kommt es allein schon durch das Marktgeschehen selbst zu wettbewerblichen Beschränkungen: Das eine Unternehmen verfügt über neueste Technologien und somit über große Marktanteile, das andere Unternehmen verfügt im Gegensatz zu seinen Mitstreitern über ideale Standortbedingungen. Doch nicht nur das: Auch Unternehmen versuchen zum Beispiel durch Kartellbildung den Wettbewerb einzuschränken und sich Handlungsmacht zu sichern.

► *7. Wettbewerb in der Marktwirtschaft*

Konkurrenten, Verbündete oder Alleinherrscher?

Die Idee des einzig durch Angebot und Nachfrage zustande kommenden Gleichgewichtspreises ist modellhaft und greift lediglich bei einem Markt mit vollständiger Konkurrenz. In der Realität hat man es jedoch oftmals mit viel differenzierteren Marktformen und -strukturen zu tun. So gibt es aus ganz unterschiedlichen Gründen Monopolisten, Oligopolisten oder auch monopolistische Konkurrenz, die aufgrund ihrer Marktmacht Einfluss auf die Preisbildung nehmen können.

► *8. Marktstrukturen und Preisbildung*

Die wirtschaftliche Leistung – ein Auf und Ab?

Politik und Wirtschaft sind darauf angewiesen, die wirtschaftliche Entwicklung zu analysieren, um sodann entsprechende Maßnahmen, Neuausrichtungen u. Ä. vornehmen zu können. Die hierfür nötigen Daten liefert die Volkswirtschaftliche Gesamtrechnung (VGR) und mit ihr das Bruttoinlandsprodukt (BIP), das dazu genutzt wird, die wirtschaftliche Leistungsfähigkeit einer Volkswirtschaft wiederzugeben. Das BIP greift daher auch als Maßstab bei Konjunktur- und Wirtschaftswachstumsanalysen.

► *9. Konjunktur und Wachstum*
► *10. Messung der wirtschaftlichen Leistung: VGR und BIP*

Theoretische Grundlagen I: Klassischer Liberalismus

Historischer Kontext

In vielen europäischen Staaten etablierte sich im 16. bis 18. Jahrhundert der ***Absolutismus*** als Herrschaftsform. Mit ihm einher ging die wirtschaftliche Praxis des ***Merkantilismus***, einer durch massive Staatseingriffe gekennzeichneten Wirtschaftspolitik. In England bildete sich dagegen spätestens seit der „Glorious Revolution" von 1688/89 eine konstitutionelle Monarchie mit einer starken Stellung des im Parlament vertretenen Bürgertums. Geprägt von diesen historischen Entwicklungen sowie der in England ab ca. 1785 besonders erfolgreich verlaufenden ***Industriellen Revolution*** entstand im 18. und 19. Jahrhundert der klassische Wirtschaftsliberalismus.

Das Grundprinzip des klassischem Liberalismus (lat. liber: frei; liberalis: freiheitlich) ist die Freiheit. Der liberale Freiheitsbegriff beinhaltet auf der politischen Ebene die Freiheit des Individuums z. B. in Form von Glaubens- und Meinungsfreiheit. Gleichzeitig ist der klassische Liberalismus eine wirtschaftspolitische Denkströmung, die durch Vertreter der klassischen Nationalökonomie und Freihandelslehre – allen voran Adam Smith (siehe 5.2), Jean-Baptiste Say (siehe 4.2), David Ricardo (siehe 5.2) sowie John Stuart Mill – begründet wurde.

John Stuart Mill (1806–1873)

Kerngedanken des klassischen Wirtschaftsliberalismus

Kernthese des wirtschaftlichen Liberalismus ist, dass nur der ***freie Markt*** die Güter am effizientesten verteilen kann. Folglich würde jeder staatliche Eingriff, z. B. in Form von Schutzzöllen und Subventionen, den freien Wettbewerb und dadurch auch den wirtschaftlichen Wohlstand behindern. Die Vertreter des Liberalismus forderten neben Wettbewerb und Freihandel weitere Rechte ein: das Recht auf ***Privateigentum***, die Freiheit, Verträge abschließen, sich gewerblich betätigen und Konsumgüter in Art und Menge wählen zu können (***Konsumenten-, Gewerbe- und Vertragsfreiheit***). Maßgeblich dabei ist John Stuart Mills ***liberales Prinzip***, nach dem ein Mensch sich einzig aus Selbstschutz in die Handlungsfreiheit eines anderen einzumischen habe.

Der Staat habe sich entsprechend lediglich auf Wahrung der inneren und äußeren Sicherheit (Polizei, Justiz, Heer) sowie auf die Übernahme wirtschaftlich unprofitabler, aber notwendiger Einrichtungen (z. B. Krankenhäuser) zu beschränken. Dieses Staatskonzept wird von Skeptikern polemisch auch als ***Nachtwächterstaat*** bezeichnet. Oftmals ist auch von einer Politik des ***Laissez-faire*** („Lasst gewähren") die Rede. Dies ist jedoch ungenau, da schon Adam Smith die Notwendigkeit einer Rechtsordnung als Rahmen wettbewerblicher Prozesse anerkannte.

Adam Smith und die unsichtbare Hand des freien Marktes

Mit seinem 1776 erschienenen bahnbrechenden Werk „Wealth of Nations" eröffnet der Schotte Adam Smith die Zeit klassischen ökonomischen Denkens. Anders als viele Philosophen vor ihm lehnte er den menschlichen Eigennutz nicht ab, sondern vertrat die These, dass das ***Streben des Eigennutzes*** die wichtigste Triebkraft für Fortschritt und Wohlstand sei. Geleitet durch die „unsichtbare Hand" des freien Wettbewerbsmarktes, also des Mechanismus von Angebot, Nachfrage und Preis (siehe 1.5), fördere jeder Einzelne unbeabsichtigt das Allgemeinwohl.

Jean-Baptiste Say und das Say'sche Theorem

Ein weiterer klassischer Liberalist war Jean-Baptiste Say, der anführte, dass Märkte immer zu einem Gleichgewicht führen, da jeder Produktion ein in gleicher Höhe geschaffenes Einkommen entspreche (***Say'sches Theorem***). Da er zugleich von einer völligen Flexibilität von Preisen, Löhnen und Zinsen ausgeht, kann es keine dauerhafte Arbeitslosigkeit geben.

Die Diskussion um den Neoliberalismus

M1 Kritik am wirtschaftlichen (Neo-)Liberalismus

Die neoliberale Weltformel lautet schlicht: Überlasst alles den Marktkräften und haltet euch an den Kapitalismus, wenn ihr in der besten aller Welten leben wollt. Dabei sind wesentliche Abstriche an der Neuauflage des klassischen, über 200 Jahre alten Laissez-faire-Postulats aus der Zeit des frühen Industriekapitalismus nicht vorgesehen. Im Gegenteil werden die wirtschaftlichen und sozialen Probleme gerade auf die Eingriffe in die Marktprozesse und die staatlich gesetzten Grenzen völliger Marktfreiheit zurückgeführt. Dieser Glaube an die Selbstoptimierung des Marktes legitimiert die Angriffe gegen den Sozialstaat, gegen Arbeitnehmerrechte, gegen die staatlichen Vorsorge- und Fürsorgeleistungen und führt im internationalen Bereich zu den Zwangsmaßnahmen gegen den sinnvollen protektionistischen Selbstschutz der Schwellenländer und Entwicklungsökonomien. (…)
Der Neoliberalismus zielt darauf, alle Lebensbereiche dem Marktmechanismus zu unterwerfen und die Verwandlung von Mensch, Natur und Moral in Waren grenzenlos auszuweiten. Neoliberalismus ist der Totalitarismus des Marktes und er ist inhuman, unsittlich und bei der Lösung der Zukunftsaufgaben ineffizient. Er steht einer nachhaltigen Entwicklung immer im Wege. Der Neoliberalismus liefert ein politisches Handlungskonzept und bildet den ideologischen Überbau der Machtstrukturen des gegenwärtigen Kapitalismus. (…)
Der Neoliberalismus profitiert von der Schwäche der sozialen Bewegung, die eine Reihe von Niederlagen verkraften musste. Davon wird sie sich wieder erholen, und sie wird ihren Kampf für Gerechtigkeit, Menschenwürde und gesellschaftlichen Fortschritt weiterführen – letztlich mit Erfolg. Dabei geht es nicht darum, den Markt zu verteufeln, sondern ihn zivilgesellschaftlich zu beherrschen.

Karl Georg Zinn: Neoliberalismus. In: Hans-Jürgen Urban (Hg.). ABC zum Neoliberalismus. Von „Agenda 2010" bis „Zumutbarkeit". Hamburg: VSA-Verlag 2006, S. 164f.

M2 Lexikoneintrag: Neoliberalismus

Nach Darstellung von Wilhelm Röpke wurde der Begriff des Neoliberalismus im August 1938 auf einer Konferenz in Paris (…) geprägt. (…) Der Begriff „Neo"-Liberalismus wurde gewählt, um sich bewusst gegenüber dem alten „Laissez-faire-Liberalismus" abzusetzen (…). Röpke beschreibt die neue liberale Bewegung wie folgt: „(…) das Vertrauen auf die Freiheit der Märkte und die Einsicht, dass diese Freiheit einer umfassenden Politik bedarf, die das Feld der wirtschaftlichen Freiheit wie ein Spielfeld streng absteckt, ihre Bedingungen – sozusagen die Spielregeln – sorgfältig bestimmt und mit unparteiischer Strenge für die Respektierung dieses Rahmens der Marktwirtschaft (des Spielfeldes wie der Spielregeln) sorgt". Nach Röpkes Definition bilde sich eine funktionsfähige marktwirtschaftliche Ordnung nicht von selbst heraus. Es bedürfe vielmehr einer rahmensetzenden Politik, der Ordnungspolitik. Diese müsse sicherstellen, dass die Unternehmen um die Gunst der Konsumenten konkurrierten, statt ihre Kräfte auf andere Aktivitäten wie etwa die Behinderung der Konkurrenz oder die Einflussnahme auf die Politik zu konzentrieren. (…) Von Beginn an war der Neoliberalismus-Begriff umstritten, sodass Röpke die Festlegung auf diesen Begriff selbst als „das am wenigsten glückliche Ergebnis der Pariser Konferenz" ansah, der nicht adäquat wiedergebe, was den „neuen" Liberalismus ausmache.

Initiative neue soziale Markwirtschaft: http://www.insm.de/insm/Wissen/Lexikon/n/Neoliberalismus.html (17.11.2010)

1 ***Erklären Sie, warum sich die klassischen Liberalisten tendenziell als Teil einer befreienden, demokratischen Bewegung verstanden haben (linke Seite).***

2 ***Arbeiten Sie die von Zinn vorgebrachte Kritik am (Neo-)Liberalismus heraus (M1). Auf welche theoretischen Aspekte des klassischen Liberalismus wird hier eingegangen?***

3 ***Vergleichen Sie das Verständnis des Begriffs „Neoliberalismus" in M1 und M2. Welche Unterschiede werden deutlich?***

Theoretische Grundlagen II: Marxismus

Statuen von Marx und Engels in Berlin

Historischer Kontext und Kerngedanken des Sozialismus

Die Industrielle Revolution des 18. und 19. Jahrhunderts zeigte, dass mit der rechtlichen Gleichberechtigung der Menschen und der zunehmenden wirtschaftlichen Liberalisierung (siehe 2.1) noch lange keine materielle Gleichheit und soziale Gerechtigkeit einhergehen muss.
Die von den liberalen Wirtschaftstheoretikern propagierte „reine" Marktwirtschaft erreichte nicht den erhofften Wohlstand für alle Bevölkerungsgruppen. Uneingeschränkte wirtschaftliche Freiheitsrechte und die Verabsolutierung des Privateigentums führten zu einer zunehmenden Verschlechterung der Lebens-, Wohn- und Arbeitsverhältnisse breiter Bevölkerungsschichten. Man sprach von der ***Sozialen Frage***.
Als Antwort auf diese Frage, also wie mit den sich zunehmend vergrößernden Gegensätzen zwischen Unternehmer- und Arbeiterschicht umzugehen sei, entwickelten sich unterschiedlichste soziale und sozialistische Denkschulen. Sie alle vereint die Ausrichtung an den Grundwerten ***Gleichheit, Solidarität und Gerechtigkeit*** sowie zumeist die Forderung nach Abschaffung des Eigentums an Produktionsmitteln. Die größte Bekanntheit und Tragweite unter ihnen erreichte der Marxismus.

Dialektisch stammt von Dialektik und meint vereinfacht dargestellt den Prozess, bei dem bestehende Dinge oder Auffassungen (These) mit Problemen oder Widersprüchen konfrontiert werden (Antithese), wodurch ein neues Verständnis oder eine neue Situation entsteht (Synthese).

Grundzüge des Marxismus

Der Marxismus ist eine von Karl Marx (1818–1883) und Friedrich Engels (1820–1895) begründete Gesellschaftslehre und Theorie der politischen Ökonomie.
Zentrale Annahme von Marx und Engels ist, dass sich der Fortlauf der Geschichte sowie der Wandel von Gesellschaften und Wirtschaftssystemen allein durch Spannungen begründen lässt, die sich ***dialektisch*** auflösen. Diese Spannungen können auf einen Hauptwiderspruch zurückgeführt werden: den Widerspruch zwischen Lohnarbeit und Kapital.
Ausgehend von diesen Annahmen versuchte Marx anhand der Analyse der damaligen gesellschaftlichen und ökonomischen Zustände sodann zu beweisen, dass der Kapitalismus sich selbst zerstören wird. Denn aus Marx'scher Sicht führt das ***Privateigentum an Produktionsmitteln***, Sinnbild für den Kapitalismus, nicht nur zur Ausbeutung der Arbeiterschaft, sondern behindert und begrenzt zugleich die wirtschaftliche Entwicklung. Seine Argumentation (***marxistische Kapitalismuskritik***) lässt sich in ihren Grundzügen wie folgt skizzieren:

- Laut Marx werden langfristig alle Güter, Produkte wie auch Arbeitskräfte, zu ihren tatsächlichen Werten verkauft werden. Dabei geht er davon aus, dass sich der Wert eines Guts durch die in ihm enthaltene durchschnittliche Arbeitszeit bestimmt. Maschinen selbst können somit keine Werte erzeugen, da sie letztlich nur den in ihnen enthaltenen Wert auf das Produkt übertragen. Folglich kann einzig der arbeitende Mensch mehr Werte (***Mehrwert***, vereinfacht: Gewinn) produzieren, als an Wert (z. B. in Form von Nahrung) in ihm selbst enthalten ist.
- Die Arbeiterschaft (von Marx ***Arbeiterklasse*** oder ***Proletariat*** genannt) erhält jedoch nur so viel Lohn, um am Existenzminimum leben zu können. Sie profitiert also nicht von dem durch sie geschaffenen Mehrwert, sondern wird von den Kapitalisten (Unternehmer, von Marx ***Bourgeoisie*** genannt) in Höhe dieses Mehrwerts ausgebeutet. Je mehr die Produktivität der Arbeit nun zunimmt, desto größer der Mehrwert und damit auch das Ausmaß der ***Ausbeutung***. Karl Marx bezeichnet diesen Gegensatz zwischen gesellschaftlicher Produktion durch die Lohnarbeiter der Arbeiterklasse und der privaten Aneignung der Gewinne durch die Kapitalisten als Grundwiderspruch der kapitalistischen Produktion.

- Aufgrund des kapitalistischen Systems und des mit ihm einhergehenden Wettbewerbs sind die Unternehmer dazu verleitet, ständig zu rationalisieren. Arbeitskraft (***variables Kapital*** in Form der Lohnkosten) wird dabei durch Sachgüter wie Maschinen (***konstantes Kapital***) ersetzt. Die Erhöhung des konstanten Kapitals führt jedoch dazu, dass der durch Arbeitskraft geschaffene Mehrwert pro Produkt abnimmt. Dadurch fällt auch die unternehmerische Gewinn- bzw. Profitrate, da diese als Relation „Mehrwert zu eingesetztem Gesamtkapital" definiert ist.
- Die Unternehmer versuchen nun diesen Mehrwertverlust durch Steigerung der Produktion zu kompensieren. Da sie laut Marx jedoch nicht die Löhne anheben werden, um die Nachfrage zu stärken, kommt es zur Überproduktion und somit zu wirtschaftlichen Krisen. Die Produktion wird wieder zurückgefahren, was Entlassungen und somit eine noch intensivere Verelendung des Proletariats und folglich auch eine Verschärfung der Krise mit sich bringt. Zugleich konzentrieren sich der Reichtum und das Eigentum an Produktionsmitteln in den Händen immer weniger Kapitalisten.
- Am Ende ist der Gegensatz zwischen Proletariat und Bourgeoisie so extrem, dass ein *Klassenkampf* beginnt. Laut Marx zerstört dieser zwangsläufig das kapitalistische System, da die Arbeiterklasse mittels einer Revolution die Bourgeoisie besiegt. Die Kapitalisten werden enteignet und das Eigentum an Produktionsmitteln wird in Gesellschaftseigentum überführt (*Sozialismus*), damit letztlich alle Menschen in einer weltweit klassenlosen Gesellschaft leben können (*Kommunismus*). Lohnarbeit und Kapital stehen sich also nicht mehr gegenüber und die Spannungen sind überwunden.

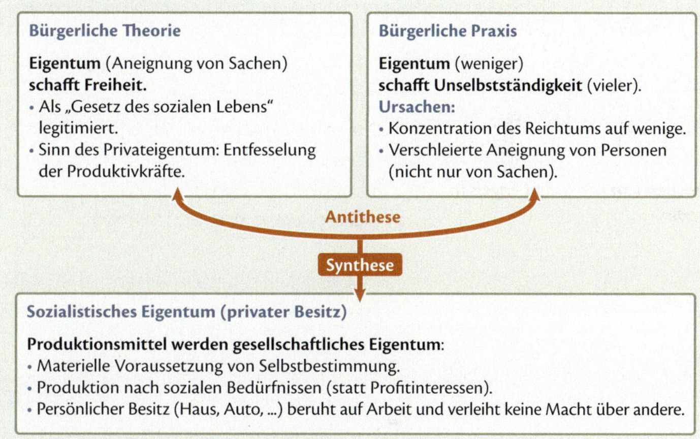

Quelle: http://www.gottwein.de/Eth/St.Marx01.php (11.02.2011)

Marxismus und sozialistische Wirtschaftsordnung

Der Marxismus und seine Kritik an der Ausbeutung der Arbeiterschaft, den damaligen Besitzverhältnissen sowie seine Vision einer klassenlosen Gesellschaft fanden vielfachen Zuspruch bei sozialen und sozialistischen Denkern. Doch wie und nach welchen Grundregeln sollten der Sozialismus und die klassenlose Gesellschaft aufgebaut werden und im Anschluss funktionieren? Nach welchen Prinzipien sollte eine Wirtschaft arbeiten, die statt Privateigentum ausschließlich Kollektiveigentum vorschreibt? Welche Vorgehensweise hat den Marktmechanismus zu ersetzen, welche den freien Wettbewerb? Marx selbst gab zu der Funktionsweise der neuen Wirtschaftsordnung wenig Hinweise, sodass es die Aufgabe weiterer Denker war, entsprechende Konzepte zu entwickeln (z. B. *Marxismus-Leninismus*).

Kritik am Marxismus

Aus ideologischer Sicht heraus wurde der Marxismus sowohl gefeiert als auch stark angefeindet. Auch aus wirtschaftstheoretischer Sicht wird Kritik an der Marx'schen Theorie erhoben. So wird zum Beispiel angemerkt, dass Marx die Bedeutung von Managern und Verwaltungsbeamten unterschätzte, die zwar keine Produktionsmitteleigentümer sind, sich aber auch bereichern und ihre Macht missbrauchen können. Ebenfalls wird angemerkt, dass ohne Gewinn den Menschen die Anreize fehlen, Effizienzpotentiale voll auszunutzen.

Klassifikation von Wirtschaftsordnungen

Begriffsdifferenzierung: Wirtschaftsordnung, -verfassung und -system
Der Begriff ***Wirtschaftsordnung*** bezeichnet den organisatorischen Aufbau und den Ablauf aller wirtschaftlichen Tätigkeiten innerhalb eines Landes. Sie setzt sich aus verschiedenen Teilordnungen wie der Ordnung der Arbeitsverhältnisse oder der Ordnung des Geldwesens zusammen. Die rechtlichen Normen einer solchen Wirtschaftsordnung spiegelt die jeweilige ***Wirtschaftsverfassung*** wider. Der Begriff ***Wirtschaftssystem*** wird sehr uneinheitlich definiert, oftmals wird er auch bedeutungsgleich mit dem Begriff Wirtschaftsordnung genutzt.

Modellhafte Klassifikation von Wirtschaftsordnungen
Wirtschaftsordnungen werden in der Regel mithilfe zweier zentraler Merkmale voneinander abgegrenzt: Zum einen nach der ***Eigentumsordnung*** und zum anderen nach der ***Planungsordnung***, ermittelbar durch folgende Fragen:

- Sind die Produktionsmittel Privat-, Gesellschafts- oder Staatseigentum?
- Was soll produziert werden?
- Für wen soll produziert werden?
- In welcher Menge soll produziert werden?
- Wie und wo soll produziert werden?

Die letzten vier Fragestellungen können zentral von einer Planungsbehörde oder aber eigenverantwortlich, also dezentral von Privathaushalten und Unternehmen entschieden werden.

Anhand der beiden wesentlichen Merkmale „Eigentumsordnung" und „Planungsordnung" lassen sich sodann die beiden Extremformen bzw. Idealtypen der Wirtschafts-

Idealtypische Unterscheidung

Gesellschaftsordnung	Individualprinzip	Kollektivprinzip
Theoriebezug / Ideologie	Liberalismus	Sozialismus
Wirtschaftsordnung	Marktwirtschaft	Zentralverwaltungswirtschaft
Planungsordnung	dezentral	zentral
Beeinflussung durch Staat	Verbote als staatlicher Ordnungsrahmen	Plansoll-Vorgaben, Normen, Gebote
Eigentumsordnung	Privateigentum	Gesellschafts-/Staatseigentum
Unternehmensmaxime	Gewinnmaximierung	Plansoll-Erfüllung
Bankensystem	Einstufiges Bankensystem	Mehrstufiges Bankensystem
Politische Ordnung	Autoritäres System, Diktatur	Demokratie

ordnung bestimmen: die ***Zentralverwaltungswirtschaft*** und die ***Marktwirtschaft***. Anstelle von Zentralwirtschaft ist oftmals auch von ***Planwirtschaft*** die Rede, was aber irreführend ist, da letztlich in jeder Wirtschaft geplant wird.

Idealtyp: Zentralverwaltungswirtschaft

Das Prinzip der zentral geleiteten Wirtschaft basiert auf den Überlegungen ***sozialistischer Theorien*** (siehe 2.2) und korrespondiert mit einer ***kollektivistischen Gesellschaftsordnung***. Bei ihr sind die Bedürfnisse des Einzelnen dem Gemeinwohl untergeordnet (***Subordinationsprinzip***). Staat, Wirtschaft und Gesellschaft verfolgen hierbei übergeordnete Ziele, deren Erreichen von jedem Einzelnen zu fördern ist.

Die Wirtschaft folgt dementsprechend einem zentralen Plan, der von einer oder mehreren zentralen Planungsbehörden erstellt wird. Er enthält in der Regel sogenannte Plansoll-Vorgaben. Sie geben die Menge, die Art, die Qualität sowie den Zeitpunkt der zu erstellenden Güter vor. Deren Einhaltung wird zentral kontrolliert. Selbst der Güterverbrauch kann Teil der Planung sein. Gewöhnlich setzt dies voraus, dass auch die Produktionsmittel der Planungsbehörde unterstellt sind, also vergesellschaftet wurden oder dem Staat gehören.

Bei dieser Wirtschaftsordnung werden zwar das Gemeinwohl stärker berücksichtigt und zumeist die existenziellen Bedürfnisse preisgünstig befriedigt, doch trotz noch so guter Planung kann massive ***Missproduktion*** betrieben werden. Sogenannte Hamsterkäufe aus Angst vor Mangelsituationen sowie die fehlende Berücksichtigung der individuellen Bedürfnisse tragen daher verstärkt zum Schwarzmarkthandel bei. Auch die Behinderung des technischen Fortschritts sowie mangelnde Anreizsysteme können als Nachteile betrachtet werden.

Idealtyp: Marktwirtschaft

Der ***klassische Liberalismus*** (siehe 2.1) kann als theoretische Basis einer ***individualistischen Gesellschaftsordnung*** verstanden werden. In dieser ist die Entscheidungsfreiheit des Einzelnen in wirtschaftlichen Angelegenheiten zentraler Grundsatz.

Dies korrespondiert mit der reinen Marktwirtschaft als Wirtschaftsordnung, in der die wirtschaftlichen Entscheidungen dezentral von jedem Haushalt und Unternehmen eigenständig getroffen werden. Art und Menge der auf dem Markt produzierten Güter werden allein durch Angebot, Nachfrage und Wettbewerb gesteuert. Diese Funktionsweise setzt voraus, dass die Produktionsmittel Privateigentum sind. Der Staat übernimmt lediglich die Aufgabe, durch einen Ordnungsrahmen den Einzelnen mitsamt seinem Eigentum zu schützen.

Die Betonung der Freiheit wie auch die Konsumentensouveränität können als zentrale Vorteile der Marktwirtschaft gesehen werden, die jedoch nicht vor extremen sozialen Missständen, der Ausbeutung der Arbeitskraft, einer krassen Ungleichverteilung des gesellschaftlichen Reichtums sowie vor der Konzentration wirtschaftlicher Macht zu schützen vermag.

Auch führt die Orientierung am eigennutzorientierten Handeln nicht immer zum wirtschaftlichen Optimum: Einzelwirtschaftliche Interessen können gesamtwirtschaftlichen zuwiderlaufen (Dilemmasituation). Beispielsweise ist es aus Sicht eines einzelnen Unternehmens vorteilhaft, die Löhne und damit die eigenen Kosten zu senken. Eine generelle Lohnsenkung kann aber einen Ausfall an gesamtwirtschaftlicher Nachfrage zur Folge haben. Dies wirkt sich wiederum nachteilig auf die Gesamtwirtschaft aus.

Abwrackprämie: Staat versucht Binnennachfrage anzustoßen

Differenzierte Klassifikation

Eine differenziertere Einteilung der Wirtschaftsordnung und somit auch eine erste Annäherung an real existierende Formen (siehe 2.4) erhält man durch Kombination der Planungs- und Eigentumsordnungen.

Realtypische Wirtschaftsordnungen

Anforderungen an Wirtschaftsordnungen

Dazu, wie eine Wirtschaftsordnung beschaffen sein sollte, gibt es unterschiedliche Meinungen. Die Funktionsfähigkeit einer Wirtschaftsordnung hat sich jedoch daran zu messen, wie sie zum Erreichen folgender sozioökonomischer Ziele beizutragen vermag:

- Bedürfnisbefriedigung bei minimalem Ressourcenaufwand;
- Schutz der natürlichen Lebensgrundlagen;
- Stabilität der wirtschaftlichen Entwicklung;
- Sicherung der Teilhabe aller Gesellschaftsmitglieder an der wirtschaftlichen Entwicklung;
- Verhinderung demokratisch nicht legitimierter Machtkonzentration.

Klassifikation von Wirtschaftsordnungen

Eigentum	Planung: zentral	Planung: dezentral
Gesellschaft	Rätedemokratie	selbstverwaltete sozialistische Marktwirtschaft
Staat	staatssozialistische Zentralplanwirtschaft	staatssozialistische Marktwirtschaft
privat	Verwaltungswirtschaft	Marktwirtschaft

Realtypische Wirtschaftsordnungen in Abgrenzung zu den Idealtypen

In der Realität gibt es weder die Marktwirtschaft noch die Zentralverwaltungswirtschaft in Reinform. Es bestehen aber entsprechende Annäherungen und Mischformen. – stets mit dem Anspruch, eine Wirtschaftsordnung zu gestalten, die den historischen und sozioökonomischen Verhältnissen am ehesten entspricht.

Realtypische Wirtschaftsordnungen

Idealtyp „Marktwirtschaft“	
❶ Anarchie	**totale „Laissez-faire-Wirtschaft“**
❷ spezieller staatl. Ordnungsrahmen für die Wirtschaft (vor allem zur Sicherung des Wettbewerbs)	
❸ staatl. Steuerung von Nichtwettbewerbsbereichen (besonders zur Bereitstellung „öffentlicher Güter“)	**„Liberalismus“**
❹ Umverteilungspolitik	**„Soziale Marktwirtschaft“**
❺ Globalsteuerung auf Marktebene	**„Gelenkte Marktwirtschaft“**
❻ Steuerung bis auf Branchenebene	**„Planification“**
❼ Mikrosteuerung auf Unternehmensebene (z. B. durch Investitionskontrolle)	**„Gemäßigter Sozialismus“**
Unvereinbarkeit und Dominanz eines Grundtyps?	
❼ betriebliche Investitionsfreiheit	**„Marktsozialismus“**
❻ staatl. Produktionsvorgaben (nur bis auf Branchenebene)	
❺ staatl. Planvorgaben mit betrieblichen Produktionsfreiheiten	**„Prager Frühling“**
❹ Dezentralisierung bei der staatl. Produktionsplanerstellung	**„Neues Ökonomisches System“**
❸ Freiheit haushaltlicher Einkommenserzielung	**Arbeitsplatzfreiheit**
❷ Freiheit haushaltlicher Einkommensverwendung	**Konsumfreiheit**
❶ vollständige Mikrosteuerung	**totale „Kommandowirtschaft“**
Idealtyp „Zentralverwaltungswirtschaft“	

Quelle: Bundeszentrale für politische Bildung (Hg.): Wirtschaft heute. Bonn Bpb, 2009, S. 23

Trend: Von der Zentralverwaltungswirtschaft zur Marktwirtschaft

Die *staatssozialistische Zentralverwaltungswirtschaft* wurde nach dem Ersten Weltkrieg in der UdSSR und nach dem Zweiten Weltkrieg unter Einfluss der Sowjetunion in Ländern Osteuropas sowie in China und in Kuba mit je landesspezifischer Prägung entwickelt. Verschiedene Wirtschaftsreformen sollten einzelne systemtypische Mängel (siehe 2.3) korrigieren, die grundlegenden Mängel konnten aber bei unveränderter Zentralplanung nicht behoben werden.

Je länger Volkswirtschaften als Zentralverwaltungswirtschaft organisiert waren, desto deutlicher wurde zudem deren im Vergleich zu Marktwirtschaften geringere ökonomische Leistungsfähigkeit. Dies brachte nicht selten eine politische Destabilisierung mit sich. Seit dem Zusammenbruch der Sowjetunion Anfang der 1990er Jahre strebten daher

fast alle Zentralverwaltungswirtschaften eine ***Transformation*** zu einer eher marktwirtschaftlich orientierten Wirtschaftsordnung an. In einigen Staaten ist diese Transformation weitgehend abgeschlossen, in anderen Ländern hingegen dauert sie noch an.
Resümierend schreibt der sozialistische Ökonom Robert Heilbroner 1989 im New Yorker: „Die Sowjetunion, China und Osteuropa haben uns den eindeutigen Beweis dafür geliefert, dass der Kapitalismus die materiellen Angelegenheiten der Menschheit besser und zufriedenstellender organisiert als der Sozialismus."
Zugleich aber nimmt die Diskussion um das marktwirtschaftliche System nicht ab: Die Kritik zielt allerdings mehr auf seine sozialen und zunehmend auch ökologischen Folgen.

Exemplarische Wirtschaftsordnungen heute und früher

- Kein anderes Land ist über 30 Jahre derart schnell gewachsen wie China. Offizieller Begriff der Wirtschaftsordnung dieser Volksrepublik lautet ***sozialistische Marktwirtschaft***. Sie wurde 1978 als Ergänzung des bestehenden Zentralverwaltungssystems durch Reformprozesse eingeleitet. Aufgrund der Vielzahl an privaten Unternehmen wird jedoch von westlicher Seite oftmals schon von einer kapitalistischen Marktwirtschaft gesprochen.
- 1968 ereignete sich in der damaligen Tschechoslowakei der sogenannte ***Prager Frühling***. Dieser Begriff bezieht sich auf den Versuch, einen ***„Sozialismus mit menschlichem Antlitz"*** zu schaffen. Gefordert wurde von der Kommunistischen Partei u. a. eine Befreiung der Betriebe von staatlicher Führung, die Zulassung privat geführter Kleinbetriebe sowie die Aufhebung der staatlichen Lenkung der Preise, ohne jedoch das Gemeinschaftseigentum an den Produktionsmitteln aufheben zu wollen.
- In den 1950er Jahren etablierte sich in der Sozialistischen Föderativen Republik Jugoslawien die sogenannte ***selbstverwaltete sozialistische Marktwirtschaft/Arbeiterselbstverwaltung***. Die Beschäftigten verfügten über die Produktionsmittel und konnten innerhalb eines festgelegten Rahmens u. a. über Investitionen, Löhne und Produktionsplanung entscheiden.
- Die ***Planification*** war offizielles Leitbild der französischen Wirtschaftspolitik nach 1945, um die damals knappen Finanzmittel zielgerichtet einzusetzen. Zentral war die Erstellung unverbindlicher Richtlinien für die Privatwirtschaft und verbindlicher Finanz- und Investitionsplanungen für Staatsunternehmen. Nach Einsatz des durchaus erfolgreichen ersten Plans verlor die Planification 1954 zunehmend an Bedeutung.
- Mit dem Begriff ***Rheinischer Kapitalismus***, der 1991 in Abgrenzung zum angelsächsischen Modell der kapitalistischen bzw. liberalen Marktwirtschaft entwickelt wurde, wird ebenfalls ein Mischsystem beschrieben. Bei dieser Wirtschaftsordnung, auch ***koordinierte Marktwirtschaft*** genannt, ist eine starke sozialstaatliche Ausrichtung zu erkennen. Als exemplarisch für diese Form gilt die ***Soziale Marktwirtschaft*** in Deutschland (siehe 2.5 und Kapitel 3).
- Neuseeland hat in Reaktion auf eine Wirtschaftskrise 1984 begonnen, seine stark regulierte Volkswirtschaft radikal in eine mittlerweile weltweit am stärksten deregulierte und privatisierte ***kapitalistische Marktwirtschaft*** umzuwandeln. Hierfür wurden u. a. die Sozialsysteme stark zurückgebaut, Staatsbetriebe privatisiert, Subventionen gekürzt und der Spitzensteuersatz halbiert.
- Der Begriff ***Sozialismus des 21. Jahrhunderts*** ist ein auf Basis eines Buches von Heinz Dieterich entstandener aktueller politischer Slogan, der neue Wege des Sozialismus im 21. Jahrhunderts umfassen soll. Venezuelas Staatspräsident Hugo Chávez folgt seit einigen Jahren Dieterichs Vorschlägen. So begannen im Rahmen der „Bolivarischen Revolution" u. a. bereits die Wiederverstaatlichung privatisierter Betriebe sowie der Einsatz einer zentralen Planungskommission.

„Sozialistische Marktwirtschaft": Boomtown Shanghai

„Sozialismus des 21. Jahrhunderts" 1.-Mai-Demonstration in Caracas/ Venezuela

Wirtschaftsordnung der BRD

Werbeplakat 1957 für die Soziale Marktwirtschaft und die CDU/CSU

Gesetzliche Rahmenbedingungen der deutschen Wirtschaftsordnung

Die marktwirtschaftliche Ausrichtung der Wirtschaftsordnung der BRD ist keine Frage der Verfassung. So entschied auch das Bundesverfassungsgericht 1954 in einer grundlegenden Entscheidung: „Dies ermöglicht dem Gesetzgeber, die ihm jeweils sachgemäß erscheinende Wirtschaftspolitik zu verfolgen, sofern er dabei das Grundgesetz beachtet. Die gegenwärtige Wirtschafts- und Sozialordnung ist eine nach dem Grundgesetz mögliche Ordnung, keineswegs aber die alleinmögliche." Gleichwohl lassen sich im Grundgesetz (kurz: GG) und anderen Gesetzen u. a. folgende wichtige Grundbedingungen für eine Marktwirtschaft finden:

- die freie Entfaltung der Persönlichkeit (Art. 2 GG),
- die Vertragsfreiheit (Art. 2 GG und BGB),
- die Gewerbefreiheit (Art. 2 GG und Gewerbeordnung),
- die freie Berufswahl (Art. 12 GG) und
- das Recht auf Eigentum (Art. 14 GG).

Damit ist eine zentrale Verwaltungswirtschaft mit ausschließlichem Staatseigentum an Produktionsmitteln ausgeschlossen. Zugleich beinhaltet das Grundgesetz jedoch Verpflichtungen, die nicht mit einer reinen Marktwirtschaft im Sinne des „Nachtwächterstaates" konform sind. So z. B.:

- Art. 14 (3) GG: „Eine Enteignung ist nur zum Wohle der Allgemeinheit zulässig."
- Art. 15 GG: „Grund und Boden, Naturschätze und Produktionsmittel können zum Zwecke der Vergesellschaftung (...) in Gemeineigentum oder in andere Formen der Gemeinwirtschaft überführt werden."
- Art. 20 (1) GG: „Die Bundesrepublik Deutschland ist ein demokratischer und sozialer Bundesstaat."

Die Wirtschaftsordnung Deutschlands ist demnach ein Mischsystem und wird in ihrer konkreten Ausgestaltung als ***Soziale Marktwirtschaft*** (siehe Kapitel 3) bezeichnet.
Im Zuge der Wiedervereinigung wurde im Frühjahr 1990 die Soziale Marktwirtschaft im Vertrag über die Schaffung einer Währungs-, Wirtschafts- und Sozialunion zwischen der Bundesrepublik Deutschland und der ehemaligen Deutschen Demokratischen Republik rechtlich als gemeinsame Wirtschaftsordnung verankert.

Soziale Marktwirtschaft: ordnungspolitische Konzeption

Die Wirtschaftsordnung „Soziale Marktwirtschaft" wurde in den ersten Jahrzehnten nach dem Zweiten Weltkrieg in Deutschland etabliert und basiert vornehmlich auf den wissenschaftlichen Arbeiten der sogenannten Freiburger Schule. Deren wichtigster Vertreter war der Nationalökonom Walter Eucken (1891–1959), dessen Ideen von dem CDU-Politiker Ludwig Erhard (1897–1977) sowie von dem Nationalökonom Alfred Müller-Armack (1901–1978) weiterentwickelt und verbreitet wurden. So geht die Bezeichnung auf Müller-Armack zurück, der in dem Konzept Elemente des deutschen ***Neoliberalismus*** (siehe 2.1) und der ***Christlichen Soziallehre*** verband. Nach ihm ist die Soziale Marktwirtschaft eine ordnungspolitische Idee, deren Ziel es ist, auf der Basis des Wettbewerbsprinzips die freie Initiative mit einem durch die marktwirtschaftliche Leistung gesicherten sozialen Fortschritt zu verbinden. Das Grundziel heißt: „So viel Freiheit wie möglich, so viel staatlicher Zwang wie nötig."
Dementsprechend halten Vertreter der Sozialen Marktwirtschaft grundsätzlich am ***Individualprinzip*** fest, fordern jedoch eine Verbindung mit dem ***Sozial- bzw. Kollektivprinzip***, da nicht alle Menschen den Leistungskriterien des Marktes entsprechen können. Anspruch ist also, die Vorteile der Marktwirtschaft wie wirtschaftliche Leistungsfähigkeit und hohe Güterversorgung zu nutzen, gleichzeitig aber deren Nachteile wie zerstörerischer Wettbewerb und unsoziale Auswirkungen zu vermeiden.

Rolle des Staates in der deutschen Marktwirtschaft

Unzweifelhaft ist der Staat in der BRD aus seiner Nachtwächterrolle herausgetreten. So nimmt er vielfältige Aufgaben wahr, u. a.:

- trägt er Sorge dafür, dass Marktmacht eingedämmt wird und die Vorteile des Preis- und Marktmechanismus erhalten bleiben bzw. wirken. In der BRD wird dies durch das Gesetz gegen Wettbewerbsbeschränkungen (Kartellrecht) geregelt, der Preisauszeichnungspflicht, Förderung von Handwerk, Klein- und Mittelbetrieben usw.
- schafft er gemäß dem ***Stabilitäts- und Wachstumsgesetz*** wirtschaftliche Rahmenbedingungen, um Preisstabilität, Vollbeschäftigung, außenwirtschaftliches Gleichgewicht und Wachstum zu ermöglichen. Damit einher geht im Rahmen von Konjunktur-, Geld-, Finanz-, Regional- und Strukturpolitik vielfältiges staatliches Handeln und Intervenieren.
- greift er aus unterschiedlichsten Motiven (z. B. zur Sicherung und Verbesserung der heimischen Wettbewerbsposition) in eine ganze Reihe von Wirtschaftsbereichen ein, so zum Beispiel in den Kohlebergbau, die Landwirtschaft, den Verkehrssektor, die Energiewirtschaft und den Arbeitsmarkt.

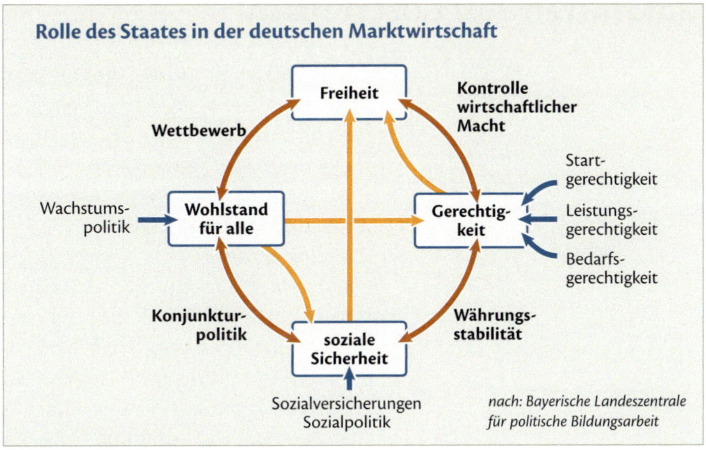

nach: Bayerische Landeszentrale für politische Bildungsarbeit

Zudem gibt es Elemente, die primär zentral vom Staat geregelt werden, u. a.:

- die Versorgung der Bevölkerung mit öffentlichen Gütern (z. B. Wasser- und Abwasserversorgung),
- die Absicherung unselbstständig Beschäftigter gegen Risiken von Krankheit, Unfall, Arbeitslosigkeit, Pflege und des Alters,
- die Geldversorgung durch die Europäische Zentralbank bzw. der darin eingegliederten Deutschen Bundesbank.

Wesentliches Merkmal staatlichen Handelns in Deutschland ist zudem die je nach Regierung mehr oder weniger starke Verfolgung ***sozialstaatlicher Anliegen***. Exemplarisch seien hier Sozialhilfe, sozialer Wohnungsbau und BAföG genannt. ***Soziale Gerechtigkeit*** und ***soziale Sicherheit*** sind jedoch nicht nur gesetzte Prinzipien des Sozialstaats, sondern auch für die wirtschaftliche Stabilität wichtig: Sie tragen z. B. in Form sozialer Umverteilung zum sozialen Ausgleich und Frieden und damit zur Verlässlichkeit wirtschaftlicher Planungen und Entscheidungen bei.

Oftmals wird mit Sozialer Marktwirtschaft eine starke staatliche Umverteilungskomponente verbunden, auf die – so der Hinweis einiger Autoren – die theoretischen Begründer jedoch nicht zielten. Den seit den 1960er-Jahren zunehmenden Ausbau des Sozialstaats bewerten eine Reihe von „Systemkritikern" daher als ***sozialpolitische Überfrachtung*** und fordern eine „Neue Soziale Marktwirtschaft", in der wirtschaftliche Freiheit und Selbstverantwortung wieder gestärkt würden.

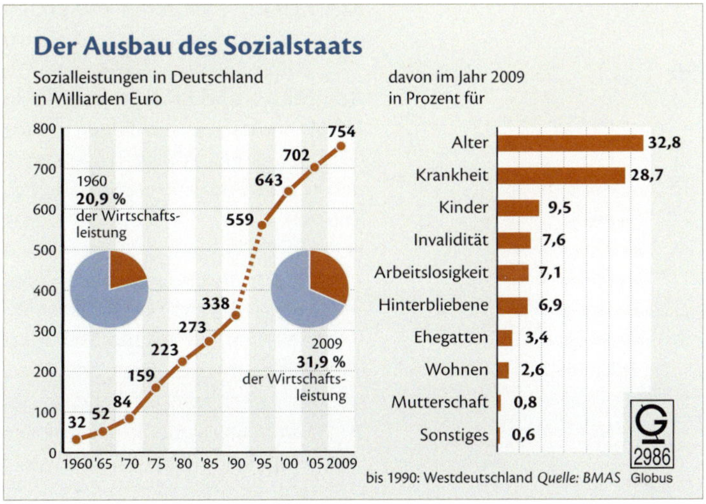

Güterarten und Gütertausch

Güter werden produziert und Dienstleistungen angeboten, um die unterschiedlichen Bedürfnisse der Menschen zu befriedigen (siehe 1.1). Wirtschaftssysteme unterscheiden sich nicht zuletzt darin, wie über knappe Güter im Zusammenhang mit der Bedürfnisbefriedigung verfügt wird.

Freie und knappe Güter

Da Güter in der Regel in einem geringeren Ausmaß vorhanden sind, als sie nachgefragt werden, werden sie über Märkte zugeteilt. Daher werden sie auch als knappe bzw. wirtschaftliche Güter bezeichnet. Ihre Verfügbarkeit ist mit Kosten verbunden und sie besitzen aufgrund dessen einen entsprechenden Tauschwert (Preis).
Doch wie verhält es sich beispielsweise mit dem Sand in den Wüsten? Offensichtlich gibt es auch sogenannte freie Güter, die jedem zur Verfügung stehen. Bei ihnen stellt sich das grundlegende Problem der Knappheit nicht – noch nicht. Freie Güter werden nämlich seltener: Galten unbelastetes Wasser und saubere Luft in den vergangenen Jahrhunderten noch als frei, entwickeln sie sich zunehmend zu knappen Ressourcen.

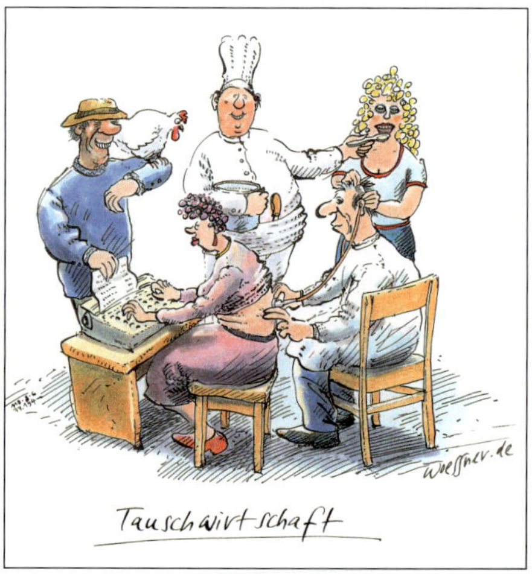

Karikatur: Freimut Wössner

Tausch knapper Güter

Jedes Mal, wenn ein knappes Gut von einem oder mehreren Menschen abgegeben und empfangen wird, finden Tauschgeschäfte bzw. ***wirtschaftliche Transaktionen*** statt.
Bei einem direkten ***Tausch knapper Güter*** (Fall 1) werden nur reale Güter bzw. Naturalien getauscht (***Naturaltauschwirtschaft***). Indirekte Tauschgeschäfte hingegen beinhalten, dass Realgüter gegen Nominalgüter (Bar- und Buchgeld sowie Geldforderungen z. B. in Form von Krediten) (Fall 2) oder auch Nominalgüter gegen Nominalgüter (Fall 3) getauscht werden. In solchen Fällen handelt es sich um eine ***Tauschwirtschaft*** im engeren Sinne.

Einteilung verschiedener Güterarten

Die Unterscheidung nach Güterarten dient Wissenschaftlern für unterschiedlichste Analysen der wirtschaftlichen (Teil-)Prozesse. Um zum Beispiel die Produktionsaktivität einer Volkswirtschaft mithilfe des Bruttoinlandsprodukts (siehe 2.10) zu messen, ist es wichtig, die Güter ihrer Verwendung nach zu unterscheiden. Auch für Unternehmen ist es wichtig, Güter ihrer Art nach zu unterscheiden, um ihre Kosten zu berechnen. So ist es zum Beispiel von Belang, ob die einzukaufenden Güter eine kurze oder lange Nutzungsdauer haben.

Ausschluss- und Konkurrenzprinzip

Märkte sind dazu da, um die von den Menschen gewünschten Güter bereitzustellen. Doch wie gut funktioniert dies? Die Antwort hierauf fällt je nach Beschaffenheit der verschiedenen Güter unterschiedlich aus. Die Einteilung der Güter erfolgt dabei nach zwei Kriterien:

- Ausschließbarkeit der Güternutzung: Ist ein Gut so beschaffen, dass ein Eigentümer oder Besitzer andere von einer Nutzung ausschließen kann?
- Konkurrenz der Güternutzung: Ist ein Gut so beschaffen, dass ein Nutzer anderen die Nutzungsmöglichkeiten ganz oder teilweise nimmt?

Gemäß diesen Kriterien entstehen sodann folgende vier Kategorien von Gütern, deren Grenzen jedoch zum Teil fließend sein können:

1 *Private Güter* sind solche, bei denen sowohl das Konkurrenz- als auch das Ausschlussprinzip Anwendung findet. Beispiel Pizza: Nach dem Kauf einer Pizza gibt sie der Besitzer in der Regel nicht mehr her (Ausschließbarkeit). Da sie zudem nur einmal ge-

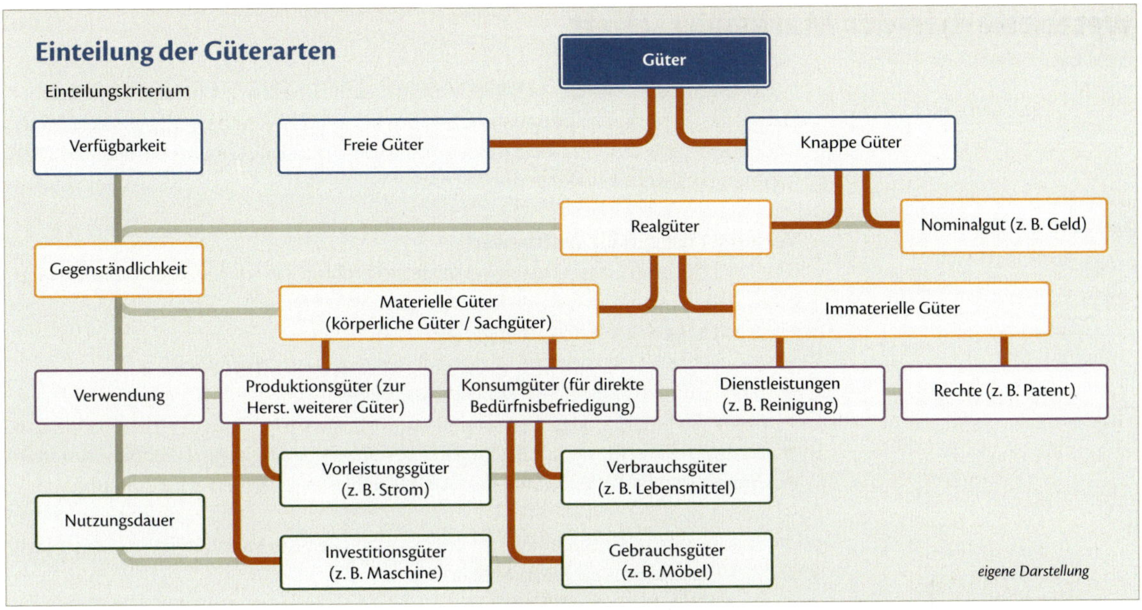

eigene Darstellung

gessen werden kann, konkurrieren alle potenziellen Genießer um den Pizzagenuss. Die meisten Güter einer Volkswirtschaft sind solche privaten Güter, die sich über Märkte effizient bereitstellen lassen.

Ausschlussprinzip	Konkurrenzprinzip: Ja	Konkurrenzprinzip: Nein
Ja	Private Güter Eiscreme Kleidung Gebührenpflichtige Straßen mit Stau	Natürliche Monopole Feuerschutz Kabelfernsehen Gebührenpflichtige Straßen ohne Stau
Nein	Gesellschaftliche Ressourcen Fische im Meer Umwelt Öffentliche Straßen mit Stau	Öffentliche Güter Alarmsirene Nationale Verteidigung Öffentliche Straßen ohne Stau

N. G. Mankiw/M. P. Taylor: Grundzüge der Volkswirtschaftslehre. Stuttgart: Schäffer-Poeschel 2008, S. 255

2 ***Öffentliche Güter*** hingegen unterliegen keinem der beiden Prinzipien. Beispiel: Landesverteidigung und Leuchttürme. Bei ihrer Nutzung besteht keine Konkurrenz, alle profitieren zugleich von dem Gut. Zudem ist es unmöglich, einzelne Personen von der Nutzung auszuschließen. Da also auch sogenannte ***Trittbrettfahrer*** ohne zu bezahlen Nutznießer sein können, ist der Markt nicht in der Lage, die Güter effizient bereitzustellen (***Trittbrettfahrer-Problematik***). Wenn der Gesamtnutzen die Kosten übersteigt, greift der Staat in der Regel ein und finanziert das Gut als öffentliches Gut aus Steuergeldern.

3 ***Allmendegüter bzw. gesellschaftliche Ressourcen*** unterliegen ebenfalls nicht dem Ausschlussprinzip, wohl aber dem Konkurrenzprinzip. So gehört zum Beispiel niemanden das saubere Wasser in einem Fluss, gleichwohl wird um das saubere Wasser konkurriert, da die Nutzung durch eine Person die Nutzungsmöglichkeiten für andere Personen mindert. Da durch zu intensive Nutzung Wasser kippt, kann übermäßige Umweltverschmutzung die Folge sein. Dies wird auch als ***Allmendeproblematik*** bezeichnet, nach der gesellschaftliche Ressourcen stärker ausgebeutet werden, als dies aus volkswirtschaftlicher Sicht wünschenswert ist. Es gilt also politisch zu klären, in welchem Ausmaß das Allmendegut genutzt wird.

4 ***Klubgüter*** können auch als ***Natürliche Monopole*** bezeichnet werden, da zwar das Ausschlussprinzip gilt, jedoch kein Konkurrenzverhältnis unter den Nutzern besteht. So können zum Beispiel Pay-TV-Sendungen ohne Rivalität von vielen Konsumenten parallel genutzt werden. Zugleich ist jedoch ein Ausschluss von Nicht-Mitgliedern grundsätzlich möglich, da für den Empfang mit dem Programmanbieter ein kostenpflichtiger Vertrag abzuschließen ist.

Wettbewerb in der Marktwirtschaft

Wettbewerb kann als das zentrale Merkmal einer Marktwirtschaft gesehen werden. Damit die als positiv zu betrachtenden Funktionen des Wettbewerbs greifen können, sind jedoch gewisse Voraussetzungen nötig, die insbesondere durch politische Maßnahmen und rechtliche Regelungen geschaffen werden.

Voraussetzungen für Wettbewerb

Das Funktionieren des Wettbewerbs ist gemeinhin an folgende Voraussetzungen gebunden:

- private ***Eigentums- und Verfügungsrechte***,
- Möglichkeit, unternehmerisch tätig zu werden (***Gewerbefreiheit***),
- freie Wahl des Tauschpartners (***Vertragsfreiheit***),
- ***Niederlassungsfreiheit***,
- Schutz des Wettbewerbs durch rechtliche Rahmenbedingungen (***Wettbewerbsregeln***),
- Einhaltung der Regeln durch die Marktteilnehmer (***Wettbewerbsgesinnung***).

Darüber hinaus spielt u. a. auch die Funktionsfähigkeit des Währungssystems, der Justiz und des Preissystems eine relevante Rolle.

Nach: Bundeszentrale für politische Bildung (Hg.), Wirtschaft heute, Bonn 2006, S. 99

Zielfunktionen des Wettbewerbs

Der Wettbewerb hat vielfältige ökonomische (Punkte 1–5) sowie gesellschaftspolitische (Punkte 6–8) Zielfunktionen zu erfüllen.
So werden durch Wettbewerb ...

- Güter gemäß den Bedürfnissen der Konsumenten bereitgestellt (optimale Marktversorgung). → ***Steuerungsfunktion***
- Produktionsfaktoren bestmöglich ausgenutzt und kombiniert. → ***Allokationsfunktion***
- neue oder verbesserte Produkte und Verfahrensweisen eingeführt und somit der technischen Fortschritt vorangetrieben. → ***Innovationsfunktion***
- die Unternehmen ihre Produktion schnell an sich verändernde Bedingungen anpassen. → ***Anpassungsfunktion***
- Markteinkommen nach dem Prinzip der Leistungsgerechtigkeit verteilt. → ***Verteilungsfunktion***

Ferner können durch Wettbewerb ...

- die Marktteilnehmer ohne Wettbewerbsbeschränkung handeln. → ***Handlungsfreiheit***
- die Verbraucher frei zwischen verschiedenen Angeboten wählen und die Arbeitnehmer einen Arbeitsplatzwechsel anstreben. → ***Wahlfreiheit***
- unerwünschten gesellschaftlichen und politischen Machtstellungen vorgebeugt werden, da durch die Vielzahl an Konkurrenten die jeweiligen Machtpositionen beständig aushandelt werden müssen. → ***Kontrollfunktion***

Antriebskräfte des Wettbewerbs

Wettbewerb ist immer dann gegeben, wenn Märkte mit mindestens zwei Anbietern oder Nachfragern, die sich in Konkurrenz zueinander verhalten, existieren. Er wird angetrieben, indem Unternehmen versuchen, ihre Marktposition und somit ihre Gewinne z. B. durch Preissenkungen, intensive Werbung, Qualitäts- oder Serviceoptimierungen zu verbessern. Die Konkurrenten kalkulieren als Reaktion darauf, wie groß die für sie durch den Wettbewerbsvorstoß entstehenden Absatzeinbußen sind. Sollte die Gefahr der Verdrängung aus dem Markt bestehen, würden sie durch geeignete Gegenmaßnahmen oder Nachahmungen einen Aufholversuch starten.

Ergebnis dieses Prozesses ist letztlich, dass optimierte und kostengünstigere Leistungen am Markt angeboten werden. Um jedoch von einer tatsächlich besseren Marktversorgung sprechen zu können, müssen die Erneuerungen freilich auch von den Konsumenten angenommen werden (***Konsumentensouveränität, Konsumfreiheit***).

Probleme des Wettbewerbs

Wettbewerb hat vielfältige positive Funktionen. Damit ist er Voraussetzung für das Funktionieren des Marktes als auch Basis der marktwirtschaftlich organisierten Wirtschaftsordnung insgesamt. Gleichwohl birgt Wettbewerb auch spezifische Kosten bzw. Probleme. Hierfür zwei Beispiele:

- Wettbewerb bedeutet Auslese. Dies ist wirtschaftlich zumeist sinnvoll, jedoch sozialpolitisch fragwürdig, da z. B. Unternehmen vom Markt verdrängt oder Dumpinglöhne im Bereich des Existenzminimums eingeführt werden.
- Durch den Wettbewerbsdruck kann es zu Qualitätsverlusten und Verzicht auf Innovationen zugunsten niedriger Preise kommen.

Wettbewerbsbeschränkungen und Wettbewerbssicherung

Zu Beschränkung des Wettbewerbs kommt es allein schon durch das Marktgeschehen selbst. So kann ein Unternehmen durch neue Technologien besonders große Marktanteile sichern, ein anderes seine Standortvorteile nutzen usw. Ebenfalls kann es für Unternehmen von Vorteil sein, wenn sie kooperieren, um den Wettbewerb untereinander zu beschränken (siehe 2.8).

Zur Sicherung des Wettbewerbs bestehen daher in der Bundesrepublik mehrere rechtliche Regelungen (zu Wettbewerbspolitik und Instanzen der Wettbewerbsaufsicht siehe 4.8). So richtet sich das ***Gesetz gegen Wettbewerbsbeschränkungen*** (GWB) beispielsweise gegen Preiskartelle (gemeinsame Preisfestsetzung), Gebietskartelle (Aufteilung des Absatzgebiets) und Rabattkartelle (Regelung von Art und Höhe von Preisnachlässen).

Zulässige Kartelle sind hingegen u. a. Normen- und Typenkartelle (Absprache über Schaffung einheitlicher Normen) sowie Spezialisierungskartelle (Absprachen über das Vorantreiben des technischen Fortschritts durch Spezialisierung).

Das ***Gesetz gegen unlauteren Wettbewerb*** (UWG) zielt wiederum auf die Gewährleistung eines geregelten Miteinanders im Geschäftsleben und soll Verbraucher vor Täuschungen (z. B. Lockvogelangebote, irreführende Angaben über Waren) und anderen unseriösen Geschäftspraktiken (z. B. Anwendung von Zwang) schützen.

Karikatur: Klaus Stuttmann

Marktstrukturen und Preisbildung

Die Vorstellung eines freien Wettbewerbsmarktes, auf dem immer der Gleichgewichtspreis durch Angebot und Nachfrage ausgehandelt wird, entspricht nicht immer der Realität. Denn es gibt Marktformen und -strukturen, die Einfluss auf das Marktgleichgewicht und somit auf die Preisbildung ausüben.

Marktformen

Die traditionelle Marktformenlehre gliedert die Marktformen im Sinne des Wettbewerbs nach der Zahl der Marktteilnehmer auf jeder Seite dreifach.

		Nachfrager		
		ein	wenige	viele
Anbieter	ein	bilaterales/zweiseitiges	beschränktes Angebotsmonopol	Angebotsmonopol
	wenige	beschränktes Nachfragemonopol	bilaterales/zweiseitiges Oligopol	Angebotsoligopol
	viele	Nachfragemonopol	Nachfrageoligopol	Polypol

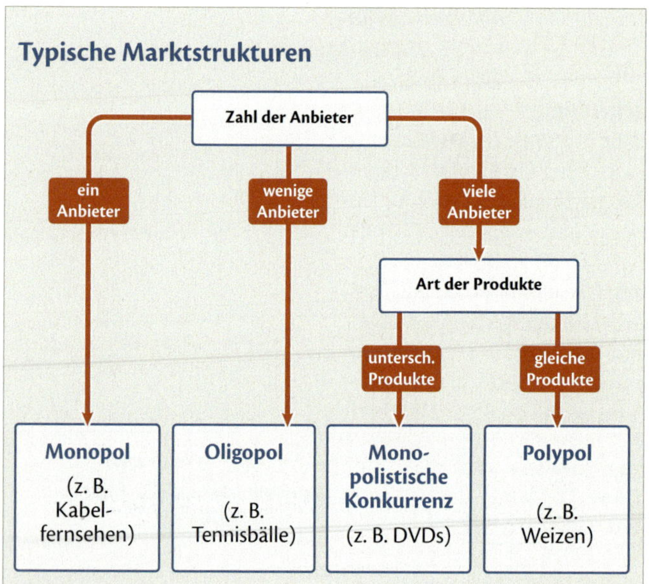

Nach: N. G. Mankiw/M. P. Taylor: Grundzüge der Volkswirtschaftslehre. Stuttgart: Schäffer-Poeschel 2008, S. 387

Marktstrukturen

In der Regel gehen Ökonomen davon aus, dass stets viele Nachfrager existieren und sich nur die Anbieter in ihrer Anzahl sowie der Art ihrer Produkte unterscheiden. Aus dieser Annahme resultieren vier typische Marktstrukturen.

Polypol: Markt mit vollständiger Konkurrenz

Wenn man vom Marktmodell spricht, geht man zumeist stillschweigend von Märkten mit vollständiger Konkurrenz aus. Solche Polypole haben u.a. folgende idealtypische Eigenschaften:

- Es gibt viele Anbieter und Nachfrager, durch deren Zusammenspiel Gleichgewichtspreis und -menge ermittelt werden.
- Die in Konkurrenz zueinander stehenden Unternehmen bieten gleiche, d.h. ***homogene Güter*** an, sodass ein ***vollkommener Markt*** vorliegt.
- Es liegt vollkommene ***Markttransparenz*** vor. Die Marktteilnehmer besitzen also Informationen über alle Güter, deren Preise und die Kaufbedingungen.
- Der einzelne Käufer oder Verkäufer hat aufgrund der vollständigen Konkurrenz keinen unmittelbaren Einfluss auf die Preisbildung. Er muss den vorgegebenen Preis also hinnehmen (***Preisnehmer***) und kann lediglich durch Veränderung der produzierten oder gekauften Gütermenge auf Preisveränderungen reagieren (***Mengenanpasser***).

Monopol: Markt ohne Konkurrenz

Monopole entstehen, wenn Unternehmen Alleinanbieter eines Guts sind, für das es keine vergleichbaren Produkte (Substitute) gibt. Dies kann dreierlei Ursachen haben:

- Ein relevantes Mittel, auch ***Produktionsfaktor*** genannt, das für die Produktion von Gütern benötig wird, ist alleiniges Eigentum eines Unternehmens (z. B. Diamanten, die durch die Diamantenfirma DeBeers künstlich knapp gehalten werden).
- Eine staatliche Lizenz gibt einem Unternehmen ein ausschließliches Produktionsrecht (z. B. Patente für Medikamente, Copyrights für Bücher).
- Die Produktion ist durch einen Einzelanbieter viel effizienter und rentabler als durch mehrere Produzenten zu erledigen (z. B. bei Kabelfernsehen durch Kabel Deutschland, jeder weitere Anbieter müsste erneut die Kosten für ein eigenes Leitungsnetz aufbringen).

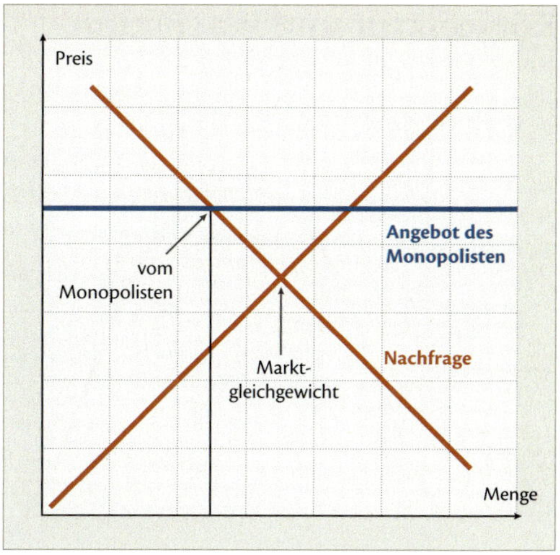

Monopolisten besitzen folglich ***Marktmacht***, da sie ***Preissetzer*** sein können, die mit ***Mengen- oder Preisfixierung*** das von der Nachfrageseite her mögliche Marktergebnis bestimmen. Sie werden also ihren Monopolpreis so festlegen, dass eine Menge abgesetzt wird, die ihnen den höchstmöglichen Gewinn bietet. Dieser ***Monopolpreis*** liegt zumeist über den Bedingungen der vollkommenen Konkurrenz. Der Monopolist muss folglich auch weniger als die volkswirtschaftlich effiziente Menge (Marktgleichgewicht) produzieren, sodass Monopole in der Regel zu Wohlfahrtseinbußen führen.

Oligopol: Markt mit unvollständiger Konkurrenz

Wer Tennisbälle kaufen möchte, darf mit hoher Wahrscheinlichkeit eine Wahl zwischen den Marken Dunlop, Wilson, Penn oder Spalding treffen, da diese Hersteller Menge und Preis der Tennisbälle bestimmen. Sie sind Oligopolisten, also wenige Anbieter gleicher oder sehr ähnlicher Produkte. Aufgrund des eingeschränkten Wettbewerbs wird auch von ***unvollständiger Konkurrenz*** gesprochen.

Oligopolisten bewegen sich aufgrund ihrer Lage stets zwischen Kooperation und klassischem Eigeninteresse. Individuelles Handeln kann bei einer günstigen Kostenstruktur hohe Gewinne für den Einzelnen bedeuten. Durch Kooperation kann hingegen ein ruinöser Wettbewerb mit Kampfpreisen vermieden werden. Die daraus resultierende vertragliche Absprache über Produktionsmenge und Preis nennt sich ***Kollusion***, die an der Absprache beteiligte Gruppe heißt ***Kartell***. Verbraucher haben dabei oft das Nachsehen. Dies zeigt sich z. B. jedes Jahr zur Urlaubszeit und an Feiertagen an den deutschen Tankstellen: Die Spritpreise steigen, sodass viele Verbraucher Preisabsprachen unter den Ölkonzernen vermuten.

Polypol bei unvollkommenem Markt

Es gibt zahlreiche Fantasy-DVDs zu kaufen, doch dem Käufer ist es in der Regel nicht egal, welches Produkt er wählt, da sich zwar nicht das Format, wohl aber die Inhalte wesentlich unterscheiden. Jeder Anbieter hat somit speziell für sein Produkt ein Monopol, steht aber im Wettbewerb mit anderen Anbietern um dieselben Nachfrager (unvollkommener Markt). Diese Situation wird ***monopolistische Konkurrenz*** genannt.

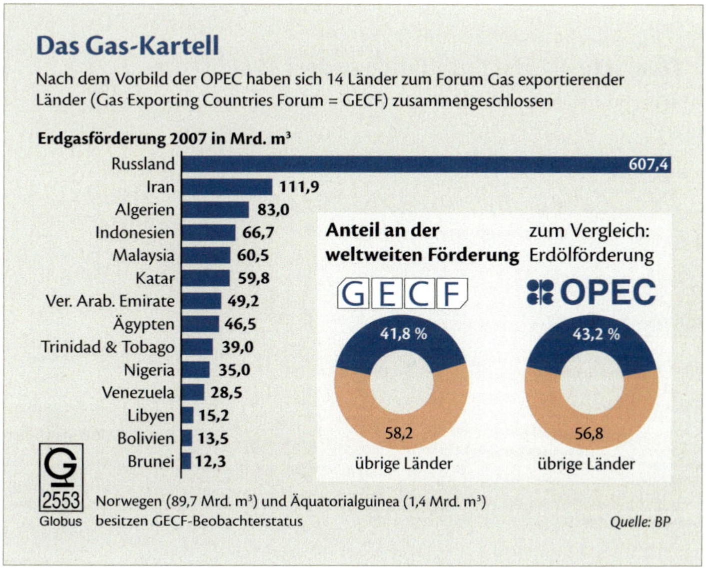

Konjunktur und Wachstum

Abgrenzung von Konjunktur und Wachstum

Konjunktur wird in den Wirtschaftswissenschaften als ein kurzfristiger Zustand der Wirtschaftsleistungen gesehen. Sie ist Summe all dessen, was neu produziert wird. Langfristige Trends und somit Aussagen über positive oder negative Entwicklungen erfasst der Begriff des ***Wachstums***. Man spricht daher auch von einem Wachstumspfad, der sich in der Regel aus der Wachstumsrate des Bruttoinlandsprodukt (BIP) ergibt (siehe 2.10).
Kurz- bis mittelfristige Schwankungen als Abweichungen vom Wachstumspfad werden Konjunkturzyklen genannt. Davon wiederum abzugrenzen sind ***saisonale Schwankungen***.
Bisher gibt es keine allgemein akzeptierten Erklärungen für die ungleichen Bewegungen. Es besteht auch kein Konsens, dass diese zyklisch bzw. wellenförmig verlaufen.

Konjunkturzyklen

Ein Konjunkturzyklus umfasst vier über einen Zeitraum von etwa vier bis acht Jahren verlaufende Phasen, und zwar:

- Aufschwung (Erholung, Expansion),
- Hochkonjunktur (Boom, Prosperität),
- Abschwung (Rezession),
- Tief (Depression, Krise).

Der Ökonom Josef Schumpeter (1883–1950) unterschied drei Arten von Konjunkturzyklen (benannt nach ihren Entdeckern):

- den Mitchell- bzw. Kitchin-Zyklus mit einer Laufzeit von drei bis vier Jahren,
- den Juglar-Zyklus mit ungefähr sieben bis elf Jahren; er ist zum Teil in der Bauwirtschaft vorzufinden,
- den Kondratjew-Zyklus, der durch technische Innovation verursacht wird (z. B. durch die Dampfmaschine).

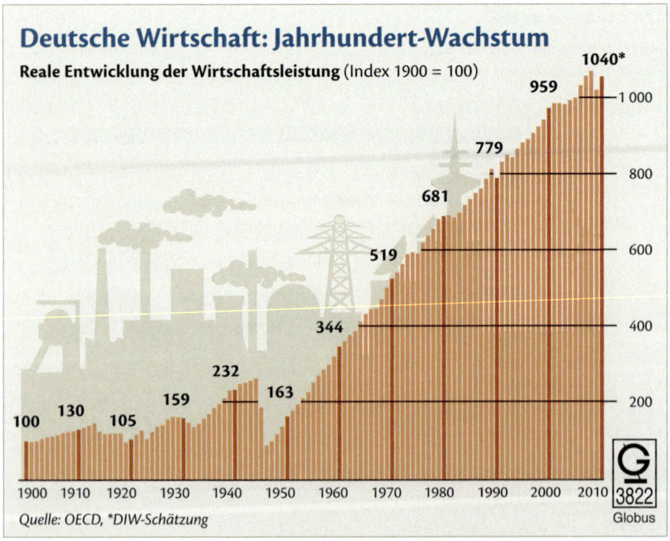

Wirtschaftliches Wachstum als Ziel staatlicher Politik

Die Begründungen für wirtschaftliches Wachstum als Ziel staatlicher Politik (siehe 4.6) sind vielfältig. So lassen sich u. a. folgende Punkte nennen:

- Wachstum erhöht den materiellen Wohlstand und die materielle Unabhängigkeit,
- durch Wachstum stehen zusätzliche Einkommen zur Verfügung, sodass Verteilungskonflikte entschärft werden,
- stockt das Wachstum kommt es häufig zu struktureller Arbeitslosigkeit, Wachstum erleichtert hingegen den Strukturwandel,
- die Finanzierung des technischen Fortschritts, des Umweltschutzes und des sozialen Sicherungssystems wird erleichtert,
- Wachstum führt in der Regel zur Sicherung und Steigerung der Nachfrage.

Staatsverschuldung und Wachstum

M 1 Unbegrenztes Wachstum ist unmöglich

Wenn ein Staat heute die Wirtschaft mit zusätzlichen Schulden ankurbelt, ermöglicht er ein vorgezogenes Wachstum auf Kosten der Zukunft. Also Wachstum auf Pump: „Es kann doch niemandem entgangen sein, dass ein erheblicher Teil des Wirtschaftswachstums der vergangenen Jahrzehnte nur eine Art Scheinblüte war, die erst durch die finanzkapitalistische Verschuldungsorgie möglich wurde", konstatierte der deutsche Volkswirtschaftsprofessor Karl Georg Zinn im Juli 2009 in „*Le Monde diplomatique*". Mit andern Worten: Ohne die massive Verschuldung wäre das Wirtschaftswachstum in den westlichen Industriestaaten schon früher gebremst worden oder vielerorts ganz zum Erliegen gekommen.

Doch das Pumpwachstum stösst an seine Grenzen. Griechenland ist nur das erste Opfer der Schuldenwirtschaft. Es ist wohl das letzte Mal, dass man eine grosse Depression verhindern konnte, indem man mit einer Billionenspritze die Wirtschaft stützte und damit den Konsum in Gang hielt. Die Finanzkrise hinterlässt eine derartig astronomische Last, dass zusätzliche Schulden zum ersten Mal zu riskant sind, um den „Wachstumsmotor" anzukurbeln. (…)

Die Regierungen balancieren heute auf einem schmalen Grat. Links besteht Absturzgefahr, weil die Schulden drücken. Rechts droht das Wachstum der Wirtschaft abzustürzen. (…) Und niemand will wahrhaben, dass das Rezept Wachstum als Mittel des Krisenmanagements in die Mottenkiste des letzten Jahrhunderts gehört. Denn es funktioniert schon seit zwanzig Jahren nicht mehr. Der Volkswirtschaftler Karl Georg Zinn bringt diese „triviale Feststellung" auf den Punkt: „Unbegrenztes Wirtschaftswachstum ist unmöglich. Dennoch steht Wachstum nach wie vor auf der wirtschaftspolitischen Agenda aller Regierungen."

Hanspeter Guggenbühl/Urs P. Gasche: Wachstum auf Pump, in: WOZ v. 04.11.2010. http://www.woz.ch/artikel/2010/nr44/wirtschaft/19989.html (15.11.2010)

M 2 Schuldengrenze schadet Wachstum

Die Große Koalition jubelt, CDU und SPD verkaufen die grundsätzliche Einigung auf eine staatliche Schuldengrenze als neue Ära der deutschen Fiskalpolitik. (…) Erschreckend ist dabei, wie wenig ökonomischer Sachverstand in die Debatte oder die Kommentierung eingeflossen ist. (…) Schulden sind demnach grundsätzlich schlecht. (…) Tatsächlich ist es sogar für Firmen sinnvoll und im Sinne der Eigentümer, dass ein Betrieb für neue Investitionen Kredite aufnimmt. Nämlich dann, wenn er mit den Neuanschaffungen mehr Geld erwirtschaften kann, als er für den Zinsdienst aufwenden muss. (…)

Auch für Privathaushalte sind Schulden nicht unbedingt gefährlich. Wenn eine Familie feststellt, dass sie sich mit einer monatlichen Hypothekenrate von 1000 Euro ein Haus leisten kann, für das sie sonst 1500 Euro Miete zahlen müsste, kann es durchaus sinnvoll sein, einen Kredit über mehrere Hunderttausend Euro aufzunehmen. Auch wenn das ein Vielfaches des Jahreseinkommens ausmachen kann.

Die Schuldenbremse soll aber nun gerade dem Staat das verbieten, was für Unternehmen und Privathaushalte vernünftig ist: Die Bundesländer sollen grundsätzlich gar keine Schulden mehr machen. Für den Bund gilt die 0,35-Prozent-Hürde. Dabei differenziert die Regel nicht danach, ob das Geld vom Staat verschwendet oder investiert wird. (…)

Für den Staat ist das besonders dramatisch, weil es durchaus eine Vielzahl potenzieller öffentlicher Ausgaben gibt, die eine gesamtwirtschaftliche Rendite weit über den Zinskosten erreichen. (…) Selbst der Bau von Schienen oder Autobahnen kann enorme gesamtwirtschaftliche Renditen bringen, weil die Bürger enorme Zeitgewinne haben und bessere Straßen die Abnutzung der Autos senken.

http://www.insm.de/insm/Wissen/Lexikon/n/Neoliberalismus.html (17.11.2010)

1 ***Vergleichen Sie die Aussagen M1 und M2 und skizzieren Sie die jeweiligen Argumentationen.***
2 ***Nehmen Sie Stellung zu dem Verfahren, Wachstum durch Schulden zu ermöglichen.***

Messung der wirtschaftlichen Leistung: VGR und BIP

Nutzen der VGR

Um die wirtschaftliche Situation einer Volkswirtschaft erfassen zu können, ist umfangreiches Datenmaterial nötig. Dieses liefert die sogenannte ***Volkswirtschaftliche Gesamtrechnung (VGR)***. Sie stellt die in einer Volkswirtschaft in der vergangenen Periode abgelaufenen Wirtschaftsprozesse systematisch dar und kann daher praktisch als hochkomplexe Buchhaltung der Volkswirtschaft verstanden werden. „Buchhalter" ist in Deutschland das Statistische Bundesamt in Wiesbaden. Es hat sich seit 1999 nach den Vorgaben des ***Europäische Systems Volkswirtschaftlicher Gesamtrechnungen (ESVG)*** zu richten.

Die Ergebnisse der VGR haben einen hohen ökonomischen Nutzen, da sie...

- über die produktiven Leistungen einer Volkswirtschaft informieren → ***Informationsfunktion***,
- als Grundlage für langfristige Prognosen der wirtschaftlichen Entwicklung sowie wirtschaftspolitische Entscheidungen dienen → ***Prognosefunktion***,
- einen nachträglichen Vergleich der politisch gesetzten Ziele mit den realisierten Werten ermöglicht → ***Kontrollfunktion***.

Aufstellung der VGR

Das Herzstück der VGR besteht aus der Berechnung des ***Bruttoinlandsprodukts (BIP)***. Daneben gibt es weitere sogenannten Nebenrechnungen wie z. B. die Vermögensrechnung. Sie erfasst unterschiedliche Geldströme zwischen verschiedenen Sektoren innerhalb des erweiterten Wirtschaftskreislaufs (siehe 1.10). Durch die Vermögensrechnung können Aussagen über folgende Aspekte getroffen werden:

- Aufkommen der Güter und Dienstleistungen (Produktion im Inland plus Importe) und ihre Verwendung (Weiterverarbeitung, Konsum, In- bzw. Export),
- Entstehung, Verteilung bzw. Umverteilung sowie Verwendung der Einkommen,
- Finanzierungswege (Ersparnisse, Abschreibungen, Verschuldung, Kapitaltransfer).

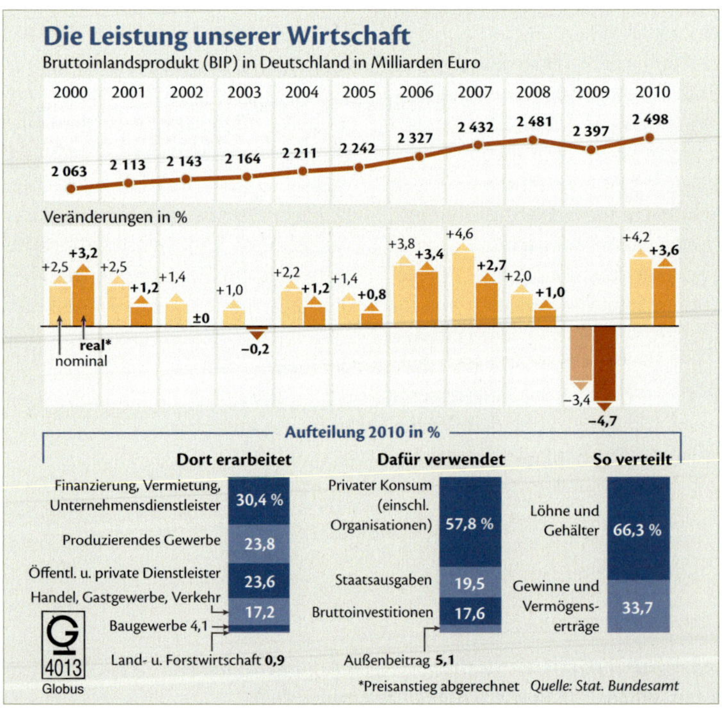

Aussagekraft des BIP

Das BIP ist ein Maß für die ***gesamtwirtschaftliche Produktionsaktivität*** einer Volkswirtschaft. Es gibt Auskunft über den in einem bestimmten Zeitabschnitt durch Unternehmen geschöpften Wert der im Inland produzierten Endprodukte. Als Endprodukte bezeichnet man alle Waren und Dienstleistungen, die direkt an den Endverbraucher gehen.

Neben der Angabe der Wirtschaftsleistung einer Volkswirtschaft wird das BIP auch für internationale Ländervergleiche von Wohlstand herangezogen. Bei einem hohen BIP wird in der Regel auch ein hoher Leistungsstandard vermutet. Ob dieser auch tatsächlich staatlich gefördert wird, kann das BIP nicht wiedergeben. Unberücksichtigt lässt das BIP auch Faktoren wie Freizeit und den Abbau von Rohstoffvorräten – und damit die mögliche Verringerung des Wohlstandspotenzials künftiger Generationen.

Berechnung des BIP

Es gibt drei Möglichkeiten zur Berechnung des BIP: die Entstehungs-, die Verwendungs- und die Verteilungsrechnung. Alle drei Rechnungswege ergeben ein identisches Ergebnis. Es ist eine wichtige allgemeine Eigenschaft des Kreislaufmodells, dass die Summe aller Geldströme, die aus einem Sektor herausfließen, gleich der Summe aller Geldströme zu diesem Sektor ist (Entstehung = Verwendung = Verteilung).

- Bei der ***Entstehungsrechnung*** werden die Werte aller Endprodukte summiert. Hierfür wird die Wertschöpfung der Produzenten ermittelt. Wertschöpfung ist die Differenz zwischen dem Wert der Verkäufe des Produzenten und dem Wert des in diesem Produkt investierten Inputs.
- Wenn die Konsumausgaben für Waren und Dienstleistungen (C), die Investitionsausgaben (I), die staatlichen Güterkäufe (G) und der Wert der Exporte (X) zusammengezählt werden und von dieser Summe wiederum die Ausgaben für Importe (Im) subtrahiert werden, wurde eine ***Verwendungsrechnung*** zur Ermittlung des BIP durchgeführt.

C+I+G+X-Im = BIP

- Werden die Güter und Leistungen verkauft, entstehen Einkommen, die in der ***Verteilungsrechnung*** zusammengerechnet werden. Zu den Einkommen zählen die Löhne des Faktors Arbeit, die Mieten, die Gewinne der Anteilseigner sowie die Zinsen, die Personen erhalten, wenn sie ihre Ersparnisse an Unternehmen und Staat ausleihen.

Das ebenfalls oft angegebene ***BIP pro Kopf*** wird errechnet, indem das BIP durch die Anzahl der Einwohner der betrachteten Volkswirtschaft geteilt wird.

	Produktionswert = Gesamtheit aller Verkäufe (bewertet zu Marktpreisen, ohne Umsatzsteuer)
–	Käufe bei anderen Unternehmen (Vorleistungen)
=	**Bruttowertschöpfung**
+	Gütersteuern (z. B. Mineralölsteuer)
–	Gütersubventionen
=	**Bruttoinlandsprodukt**
+	Saldo der Erwerbseinkommen aus dem Ausland
+	Produktions- und Importabgaben an das Ausland
–	empfangene Subventionen aus dem Ausland
=	**Bruttonationaleinkommen**
–	Abschreibungen (Wertminderung von Vermögensgegenständen z. B. durch Verschleiß)
=	**Nettonationaleinkommen (bewertet zu Marktpreisen)**
–	indirekte Steuern (z. B. Mehrwertsteuer)
+	Subventionen
=	**Nettonationaleinkommen/Volkseinkommen (bewertet zu Faktorkosten)**
–	nicht ausgeschüttete Gewinne
–	Körperschaftsteuer
–	Sozialversicherungsbeiträge (Anteil der Arbeitgeber)
+	Transfers (z. B. Kindergeld)
=	**Einkommen der Haushalte**
–	direkte Steuern (z. B. Einkommensteuer)
–	Sozialversicherungsbeiträge (Anteil der Arbeitnehmer)
=	**verfügbares Einkommen**

Nach: Bundeszentrale für politische Bildung: Wirtschaft heute. BpB 2009, S. 49

BIP und BNE

Gewinne, die inländische Unternehmen im Ausland erzielen, sind für das BIP irrelevant, da nur der im Inland geschöpfte Wert betrachtet wird.

Anders sieht es bei der Berechnung des ***Bruttonationaleinkommens*** (BNE), früher auch als ***Bruttosozialprodukt*** bezeichnet, aus. Das BNE ist definiert als das gesamte Faktoreinkommen, das denjenigen zufließt, die ihren (Wohn-)Sitz im Inland haben. Das BNE berücksichtigt also nicht die Einkommen, die von Ausländern erzielt werden – wie z. B. die Gewinne italienischer Anleger, denen Aktien deutscher Unternehmen gehören –, wohl aber z. B. die Löhne, die ein in Deutschland wohnender Pendler durch seine Arbeit in der Schweiz erzielt.

Nominales und reales BIP

Um unterscheiden zu können, ob das BIP steigt, weil die Wirtschaft mehr produziert, oder schlicht deshalb, weil die Güterpreise gestiegen sind, muss berechnet werden, wie stark sich die Wirtschaft real während einer bestimmten Periode geändert hat. Das hierfür genutzte Maß heißt – in Abgrenzung zum sonst genutzten nominalen BIP – reales BIP und wird definiert als der Gesamtwert aller in einer Wirtschaft in einem bestimmten Jahr produzierten Endprodukte, bewertet zu den ***Preisen eines bestimmten Basisjahres***. Im Vergleich mit dem nominalen BIP wird so deutlich, um wie viel das BIP gestiegen wäre, falls sich die Preise seit dem Basisjahr nicht geändert hätten.

Wachstumsrate

Die Wachstumsrate stellt die ***prozentuale Veränderung*** der unterschiedlichen Kenngrößen zum Vorzeitraum dar und liefert so Angaben über die wirtschaftliche Entwicklung.

Perspektiven auf das Spannungsfeld Markt und Freiheit

Text 1

Der Markt trägt ein Freiheitsversprechen in sich. Es ist die Freiheit zum Kaufen und Verkaufen – von was auch immer: Autos, Häuser, Kühlschränke, Unternehmen, die eigene Arbeitskraft oder diejenige anderer. Mehr Markt heiße mehr Freiheit. Und staatliche Regulierung sei immer Zwang, jedenfalls sobald der Staat mehr tut, als Eigentum zu schützen und die Vertragsfreiheit zu garantieren. (…)

„Freiheit" ist ein normativer, ethischer Begriff: Sie soll herrschen. Doch ist der Begriff zweideutig. Ist die Freiheit der „Täter" oder die der „Opfer" gemeint? (…) Unzweideutig herrscht im „freien" Markt die Freiheit der Täter, die Freiheit der Marktmächtigen, der Zahlungskräftigen und Produktiven. Wer nicht in ausreichendem Maße zahlungskräftig ist, der kommt nicht in den Genuss der angebotenen Produkte, auch wenn sein Magen knurrt. Und wer nicht ausreichend produktiv ist, wird entlassen.

Libertäre, die Freiheit bloß negativ und ethisch krude als Abwesenheit der physischen Einwirkung auf andere verstehen, sehen darin gar kein Problem. Niemand zwinge ja – gemeint ist: physisch – den Anderen zum Kaufen oder Verkaufen. Wer seinen Job nicht mag, weil die 4,75 Euro Stundenlohn kaum zum Leben reichen, das Arbeitsklima unerträglich, die Arbeit hektisch und der Druck hoch ist, der müsse die Stelle ja nicht behalten, argumentieren sie. Niemand werde in einer „freien" Marktwirtschaft davon abgehalten, sich einen besseren Job zu suchen. Er müsse nur die sich bietenden Chancen ergreifen, sich weiterbilden, in sein „Humankapital" investieren und sich die gerade gefragten Fähigkeiten aneignen.

Moment: Man „muss" Chancen ergreifen? Gibt es da vielleicht doch einen Zwang? Erstaunlicherweise reden ja gerade diejenigen, die den Markt als Inbegriff der Freiheit feiern, ständig vom Zwang und vom Müssen. (…)

Die Rede von der „freien Marktwirtschaft" war offenbar ein grandioses Missverständnis. Das hängt systematisch damit zusammen, dass die Freiheit zum Kaufen und Verkaufen ohne Wettbewerb nicht zu haben ist. Die Ausübung der Marktfreiheit erhöht zugleich den Wettbewerbsdruck. Wettbewerb ist Zwang, und zwar letztlich der Zwang, ein marktkonformes Leben führen zu müssen. Er greift ins Allerpersönlichste ein: etwa in die Bildung, die ja angeblich immer wichtiger wird. Wichtig wofür? Natürlich für die Wettbewerbsfähigkeit jedes Einzelnen im zum Standort degradierten Gemeinwesen. Natürlich ist Bildung aus dieser Perspektive konsequent als Humankapitalbildung zu betreiben. Je früher man damit beginnt, desto besser. Schulen und Kindergärten, die Universitäten ohnehin, werden so zu Arenen des Wettbewerbskampfes und des vorauseilenden Marktgehorsams. Früh übt sich, was ein Lebensunternehmer werden will – und werden muss.

(…) Diese „herrenlose Sklaverei", wie Max Weber sie nannte, wird darum in der Regel nicht als ein Zwang wahrgenommen, sondern als das genaue Gegenteil: als „das einsichtige und einfache System der natürlichen Freiheit" (Adam Smith). Es ist eben ganz einfach einzusehen, dass man „Selbstmanagement" betreiben muss, um die eigene „Zukunftsfähigkeit" nicht zu verlieren. Wird das zu stressig, kommt Stressmanagement hinzu. Besteht die Freiheit, die der Markt verspricht, am Ende nur noch darin, über die nötigen Spielräume zu verfügen, um sich den Wettbewerbszwängen anpassen zu können? (…)

Diese dümmliche Anpassung an die unstillbaren Renditewünsche des Kapitals muss ein Ende haben. Das geht nur auf der Ebene einer Weltordnungspolitik. Deren Aufgabe ist die Regulierung und auch die Begrenzung der Marktkräfte, vor allem der Macht des Kapitals. Nur so, durch die Beschränkung der Freiheit der „Täter" – und das sind wir alle ein Stück weit selbst –, können wir unsere reale Freiheit zurückgewinnen: die Freiheit, ein selbst bestimmtes Leben in Verantwortung zu führen, kein durch anonyme Wettbewerbskräfte ferngesteuertes Leben.

Ulrich Thielmann: Begrenzen wir den Wettbewerb. In: Zeit Online v. 26.04.2010. Online unter: http://www.zeit.de/wirtschaft/2010-04/freiheit-markt-thielemann (27.11.2010)

Text 2

Der Wettbewerb ist Zwang (…). Zugleich ist er aber genau dadurch Voraussetzung für Freiheit. (…) Der Wettbewerb ist das Zwangssystem, das den Produzenten befiehlt, diejenigen Güter zu produzieren, die die Konsumenten im Rahmen ihres Budgets und bei kostendeckenden Preisen zu verbrauchen wünschen. Die Wahlfreiheit des Konsumenten gäbe es nicht, wenn es den Wettbewerb unter den Produzenten nicht gäbe. Und es ist der Zwang des Wettbewerbs, der die Unternehmer veranlasst, Innovationen auf den Markt zu bringen, um so diesen Zwang für sich abzumildern. Die Freiheit zur Innovation würde viel weniger genutzt, wenn die Unternehmen sich auf ihrem Monopol-Ruhekissen ausruhen könnten und ihre Kunden sich als Bittsteller wie unfreie Untertanen an sie wenden müssten.

Freiheit ist ungleich verteilt. Wer mehr Geld hat, hat mehr Freiheit. Es ist das Konzept der Sozialen Marktwirtschaft, dafür zu sorgen, dass im Rahmen des marktwirtschaftlichen Systems die Ungleichheit in Grenzen bleibt. Diesem Konzept entspricht, dass in Deutschland ein Drittel des Sozialprodukts im Rahmen der Sozialpolitik umverteilt wird.

Wenn heute wachsende Ungleichheit beklagt wird, so muss aber vorausgeschickt werden, dass sich im Verlauf der letzten 120 Jahre der Lebensstandard in Europa und Nordamerika verzehnfacht hat, die Freiheit des Bürgers als Konsument also enorm zugenommen hat. Die Konsummöglichkeiten eines Empfängers von Sozialhilfe sind heute weitaus größer als die Konsummöglichkeiten eines Gymnasiallehrers vor sechzig Jahren.

Dem ist gefolgt eine Freiheit des Lebensstils, wie sie vor 120 Jahren aus rein materiellen Gründen undenkbar war (...) Ist es ein Zufall, dass vor einem halben Jahrhundert die sexuelle Befreiung zusammenfiel mit einer Zeit raschen Wachstums des materiellen Wohlstands? (...) Ist es ein Zufall, dass das DDR-Regime die Mauer gegen die Freiheit bauen musste, als die Menschen in Westdeutschland die Früchte der Erhard'-schen Wende zur Marktwirtschaft ernten konnten?

Der Wettbewerb ist ein sozialer Integrationsmechanismus, der genau dadurch die von der Mehrheit abweichende Lebensführung, also Freiheit erlaubt, der die Chancen von Minderheiten erhöht. Niemand hat das besser ausgedrückt als Milton Friedman: „The great virtue of a free market system is that it does not care what color people are; it does not care what their religion is; it only cares whether they can produce something you want to buy. It is the most effective system we have discovered to enable people who hate one another to deal with one another and help one another." (...) Brauchen wir grundsätzlich mehr Regulierung, damit mehr Freiheit entsteht? Das ist doch absurd. (...)

Fortschritt kommt von den dezentral organisierten Bereichen, der wettbewerblich organisierten Marktwirtschaft und der wettbewerblich organisierten Wissenschaft. Dort gibt es kein Mehrheitsveto gegen Veränderung. Die Dynamik einer Gesellschaft lässt sich nur aufrechterhalten, wenn sich die Politik nicht anmaßt, über Dinge zu entscheiden, die Sache der Wirtschaft oder der Wissenschaft sind. Freiheit und Wettbewerb in Wirtschaft und Wissenschaft ist wesentliche Voraussetzung für materiellen Fortschritt und damit für mehr persönliche Freiheit.

Carl Christian von Weizsäcker: Wettbewerb ist die Voraussetzung für Fortschritt. In: Zeit Online v. 27.04.2010. Online unter: http://www.zeit.de/wirtschaft/2010-04/markt-freiheit?page=all (27.10.2010)

Aufgaben

1 ***Charakterisieren Sie, wie Ulrich Thielmann und Carl Christian von Weizsäcker den Wettbewerbscharakter einer freien Markwirtschaft mit dem Grundsatz der Freiheit verknüpfen. Vergleichen Sie anschließend deren Standpunkte.***

2 ***Nehmen Sie ausgehend von den Texten Stellung zu dem Spannungsverhältnis von Freiheit und Markt. Berücksichtigen Sie hierbei insbesondere, welche konkreten Vor- und Nachteile Sie mit der wettbewerbsorientierten Marktwirtschaft verbinden.***

Hinweise zu den Aufgaben

Aufgabe 1: Mittels der Textanalyse soll die jeweilige Position zunächst identifiziert und sodann möglichst prägnant zusammengefasst werden. Wesentlich dabei ist die Erkenntnis, dass die Anfangsthese beider Autoren gleich ist, sie jedoch unterschiedliche Schlussfolgerungen daraus ziehen.

Aufgabe 2: Durch Bearbeitung der Aufgabe 1 sollte ersichtlich werden, dass Freiheit und Markt durchaus in einem Spannungsverhältnis stehen können. Dieses gilt es nun auch im eigenen Alltag zu erkennen, um Vor- und Nachteile der freien bzw. wettbewerbsorientierten Marktwirtschaft für sich zu identifizieren. Durch die Wahl einer Stellungnahme wird jedoch zugleich Raum gelassen, die These vom Spannungsverhältnis zu problematisieren bzw. zu verwerfen.

Zum Weiterarbeiten

Aufgaben zu den verschiedenen Anforderungsbereichen

Anforderungsbereich I

- Beschreiben Sie die Güter, die sich in ihrer Gegenständlichkeit, Verwendung und Nutzungsdauer unterscheiden.
- Nennen Sie die wesentlichen Unterschiede der beiden idealtypischen Wirtschaftssysteme.
- Legen Sie die ordnungspolitische Konzeption der Sozialen Marktwirtschaft dar.
- Stellen Sie die Zielfunktionen des Wettbewerbs dar.
- Geben Sie mögliche Wettbewerbsbeschränkungen wieder.

Anforderungsbereich II

- Erläutern und vergleichen Sie die Güterarten, die sich gemäß dem Ausschluss- und Konkurrenzprinzip unterscheiden lassen.
- Ordnen Sie die Theorie des klassischen Liberalismus in seinen historischen Kontext ein.
- Erklären Sie in Grundzügen, warum laut Marx und Engels der Kapitalismus zwangsläufig vom Sozialismus/Kommunismus abgelöst wird.
- Arbeiten Sie die Vor- und Nachteile der beiden idealtypischen Wirtschaftssysteme heraus.
- Wählen Sie eine Volkswirtschaft und erschließen Sie sich die Grundzüge ihrer Wirtschaftsordnung.
- Vergleichen Sie die vier Marktstrukturen und ihre Auswirkungen auf die Preisbildung.
- Vergleichen Sie das BIP mit dem BNE.
- Widerlegen Sie die These, dass Schulden dem Wachstum grundsätzlich schaden.

Anforderungsbereich III

- Überprüfen Sie die Richtigkeit der Mehrwerttheorie von Marx (ggf. mittels weiterer Quellen).
- Begründen Sie, warum von der „unsichtbaren Hand" des Marktes gesprochen wird.
- Erörtern Sie unter Einbezug weiterer Quellen, warum das sozialistische System in Osteuropa zusammenbrach.
- Problematisieren Sie die Rolle des Staates in der Marktwirtschaft.
- Begründen Sie, warum bei allen drei Berechnungsarten des BIP das gleiche Ergebnis herauskommen muss.

Links zum Thema Wirtschaftssystem

www.bpb.de/themen/9O6LA3,0,0,Grundz%FCge_der_Wirtschaftsordnung.html	Dossier der Bundeszentrale für politische Bildung zum Thema „Grundzüge der Wirtschaftsordnung"
http://wirtschaftslexikon.gabler.de/Fokus/Stichwort/Wirtschaftssystem.html	Das Thema „Wirtschaftssystem" als Fokus im Gabler Wirtschaftslexikon
www.bundeskartellamt.de/wDeutsch/download/pdf/Infobroschuere/1009_Informationsbroschuere_Kartellverfolgung.pdf	Broschüre „Erfolgreiche Kartellverfolgung – Nutzen für Wirtschaft und Verbraucher" des Bundeskartellamts
www.mlwerke.de/me/default.htm	Online-Version der Werke von Marx und Engels
www.econlib.org/library/Smith/smWN.html	Online-Version von Adam Smiths Werk „Wealth of Nations" (englisch)

3 Soziale Marktwirtschaft

In der Bundesrepublik Deutschland besteht eine marktwirtschaftliche Wirtschaftsordnung. Produktions- und Austauschprozesse werden hier in der Regel über das Zusammenspiel von Angebot und Nachfrage organisiert. Das Vertrauen in die Marktkräfte ist dabei jedoch nicht grenzenlos: Vielmehr werden auch dem Staat einige zentrale stabilisierende und regulierende Funktionen zugewiesen. Da hierbei das Marktsystem um Aspekte des sozialen Ausgleichs und der sozialen Absicherung ergänzt wird, ist in diesem Zusammenhang vom Leitbild der Sozialen Marktwirtschaft die Rede. Was versteht man darunter genau? Welche theoretischen Grundlagen hat die Soziale Marktwirtschaft und wie wurden bzw. werden diese in der Realität umgesetzt? Vor welchen Herausforderungen steht die Soziale Marktwirtschaft heute?

Soziale Marktwirtschaft

Wie soll die Wirtschaft organisiert werden?

Wirtschaftliche Prozesse finden im Rahmen bestimmter Strukturen statt. In der Marktwirtschaft ist es beispielsweise selbstverständlich, dass der Austausch von Gütern weitgehend auf Märkten stattfindet. Hier bildet sich im Zusammenspiel von Angebot und Nachfrage ein Marktpreis, zu dem der Güteraustausch schließlich stattfindet. Wirtschaftliche Prozesse ließen sich jedoch auch anders organisieren: So könnten beispielsweise alle Produktions- und Austauschprozesse von staatlichen Stellen geplant und organisiert werden. Denkbar sind auch Mischformen: Einige Produktions- und Austauschprozesse werden über Märkte organisiert, während andere (etwa im Falle von Gütern, die sich kaum oder nicht auf Märkten handeln lassen) explizit im Aufgabenfeld des Staates liegen.

Das gesellschaftliche Subsystem Wirtschaft kann unterschiedlich organisiert werden. Man spricht in diesem Zusammenhang von der Umsetzung einer bestimmten Wirtschaftsordnung. Entscheidend ist aber: Bei keiner der möglichen Organisationsformen bzw. Wirtschaftsordnungen handelt es sich um ein naturgegebenes Ordnungsprinzip. Die Umsetzung und Ausgestaltung einer bestimmten Wirtschaftsordnung und die damit einhergehenden Konsequenzen sind grundsätzlich die Folge politischer Entscheidungen. Am Ende entsprechender Entscheidungen stehen dabei verbindliche Rahmenbedingungen für das ökonomische Handeln in einer Volkswirtschaft. Dies bedeutet zugleich: Eine Wirtschaftsordnung kann verändert und weiterentwickelt werden. Sie stellt eine permanente gesellschaftliche und politische Gestaltungsaufgabe dar.

▸ *1. Inhalte und Wirkungen einer Wirtschaftsordnung*

Ein theoretisches Fundament für das Ordnungsgebäude

Eine Wirtschaftsordnung – als System von Regeln, Normen und Institutionen – regelt wirtschaftliches Handeln bzw. wirtschaftliche Prozesse in der Praxis. Dabei ergibt sich die konkrete Ausgestaltung dieser Ordnung in der Regel auf der Grundlage bestimmter wirtschaftstheoretischer Gedanken und Konzepte. Das in der ökonomischen Realität wahrnehmbare Ordnungsgebäude verfügt somit gleichsam über ein hierzu passendes theoretisches Fundament. Dies bedeutet jedoch nicht, dass die konkrete Ausgestaltung einer Wirtschaftsordnung zwangsläufig eine passgenaue Übersetzung theoretischer Vorgaben darstellt (Stichwort: Wirtschaftsordnung als permanente Gestaltungsaufgabe) – zumindest unterschiedlich stark ausgeprägte Bezüge zwischen Theorie und Praxis sind jedoch zu erwarten.

Die Wirtschaftsordnung der Bundesrepublik Deutschland ist die Soziale Marktwirtschaft. Auch diese verfügt mit dem Ordoliberalismus über ein spezifisches theoretisches Fundament. Seine zentralen Vertreter Walter Eucken, Alexander Rüstow und Wilhelm Röpke widmeten sich der Frage, wie eine marktwirtschaftliche Ordnung zu organisieren ist, in der dauerhaft der Leistungswettbewerb gesichert ist und die Chancen auf wirtschaftlichen Wohlstand unter den Marktteilnehmern gleich verteilt sind. Die Überlegungen der ordoliberalen Theoretiker haben dabei eine enorme Prägekraft entfaltet. Ihr Ordnungskonzept bildete die Grundlage für die Umsetzung der Sozialen Marktwirtschaft im Nachkriegsdeutschland – einer Wirtschaftsordnung, die bis heute Bestand hat und vielfach als „Erfolgsmodell" bezeichnet wird.

▸ *2. Die Ordnung der Wirtschaft als Aufgabe des Rechtsstaats*
▸ *3. Der „Dritte Weg"*
▸ *4. Zentrale Inhalte des ordoliberalen Programms*

Die Umsetzung des Ordnungsrahmens

Wesentliche theoretische Aspekte des Ordoliberalismus wurden in der BRD im Rahmen des Leitbildes der Sozialen Marktwirtschaft in die wirtschaftliche Praxis umgesetzt. Wirtschaftstheoretische Überlegungen wurden so in Form einer konkreten Wirtschaftsordnung verwirklicht.

Selbstverständlich gilt auch für das Ordnungsmodell der Sozialen Marktwirtschaft: Die Umsetzung und Weiterentwicklung einer Wirtschaftsordnung stellt einen kontinuierlichen Prozess auf politischer, gesellschaftlicher und ökonomischer Ebene dar. Der Blick auf die politische Etablierung der Sozialen Marktwirtschaft und die einzelnen historischen Phasen ihrer Umsetzung ist dementsprechend aufschlussreich. Ebenso ist es vor diesem Hintergrund sinnvoll, die Frage des Verhältnisses von Staat und Wirtschaft im Rahmen der Ordnungskonzeption gezielt in den Blick zu nehmen. Ein Bereich, in dem staatliches Handeln innerhalb der Sozialen Marktwirtschaft deutlich sichtbar wird, ist das System der sozialen Sicherung. Gerade an diesem Beispiel lässt sich deshalb einer der wesentlichen Kernbereiche der praktischen Ausgestaltung der Sozialen Marktwirtschaft nachvollziehen.

► *5. Die politische Etablierung der Sozialen Marktwirtschaft*
► *6. und 7. Phasen der Sozialen Marktwirtschaft*
► *8. Der Staat in der Sozialen Marktwirtschaft*
► *9. Soziale Sicherung und Soziale Marktwirtschaft*

Soziale Marktwirtschaft im internationalen Kontext

Das Ordnungsmodell der Sozialen Marktwirtschaft ist auch heute noch eng mit dem ökonomischen Aufstieg der BRD seit den 1950er-Jahren verknüpft. Insbesondere deshalb konnte die Soziale Marktwirtschaft als Leitbild eine Bedeutung entwickeln, die deutlich über die nationalen Grenzen Deutschlands hinausgeht. Der Blick in den internationalen Kontext zeigt dabei: Strukturprinzipien der Sozialen Marktwirtschaft finden sich auch auf internationaler Ebene. Bei aller, auch grenzüberschreitender, Bedeutung gilt jedoch zugleich: Das Ordnungsmodell der Sozialen Marktwirtschaft ist keinesfalls alternativlos. Insbesondere mit dem sog. „angelsächsischen Modell" ist vielmehr eine weitere Konzeption von Bedeutung, die in wesentlichen Punkten andere Prinzipien verfolgt.

► *10. Soziale Marktwirtschaft im internationalen Kontext*

Zukunftsperspektiven der Sozialen Marktwirtschaft

Die Ausgestaltung und Weiterentwicklung einer Wirtschaftsordnung ist eine kontinuierliche Aufgabe, die insbesondere sich verändernde Anforderungen und Rahmenbedingungen berücksichtigen muss. Dies gilt selbstverständlich auch für die Soziale Marktwirtschaft. Zu den zentralen Zukunftsherausforderungen, auf die auf politischer, gesellschaftlicher und insbesondere auch wirtschaftlicher Ebene Antworten gefunden werden müssen, zählt derzeit die Frage des Umgangs mit den natürlichen Lebensgrundlagen. In Zeiten des Klimawandels und zur Neige gehender natürlicher Ressourcen zeichnet sich immer deutlicher ab: Ökonomie und Ökologie können nicht länger unabhängig voneinander oder gar als Gegensatz betrachtet werden. Gefragt sind vielmehr Konzepte, die eine nachhaltige Ausrichtung des Wirtschaftens ermöglichen. Ein solcher Ansatz besteht etwa mit dem Konzept der Öko-Sozialen Marktwirtschaft.

► *11. Von der Sozialen Marktwirtschaft zur Öko-Sozialen Marktwirtschaft*

Inhalte und Wirkungen einer Wirtschaftsordnung

Die Wirtschaftsordnung – ein Institutionen- und Regelsystem

Befinden sich die Produktionsmittel ausschließlich in staatlicher Hand oder wird Privateigentum an den Produktionsmitteln zugelassen? Entscheidet eine zentrale Planstelle darüber, welche Betriebe mit welchen Mitteln in welcher Menge welche Güter oder Dienstleistungen produzieren dürfen? Oder gilt der Grundsatz der Gewerbefreiheit, die jedem Wirtschaftssubjekt freistellt, ob und in welcher Weise es sich gewerblich betätigt? Werden die Preise für Güter und Dienstleistungen von einer staatlichen Behörde festgelegt oder erfolgt die Preisbildung auf Märkten?
Aus den Entscheidungen über solche Fragen hinsichtlich des allgemeinen Rahmens, innerhalb dessen der arbeitsteilige Wirtschaftsprozess abläuft, ergibt sich die Wirtschaftsordnung. Die Wirtschaftsordnung bezeichnet also die Gesamtheit der ***Rahmenbedingungen***, die in Form von Regeln, Normen oder Institutionen den Spielraum für wirtschaftliche Entscheidungen und Handlungen definieren.

Inhalte der Wirtschaftsordnung

Einen wesentlichen Teil der Wirtschaftsordnung bildet die ***Wirtschaftsverfassung***. Die Wirtschaftsverfassung umfasst sämtliche für das Wirtschaftsleben maßgeblichen Rechtsregeln, die im historischen Verlauf vom Gesetzesgeber geschaffen wurden. Dazu zählen

- rechtlich fixierte politische ***Grundsatzentscheidungen*** über die Systemfrage „Marktwirtschaft" oder „Zentralverwaltungswirtschaft" (wie durch das am 21. Juni 1948 verabschiedete „Leitsätzegesetz", mit dem für die spätere Bundesrepublik Deutschland die Entscheidung für eine marktwirtschaftliche Ordnung gefallen war) und
- Gesetze zur ***fortlaufenden Ausgestaltung*** der Wirtschaftsordnung (wie z. B. die EU-weite gesetzliche Einführung des Emissionsrechtehandels im Jahr 2005).

Somit stellt die Wirtschaftsverfassung das zentrale Instrument des Staates dar, festzulegen, nach welchen Regeln die Wirtschaft funktioniert. In einem demokratischen Rechtsstaat ist dieser zentrale Teil der Gestaltung der Wirtschaftsordnung (wie die Ausübung hoheitlicher Macht insgesamt) verfassungsrechtlich dem Prinzip der Volkssouveränität unterworfen.

Handzeichen der Broker beim Börsenhandel

Neben den auf nationaler oder supranationaler Ebene definierten gesetzlichen Regelungen beinhaltet eine Wirtschaftsordnung auch die „ungeschriebenen Gesetze" des Wirtschaftslebens. Zu diesen Konventionen gehören beispielsweise die kaufmännischen ***Handelsbräuche***. Beim Börsenhandel etwa schließen die Broker per Zeichensprache rechtswirksam Millionengeschäfte ab. Der kaufmännische „Handschlag" wiederum ist eine Geste, mit der schon in der griechischen Antike Verträge abgeschlossen wurden. Damit solche Konventionen für die Wirtschaftssubjekte auch bindend sind, benötigen sie freilich ebenfalls eine gesetzliche Grundlage. Zu den Handelsbräuchen heißt es etwa im Handelsgesetzbuch (HGB, § 346): „Unter Kaufleuten ist in Ansehung der Bedeutung und Wirkung von Handlungen und Unterlassungen auf die im Handelsverkehr geltenden Gewohnheiten und Gebräuche Rücksicht zu nehmen." Wird einem Geschäftspartner die Missachtung eines Handelsbrauchs vorgeworfen, fordern die Gerichte i. d. R. von der zuständigen Industrie- und Handelskammer ein Gutachten an.
Wirtschaftsordnungen werden als tatsächlich bestehende Ordnungssysteme der Wirtschaft häufig mit den idealtypisch gedachten Ordnungsmodellen der Marktwirtschaft und der Zentralverwaltungswirtschaft verglichen. Als grundsätzliche Kriterien zur Klassifikation von Wirtschaftsordnung haben die Wirtschaftswissenschaften mit den Formen der Planung und Lenkung, der Eigentumsverfassung, den Preisbildungsformen, den Formen der betrieblichen Ergebnisrechnung und den Formen der Finanzwirtschaft Elemente identifiziert, die den Charakter einer Wirtschaftsordnung maßgeblich prägen.

Ordnungselemente einer Wirtschaftsordnung

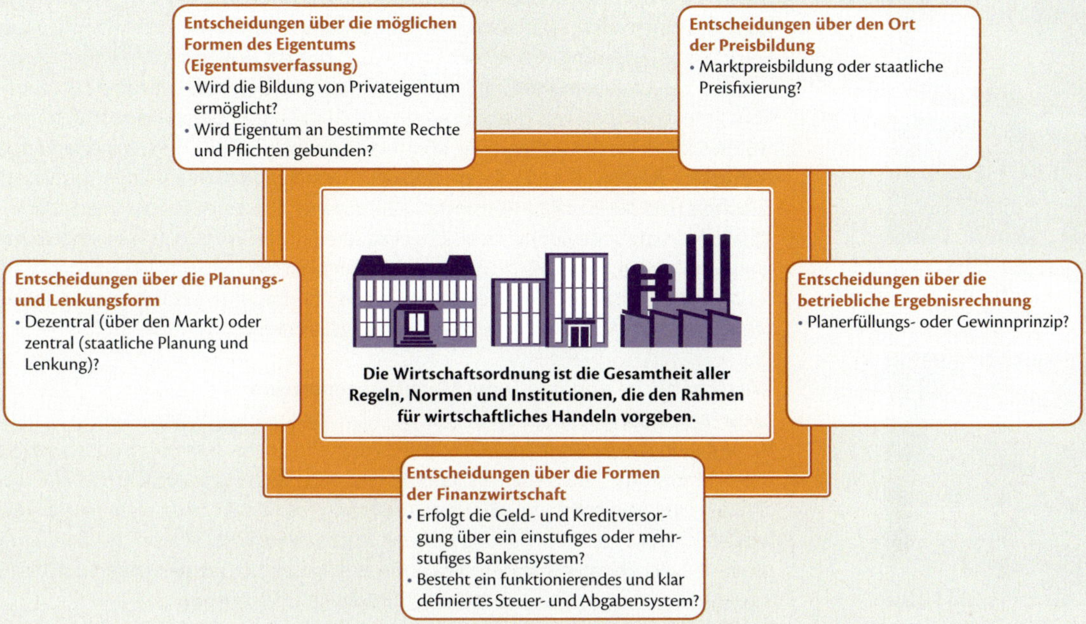

Die Wirtschaftsordnung als permanente gesellschaftliche Gestaltungsaufgabe
Führt man sich die ungeheure Komplexität und Dynamik des Wirtschaftsprozesses im 21. Jahrhundert vor Augen, dann wird deutlich, warum die Wirtschaftsordnung kein statisches Regelsystem ist. Sie unterliegt einer ständigen Weiterentwicklung. Die fortschreitende *Umweltzerstörung* dokumentiert beispielsweise, dass der wirtschaftliche Ordnungsrahmen verstärkt um Anreizsysteme für ressourceneffizientes Wirtschaften ergänzt werden muss.
Auch kann die Gesellschaft neue Ansprüche an die Wirtschaftsordnung stellen, die von kleinen Änderungen bis hin zu einem grundlegenden Wandel reichen können. Grundsätzlich gibt es für alle Elemente der Wirtschaftsordnung Möglichkeiten der ***alternativen Ausgestaltung***. Daher sind auch alle Elemente dieses Institutionen- und Regelsystems revidierbar. Die Wirtschaftsordnung ist daher eine permanente gesellschaftliche Gestaltungsaufgabe.

Die gesellschaftliche Bedeutung der Wirtschaftsordnung
Die Bedeutung dieser Aufgabe wird deutlich, wenn man sich vor Augen führt, wie stark der Charakter einer Gesellschaft durch die Ordnung ihrer Wirtschaft geprägt wird. Die Wirtschaft ist der gesellschaftliche Bereich, in dem sich sämtlicher materieller Wohlstand begründet.
Der Alltag der Bürgerinnen und Bürger wird in vielfältiger Weise dadurch bestimmt, wie die Politik die Möglichkeiten nutzt, eine Wirtschaftsordnung zu definieren bzw. auszugestalten: Bestimmt allein der Wirtschaftsprozess über die ***Vermögensverteilung*** in der Gesellschaft oder schreibt die Wirtschaftsordnung ergänzende Regeln der Verteilung des materiellen Wohlstands vor? Duldet die Wirtschaftsordnung, dass es in der Gesellschaft geborene Verlierer (bzw. Gewinner) aufgrund ererbter ökonomischer Stellung gibt? Unterliegt die Wirtschaftsordnung bestimmten moralischen Prinzipien?

Die Ordnung der Wirtschaft als Aufgabe des Rechtsstaats

Walter Eucken (1891–1950)

Alexander Rüstow (1885–1963)

Wilhelm Röpke (1899–1966)

„Nach der Erfahrung der Epoche des Laissez-faire kann die Bildung der Wirtschaftsordnung nicht sich selbst überlassen werden. Ein Zurück zum Laissez-faire kommt nicht in Frage." Diese Äußerung von ***Walter Eucken*** umreißt gut, worum es denjenigen ging, die seit den 1930er-Jahren einen „neuen Liberalismus" entwickelten, der zum theoretischen Fundament der später als „Soziale Marktwirtschaft" begründeten Wirtschaftsordnung werden sollte. Noch während der Weimarer Republik (1919–1933) folgerten Eucken, ***Alexander Rüstow*** und ***Wilhelm Röpke*** in voneinander unabhängig publizierten Schriften, dass die liberale Maxime des „Laissez-faire" auf keinen Fall auf Ebene der Wirtschaftsordnung gelten dürfe: Eine sich selbst überlassene Wirtschaft – so ihre Überzeugung – führe zur Entstehung wirtschaftlicher Macht und wirtschaftliche Macht stelle für die menschliche Freiheit die größte Gefahr überhaupt dar. Daher müsse die Wirtschaft von einem politisch gesetzten Ordnungsrahmen umgrenzt werden.

Wirtschaftliche und politische Machtkonzentration

Die wissenschaftlichen Ideengeber der Sozialen Marktwirtschaft strebten die ***Sicherung der individuellen Freiheit*** an. Diese Zielsetzung entspricht dem philosophischen Kern des Liberalismus. Auf wirtschaftlicher Ebene hatte sich nach Ansicht der drei überzeugten Liberalen erwiesen, *„dass die Gewährung von Freiheit eine Gefahr für die Freiheit werden kann, wenn sie die Bildung privater Macht ermöglicht"*. Wegen der in ihr enthaltenen Möglichkeit, gegen die Freiheit anderer eingesetzt zu werden, sahen die drei liberalen Querdenker „private Macht" als grundsätzlich illegitim an.

Eucken, Rüstow und Röpke beschrieben ein scheinbares Paradoxon: Die politische Gewährung von Freiheit habe auf wirtschaftlicher Ebene dazu geführt, dass wirtschaftliche Freiheit dazu eingesetzt worden sei, die Freiheit anderer Menschen zu beseitigen. Als Ursache dieser Fehlentwicklung sahen die drei Wissenschaftler die Entstehung von privater wirtschaftlicher Macht an – also die strukturelle Überlegenheit eines Marktteilnehmers gegenüber dem anderen. Sie wiesen darauf hin, dass ***wirtschaftliche Macht*** ihren Trägern in der Regel auch politische Macht verschaffen würde. Eine Plutokratie (Reichtumsherrschaft) sei die Folge. Diese betrachteten sie mit den Grundprinzipien des demokratischen Rechtsstaats als unvereinbar.

Von der freien zur sozialen Marktwirtschaft

Eucken, Rüstow und Röpke lehnten daher die Forderung des klassischen Liberalismus nach einer auf allen Ebenen freien Wirtschaft ab. Den Terminus selbst setzten sie stets in Anführungszeichen, weil sie ihn als missverständlich ansahen. So erklärte Eucken: *„Der Name ‚freie' Wirtschaft verhüllt die Tatsachen. In ihr herrscht nicht Freiheit, sondern Macht auf der einen, Unfreiheit auf der anderen Seite; hier wenige große Machtgebilde – dort die abhängige Masse."* Um die umfassende menschliche Freiheit als das große Versprechen des Liberalismus einlösen zu können, forderten Eucken, Röpke und Rüstow ein grundsätzliches Umdenken bei der Organisation des Wirtschaftsprozesses. Aus den genannten Gründen dürfe dieser keinesfalls sich selbst überlassen werden, sondern müsse von einer politisch bewusst ***gesetzten Ordnung*** umgrenzt werden.

Ihre wissenschaftliche Arbeit widmeten die drei Liberalen dem Ziel, der Politik praktische Leitlinien für eine *„funktionsfähige und menschenwürdige Ordnung"* zu geben. Unter widrigen Umständen – Rüstow und Röpke mussten nach der „Machtergreifung" der Nationalsozialisten ins Ausland emigrieren, Walter Eucken sah sich bei seiner Arbeit vielfältigen Behinderungen durch das NS-Regime ausgesetzt – wurden sie zu Begründern eines ***„neuen Liberalismus"***. Dieser Liberalismus stellte die Wirtschaft konsequent in den Dienst übergeordneter gesellschaftlicher Zielsetzungen, die mit der heutigen Konnotation des Begriffs „Neoliberalismus" in der Regel nichts zu tun haben.

Grundlagen des „neuen Liberalismus"

M 1 Gefahren wirtschaftlicher Macht

Walter Eucken über die Bedrohung der menschlichen Freiheit durch wirtschaftliche Macht:

„Es ist das feierliche Grundprinzip des Rechtsstaates, dass die Freiheit und die Rechtssphäre des einzelnen Bürgers nach zwei Seiten hin gesichert wird: Gegen die Bedrohung durch andere Bürger und gegen den Staat selbst (...). Träger privater Macht aber sind imstande, garantierte Freiheitsrechte anderer zu beseitigen. (...) Das Problem der wirtschaftlichen Macht ist die andere Seite des Problems der Freiheit in der modernen industrialisierten Wirtschaft. (...) Freiheit war für die führenden Geister des 18. und beginnenden 19. Jahrhunderts weit mehr als eine Sache der Wirtschaft und der Politik. Sie war (für die Philosophen der Aufklärung, auf die Eucken sich bezieht) (...) die einzig mögliche Form der menschlichen Existenz. (...) Ohne Freiheit, ohne spontane Selbsttätigkeit ist der Mensch nicht ‚Mensch'. (...) Heute sehen wir: Diese große Bewegung, die gewollte Befreiung des Menschen aus ‚seiner selbstverschuldeten Unmündigkeit' (...) befindet sich in Gefahr oder ist misslungen. – Und zwar war es die wirtschaftliche Sphäre, (...) aus der die Freiheit zuerst bedroht wurde. Durch die Bauernbefreiung, durch die Herstellung der Freizügigkeit, durch Gewerbefreiheit, Vertragsfreiheit, freien Handel und Beseitigung ungezählter alter Bindungen wurden die starken Kräfte der wirtschaftenden Menschen zur Entfaltung gebracht (...). Aber rasch entstanden jene wirtschaftlichen Machtpositionen, die die Freiheit wieder bedrohten. Ungezählte öffentliche Privilegien verschwanden zwar, aber an ihre Stelle traten schon im 19. Jahrhundert private Machtpositionen (...)."

Walter Eucken (1950/1952): Grundsätze der Wirtschaftspolitik. 6. Auflage (1990), Tübingen: Mohr-Siebeck, S. 175 f.

M 2 Moralisch-politisch-institutioneller Rahmen

Wilhelm Röpke beschreibt, welcher Grundfehler dem klassischen Liberalismus aus der Sicht des „neuen Liberalismus" vorzuwerfen ist:

„Man war ernstlich der Meinung, dass die durch die Konkurrenz gesteuerte Marktwirtschaft einen in sich selbst ruhenden Kosmos, einen ‚ordre naturel' darstelle, der nur von allen Eingriffen befreit zu werden braucht, um auf eigenen Füßen zu stehen. Da sie wunderbarerweise durch jene ‚unsichtbare Hand' gelenkt wird, von der Adam Smith spricht, die aber im Grunde nur ein anderer Ausdruck für die göttliche Vernunft der deistischen Philosophie ist, haben die Menschen ihr gegenüber nur die negative Aufgabe, alle Hemmnisse aus dem Weg zu räumen. (...) Man wollte nicht sehen, dass die Marktwirtschaft eines festen moralisch-politischen-institutionellen Rahmens (...) bedarf, wenn sie nicht zugrunde gehen und zugleich die Gesellschaft als Ganzes durch ungezügelte Interessenwirtschaft zerstören soll."

Wilhelm Röpke (1942): Die Gesellschaftskrisis der Gegenwart. Zürich: Rentsch, S. 85 f.

M 3 Politische Kontrolle des Marktes

Alexander Rüstow umreißt, welche grundlegende Aufgabe der Staat zu leisten hat, um die Marktwirtschaft im Sinne des „neuen Liberalismus" zu organisieren:

„Wir Neoliberalen unterscheiden uns grundsätzlich (...) (von den Vertretern des klassischen Liberalismus) durch das Bewusstsein, dass der Bereich der Leistungskonkurrenz, innerhalb dessen man keine Gängelung, keine Vorschriften braucht, (...) ein ganz bestimmter, ein ganz bestimmt begrenzter Bereich ist. Es ist die Aufgabe des Staates, die Begrenzung dieses Bereiches anzugeben und seine Einhaltung sicherzustellen, Wirtschaftspolizei, Marktpolizei zu üben. Außerhalb dieses begrenzten Bereichs der Marktfreiheit, der Leistungskonkurrenz, gilt keineswegs Konkurrenzfreiheit, sondern gelten andere Regeln und Grundsätze, vor allem auch die Grundsätze der Moral."

Alexander Rüstow (1962): Wirtschaftspolitik und Moral. In: Wilhelm Hoch (1963) (Hg.): Alexander Rüstow – Rede und Antwort, Ludwigsburg: Martin Hoch, S. 9–29, hier: S. 12 f

1 Stellen Sie anhand der Zitate dar, wodurch sich der „neue Liberalismus" Euckens, Rüstows und Röpkes vom klassischen Wirtschaftsliberalismus unterschied.

Der „Dritte Weg"

Die „neuen Liberalen" fühlten sich bei ihrer Arbeit zweierlei Prinzipien verpflichtet: Erstens sollte die „Ordnung der Wirtschaft" im Einklang und nicht im Gegensatz zur großen Idee des Liberalismus stehen – der Freiheit des einzelnen Menschen. Deshalb galt es aus ihrer Sicht, auf der Ebene der Wirtschaftsordnung Instrumentarien einzubauen, die die Entstehung wirtschaftlicher Machtpositionen schon im Ansatz verhinderten. Die Wirtschaftsordnung hatte also *„machtfeindlich"* (Walter Eucken) zu sein. Zweitens sollte die Wirtschaftsordnung auf eine effektive Überwindung der wirtschaftlichen Knappheit ausgerichtet sein. Es ging also um eine effektive Organisation des Wirtschaftsprozesses insgesamt. Eine Wirtschaftsordnung, die dieser ursächlichen Bestimmung jedweden Wirtschaftens widerspricht, erschien den drei Sozialwissenschaftlern nicht sinnvoll.

Eucken, Röpke und Rüstow als Sozialwissenschaftler

Dass hier in allgemeiner Form von „Sozialwissenschaftlern" und nicht von „Ökonomen" die Rede ist, hat einen einfachen Grund: Denn zumindest wenn man die heutige Bedeutung des „Ökonomen" voraussetzt, wird diese Bezeichnung der wissenschaftlichen Leistung der drei Männer nicht gerecht. Die gegenwärtigen Wirtschaftswissenschaften präsentieren sich vielfach als Wissenschaften, die in der Lage sind, das Verhalten von Individuen mittels vermeintlich allgemeingültiger ökonomischer Gesetze erklären zu können. Dabei blenden sie die gesellschaftlichen Zusammenhänge ökonomischer Sachverhalte häufig aus. Dagegen widmeten die damaligen „neuen Liberalen" ihre Arbeit, wie oben aufgezeigt, wirtschaftlichen Zielsetzungen und sahen die Wirtschaft stets in ihrem ***gesellschaftlichen Kontext***.
Pikanterweise warnten sie sogar schon davor, dass *„logische Präzision* (der Wirtschaftswissenschaften) *mit Wirklichkeitsfremdheit erkauft wird"* (Eucken) und attestierten dem damaligen Mainstream der Wirtschaftswissenschaften *„Blindheit sowohl für die ungeheure Wichtigkeit der soziologischen Notwendigkeiten und Bedürfnisse außerhalb ihres Bereiches, als auch für ihre eigene soziologische und institutionelle Bedingtheit"* (Röpke). Fragt man nach der wissenschaftlichen Selbstsicht der neuen Liberalen, so wird allein Walter Eucken sich ausschließlich als Wirtschaftswissenschaftler verstanden haben. Alexander Rüstow, der wegen seiner breiten akademischen Bildung heute teilweise als „Universalgelehrter" bezeichnet wird, sah sich ebenso als Soziologe, Wilhelm Röpke galt schon unter seinen Zeitgenossen gleichermaßen als Philosoph wie als Ökonom.

Der „Dritte Weg"

In scharfer Abgrenzung sowohl zum Liberalismus des Laissez-faire als auch zur Zentralverwaltungswirtschaft entwickelten die drei Wissenschaftler in den 1930er- und 1940er-Jahren die theoretischen Grundlagen für eine neue Wirtschaftsordnung. Diese sahen sie als „Dritten Weg". Dabei ist anzumerken, dass der akademische Entwurf einer Wirtschaftsordnung des „Dritten Weges" zwar unter gegenseitigem Austausch entstand, die drei befreundeten Wissenschaftler sich aber eigenständig den Fragen eines adäquaten wirtschaftlichen Ordnungsrahmens widmeten. Um Eucken entstand an der Universität Freiburg eine Forschungs- und Lehrgemeinschaft, deren Mitglieder bald nach dem Krieg als ***„Ordoliberale"*** bezeichnet wurden. Dieser „Freiburger Schule der Nationalökonomie" gehörten neben Eucken selbst unter anderem der Jurist und Ökonom Franz Böhm (1895–1977), der Ökonom Leonard Miksch (1901–1950) und der Jurist Hans Großmann-Doerth (1894–1944) an. Rüstow und Röpke mussten Deutschland als ausgewiesene Gegner des NS-Regimes 1933 verlassen. Den größten Teil ihres Exils verbrachten sie in der Türkei, wo sie gemeinsam an der Universität Istanbul lehrten.

Franz Böhm (1895–1977)

Eucken, Rüstow und Röpke selbst verstanden sich als gleichgesinnte Vertreter eines neuen Liberalismus und drückten die Nähe ihres wissenschaftlichen Denkens dadurch aus, dass sie in ihren Arbeiten und öffentlichen Vorträgen regelmäßig Bezug aufeinander nahmen. Auch wenn streng genommen nur die Mitglieder der „Freiburger Schule" als Ordoliberale bezeichnet wurden, lassen sich auch Rüstow und Röpke unter diesen Begriff fassen.

Kritik an der Zentralverwaltungswirtschaft

Wie der Begriff „Dritter Weg" nahelegt, lehnten seine Verfechter die beiden anderen Möglichkeiten, die Wirtschaft zu organisieren, ab. Sowohl Eucken als auch Röpke und Rüstow legten argumentativ ausführlich dar, warum sie ebenso den Liberalismus des Laissez-faire als auch die Zentralverwaltungswirtschaft als ungeeignet ansahen, den Wirtschaftsprozess zu organisieren. Nur ein „Dritter Weg" konnte die Zielsetzung einer humanen und effektiven Wirtschaftsordnung einlösen.

Die ***Zentralverwaltungswirtschaft*** erschien den Ordoliberalen hinsichtlich beider Zielsetzungen als ungeeignet. Ihrer Überzeugung nach war die Unfreiheit in der Zentralverwaltungswirtschaft schon strukturell angelegt. Denn eine größere Konzentration wirtschaftlicher Macht als diejenige, über die in dieser Ordnungsform die zentralen Stellen der Wirtschaftslenkung verfügten, war ihrer Ansicht nach nicht vorstellbar. Die Enteignung des einzelnen Menschen durch die Umwidmung von Privat- in sogenanntes ***Kollektiveigentum*** würde aus Sicht des Individuums nur Nachteile mit sich bringen. Die Ordoliberalen sahen, dass der ideelle Anteil des Einzelnen am Kollektivvermögen vollkommen wertlos war. Schließlich lag die Entscheidungsbefugnis über das Vermögen allein in den Händen der zentralen Planstellen. Außerdem machten die Ordoliberalen darauf aufmerksam, dass die Zentralverwaltungswirtschaft mit ihrer zentralen Lenkung des Wirtschaftsprozesses auf politischer Ebene eine ***Diktatur*** verlangen würde. Sie verwiesen dabei auf die Situation in der Sowjetunion. Nicht zuletzt sahen sie die Zentralverwaltungswirtschaft gegenüber marktwirtschaftlich organisierten Wirtschaftsordnungen als wesentlich weniger effektiv an. Auch dieser Mangel war ihrer Ansicht nach strukturell bedingt, da der Zentralverwaltungswirtschaft aus individueller Sicht jegliche positiven Anreizsysteme fehlen würden.

Das folgende Zitat Röpkes verdeutlicht, dass es den Ordoliberalen bei ihrem „Dritten Weg" um eine konsequente Neuorganisation der Marktwirtschaft ging. Keinesfalls darf der „Dritte Weg" als Mischform zwischen den beiden grundlegenden Ordnungsprinzipien „Marktwirtschaft" und „Zentralverwaltungswirtschaft" missverstanden werden:

„Die missratene Form der Marktwirtschaft – der moderne Industrie- und Finanzkapitalismus mit seinen übermächtigen Kapital- und Machtzusammenballungen (...) ist ganz und gar nicht diejenige Form, in der sich ein (...) (marktwirtschaftliches) Wirtschaftssystem nach seinen eigenen unentrinnbaren Grundsätzen entwickeln müsste, ganz und gar nicht das Geschöpf des vielzitierten historischen Schicksals, von dem Schwachköpfe faseln (...). Sie ist das Werk der Geschichte, wie sie Menschen gestaltet haben, während sie auch anders hätten handeln können."

Wilhelm Röpke (1942): Die Gesellschaftskrisis der Gegenwart. Zürich: Rentsch, S. 184

Kritik am Laissez-faire-Liberalismus

Bei aller Kritik am Laissez-faire des klassischen Wirtschaftsliberalismus und seinen gesellschaftlichen Auswirkungen, die die Ordoliberalen übten: Seine „Entdeckung" (Röpke), dass im marktwirtschaftlichen Wettbewerb Eigennutz und Gemeinnutz zusammenfallen, sahen die Ordoliberalen als großen Verdienst an. Freilich handelt es sich dabei nicht um eine „Entdeckung", sondern um eine These. Der klassische Liberalismus war davon ausgegangen, dass sich dieses erwünschte Ergebnis von alleine einstellt. Diese Prophezeiung hatte sich nach Ansicht der Ordoliberalen nicht erfüllt. Eine sich selbst überlassene „freie" Marktwirtschaft funktionierte nach Überzeugung der Ordoliberalen nicht nach den Regeln eines fairen marktwirtschaftlichen Wettbewerbs, sondern würde den Regeln derjenigen unterworfen, die über wirtschaftliche Macht verfügen.

Der „Dritte Weg" der Ordoliberalen bestand auf wirtschaftlicher Ebene darin, eine ***machtfeindliche*** marktwirtschaftliche Wirtschaftsordnung zu schaffen, für die sich der (von Eucken geschaffene) Begriff „Wettbewerbsordnung" etabliert hat und die Teil einer ***freiheitlich-demokratischen*** gesellschaftlichen Gesamtordnung sein sollte.

Zentrale Inhalte des ordoliberalen Programms

Aus ordoliberaler Sicht stellte die Bedrohung der individuellen Freiheit durch wirtschaftliche Machtpositionen das zentrale gesellschaftliche Problem dar. Statt einer Konzentration bedurfte es folglich einer Dekonzentration von wirtschaftlicher Macht. Als Instrument für die Umsetzung dieses Zieles sahen die Ordoliberalen auf wirtschaftlicher Ebene die fortwährende Sicherung eines fairen marktwirtschaftlichen Leistungswettbewerbs an. Hier sollten sich die Marktteilnehmer „auf Augenhöhe" begegnen und sich damit also keine Machtpositionen bilden.

Schaffung fairer Wettbewerbsbedingungen

Der marktwirtschaftliche Wettbewerb sollte vor dem Hintergrund der ordoliberalen Kritik an der bis dato historisch verwirklichten Form der Marktwirtschaft in eine Gesamtordnung eingebunden werden. Dieser sollten folgende Aufgaben zukommen:

1. die ***Aufrechterhaltung*** des Wettbewerbs zu sichern,
2. für ***faire Ausgangsbedingungen*** dieses Wettbewerbs zu sorgen und,
3. dies betonten insbesondere Röpke und Rüstow immer wieder, dass Wirtschaft ***überwirtschaftlichen Zielsetzungen*** zu dienen habe und keinesfalls ein Selbstzweck sei.

Unter diesen Voraussetzungen sollte eine Gesamtordnung entstehen, in der die Freiheitsrechte des einen die Grenzen des Handels des anderen markieren und deren wirtschaftlicher Teil als „Wettbewerbsordnung" bezeichnet wurde.

Der ersten Zielsetzung widmete sich maßgeblich Eucken. Die Etablierung einer Wettbewerbsordnung erforderte nach seiner Auffassung die Umsetzung von sieben „konstituierenden Prinzipien". Als elementares Grundprinzip sah Eucken ein ***funktionierendes Preissystem*** vollständiger Konkurrenz an. Auf sämtliche wirtschaftspolitische Maßnahmen, die diesem Grundprinzip einer Wettbewerbsordnung entgegenstehen (z. B. Subventionen jeglicher Art) sollte verzichtet werden.

Konstituierende Prinzipien des Preissystems:

- Primat der Währungspolitik (Ziel der Preisstabilität),
- Konstanz der Wirtschaftspolitik (z. B. Verzicht auf konjunkturelle Einzelmaßnahmen),
- Prinzip offener Märkte (freier Außenhandel, Antimonopolpolitik),
- Vertragsfreiheit (ohne Behinderung des Wettbewerbs),
- Privateigentum (u. a. als Instrument der individuellen Freiheit und als Handlungsanreiz)
- Haftungsprinzip (insbesondere Untersagung des Haftungsausschlusses z. B. bei Rechtsformen).

Regulierende Prinzipien für den Wettbewerb

Weitere existenzielle Bestandteile der Wirtschaftsordnung sind vier regulierende Prinzipien, die der Aufrechterhaltung des marktwirtschaftlichen Leistungswettbewerbs dienen:

- die Monopolkontrolle,
- eine (zurückhaltende) Einkommenspolitik (progressive Besteuerung als Mittel der Sozialpolitik),
- die Korrektur externer Effekte und
- das Treffen geeigneter Vorkehrungen gegen anomales Verhalten des Angebots auf dem Arbeitsmarkt (z. B. Gewährleistung voller Freizügigkeit).

Eucken betonte die Notwendigkeit, dass alle sieben konstituierenden Prinzipien konsequent umgesetzt werden müssten, da eine isolierte Anwendung einzelner Prinzipien zu gegenteiligen Effekten führen würde. Als notwendige Ergänzung sah er eine ***„spezielle Sozialpolitik"*** an, da die Wettbewerbsordnung allein nicht ausreichen würde, *„um der Problematik des sozialen Lebens durchgängig gerecht zu werden"*. Hier verzichtete Eucken allerdings darauf, konkrete Handlungsempfehlungen zu entwickeln, und betonte lediglich, dass die „spezielle Sozialpolitik" im Einklang zu den Prinzipien der Wettbewerbsordnung stehen müsse.

Der Aufgabe, politische Leitlinien für faire Ausgangsbedingungen des marktwirtschaftlichen Wettbewerbs auszuarbeiten, widmete sich vor allem Rüstow. Seine Kernforderung war die Durchsetzung wirtschafts- und sozialpolitischer Maßnahmen mit egalitärer Wirkung auf die individuellen materiellen Ausgangsvoraussetzungen der Marktteilnehmer, was er unter dem Slogan „Startergerechtigkeit" zusammenfasste.

Grundlagen des „neuen Liberalismus“

M 1 Wettbewerbsordnung und Privateigentum

Walter Eucken über die Bedeutung des Privateigentums und die Interdependenz der konstituierenden Prinzipien:

„Nur im Rahmen der Wettbewerbsordnung gilt der vielgenannte Satz, dass Privateigentum nicht nur dem Eigentümer, sondern auch dem Nichteigentümer Nutzen bringe. Das tut es in der Tat durch die große ökonomische Effizienz der Wettbewerbsordnung und dadurch, dass die verschiedenen Privateigentümer miteinander konkurrieren, die Arbeitssuchenden mehrere Chancen vor sich sehen und nicht etwa einseitig abhängig sind. Wie also Privateigentum an Produktionsmitteln eine Voraussetzung der Wettbewerbsordnung ist, so ist die Wettbewerbsordnung eine Voraussetzung dafür, dass das Privateigentum an Produktionsmitteln nicht zu wirtschaftlichen und sozialen Missständen führt. Das Privateigentum bedarf der Kontrolle durch die Konkurrenz. An dieser Stelle ist die Interdependenz aller wirtschaftspolitischen Maßnahmen besonders wichtig. Werden die anderen Prinzipien, deren Anwendung die Realisierung der Wettbewerbsordnung bewirkt, tatsächlich befolgt, so haben das Privateigentum an Produktionsmitteln und die freie Verfügung darüber eine eminente ordnungspolitische und soziale Funktion. Wenn aber die anderen (konstituierenden) Prinzipien nicht beachtet werden, (…) muss die Verfügungsmacht über das Privateigentum beschränkt werden. (…) Nur die Wettbewerbsordnung macht im Rahmen der modernen industrialisierten Wirtschaft das Privateigentum auf die Dauer erträglich.“

Walter Eucken (1950/1952): Grundsätze der Wirtschaftspolitik. 6. Auflage (1990), Tübingen: Mohr-Siebeck, S. 175f

M 2 Startergerechtigkeit

Alexander Rüstow umreißt seine Forderung der „Startergerechtigkeit“:

„Je mehr man die soziale Einkommensverteilung (…) dem Walten eines streng überwachten fairen Leistungswettbewerbs und seiner Marktgesetzlichkeit überlässt, desto mehr muss sich die Forderung sozialer Gerechtigkeit auf den individuellen Start in diesem Wettlauf konzentrieren. Offenbar entspricht es nicht den Grundsätzen eines fairen (…) Wettbewerbs, wenn in ihm ein Wettbewerber nur dadurch einen wesentlich und vielleicht uneinholbaren Vorsprung hat, dass er bei der Wahl seiner Eltern die nötige Vorsicht walten ließ und als Sohn eines reichen Vaters startete. Und zwar erstreckt sich die (…) Forderung der Startergerechtigkeit im Wesentlichen auf zwei Dinge: auf Bildung und auf Vermögen. (…) In dem Maße, in dem gerechte Gleichheit des Starts an die Stelle der ungerechten erblichen Ungleichheit tritt, und wirtschaftliche Vorteile nur im offenen Leistungswettbewerb zu erringen sind, (…) wird sich die Atmosphäre der Wirtschaft und das in ihr vorwaltende Lebensgefühl grundlegend ändern. (…) Die erbliche Startungleichheit ist das wesentlichste institutionelle Strukturelement, durch das der Feudalismus in der Marktwirtschaft fortlebt und sie zur Plutokratie, zur Reichtums-Herrschaft, macht.“

Alexander Rüstow (1949): Der dritte Weg. In: Ders. (1949/2004): Die Religion der Marktwirtschaft, Münster: Lit, S. 43–156, hier: S. 83f., 92f., 96

M 3 Politisch-moralischer Rahmen

Wilhelm Röpke über notwendige Grenzen einer Marktwirtschaft:

„Schließlich ist mit allem Nachdruck zu betonen, dass wir nicht daran denken, von der Konkurrenz mehr zu verlangen, als sie leisten kann. Sie ist ein Ordnungs- und Steuerungsprinzip im engeren Bereiche der arbeitsteiligen Marktwirtschaft, aber kein Prinzip, auf dem man eine Gesellschaft als Ganzes aufbauen könnte. Soziologisch-moralisch ist sie sogar ein gefährliches Prinzip, das eher auflöst, als verbindet. Wenn die Konkurrenz nicht als soziales Sprengmittel wirken und zugleich nicht selbst entarten soll, setzt sie eine umso stärkere Integration außerhalb der Wirtschaft, einen umso kräftigeren politisch-moralischen Rahmen voraus (…).“

Wilhelm Röpke (1942): Die Gesellschaftskrisis der Gegenwart. Zürich: Rentsch, S. 286

1 ***Überlegen Sie, welche der ordoliberalen Forderungen Sie in der Bundesrepublik Deutschland a) als vollständig umgesetzt, b) als teilweise umgesetzt und c) als nicht umgesetzt ansehen.***

Die politische Etablierung der Sozialen Marktwirtschaft

„Wenn Deutschland nicht schon eh ruiniert wäre, dieser Mann mit seinem absurden Plan, alle Bewirtschaftung aufzuheben, würde es gewiss fertigbringen. Gott schütze uns davor, dass er einmal Wirtschaftsminister wird." Es war im Deutschland des Frühjahrs 1948, als sich eine damals noch ziemlich unbekannte Journalistin gegenüber ihrer Redaktion derart abfällig über einen damals noch ziemlich unbekannten Wirtschaftspolitiker äußerte. Zielperson ihres Spotts war der Mann, der schon wenig später allerorts als „Vater des Wirtschaftswunders" apostrophiert wurde. Der gerade zum Wirtschaftsdirektor der Bizone ernannte Ludwig Erhard hatte in einer Pressekonferenz die Öffentlichkeit über seine Zielsetzung informiert, möglichst rasch die Fixierung der Preise und die Rationierung der Güter abschaffen zu wollen. Bei der Journalistin, die sich derart ungehalten über den späteren Bundeswirtschaftsminister (1949–1963) und Bundeskanzler (1963–1966) äußerte, handelt es sich um Marion Gräfin Dönhoff – sie gilt als eine Koryphäe des bundesdeutschen Journalismus und brachte es in der Wochenzeitung „Die Zeit", der sie seit deren Gründungsjahr 1946 angehörte, bis zur Chefredakteurin und Mitherausgeberin.

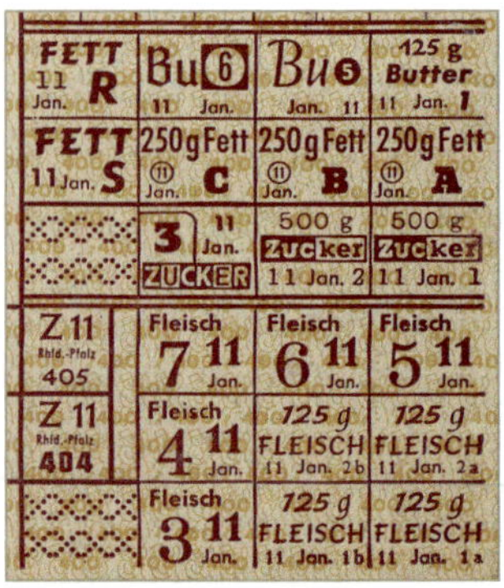

In den „Hungerjahren" nach dem Zweiten Weltkrieg wurden Lebensmittel per Rationierungskarte zugeteilt.

Rationierte Wirtschaft nach dem Zweiten Weltkrieg

In der damaligen Situation erschienen Erhards Vorhaben den meisten Zeitgenossen als grotesk und gefährlich. Die Deutschen hungerten und die wenigen Lebensmittel, die es überhaupt gab, wurden der Bevölkerung per ***Rationierungskarten*** zugeteilt. Mit solchen Karten konnte man für einen festgelegten Preis eine bestimmte Menge von Grundnahrungsmitteln erwerben. Der einzige Markt, an dem zu dieser Zeit in gewisser Weise die Gesetze von Angebot und Nachfrage galten, war der ***Schwarzmarkt***. Hier spiegelte sich das knappe Angebot sowie die hohe Inflation, die sich aus der Kriegswirtschaft des NS-Regimes entwickelt hatte, unmittelbar in den Preisen wider. Für den „schwarzen" Erwerb von einem Kilo Butter etwa musste der durchschnittliche Monatslohn eines Facharbeiters investiert werden – kein Wunder, dass es unter diesen Erfahrungen als wenig verheißungsvoll erschien, die staatliche Bewirtschaftung aufzugeben und die Preisbildung dem freien Spiel von Angebot und Nachfrage zu überlassen.

Wohl nie waren Formen ***zentraler Lenkung der Wirtschaft*** in Deutschland bei politischen Entscheidungsträgern wie der Bevölkerung so populär wie unmittelbar nach dem Zweiten Weltkrieg. Sogar die CDU, die Erhard später zum Wirtschaftsminister machte, verkündete in ihrem berühmten „Ahlener Programm" von 1947, dass eine staatliche Planung und Lenkung der Wirtschaft *„auf lange Zeit in erheblichem Umfang notwendig sein"* und *„auch in normalen Zeiten der Wirtschaft in gewissem Umfang notwendig sein* (wird), *was sich aus unserer Auffassung ergibt, dass die Wirtschaft der Bedarfsdeckung des Volkes zu dienen hat"*.

23. Mai 1949: Der Parlamentarische Rat verkündet das Grundgesetz. Hinsichtlich der Wirtschaftsordnung legt sich die Verfassung nicht fest.

Marktwirtschaftliche Neuorientierung

Erhard aber war davon überzeugt, dass der notwendige wirtschaftliche Neubeginn mittels einer ***marktwirtschaftlich organisierten Wirtschaftsordnung*** gelingen konnte. Er war gut mit den Gedanken der Ordoliberalen vertraut. Bereits in seiner Funktion als Wirtschaftsdirektor ließ sich Erhard von Leonard Miksch – einem Schüler Euckens – beraten. Miksch war eines der produktivsten Mitglieder der Freiburger Schule. Als Sozialdemokrat war ihm während des NS-Regimes aber jegliche öffentliche Anerkennung als Wissenschaftler verwehrt geblieben. Auch Eucken selbst zählte zum Kreis der wissenschaftlichen Berater. Röpke und Rüstow standen über die wissenschaftliche Expertise hinaus schon bald in engem persönlichen Austausch mit Erhard. Als erster Wirtschaftsminister machte Erhard dann Alfred Müller-Armack zu seinem wichtigsten Berater. Der stark von der katholischen Soziallehre geprägte Ökonom gilt als Schöpfer des Begriffs „Soziale Marktwirtschaft".

Die Grundlage für eine marktwirtschaftliche Wirtschaftsordnung wurde mit dem ***„Leitsätzegesetz"*** vom 21. Juni 1948 gelegt, das Leonard Miksch für Erhard ausgearbeitet hatte und mit dem in den westlichen Besatzungszonen die Aufhebung der Preisbindung und Rationierung vollzogen wurde. Diese wirtschaftspolitische Weichenstellung stieß zunächst auf starke Kritik. Insbesondere die SPD warf Erhard vor, damit gegen die Interessen der Bevölkerungsmehrheit zu verstoßen.

Keine Festlegung der Wirtschaftsordnung im Grundgesetz

Das knapp ein Jahr später – am 23. Mai 1949 – in Kraft getretene Grundgesetz, mit dem als Verfassung der Bundesrepublik Deutschland die Eckpunkte einer politisch opportunen Wirtschaftsordnung festgelegt wurden, ließ die Entscheidung über den Charakter der Wirtschaftsordnung weitgehend offen. Artikel 14 (Eigentumsgarantie mit sozialer Bindung) und Artikel 15 (Recht auf Sozialisierung) des Grundgesetzes stehen prototypisch für den großen ***Gestaltungsfreiraum***, der den politisch Verantwortlichen in Deutschland hinsichtlich ihrer Entscheidungen über die Wahl und Ausgestaltung der Ordnungsformen auf wirtschaftlicher Ebene gelassen wird.

Soziale Marktwirtschaft und Ordoliberalismus

In relativ kurzer Zeit wurde die in der öffentlichen Meinung anfangs unpopuläre „Soziale Marktwirtschaft" zum Synonym für ***wirtschaftlichen Erfolg***. Weite Teile der Bevölkerung sahen in der „Sozialen Marktwirtschaft" schon bald einen Garanten für ***„Wohlstand für alle"*** – ein politisches Versprechen Erhards, dass er auch zum Titel seines 1957 erschienenen und überaus erfolgreichen Buches machte, mit dem er für seine Wirtschaftspolitik warb.

Der Ordoliberalismus kann – in Anlehnung an den kritischen Erhard-Biografen Volker Henschel – als „dogmatischer Bezugspunkt" von Erhards Wirtschaftspolitik angesehen werden. Keinesfalls aber kann die „Soziale Marktwirtschaft" – auch nicht während ihrer Prägung durch Ludwig Erhard – als konsequente Umsetzung des ordoliberalen Programms gelten. So wurde etwa auf Ebene der ***Wettbewerbsordnung*** versäumt, die Forderung nach einer konsequenten wirtschaftlichen Haftung einzuführen. Auch das Gesetz gegen Wettbewerbsbeschränkungen (GWB, auch: Kartellgesetz) ist aus ordoliberaler Sicht als enttäuschend anzusehen. Denn statt – wie von den Ordoliberalen gefordert – die Entstehung wirtschaftlicher Machtpositionen im Ansatz zu verhindern, widmete sich das „Kartellgesetz" lediglich dem Missbrauch vorhandener wirtschaftlicher Macht.

Auch die Form der Sozialpolitik, die sich in der „Sozialen Marktwirtschaft" etablierte, entspricht nicht der ordoliberalen Forderung, vor allem durch eine adäquate Gestaltung des Marktrahmens für soziale Gerechtigkeit zu sorgen. Das ordoliberale Konzept einer machtfreien Marktwirtschaft beruhte nämlich unter anderem auf der Überzeugung, dass die meisten sozialen Probleme gelöst wären, wenn der Staat auf materieller/wirtschaftlicher Ebene (sowie auf Ebene der Bildung) für eine wirkliche Chancengleichheit seiner Bürgerinnen und Bürger sorgen würde. Statt zu dulden, dass die Marktwirtschaft sich durch die Vererbung ökonomischer Macht- und Ohnmachtpositionen in eine ***Plutokratie*** verwandelte, forderten die Ordoliberalen vom Staat, durch Bildung oder Vermögen bedingte Vor- oder Nachteile der Marktteilnehmer zu beseitigen. Alexander Rüstow schlug diesbezüglich vor, dass der Staat ab einer gewissen Grenze Erbschaften einzieht und diese Vermögen unter den mittellosen Nachkommen verteilt. Diese egalitären Voraussetzungen bzgl. der individuellen Lebenschancen müssen als ein zentrales Element der Wettbewerbsordnung angesehen werden. Nach Überzeugung der Ordoliberalen wirkte unter einem solchen Ordnungsrahmen der Markt an sich sozial, sodass nur wenige weitere sozialpolitische Maßnahmen zu treffen waren. Zur Sozialpolitik zählte vor allem die Unterstützung für geistig oder körperlich benachteiligte Menschen oder die Hilfe bei individuellen Schicksalsschlägen.

Grundüberlegungen Walter Euckens zum „Monopolproblem":

„Eine Monopolkontrolle, die sich gegen den sog. ‚Missbrauch' wirtschaftlicher Machtstellungen wendet, scheitert. Der Begriff des ‚Missbrauchs' ist nicht exakt zu definieren. Die (wirtschaftlichen) Machtkörper (…) gewinnen einen großen politischen Einfluss in einem Staat, in dem sie zu wuchern beginnen. Der Staat wird dadurch selbst unfähig, die Monopolkontrolle wirksam durchzuführen. Nicht gegen die Missbräuche vorhandener Machtkörper sollte sich die Wirtschaftspolitik wenden, sondern gegen die Entstehung der Machtkörper überhaupt. Sonst besitzt sie keine Chance, mit dem Problem fertig zu werden."

Walter Eucken (1950): Das Problem der wirtschaftlichen Macht. In: Walter Eucken Archiv (Hg.) (2001): Wirtschaftsmacht und Wirtschaftsordnung. Münster: Lit, S. 9–22, hier: S. 17.

Phasen der Sozialen Marktwirtschaft – Teil 1

Die Entwicklung einer Wirtschaftsordnung im historischen Verlauf

Eine Wirtschaftsordnung stellt kein einmal beschlossenes Regelwerk dar, sondern unterliegt einem ***fortwährenden Wandel***. Den Rahmen der theoretisch möglichen Ausgestaltung einer Wirtschaftsordnung bildet dabei die politische Verfassung. Das Grundgesetz bietet bei den Entscheidungen über die Wirtschaftsordnung großen Gestaltungsspielraum. Die künftige Entwicklung der Sozialen Marktwirtschaft war in keiner Richtung festgelegt.

Eine Demokratie muss sich als unter dem Primat der Volkssouveränität stehende Herrschaftsform daran messen lassen, ob der Wandel der Wirtschaftsordnung dem ***Willen der demokratischen Mehrheit*** entspricht. Wenn man die historische Entwicklung einer Wirtschaftsordnung betrachtet, erfährt man nicht nur etwas über den Wandel des Rahmens, innerhalb dessen der Wirtschaftsprozess zu verschiedenen Zeiten ablief. Die Wirtschaftsordnung in einer funktionierenden Demokratie ist auch Ausdruck davon, mit welchen Instrumenten die Gesellschaft glaubt, ihre gesamtwirtschaftlichen Ziele erreichen zu können.

Bis heute weckt der Begriff „Soziale Marktwirtschaft" sehr verschiedene Assoziationen. Dies ist darauf zurückzuführen, dass die bundesrepublikanische Wirtschaftsordnung seit 1949 ***unterschiedliche Phasen*** ihrer konkreten Ausgestaltung durchlief. Eine verbreitete Differenzierung, um den Wandel der „Sozialen Marktwirtschaft" im Zeitverlauf zu beschreiben, ist die Unterscheidung in die Phasen

- des Ordoliberalismus (1948/49–1966),
- der Globalsteuerung (1967–1982) und
- der Angebotsorientierung (seit 1982).

Mit der Beschreibung des Wandels einer Wirtschaftsordnung im geschichtlichen Verlauf können allerdings immer nur ***Entwicklungstendenzen*** umrissen werden. So vereinfacht die hier skizzierte Einteilung sehr stark, weil sie beispielsweise den weltwirtschaftlichen Einfluss auf die Entwicklung der Sozialen Marktwirtschaft weitgehend unberücksichtigt lässt. Auch könnten Zäsuren wie die politische und ökonomische Wiedervereinigung Deutschlands oder die Finanz- und Wirtschaftskrise 2008/2010 in Form von separaten Phasen berücksichtigt werden.

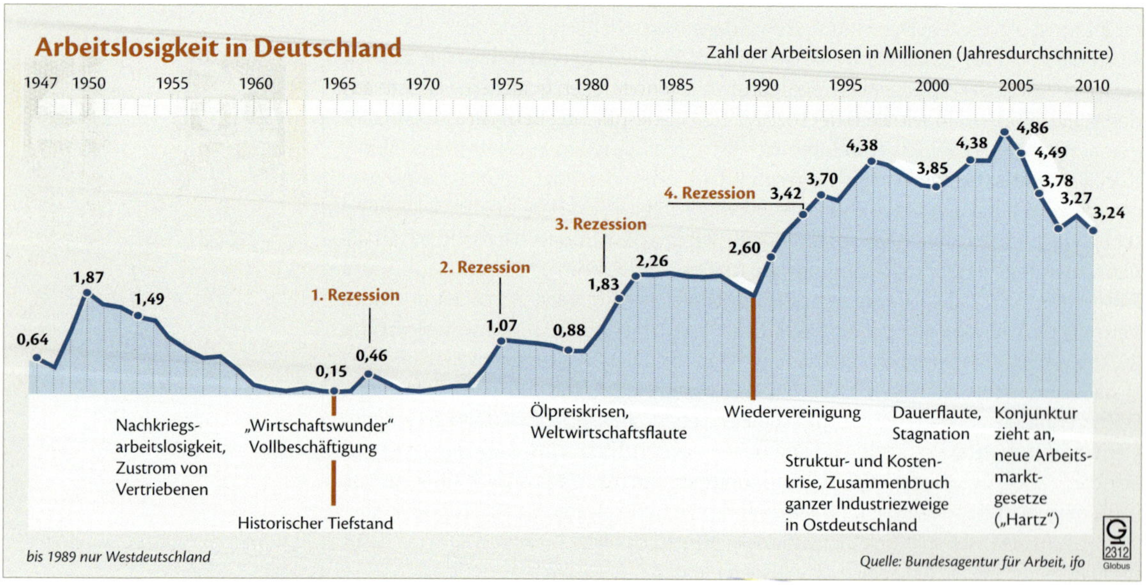

Die Phase des Ordoliberalismus (1948/49–1966)

Die Zeit des wirtschaftspolitischen Neuanfangs in den westlichen Besatzungszonen bzw. in der jungen Bundesrepublik wird regelmäßig als „Phase des Ordoliberalismus" umschrieben. Sie bezieht sich auf den Zeitraum, in dem ***Ludwig Erhard*** als Wirtschaftsdirektor der Bi- bzw. Trizone (1948/1949) bzw. als Bundeswirtschaftsminister (1949–1963) und als Bundeskanzler (1963–1966) die Wirtschaftspolitik prägte. Dabei wird davon ausgegangen, dass sich Erhard mit seinem politischen Programm der „Sozialen Marktwirtschaft" an den wirtschafts- und gesellschaftspolitischen Leitlinien des Ordoliberalismus orientierte.

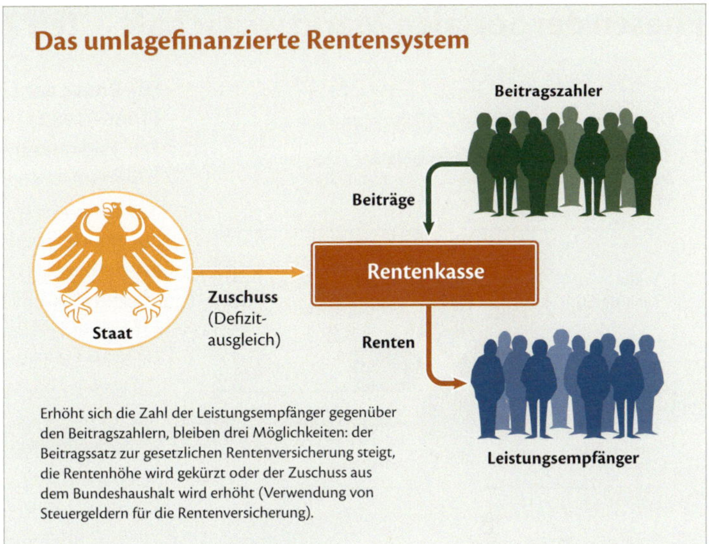

Quelle: http://www.investmentpartner.de/typo3temp/pics/be95328b94.jpg

Als wichtigste wirtschaftspolitische Entscheidungen dieser Phase sind das ***Leitsätzegesetz*** von 1948 (als ordnungspolitische Weichenstellung in Richtung Marktwirtschaft), das ***Bundesbankgesetz*** von 1957 (mit dem durch die gesetzlich verankerte politische Unabhängigkeit der Zentralbank eine wichtige Voraussetzung für eine langfristig funktionierende Marktwirtschaft geschaffen wurde) und nicht zuletzt das nach einem vollen Jahrzehnt politischer Auseinandersetzungen im Jahr 1958 in Kraft getretene ***Gesetz gegen Wettbewerbsbeschränkungen*** (dem als Instrument zur Sicherung des marktwirtschaftlichen Leistungswettbewerbs aus ordoliberaler Sicht eine zentrale Bedeutung zukommt) zu nennen.

Weitere wichtige wirtschaftspolitische Weichenstellungen bildeten das ***Tarifvertragsgesetz*** von 1949 (mit dem die Tarifautonomie gesetzlich festgeschrieben wurde) und das ***Betriebsverfassungsgesetz*** von 1952, das Fragen der betrieblichen Mitbestimmung von Arbeitnehmern regelt. Eine Zäsur in der Sozialgesetzgebung markierte die Einführung der ***dynamischen Rente*** durch die von Bundeskanzler Konrad Adenauer (CDU) initiierte Rentenreform im Jahr 1957. Die Höhe der gesetzlichen Rente war nun an die Lohnentwicklung gekoppelt. Mit der Rentenreform wurde vom kapitalgedeckten zum umlagefinanzierten System gewechselt – die Renten wurden nun nicht mehr aus den für jeden früheren Beitragszahler angesparten Rentenbeiträgen finanziert, sondern aus den laufenden Rentenbeiträgen der sozialversicherungspflichtig Beschäftigten.

Konjunkturelle Entwicklung der ersten Phase

Unter konjunkturellen Gesichtspunkten war die erste Phase der Sozialen Marktwirtschaft vor allem durch das sogenannte ***Wirtschaftswunder*** gekennzeichnet. Bald nach der Währungsreform begann ein lang anhaltendes wirtschaftliches Wachstum, das dazu führte, dass sich das Bruttoinlandsprodukt der Bundesrepublik innerhalb nur eines Jahrzehnts verdoppelte. Das Jahr 1955 ging mit einem realen Wachstum von etwa 10,5 Prozent als wachstumsstärkstes Jahr in die deutsche Wirtschaftsgeschichte ein. Der dynamische konjunkturelle Aufschwung war gekennzeichnet durch zunehmende Beschäftigung – schon Ende der 1950er-Jahre herrschte mit einer Arbeitslosenquote von unter zwei Prozent Vollbeschäftigung – und starke Zuwachsraten der Löhne und Kapitalvermögen. 1966 endete dieser Nachkriegsaufschwung, erstmals seit 1949 wurde ein Rückgang des Bruttoinlandsprodukts gemessen.

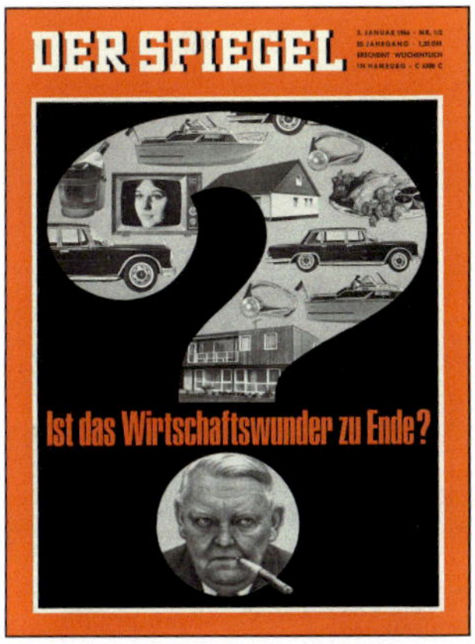

Das Nachrichtenmagazin „Der Spiegel" bewies mit dem Titel seiner ersten Ausgabe im Jahr 1966 Weitblick – 1966/67 erlebte die Bundesrepublik ihre erste Rezession. Das „Wirtschaftswunder" fand sein Ende.

Phasen der Sozialen Marktwirtschaft – Teil 2

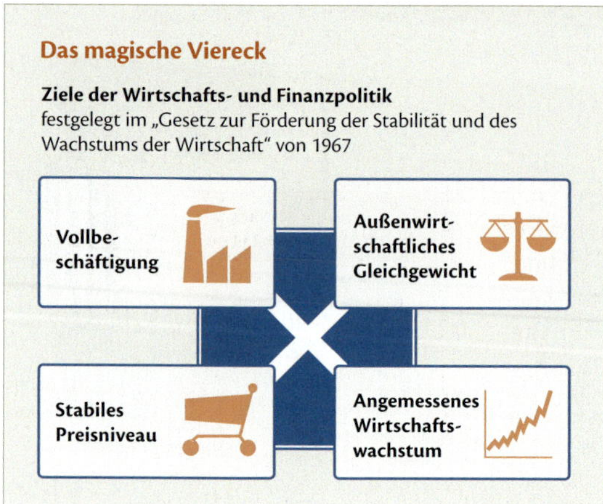

Die im Stabilitätsgesetz von 1967 verankerten obersten gesamtwirtschaftlichen Ziele werden als anspruchsvolle wirtschaftspolitische Gesamtaufgabe häufig als „magisches Viereck“ bezeichnet.

Die Phase der Globalsteuerung (1966–1982)

Der konjunkturelle Einbruch des Jahres 1966 führte dazu, dass zunehmend die Notwendigkeit konjunkturpolitischer Maßnahmen diskutiert wurde. Die Bildung der ersten „Großen Koalition“ auf Bundesebene im gleichen Jahr leitete dann endgültig einen konzeptionellen Wandel in der Wirtschaftspolitik ein. Der neue Wirtschaftsminister Karl Schiller (SPD) versuchte mit seiner Wirtschaftspolitik der Globalsteuerung unter Bewahrung der bestehenden Wettbewerbsordnung bestimmte makroökonomische Größen zu beeinflussen.

Mit dem „Gesetz zur Förderung der Stabilität und des Wachstums der Wirtschaft“ (StWG), das 1967 in Kraft trat, wird dem Staat eine ***aktive Konjunkturpolitik*** nahegelegt, um die vier durch das Gesetz ausgewiesenen gesamtwirtschaftlichen Ziele „Preisniveaustabilität“, „hoher Beschäftigungsgrad“, „stetiges und angemessenes Wirtschaftswachstum“ und „außenwirtschaftliches Gleichgewicht“ zu erreichen („magisches Viereck“). Das Gesetz entspricht durch seine Ausrichtung auf die ***Nachfrageseite*** dem wirtschaftspolitischen Programm des Keynesianismus und markierte damit einen grundlegenden Orientierungswandel in der Wirtschaftspolitik. Auf makroökonomische Schwankungen soll der Staat reagieren, indem er in Phasen der Rezession stimulierende und in Phasen der Hochkonjunktur dämpfende wirtschaftspolitische Mittel einsetzt. Diese ***antizyklische Konjunkturpolitik*** wurde unter Schiller erfolgreich angewandt: Schon Ende der 1960er-Jahre lief die Wirtschaft wieder auf Hochtouren. Auch während der jüngsten Finanz- und Wirtschaftskrise (2008/2010) wurden unter der zweiten Großen Koalition auf Bundesebene (2005–2009) eine keynesianistische Wirtschaftspolitik betrieben – nach Einschätzung der meisten Experten war diese Reaktion auf die Finanz- und Wirtschaftskrise höchst erfolgreich. Aus ordnungspolitischer Sicht werden gezielte Stimulierungen der Nachfrageseite aber in der Regel negativ beurteilt – unter anderem mit dem Argument, dass die so bekämpften ökonomischen Probleme unter einem adäquaten wirtschaftlichen Ordnungsrahmen gar nicht aufgetreten wären.

In der Folge der ersten Ölkrise (1973/1974) wurden Sonntagsfahrverbote verhängt, Benzin war häufig ausverkauft. In der Folge war das Pferdefuhrwerk wieder ein häufig genutztes Verkehrsmittel. Häufig wurden Pferde sogar vor PKW gespannt.

Konjunkturelle Entwicklung der zweiten Phase

Gegenüber der Epoche des „Wirtschaftswunders“ ist diese Phase der Sozialen Marktwirtschaft von starken ***konjunkturellen Schwankungen*** geprägt. Besonders negativ auf die gesamtwirtschaftliche Situation wirkten sich die beiden Ölkrisen 1973/74 und 1979/80 aus. Die extreme Verteuerung des Rohöls innerhalb kürzester Zeit führte auch in Deutschland zu großen ökonomischen Problemen. Arbeitslosigkeit wurde zunehmend zu einem Massenproblem. Die Ölkrisen dokumentierten die Endlichkeit der ***natürlichen Ressourcen***, was zu einer Diskussion über die „Grenzen des Wachstums“ führte. In diesem Zusammenhang wurde auch erstmals von einer breiten Öffentlichkeit die Umweltverschmutzung als Problem anerkannt – die im Jahr 1980 gegründete Partei „Die Grünen“ war schon 1981 in vier der damals elf Landtage vertreten und schaffte 1983 auch den Sprung in den Bundestag.

Unter der Kanzlerschaft Willy Brandts (1969 – 1974) wurden die Leistungen der sozialen Sicherungssysteme stark ausgebaut. Zu nennen sind hier vor allem das Lohnfortzahlungsgesetz und das Kündigungsschutzgesetz. Beide Gesetze traten 1969 in Kraft. Ferner wurde eine „Demokratisierung“ der Wirtschaft angestrebt. Teil dieser Agenda war die Novellierung des Betriebsverfassungsgesetzes, das nun beispielsweise auch für kleine

Betriebe die Bildung eines Betriebsrates vorsah, und das Mitbestimmungsgesetz (1976), das für große Kapitalgesellschaften eine paritätische Besetzung des Aufsichtsrats vorschreibt.

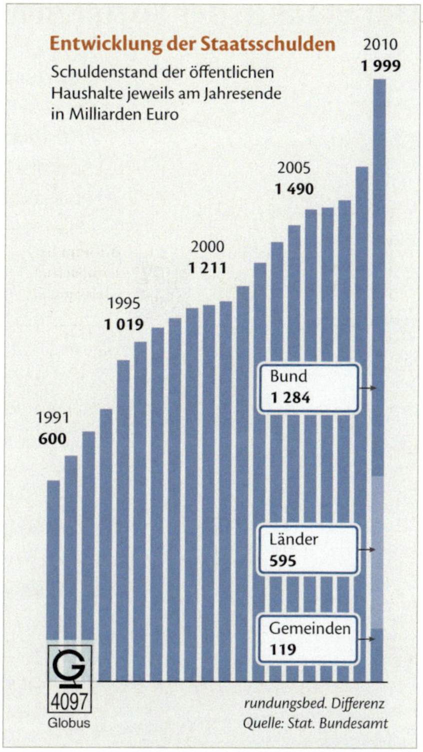

Die Phase der Angebotsorientierung (seit 1982)

1982 kam es mitten in der Legislaturperiode zu einem Regierungswechsel: Die Minister der FDP verließen die von Bundeskanzler Helmut Schmidt (1974–1982) geführte sozialliberale Bundesregierung und stürzten den Kanzler kurz darauf gemeinsam mit der CDU/CSU-Bundestagsfraktion durch ein konstruktives Misstrauensvotum. Die neue Regierung aus CDU/CSU und FDP unter Bundeskanzler Helmut Kohl (1982–1998) wurde durch die Neuwahlen im Frühjahr 1983 bestätigt. Die ***christlich-liberale Koalition*** kündigte unter dem Slogan „weniger Staat, mehr Markt" ein wirtschaftspolitisches Programm an, das unter anderem an die schon unter Schmidt eingeleiteten Bemühungen anschloss, die ***Staatsausgaben*** zurückzufahren. Die Staatsverschuldung nämlich war seit den 1970er-Jahren zu einem ernsthaften Problem geworden. Während die Staatsausgaben u. a. durch den Ausbau des Sozialsystems stetig anstiegen, wurde die Massenarbeitslosigkeit zu einer doppelten finanziellen Belastung des Staates (höhere Sozialausgaben auf der einen und geringere Steuereinnahmen und Sozialversicherungsabgaben auf der anderen Seite).
Zum primären Ziel der Wirtschaftspolitk wurde die Aufwertung des Wirtschaftsstandorts Deutschland erklärt. Dies sollte durch Deregulierungen von bisher staatlich regulierten Marktbereichen und umfassenden ***Privatisierungen*** geschehen. Diese Abwendung von der Nachfrage- und ***Hinwendung zur Angebotsseite*** („angebotsorientierte Politik") dominiert bis in die Gegenwart die Wirtschaftspolitik in der Bundesrepublik Deutschland. Allerdings ist zu konstatieren, dass es insbesondere infolge der Deutschen Einheit (wirtschaftliche Integration der fünf neuen Bundesländer) und der Finanz- und Wirtschaftskrise (2008/2010) zu ***starken Interventionen*** in die Marktwirtschaft gekommen ist. Während die massiven staatlichen Subventionen, die infolge der Transformation der DDR-Wirtschaft flossen, heute teilweise sehr kritisch betrachtet werden und die Art und Weise der Durchführung der innerdeutschen Währungsreform überwiegend als ökonomisch problematisch und als ein Akt des politischen Opportunismus bewertet wird, wird die Anwendung keynesianischer Mittel bei der Bewältigung der Finanz- und Wirtschaftskrise von den meisten Wirtschaftsexperten als alternativlos und erfolgreich betrachtet.

Konjunkturelle Tendenzen der dritten Phase

Die internationale Wettbewerbssituation der deutschen Unternehmen verbesserte sich zwischen 1982 und 1990. Die ***Massenarbeitslosigkeit***, die zunehmend zu dem wirtschaftspolitischen Problem der Bundesrepublik geworden war, ging allerdings nicht spürbar zurück. Sie erreichte 1985 mit 9,3% sogar einen bis dahin seit der unmittelbaren Nachkriegszeit nicht mehr erreichten Höchststand und lag 1990 mit 7,2% nur unwesentlich unter dem für 1982 gemessenen Jahresmittel von 7,5%. Erfolgreicher verlief die Inflationsbekämpfung, was allerdings als Verdienst der unabhängigen Notenbank bewertet werden muss. Die Politik der Geldmengensteuerung, zu der die Deutsche Bundesbank – inspiriert vom Monetarismus – bereits im Jahr 1974 übergegangen war, führte in den 1980er-Jahren zu insgesamt niedrigen Inflationsraten.
Das größte wirtschaftliche Problem in der Bundesrepublik blieb bis in die jüngste Zeit die Massenarbeitslosigkeit. Erst durch die Wirkung der unter der rot-grünen Bundesregierung (1998–2005) durchgeführten Arbeitsmarktreformen („Hartz-Gesetze") scheint es hier zu einer nachhaltigen Verbesserung der Situation zu kommen.

16. August 2002: Der VW-Manager Peter Hartz überreicht dem damaligen Bundeskanzler Gerhard Schröder (SPD) das Arbeitsmarktkonzept, das eine von ihm geleitete Kommission im Auftrag der ersten rot-grünen Bundesregierung (1998 –2005) erarbeitet hat. Viele Ökonomen sehen die „Hartz-Gesetze" als wichtigste und mutigste Sozialreform in der Geschichte der Bundesrepublik an, mit der Deutschland seine internationale Wettbewerbsfähigkeit deutlich verbessern konnte. Sozialpolitisch sind die „Hartz-Reformen" von Beginn an umstritten.

Der Staat in der Sozialen Marktwirtschaft

Wirtschaft und Staat

Das System der Marktwirtschaft vertraut grundsätzlich auf die ***positiven Effekte des Zusammenspiels der Marktkräfte***. Aus Sicht der marktwirtschaftlich orientierten ökonomischen Theorie ist jedoch umstritten, ob bzw. inwieweit nicht auch ergänzende politische Eingriffe notwendig sind. Insbesondere zwei mögliche Eingriffsbereiche werden hierbei unterschieden:

- Politische Eingriffe zur ***Sicherung des optimalen Funktionierens des Marktsystems*** (z. B. Durchsetzung eines Monopolverbots zur Sicherung des wirtschaftlichen Wettbewerbs).
- Politische Eingriffe zur gezielten ***Vermeidung bzw. Korrektur möglicher unerwünschter Marktergebnisse*** (z. B. Umweltschutzvorschriften für die Industrieproduktion).

Der ***klassische Wirtschaftsliberalismus*** plädiert in diesem Zusammenhang für eine weitestgehende Zurückhaltung des Staates. Lediglich die Gewährleistung von Rechtssicherheit und die Bereitstellung einiger öffentlicher Güter (Verteidigung, Verkehrsinfrastruktur, Bildung) werden als staatliche Zuständigkeiten anerkannt. Geprägt wurden in diesem Zusammenhang die Stichworte des ***Nachtwächterstaates*** und des ***Laissez-faire-Liberalismus*** (Verzicht auf staatliches Eingreifen in das Marktgeschehen).
Hieran anknüpfend sieht auch der ***Neoliberalismus*** (als wichtige und heute besonders wirksame Weiterentwicklung des klassischen Liberalismus) staatliche Eingriffe in das Wirtschaftsgeschehen weitgehend kritisch. Sofern die Bedingungen für wirtschaftlichen Wettbewerb gegeben sind, wird dabei davon ausgegangen, dass marktwirtschaftliche Prozesse grundsätzlich bessere Ergebnisse liefern als staatliche Maßnahmen.
Auch der ***Ordoliberalismus*** erkennt die positiven Wirkungen des marktwirtschaftlichen Wettbewerbs an. Allerdings wird dem Staat hier eine deutlich aktivere Rolle zugeschrieben: Nicht nur die Schaffung notwendiger Voraussetzungen für marktwirtschaftlichen Wettbewerb, sondern auch seine langfristige Überwachung und Sicherung wird dabei als notwendig erachtet. Zugleich werden jedoch auch bestimmte staatliche Eingriffe in den Wirtschaftsprozess als sinnvoll und notwendig angesehen: Dies gilt insbesondere im Zusammenhang mit bestimmten Marktergebnissen, die (etwa in sozialer Hinsicht) als korrekturbedürftig angesehen werden.

Staatliche Eingriffe im Rahmen der Sozialen Marktwirtschaft

Die Wirtschaftsordnung der Sozialen Marktwirtschaft beruht zu einem maßgeblichen Anteil auf ordoliberalen Sichtweisen. Dementsprechend wird in der Sozialen Marktwirtschaft grundsätzlich auf die positiven Effekte aus dem ***Zusammenspiel der Marktkräfte*** vertraut. Zugleich wird jedoch auch die Notwendigkeit bestimmter ***staatlicher Eingriffe*** erkannt. Wirtschaft und Staat bestehen dementsprechend nicht unabhängig voneinander, sondern sind so miteinander verbunden, dass (im Idealfall) sowohl ökonomische als auch soziale und politische Zielsetzungen in optimaler Weise erreicht werden können.
Unterschieden werden in diesem Zusammenhang drei zentrale Bereiche der Wirtschaftspolitik in der Sozialen Marktwirtschaft: Die ***Allokationspolitik***, die ***Stabilisierungspolitik*** sowie die ***Distributions- bzw. Humanisierungspolitik***. In diesen verschiedenen Politikbereichen werden jeweils andere gesellschaftliche Zielsetzungen verfolgt und unterschiedliche hierauf bezogene Maßnahmen umgesetzt.

Energiegewinnung aus Windkraft – staatlich gefördert

	Übergeordnete Zielsetzung	Politikfelder/Maßnahmen	
Allokationspolitik	Sicherung der Funktion und Effizienz des Marktsystems	• Wettbewerbspolitik (Monopol- und Kartellverbot und entsprechende Kontroll- und Sanktionsmaßnahmen, aber auch gezielte Wettbewerbsförderung). • Bereitstellung öffentlicher Güter (z. B. öffentliches Bildungssystem, Landesverteidigung), die über den ökonomischen Wettbewerb allein nicht bereitgestellt werden können.	
Stabilisierungspolitik	Stabilisierung des Marktsystems/der marktwirtschaftlichen Entwicklung	• Stabilisierungs- und Wachstumspolitik (orientiert an den Leitzielen Preisniveaustabilität, hoher Beschäftigungsstand, außenwirtschaftliches Gleichgewicht sowie stetiges und angemessenes Wirtschaftswachstum). • Strukturpolitik (Maßnahmen zur Bewältigung des wirtschaftlichen Strukturwandels in einzelnen Regionen und/oder Branchen).	
Distributions-/Humanisierungspolitik	Korrektur/Abfederung von Marktergebnissen, insbesondere in sozialer Hinsicht	• Soziale Sicherung (System der Sozialversicherung und hierauf bezogene politische Maßnahmen). • Umverteilung (Verteilung von ökonomischen Gewinnen und Belastungen nach sozialen Gesichtspunkten, z. B. ansteigende Steuersätze mit höherem Einkommen). • Humanisierung der Arbeitswelt (z. B. Schutzvorschriften und Mitbestimmungsmöglichkeiten im Arbeitsleben).	

Nach: Jürgen Pätzold: Soziale Marktwirtschaft. Konzeption – Entwicklung – Zukunftsaufgaben. Stuttgart, 2000. http://www.juergen-paetzold.de/einfuerung_mawi/2_MAWI.html (Abruf vom 20.12.2010)

Soziale Sicherung und Soziale Marktwirtschaft

Säulen der sozialen Sicherung

Sozialversicherung	Versorgung	Fürsorge
Krankenversicherung Pflegeversicherung	Beamte, Richter, Soldaten	Kinder- und Jugendhilfe
Unfallversicherung	Kriegsopfer, Wehrpflichtige, Zivildienstleistende	Sozialhilfe: Hilfe zum Lebensunterhalt, Kranken- und Behindertenhilfe, Hilfe zur Pflege
Rentenversicherung	Schwerbehinderte	Gesundheitshilfe
Arbeitsförderung Arbeitslosenversicherung	Impfgeschädigte	Grundsicherung für Arbeitsuchende nach SGB II: Arbeitslosengeld
	Opfer von Gewalttaten	

Merkmale der sozialen Sicherung in der Sozialen Marktwirtschaft

Eine wesentliche Aufgabe des Staates in der Sozialen Marktwirtschaft besteht darin, bestimmte Marktergebnisse nach sozialen Gesichtspunkten zu korrigieren bzw. abzufedern. Zunächst ist dabei festzuhalten: Da es sich bei der Sozialen Marktwirtschaft um ein marktwirtschaftliches System handelt, ist es hier jedem wirtschaftlichen Akteur – bei Einhaltung der gegebenen rechtlichen Rahmenbedingungen – grundsätzlich möglich, ***durch ökonomisches Handeln den eigenen Wohlstand zu mehren***. In marktwirtschaftlichen Systemen trägt jedoch jeder wirtschaftliche Akteur zugleich auch das hiermit verbundene ***Risiko***. Ein zentrales Merkmal der Sozialen Marktwirtschaft ist nun, dass entsprechende Risiken für die wirtschaftlichen Akteure durch staatliche Maßnahmen zu einem gewissen Maß reduziert werden. So besteht in der BRD durch bestimmte staatliche Leistungen sowie durch ein staatlich vorgeschriebenes und unterstütztes Pflichtversicherungssystem ein Netzwerk der ***sozialen Sicherung***. Zentrale wirtschaftliche Risiken werden deshalb nicht vollständig individuell getragen, sondern über das System der sozialen Sicherung abgemildert und somit für den einzelnen wirtschaftlichen Akteur tragbar.

Das System der sozialen Sicherung setzt sich dabei aus drei Säulen zusammen:

- Den Kern der sozialen Sicherung in der BRD bildet das ***Sozialversicherungssystem***, das zentrale Lebensrisiken und ihre potenziellen wirtschaftlichen Folgen absichert. Die Finanzierung erfolgt weitgehend aus regelmäßigen Beiträgen der Versicherten.
- Hinzu kommen unterschiedliche staatliche ***Versorgungsleistungen***, die entweder für eine bestimmte Gegenleistung (Beamte, Richter, Soldaten, Wehr- und Zivildienstleistungen) oder als Nachteilsausgleich (z. B. Schwerbehinderte, Opfer von Gewalttaten) erbracht werden.
- Schließlich werden im System der sozialen Sicherung auch ***Fürsorgeleistungen*** erbracht. Die Fürsorge erfolgt bei besonderer Bedürftigkeit und soll Notlagen vermeiden helfen (z. B. Sicherung des Existenzminimums über das ALG II). Die Finanzierung von Fürsorgeleistungen erfolgt nicht aus Beiträgen, sondern direkt aus dem Staatsbudget (welches im Wesentlichen durch Steuerzahlungen bedient wird).

Das System der Sozialversicherung

Für die soziale Sicherung im Rahmen der Sozialen Marktwirtschaft ist insbesondere das Sozialversicherungssystem von entscheidender Bedeutung. Seine historischen Wurzeln hat das deutsche Sozialversicherungssystem in der Sozialgesetzgebung des Reichskanzlers Otto von Bismarck (1815–1898) am Ende des 19. Jahrhunderts. Heute verfügt das System der Sozialversicherung über fünf unterschiedliche Versicherungsbereiche:

- Die ***gesetzliche Arbeitslosenversicherung***: Sichert den existenziellen Lebensunterhalt im Falle einer Arbeitslosigkeit.
- Die ***gesetzliche Rentenversicherung***: Sichert über Rentenzahlungen den Lebensunterhalt im Alter oder im Falle einer dauerhaften Arbeitsunfähigkeit.

Soziale Sicherung – zwei Beispiele:

Julia B., Einzelhandelskauffrau:	Werner D., Lagerhelfer
Direkt nach ihrer Ausbildung zur Einzelhandelskauffrau fand Julia B. eine passende Arbeitsstelle bei einer großen Kaufhauskette. Eines Tages hatte sie in ihrer Freizeit einen schweren Verkehrsunfall – eine Operation und ein langer Krankenhausaufenthalt waren die Folge. Die hohen Kosten der medizinischen Behandlung musste Julia B. jedoch nicht aus eigener Tasche bezahlen. Hierfür kam die gesetzliche Krankenversicherung auf, an die Julia B. regelmäßige Beiträge abführt. Selbstverständlich konnte Julia B. während ihres Krankenhausaufenthalts nicht zur Arbeit gehen. Sie musste deshalb jedoch nicht auf ihr regelmäßiges Einkommen verzichten – aufgrund der gesetzlichen Verpflichtung ihres Arbeitgebers zur Lohnfortzahlung im Krankheitsfall erhielt sie auch in der Zeit ihrer Arbeitsunfähigkeit ihr Einkommen. Nach vollständiger Genesung konnte Julia B. schließlich wieder an ihren Arbeitsplatz zurückkehren.	Obwohl er keinen Schulabschluss vorweisen kann, konnte Werner D. eine Arbeitsstelle als Lagerhelfer finden. Die Arbeit gefiel ihm und mit seinem Einkommen war Werner D. auch immer ganz zufrieden. Als es allerdings im Jahr 2008 zur großen Wirtschaftskrise kam, merkte das auch sein Arbeitgeber: Plötzlich blieben viele Aufträge aus und es gab immer weniger zu tun. Schließlich mussten sogar einige Mitarbeiter entlassen werden, darunter auch Werner D. Auch wenn Werner D. plötzlich ohne Arbeit dastand – ein regelmäßiges Einkommen war weiterhin gesichert: Für ein Jahr konnte er das Arbeitslosengeld I aus der Arbeitslosenversicherung (60 % des vormaligen Nettoeinkommens) beziehen. Als Werner D. auch nach einem Jahr keine neue Beschäftigung gefunden hatte, erhielt er zur Sicherung seines wirtschaftlichen und ökonomischen Existenzminimums das Arbeitslosengeld II. Ergänzend wurde ihm eine Weiterbildung zum Erwerb von EDV-Kenntnissen finanziert. Mit dieser zusätzlichen Qualifikation gelang es ihm schließlich, eine neue Anstellung zu finden.

- Die ***gesetzliche Krankenversicherung***: Sichert die medizinische Versorgung ihrer Mitglieder.
- Die ***gesetzliche Unfallversicherung***: Sichert die Wiederherstellung der Erwerbsfähigkeit nach einem Arbeitsunfall oder im Falle einer berufsbedingten Erkrankung.
- Die ***gesetzliche Pflegeversicherung***: Sichert die pflegerische Versorgung dauerhaft pflegebedürftiger Mitglieder.

Beim System der Sozialversicherung handelt es sich um eine ***Pflichtversicherung***. Das heißt, dass der weit überwiegende Teil der Bevölkerung Leistungen der Sozialversicherung bei Bedarf in Anspruch nehmen kann, zugleich jedoch auch dazu verpflichtet ist, an der Finanzierung des Versicherungssystems mitzuwirken. Die Finanzierung des Systems der Sozialversicherung erfolgt zum Großteil aus ***Beiträgen der Arbeitnehmer und Arbeitgeber***, die einen wesentlichen Anteil der Lohnnebenkosten ausmachen. Die Höhe der zu entrichtenden Beiträge richtet sich dabei nach dem jeweils erzielten bzw. gezahlten Einkommen. Dabei gilt grundsätzlich jedoch das ***Solidarprinzip***: Unabhängig vom jeweils gezahlten Beitrag sind alle Mitglieder gleichermaßen gegen die versicherten Risiken abgesichert. Das bedeutet, dass beispielsweise sowohl die Abteilungsleiterin (mit vergleichsweise hohen Beiträgen) als auch der Hilfsarbeiter (mit vergleichsweise niedrigen Beiträgen) Anspruch auf die Finanzierung der gleichen medizinischen Versorgung haben. Im Bereich der gesetzlichen Rentenversicherung gilt dabei jedoch das ***Äquivalenzprinzip***: Die Höhe der im Rentenalter gewährten Rentenzahlungen orientiert sich hierbei an der Höhe der zuvor eingezahlten Beiträge. So würde die Abteilungsleiterin bei gleicher Einzahlungsdauer eine höhere Rente erhalten als der Hilfsarbeiter.

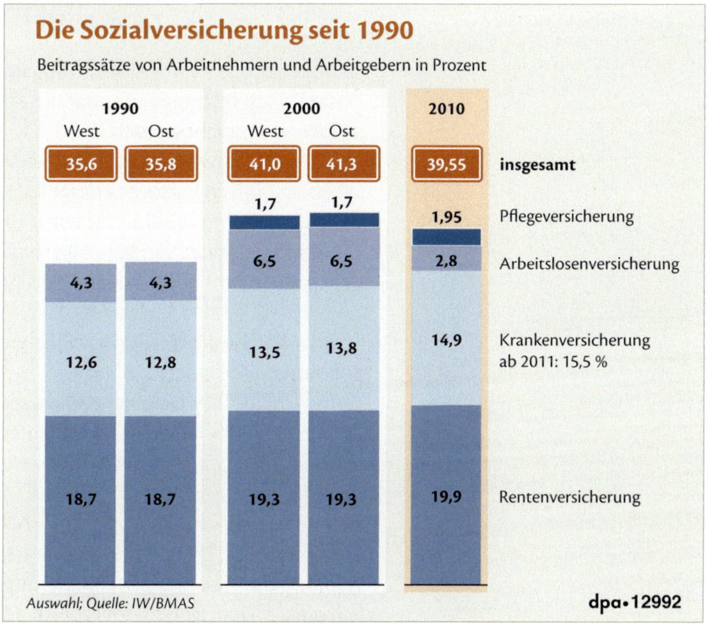

Soziale Marktwirtschaft im internationalen Kontext

Soziale Marktwirtschaft als Leitbild mit internationaler Strahlkraft

Das Leitbild der Sozialen Marktwirtschaft ist eng mit der Bundesrepublik Deutschland und ihrer Wirtschaftsordnung verbunden. Die Besonderheiten der Sozialen Marktwirtschaft werden dabei vielfach mit der enormen Entwicklung, die die (west-)deutsche Wirtschaft seit Gründung der Bundesrepublik im Jahr 1949 durchlaufen hat, in einen Zusammenhang gebracht. Das Leitbild der Sozialen Marktwirtschaft hat dementsprechend eine Strahlkraft entfaltet, die deutlich über die Grenzen der BRD hinausreicht. So lässt sich die Umsetzung bestimmter Aspekte der Sozialen Marktwirtschaft auch im internationalen Kontext erkennen. Der internationale Blickwinkel zeigt aber auch, dass ebenso andere Leitbilder bestehen, die sich deutlich von den Ordnungsvorstellungen der Sozialen Marktwirtschaft abheben.

Die höchsten Kartell-Strafen der EU

Unternehmen (Sitz, Urteilsjahr)	**Gegenstand**	**Strafe in Mio. Euro**
Intel (USA, 2009)	Computerchips	1 060,0
Microsoft (USA, 2008)	PC-Betriebssysteme	899,0
Saint Gobain (F, 2008)	Autoglas	896,0
Microsoft (USA, 2004)	PC-Betriebssysteme	497,2
ThyssenKrupp (D, 2007)	Aufzüge/Rolltreppen	479,7
Hoffmann-La Roche (CH, 2001)	Vitamine	462,0
Siemens (D, 2007)	Schaltsysteme	396,6
Pilkington (GB, 2008)	Autoglas	370,0
Sasol (Südafrika, D, 2008)	Paraffin	318,2
Microsoft (USA, 2006)	PC-Betriebssysteme	280,5
Eni (I, 2006)	Synthetikkautschuk	272,3
Lafarge (F, 2002)	Gipsplatten	249,6

Quelle: EU-Kommission **dpa•10824**

Soziale Marktwirtschaft in der Europäischen Union

Ein Blick in die Geschichte der Europäischen Union zeigt: Seit den Anfängen der europäischen Kooperation in den 1950er-Jahren haben die Partner- bzw. Mitgliedsländer stets ein besonderes Augenmerk auf den Ausbau der wirtschaftlichen Zusammenarbeit gelegt. So überrascht es nicht, dass heute die Wirtschaft als derjenige Bereich angesehen wird, in dem der Prozess der europäischen Integration am weitesten vorangeschritten ist. Die EU-Mitgliedsländer in der Europäischen Wirtschafts- und Währungsunion sind wirtschaftspolitisch eng miteinander vernetzt. Es gilt ein gemeinsamer Binnenmarkt und 17 Mitgliedsländer haben den Euro als gemeinsame Währung eingeführt (2011).

Die Wirtschaftspolitik der EU ist dabei offiziell dem ***Leitbild der Sozialen Marktwirtschaft verpflichtet***. So heißt es im Artikel 3, Absatz 3 des Vertrags von Lissabon:

„Die Union errichtet einen Binnenmarkt. Sie wirkt auf die nachhaltige Entwicklung Europas auf der Grundlage eines ausgewogenen Wirtschaftswachstums und von Preisstabilität, eine in hohem Maße wettbewerbsfähige soziale Marktwirtschaft, die auf Vollbeschäftigung und sozialen Fortschritt abzielt, sowie ein hohes Maß an Umweltschutz und Verbesserung der Umweltqualität hin. Sie fördert den wissenschaftlichen und technischen Fortschritt."

Besonders offensichtlich treten Bezüge zwischen der EU-Wirtschaftspolitik und dem Leitbild der Sozialen Marktwirtschaft im Bereich der ***Wettbewerbspolitik*** zum Vorschein. So zählt der ***Schutz des wirtschaftlichen Wettbewerbs auf dem EU-Binnenmarkt*** zu den politischen Kernaufgaben auf EU-Ebene. Der zuständige ***EU-Wettbewerbskommissar*** verfügt dabei über weitreichende Kontroll-, Beschluss- und Sanktionskompetenzen. Er kann z. B. Geldbußen verhängen. Durch diese Kompetenzen hebt sich dieser Politikbereich deutlich von anderen Aufgabenfeldern der EU ab. Die Kontrolle und Vermeidung von Marktmacht innerhalb der EU entspricht somit in einem hohen Maße den Leitvorstellungen der Sozialen Marktwirtschaft.

Daneben ist die EU auch im Bereich der ***Sozialpolitik*** eigenständig tätig. Auch hier geht es dabei um eine soziale Abfederung des wirtschaftlichen Geschehens. Besondere Schwerpunkte liegen hierbei auf der Förderung von Beschäftigung und der Unterstützung bei der Bewältigung des wirtschaftlichen Strukturwandels. Von besonderer Bedeutung ist in diesem Zusammenhang insbesondere der ***Europäische Sozialfonds (ESF)***, über den in den EU-Mitgliedsländern zahlreiche politische Maßnahmen finanziert werden.

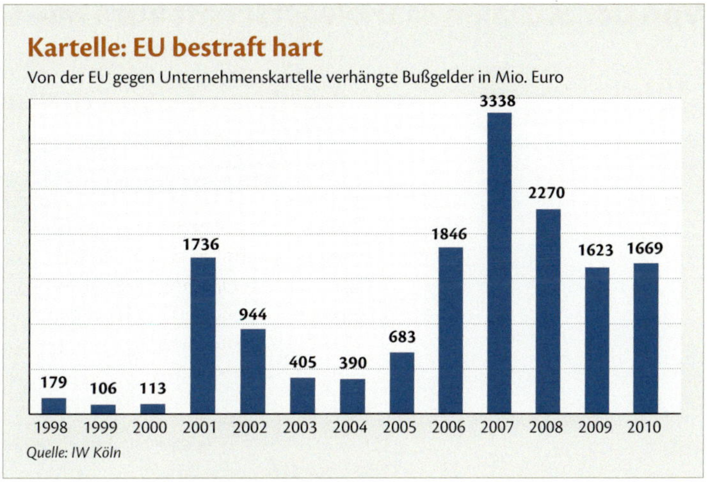

Soziale Marktwirtschaft im internationalen Vergleich

Die Soziale Marktwirtschaft bekennt sich klar zum marktwirtschaftlichen Ordnungsprinzip. Privateigentum, das Wettbewerbsprinzip und das Streben nach individueller Gewinnmaximierung werden in diesem Zusammenhang zugelassen und als weitgehend sinnvoll erachtet. Die Soziale Marktwirtschaft ist demnach im Kern eine ***kapitalistische Wirtschaftsordnung***. Vor dem Hintergrund der besonderen Betonung des sozialen Ausgleichs und der sozialen Sicherung unterscheidet sie sich andererseits allerdings deutlich von anderen kapitalistisch orientierten Wirtschaftsordnungen. Im internationalen Vergleich hat sich dabei die Unterscheidung zweier Gegenmodelle herausgebildet: Unterschieden wird zwischen dem (besonders deutlich) in Großbritannien und in den USA ausgeprägten ***angelsächsischem Kapitalismus*** einerseits sowie dem (besonders deutlich) in der BRD verankerten, in engem Zusammenhang mit dem Leitbild der Sozialen Marktwirtschaft stehenden, ***rheinischen Kapitalismus*** andererseits. Der Begriff des rheinischen Kapitalismus (in Anspielung auf die ehemalige Bundeshauptstadt Bonn) wurde vom französischen Ökonomen Michel Albert geprägt und hinsichtlich verschiedener Dimensionen in Bezug zum angelsächsischen Gegenmodell gesetzt.

Merkmal	Rheinischer Kapitalismus	Angelsächsischer Kapitalismus
Ausrichtung von Unternehmen	langfristige Entwicklung, Wachstum	kurzfristige Rendite
Stellenwert von Unternehmen	Verpflichtung gegenüber dem Gemeinwohl	handelbare Ware
Finanzierung wirtschaftlicher Aktivitäten	Banken	Börse
Systeme sozialer Sicherung	stark ausgeprägt	gering ausgeprägt
Gehälter	langfristig fixiert, von Qualifikation abhängig	durch Marktschwankungen beeinflusst
Bildung	von gesamtgesellschaftlicher Bedeutung, weitgehend gesellschaftlich getragen	von individueller Bedeutung, über den Markt organisiert
Ausbildung	im Betrieb und mit staatlicher Unterstützung	Qualifikation als individuelle Angelegenheit zur Steigerung des individuellen Marktwertes
Arbeitsmarkt	reguliert	flexibel
Arbeitsbeziehungen	stark ausgeprägte Mitbestimmung	keine Mitbestimmung
Rolle der Gewerkschaften	machtvolle Gewerkschaften, zugleich jedoch Gemeinwohlorientierung	schwache Gewerkschaften

Nach: Michel Albert: Kapitalismus contra Kapitalismus. Frankfurt a. M., 1992, S. 103 ff.

Von der Sozialen Marktwirtschaft zur Öko-Sozialen Marktwirtschaft

Die Soziale Marktwirtschaft vor neuen Herausforderungen

Die Umsetzung des Ordnungsrahmens der Sozialen Marktwirtschaft in Deutschland ging einher mit einer günstigen wirtschaftlichen Entwicklung. So kam es insbesondere in der Frühphase der BRD zu einem sprunghaften wirtschaftlichen Aufschwung, an dem weite Bevölkerungskreise teilhaben konnten. Eine vergleichsweise hohe wirtschaftliche Leistungsfähigkeit und ein entsprechend hoher Lebensstandard waren die Folgen dieses *„Wirtschaftswunders"* – Attribute, die die Wirtschaft und Gesellschaft der BRD auch heute noch vergleichsweise deutlich kennzeichnen. Die ***Sicherung stetigen Wirtschaftswachstums*** war und ist vor diesem Hintergrund zentrale wirtschaftspolitische Zielsetzung: So gilt weithin die Auffassung, dass nur durch kontinuierliches ökonomisches Wachstum Leistungsniveau und Lebensstandard im internationalen Wettbewerb zu sichern seien.

Bereits seit den 1970er-Jahren werden jedoch andererseits Stimmen laut, die genau diese Logik infrage stellten. So wurde im Jahr 1972 von der Nichtregierungsorganisation *Club of Rome* eine viel beachtete Studie vorgelegt, deren Titel die Hauptaussage bereits deutlich transportiert: *„Die Grenzen des Wachstums"* zeigte anhand verschiedener Modellrechnungen und Zukunftsszenarien deutlich auf, dass die absoluten Wachstumsgrenzen der Erde innerhalb der kommenden 100 Jahre erreicht würden, sofern an den bisherigen Wirtschafts- und Lebensweisen festgehalten würde. Insbesondere die starke Fixierung auf unbedingtes wirtschaftliches Wachstum und der damit verbundene ungehemmte Raubbau an den natürlichen Ressourcen rückten plötzlich in den Blickpunkt des Interesses.

Wenngleich die Grundproblematik seit den 1970er-Jahren bekannt ist, besitzt sie auch heute noch unverminderte Gültigkeit. Insbesondere der fortschreitende *Klimawandel* und die hieraus zu erwartenden Folgen lassen in heutiger Zeit unmissverständlich erkennen, wohin ein Festhalten an bisherigen Wirtschafts- und Lebensweisen führen würde.

Karikatur: Jupp Wolter / Stiftung Haus der Geschichte

„So leben wir, so leben wir, so leben wir alle Tage ..."

Insgesamt besteht somit eine große Notwendigkeit danach, alternative bzw. zukunftsfähige Formen für zukünftiges wirtschaftliches Handeln zu entwickeln und vor allem auch umzusetzen.

Das Modell der Öko-Sozialen Marktwirtschaft

An dieser Stelle setzt das Modell der Öko-Sozialen Marktwirtschaft an. Dieses bezieht sich zunächst explizit auf das Leitbild der Sozialen Marktwirtschaft. Das bedeutet, dass hier sowohl das marktwirtschaftliche Ordnungsprinzip als auch sozialer Ausgleich und soziale Sicherung befürwortet werden. Vor dem Hintergrund der oben beschriebenen Problemlagen wird jedoch mit der ***Ökologie*** eine weitere Dimension hinzugezogen. Hierbei steht die Erhaltung der natürlichen Lebensgrundlagen im Mittelpunkt.
Gefragt ist somit eine Wirtschaftsordnung, die möglichst optimale ökonomische Verteilungsergebnisse ermöglicht, die zugleich in sozialer und auch in ökologischer Hinsicht vertretbar sind.
Wirtschaftliches Handeln erfolgt im Rahmen der Öko-Sozialen Marktwirtschaft demnach grundsätzlich unter Berücksichtigung seiner ökologischen Folgen. Wichtigste Leitlinie ist dabei das Prinzip der ***Nachhaltigkeit*** (Ausgestaltung und Nutzung eines Systems in einer Weise, die die Nutzung dieses Systems auch in Zukunft weiterhin ermöglicht). Entsprechende Maßnahmen erhalten dabei zugleich eine umwelt- und eine wirtschaftspolitische Bedeutung und zielen grundsätzlich darauf ab, die Kosten, die durch die Nutzung bzw. Verunreinigung natürlicher Ressourcen entstehen, auf den jeweils konkret handelnden wirtschaftlichen Akteur zu übertragen.
Als konkrete Maßnahmen werden in diesem Zusammenhang insbesondere der ***Handel mit Emissionsrechten*** (Unternehmen müssen das Recht zum Ausstoß bestimmter Schadstoffmengen kaufen. Der Kostendruck sorgt für Bemühungen zur weitgehenden Schadstoffreduktion.) sowie eine ***ökologische Umgestaltung des Steuersystems*** (erhöhte steuerliche Belastung ökologisch problematischer Tatbestände, z. B. Erhöhung der Mineralölsteuer, um den PKW-Verkehr zu verringern und zugleich Anreize zur Nutzung öffentlicher Verkehrsmittel zu setzen) diskutiert.
Insgesamt bietet das Modell der Öko-Sozialen Marktwirtschaft einen Ansatz für eine mögliche Weiterentwicklung der marktwirtschaftlichen Wirtschaftsordnung, an deren Ende sowohl sozial als auch ökologisch verträgliches Wirtschaften möglich sein könnte. Es bestünde somit eine Möglichkeit, die marktwirtschaftliche Ordnung so umzugestalten, dass sie gegenüber den zentralen Zukunftsherausforderungen Bestand haben könnte. Erste (umwelt-)politische Maßnahmen sind bereits heute Realität (z. B. Emissionshandel). Es bleibt jedoch abzuwarten, inwieweit diese und weitere konkrete Maßnahmen in ihrer Umsetzbarkeit und Wirksamkeit tatsächliche Effekte entfalten können.

Kohlekraftwerk: Bald ein Bild der Vergangenheit?

Dimensionen der Öko-Sozialen Marktwirtschaft:

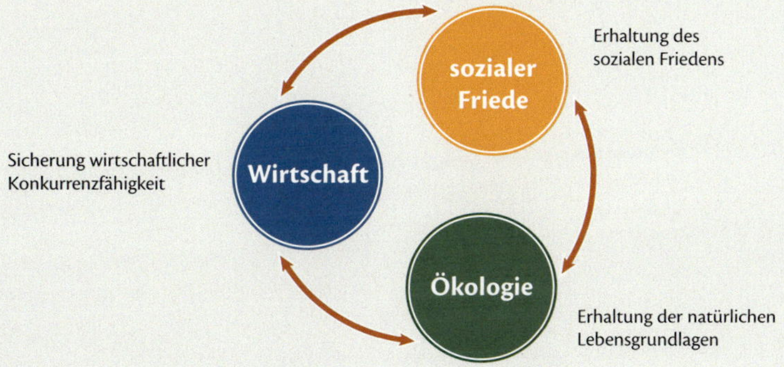

Sozialstaat in der Sozialen Marktwirtschaft

Text 1 Was heißt heute sozial?

Der Ökonom und Kuratoriumsvorsitzende der Initiative Neue Soziale Marktwirtschaft, Hans Tietmeyer:

Die Verbindung von marktwirtschaftlicher Freiheit und sozialem Ausgleich im Konzept der Sozialen Marktwirtschaft ist im Laufe der Jahre immer häufiger missverstanden worden. Viele sehen heute die Marktwirtschaft und die Forderung nach sozialem Ausgleich fälschlicherweise als etwas Getrenntes, ja Gegensätzliches. Das Soziale kann nach dieser Auffassung nur außerhalb des Marktes, also durch staatliche Umverteilung oder durch Einschränkung des Wettbewerbs erreicht werden. Soziale Gerechtigkeit wird dann oft gleichgesetzt mit Bestandsschutz und allein identifiziert mit der sogenannten Verteilungsgerechtigkeit.

Ein derartiges Verständnis von Sozialer Marktwirtschaft verkennt jedoch zweierlei. Erstens: Ein zentrales Element der sozialen Gerechtigkeit ist die Leistungsgerechtigkeit. Das, was jemand erhält, muss immer in einem vernünftigen Verhältnis zu seiner Leistung stehen.

Zweitens: Jeder Versuch staatlicher Umverteilung, der die volkswirtschaftliche Leistungskraft überfordert, ist zum Scheitern verurteilt. Die notwendige soziale Sicherung darf nicht in erster Linie eine Frage der guten Absichten sein. Sie muss den ökonomischen Möglichkeiten Rechnung tragen und zugleich Eigeninitiative und Eigenverantwortung fördern.

Der Sozialstaat ist aber bei uns im Laufe der Jahre zu einem Wohlfahrtsstaat geworden, der die Menschen bevormundet, ihnen immer mehr Lasten aufbürdet und immer weniger Gestaltungsmöglichkeiten lässt. Es gibt unzählige Beispiele dafür, wie die angebliche soziale staatliche Versorgung die Selbsthilfe und Eigenvorsorge der Menschen ersetzt und so auch ihre Leistungsbereitschaft immer weiter zurückgedrängt hat. (…)

Dass die Soziale Marktwirtschaft solidarisch mit denen sein muss, die sich nicht selbst helfen können, steht außer Zweifel. Jedoch richten sich die Wirkungen des ausgeuferten Sozialstaates in der Praxis zu oft gerade gegen die Schwachen in der Gesellschaft. Das sichtbarste Zeichen dafür ist die hohe Arbeitslosigkeit. Ist es wirklich sozial, wenn etwa ein Übermaß an Regulierungen am Arbeitsmarkt die Beschäftigten schützt, gleichzeitig aber den mehr als vier Millionen Erwerbslosen Beschäftigungschancen nimmt? Ich meine nein. Wir müssen uns bei der Definition des „Sozialen" wieder auf die ordnungspolitischen Grundsätze der Sozialen Marktwirtschaft besinnen. Es kann nicht sozialstaatliche Aufgabe sein, Versorgung für alle zu gewährleisten und jedes denkbare Risiko für jeden Personenkreis abzudecken. Das ist falsch verstandene Solidarität, die der wirtschaftlichen Entwicklung und damit letztlich allen schadet.

Hans Tietmeyer: Was heißt heute sozial? Abrufbar unter: http://www.hanstietmeyer.de/Alias_hanstietmeyerimhandelsblatt31052002.html (23.12.2010)

Text 2 **Ohne soziale Sicherung keine materielle Freiheit**

Der Ökonom Holger Rogall:
Nach dem II. Weltkrieg herrschte lange Zeit Konsens, dass der Aufbau und die Aufrechterhaltung eines ausreichenden Sicherungssystems eine bedeutende Rolle für die Entwicklung einer Gesellschaft spielen. Marktprinzipien wurden aufgrund struktureller Schwächen (...) als nicht ausreichend für die materielle Existenzsicherung der Menschen angesehen. (...) Der Aufbau und die Stabilisierung eines ausreichenden sozialen Sicherungssystems wurde damit zu den meritorischen Gütern gerechnet, für deren ausreichende Ausstattung der Staat sorgen muss (...). Dieses Ziel wird mit zunehmender Arbeitslosigkeit und im Zuge der demografischen Entwicklung zugunsten einer Politik der Sicherung des Existenzminimums allmählich verändert. Parallel hierzu tritt seit den 80er-Jahren des 20. Jh. zu dem Sozial- und Solidaritätsprinzip immer stärker die Forderung nach stärkerer Selbstverantwortung und Selbstbeteiligung der Menschen. Viele neoliberale Autoren fordern, dass der Staat nur noch eine Mindestversorgung sicherstellen (...) sollte. Sie sehen in den sozialen Sicherungssystemen (...) ökonomische Hemmnisfaktoren, die so weit wie eben möglich verringert werden müssten. (...)
Neoliberale Ökonomen übersehen, dass ohne soziale Sicherungssysteme die materielle Freiheit der Bevölkerung (ohne ständige Existenzangst leben zu können) nicht aufrechtzuerhalten ist. Soziale Sicherheit ist eine zentrale Errungenschaft der sozialen Demokratie, sie schafft das Gefühl, auch mit gesundheitlichen Gebrechen und als Arbeitsloser integrativer Bestandteil der Gesellschaft zu sein. Diese sozialen Rechte sind kein Ballast, sondern sie stellen ein elementares Band der gesellschaftlichen Zusammengehörigkeit dar, ohne die es keine Kohäsion (gesellschaftlichen Zusammenhalt) geben kann. (...)
Allerdings muss sich die Höhe der Sozialleistungen an der Leistungsfähigkeit der Volkswirtschaft orientieren. Denn wenn Abgaben für die soziale Sicherheit so groß werden, dass hierdurch Arbeitsplätze verloren gehen, kann es zu einer abwärtsgerichteten Spirale von steigenden Abgaben und Arbeitslosigkeit kommen.

Holger Rogall: Volkswirtschaftslehre für Sozialwissenschaftler. Wiesbaden, 2006, S. 296 f.

Aufgaben

1 ***Analysieren Sie beide Texte und arbeiten Sie deren Hauptaussagen heraus.***
2 ***Vergleichen Sie, aus welcher Perspektive die Autoren jeweils die Frage der sozialen Absicherung in den Blick nehmen.***
3 ***Nehmen Sie Stellung zu der Frage, inwieweit die Standpunkte der beiden Autoren mit dem Leitbild der Sozialen Marktwirtschaft zu vereinbaren sind.***

Hinweise zu den Aufgaben

Aufgabe 1: Hier steht zunächst eine Textanalyse im Vordergrund, als deren Resultat schließlich ein Überblick über die in den Texten enthaltenen Hauptaussagen gewonnen werden sollte. Hierbei geht es insbesondere darum, einen ersten Überblick zu gewinnen. Eine Wertung oder Beurteilung herausgearbeiteter Aspekte bzw. die Darstellung eines eigenen Standpunkts hingegen sind hier noch nicht gefragt.

Aufgabe 2: Hier geht es darum, gezielt diejenigen Standpunkte herauszuarbeiten, die die Autoren zur Frage der sozialen Absicherung vertreten. Auf dieser Grundlage gilt es daraufhin, die jeweiligen Standpunkte vergleichend zueinander in Bezug zu setzen: Neben erkennbaren Unterschieden (soziale Basisabsicherung für Notfälle und höchstmögliche Eigenverantwortung / Soziale Sicherung zur Gewährung materieller Freiheit mit politischer bzw. gesellschaftsrelevanter Funktion) sollte der Blick dabei auch auf mögliche Gemeinsamkeiten (Frage der Verknüpfung von Umverteilung und volkswirtschaftlichem Leistungsniveau) gerichtet werden.

Aufgabe 3: Hier ist eine Verknüpfung allgemeiner Kenntnisse zum Leitbild der Sozialen Marktwirtschaft (bzw. zum Stellenwert des Sozialen bzw. zur Begründung sozialpolitischer Eingriffe innerhalb dieser ökonomischen Ordnungskonzeption) mit den herausgearbeiteten Standpunkten gefragt. Auf dieser Grundlage kann schließlich eine eigene Positionierung zur kontroversen Thematik gewonnen und argumentativ dargelegt werden.

Zum Weiterarbeiten

Aufgaben zu den verschiedenen Anforderungsbereichen

Anforderungsbereich I

- Nennen Sie die Funktionen einer Wirtschaftsordnung.
- Beschreiben Sie wesentliche Inhalte des ordoliberalen Programms.
- Nennen Sie die unterschiedlichen Phasen der Sozialen Marktwirtschaft.
- Bezeichnen Sie die zentralen Aufgabenbereiche der Wirtschaftspolitik in der Sozialen Marktwirtschaft.

Anforderungsbereich II

- Erläutern Sie die politische Etablierung der Sozialen Marktwirtschaft in der BRD.
- Vergleichen Sie die Leitbilder des rheinischen und des angelsächsischen Kapitalismus.
- Arbeiten Sie heraus, vor welchem Hintergrund das Leitbild der Öko-Sozialen Marktwirtschaft diskutiert wird.

Anforderungsbereich III

- Begründen Sie, warum es sich bei der Umsetzung einer Wirtschaftsordnung um ein permanentes Gestaltungserfordernis handelt.
- Erörtern Sie: Die soziale Sicherung und Deutschland – ein Erfolgsmodell?
- Problematisieren Sie das Verhältnis von Ökonomie und Ökologie.

Links zur Sozialen Marktwirtschaft

www.walter-eucken-institut.de/	Walter-Eucken-Institut
www.eucken.org/home/index.html	Walter-Eucken-Archiv
www.ludwig-erhard-stiftung.de/index.php?seite=1	Ludwig-Erhard-Stiftung
www.asm-ev.de/	Aktionsgemeinschaft Soziale Marktwirtschaft
www.bmas.de/portal/34868/soziale__sicherung.html	Themenschwerpunkt „soziale Sicherung“ beim Bundesministerium für Arbeit und Soziales
www.deutsche-sozialversicherung.de/	Deutsche Sozialversicherung
www.foes.de/	Forum Ökologisch-Soziale Marktwirtschaft

4 Wirtschafts- und Sozialpolitik

Wann sind politische Eingriffe in den Wirtschaftsprozess notwendig? Welchen Zielen folgen sie und wie werden sie umgesetzt? Welche konkreten Maßnahmen lassen sich im Einzelnen unterscheiden? Das folgende Kapitel widmet sich dem Themenfeld der Wirtschafts- und Sozialpolitik. Im Blickpunkt steht dabei die Schnittstelle zwischen Staat und Markt, zwischen Politik und Wirtschaft.

Wirtschafts- und Sozialpolitik

Warum Wirtschafts- und Sozialpolitik?

Ein Blick in die aktuellen Nachrichten in Zeitung, Fernsehen und Internet genügt, um festzustellen: Man hat es mit einer ausgesprochenen Vielzahl an Themen zu tun, die direkt oder indirekt mit dem Bereich Wirtschaft in Verbindung stehen. Besonders häufig zeigt sich dies im Zusammenhang mit wirtschaftsbezogenen Problemstellungen, die auf politischer Ebene thematisiert bzw. bearbeitet werden.
Das in der Bundesrepublik Deutschland bestehende System der Sozialen Marktwirtschaft ist dadurch gekennzeichnet, dass es nicht nur auf das freie Spiel der Marktkräfte vertraut, sondern auch – da, wo dies nötig ist – politische Eingriffe in das Wirtschaftsgeschehen ausdrücklich zulässt und fordert. Wirtschaftsbezogene politische Eingriffe können dabei aus unterschiedlichen Beweggründen und mit unterschiedlichen Zielsetzungen erfolgen. Einer aktiven und zielgerichteten Wirtschafts- und Sozialpolitik kommt deshalb in der BRD eine grundsätzlich hohe Bedeutung zu. Dies bedeutet jedoch nicht, dass der Staat alle wirtschaftlichen Funktionen übernimmt bzw. übernehmen sollte. Zentral ist deshalb die stetige Berücksichtigung der Frage nach der Vereinbarkeit von wirtschafts- bzw. sozialpolitischen Maßnahmen und marktwirtschaftlichen Prozessen.

► *1. Wirtschafts- und Sozialpolitik in der Marktwirtschaft*

Wie soll Wirtschafts- und Sozialpolitik ausgerichtet sein?

Fragen nach der Notwendigkeit, der Zielrichtung und der konkreten Ausgestaltung wirtschaftspolitischer Strategien und Maßnahmen wurden und werden auf wissenschaftlicher sowie auf politischer Ebene sehr unterschiedlich diskutiert. Zum Teil stehen sich hier kontroverse, miteinander nicht zu vereinbarende Ansichten und Einschätzungen gegenüber. Die Hauptkontroversen ergeben sich hierbei zwischen zwei zentralen wirtschaftspolitischen Denkschulen: der Angebotstheorie (mit der dazugehörigen angebotsorientierten Wirtschaftspolitik) auf der einen und der Nachfragetheorie (mit der dazugehörigen nachfrageorientierten Wirtschaftspolitik) auf der anderen Seite. Beide Sichtweisen beziehen sich auf die Frage, inwieweit wirtschaftspolitische Eingriffe zu einer günstigen Beeinflussung der wirtschaftlichen Entwicklung beitragen können. Ihre Ansatzpunkt und Konzepte unterscheiden sich jedoch beträchtlich.

► *2. Theoretische Grundlagen I: Angebotsorientierung*
► *3. Theoretische Grundlagen II: Nachfrageorientierung*

Wirtschafts- und Sozialpolitik in der BRD

Die konkrete Umsetzung von Strategien und Maßnahmen der Wirtschafts- und Sozialpolitik erfolgt immer unter den jeweils gegebenen Rahmenbedingungen. Dies gilt auch für die Wirtschafts- und Sozialpolitik im Rahmen der (Sozialen) Marktwirtschaft in der BRD. Als Zielvorgabe dient hierbei die grundsätzliche – und gesetzlich festgeschriebene – Verpflichtung auf die Förderung der Einhaltung eines gesamtwirtschaftlichen Gleichgewichts, das neben ökonomischen auch soziale (sowie in neueren Interpretationen auch ökologische) Zielsetzungen beinhaltet.
Zur Erreichung dieser Zielsetzungen können unterschiedliche konkrete Instrumente auf unterschiedlichen untergeordneten Politikfeldern zur Anwendung gebracht werden. Wirtschafts- und Sozialpolitik wird in der BRD jedoch nicht nur von Politikern betrieben – es besteht vielmehr ein komplexes Feld unterschiedlicher Akteure, die in unterschiedlicher Weise an der Entwicklung und Umsetzung konkreter politischer Maßnahmen mitwirken.
Die Basis für die wirtschafts- und sozialpolitische Handlungsfähigkeit des Staates bilden die öffentlichen Haushalte. Im Rahmen des politischen Prozesses der Haushaltsplanung

entscheidet sich, welche Handlungsspielräume für politisches Handeln bestehen. Insbesondere über Auswirkungen auf die (künftige) Einnahmenbasis können wirtschafts- und sozialpolitische Maßnahmen selbst wiederum Rückwirkungen auf die öffentlichen Haushalte entfalten.

▸ *4. Wirtschafts- und Sozialpolitik in der BRD*
▸ *5. Der öffentliche Haushalt: Basis der Wirtschafts- und Sozialpolitik*

Politikfelder der Wirtschafts- und Sozialpolitik in der BRD

Konkrete wirtschafts- und sozialpolitische Maßnahmen können in unterschiedlichen Bereichen mit unterschiedlich stark ausgeprägtem Bezug zum Wirtschaftssystem bzw. zu wirtschaftlichen Prozessen ansetzen. Wichtige Politikfelder bestehen hierbei etwa mit der Konjunktur-, Wettbewerbs-, Standort-, Arbeitsmarkt-, Gesundheits-, Renten- und der Bildungspolitik. Je nach Politikfeld liegen dabei jeweils spezifische Ansatzpunkte und Zielsetzungen sowie ein spezifischer Bezug zu den übergeordneten Zieldimensionen der Wirtschafts- und Sozialpolitik in der BRD vor.

▸ *6. Sozialer Ausgleich*
▸ *7. Konjunkturpolitik*
▸ *8. Wettbewerbspolitik*
▸ *9. Standortpolitik*
▸ *10. Arbeitsmarktpolitik*
▸ *11. Gesundheitssystem und Gesundheitspolitik*
▸ *12. Rentensystem und Rentenpolitik*
▸ *13. Bildungssystem und Bildungspolitik*

Wirtschafts- und Sozialpolitik vor neuen Herausforderungen

Unterschiedliche Maßnahmen der Wirtschafts- und Sozialpolitik finden im Zusammenhang mit dem System der Sozialen Marktwirtschaft in der BRD regelmäßig Anwendung. Vor vollkommen neuartige Herausforderungen wurden Politik und Wirtschaft jedoch im Zuge der sich seit dem Jahr 2008 entwickelnden globalen Finanz- und Wirtschaftskrise gestellt. Entscheidende Bedeutung kam in diesem Zusammenhang plötzlich der Frage zu, ob die Politik fähig und in der Lage dazu wäre, nachhaltig wirksamen Einfluss auf die Krisenbewältigung zu nehmen. Welche Möglichkeiten bestanden hierbei für eine aktive Wirtschafts- und Sozialpolitik?

▸ *14. Wirtschafts- und Sozialpolitik in der globalen Krise*

Wirtschafts- und Sozialpolitik in der Marktwirtschaft

Politische Eingriffe in den Wirtschaftsprozess?

Die Marktwirtschaft vertraut auf das Zusammenspiel von Angebot und Nachfrage. Dieses Zusammenspiel führt in der Theorie zu optimalen Verteilungsergebnissen. In der Praxis wirtschaftlicher Prozesse zeigt sich aber, dass diese keineswegs immer störungsfrei und optimal verlaufen. Außerdem kann es immer wieder zu Marktergebnissen kommen, die zwar den Kriterien ökonomischer Effizienz gerecht werden, aber aus sozialer Sicht korrekturbedürftig sind.

Vor diesem Hintergrund ergibt sich: Politische Eingriffe in den Wirtschaftsprozess können auch unter den Rahmenbedingungen der Marktwirtschaft angebracht und sinnvoll sein. Eine besondere Bedeutung kommt hierbei den Politikfeldern ***Wirtschafts- und Sozialpolitik*** zu. Politische Eingriffe beschränken sich hier jedoch auf ein notwendiges Maß, das zudem durch das Vorliegen entsprechender Gründe legitimiert werden muss. Wirtschafts- und Sozialpolitik in der Marktwirtschaft setzt darauf, die Marktfunktionen zu ergänzen, und nicht, diese durch politische Steuerung zu ersetzen.

Funktionen der Wirtschafts- und Sozialpolitik in der Marktwirtschaft

Wirtschafts- und sozialpolitische Maßnahmen werden auf unterschiedlichen Politikfeldern getroffen und setzen auf unterschiedlichen Ebenen des Wirtschaftslebens an:

- Bereitstellung und Sicherung von ***Rahmenbedingungen***: Gewährleistung von innerer und äußerer Sicherheit, Gewährleistung von Rechtssicherheit, Umsetzung einer staatlichen Währungsordnung.
- *Allokationsfunktion:* Vorbeugung und Behebung von Störungen des Marktprozesses.
- *Distributionsfunktion:* Sozialer Ausgleich über Eingriff in die Einkommens- und Vermögensverteilung.
- *Stabilisierungsfunktion:* Ausgleich von konjunkturellen Schwankungen durch politische Gegenmaßnahmen.

Die Staatsquote: Maß für die staatliche Aktivität

Wirtschafts- und Sozialpolitik kann in unterschiedlicher Intensität betrieben werden. Dementsprechend ist ein unterschiedliches Ausmaß an staatlichen Eingriffen in den Wirtschaftsprozess denkbar. Ein Maß zur Messung des jeweiligen Ausmaßes besteht mit der ***Staatsquote***. Diese gibt den Anteil der Staatsausgaben am Bruttoinlandsprodukt in einem bestimmten Zeitraum an.

Im internationalen Vergleich zeichnen sich hier deutliche Unterschiede ab: Während die skandinavischen Staaten traditionell über eine hohe Staatsquote verfügen, die mit einem hohen sozialstaatlichen Leistungsniveau einhergeht, zeigen sich bereits innerhalb Europas deutliche Abstufungen (mit der BRD im Mittelfeld). Eine in Zeiten günstiger wirtschaftlicher Rahmenbedingungen traditionell eher geringe Staatsquote weisen die USA auf: Dies ist Ausdruck eines spezifischen Staatsverständnisses („schlanker Staat") und eines vergleichsweise niedrigen Niveaus staatlich organisierter sozialer Sicherung.

Das Prinzip der Marktkonformität

Wirtschafts- und sozialpolitische Maßnahmen in der Marktwirtschaft greifen notwendig in Marktprozesse ein. Sie tun dies aus bestimmten Gründen und mithilfe bestimmter Strategien. Auf den ersten Blick besteht hier ein Widerspruch zur Maßgabe, dass ein möglichst freies Spiel der Marktkräfte zu optimalen Marktergebnissen führt.

Für die Beurteilung, ob entsprechende Maßnahmen aus marktwirtschaftlicher Sicht dennoch sinnvoll sind, wird das Prinzip der ***Marktkonformität*** herangezogen. Als marktkonform gelten wirtschaftspolitische Maßnahmen demnach dann, wenn sie das Zusammenspiel von Angebot und Nachfrage nicht behindern, sondern dieses vielmehr unterstützen, also zu einem insgesamt besseren Verteilungsergebnis beitragen. So greift etwa Wettbewerbspolitik mit dem Ziel in den Wirtschaftsprozess ein, den Wettbewerb als zentrales marktwirtschaftliches Grundprinzip zu schützen und hierüber zu verhindern, dass einzelne Anbieter eine Monopolstellung (Fähigkeit zur einseitigen Festsetzung erhöhter Preise) erlangen.

Zugleich gibt es politische Maßnahmen, die in den Wirtschaftsprozess eingreifen, ohne dem Prinzip der Marktkonformität vollkommen gerecht zu werden. Hierfür können wichtige übergeordnete Gründe sprechen: beispielsweise der Umwelt- und Gesundheitsschutz oder die Notwendigkeit einer sozialen Mindestabsicherung aller Gesellschaftsmitglieder.

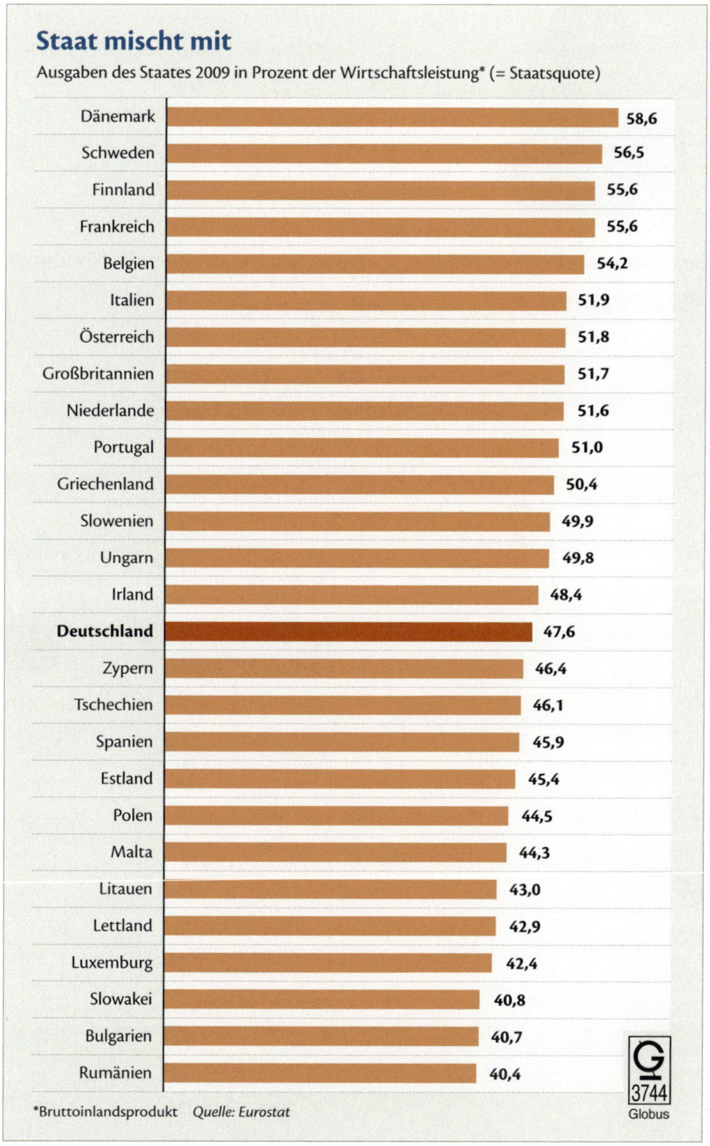

Theoretische Grundlagen I: Angebotsorientierung

Jean-Baptiste Say (1767–1832)

Theoretische Basis: Das Say'sche Theorem

Bei der angebotsorientierten Wirtschaftspolitik handelt es sich um eines der beiden zentralen wirtschaftspolitischen Paradigmen (in Abgrenzung zum anderen zentralen Paradigma, der nachfrageorientierten Wirtschaftspolitik, siehe 4.3). Die Theorie der Angebotsorientierung wird der ***neoklassischen Denkschule*** der Wirtschaftswissenschaften zugerechnet. Neoklassisch deshalb, weil sich die Theorie der Angebotsorientierung auf maßgebliche Grundannahmen der klassischen Ökonomie (bzw. des klassischen Liberalismus, siehe 2.1) stützt. Neben den Annahmen von Adam Smith ist hier insbesondere ein Bezug zum französischen Ökonomen Jean-Baptiste Say hervorzuheben.
So bildet das sogenannte Say'sche Theorem die wichtigste theoretische Grundlage angebotsorientierter Wirtschaftspolitik:

- Das Say'sche Theorem besagt im Kern, dass sich für jedes Angebot – gesamtwirtschaftlich gesehen – auch eine Nachfrage herausbildet. Konkret bedeutet dies: Durch die Produktion von Gütern und Dienstleistungen werden Einkommen erzielt, die wiederum in ihrer Gesamtheit dazu ausreichen, die insgesamt produzierten unterschiedlichen Güter auch nachzufragen. Auch Ersparnisse werden aus Sicht des Say'schen Theorems letztlich nachfragewirksam, da diese wiederum als Kapital an den Kreditmärkten angeboten und dort für die Finanzierung von Investitionen abgerufen werden.

Verbesserung der Angebotsbedingungen als wirtschaftspolitische Zielsetzung

Vor dem Hintergrund der Basisannahmen des Say'schen Theorems rückt die Angebotsseite in den Fokus des wirtschaftspolitischen Interesses. Aus angebotstheoretischer Perspektive werden die ***Förderung und Sicherung günstiger Angebotsbedingungen*** als Hauptanliegen wirtschaftspolitischer Maßnahmen angesehen. Dementsprechend gilt es, durch politisches Einwirken auf die Angebotsbedingungen die Grundlage für erhöhte Rentabilität unternehmerischer Aktivitäten zu bereiten. Als Folge hieraus wird ein erhöhtes Güterangebot erwartet, das wiederum über eine erhöhte Arbeitsnachfrage und die Erzielung damit verbundener Einkommen die Nachfrageseite stimuliert.

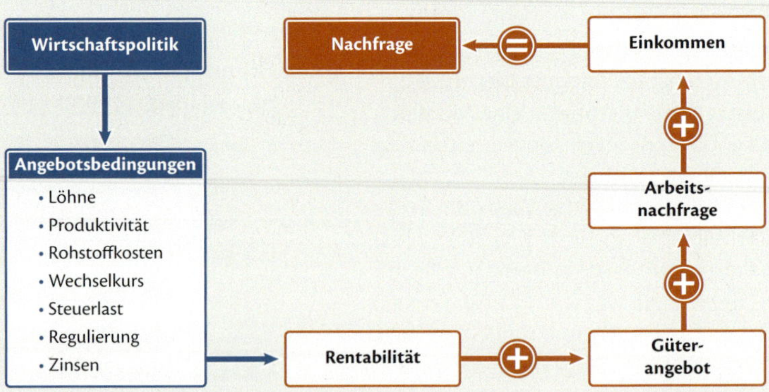

Nach: Klaus Schaper: Makroökonomie. Ein Lehrbuch für Sozialwissenschaftler. Campus Verlag, Frankfurt a. M., 2001, S. 89; erweitert

Wirtschafts- und sozialpolitische Maßnahmen, die sich nicht direkt auf die Verbesserung der Angebotsbedingungen beziehen, werden aus angebotstheoretischer Sicht nicht befürwortet. So wird etwa die Forderung nach einem allgemeinen Mindestlohn aus angebotstheoretischer Sicht überaus kritisch gesehen, da hiermit eine allgemeine Verteuerung des Produktionsfaktors Arbeit – und somit eine negative Beeinflussung der Angebotsbedingungen – einherginge. Primär soziale Erwägungen, die in ihrer isolierten Betrachtung durchaus für die Festlegung von Lohnuntergrenzen sprechen könnten, sind aus Sicht angebotsorientierter Wirtschaftspolitik von nachrangiger Bedeutung. Diese können aus Sicht der Angebotstheoretiker die wirtschaftlichen Angebotsbedingungen nicht positiv beeinflussen. Im Rahmen der Angebotstheorie geht man umgekehrt davon aus, dass sich die Schaffung möglichst günstiger Angebotsbedingungen vor allem über die Schaffung von Arbeitsplätzen auch in sozialer Hinsicht vorteilhaft auswirkt.

Maßnahmen angebotsorientierter Wirtschaftspolitik

Angebotsorientierte Wirtschaftspolitik zielt auf eine Verbesserung der Rahmenbedingungen für unternehmerisches Handeln. Um gesamtwirtschaftlich positive Effekte erschließen zu können, kommen unterschiedliche wirtschaftspolitische Maßnahmen in Betracht:

Maßnahme	Kritik
Minderung der öffentlichen Staatsausgaben: Die Staatsausgaben (z. B. die Personalausgaben oder Transferzahlungen) sollen gesenkt werden, um so die Kreditaufnahme des Staates und damit die Zinsen zu senken. In der Folge würden die Investitionen steigen.	- Minderung der Staatsausgaben kann zu einer abwärtsgerichteten Spirale (Depression) führen. - Notwendige Umstrukturierung der Staatsausgaben (zugunsten Bildung, Forschung, ökologischer Modernisierung) ist gefährdet. - Sinkende nationale Zinsen begünstigen nicht zwangsläufig Investitionen.
Senkung der Personalkosten: Die Senkung der Personalkosten (Löhne und SV-Beiträge) soll die Nachfrage der Unternehmen nach Arbeitnehmern erhöhen und die Wettbewerbsfähigkeit der Unternehmen im Ausland verbessern.	- Senkung der Löhne kann zu einer sinkenden gesamtwirtschaftlichen Nachfrage führen. - Senkung der Sozialversicherungsbeiträge kann zu einem höheren öffentlichen Defizit führen. - Gefahr internationaler Lohnsenkungswettläufe.
Steuersenkungen/Einführung eines leistungssteigernden Steuersystems: Steuersenkungen und ein neues leistungssteigerndes Steuersystem (z. B. Senkung der Höchststeuersätze sowie der Einkommens-, Erbschafts- und Kapitalsteuern) sollen den Leistungswillen bei den Leistungsfähigen (Unternehmer und Arbeitnehmer) erhöhen und so Wachstumsimpulse erzeugen.	- Sinkende Steuern führen nicht zwangsläufig zu steigenden unternehmerischen Investitionen. - Sinkende Staatseinnahmen bedingen einen Rückgang öffentlicher Investitionen bzw. können die Staatsverschuldung fördern. - Gefahr internationaler Steuersenkungswettläufe.
Rückführung der Sozialtransfers und der öffentlichen Beschäftigung: Eine Rückführung der Transfers und öffentlichen Beschäftigung sollen den Anreiz für die Arbeitnehmer erhöhen, auch geringer bezahlte und unbeliebte Tätigkeiten auszuüben.	- Risiko einer Verarmung weiter Bevölkerungskreise statt Vollbeschäftigung. - Gefahr eines entsprechenden Nachfragerückgangs.
Deregulierung: Eine Deregulierung (z. B. die Abschaffung von Umwelt-, Arbeits- und Kündigungsvorschriften) soll die Kosten senken und Planungsprozesse beschleunigen. In der Folge könnten Unternehmen flexibler reagieren und Investitionen schneller durchführen.	- Risiko einer umfassenden Senkung sozialer und umweltrelevanter Standards. Einschränkung von Lebensqualität und Rechtssicherheit. - Risiko einer Verschärfung von Machtasymmetrien insbesondere zwischen Arbeitnehmern und Arbeitgebern.

Nach: Holger Rogall: Volkswirtschaftslehre für Sozialwissenschaftler. Eine Einfüh-rung. VS Verlag für Sozialwissenschaften, Wiesbaden, 2006, S. 393 – 396

Theoretische Grundlagen II: Nachfrageorientierung

John Maynard Keynes: Britischer Ökonom (1883–1946)

Theoretische Basis: Keynes'sche Theorie

Die Nachfrageorientierung bzw. Nachfragetheorie geht maßgeblich auf die Annahmen des britischen Ökonomen ***John Maynard Keynes*** zurück. Aufgrund der engen Verbindung dieser wirtschaftswissenschaftlichen Denkrichtung mit ihrem maßgeblichen Begründer wird in diesem Zusammenhang vielfach auch von der ***Keynes'schen Theorie*** gesprochen. Den Kernbereich der Keynes'schen Theorie markieren die folgenden Basisannahmen:

Die zentrale Annahme der klassischen Ökonomie, dass Märkte automatisch entsprechend den jeweiligen Rahmenbedingungen zu einem Gleichgewicht tendieren, wird nicht geteilt. Stattdessen wird von einer ***Unvollkommenheit der Märkte*** ausgegangen. So wird angenommen, dass insbesondere jeweils unterschiedliche, kurzfristig veränderbare und nicht immer rationale Erwartungshaltungen der Anbieter in Bezug auf das zukünftige Verhalten der Nachfrager das Marktgeschehen entscheidend prägen. Das heißt: Nicht etwa ein automatisch optimal ablaufendes Zusammenspiel von Angebot und Nachfrage bestimmt das Marktgeschehen, sondern vielfach auch äußere Einflussfaktoren und deren kurzfristige Veränderungen (wie z. B. die Erwartungen der Anbieter). Dies hat aus Sicht der Keynes'schen Theorie deutliche ***Folgen für das Marktgeschehen***. Zum Beispiel:

- Kapitalrücklagen werden nicht am Kreditmarkt angelegt (und somit auch nicht für Investitionen abrufbar), sondern eher als hochliquides (unmittelbar verfügbares) Vermögen gehalten, um flexibel auf veränderte Bedingungen reagieren zu können. Bsp.: Ein Unternehmer legt seine Kapitalrücklagen vor dem Hintergrund unsicherer bzw. negativer Erwartungen nicht langfristig am Kreditmarkt an.
- Zinssenkungen, die eigentlich das Kreditgeschäft ankurbeln sollen, führen – wenn bei den Wirtschaftsakteuren gleichzeitig eher unsichere bzw. pessimistische Zukunftseinschätzungen vorherrschen – keinesfalls automatisch zu vermehrten (kreditfinanzierten) Investitionen. Bsp.: Ein Unternehmer verzichtet vor dem Hintergrund unsicherer bzw. negativer Erwartungen trotz günstiger Zinsbedingungen auf den kreditfinanzierten Ausbau einer Fertigungshalle.
- In Bezug auf den Arbeitsmarkt wird angenommen, dass auch im Falle von Lohnsenkungen (die den Faktor Arbeit verbilligen) nicht zwangsläufig die Nachfrage nach Arbeitskräften steigt (wie dies bei einem freien Spiel des Angebots von und der Nachfrage nach Arbeit im klassischen Modell passieren würde). Vielmehr wird auch hier ein potenzieller Einfluss negativer Erwartungshaltungen veranschlagt. Bsp.: Ein Unternehmer verzichtet vor dem Hintergrund unsicherer bzw. negativer Erwartungen auf die Einstellung zusätzlicher Arbeitskräfte, auch wenn die Lohnforderungen vergleichsweise gering sind.

Vor dem Hintergrund von Schwankungen im Konjunkturverlauf wird in diesem Zusammenhang die Gefahr gesehen, dass sich die – aus Sicht der Keynes'schen Theorie so bedeutsamen – Erwartungshaltungen der Anbieter in einem tendenziell ungewissen Status verfestigen. Die oben genannten Tendenzen können aus dieser Perspektive dann in einer Verstetigung wirtschaftlicher Rezession und einer dauerhaften Unterbeschäftigung münden.

Als Ausweg aus dieser Problematik empfiehlt die Keynes'sche Theorie, dass der Staat Schwankungen der privaten Nachfrage durch ***eigene Nachfrageaktivitäten*** ausgleicht, also in Zeiten eines Nachfragerückgangs aktive Nachfrageförderung betreibt.

Antizyklische Konjunkturpolitik

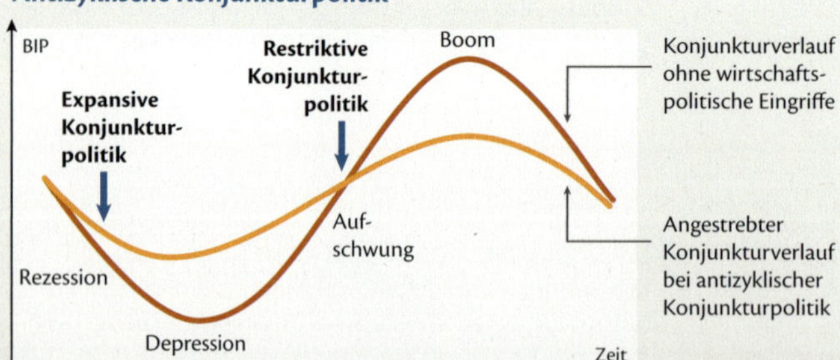

eigene Darstellung

Staatsausgaben mit dem Ziel der Nachfrageförderung wird dabei eine ***Multiplikatorfunktion*** zugewiesen, da sie nicht nur Primärwirkungen (staatliche Nachfrage nach Gut X) entfalten, sondern zudem weitere Nachfrageeffekte anstoßen (Nachfrage der Produzenten von X nach den Güter Y und Z usw.), die in der Summe über den ursprünglichen Nachfrageimpuls hinausgehen (***Multiplikatoreffekt***).

Antizyklische Konjunkturpolitik

Nachfrageorientierte Wirtschaftspolitik setzt auf der Nachfrageseite des Wirtschaftsprozesses an. Übergeordnete Zielsetzung ist hierbei, das Niveau der gesamtwirtschaftlichen Nachfrage durch politische Aktivitäten zu beeinflussen. Orientiert sich eine solche Wirtschaftspolitik am Konjunkturverlauf, so wird sie als ***antizyklische Konjunkturpolitik*** bezeichnet. Kennzeichnend für die antizyklische Konjunkturpolitik ist das aktive Bemühen um die – nachfragegesteuerte – Glättung konjunktureller Schwankungen:

- In der Rezession entwickelt sich ein zunehmender Mangel an gesamtwirtschaftlicher Nachfrage. Diesem Nachfragemangel wird mit einer ***expansiven Konjunkturpolitik*** begegnet, die darauf abzielt, die gesamtwirtschaftliche Nachfrage durch staatliche Maßnahmen auszuweiten. Die Finanzierung entsprechender Maßnahmen erfolgt in der Regel über eine Ausweitung der Staatsverschuldung (***„deficit spending“***).
- Im Aufschwung besteht die zunehmende Gefahr, dass ein Überschuss an gesamtwirtschaftlicher Nachfrage entsteht. Die ökonomisch problematische Folge hieraus wäre ein deutliches Ansteigen des Preisniveaus (Inflation). Dieser Gefahr wird mit einer ***restriktiven Konjunkturpolitik*** (Verringerung der staatlichen Nachfrage, Erhöhung von Steuern und Abgaben) begegnet, die darauf abzielt, die gesamtwirtschaftliche Nachfrage zu drosseln. Die restriktive Konjunkturpolitik erfüllt zudem die Aufgabe, das staatliche Haushaltsdefizit (als Folge des deficit spending) zurückzuführen.

Maßnahmen nachfrageorientierter Wirtschaftspolitik

Maßnahme	Kritik
Nachfrageprogramme der öffentlichen Hand: Programme der öffentlichen Hand, finanziert durch zusätzliche Kredite, sollen die gesamtwirtschaftlichen Wachstumskräfte stärken (Konsumnachfrage und Investitionen). In der Folge würden wieder Neuanstellungen vorgenommen werden und die steigenden Einkommen für eine weiter steigende Nachfrage sorgen, diese wiederum zu Neuinvestitionen und Neueinstellungen, höheren Einkommen und höheren Staatseinnahmen (...).	- Vermehrte Kreditnachfrage des Staates kann zu Zinsanstieg führen, der private Investitionen behindert. - Staatsverschuldung schränkt staatliche Handlungsspielräume ein.
Zinssenkung durch Geldpolitik des Staates: Durch eine keynesianische Geldpolitik (...) sollen die Zinsen gesenkt werden, um so Investitionen und Nachfrage nach langlebigen Konsumgütern zu stimulieren.	- Zinssenkung könnte zu einer „Kapitalflucht“ in Hochzinsländer führen.
Erhöhung der verfügbaren Realeinkommen: Durch Steuersenkungen und höhere Löhne sollen die Realeinkommen der Konsumenten erhöht werden, um so die Nachfrage zu stimulieren.	- Erhöhung der Kosten für Unternehmen (Lohnerhöhungen). - Erhöhung der Staatsverschuldung (Steuersenkungen). - Keine Garantie, dass höhere Löhne die Nachfrage nach inländischen Gütern fördern.
Ausweitung der öffentlichen Beschäftigung, der Sozialtransfers und der Arbeitsmarktpolitik: Eine Erhöhung der Sozialtransfers (z. B. Kindergeld) und staatliche Beschäftigungs- und Qualifizierungsprogramme würden eine Steigerung der Haushaltseinkommen und Nachfrage unterer und mittlerer Einkommensbezieher bewirken.	- Risiko von Verzerrungen auf dem Arbeitsmarkt (z. B. nur geringe Bereitschaft zur Aufnahme gering bezahlter Arbeit).
Förderprogramme des Staates: Förderprogramme des Staates, z. B. Investitionszulagen, sollen einen direkten Anreiz für Investitionen schaffen (...).	- Risiko von Mitnahmeeffekten.

Nach: Holger Rogall: Volkswirtschaftslehre für Sozialwissenschaftler. Eine Einführung. VS Verlag für Sozialwissenschaften, Wiesbaden, 2006, S. 399–402

Wirtschafts- und Sozialpolitik in der BRD

Gesamtwirtschaftliches Gleichgewicht

Die Wirtschaftspolitik in der Bundesrepublik Deutschland ist einem gesetzlich festgelegten Leitbild verpflichtet. Im Gesetz zur Förderung der Stabilität und des Wachstums der Wirtschaft ***(Stabilitätsgesetz)*** ist geregelt, dass alle wirtschaftspolitischen Maßnahmen grundsätzlich so auszugestalten sind, dass sie sich förderlich auf die Erreichung bzw. Sicherung eines gesamtwirtschaftlichen Gleichgewichts auswirken. Dieses gesamtwirtschaftliche Gleichgewicht umfasst dabei die folgenden vier Dimensionen:

- *Stabilität des Preisniveaus:* Anstieg des durchschnittlichen Preisniveaus (Inflationsrate) um weniger als 2 %.
- *Hoher Beschäftigungsstand:* Möglichst geringe strukturelle (d. h. lang anhaltende und auf einem strukturellem Missverhältnis zwischen Arbeitsangebot und Arbeitsnachfrage beruhende) Arbeitslosigkeit.
- *Außenwirtschaftliches Gleichgewicht:* Exportüberschüsse sind nur so lange akzeptabel, wie diese über den Güterabsatz finanzierbar sind.
- *Angemessenes Wirtschaftswachstum:* Kontinuierliches Wirtschaftswachstum mit geringen konjunkturellen Schwankungen.

Die einzelnen Dimensionen des wirtschaftlichen Gleichgewichts stehen miteinander in Zusammenhang. Zum Teil bestehen hier auch Zielkonflikte (z. B. Wirtschaftswachstum und Stabilität des Preisniveaus). Deshalb wird eine vollständige und dauerhafte Erreichung des gesamtwirtschaftlichen Gleichgewichts als mit normalen wirtschaftspolitischen Mitteln kaum erreichbar angesehen. Die vier Dimensionen des gesamtwirtschaftlichen Gleichgewichts werden dementsprechend auch als „magisches Viereck" bezeichnet:

In jüngerer Zeit wurde verstärkt diskutiert, inwieweit eine Erweiterung der Dimensionen des gesamtwirtschaftlichen Gleichgewichts notwendig und sinnvoll sein könnte. Ein Erweiterungsvorschlag, der wichtige zusätzliche Leitaspekte für wirtschafts- und sozialpolitisches Handeln berücksichtigt, beinhaltet die Integration zweier zusätzlicher Dimensionen:

- *Soziales Gleichgewicht:* Abfederung von Marktergebnissen in sozialer Hinsicht, Verwirklichung einer gerechten Einkommens- und Vermögensverteilung.
- *Ökologisches Gleichgewicht:* Realisierung eines nachhaltigen und ressourcenschonenden Wirtschaftswachstums.

Instrumente der Wirtschafts- und Sozialpolitik

Für die unterschiedlichen Aufgabenfelder der Wirtschafts- und Sozialpolitik in der Bundesrepublik Deutschland sind Maßnahmen auf unterschiedlichen Politikfeldern notwendig:

Zieldimension	Politikfeld	Handlungsstrategien
Stabilität des Preisniveaus	Geldpolitik	Regulierung der Geldmenge bzw. des Geldumlaufs über Maßnahmen der Zentralbank
Hoher Beschäftigungsstand	Strukturpolitik, Arbeitsmarktpolitik	Förderung der Rahmenbedingungen bestimmter Wirtschaftszweige, Verbesserung der Arbeitsvermittlung, Förderung der Qualifikation von Erwerbssuchenden
Außenwirtschaftliches Gleichgewicht	Handelspolitik, Außenwirtschaftspolitik	Regelung von Marktzugängen, Erschließung internationaler Absatzmärkte
Stetiges und angemessenes Wirtschaftswachstum	Konjunkturpolitik, Wettbewerbspolitik	Konjunkturförderung, Sicherung marktwirtschaftlicher Rahmenbedingungen
Soziales Gleichgewicht	Sozialpolitik	Ausgleich von sozial unzureichenden Marktergebnissen
Ökologisches Gleichgewicht	Umweltpolitik	Verringerung bzw. Vermeidung umweltschädlicher Auswirkungen wirtschaftlichen Handelns

Akteure der Wirtschafts- und Sozialpolitik

An der Entwicklung und Umsetzung wirtschafts- bzw. sozialpolitischer Maßnahmen sind sehr unterschiedliche Akteure beteiligt. Neben politischen Akteuren (auf kommunaler, regionaler, nationaler, supra- sowie internationaler Ebene) sind in diesem Zusammenhang auch private sowie wissenschaftliche Akteure zu berücksichtigen.

Für die Erreichung sozialpolitischer Ziele sind neben konkreten politischen Maßnahmen insbesondere auch die Leistungen des Sozialversicherungssystems von Bedeutung. Hier werden über die Arbeitslosen-, Kranken-, Pflege-, Renten- und Unfallversicherung zentrale Lebensrisiken abgesichert.

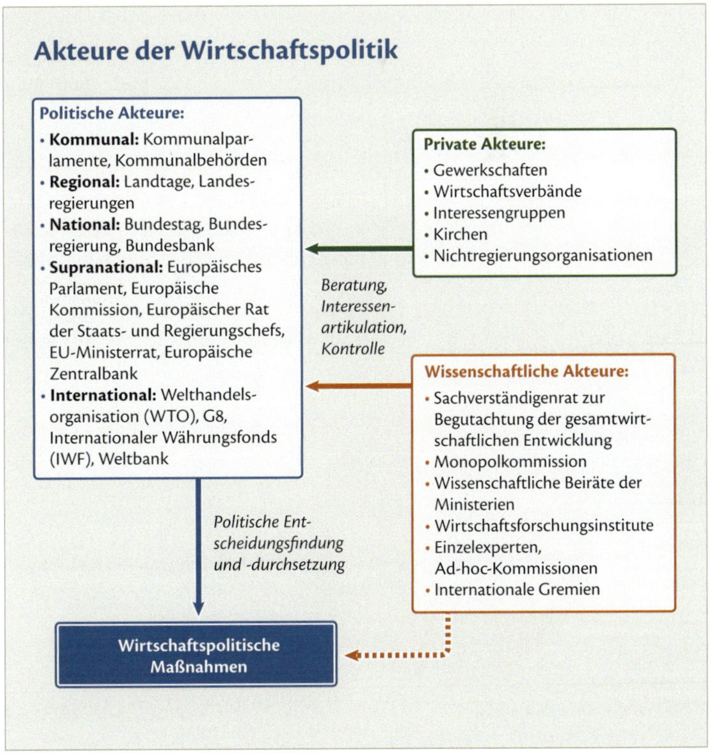

Der öffentliche Haushalt: Basis der Wirtschafts- und Sozialpolitik

Finanzierung wirtschafts- und sozialpolitischer Maßnahmen

Um unterschiedliche wirtschafts- und sozialpolitische Maßnahmen durchführen zu können, benötigen die hiermit betrauten staatlichen Instanzen die notwendigen finanziellen Mittel. Die Koordination der staatlichen Einnahmen und Ausgaben erfolgt in öffentlichen Haushalten der unterschiedlichen politischen Gebietskörperschaften (Kommune, Kreis, Land, Bund). Für jedes ***Haushaltsjahr*** wird dabei von der Regierung ein Haushaltsplan (mit Angaben zu den veranschlagten Einnahmen sowie den geplanten Ausgaben) vorgelegt, der die Grundlage für einen politischen Prozess bildet, der schließlich in der parlamentarischen Verabschiedung des öffentlichen Haushalts mündet.

Die Aufstellung des öffentlichen Haushalts richtet sich in der Bundesrepublik Deutschland dabei nach den folgenden ***Haushaltsgrundsätzen***:

Haushaltsgrundsatz	Prinzip
Einheit und Vollständigkeit	Alle Einnahmen und Ausgaben müssen im Haushaltsplan veranschlagt werden. Ohne Berücksichtigung im Haushaltsplan ist eine Ausgabe nicht zulässig.
Haushaltsausgleich	Alle Ausgaben müssen vollständig durch Einnahmen gedeckt sein (Kreditfinanzierung ist jedoch zulässig, solange die Höhe der Kredite nicht die Summe der öffentlichen Investitionen überschreitet).
Vorherigkeit	Der Haushaltsplan muss bereits zu Beginn eines Haushaltsjahres vorliegen.
Jährlichkeit	Die Rechnungslegung muss jährlich erfolgen.
Spezialität	Ausgaben dürfen nur zum im Haushaltsplan vorgesehenen Zweck, nur in der geplanten Höhe und im geplanten Zeitraum vorgenommen werden.

Nach: Bpb (Hg.): Wirtschaft heute. Bonn, Bpb, 2009, S. 210

Im Falle deutlicher Abweichungen vom ursprünglichen Haushaltsplan (außer-/überplanmäßige Einnahmen oder Ausgaben) sind nachträgliche Änderungen des bereits beschlossenen Haushalts möglich. Ein solcher Nachtragshaushalt wird ebenso wie der vorherige Haushalt aufgestellt, parlamentarisch beraten sowie schließlich ggf. beschlossen.

Ausgaben des Bundes 2011 nach Einzelplänen

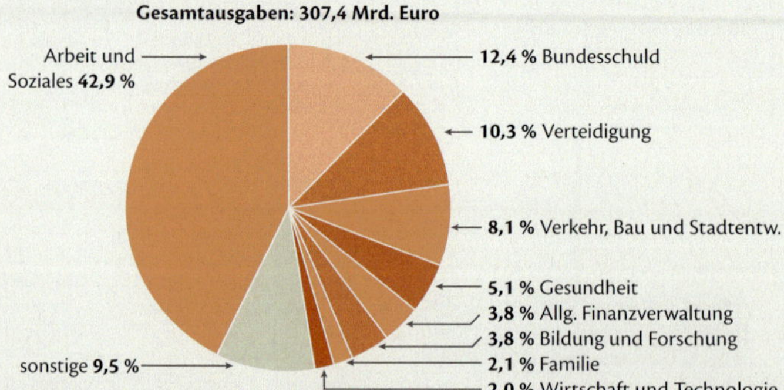

Quelle: Bundesfinanzministerium: Unterrichtung durch die Bundesregierung. Finanzplan des Bundes 2010 bis 2014, S. 12

Die Einnahmeseite öffentlicher Haushalte

Die Einnahmen öffentlicher Haushalte ergeben sich insbesondere aus Steuern sowie zum Teil aus Gebühren und sonstigen Erträgen (z. B. Gewinne von Unternehmen mit staatlicher Beteiligung, Kreditrückzahlungen).

Im Bereich der Steuern weisen die Umsatzsteuer (inkl. Mehrwertsteuer) sowie die Lohnsteuer ein besonders hohes Aufkommen auf.

Die Finanzierung des Sozialversicherungssystems erfolgt nur zu einem geringen Anteil aus Steuereinnahmen. Der hauptsächliche Finanzierungsbeitrag wird über Sozialversicherungsbeiträge der Arbeitnehmer und -geber geleistet.

Die Ausgabeseite öffentlicher Haushalte

Die Finanzmittel der öffentlichen Haushalte können – gemäß Haushaltsplanung – für die Umsetzung politischer Maßnahmen in unterschiedlichen Bereichen verwendet werden. Der zweckgebundene Umgang mit den öffentlichen Einnahmen ermöglicht somit die staatliche Leistungserbringung. Ausgabenfelder mit wirtschafts- und sozialpolitischem Bezug sind dabei wesentlicher Bestandteil der Haushalte der einzelnen politischen Gebietskörperschaften. Besonders zeigt sich dies am Bundeshaushalt.

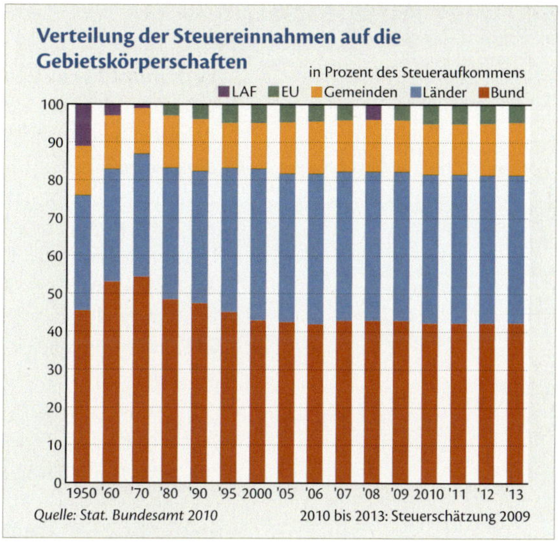

Haushaltssaldo: Differenz zwischen Einnahmen und Ausgaben

Die Differenz zwischen Einnahmen und Ausgaben innerhalb öffentlicher Haushalte wird als Haushaltssaldo bezeichnet. Im Zusammenhang mit dem Haushaltssaldo bestehen grundsätzlich drei unterschiedliche Möglichkeiten, die unterschiedliche politische Folgen nach sich ziehen:

- *Ausgeglichener Haushalt:* Die Ausgaben entsprechen den erzielten Einnahmen. Eine Ausweitung der Einnahmenbasis – etwa über die Aufnahme von Krediten – ist nicht notwendig.
- *Haushaltsüberschuss:* Die Einnahmen übertreffen die Ausgaben. Es ergeben sich ausgeprägte politische Handlungs- und Gestaltungsspielräume. Zudem besteht die Möglichkeit, eventuell vorhandene Schulden abzutragen sowie Rücklagen für zukünftige negative Konjunkturentwicklungen aufzubauen.
- *Haushaltsdefizit:* Die Ausgaben übertreffen die Einnahmen. Es besteht die Notwendigkeit einer in der Regel kreditfinanzierten Ausweitung der Einnahmenbasis. Staatliche Handlungs- und Gestaltungsspielräume können hierdurch jedoch nicht unbegrenzt sowie nur um den Preis zukünftiger Haushaltsbelastungen (verzinste Kreditrückzahlungen) erweitert werden.

Die Haushaltslage in der Bundesrepublik Deutschland ist seit Jahren durch einen kontinuierlich negativen Haushaltssaldo gekennzeichnet. Auch in Zeiten positiver Konjunkturentwicklung ist es in dieser Zeit nicht gelungen, Haushaltsüberschüsse zu erzielen. Das politische Bemühen um zumindest ***ausgeglichene öffentliche Haushalte*** bzw. um eine mögliche Rückführung der bereits vorhandenen Schuldenlast zählt deshalb zu den aktuell wichtigsten wirtschaftspolitischen Herausforderungen.

Sozialer Ausgleich

Einkommens- und Vermögensverteilung in der Marktwirtschaft

Wirtschaftliches Handeln führt in der Marktwirtschaft nicht nur zu Produktion und Austausch von Waren und Dienstleistungen. Auch die Gewinnung wirtschaftlicher ***Einkommen*** hängt mit dem Marktgeschehen (Produktion und Handel von Gütern) zusammen. Hierbei lassen sich unterschiedliche Einkommensarten unterscheiden:

- Einkommen aus unselbstständiger Arbeit (im Gegenzug für eine bestimmte Arbeitsleistung).
- Einkommen aus unternehmerischer Tätigkeit (Unternehmenserlöse abzüglich der aufgewendeten Kosten).
- Einkommen aus Kapitalbeständen (z. B. Mieteinkünfte, Zinserträge).
- Einkommen aus Umlagesystemen (z. B. Rentenzahlungen, Leistungen der Arbeitslosenversicherung, finanziert aus Beiträgen regulär erwerbstätiger Wirtschaftsakteure).
- Einkommen aus Transferleistungen (z. B. Kindergeld, Arbeitslosengeld II, finanziert aus Steuermitteln, die im Wirtschaftsgeschehen erschlossen werden).

In engem Zusammenhang mit dem jeweils erzielten Einkommen steht das ***Vermögen*** eines Wirtschaftsakteurs: Hierunter wird die Gesamtheit aller Güter (z. B. Immobilien, Wertgegenstände) und Ansprüche auf Güter (z. B. Bankguthaben, Bargeld) in seinem Eigentum verstanden.

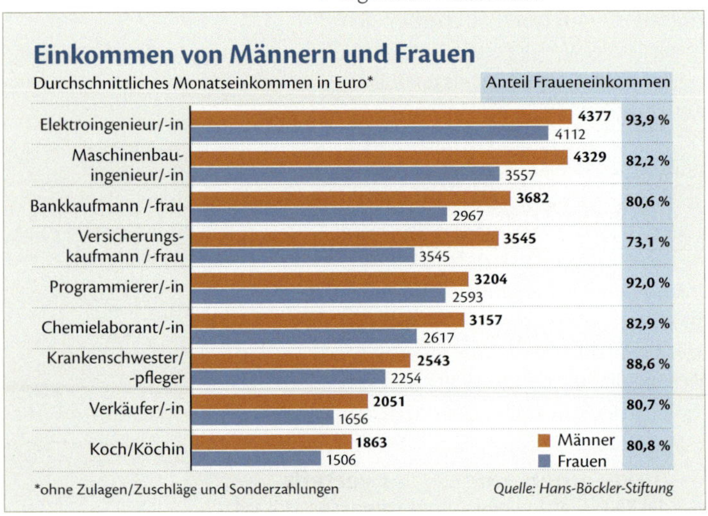

Das marktwirtschaftliche System bietet das Potenzial, möglichst effiziente Verteilungsergebnisse zu erzielen (siehe 1.6, ökonomisches Prinzip). Allerdings ist damit keinesfalls gesagt, dass diese Verteilungsergebnisse immer auch möglichst gleichmäßig ausfallen. Dies wird gerade in Bezug auf die Einkommens- und Vermögensbeteiligung sehr deutlich: Hier zeigt sich bei einem Blick auf die Gesamtgesellschaft ein sehr ungleichmäßiges Verteilungsergebnis.

Messung der Einkommensverteilung

Zur Messung der konkreten Ausprägung der jeweiligen Einkommens- und Vermögensverteilung innerhalb einer Volkswirtschaft kommt der sogenannte ***Gini-Koeffizient*** zur Anwendung. Hierbei handelt es sich um ein statistisches Maß, das Aussagen über vorliegende Ungleichverteilungen liefert. Ja nach vorliegender Ungleichverteilung beträgt der Wert des Gini-Koeffizienten dabei zwischen 0 (absolute Gleichverteilung, das gesamte Einkommen/Vermögen ist gleichmäßig auf alle Haushalte verteilt) und 1 (absolute Ungleichverteilung, das gesamte Einkommen/Vermögen entfällt auf lediglich einen Haushalt).

Sozialer Ausgleich als politische Herausforderung

Die Ungleichverteilung von Einkommen und Vermögen kann zum Teil auf Unterschiede in der ökonomischen Leistung bzw. Leistungsfähigkeit zwischen den einzelnen Wirtschaftsakteuren zurückgeführt werden. Allerdings ist (in Bezug auf die BRD) auch feststellbar, dass in diesem Zusammenhang weitere, weit weniger objektive Einflussfaktoren wirksam werden: Entscheidend ist dabei die Frage der ***Chancengerechtigkeit*** – also ob alle Wirtschaftsakteure ähnliche Ausgangsbedingungen für ihr Streben nach individuellem ökonomischen Erfolg vorfinden. Hier zeigt sich: Bereits der Bildungserfolg (die Wahrscheinlichkeit, einen vergleichsweise hohen Bildungsabschluss zu erlangen) hängt nicht allein vom individuellen Leistungsvermögen ab, sondern maßgeblich auch von der jeweiligen sozialen Herkunft (Bildungssystem/Bildungspolitik siehe 4.13). Man spricht in diesem Zusammenhang auch von einer ***Vererbung von Bildungschancen***, die Menschen, die bereits in Elternhäusern mit hohem Einkommen/Vermögen aufwachsen, deutlich begünstigt. Dieser Zusammenhang führt wiederum in der Konsequenz zu einer tendenziellen Reproduktion der gegebenen Einkommens- und Vermögensverhältnisse (nur zum Teil von der objektiv gegebenen Leistungsfähigkeit der Wirtschaftsakteure abhängig). Ein weiterer Faktor, der die Einkommens- und Vermögensverteilung beeinflusst, besteht mit der Variable ***Geschlecht***: Hier zeigt sich zum einen, dass Frauen in Leitungspositionen mit hohem Einkommen unterrepräsentiert sind. Zum anderen ist nachweisbar, dass Frauen im Vergleich zu Männern mit ähnlicher Qualifikation bzw. in ähnlichen Berufsfeldern vielfach ein tendenziell geringeres Einkommen erzielen.

Vermögen ungleich verteilt

Von den Nettovermögen in Deutschland entfallen auf ...

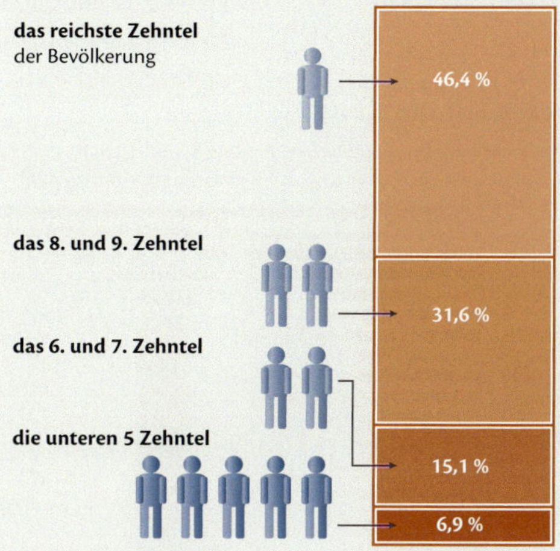

Quelle: Hans-Böckler-Stiftung

Ein wichtiges Kernprinzip der Sozialen Marktwirtschaft ist der Anspruch, Marktergebnisse – dort wo dies aus politischer Sicht als notwendig angesehen wird – ggf. nach sozialen Gesichtspunkten zu korrigieren bzw. abzumildern. Von zentraler Bedeutung ist hierbei die ***Distributionsfunktion staatlicher Wirtschaftspolitik***, die v. a. über sozialpolitische Maßnahmen realisiert wird. Zielsetzung ist dabei, auf die Einkommens- und Vermögensverteilung innerhalb der Gesellschaft so einzuwirken, dass eine allgemeine Erschließung des erwirtschafteten Wohlstands möglich wird. Einerseits wird dabei durch politische Regelungen darauf hingewirkt, Benachteiligungen im Wirtschaftsprozess abzumildern (z. B. Bildungsförderung für benachteiligte Bevölkerungsgruppen, Regelungen zur Verhinderung von Diskriminierung). Andererseits wird durch staatliche Maßnahmen zum Teil eine ***Umverteilung*** angestrebt: Diese soll v. a. durch eine stärkere Beteiligung von Wirtschaftsakteuren mit hohem Einkommen/Vermögen an der Finanzierung öffentlicher Aufgaben, insbesondere auch im Rahmen der sozialen Absicherung (z. B. steuerfinanzierte Sozialleistungen wie das Arbeitslosengeld II) über ein ***progressives Steuersystem*** (überproportional ansteigende Besteuerung bei ansteigendem Einkommen/Vermögen) erreicht werden.

Trotz Sozialpolitik und Umverteilung: Auch wenn in der Sozialen Marktwirtschaft bestimmte sozialpolitische Ziele verfolgt werden, wird zugleich im individuellen Streben nach ökonomischem Gewinn die wichtigste Antriebskraft für die Erschließung von Wohlstand gesehen. Es ist umstritten, in welchem Ausmaß sozialpolitische Umverteilung tatsächlich realisiert werden sollte. Während einerseits vor einer Hemmung des produktiven Gewinnstrebens besonders leistungsfähiger Wirtschaftsakteure gewarnt wird, betonen andere Stimmen die große Notwendigkeit einer gerechteren Verteilung des erwirtschafteten Wohlstands.

Einkommen: ungleicher verteilt

Gini-Koeffizient der Haushaltseinkommen in Deutschland

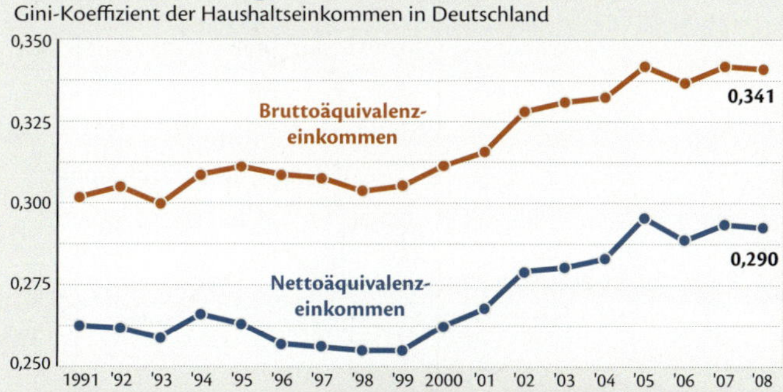

Bruttoäquivalenzeinkommen: Mit dem jeweiligen Bedarf der Haushaltsmitglieder gewichtetes Pro-Kopf-Jahreseinkommen einschließlich Transferzahlungen wie Arbeitslosengeld oder Rente sowie dem Mietwert der selbstgenutzten eigenen Wohnung; Nettoäquivalenzeinkommen: Bruttoäquivalenzeinkommen abzüglich Steuern und Sozialabgaben

Quelle: Institut für Wirtschaft Köln; Ursprungsdaten: sozio-ökonomisches Panel

Konjunkturpolitik

Wirtschaftswachstum: Versuch der Konjunktursteuerung

Eine der wichtigsten Zielsetzungen marktwirtschaftlich orientierter Wirtschaftspolitik besteht darin, insgesamt günstige Bedingungen für Wirtschaftswachstum zu schaffen. Wirtschaftliche Entwicklung verläuft jedoch in der Regel nicht konstant, sondern schwankt zwischen Phasen des zunehmenden und des abnehmenden Wachstums. Man spricht in diesem Zusammenhang vom ***Konjunkturzyklus*** der Marktwirtschaft, der durch die Phasen der Rezession, der Depression, des Aufschwungs sowie der Hochkonjunktur gekennzeichnet ist.

Der Stabilisierungsfunktion marktwirtschaftlich orientierter Wirtschaftspolitik kommt in diesem Zusammenhang eine hohe Bedeutung zu. Das Ziel besteht hierbei darin, konjunkturelle Schwankungen durch wirtschaftspolitische Maßnahmen möglichst auszugleichen. Im Idealfall folgt hieraus ein „geglätteter", weitgehend konstanter Anstieg des Wirtschaftswachstums.

Indikatoren für die konjunkturelle Entwicklung

Für die Entwicklung und Umsetzung einer gezielten Konjunkturpolitik sind Informationen über die aktuelle und zukünftige Konjunkturentwicklung von hoher Bedeutung. Entsprechende Informationen liefern bestimmte ***Konjunkturindikatoren***. Unterschieden werden hierbei ***Frühindikatoren*** (Tendenzen der zukünftigen wirtschaftlichen Entwicklung), ***Präsenzindikatoren*** (aktuelle wirtschaftliche Lage) und ***Spätindikatoren*** (zeitlich verzögerte Auswirkungen wirtschaftlicher Entwicklungen).

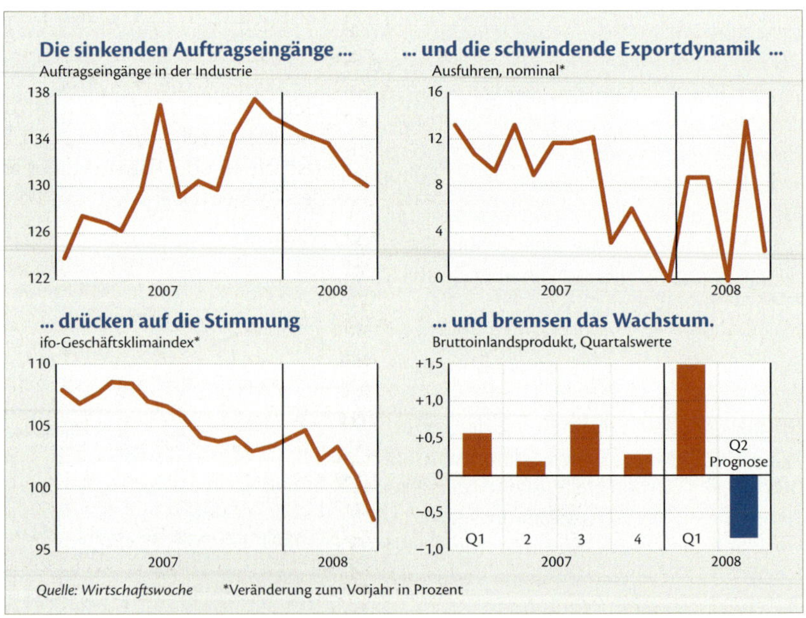

Indikator	Beispiele
Frühindikatoren	Auftragseingänge, Lagerbestände, Zukunftserwartungen von Anbietern und Nachfragern
Präsenzindikatoren	Produktionsleistung, BIP-Wachstum, Kapazitätsauslastung, Im- und Exporte, offene Stellen, Steuereinnahmen,
Spätindikatoren	Lohnentwicklung, Preisentwicklung, Arbeitslosenquote

Konjunkturpolitische Maßnahmen

Auf der Grundlage von Prognosen und Befunden zur konjunkturellen Entwicklung bzw. Lage können im Rahmen der Konjunkturpolitik unterschiedliche wirtschaftspolitische Maßnahmen Anwendung finden. Grundsätzlich kann hierbei zwischen Maßnahmen der ***Geldpolitik*** sowie der ***Fiskalpolitik*** unterschieden werden:

- ***Geldpolitik:*** Staatliche Maßnahmen, die die Steuerung des Geldumlaufs sowie der Geld- und Kreditversorgung mit dem Ziel der Geldwertstabilisierung sowie der Wachstumssteuerung betreffen (z. B. Änderungen des Zinsniveaus).
- ***Fiskalpolitik:*** Staatliche Maßnahmen zur Veränderung der Staatseinnahmen und/oder -ausgaben mit dem Ziel des Ausgleichs konjunktureller Schwankungen (z. B. Steuersenkungen/-erhöhungen, Konjunkturprogramme).

In Deutschland sind konjunkturpolitische Zielsetzungen im Gesetz zur Förderung der Stabilität und des Wachstums der Wirtschaft (siehe 4.4) verankert. Angestrebt werden in diesem Zusammenhang ein stetiges und angemessenes Wachstum sowie die hiermit verbundene Abfederung von Wirtschaftsschwankungen. Hierzu können im Einzelnen unterschiedliche geld- und/oder fiskalpolitische Maßnahmen umgesetzt werden, die entweder expansiv (belebend) oder kontraktiv (dämpfend) ausgerichtet sein können.

Ausrichtung	Maßnahmen
kontraktiv	Rückführung von Staatsausgaben, Bildung finanzieller Rücklagen für Maßnahmen im nächsten Abschwung (Konjunkturausgleichsrücklage), Steuererhöhungen, Zinserhöhungen (zur Dämpfung der Kreditaufnahme)
expansiv	Ausweitung der Staatsausgaben (insbesondere über Investitionsprogramme), Steuersenkungen, Zinssenkungen (Erleichterung der Kreditaufnahme)

Karikatur: Klaus Stuttmann

Ultimatives Konjunkturprogramm …

Wettbewerbspolitik

Wettbewerb in der Marktwirtschaft

Freier und möglichst ungestörter ***Wettbewerb*** auf den unterschiedlichen Märkten wird als Garant für die Leistungsfähigkeit des Marktsystems angesehen: Nur durch die Konkurrenz möglichst zahlreicher Anbieter um die Gunst möglichst zahlreicher Nachfrager kann es demnach zu optimaler Güterproduktion und zu optimalem Güteraustausch kommen.

In der Realität zeigt sich jedoch, dass sich die Umsetzung und Aufrechterhaltung tatsächlichen Wettbewerbs in zahlreichen Wirtschaftsbereichen schwierig gestaltet. Tendenzen der ***Konzentration*** ökonomischer Macht sowie ***Kooperation*** auf der Angebotsseite führen zu ***unvollständigem Wettbewerb***. Für die Anbieter ist es durchaus reizvoll, einen zu starken Wettbewerb zu vermeiden. So lassen sich vergleichsweise hohe Gewinne erzielen, ohne dass zusätzliche Ressourcen für das Bestehen im Wettbewerb aufgebracht werden müssen.

Notwendigkeit staatlicher Eingriffe: Wettbewerbspolitik

Vor diesem Hintergrund ist staatliches Eingreifen zur Sicherung des Wettbewerbs notwendig. Die dafür angewandten wirtschaftspolitischen Strategien werden als ***Wettbewerbspolitik*** bezeichnet. Übergeordnete Zielsetzung der Wettbewerbspolitik ist, den marktwirtschaftlichen Wettbewerb zu schützen bzw. durchzusetzen. Zur Wettbewerbspolitik zählen die folgenden Aufgaben:

- Verbot von Kartellen (Unternehmensabsprachen mit dem Ziel der Wettbewerbsbeschränkung).
- Überwachung und ggf. Unterbindung von Unternehmenszusammenschlüssen bzw. Fusionen.
- Verbot der gezielten Behinderung von Konkurrenzunternehmen.
- Gezielte Überwachung von Unternehmen, die auf Märkten mit wenig Konkurrenz agieren. Verhinderung des Missbrauchs marktbeherrschender Stellungen.

Oberster Wettbewerbshüter: Das Bundeskartellamt

Institutionen der Wettbewerbspolitik in der BRD

Mehrere Institutionen in der Bundesrepublik Deutschland befassen sich damit, den marktwirtschaftlichen Wettbewerb zu sichern. Dies allein schon deutet auf die hohe wirtschaftspolitische Bedeutung einer erfolgreichen Wettbewerbspolitik hin.

Institution	Aufgabe(n)
Bundeskartellamt	Unabhängige Bundesbehörde zur Durchsetzung des Gesetzes gegen Wettbewerbsbeschränkungen (GWP). Weitreichende Ermittlungs- und Sanktionsbefugnisse (Erlass von Auflagen, Untersagung, Verhängung von Geldbußen) in den Bereichen Kartellverbot, Missbrauchsaufsicht und Fusionskontrolle.
Monopolkommission	Unabhängiges Expertengremium zur Beratung der Bundesregierung in Fragen der Wettbewerbspolitik. Regelmäßige Begutachtung der Unternehmenskonzentration in Deutschland.
Bundeswirtschafts-ministerium	In Einzelfällen Erteilung von Ausnahmegenehmigungen für Unternehmenszusammenschlüsse (sofern ein gesamtwirtschaftliches Interesse vorliegt).
Europäische Kommission	Durchsetzung des marktwirtschaftlichen Wettbewerbs in Fällen mit EU-weiter Bedeutung.

Wirtschaftstheorie und Wettbewerb

M1 Leitbilder der Wettbewerbspolitik

Die Ansichten über die Sicherstellung des Wettbewerbs haben sich im Laufe der Wirtschaftsgeschichte mehrmals gewandelt. Modellartig können wir von folgenden Schulen und ihren Leitbildern ausgehen:

- *Klassischer Liberalismus (A. Smith, J. St. Mill):* Der klassische Liberalismus sprach sich für Beseitigung aller staatlichen Wettbewerbshindernisse (Zölle, Zünfte usw.) aus. Ökonomische Gefahren durch einen wirtschaftlichen Konzentrationsprozess und eine Wettbewerbsbeschränkung wurden nicht gesehen.
- *Sozialisten:* (...) Insbesondere in der staatlich gelenkten Wirtschaft nach K. Marx war eine Konkurrenz zwischen Unternehmen (...) nicht vorgesehen. Demokratische Sozialisten, die sich für eine Gemischtwirtschaft aussprechen, sehen in den Konzentrationsprozessen erhebliche Gefahren für die wirtschaftliche und gesellschaftliche Entwicklung der Demokratie und fordern daher starke Kontrollen und staatliche Sanktionen bei Missbrauch.
- *Neoklassik (L. Walras, A. Marshall):* Die neoklassischen Ökonomen entwickelten die Leitidee für eine Wettbewerbspolitik, in der sich der Staat in das Wirtschaftsgeschehen nicht einzumischen braucht, da auf den Märkten vollständige Konkurrenz herrscht.
- *Ordoliberalismus (W. Eucken):* Walter Eucken und andere Ökonomen des sog. Ordoliberalismus setzten sich in den 50er-Jahren des 20. Jh. für eine aktive Bekämpfung von Wettbewerbsbeschränkungen ein. Sie wirkten an der Verabschiedung des deutschen „Gesetzes gegen Wettbewerbsbeschränkungen" von 1958 und der Gründung der Bundeskartellbehörde mit. (...)
- *Neoliberalismus (Chicago School, F. A. Hayek):* Neoliberalen Ökonomen geht eine aktive Wettbewerbspolitik des Staates zu weit. Sie gehen davon aus, dass die Selbstheilungskräfte des Marktes ein staatliches Eingreifen unnötig machen. (...)
- *Neue Umweltökonomie:* Aus der Sicht der neuen Umweltökonomie hat sich Wettbewerb als ein unverzichtbares wirtschaftliches Strukturprinzip erwiesen, das durch wirtschaftliche Konzentrationsprozesse ständig bedroht wird. Eine reine Wettbewerbspolitik konnte diese Prozesse bislang nicht verhindern. Das Marktversagen und die zunehmende Macht großer transnational agierender Konzerne führt zu der Notwendigkeit sozialökologischer Mindeststandards und politisch-rechtlicher Instrumente.

Holger Rogall: Volkswirtschaftslehre für Sozialwissenschaftler. Wiesbaden, 2006, S. 233 f.

Karikatur: Gerhard Mester

1 ***Vergleichen Sie die unterschiedlichen Leitbilder der Wettbewerbspolitik hinsichtlich ihrer Positionierung in Bezug auf das Verhältnis zwischen Markt und Staat.***

2 ***Erörtern Sie, welches Leitbild aus Ihrer Sicht am besten dazu geeignet ist, eine wirksame Wettbewerbspolitik zu fundieren.***

Standortpolitik

Karikatur: Andrea Caprez

Internationaler Standortwettbewerb

Die zunehmende weltwirtschaftliche Vernetzung hat dazu beigetragen, dass Unternehmen nicht mehr nur auf nationaler Ebene miteinander konkurrieren. Der wirtschaftliche Wettbewerb wird mittlerweile grenzüberschreitend, also international, ausgetragen. Doch nicht nur Unternehmen stehen im internationalen Wettbewerb – dasselbe gilt auch für ganze Wirtschaftsräume, von der Stadt über die Region bis zur Volkswirtschaft.

Man spricht in diesem Zusammenhang vom ***internationalen Standortwettbewerb***. Dieser Standortwettbewerb ist dadurch gekennzeichnet, dass Wirtschaftsräume grenzüberschreitend darum konkurrieren, möglichst attraktiv für ***unternehmerische Investitionen*** (i. d. R. durch Ansiedlungen von Unternehmen bzw. Produktionsstätten mit den daraus folgenden Arbeitsplatzeffekten) zu sein. Die Konkurrenzfähigkeit im internationalen Standortwettbewerb hängt dabei maßgeblich von der Ausprägung bestimmter Faktoren ab, die diese Attraktivität als Investitionsziel beeinflussen.

Standortfaktoren: Vor- oder Nachteil im Standortwettbewerb

Entsprechende Faktoren, die im Standortwettbewerb von Bedeutung sind, werden als Standortfaktoren bezeichnet. Unterschieden werden hier harte Standortfaktoren und weiche Standortfaktoren.

- *Harte Standortfaktoren* können in Form erwartbarer Kosten veranschlagt und dementsprechend in die Kostenrechnung eines Unternehmens integriert werden.
- *Weiche Standortfaktoren* können nicht direkt in die Kostenrechnung eines Unternehmens integriert werden, sind für die Standortwahl jedoch trotzdem von hoher Bedeutung.

Harte Standortfaktoren	Weiche Standortfaktoren
Verwaltungshandeln (Flexibilität und Schnelligkeit)	Unternehmensfreundlichkeit der Verwaltung
Verfügbarkeit qualifizierter Arbeitnehmer	Image als Wirtschaftsstandort
Berufliche Ausbildungseinrichtungen	Schulen, Betreuungs- und Bildungseinrichtungen
Forschungseinrichtungen (wissenschaftliche Kooperationsmöglichkeiten)	Mentalität der Bevölkerung / Arbeitseinstellung
Regionaler Absatzmarkt	Soziales Klima
Nähe zu Zulieferern	Freizeitwert
Verkehrsanbindung	Stadtbild / Innenstadtattraktivität
Steuern, Abgaben, Subventionen	Wohnwert
Lohnniveau	Kulturangebot
Flächenverfügbarkeit	

Nach: Thomas Salmen: Standortwahl der Unternehmen. Ein Überblick über empirische Gründe, Prozesse und Kriterien der unternehmerischen Entscheidungsfindung. Marburg, Tectum Verlag, 2001, S. 30

Die Ausprägung sowohl harter als auch weicher Standortfaktoren ist für die Wettbewerbsfähigkeit eines Wirtschaftsstandortes entscheidend. Je nach Wirtschaftszweig sind dabei die einzelnen Standortfaktoren unterschiedlich wichtig. Um die Qualität eines Wirtschaftsstandorts zu beurteilen, müssen die einzelnen Faktoren nicht nur isoliert, sondern in ihrer Gesamtheit gesehen werden: So wäre das vergleichsweise hohe Lohnniveau in Deutschland für sich gesehen durchaus ein Standortnachteil. Zieht man jedoch das gleichzeitig überdurchschnittliche Qualifikations- und Produktivitätsniveau hinzu, relativiert sich diese Einschätzung deutlich.

Wirtschaftspolitik als Beeinflussung von Standortfaktoren

Vor dem Hintergrund des internationalen Standortwettbewerbs ergibt sich für die Wirtschaftspolitik ein wichtiges Aufgabenfeld: die möglichst günstige ***Beeinflussung von Standortfaktoren*** durch wirtschaftspolitische Maßnahmen. Dabei hängen die Entwicklung und Umsetzung entsprechender Maßnahmen von der entsprechenden Zielsetzung (z. B. Verbesserung der Bedingungen für Unternehmen bestimmter Zukunftsbranchen) und der gegebenen Standortsituation ab. In der Bundesrepublik ist z. B. die Investition in Bildung und Forschung sinnvoller als der Versuch, mit allen Mitteln die Arbeitskosten zu senken. Im Rahmen der Standortpolitik werden politische Maßnahmen insbesondere auf den folgenden Politikfeldern ergriffen:

- *Infrastrukturförderung:* Maßnahmen, die sich auf wirtschaftlich relevante Aspekte der Infrastruktur eines Standortes beziehen. Zum Beispiel: Investitionsprogramme zur Verbesserung der Verkehrsinfrastruktur, Förderung der Ansiedelung aufeinander bezogener Branchen, Investitionen in kulturelles Angebot.
- *Strukturpolitik:* Maßnahmen zur Bewältigung des wirtschaftlichen Strukturwandels (Veränderung der Wirtschaftsstruktur durch Bedeutungsverschiebungen einzelner Wirtschaftsbereiche, z. B. Abkehr vom Steinkohlebergbau und Zuwendung zu erneuerbaren Energien).
- *Steuer- und Abgabenpolitik:* Maßnahmen, die die Steuer- und Abgabenbelastung von Unternehmen betreffen. Zum Beispiel: Rückführung der Belastung des Faktors Arbeit, Steuererleichterungen für bestimmte Branchen.
- *Bildungspolitik:* Maßnahmen, die darauf abzielen, die Qualifikationsstruktur der Erwerbsbevölkerung zu fördern. Zum Beispiel: Investitionen in Schulen und Universitäten, Förderung von Aus- und Weiterbildung.
- *Forschungspolitik:* Maßnahmen, die darauf abzielen, wissenschaftliche Innovationen zu fördern, die wiederum wirtschaftlich genutzt werden können. Zum Beispiel: finanzielle Förderung bestimmter Forschungsbereiche.

Lohnstückkosten und Produktivität im internationalen Vergleich

Verarbeitendes Gewerbe im Jahr 2008, Index, Deutschland = 100

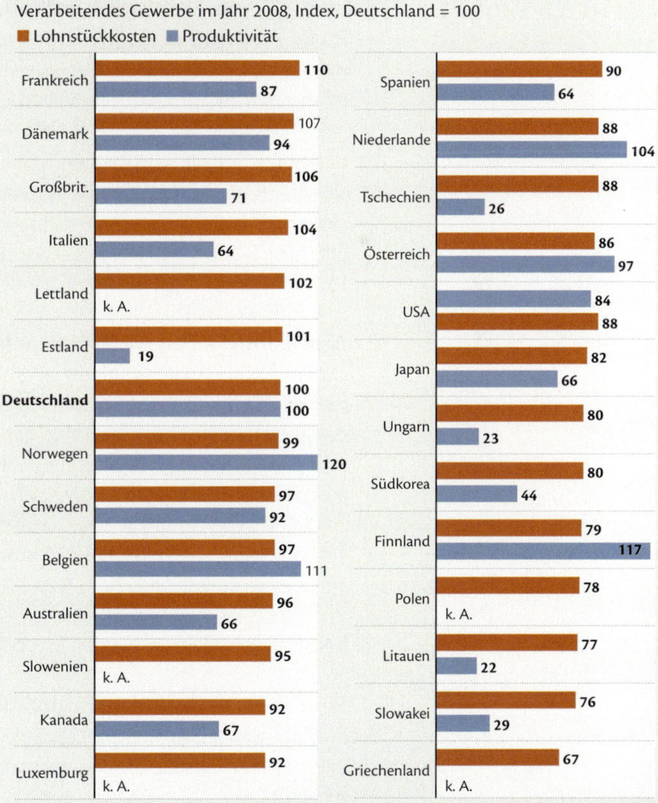

Lohnstückkosten: Verhältnis von Arbeitskosten je Beschäftigtenstunde in Preisen und Wechselkursen von 2008 zur Produktivität; Produktivität: Bruttowertschöpfung je geleistete Stunde in Preisen und Wechselkursen von 2008 in den USA, in Japan und Südkorea auf Basis der Bruttowertschöpfung zu Marktpreisen.
Ursprungsdaten: Deutsche Bundesbank, Eurostat, nationale Quellen, OECD, U.S. Department of Labor.
Quelle: http://www.iwkoeln.de/Portals/0/grafiken/iwd/2009/50/02_09_50_lohnstueckkosten.gif

Arbeitsmarktpolitik

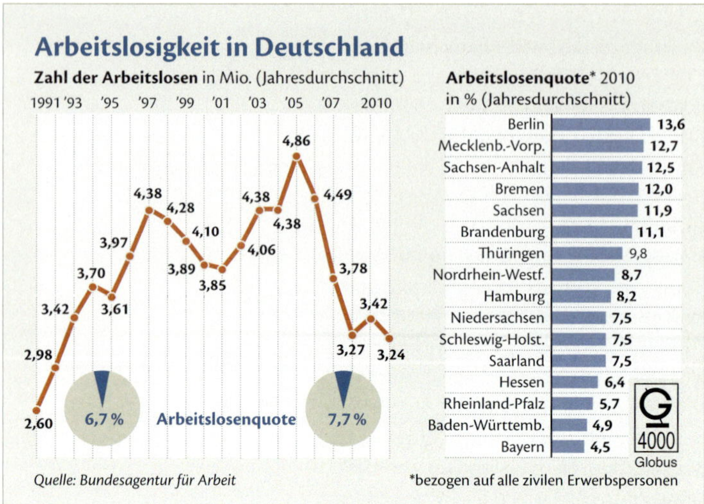

Arbeitsmarkt und Arbeitslosigkeit

Am Arbeitsmarkt treffen die Nachfrage nach und das Angebot von Arbeitskraft aufeinander. Besteht ein ausgeglichenes Verhältnis zwischen Arbeitsangebot und Arbeitsnachfrage, so liegt ***Vollbeschäftigung*** vor. Übertrifft die Arbeitsnachfrage das Arbeitsangebot, besteht ein ***Arbeitskräftemangel***. Übertrifft jedoch das Arbeitsangebot die Arbeitsnachfrage, kommt es zu ***Arbeitslosigkeit***.
Arbeitslosigkeit kann ihren Ursprung auch in kurzfristigen Übergängen bei der Aufnahme einer neuen Arbeitsstelle bzw. beim Eintritt in das Berufsleben haben (***friktionelle Arbeitslosigkeit bzw. Sucharbeitslosigkeit***). In gesamtwirtschaftlicher Hinsicht problematisch sind jedoch Formen tendenziell mittel- bis langfristiger Arbeitslosigkeit, wie die ***konjunkturelle Arbeitslosigkeit*** (Arbeitslosigkeit im Zusammenhang mit einer negativen gesamtwirtschaftlichen Entwicklung) und die ***strukturelle Arbeitslosigkeit*** (Arbeitslosigkeit in Zusammenhang mit strukturellen Änderungen des Wirtschaftssystems. Bsp.: Aufgabe ganzer Wirtschaftszweige, deren Arbeitnehmer die Anforderungen neuer Wirtschaftszweige nur unzureichend erfüllen). In der Bundesrepublik Deutschland treten konjunkturelle und auch strukturelle Arbeitslosigkeit seit Mitte der 1970er-Jahre verstärkt in Erscheinung. Trotz konjunkturbedingten Schwankungen der Arbeitslosenquote zeichnet sich hierbei insgesamt eine Verschärfung der Problematik ab. Man spricht von einer ansteigenden ***Sockelarbeitslosigkeit***, also derjenigen Arbeitslosigkeit, die auch bei weitgehender konjunktureller Erholung bestehen bleibt. Als besonders problematisch wird dabei das Phänomen der ***Langzeitarbeitslosigkeit*** (länger als 12 Monate arbeitssuchend) angesehen.

Arbeitslosigkeit als wirtschaftspolitische Herausforderung

Da ein hohes Ausmaß relativ lang anhaltender Arbeitslosigkeit mit sehr problematischen ökonomischen und sozialen Folgen einhergeht, besteht dringender Bedarf nach geeigneten politischen Gegenmaßnahmen. Die wesentlichen wirtschaftlichen Probleme sind dabei der Wegfall von Steuereinnahmen bei gleichzeitiger Ausweitung der Sozialausgaben und der Verlust von Kaufkraft. Sozial wirkt sich dies negativ auf Lebensstandard und Lebensqualität aus, das Selbstbild und die Bereitschaft zur gesellschaftlichen Teilhabe leiden darunter. Die Sicherung eines hohen Beschäftigungsstands stellt daher eine der zentralen wirtschaftspolitischen Leitlinien in der BRD dar.
Wirtschaftspolitische Maßnahmen, die auf eine Verringerung bzw. Beseitigung der Arbeitslosigkeit abzielen, werden im Politikfeld der Arbeitsmarktpolitik zusammengefasst.

Strategien der Arbeitsmarktpolitik

Im Rahmen der Arbeitsmarktpolitik kommen unterschiedliche Strategien und Maßnahmen zum Einsatz. Unterschieden wird hierbei zwischen passiver und aktiver Arbeitsmarktpolitik:

- *Passive Arbeitsmarktpolitik* beinhaltet Maßnahmen zur Verringerung der individuellen wirtschaftlichen Folgen von Arbeitslosigkeit. Die Umsetzung erfolgt über finanzielle Lohnersatzleistungen aus dem Sozialversicherungssystem (Arbeitslosenversicherung) sowie aus Steuermitteln (Grundsicherung nach zwölf Monaten).

- *Aktive Arbeitsmarktpolitik* umfasst Maßnahmen zur Unterstützung der Rückkehr von Arbeitslosen in den regulären Arbeitsmarkt. Sie wird über Vermittlung und Beratung, Qualifikationsmaßnahmen, Mobilitätsförderungen, Zuschüsse zu Unternehmensgründungen sowie z. T. auch über die staatliche Bereitstellung von Arbeitsmöglichkeiten (Arbeitsbeschaffungsmaßnahmen) umgesetzt.

Zum Bereich der aktiven Arbeitsmarktpolitik zählen nicht nur Maßnahmen zur Bekämpfung bereits vorhandener Arbeitslosigkeit. Zunehmend gewinnen hier auch politische Eingriffe an Bedeutung, die zum Ziel haben, zur Schaffung neuer Arbeitsplätze beizutragen: So verstehen sich etwa Bestrebungen nach einer Deregulierung des Arbeitsmarktes als ***beschäftigungsfördernde Arbeitsmarktpolitik***.Die konkreten arbeitsmarktrelevanten Auswirkungen – etwa die Lockerung des Kündigungsschutzes – sind dabei im Einzelfall umstritten.
In jüngerer Zeit hat sich zudem das Leitbild einer ***aktivierenden Arbeitsmarktpolitik*** herausgebildet. Die aktivierende Arbeitsmarktpolitik setzt dabei verstärkt auf die Eigenverantwortung der Arbeitslosen und setzt Anreize zu einer möglichst zügigen Arbeitsaufnahme. Dies geschieht insbesondere über eine vergleichsweise niedrige Ausgestaltung der staatlichen Lohnersatzleistungen. Eine Arbeit soll auch dann aufgenommen werden, wenn sie nur zum Teil der individuellen Ausbildung bzw. den eigenen Vorstellungen entspricht. Grundannahmen und konkrete Ausgestaltung der aktivierenden Arbeitsmarktpolitik sind umstritten: Während einerseits die ökonomischen Vorteile dieses Konzepts hervorgehoben werden, wird andererseits auf eine Vernachlässigung sozialer Ansprüche der Arbeitslosen verwiesen.

Reform der Arbeitsmarktpolitik
Mit dem Reformprogramm der *Agenda 2010* bzw. den hierin enthaltenen *Hartz-Gesetzen* setzte die rot-grüne Regierungskoalition unter Bundeskanzler Gerhard Schröder (1998–2005) in der BRD ein arbeitsmarktpolitisches Reformvorhaben mit weit reichenden Folgen um. Zum Kernbereich dieses Reformvorhabens zählte insbesondere eine Hinwendung zu einer verstärkt aktivierend ausgerichteten Arbeitsmarktpolitik. Im Einzelnen sind hierbei die folgenden Maßnahmen hervorzuheben:

- Zusammenlegung von Arbeitslosenhilfe und Sozialhilfe zum Arbeitslosengeld II auf einem Niveau unterhalb der bisherigen Sozialhilfe.
- Reduzierung der Bezugsdauer des Arbeitslosengeldes (60 % des vorherigen Einkommens, finanziert aus der Arbeitslosenversicherung) auf maximal 18 Monate, für über 58-Jährige auf 24 Monate.
- Verschärfung der Zumutbarkeitsregeln: Für Empfänger des Arbeitslosengelds II ist grundsätzlich jede angebotene legale Arbeit zumutbar, es sei denn, sie wird rechtswidrig entlohnt. Bei der Erziehung oder Pflege von Angehörigen gelten Ausnahmen.
- Möglichkeit zur Kürzung des Leistungsanspruchs bei Ablehnung einer angebotenen Arbeit.

Das Reformprogramm der Agenda 2010 wurde und wird nach wie vor kontrovers diskutiert. Die Positionen reichen von Vorschlägen für weitere Verschärfungen bis zur Forderung nach einer sofortigen Rücknahme der Reformen.

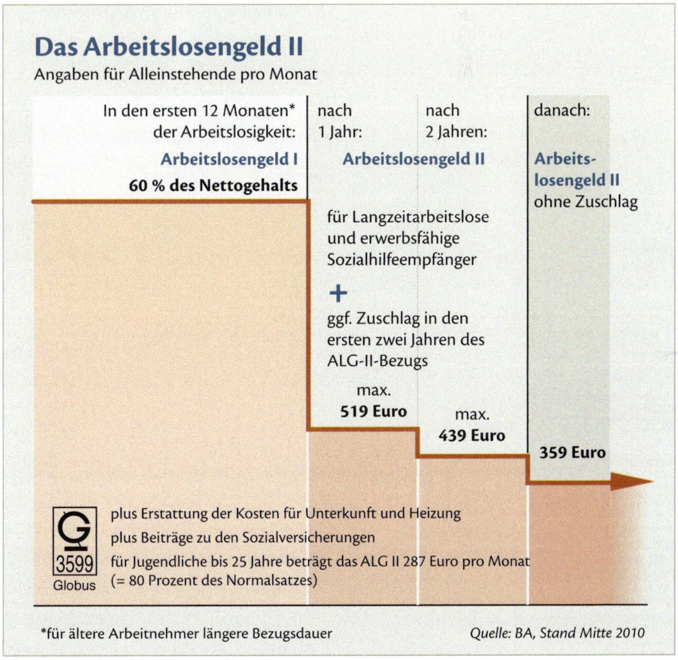

Gesundheitssystem und Gesundheitspolitik

Funktionen des Gesundheitssystems

Das Gesundheitssystem umfasst alle Institutionen, Personen, Regelungen und Prozesse, die mithelfen, die Gesundheit der Bevölkerung zu fördern. Damit erfüllt das Gesundheitssystem sowohl individuelle als auch gesamtwirtschaftliche Funktionen: Es sichert die Gesundheit des Einzelnen und die Leistungsfähigkeit der Bevölkerung. Selbstverständlich fallen für die Leistungen des Gesundheitssystems Kosten an. Diese werden in der Bundesrepublik durch ein ***Krankenversicherungssystem*** abgerechnet. So ist der Einzelne als Beitragszahler zwar kontinuierlich an der Finanzierung des Gesundheitssystems beteiligt, hat aber im Krankheitsfall zugleich die Gewissheit, gegen einen finanziellen Ruin abgesichert zu sein, da medizinische Behandlungen von der Gemeinschaft der Versicherten übernommen werden. Allerdings handelt es sich hierbei nicht um eine kostenlose Rundumversorgung. Viele medizinische Leistungen sind mittlerweile nicht mehr Bestandteil des Versicherungssystems, das sich zunehmend auf eine Basisversorgung konzentriert.

Herausforderungen für Gesundheitssystem und Gesundheitspolitik

Zwei Entwicklungen wirken sich aktuell negativ auf die Leistungsfähigkeit des Gesundheitssystems aus: Zum einen verursacht die laufende Weiterentwicklung von Medikamenten und Behandlungsmethoden einen stetigen ***Kostenanstieg*** im Gesundheitswesen, der finanziert werden muss. Zum anderen gehen der gesetzlichen Krankenversicherung leistungsfähige Beitragszahler verloren: Personen ab einer gewissen Einkommensgrenze sowie in bestimmten Berufsgruppen können das System der gesetzlichen Krankenversicherung verlassen und sich freiwillig privat versichern. Die privaten Krankenversicherungen haben für sie oft attraktivere Angebote. Durch die Abwanderung wird das Prinzip des sozialen Ausgleichs ausgehöhlt. Geprägt wurde in diesem Zusammenhang das Schlagwort der ***„Zwei-Klassen-Medizin“***.

Gesundheitsreform

Die genannten Herausforderungen führen seit längerer Zeit dazu, dass eine umfassende Gesundheitsreform gefordert wird. Im Grundsatz werden hierbei zwei weitgehend unterschiedliche Konzepte diskutiert:

Reformvorschlag	Prinzip
Bürgerversicherung	Aufhebung der Trennung zwischen gesetzlicher und privater Krankenversicherung und Einbeziehung aller Bürger in die solidarische Finanzierung des Gesundheitssystems. Ausweitung der Einnahmebasis, um Kostenanstiege besser kontrollieren zu können.
Gesundheitsprämie	Einführung eines einheitlichen, einkommensunabhängigen Versicherungsbeitrags für alle Bürger. Sicherung einer Basisversorgung, Zusatzleistungen sind zusätzlich zu versichern. Sozialer Ausgleich über das Steuersystem. Ziel: Senkung der Lohnnebenkosten und dadurch positive Effekte auf dem Arbeitsmarkt.

Derzeit ist die Finanzierung der gesetzlichen Krankenversicherung über einen ***Gesundheitsfonds*** geregelt. In diesen zahlen Arbeitnehmer und Arbeitgeber (Beiträge) sowie der Staat (Steuermittel) ein. Für jeden Versicherten erhält die jeweilige Krankenkasse aus dem Gesundheitsfonds eine Pauschale. Sofern die zugewiesenen Finanzmittel nicht ausreichen, können Zusatzbeiträge von den Versicherten erhoben werden.

Gesundheitspolitik in der Kritik

M 1 Angst vor der Zwei-Klassen-Medizin

Die Bürger misstrauen dem Gesundheitssystem in doppelter Hinsicht. Laut einer Allensbach-Studie befürchtet eine deutliche Mehrheit nicht nur, dass ihre Versorgung in Zukunft teurer und schlechter wird. Sie glauben auch nicht daran, dass die Politik in der Lage sein wird, das System wirksam zu reformieren.

65 Prozent der Bürger (...) halten umfassende Reformen für unumgänglich. (...) Eine klare Mehrheit von 79 Prozent bezweifelt, dass es der Politik überhaupt gelingen kann, längerfristig eine gute Gesundheitsversorgung sicherzustellen.

Dazu kontrastiert, dass die Befragten dem gegenwärtigen System ein prachtvolles Zeugnis ausstellen. 80 Prozent der Bürger (...) bezeichnen die Versorgung hierzulande als gut bis sehr gut. Im Vergleich zu 2008 ist die Zufriedenheit sogar gestiegen. Auffällig ist jedoch, dass Ostdeutsche das System deutlich negativer bewerten.

Was befürchten die Bürger?

Zweierlei: weitere Einschränkungen und zunehmende Kosten. 80 Prozent der Befragten rechnen damit, dass die Beiträge für die gesetzliche Versicherung weiter steigen werden. 78 Prozent rechnen mit höheren Zuzahlungen, 72 Prozent mit einer zunehmenden Zwei-Klassen-Medizin. Und 63 Prozent glauben, dass die Kassen künftig nur noch die Kosten für eine medizinische Grundversorgung übernehmen. Dass sich die Ärzte stärker um ihre Patienten kümmern werden, erwarten dagegen nur sechs Prozent.

Konkret macht sich mit 41 Prozent fast die Hälfte der Bevölkerung Sorgen darüber, im Krankheitsfall aus Kostengründen nicht mehr die notwendige Behandlung verschrieben zu bekommen. Am meisten treibt diese Angst die älteren Menschen um. Bei den über 60-Jährigen sind es 48 Prozent. Zum Teil könnte das auch daran liegen, dass jeder Dritte nach eigenen Angaben in den vergangenen Jahren persönlich schon eine Verschlechterung der Versorgung gespürt zu haben meint. Generell behaupten 59 Prozent, dass sich die Qualität der Gesundheitsversorgung nach unten bewegt hat. (...)

Welche Lösungsansätze sehen die Bürger?

58 Prozent der Befragten wünschen sich möglichst umfassenden Versicherungsschutz – auch wenn dafür die Beiträge steigen. Dass die Kassen nur das „unbedingt Notwendige" bezahlen, die Beiträge entsprechend niedrig sind und der Rest privat abgesichert werden kann, will gerade mal ein Viertel akzeptieren.

Vor drei Jahren waren das noch 34 Prozent. Gleichzeitig steigt das Interesse an privaten Zusatzversicherungen. Vor vier Jahren erwogen 34 Prozent einen Abschluss, inzwischen sind es 46 Prozent. In Sachen Reform favorisiert eine klare Mehrheit die von SPD, Grünen und Linkspartei geforderte Bürgerversicherung – also die Einbeziehung aller bislang privat Versicherten ins gesetzliche System. 49 Prozent sind dafür, nur 30 Prozent dagegen. Von den gesetzlich Versicherten drängen 54 Prozent auf solchen Systemwechsel, von den privat Versicherten immerhin 20 Prozent.

Rainer Woratschka: Angst vor der Zwei-Klassen-Medizin, in: Zeit-Online v. 06.08.2009, abrufbar unter: http://www.zeit.de/online/2009/32/gesundheitssystem-deutsche-angst?page=2 (20.10.2010)

Karikatur: Thomas Plaßmann

1 ***Legen Sie zusammenfassend dar, welche Auffassungen zum Themenbereich Gesundheitssystem/Gesundheitspolitik in der Bevölkerung vorliegen.***

2 ***Entwickeln Sie Ideen für gesundheitspolitische Reformmaßnahmen, die die Auffassungen der Bürger berücksichtigen.***

Rentensystem und Rentenpolitik

Funktion und Aufbau des Rentensystems

Die gesetzliche Rentenversicherung erfüllt in der Bundesrepublik Deutschland eine wichtige Funktion: Über die Zahlung von Lohnersatzleistungen (Renten) im Alter wird Arbeitnehmern, die altersbedingt aus dem Erwerbsleben ausscheiden, die weitgehende ***Aufrechterhaltung ihres Lebensstandards*** ermöglicht. Die gesetzliche Rentenversicherung ist eine Pflichtversicherung: Es führen also grundsätzlich alle Arbeitnehmer Versicherungsbeiträge in Form von Lohnnebenkosten an die Rentenversicherung ab. Ausnahmen bilden die Beamten, die im Alter eine Pension aus Steuermitteln erhalten, und Selbstständige, die privat vorsorgen. Die Höhe des später erreichbaren Rentenniveaus richtet sich nach der Beitragshöhe und Einzahlungsdauer.

Generationenvertrag im Wandel Angaben in Millionen

Jahr	2001	2010	2020	2030	2040	2050
Rentner 65-Jährige und älter	**14,07**	**16,59**	**18,22**	**21,62**	**22,79**	**22,24**
potenzielle Beitragszahler Personen im erwerbsfähigen Alter zwischen 20 und 64	**51,11**	**50,59**	**50,05**	**45,68**	**42,88**	**40,78**
Verhältnis	**1 : 3,62**	**1 : 3,07**	**1 : 2,75**	**1 : 2,11**	**1 : 1,88**	**1 : 1,83**

Quelle: Stat. Bundesamt, 10. koordinierte Bevölkerungsvorausberechnung 2003

Die laufenden Beiträge der Arbeitnehmer stellen genau genommen jedoch keine Rücklagen für die eigenen späteren Renteneinkünfte dar. Sie bilden vielmehr die Grundlage für die Finanzierung der Rentenzahlungen an die jeweils aktuelle Rentnergeneration. Dieses Finanzierungsprinzip wird als ***Generationenvertrag*** bezeichnet: Die jeweils rentenversicherungspflichtige Generation finanziert mit ihren Beiträgen die Rentenzahlungen an die aus dem Erwerbsleben ausgetretene Generation.

Herausforderung demografischer Wandel

Die Funktionsfähigkeit des Generationenvertrags bzw. seine Tauglichkeit zur Finanzierung des Rentensystems wird in jüngerer Zeit zunehmend infrage gestellt. Dies geschieht vor dem Hintergrund des ***demografischen Wandels***. Bezeichnet wird hiermit der aus einem dauerhaften Geburtenrückgang und einer gestiegenen Lebenserwartung resultierende Wandel der Bevölkerungsstruktur: Immer mehr alte Menschen werden zukünftig immer weniger jungen Menschen gegenüberstehen.

Der Prozess des demografischen Wandels stellt die ***Finanzierungsgrundlagen*** des Rentensystems infrage und begründet politischen Handlungsbedarf. Um die gesamtgesellschaftlich sowie -wirtschaftlich relevante Funktionsfähigkeit der Alterssicherung zu erhalten und gleichzeitig absehbare Belastungen für die erwerbstätigen Generationen einzuschränken, werden dabei unterschiedliche politische Maßnahmen in Betracht gezogen bzw. wurden bereits umgesetzt:

- ***Kürzung von Rentenansprüchen:*** Eine Kürzung von Rentenansprüchen würde die Finanzsituation der Rentenversicherung zwar entlasten, die Funktion der Sicherung des sozialen Status im Alter jedoch tendenziell gefährden. Auch wäre ausgeprägter (und mit dem demografischen Wandel zunehmender) Widerstand der Betroffenen zu erwarten.
- ***Erhöhung der Lebensarbeitszeit:*** Im Jahr 2007 wurde das Renteneintrittsalter in der BRD auf 67 Jahre erhöht. Ziel dieser Maßnahme war eine Ausweitung der Einnahmenbasis durch eine Verlängerung der Beitragszahlung.
- Maßnahmen der ***Erhöhung der Anzahl an Beitragszahlern***: z. B. Förderung der Immigration von Fachkräften, besondere Familienförderung.
- ***Förderung privater Zusatzvorsorge:*** Finanzielle und steuerliche Förderung der Nutzung privater, kapitalgedeckter Vorsorgemaßnahmen.

Rentensystem: Wer bezahlt wieviel?

M 1 Konflikt der Generationen?

Potenzial für einen Dauerkonflikt
Diesmal waren es schon Tausend. Tausend Senioren, die sich vor ein paar Tagen vor dem Braunschweiger Dom sammelten, in Trillerpfeifen bliesen und Forderungen skandierten. (...)
Die Senioren vor dem Braunschweiger Dom empören sich (...). Sie ärgern sich über Nullrunden bei der gesetzlichen Rente. (...)
Womöglich münden diese Aufwallungen in einen Dauerkonflikt, an den sich das Land gewöhnen muss. Während erste Rentner demonstrieren, hält die andere Seite, die Jungen von heute, kaum dagegen. Die Jungen halten bemerkenswert still. Bisher. Das kann sich rasch ändern. Denn manche 20- bis 40-Jährige müssen die Montagsdemos Ergrauter als Provokation empfinden. (...)
Die Alterung der Gesellschaft fordert einen Preis, den vorwiegend die Jungen von heute entrichten werden. Wer heute arbeitet, zahlt meist mehr in die Rentenversicherung ein und bekommt weniger heraus als heutige Senioren. „Um die beschlossenen Kürzungen der gesetzlichen Alterssicherung auszugleichen, muss ein 40-Jähriger acht Prozent seines Bruttoeinkommens zurücklegen", kalkuliert Meinhard Miegel vom IWG-Institut, das für die SZ die Entwicklung der Rentenauszahlungen berechnet hat. (...)
Unstrittig ist, dass auf die nächsten Generationen noch andere Lasten zukommen: hohe Staatsschulden und ungedeckte Pensionsverpflichtungen für hunderttausende Beamte. Das ist Potenzial für Ärger – und für Dienstagsdemos, auf denen die Jungen Rentenkürzungen fordern könnten, um das Geld zwischen Alt und Jung anders zu verteilen.

Alexander Hagelüken: Der Generationenkonflikt. Es knallt in der Konsensrepublik. In: süddeutsche.de v. 06.05.2008, abrufbar unter: http://www.sueddeutsche.de/wirtschaft/der-generationenkonflikt-es-knallt-in-der-konsensrepublik-1.583196 (09.05.2011)

M 2 Unberechtigter Vorwurf

Es ist richtig, auch die Rentner dafür bezahlen zu lassen, dass die sozialen Sicherungssysteme erhalten bleiben. Aber aus dem einzigen Grund, weil alle dafür zahlen sollten, die Geld haben, und weil unter „Geld" nicht mehr nur „Lohn" verstanden werden muss, sondern Einkommen und Vermögen jeder Art: Mieten, Zinsen, Kapital – wovon die Deutschen im Schnitt umso mehr haben, je älter sie sind.
Nicht berechtigt ist dagegen die Behauptung, die Rentner zockten den Sozialstaat ab und für den Nachwuchs bleibe nichts mehr übrig. Jede Generation hat ihre eigenen Vor- und Nachteile in der Wohlfahrtsrepublik erlebt und zu erleben. (...)
Die Jung-Abgeordneten und ähnlich Gesinnte, die nach Generationengerechtigkeit rufen, übersehen komischerweise, dass sie schon als Studenten auf größerem Fuß gelebt haben als ihre Eltern im selben Alter. Als Mädchen durften sie selbstverständlich genauso viel lernen wie als Jungen. (...) Viele von ihnen werden dank des Umstands, dass der deutsche Wohlfahrtsstaat private Vermögensbildung immer gefördert hat, so viel erben, dass sie sich bestimmt keine Zukunftssorgen machen müssen.
Ungenannt bleibt dabei, dass es vor allem nur zwei Gruppen gibt, die von den Einschnitten in die Sozialsysteme wirklich dauerhaft betroffen sein werden: die, die nichts zu vererben haben – und deshalb auch kein Kapital, um etwa Pflegekosten abzudecken –, und die, die weder erben noch Vermögen bilden können. Unschwer zu erkennen, dass zu diesen Gruppen Jung und Alt gehören.

Ulrike Winkelmann: Es gibt keinen Generationenkampf. In: taz.de v. 17.07.2003, abrufbar unter: http://www.taz.de/1/archiv/archiv/?dig=2003/07/17/a0109 (09.05.2011)

1 ***Analysieren Sie beide Texte hinsichtlich ihrer Aussagen zum Generationenverhältnis.***
2 ***Nehmen Sie Stellung zur These eines sich abzeichnenden Generationenkonflikts.***

Bildungssystem und Bildungspolitik

Funktionen des Bildungssystems

Das Bildungssystem umfasst unterschiedliche Institutionen, deren Aufgabe in der Vermittlung und Entwicklung bestimmter Wissensbestände und Fähigkeiten besteht. Unterschieden werden hierbei fünf verschiedene Ebenen:

Elementarbereich	Frühkindliche Bildung in Kinderkrippen und -tagesstätten
Primarbereich	Grundschule
Sekundarbereich I	Bildungsgang bis zum ersten Schulabschluss (Haupt-, Realschulabschluss oder Zugangsberechtigung zur gymnasialen Oberstufe)
Sekundarbereich II	Bildungsgang bis zur Hochschulreife (gymnasiale Oberstufe) bzw. bis zu einem Berufsabschluss (duale Berufsausbildung)
Tertiärbereich	Studium an Universitäten und Fachhochschulen

Die Bildungsprozesse erfüllen die folgenden Grundfunktionen:

- Sozialisation: Vermittlung gesellschaftlich gewünschter Sicht- und Verhaltensweisen und somit Ermöglichung der Integration in die Gesellschaft.
- Qualifikation: Vermittlung von Kenntnissen und Fähigkeiten, die im beruflichen, privaten und gesellschaftlichen Kontext genutzt werden können.
- Selektion: Zuweisung von Zugangsmöglichkeiten und sozialen Positionen anhand bestimmter Kriterien.

Insbesondere die Qualifikations- und Selektionsfunktion des Bildungssystems sind in wirtschaftlicher Hinsicht bedeutsam. Hier werden die Qualifikationen vermittelt, die im Wirtschaftsleben benötigt werden.

Bildungspolitischer Handlungsbedarf

In der BRD kam es im Jahr 2001 zum sog. „Pisa-Schock“. Eine internationale Vergleichsstudie (Pisa-Studie) der Organisation für wirtschaftliche Zusammenarbeit und Entwicklung (OECD) bescheinigte dem deutschen Bildungssystem deutliche Leistungsdefizite. Diese beziehen sich besonders auf die wirtschaftlich bedeutsamen Funktionen des Bildungssystems:

- Qualifikationsfunktion: Vergleichsweise unzureichende Qualifikationsniveaus in wesentlichen Lernbereichen.
- Selektionsfunktion: Deutlich ausgeprägter Zusammenhang zwischen sozialer Herkunft und Bildungserfolg, insbesondere im Zusammenhang mit dem stark gegliederten Schulsystem.

Vor dem Hintergrund dieser Defizite wurde und wird in der BRD deutlicher bildungspolitischer Handlungsbedarf festgestellt.

Rahmenbedingungen und Strategien der Bildungspolitik

In der BRD besteht ein stark ausgeprägter Bildungsföderalismus, der eine hohe Eigenverantwortung der Bundesländer und seit 2006 sogar ein bildungspolitisches Kooperationsverbot zwischen Bund und Ländern vorsieht. Eine schnelle und bundesweite Weiterentwicklung des Bildungssystems wird so erschwert. Ungeachtet dessen wurden in der Vergangenheit v.a. in den folgenden Bereichen bildungspolitische Maßnahmen ergriffen:

- Ausbau der frühkindlichen Bildung,
- Schulstrukturreformen in einigen Bundesländern,
- punktuelle Förderung von Hochschulen (über Finanzierungsprogramme).

Föderalismus in der Bildungspolitik

M 1 Pro und kontra Bildungsföderalismus

Wettbewerb um die besten Lösungen

Deutschlands Föderalismus ist gewachsen; er entsprang nicht einer Laune der Väter und Mütter des Grundgesetzes. Die Jahre 1806, 1815, 1848 und 1871 stehen für diesen Kulturföderalismus, der den deutschen Gliedstaaten die Gestaltungshoheit in Kultur und Schule zuwies. Die Weimarer Republik und der Nationalsozialismus haben diesen Grundsatz nicht aufgehoben, sondern nur vorübergehend annulliert. Dass das Grundgesetz 1949 wieder am Föderalismus anknüpfte, hat vor allem mit dem Wunsch zu tun, einer neuerlichen Entstehung eines uniformierten Zentralstaates und einer totalitären Kulturpolitik vorzubeugen.

Gerade die Schulhoheit der deutschen Länder ist Kern ihrer Eigenstaatlichkeit. Das ist deshalb von Vorteil, weil der Föderalismus in allen Bereichen Wettbewerb garantiert – selbst im schulischen. Es war und bleibt richtig, dass noch nie ein Bundestag oder eine Bundesregierung Gestaltungsrechte im Schulbereich hatten (...).

Föderalismus bedeutet Wettbewerb und Ringen um die besten Lösungen. Mehr wettbewerbfördernder Föderalismus ist also gefragt und nicht weniger.

Josef Kraus: Schulpolitik braucht einen starken Föderalismus, abrufbar unter: http://www.lehrerverband.de/foed.htm (24.10.2010)

M 2 Wettbewerb ohne Ergebnis

Wettbewerb ohne Ergebnis

Die eine Landesregierung experimentiert stärker mit Ganztagsschulen oder Gesamtschulen, die andere setzt konsequent auf die dreigliedrige Struktur. Das eine Land erhebt einen Fächerkanon zum verbindlichen Abiturmaßstab, das andere schätzt die Wahlfreiheit der Schüler höher. Das eine Land möchte die Chancengleichheit mit der sechsstufigen Grundschule durchsetzen, das andere die Chancengerechtigkeit mit dem Abitur nach zwölf Jahren. In den siebziger Jahren wurden manche Länderschulsysteme mit Rahmenrichtlinien politisiert, denen eine gänzlich andere Zielvorstellung vom reifen Menschen zu grunde lag als im Nachbarbundesland. Die Wettbewerbsvielfalt hat bis heute keine klare Aussage darüber erbracht, welcher Weg der bessere sei; sie hat hingegen die Mobilität von Familien massiv eingeschränkt. Landesbildungspolitiker und Landesbildungsinteressengruppen haben sich in diesem Wettbewerb sehr viel stärker selbst verwirklichen können als die Schüler – aber ohne sich wirklich Wettbewerbsbedingungen zu unterwerfen. Ein echter Wettbewerb hat irgendwann ein Ergebnis. Der Bildungswettbewerb führt so, wie er stattfindet, nicht zu einem Ergebnis, sondern zu eifersüchtig gehüteten regionalen Bildungs-Clustern aus Landespolitikern und GEW-Funktionären, Lehrerverbänden und Schulbeamten, die sich eher abschotten, als von anderen Bundesländern lernen zu wollen.

Torsten Kraul: Stoppt den Bildungsföderalismus! In: Welt-Online v. 13.06.2002, abrufbar unter: http://www.welt.de/print-welt/article394190/Stoppt_den_Bildungsfoederalismus.html (24.10.2010)

1 ***Vergleichen Sie die beiden Texte hinsichtlich ihrer Grundaussagen zum Prinzip des Bildungsföderalismus.***

2 ***Beurteilen Sie: Handelt es sich beim Bildungsföderalismus um ein sinnvolles bildungspolitisches Prinzip?***

3 ***Erörtern Sie vor dem Hintergrund Ihres Sachurteils: Wie ist der Bildungsföderalismus aus ökonomischer Perspektive zu beurteilen?***

Wirtschafts- und Sozialpolitik in der globalen Krise

Herausforderung Finanz- und Wirtschaftskrise

Ausgehend von Verwerfungen auf dem US-amerikanischen Kreditmarkt entwickelte sich ab 2007 eine Finanz- und Wirtschaftskrise, die schrittweise globale Ausmaße erreichte. Zunächst war das Finanzsystem betroffen: Massive Kreditausfälle in den USA führten zu einer Kettenreaktion, die große Verluste bei zahlreichen Banken zur Folge hatte. Zahlreiche Kreditinstitute gerieten in Zahlungsschwierigkeiten. Als dann am 15. September 2008 die US-Investmentbank Lehman Brothers ihre Zahlungsunfähigkeit erklärte, geriet das internationale Kreditgeschäft fast vollkommen zum Erliegen. Mit schwerwiegenden Folgen für die Realwirtschaft: Spätestens ab diesem Zeitpunkt wurde aus der Finanz- zusätzlich eine Wirtschaftskrise. Zu verzeichnen war ein massiver Investitionseinbruch, der schließlich als Auslöser für eine weltweite Rezession wirkte.

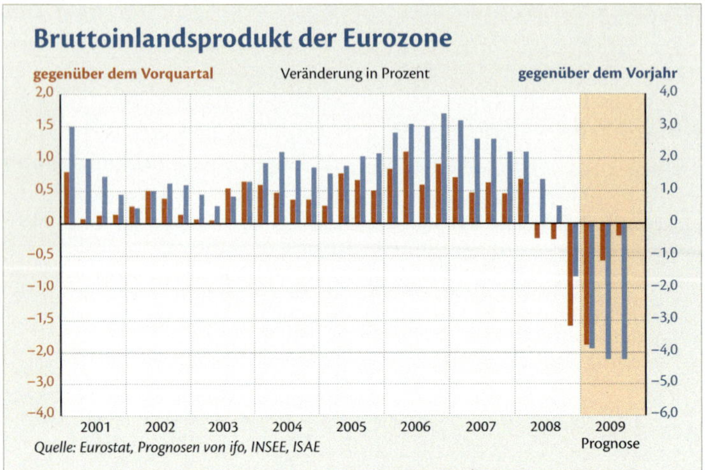

Wirtschafts- und sozialpolitische Maßnahmen in der Krise

Die Zuspitzung der Finanz- und Wirtschaftskrise führte weltweit zu problematischen Folgen in zwei Hauptbereichen:

- *Destabilisierung des Bankensystems* und hiermit einhergehend dauerhafte Störung des Kreditsystems mit negativen Folgen für die Finanzierung von Investitionen. Zudem kontinuierliche Gefahr weiterer „Schocks" durch die mögliche Insolvenz weiterer Banken.
- *Rückgang des wirtschaftlichen Produktionsniveaus* und hiermit einhergehend Gefährdung von Arbeitsplätzen in großem Maßstab.

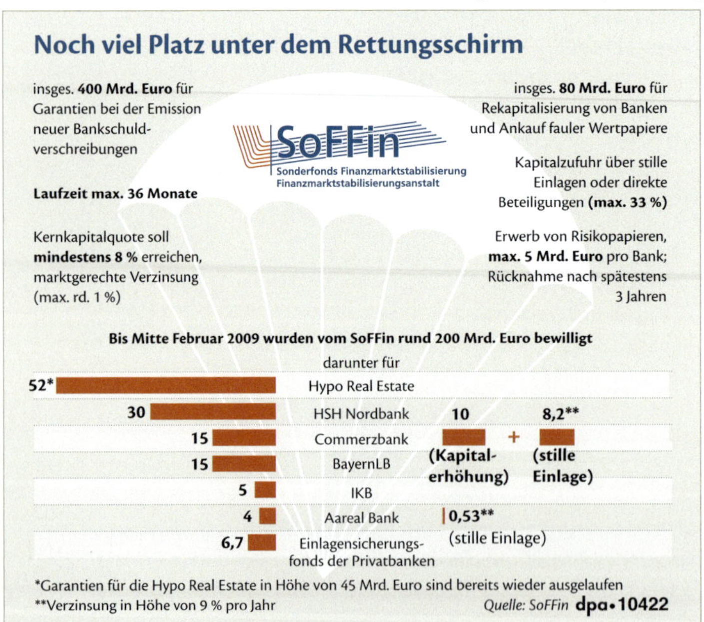

Die Bundesrepublik Deutschland, als international stark vernetzte und exportorientierte Volkswirtschaft, war von diesen Tendenzen in besonderem Ausmaß betroffen. Vor diesem Hintergrund wurden wirtschaftspolitische Gegenmaßnahmen in drei zentralen Bereichen ergriffen:

- *Stabilisierung des Bankensystems:* Bereitstellung von Bürgschaften und direkten Finanzhilfen für angeschlagene Kreditinstitute über einen Finanzmarktstabilisierungsfonds (Gesamtsumme: 480 Mrd. €). Bürgschaften zur Absicherung von Krediten (insbesondere an andere Banken), direkte Finanzhilfen zur Erhöhung von Kreditmitteln oder zur Ausweitung des Eigenkapitals.
- *Staatliches Investitions-/Konjunkturprogramm:* Unterschiedliche staatliche Maßnahmen zur Stärkung des Wirtschaftswachstums. Direkte staatliche Investi-

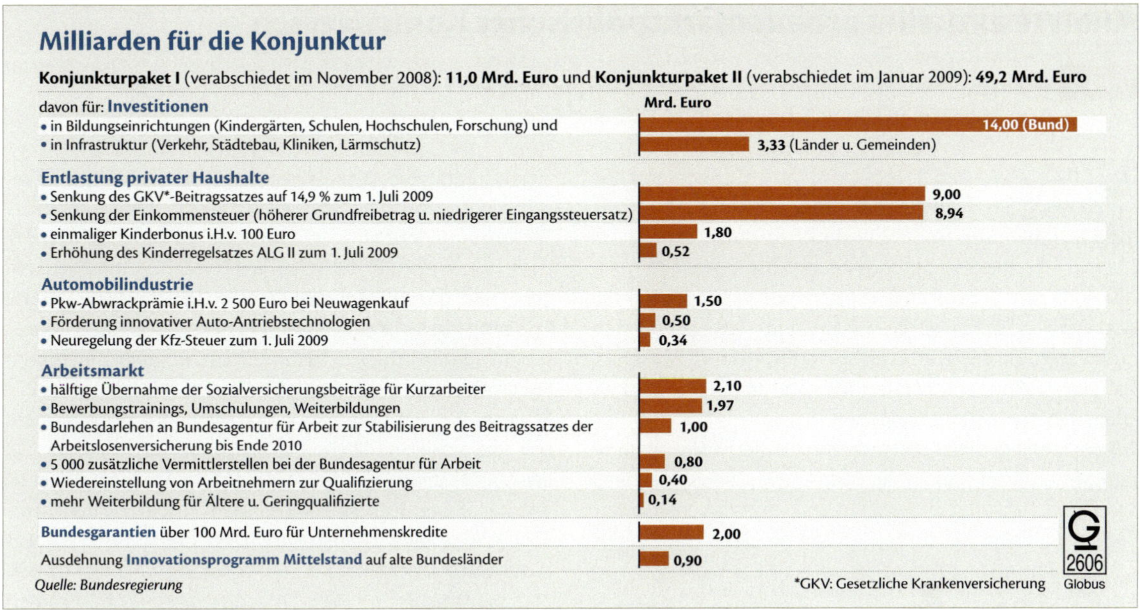

tionen, finanzielle Entlastungen von Unternehmen und privaten Haushalten, Programme zur Absatzförderung der Automobilindustrie als besonders gefährdeter und beschäftigungsrelevanter Wirtschaftsbereich. Gesamtumfang von mehr als 50 Mrd. €.

- *Maßnahmen zur Sicherung von Arbeitsplätzen:* Staatliche Maßnahmen zur Verhinderung bzw. Verringerung negativer Kriseneffekte auf dem Arbeitsmarkt. Insbesondere finanzielle Unterstützung des Einsatzes von Kurzarbeit und Förderung von Qualifikationsmaßnahmen für Erwerbssuchende.

Auswirkungen und Folgen

Für die deutsche Volkswirtschaft haben die in der globalen Krise ergriffenen wirtschafts- und sozialpolitischen Maßnahmen geholfen, die wirtschaftliche Schwächephase zu überwinden. Dies spiegelt sich insbesondere in der schnellen ***Umkehrung des wirtschaftlichen Wachstumstrends*** von einer ausgeprägten Rezession in einen stabilen Aufschwung zwischen 2009 und 2010 wider.

Insofern zeigt sich, dass gerade in einer krisenhaften Wirtschaftslage die Notwendigkeit und auch die Möglichkeit eines gezielten wirtschaftspolitischen Eingreifens besteht.

Andererseits haben vergleichbare wirtschaftspolitische Eingriffe etwa in den USA einen weniger großen Erfolg erzielt. Zudem führten die wirtschafts- und sozialpolitischen Maßnahmen zu einer deutlichen Zunahme der ***Staatsverschuldung***: Diese wirkt sich erst mit einiger Verzögerung durch hohe Haushaltsbelastungen und die Einschränkung staatlicher Handlungsspielräume negativ aus.

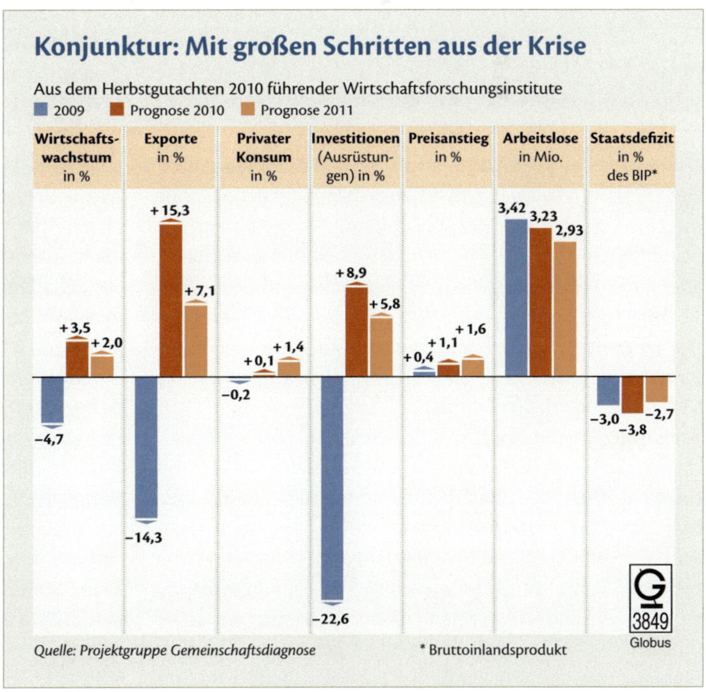

Analyse aktueller arbeitsmarktpolitischer Kontroversen

Text 1 **Streitgespräch zwischen dem CDU-Wirtschaftspolitiker Josef Schlarmann und dem Sozial- und Armutsexperten Ulrich Schneider**

Herr Schlarmann, Herr Schneider, gibt es in Deutschland den viel beschworenen „anstrengungslosen Wohlstand"?
Josef Schlarmann: Von Wohlstand zu reden wäre wohl übertrieben, aber es gibt anstrengungslose Einkommen. Ich denke da zum Beispiel an jene Hartz-IV-Empfänger, die Teil des Medien-Spektakels geworden sind, weil sie von sich behaupten, gar nicht arbeiten zu wollen – und das schon seit Jahren. An dieser Minderheit kann man in der Sozialstaatsdebatte nicht vorbeigehen.
Ulrich Schneider: Mir fallen da ganz andere Fälle anstrengungslosen Wohlstandes ein: Menschen, die so viel Kapital angehäuft haben, dass sie von den Zinsen leben können. Oder Menschen, die von großen Aktienpaketen profitieren. Ich bin sehr erstaunt, dass Sie sofort die Empfänger von Hartz IV angehen. (...)
Egal, was im Leben passiert – am Ende garantiert der Sozialstaat jedem Erwachsenen 359 Euro im Monat und eine warme Wohnung. Ist diese Sicherheit Wohlstand?
Schneider: Auf keinen Fall. (...) Versuchen Sie mal, von 359 Euro zu leben oder Ihre Kinder mit 215 Euro über den Monat zu bringen. Da geht es um Teilhabe auf bescheidenstem Niveau. Wenn eine Alleinerziehende ihre Kleider mit der Hand waschen muss, weil sie sich keine Waschmaschine leisten kann, dann ist das kein Wohlstand. Und es kann auch kein Wohlstand sein, wenn man seine Kinder vom Sportverein abmelden muss, kaum dass man in Hartz IV fällt.
Schlarmann: Natürlich lebt diese Gruppe der Einkommensbezieher nicht im Wohlstand. Aber es bleibt die Tatsache, dass sie ein Einkommen auf Kosten der anderen bezieht. Von 80 Millionen Einwohnern in Deutschland ist nur die eine Hälfte erwerbstätig und finanziert so die andere. Daher müssen wir nach jenen fragen, die arbeiten könnten, aber nicht wollen. Diese Gruppe mag nicht groß sein – aber sie bringt alle anderen Hartz-IV-Empfänger in Misskredit.
Der (ehemalige) hessische Ministerpräsident Roland Koch fordert, wer staatliche Unterstützung bekomme, müsse als Gegenleistung arbeiten. Richtig?
Schneider: Roland Koch ist für mich absolut keine Kapazität in dieser Frage. Wer staatliche Unterstützung bekommt, muss natürlich alles tun, um aus dieser Lage herauszukommen. Zu einer Gegenleistung sollten wir aber nur Menschen verpflichten, die unnötig lange im Transfersystem bleiben. Wenn wir einen erwerbslosen Facharbeiter für einen Euro Schnee schippen lassen, verbessern wir seine Biografie nicht. Es wäre doch viel klüger, etwas für seine Qualifikation zu tun, damit er wieder auf dem ersten Arbeitsmarkt Fuß fasst. Die Leute einfach irgendwie zu beschäftigen ist völlig sinnlos – auch aus Sicht des Steuerzahlers.
Schlarmann: Solidarität ist eine beiderseitige Verpflichtung. Jeder hat Anspruch auf Leistungen, wenn es ihm schlecht geht. Jeder muss aber auch selber alles tun, um seine Notlage zu beenden. Das ist der Geist unseres Sozialstaates. Er bedeutet die Verpflichtung, jede zumutbare Arbeit anzunehmen.
Schneider: Steht doch längst im Gesetz!
Schlarmann: Aber die Verwaltung setzt diese Vorgabe nicht um. Die Jobvermittler müssen allen, die einen Antrag auf Leistungen stellen, für den nächsten Tag Arbeit anbieten, so wie in Holland. Dort hat sich gezeigt: Von 100 Bewerbern machen mindestens 15 einen Rückzieher. Das ist doch ein probates Mittel! Ich unterstütze den Vorschlag von Roland Koch: Die Leute müssen sofort eine Arbeitsgelegenheit bekommen.
Schneider: Richtig. Das Beste, was einem arbeitslosen Menschen passieren kann, ist Arbeit. Allerdings müssen wir auch genügend öffentliche Beschäftigung anbieten, und das ist teuer. Wir können niemanden in den Park schicken, der keine Arbeitsgeräte hat. Und außerdem können wir uns noch etwas vom holländischen Modell abschauen: Da werden die Menschen nicht in irgendeinen Job gesteckt, sondern ihre Arbeit muss eine integrierende Funktion haben. Es gehört eine Menge Gehirnschmalz dazu, ein solches System in Deutschland aufzubauen.
Schlarmann: Da habe ich einen Vorschlag: Wir sollten die Zeitarbeitsfirmen einbeziehen. Die kennen sich mit Menschen aus, die schwierige Biografien haben. Die Zeitarbeitsbranche könnte Hartz-IV-Empfänger weiterbilden und sie ihrer Qualifikation gemäß einsetzen ...
Schneider: ... damit machte die Zeitarbeit der gewerblichen Wirtschaft Konkurrenz. Außerdem verfügt die Zeitarbeit nicht über die nötige Kompetenz in der Qualifizierung und im Schaffen der Arbeitsfelder für die Menschen, um die es hier geht. Verraten Sie doch mal, wo Sie Hartz-IV-Empfänger einsetzen würden.
Schlarmann: Das überlasse ich den Zeitarbeitsunternehmen.
Schneider: Nennen Sie fünf Beispiele.
Schlarmann: Es gibt überall Arbeit. Da brauche ich nur durch Berlin zu fahren.
Schneider: Fünf Beispiele, Herr Schlarmann! Sie können nicht Hypothesen in den Raum stellen, ohne sie zu belegen.
Schlarmann: Es geht nicht um Hypothesen, sondern um praktische Eindrücke.

Wirtschaftswoche vom 1.4.2010: Wie geht es weiter mit Hartz IV?, abrufbar unter: http://www.wiwo.de/politik-weltwirtschaft/wie-geht-es-weiter-mit-hartz-iv-426557/ (16.6.2011)

Aufgaben

1 ***Geben Sie wieder, wie sich Josef Schlarmann und Ulrich Schneider in Bezug auf den Umgang mit Arbeitslosen bzw. Empfängern der Grundsicherung positionieren, und setzen Sie die Positionen in Bezug zueinander.***

2 ***Erläutern Sie, inwieweit sich das Streitgespräch in eine aktuelle arbeitsmarktpolitische Kontroverse einordnen lässt, und legen Sie die Kernaspekte dieser Kontroverse dar.***

3 ***Erörtern Sie ausgehend von Ihren bisherigen Arbeitsergebnissen: Wie soll der Sozialstaat mit dem Problem der Arbeitslosigkeit umgehen?***

Hinweise zu den Aufgaben

Aufgabe 1: Zunächst ist die Materialgrundlage so zu analysieren, dass die spezifischen inhaltlichen Standpunkte der Gesprächsteilnehmer erkannt und möglichst prägnant zusammengefasst werden können. Von hoher Bedeutung ist daraufhin, dass erkannt und entsprechend dargelegt wird, dass sich die Diskutanten weitgehend gegenläufig positionieren.

Aufgabe 2: An dieser Stelle kommt es darauf an, die bisherigen Analyseergebnisse mit Kenntnissen zur aktuellen politisch-gesellschaftlichen Diskussion zum Themenfeld Arbeitsmarktpolitik zu verknüpfen und auf dieser Grundlage eine Einordnung in den Kontext der thematischen Auseinandersetzung vorzunehmen. Hierbei sollte zunächst ein Bezug zur Kontroverse um eine stärkere Orientierung am Leitkonzept der aktivierenden Arbeitsmarktpolitik hergestellt werden, um diese dann in ihren inhaltlichen Kernaspekten zu beschreiben. Hierbei wäre auch ein Verweis auf ggf. aktuell und/oder kürzlich diskutierte Teilfragestellungen oder „Maßnahmenvorschläge" denkbar.

Aufgabe 3: Schließlich geht es darum, zu einer Kernfrage der Arbeitsmarktpolitik eine kontroverse Argumentation zu entwickeln und hierüber schließlich zu einer begründeten eigenen Positionierung zu gelangen. Die bisher erarbeiteten Ergebnisse sollen dabei als Ausgangspunkt herangezogen werden. Sinnvoll ist auch, dass einzelne Einschätzungen von Schneider und Schlarmann im Rahmen der argumentativen Auseinandersetzung Berücksichtigung finden.

Aufgaben zu den verschiedenen Anforderungsbereichen

Anforderungsbereich I

- Beschreiben Sie die Funktionen von Wirtschaftspolitik in der Marktwirtschaft.
- Legen Sie die Ziele der Wirtschaftspolitik in der BRD dar.
- Nennen Sie die zentralen Konjunkturindikatoren.
- Geben Sie wieder, welche Funktionen das Gesundheits-, das Renten- sowie das Bildungssystem in sozialer sowie in wirtschaftlicher Hinsicht erfüllen.

Anforderungsbereich II

- Charakterisieren Sie den angebotstheoretischen Ansatz und erläutern Sie die Funktionsweise angebotsorientierter Wirtschaftspolitik.
- Charakterisieren Sie den nachfragetheoretischen Ansatz und erläutern Sie die Funktionsweise nachfrageorientierter Wirtschaftspolitik.
- Erklären Sie, inwieweit die Lage der öffentlichen Haushalte Handlungsspielräume für die Wirtschafts- und Sozialpolitik beeinflusst.
- Charakterisieren Sie das Anliegen von Wettbewerbspolitik und erklären Sie deren Umsetzung in der BRD.
- Arbeiten Sie heraus, warum in der BRD im Angesicht der globalen Finanz- und Wirtschaftskrise bestimmte wirtschafts- und sozialpolitische Maßnahmen ergriffen wurden.

Anforderungsbereich III

- Begründen Sie, warum unterschiedliche wirtschafts- und sozialpolitische Maßnahmen in der BRD zum staatlichen Aufgabenbereich gehören.
  Problematisieren Sie das Spannungsverhältnis zwischen der Belastung der öffentlichen Haushalte und politischer Handlungsfähigkeit bzw. -notwendigkeit.
- Nehmen Sie Stellung zu den Handlungsmöglichkeiten der Standortpolitik.

Links zur Wirtschafts- und Sozialpolitik

www.sozialpolitik-aktuell.de/	Informationsportal zur Sozialpolitik
www.bmwi.de/Navigation/Wirtschaft/wirtschaftspolitik.html	Informationsseiten beim Bundeswirtschaftsministerium
www.monopolkommission.de/	Monopolkommission
www.bpb.de/publikationen/LYWZP9,0,0,Reformen_in_Wirtschafts_und_Sozialpolitik.html	Aus Politik und Zeitgeschichte: Reformen in Wirtschafts- und Sozialpolitik
www.bmg.bund.de/DE/Gesundheit/Gesundheitsreform/Gesundheitsre-form__node.html?__nnn=true	Informationsseiten des Bundesgesundheitsministeriums zur Gesundheitsreform

5 Welthandel und Globalisierung

Warum gibt es internationalen Handel und wie hat sich dieser im zeitlichen Verlauf entwickelt? Welche Folgen hat die zunehmende weltwirtschaftliche Vernetzung und wie ist Deutschland davon betroffen? Welche politischen Einflussmöglichkeiten bestehen in einer zunehmend globalisierten Welt?
Die grenzüberschreitende Vernetzung von Wirtschaftsbeziehungen steht im Mittelpunkt des folgenden Kapitels. Die ökonomischen Phänomene Welthandel und Globalisierung werden dabei in ihren Grundlagen, ihrer Entwicklung und ihren Auswirkungen einer näheren Betrachtung unterzogen. Ein besonderes Augenmerk liegt zudem auf bestehenden Strukturen und Perspektiven der politischen Bearbeitung ökonomischer und gesellschaftlicher Problemstellungen in Zeiten der zunehmenden weltwirtschaftlichen Vernetzung.

Welthandel und Globalisierung

Ursprünge und Entwicklung des Welthandels

Internationaler Handel ist heute für uns eine Normalität. Für Konsumenten gehört es zum wirtschaftlichen Alltag, nicht nur einheimische Waren und Dienstleistungen nachfragen zu können, sondern auch Güter, die im Ausland erzeugt und über grenzüberschreitenden Handel importiert wurden. Ein Großteil der Produzenten wiederum setzt die eigenen Produkte nicht nur auf dem heimischen Markt ab, sondern strebt zusätzlich gezielt danach, ausländische Märkte zu erschließen.

Grenzüberschreitender Handel wird vielfach mit neueren Tendenzen im ökonomischen und politischen Bereich – insbesondere der Globalisierung – in Verbindung gebracht. Dies geschieht nicht ohne Grund. Doch darf andererseits nicht übersehen werden, dass es sich dabei keinesfalls um ein neuartiges Phänomen handelt. Die Entwicklung erster grenzüberschreitender Handelsbeziehungen reicht vielmehr weit in die Menschheitsgeschichte zurück. Einzigartig ist hingegen die Dynamik, die die Entwicklung des internationalen Handels seit der Mitte des 20. Jahrhunderts aufweist. Als Folge dieser Entwicklung verbindet heute ein dichtes Netzwerk aus Handelsströmen Länder, Regionen und ganze Erdteile.

► *1. Welthandel*

Warum findet grenzübergreifender Handel statt?

Was sind die Antriebskräfte des internationalen Handels? Worin liegen die Beweggründe für seine Entwicklung zum wirtschaftlichen Phänomen mit zugleich lokaler wie auch globaler Bedeutung? Entsprechende Fragestellungen werden im Rahmen der Handelstheorie einer genaueren Betrachtung unterzogen. Allerdings zeigt ein Blick über bestehende handelstheoretische Ansätze: Es bestehen durchaus unterschiedliche Sichtweisen in Bezug auf die Erklärung der Entstehung und Entwicklung des grenzüberschreitenden Handels. Unterschieden wird in diesem Zusammenhang zwischen Ansätzen der klassischen Handelstheorie sowie Ansätzen der neueren Handelstheorie.

Ein enger Bezug zwischen handelstheoretischen Überlegungen und wirtschaftspolitischer Praxis besteht im Bereich der Theorie des Freihandels. Hier stehen sich mit dem Freihandel einerseits und dem Protektionismus andererseits zwei gegensätzliche Konzepte gegenüber, deren Umsetzung unterschiedlich begründet wird und mit sehr unterschiedlichen Folgen einhergeht.

► *2. Theoretische Grundlagen I: Klassische Handelstheorie*
► *3. Theoretische Grundlagen II: Neuere Handelstheorien*
► *4. Theoretische Grundlagen III: Freihandel vs. Protektionismus*

Globalisierung als Prozess der mehrdimensionalen Vernetzung

Die internationalen Handelsbeziehungen haben sich insbesondere seit den 1970er-Jahren entscheidend vertieft, sodass mittlerweile eine ausgeprägte weltwirtschaftliche Vernetzung der meisten Volkswirtschaften vorliegt. Vielfach ist in diesem Zusammenhang von der „Globalisierung" die Rede. Der Prozess der Globalisierung vollzieht sich in ökonomischer Hinsicht in Form verschiedener Entwicklungen und Auswirkungen. Er bezieht sich jedoch nicht nur auf die ökonomische Ebene, sondern wird – damit zusammenhängend – in zahlreichen weiteren Dimensionen (Politik, Gesellschaft, Kultur, Ökologie) wirksam. Bei der Globalisierung handelt es sich demnach um ein ursprünglich ökonomisches Phänomen, das in seinen Auswirkungen weit über die wirtschaftliche Ebene hinausreicht.

Im Zusammenhang mit dem fortschreitenden Bedeutungsgewinn internationaler wirtschaftlicher Prozesse stellt sich auch und gerade die Frage nach der nationalstaatlichen Handlungsfähigkeit. Während einerseits das Ende (wirtschafts-)politischer Einflussmöglichkeiten (mit entsprechend negativen Folgewirkungen) gesehen wird, werden andererseits durchaus einige Perspektiven für politische Gestaltungsmöglichkeiten, auch in Zeiten fortschreitender Globalisierung, beschrieben.

▶ *5. Globalisierung: Begriff, Voraussetzungen, Auswirkungen*
▶ *6. Globalisierung und Politik*

Deutschland im internationalen Handel

Die deutsche Volkswirtschaft ist durch eine ausgeprägte Einbindung in das Netzwerk internationaler Handelsbeziehungen gekennzeichnet. Die Ausfuhr von Wirtschaftsgütern (Export) übersteigt dabei seit mehreren Jahren ihre Einfuhr (Import) in einem hohen Maße. Lange trug die BRD deshalb den inoffiziellen Titel des „Exportweltmeisters". Diese ausgeprägte Exportorientierung ist Gegenstand einer zentralen ökonomischen Kontroverse. So wird sie einerseits als Ausdruck wirtschaftlicher Stärke und internationaler Wettbewerbsfähigkeit gesehen. Andererseits gibt es aber auch Stimmen, die auf kritische Auswirkungen im In- und Ausland verweisen und vor diesem Hintergrund bestimmte wirtschaftspolitische Eingriffe befürworten.

▶ *7. Deutschland als exportorientierte Volkswirtschaft*

Unterschiede in der wirtschaftlichen Entwicklung

Aus theoretischer Perspektive gibt es einige Anhaltspunkte dafür, dass sich die zunehmende weltwirtschaftliche Vernetzung und die damit verbundene Ausweitung des Freihandels insgesamt positiv auf die Wohlstandsentwicklung in allen beteiligten Volkswirtschaften auswirken. In der Praxis zeigt sich jedoch, dass nach wie vor große Ungleichheiten in der wirtschaftlichen Entwicklung bestehen. Diese Ungleichheiten kommen in der Unterscheidung von entwickelten Ländern und Entwicklungsländern zum Ausdruck. Entwicklungsländer sind mit zahlreichen ernsthaften Problemlagen konfrontiert, deren Bewältigung im Interesse ihrer wirtschaftlichen, gesellschaftlichen und politischen Entwicklung dringend erforderlich ist. Einen wichtigen Beitrag können Entwicklungspolitik und Entwicklungszusammenarbeit leisten. Dies geschieht über die Nutzung unterschiedlicher Strukturen und Strategien.

▶ *8. Wirtschaftliche Entwicklung und Entwicklungspolitik*

Politische Gestaltung internationaler Wirtschaftsbeziehungen?

Die Bedeutung der internationalen wirtschaftlichen Vernetzung bzw. internationaler Wirtschaftsbeziehungen geht mit der Notwendigkeit ihrer (wirtschafts-)politischen Gestaltung im Interesse der beteiligten und betroffenen Menschen einher. Herausgehobene Bedeutung kommt hierbei unterschiedlichen Formen der staatenübergreifenden Kooperation zu, die vielfach im Rahmen spezialisierter internationaler Organisationen erfolgt.

▶ *9. Institutionen der Weltwirtschaft I: WTO*
▶ *10. Institutionen der Weltwirtschaft II: IWF und Weltbank*
▶ *11. Institutionen der Weltwirtschaft III: OECD, G8 und G20*

Welthandel

Ursprünge des Handels

Die Anfänge des Handels von Waren und Dienstleistungen reichen weit in die Menschheitsgeschichte zurück. In der ***Neusteinzeit*** (ab ca. 10 000 v. Chr.) begann die Menschheit mit dem Anbau von Pflanzen und Getreide. Sesshaftigkeit und Vorratshaltung gingen hiermit einher. Zum Teil kam es bereits in dieser Phase zu Spezialisierungen auf die gewerbliche Produktion bestimmter Handwerksgüter. Die so hergestellten Güter bildeten die Grundlage für die Entwicklung erster Formen des Tauschhandels. Insbesondere seit der ***Metallzeit*** (ab ca. 4000 v. Chr.) gewann bereits der Handel von Rohstoffen über manchmal weite Distanzen an Bedeutung. In den ***frühen Hochkulturen*** (ab ca. 3000 v. Chr.) kam es schließlich zur Herausbildung einer eigenen gesellschaftlichen Schicht der Kaufleute. Diese übernahm im Rahmen des bereits deutlich arbeitsteilig organisierten Wirtschaftslebens die wichtige Funktion der Herstellung von Handelsverbindungen zwischen den einzelnen Wirtschaftsbereichen.

Stoffhändler (römisches Relief)

Entwicklung des grenzüberschreitenden Handels

Mit der Entstehung voneinander abgegrenzter politischer Herrschaftsverbände entwickelten sich zugleich Handelsbeziehungen zwischen den einzelnen Territorien. Das ökonomische Phänomen des ***grenzüberschreitenden Handels*** findet hier seinen Ausgangspunkt. Die weitere Entwicklung des grenzüberschreitenden Handels ist durch Phasen unterschiedlicher Intensität der Handelsbeziehungen gekennzeichnet. In Abhängigkeit von jeweils gegebenen regionalen und politischen Rahmenbedingungen kam es in diesem Zusammenhang zu unterschiedlichen Graden der wirtschaftlichen Vernetzung durch Handel.

Zu einer entscheidenden und kontinuierlichen Zunahme des internationalen Handels kam es dann ab den 1950er-Jahren. Nach den schweren politischen Verwerfungen der ersten Hälfte des 20. Jahrhunderts, die in zwei Weltkriegen gipfelten, setzte eine zunehmende Konzentration auf den Aufbau grenzüberschreitender Handelsbeziehungen ein. Da der Güterhandel in steigendem Maße über weite Distanzen erfolgte, ist auch von der ***Entwicklung des Welthandels*** die Rede.

Seit den 1970er-Jahren (nochmals gesteigert insbesondere seit Ende der 1980er-Jahre) hat der grenzüberschreitende Handel deutlich zugenommen. Geprägt wurde in diesem Zusammenhang der Begriff der ***Globalisierung***. Globalisierung bezeichnet die weltweite Verflechtung von Staaten, Gesellschaften und insbesondere Volkswirtschaften, die entscheidend von einer massiven Ausweitung des internationalen Handels begleitet wird. Die zunehmende wirtschaftliche Vernetzung, die in ihrer Konsequenz zur Herausbildung weltweiter Märkte führt, wird auch als weltwirtschaftliche Integration bezeichnet.

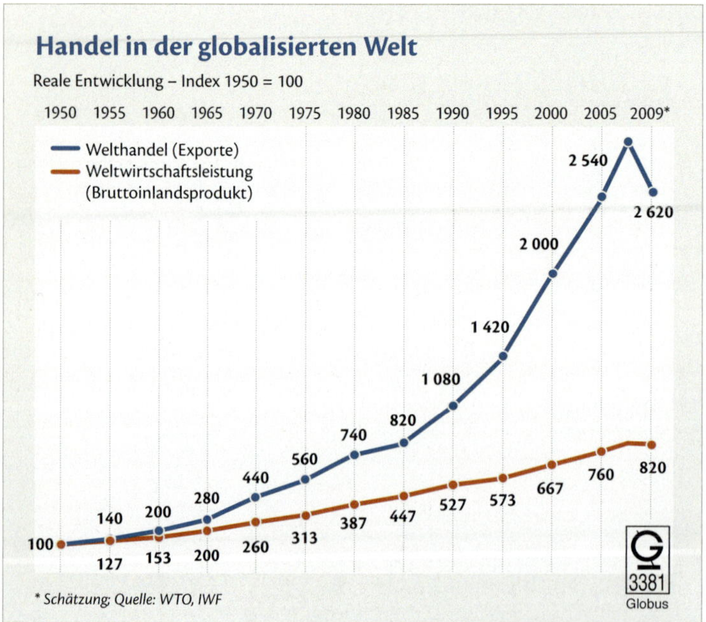

Welthandel im 21. Jahrhundert

Heute ist der grenzüberschreitende Handel ein zentrales ökonomisches Phänomen, das nicht nur einzelne Unternehmen (weltweite Erschließung von Absatzmärkten), sondern auch die Gesamtwirtschaft (tendenziell erhöhtes Wohlstandsniveau durch Teilnahme am internationalen Handel) sowie jeden einzelnen Konsumenten (größere Auswahl zwischen verschiedenen Anbietern von Waren und Dienstleistungen) betrifft.

Zur genaueren Charakterisierung der Handelsströme wird in diesem Zusammenhang zwischen ***intraregionalem Handel*** und ***interregionalem Handel*** unterschieden.

- Intraregionaler Handel: Handel innerhalb einer bestimmten Region (z. B. Handel in der EU).
- Interregionaler Handel: Handel zwischen unterschiedlichen Regionen (z. B. Handel zwischen der EU und Asien).

Insbesondere bei der Betrachtung des interregionalen Handels zeigt sich, dass die einzelnen Weltregionen in unterschiedlichem Maße in das weltwirtschaftliche Handelsgeschehen eingebunden sind: Während Europa, Nordamerika und Teile Asiens (insbesondere China) sehr aktiv am Welthandel teilnehmen, gilt dies nur bedingt für Afrika und Südamerika. Als mögliche Gründe werden dafür unterschiedliche Faktoren genannt: Einerseits wird auf Probleme verwiesen, die sich negativ auf die ***wirtschaftliche Konkurrenzfähigkeit*** betroffener Länder auswirken (z. B. instabile staatliche Institutionen, gering entwickelte Infrastruktur). Andererseits darf jedoch nicht übersehen werden, dass auch politische Entscheidungen derjenigen Staaten, die bereits intensiv am Welthandel teilnehmen, Auswirkungen zuungunsten der geringer entwickelten Staaten entfalten (z. B. Agrarsubventionen der EU).

Insbesondere am Beispiel des ***afrikanischen Kontinents*** wird kontrovers diskutiert, ob durch eine stärkere Teilhabe am Welthandel letztlich eher vorteilhafte oder eher nachteilige Entwicklungen angestoßen würden. Während einerseits (mit Bezug zur klassischen Handelstheorie) Wohlstandsgewinne durch Handel und damit einhergehende ökonomische, soziale und nicht zuletzt auch politische Entwicklungsschübe prognostiziert werden, wird andererseits (etwa aus Perspektive der Globalisierungskritik) davor gewarnt, dass eine bedingungslose weltwirtschaftliche Integration zu starken sozialen Verwerfungen und nicht zuletzt zu einer Verschärfung bestehender Abhängigkeiten und Ungleichheiten führen kann.

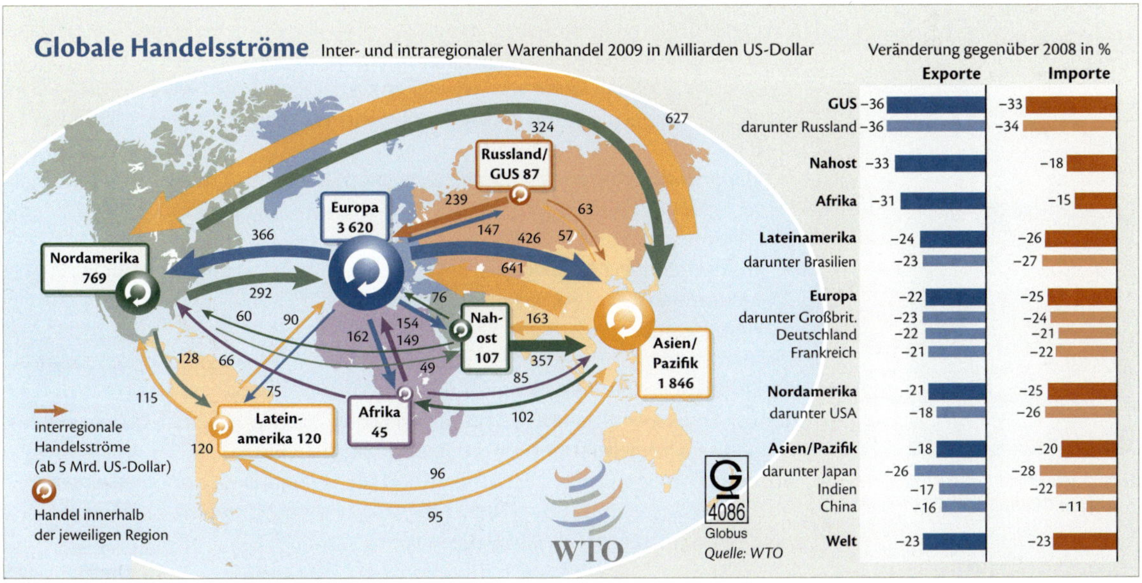

Theoretische Grundlagen I: Klassische Handelstheorie

Warum findet grenzüberschreitender Handel statt?
Handelstheoretische Überlegungen knüpfen an einer entscheidenden Frage an: Wie kommt es dazu, dass Volkswirtschaften untereinander und über nationale Grenzen hinweg Handel betreiben?

Theorie der absoluten Kostenvorteile
Die klassische Erklärung für die Entstehung von Handelsbeziehungen postuliert die Theorie der ***absoluten Kostenvorteile***. Diese Theorie wurde von ***Adam Smith*** (1723–1790), dem zentralen Denker des klassischen Liberalismus, formuliert. Smith war der Auffassung, dass sich jedes Land auf die Produktion derjenigen Güter konzentrieren sollte, die es absolut gesehen zu den geringsten Kosten herstellen kann. Über zwischenstaatlichen Handel sollten daraufhin Wohlstandsgewinne für alle Beteiligten erschlossen werden. Einmal angenommen, die Länder Deutschland und China könnten sowohl Computer als auch Autos produzieren, würden sich die Kosten für die Produktion jeweils einer Gütereinheit wie folgt gestalten:

Adam Smith (1723–1790), schottischer Moralphilosoph und Ökonom

	Deutschland	China
Computer	200 €	100 €
Auto	10 000 €	12 000 €

Betrachtet man die Produktionskosten, so zeigt sich, dass Deutschland bei der Produktion von Autos, China hingegen bei der von Computern über einen absoluten Kostenvorteil verfügt. Bei einem gleich großen Gesamtbudget beider Länder könnten also mehr Autos in Deutschland als in China sowie mehr Computer in China als in Deutschland produziert werden. Vor diesem Hintergrund ist es sinnvoll, dass sich Deutschland auf die Autoproduktion und China auf die Computerproduktion konzentrieren und die jeweiligen Güter über grenzübergreifenden Handel austauschen.

Theorie der komparativen Kostenvorteile
In der Realität zeigt sich: Es kommt oftmals auch dann zu grenzübergreifendem Handel, wenn die Bedingung eines absoluten Kostenvorteils nicht gegeben ist. Die entscheidende und bis heute sehr populäre Erklärung bietet die Theorie der komparativen Kostenvorteile. Diese wurde vom englischen Ökonomen ***David Ricardo*** (1772–1823) entwickelt. Zentral dafür sind die sog. Opportunitätskosten sowie der sog. komparative Kostenvorteil:

- *Opportunitätskosten* beziffern den entgangenen Nutzen/Ertrag, der durch die Entscheidung für eine bestimmte Alternative (der möglichen Produktion/des möglichen Konsums) nicht erzielt werden kann.
- *Ein komparativer Kostenvorteil* ist gegeben, wenn ein Land für die Produktion eines bestimmten Gutes auf weniger Einheiten eines anderen Gutes verzichten muss als ein anderes Land.

David Ricardo (1772–1823), britischer Ökonom

Die Theorie der komparativen Kostenvorteile besagt nun, dass die Konzentration auf die Produktion eines bestimmten Gutes und damit verbundener Handel auch dann sinnvoll sind, wenn eigentlich kein absoluter Kostenvorteil gegeben ist. Entscheidend ist vielmehr das Vorliegen eines komparativen Kostenvorteils.
Angenommen, die Länder Deutschland und China könnten sowohl Textilien als auch Medizinprodukte produzieren. Die Kosten für die Produktion jeweils einer Gütereinheit würden sich in diesem Fall wie folgt gestalten:

	Deutschland	China
Textilien	10 €	5 €
Medizinprodukte	12,5 €	10 €

Wenn nur für den eigenen Bedarf produziert werden soll, könnten bei jeweils gegebenen Ressourcen in Höhe von 1000 € beispielsweise die folgenden Produktionsmengen hergestellt werden:

	Deutschland	China	Gesamt
Textilien	50 Einheiten	100 Einheiten	**150 Einheiten**
Medizinprodukte	40 Einheiten	50 Einheiten	**90 Einheiten**

Berechnet man nun die Opportunitätskosten für mögliche Produktionsentscheidungen, erhält man Aussagen darüber, auf wie viele Gütereinheiten des einen Gutes jeweils verzichtet werden müsste, wenn eine zusätzliche Einheit des anderen Gutes produziert werden würde:

	Deutschland	China
Opportunitätskosten Textilien statt Medizinprodukte	Verzicht auf 0,8 Einheiten Medizinprodukte für eine zusätzliche Einheit Textilien	Verzicht auf 0,5 Einheiten Medizinprodukte für eine zusätzliche Einheit Textilien
Opportunitätskosten Medizinprodukte statt Textilien	Verzicht auf 1,25 Einheiten Textilien für eine zusätzliche Einheit Medizinprodukte	Verzicht auf 2 Einheiten Textilien für eine zusätzliche Einheit Medizinprodukte

Diese ***Opportunitätskosten der Güterproduktion*** verdeutlichen:

- China muss für eine zusätzliche Einheit Textilien auf weniger Einheiten Medizinprodukte verzichten als Deutschland.
- Deutschland muss für eine zusätzliche Einheit Medizinprodukte auf weniger Einheiten Textilien verzichten als China.

Nach der Theorie der komparativen Kostenvorteile ist es vor diesem Hintergrund sinnvoll, dass sich beide Volkswirtschaften jeweils deutlich auf die Produktion desjenigen Gutes konzentrieren, für das ein ***relativer Vorteil*** (im Vergleich geringere Opportunitätskosten) vorliegt. Die Versorgung mit dem jeweils anderen Gut würde dann über zwischenstaatlichen Handel sichergestellt. Insgesamt könnten dann (bei gleich bleibenden Ressourcen) die folgenden Produktionsniveaus erreicht werden:

	Deutschland	China	Gesamt
Textilien	20 Einheiten	140 Einheiten	**160 Einheiten**
Medizinprodukte	64 Einheiten	30 Einheiten	**94 Einheiten**

Hier zeigt sich: Es können von beiden Güterarten insgesamt mehr Einheiten produziert werden als ohne Spezialisierung. Beide Länder können – über grenzüberschreitenden Handel – nicht nur ihren vorherigen Bedarf decken, sondern sogar zusätzliche Gütereinheiten erhalten. Wird internationaler Handel realisiert, kommt es also insgesamt zu einem für alle vorteilhafteren Ergebnis. Die vorhandenen Ressourcen können effizienter genutzt werden. Dies ist aus Sicht der Theorie der komparativen Kostenvorteile die zentrale Erklärung für die Entstehung grenzüberschreitenden Handels sowie zugleich wichtigstes Argument für die Vertiefung von internationalen Handelsbeziehungen.

Theorie der komparativen Kostenvorteile

Land A muss für die Produktion einer zusätzlichen Einheit von Gut 1 auf weniger Einheiten von Gut 2 verzichten als Land B	**Land B** muss für die Produktion einer zusätzlichen Einheit von Gut 2 auf weniger Einheiten von Gut 1 verzichten als Land A
↓	↓
Land A Spezialisierung auf die (vergleichsweise kostengünstige) Produktion arbeitsintensiver Güter	**Land B** Spezialisierung auf die (vergleichsweise kostengünstige) Produktion kapitalintensiver Güter

↓

Land A hat einen komparativen Kostenvorteil bei der Produktion von Gut 1
Land B hat einen komparativen Kostenvorteil bei der Produktion von Gut 2

↓

Land A spezialisiert sich besonders auf die Produktion von Gut 1
Land B spezialisiert sich besonders auf die Produktion von Gut 2

↓

Beide Länder tauschen beide Güter über internationalen Handel

↓

Beide Länder können bei gleich bleibendem Ressourceneinsatz ihren bisherigen Bedarf nach beiden Gütern nicht nur decken, sondern erzielen sogar eine höhere Produktionsmenge, die über den ursprünglichen Bedarf hinausgeht

Theoretische Grundlagen II: Neuere Handelstheorien

Kritik an den klassischen Ansätzen

Die Ansätze der klassischen Handelstheorie liefern grundsätzliche Erklärungen für die Entstehung von grenzübergreifenden Handelsbeziehungen. Diese Erklärungen beruhen jedoch weitgehend auf stark vereinfachten Modellvorstellungen, wie etwa der Annahme, dass nur zwei unterschiedliche Güter zwischen lediglich zwei Volkswirtschaften gehandelt werden. In der mittlerweile stark globalisierten Welt gestalten sich Handelsbeziehungen jedoch sehr komplex und beziehen sich nicht nur auf einige wenige Produkte und/oder Länder. Vielmehr zeigt sich, dass Handel in der Realität vielfach auch dann stattfindet, wenn unmittelbar kein absoluter oder komparativer Kostenvorteil vorliegt. So findet etwa ein Großteil des internationalen Handels zwischen Industrieländern statt, die in der Güterproduktion ähnliche Kostenstrukturen aufweisen.

Neuere Handelstheorien

An entsprechenden Beobachtungen setzen ***neuere Handelstheorien*** an. Hierbei geht es nicht in erster Linie um eine Widerlegung der klassischen Ansätze. Ziel ist vielmehr, ihren Allgemeinheitsanspruch einzugrenzen und weitere Antriebskräfte des internationalen Handels zu benennen. Die einzelnen Ansätze sind deshalb letztlich in ihrer Gesamtheit als Schlüssel für das Verständnis des grenzüberschreitenden Handels von Waren und Dienstleistungen anzusehen bzw. anzuwenden. Im Folgenden werden mit dem ***Heckscher-Ohlin-Theorem*** und der ***Theorie der oligopolistischen bzw. monopolistischen Konkurrenz*** zwei zentrale Ansätze der neueren Handelstheorie vorgestellt.

Das Heckscher-Ohlin-Theorem

Die schwedischen Wirtschaftswissenschaftler Eli Heckscher (1879–1952) und Bertil Ohlin (1899–1979) entwickelten in den 1930er-Jahren ein Theorem zur Erklärung grenzüberschreitender Handelsströme. Ihre wichtigste Ausgangsfeststellung ist, dass sich Volkswirtschaften hinsichtlich ihrer ***Ausstattung mit Produktionsfaktoren*** (Arbeit, Kapital und Boden) unterscheiden. Internationaler Handel hängt im Rahmen dieser Theorie eng mit dieser unterschiedlichen Faktorausstattung zusammen. Es wird angenommen, dass Volkswirtschaften tendenziell diejenigen Güter verstärkt produzieren und für den Export anbieten, bei deren Produktion die jeweils vorhandenen Produktionsfaktoren besonders stark genutzt werden. Das Heckscher-Ohlin-Theorem bietet damit eine Erklärung dafür, dass sich Volkswirtschaften mit einer Vielzahl an kostengünstigen Arbeitskräften auf die Produktion arbeitsintensiver Güter (z. B. Textilien) spezialisieren, während sich hoch entwickelte Industriestaaten auf die Produktion kapitalintensiver Güter (z. B. IT-Produkte) konzentrieren. Der Güteraustausch findet als grenzüberschreitender Handel zwischen den einzelnen Volkswirtschaften statt. Insgesamt zeichnen sich dabei die folgenden Tendenzen ab:

- Volkswirtschaften mit hohem Kapitalbestand exportieren kapitalintensiv produzierte Güter und importieren arbeitsintensiv produzierte Güter.
- Volkswirtschaften mit großem Arbeitskräftereservoir exportieren arbeitsintensiv produzierte Güter und importieren kapitalintensiv produzierte Güter.

Das Heckscher-Ohlin-Theorem wurde in den 1950er-Jahren vom russischen Wirtschaftswissenschaftler Wassily Leontief (1905–1999) am Beispiel der USA einer genaueren Überprüfung unterzogen. Hierbei wurde deutlich, dass die USA – als Volkswirtschaft mit eigentlich hohem Kapitalbestand – in einem vergleichsweise hohen Ausmaß arbeitsintensiv erzeugte Güter exportierten, während andererseits zahlreiche kapitalintensive Güter importiert wurden. Da dieser Befund nicht mit dem Heckscher-Ohlin-Theorem zu vereinbaren war, wurde er als ***Leontief-Paradoxon*** bezeichnet. Als Gründe hierfür wurden in erster Linie Besonderheiten der US-Wirtschaft ausgemacht: eine

besonders hohe Nachfrage der US-Industrie nach kapitalintensiven Gütern (z.B. Maschinen) sowie eine vergleichsweise hohe Ausstattung mit hoch qualifizierten Arbeitnehmern, die bestimmte Güter relativ arbeitsintensiv produzieren, welche in hohem Maße auch aus dem Ausland nachgefragt werden.
Die Situation in anderen Volkswirtschaften bestätigte hingegen eher die Annahmen von Heckscher und Ohlin. Das Heckscher-Ohlin-Theorem wurde deshalb nicht grundsätzlich widerlegt. Gleichwohl konnten durch die Forschungen Leontiefs weitere Antriebskräfte des internationalen Handels identifiziert werden.

Die Theorie der monopolistischen Konkurrenz

Internationale Handelsbeziehungen sind durch den Handel mit sehr unterschiedlichen Gütern zwischen einzelnen Volkswirtschaften gekennzeichnet. Unterschieden wird dabei zwischen dem interindustriellen Handel sowie dem intraindustriellen Handel.

- *Interindustrieller Handel:* Austausch von Gütern unterschiedlicher Produktionssektoren (z. B. von Autos und Agrarprodukten).
- *Intraindustrieller Handel:* Austausch von Gütern des gleichen Produktionssektors (z. B. von Autos der Marke X und Autos der Marke Y).

In der Realität des grenzüberschreitenden Handels zeigt sich, dass nicht nur der interindustrielle Handel, sondern auch der intraindustrielle Handel von großer Bedeutung ist. So werden etwa zwischen den Industrieländern Deutschland und Japan Autos gehandelt, die sich sowohl in ihrem Wert als auch in ihren Produktionskosten weitgehend ähneln. Erklärt wird dieser Befund durch die ***Theorie der monopolistischen Konkurrenz***, welcher die Annahme zugrunde liegt, dass das Idealbild der vollständigen Konkurrenz in der wirtschaftlichen Realität weitgehend nicht vorzufinden ist. Stattdessen dominiert insbesondere die Marktform der monopolistischen Konkurrenz, bei der zwar zahlreiche Anbieter am Markt aktiv sind, diese zugleich aber nicht vollkommen identische, sondern nur ähnliche Güter anbieten (z. B. unterschiedliche Brotsorten unterschiedlicher Bäckereien). Zudem wird vorausgesetzt, dass Nachfrager über bestimmte individuelle Präferenzen verfügen, die bestimmte Nachfrageentscheidungen nahelegen. Die einzelnen Güter (z. B. Mittelklasseautos unterschiedlicher Hersteller) erscheinen für die Nachfrager dabei als Alternativen, aus denen je nach eigenen Präferenzen und Angebotsbedingungen gewählt werden kann. Aus Sicht der Anbieter ist dabei grundsätzlich zu erwarten, dass ihr Angebot (sofern die Nachfrager es als ernst zu nehmende Alternative ansehen) auch auf Märkten Abnehmer finden wird, auf denen auch Konkurrenten bereits aktiv sind.
Die Produktion von Gütern (z.B. Autos) ist für die Hersteller mit variablen Kosten (Kosten, die für jede zusätzliche produzierte Einheit anfallen – z. B. Material-, Personal- und Energiekosten für die Produktion eines zusätzlichen Autos) sowie mit Fixkosten (Produktionskosten, die unabhängig von der tatsächlich produzierten Gütermenge anfallen – z. B. Investitionen in die Produktentwicklung, Gebäude und Produktionsanlagen) verbunden.
Insbesondere für Anbieter von Gütern, deren Produktion mit relativ hohen Fixkosten einhergeht, liegt aus Sicht der Theorie der monopolistischen Konkurrenz deshalb die Strategie einer kontinuierlichen Ausdehnung von Güterproduktion und -absatz (mit gleichzeitig sinkender Bedeutung der Fixkosten und somit insgesamt sinkenden Produktionskosten) nahe. Da dafür der Eintritt in ausländische Absatzmärkte eine zentrale Rolle spielt, gilt diese Strategie als eine der Triebkräfte für (intraindustriellen) grenzüberschreitenden Handel.

Ausweitung der Absatzmärkte – VW-Autohaus in China

Theoretische Grundlagen III: Freihandel vs. Protektionismus

Kontroverse über den grenzüberschreitenden Handel
Sowohl die klassischen als auch die neueren Ansätze der Handelstheorie benennen zentrale Antriebskräfte für den grenzüberschreitenden Handel von Wirtschaftsgütern. Zudem wird dabei aus theoretischer Sicht aufgezeigt, wie vorteilhaft der internationale Handel für alle Beteiligten sein kann.
In der Praxis wird das ökonomische Phänomen des internationalen Handels jedoch durchaus kontrovers diskutiert. Unterscheiden lassen sich hierbei die Konzepte des *Handelsliberalismus* sowie des ***Protektionismus***.

Handelsliberalismus
Der Handelsliberalismus orientiert sich grundsätzlich an der Denkrichtung des Wirtschaftsliberalismus, die einem möglichst ungestörten Spiel der Marktkräfte weitgehend positive Wirkungen (insbesondere in Form der effizienten Gestaltung von Produktions- und Verteilungsprozessen) zuschreibt. Dementsprechend befürwortet der Handelsliberalismus die weitgehende Umsetzung von ***Freihandel***, also einem grenzüberschreitenden Güteraustausch, der durch keinerlei Handelsbeschränkungen beeinflusst wird. Die folgenden positiven Effekte des Freihandels werden häufig genannt:

- Eine allgemeine Steigerung von Wohlstand und Lebensqualität durch Möglichkeiten zur Produktions- und Absatzausweitung, durch höhere Produktvielfalt sowie durch die Vermeidung von Effizienzverlusten durch Handelsbeschränkungen (meist zusätzliche Kosten).
- Potenziale zur wirtschaftlichen, politischen und gesellschaftlichen Entwicklung insbesondere auch für bisher gering entwickelte Volkswirtschaften (Entwicklungsländer).
- Innovationspotenziale durch internationalen Wettbewerb.

Protektionismus
Demgegenüber vertraut der Ansatz des Protektionismus nicht auf das freie Spiel der Marktkräfte und strebt dementsprechend eine ***Beschränkung des internationalen Freihandels*** an. Diese Sichtweise wird insbesondere durch die folgenden Argumente begründet:

- Der Aufbau internationaler Handelsbeziehungen geht notwendigerweise mit Prozessen der Spezialisierung einher. Gefragt ist dabei eine Konzentration auf die Produktion derjenigen Güter, die auf internationalen Märkten absetzbar sind. Entsprechende Spezialisierungsprozesse können dazu führen, dass ganze Wirtschaftszweige international gesehen nicht wettbewerbsfähig sind. Die dort produzierten Güter können nicht exportiert, stattdessen aber deutlich günstiger aus dem Ausland importiert werden. Das hat zum Teil tief greifende Veränderungen der Wirtschaftsstruktur zur Folge. Entsprechende Phasen der Strukturanpassung gehen jedoch mit hohen sozialen Kosten (Massenarbeitslosigkeit) und politischen Herausforderungen (Gestaltung des Strukturwandels) einher.
- Der Eintritt in den internationalen Wettbewerb hat unterschiedliche Folgen für entwickelte und weniger entwickelte Länder. Während die hoch entwickelten Länder Wohlstandsgewinne und Innovationsimpulse relativ einfach erreichen können, besteht für die weniger entwickelten Länder die Gefahr dauerhafter Abhängigkeitsbeziehungen (mit einer Beschränkung auf die Produktion einfacher, arbeitsintensiver Güter) und eines ruinösen Wettlaufs um die geringsten Löhne sowie niedrigste Sozial- und Umweltstandards.
- Im Fall von Produktinnovationen wird befürchtet, dass ein zu früher Eintritt in den internationalen Wettbewerb die Erfolgsaussichten des neuen Produktes negativ beeinflussen könnte.

- Zudem wird die Gefahr von Ungleichgewichten im Welthandel gesehen. Diese entstehen, wenn einzelne Volkswirtschaften dauerhaft hohe Exportüberschüsse erzielen, die wiederum durch massive Importüberschüsse anderer Volkswirtschaften gegenfinanziert werden. Insbesondere für Länder mit hoher Importquote ergeben sich hieraus negative Folgen in Form einer zu geringen Binnennachfrage sowie hoher Schulden.

Protektionistische Maßnahmen beziehen sich vor diesem Hintergrund immer auf einen ***abgegrenzten Wirtschaftsraum*** (in der Regel eine Volkswirtschaft) und zielen darauf ab, inländische Produzenten gezielt vor ausländischer Konkurrenz zu schützen. Im Einzelnen werden dabei die folgenden Instrumente unterschieden:

- Zölle (Abgaben auf ausländische Güter, die im Inland verkauft werden sollen),
- Subventionen (staatliche Leistungen an inländische Unternehmen, um diese vor internationalem Wettbewerb zu schützen),
- Auflagen (z. B. Genehmigungsverfahren, Standards),
- Verbote,
- Quotierung (Festlegung bestimmter Importquoten).

Entwicklung seit 1945

In der zweiten Hälfte des 20. Jahrhunderts wurde der grenzüberschreitende Handel massiv ausgeweitet. Dies geschah vor allem durch Bemühungen verschiedener Staaten, Handelshemmnisse schrittweise abzubauen und hierüber ein zunehmendes Maß an Freihandel zu ermöglichen. Eine entscheidende Rolle spielten bzw. spielen die Verhandlungsrunden im Rahmen des ***General Agreement on Tariffs and Trade (GATT)*** sowie der daraus folgenden ***Welthandelsorganisation (WTO)*** (siehe 5.9). Insgesamt kam es im Rahmen unterschiedlicher Handelsrunden zu einem deutlichen Abbau von Handelsbeschränkungen. Allerdings konnte in der bisher letzten Verhandlungsrunde (Doha-Runde) bisher keine Einigung erzielt werden. Der Hauptgrund ist ein Konflikt zwischen den Industrieländern und den Entwicklungsländern, der zeigt, wie aktuell protektionistische Bestrebungen auch in Zeiten der Globalisierung sind. So besteht das zentrale Verhandlungsproblem darin, dass die Entwicklungsländer einen verbesserten Marktzugang im Bereich der Agrarprodukte fordern, während die Industrieländer nur bedingt dazu bereit sind, wirklichen Freihandel im Agrarsektor (über den Abbau von Zöllen sowie insbesondere von Subventionen) zuzulassen.

Knock-out in der neunten Runde?

Die Vorgeschichte der aktuellen „Doha-Runde" zur Liberalisierung der weltweiten Handelsbeziehungen

GATT/WTO (ab 1995) Verhandlungsrunden		Gegenstand der Verhandlungen	Teilnehmende Länder	Durchschnittliche Zollsenkung in %
1947	–	Zölle	23	35
1949	Annecy-Runde	Zölle	13	2
1951	Torquay-Runde	Zölle	38	3
1958	Genf-Runde	Zölle	26	2
1960–61	Dillon-Runde	Zölle	26	7
1964–67	Kennedy-Runde	Zölle, Preisdumping	62	35
1973–79	Tokio-Runde	Zölle, nicht-tarifäre Handelshemmnisse*, Rahmenabkommen	102	34
1986–94	Uruguay-Runde	umfassende Reformen, Gründung der WTO	123	40
seit 2001	Doha-Runde	bessere Einbindung der Entwicklungs- und Schwellenländer in den Welthandel	153	?

Quelle: Bundesministerium für Wirtschaft und Technologie *z.B. Subventionen, mengenbezogene Ein- und Ausfuhrbeschränkungen

2261 Globus

Globalisierung: Begriff, Voraussetzungen, Auswirkungen

Globalisierung als Prozess der Vernetzung

Der Begriff der Globalisierung beschreibt ganz allgemein den Prozess der zunehmenden grenzüberschreitenden Vernetzung unterschiedlicher Lebensbereiche. Von besonderer Bedeutung ist dabei vor allem die ***ökonomische Dimension*** der Globalisierung, die sich in Form einer zunehmenden internationalen Vernetzung der Volkswirtschaften ausdrückt und insbesondere durch die folgenden Aspekte gekennzeichnet ist:

- Vertiefung der ***internationalen Arbeitsteilung*** und zunehmende grenzüberschreitende ***Vernetzung von Gütermärkten***, damit einhergehend starke Zunahme des internationalen Handels von Waren und Dienstleistungen;
- internationale ***Vernetzung der Finanzmärkte***;
- zunehmende ***Mobilität des Produktionsfaktors Kapital*** (Option der Verlagerung von Produktionsstandorten), in diesem Zusammenhang hohe Bedeutung von ausländischen Direktinvestitionen (in Form von Unternehmensansiedlungen)
- Bedeutungsgewinn ***transnationaler Unternehmen*** (Unternehmen, die Standorte in mehreren Ländern haben und ihre Unternehmensplanung weltweit ausrichten);
- ***Internationalisierung der Arbeitsmärkte*** (z. B. Freizügigkeit für Arbeitnehmer innerhalb der EU).

Der Prozess der Globalisierung zeichnet sich jedoch nicht nur im ökonomischen Bereich ab. Zu den weiteren – teils in engem Zusammenhang zum ökonomischen Bereich stehenden – ***Dimensionen der Globalisierung*** werden die politische Dimension, die soziale Dimension, die ökologische Dimension sowie die kulturelle Dimension gezählt.

Globalisierung				
Ökonomische Dimension	**Politische Dimension**	**Soziale Dimension**	**Ökologische Dimension**	**Kulturelle Dimension**
Vernetzung der Märkte und Ausweitung des Welthandels Zunahme transnationaler Unternehmen Internationalisierung des Arbeitsmarkts Internationale Standortkonkurrenz	Problemstellungen mit globalen Ursachen und lokalen Auswirkungen Schwächung nationalstaatlicher Handlungsfähigkeit Ausbau internationaler Kooperation	Überwindung großer Distanzen über kostengünstige Telekommunikations- und Transportmöglichkeiten Neue Migrationsbewegungen	Globale Auswirkungen von Umweltgefährdungen Wirksamer Umweltschutz nur durch Kooperation	Dominanz westlicher Kultur: Angleichung kultureller Muster an westlichen Lebensstil Kulturell motivierte Konflikte

Voraussetzungen der Globalisierung

Für die Auseinandersetzung mit dem Prozess der Globalisierung sind zunächst zwei grundlegende Erkenntnisse von Bedeutung. Zum einen handelt es sich nicht etwa um ein neuartiges Phänomen – seine Anfänge reichen vielmehr bis zur Etablierung erster grenzüberschreitender Handelsbeziehungen zurück. Zum anderen handelt es sich beim Prozess der Globalisierung nicht um ein ökonomisches Naturgesetz – die Globalisierung ist vielmehr ein Resultat aus einem ***Zusammenwirken technologischer Entwicklungen und politischer Entscheidungen***. Sie ist deshalb auch – zumindest theoretisch – in ihrem Verlauf sowie ihren Auswirkungen durch (wirtschafts-)politische Maßnahmen gestaltbar.

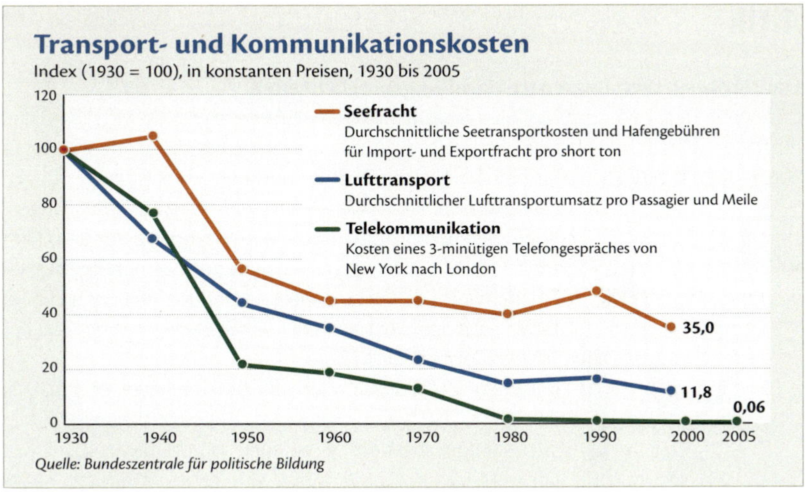

Quelle: Bundeszentrale für politische Bildung

Zu den zentralen Voraussetzungen der Globalisierung zählen insbesondere die beiden folgenden Faktoren:

- *Kommunikation und Transportwesen:* Erschließung neuer, leistungsfähiger Möglichkeiten für Kommunikation und Transport (von Personen und Gütern) bei gleichzeitigem deutlichen Sinken der zu entrichtenden Kosten.
- *Deregulierung und Liberalisierung:* Entschiedener Abbau von Handelsbeschränkungen und politische Förderung des grenzüberschreitenden Handels von Waren und Dienstleistungen.

Auswirkungen der Globalisierung

Der Prozess der Globalisierung entfaltet in seinen unterschiedlichen Dimensionen jeweils unterschiedliche und zum Teil vielschichtige Auswirkungen. In ökonomischer Hinsicht ist besonders relevant, dass mit der zunehmenden Vernetzung von Güter- und Finanzmärkten, den neuen Möglichkeiten für Informationsaustausch und Transport und der damit einhergehenden gestiegenen Mobilität des Produktionsfaktors Kapital die wesentlichen Grundlagen für einen ***globalen Standortwettbewerb*** zwischen den einzelnen Volkswirtschaften geschaffen werden. Befürworter der Globalisierung sehen hierin eine Garantie für ökonomisch optimale Marktergebnisse und höheren Wohlstand. Aus globalisierungskritischer Perspektive wird hingegen auf die Gefahr eines globalen Unterbietungswettbewerbs im Bereich der Sozial- und Umweltstandards und die negativen Effekte für Arbeitnehmer verwiesen. Ebenso umstritten ist der ***Bedeutungsgewinn der transnationalen Unternehmen***. Während einerseits die Potenziale von weltweit strategisch agierenden Unternehmen betont werden, wird andererseits die Frage nach der Legitimation und Kontrolle der hiermit einhergehenden Machtfülle gestellt. Der Prozess der Globalisierung hat schließlich zur Entwicklung stark vernetzter und weitgehend ***deregulierter Finanzmärkte*** beigetragen. Hierin wird vielfach das Fundament für eine leistungsfähige Realökonomie gesehen. Allerdings wurde im Zuge der globalen Finanz- und Wirtschaftskrise seit 2007 die hochproblematische Anfälligkeit dieses Systems sichtbar.

Karikatur: Gerhard Mester

Globalisierung und Politik

Der Nationalstaat: Begrenzte Handlungsmöglichkeiten

In Zeiten fortschreitender Globalisierung nehmen grenzüberschreitende wirtschaftliche Prozesse sowie einhergehende Phänomene einen hohen Stellenwert ein. Auf politischer Ebene besteht hingegen weiterhin eine starke Orientierung an Nationalstaaten. Ein einzelner Staat beispielsweise kann selbstverständlich strengere Regeln für riskante Finanzgeschäfte einführen. Vor dem Hintergrund der hoch vernetzten und stark internationalisierten Finanzmärkte dürfte dies aber nur einen sehr geringen Effekt haben, solange nicht auch der Großteil der anderen Staaten diesem Beispiel folgt.

Karikatur: Götz Wiedenroth

Globalisierung

In diesem Zusammenhang stellt sich die Frage, ob und wie eine (wirtschafts-)politische Gestaltung stark internationalisierter ökonomischer Verhältnisse überhaupt möglich ist. Hier zeichnet sich eine Kontroverse ab: Während einerseits der weitgehende ***Verlust politischer Einflussmöglichkeiten*** befürchtet wird, werden andererseits durchaus Potenziale für die ***Entwicklung neuer Instrumente und Institutionen*** gesehen, die eine gezielte Gestaltung der Globalisierung im Sinne der von ihr betroffenen Menschen ermöglichen könnten.

Multilaterale Kooperation

Vor dem Hintergrund schwindender nationalstaatlicher Einflussmöglichkeiten gewinnt insbesondere die Strategie einer zunehmenden staatenübergreifenden Kooperation an Bedeutung. Zentral ist hierbei das Prinzip der ***Multilateralität***, bezogen auf kooperatives und gleichberechtigtes Handeln mehrerer Staaten mit dem Ziel der verbindlichen Regelung gemeinsamer Angelegenheiten. Multilaterale Kooperation mündet häufig im Abschluss von bindenden ***Verträgen*** (z. B. über den Abbau von Handelsbeschränkungen) und bildet darüber hinaus das Strukturprinzip zahlreicher ***multilateraler Institutionen*** (UNO, WTO, IWF), die sich vielfach mit ökonomischen Fragestellungen befassen. Kritisiert wird in diesem Zusammenhang, dass im Rahmen multilateraler Kooperation vielfach keine tatsächliche Gleichberechtigung der beteiligten Partner vorliegt, sondern bestehende (ökonomische) Machtverhältnisse abgebildet werden.

Nichtregierungsorganisationen

Zunehmend an Bedeutung gewonnen haben in den letzten Jahren Nichtregierungsorganisationen (engl. Non-Governmental Organizations, NGOs). Diese vertreten verschiedene ***zivilgesellschaftliche Interessen*** und agieren teilweise auch auf internationaler Ebene. Erklärtes Ziel vieler Nichtregierungsorganisationen ist es, im Sinne der vertretenen Interessen auf (wirtschafts-)politische Entscheidungen einzuwirken.

Global Compact

Mit dem Global Compact besteht seit dem Jahr 2000 eine Kooperation zwischen den Vereinten Nationen und zahlreichen transnationalen Unternehmen (maßgeblich organisiert über lokale Netzwerke). Gegenstand dieser Kooperation ist eine gegenseitige Verpflichtung zur sozialen und ökologischen Gestaltung der Globalisierung. Es handelt sich somit um eine institutionalisierte Form der ***Kooperation zwischen politischen und wirtschaftlichen Akteuren***.

Kritisiert werden in diesem Zusammenhang jedoch die Festlegung zu geringer Minimalstandards sowie die fehlende Möglichkeit zur Sanktionierung von Verstößen gegen die eingegangenen Verpflichtungen. Zudem wird vielfach die Gefahr gesehen, dass der

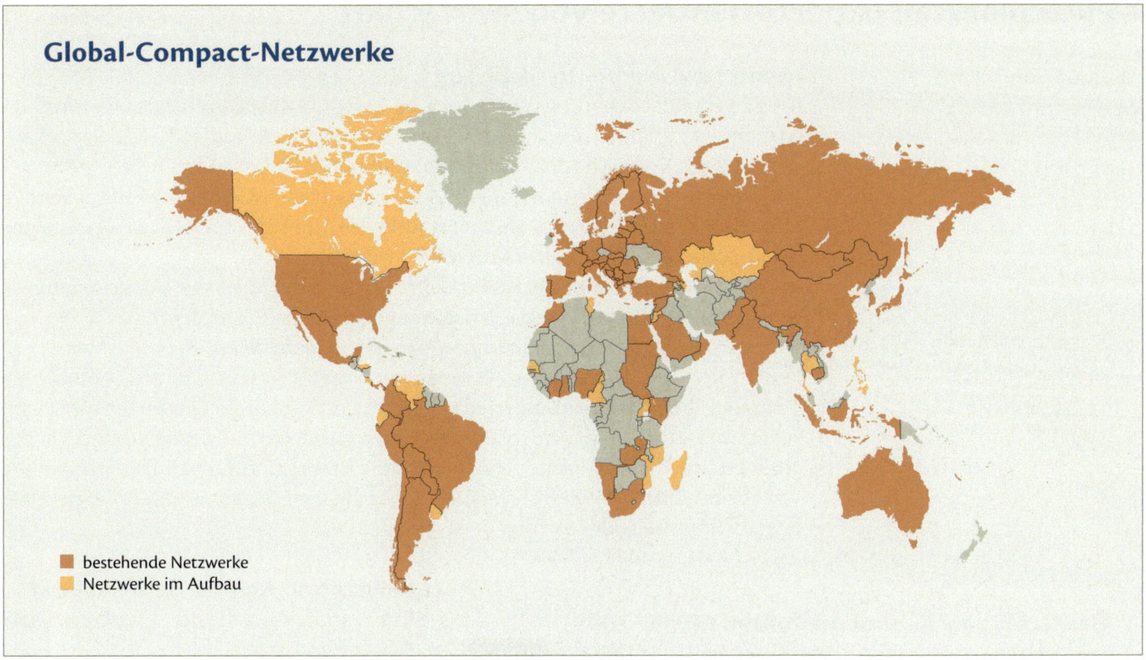

Global Compact durch die beteiligten Firmen als Werbeinstrument missbraucht wird, ohne tatsächlich zu Fortschritten in sozialer und ökologischer Hinsicht beizutragen.

Umfassender Ansatz: Global Governance

Die politische Gestaltung der Globalisierung kann nicht allein auf nationalstaatlicher Ebene erfolgen, gefragt sind vielmehr Formen der internationalen Kooperation. Da es zugleich jedoch keine „Weltregierung" gibt, haben sich vor dem Hintergrund des Prozesses der Globalisierung und seiner unterschiedlichen Auswirkungen verschiedene Formen der grenz- und bereichsübergreifenden Zusammenarbeit herausgebildet. Wenngleich es sich um einen fortlaufenden Prozess handelt, zeichnet sich doch deutlich ab, dass eine zielgerichtete Gestaltung der Globalisierung nur über die ***enge Kooperation politischer, ökonomischer und zivilgesellschaftlicher Akteure*** erreichbar ist.

In diesem Zusammenhang ist im wissenschaftlichen Kontext zunehmend von einem umfassenden Ansatz der Gestaltung des Verlaufs und der Auswirkungen der Globalisierung die Rede. Etabliert hat sich dabei der Begriff ***Global Governance***. Eine endgültige Definition des Global-Governance-Konzeptes liegt bisher nicht vor. Eine grundlegende Basisdefinition vertritt etwa das Centre for the Study of Global Governance der London School of Economics:

„Global Governance ist keine Weltregierung, sondern ein internationaler Rahmen von Prinzipien, Regeln und Gesetzen inklusive einer Reihe von Institutionen, um diese aufrechtzuerhalten, die notwendig sind, um globale Probleme zu bewältigen."
Centre for the Study of Global Governance, http://www.lse.ac.uk/Depts/global/researchgovwhatis.htm

Global Governance wird als Prozess begriffen, der das Potenzial einer gezielten Gestaltung der Globalisierung in sich trägt. Gleichzeitig wird jedoch vielfach darauf hingewiesen, dass die derzeit bestehenden Strukturen den an sie gerichteten hohen Ansprüchen nicht gerecht werden. Kritisiert werden in diesem Zusammenhang insbesondere die mangelnde Verbindlichkeit der Entscheidungen internationaler Organisationen, ihr strukturelles Demokratiedefizit (nicht gleichberechtigte Stellung alle Länder, insbesondere Benachteiligung derjenigen mit geringer ökonomischer Leistungsfähigkeit) sowie Probleme in der Abstimmung von nationalen und internationalen Maßnahmen.

Deutschland als exportorientierte Volkswirtschaft

Importe und Exporte: Handelsbilanz

Die Eingebundenheit in weltwirtschaftliche Zusammenhänge geht mit einer entsprechenden Teilnahme am grenzüberschreitenden Güterhandel einher. Aus der Perspektive der einzelnen Volkswirtschaft werden dabei ***Importe*** (Einfuhren aus anderen Ländern) und ***Exporte*** (Ausfuhren in andere Länder) unterschieden. Gemeinsam erfasst werden diese Handelsströme im Rahmen der Handelsbilanz, die sich aus der Gegenüberstellung der Importe und Exporte einer Volkswirtschaft ergibt.

- Entsprechen die Importe den Exporten, liegt eine ***ausgeglichene Handelsbilanz*** vor.
- Übersteigen die Importe die Exporte, liegt ein ***Handelsbilanzdefizit*** vor.
- Übersteigen die Exporte die Importe, liegt ein ***Handelsbilanzüberschuss*** vor.

Im Rahmen der Handelsbilanz werden zwar einzelne Volkswirtschaften betrachtet, doch sind ihre Handelsaktivitäten grundsätzlich in den grenzübergreifenden wirtschaftlichen Austausch eingebunden. Dies bedeutet, dass Exportüberschüsse eines Landes grundsätzlich mit Importüberschüssen anderer Länder einhergehen. Die Finanzierung von Handelsbilanzüberschüssen erfolgt demnach über Handelsbilanzdefizite (einzelner oder mehrerer) Handelspartner.

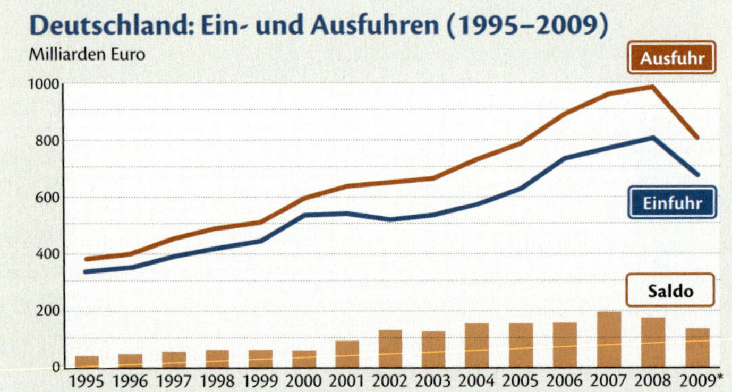

*Vorläufiges Ergebnis. Durch die Umstellung des Aufbereitungssystems in der Außenhandelsstatistik ist ein rückwirkender Vergleich nur eingeschränkt möglich.
Quelle: Statistisches Bundesamt (Hg.): Statistisches Jahrbuch 2010. Wiesbaden, 2010, S. 473

Deutschland: Export(vize)weltmeister

Die Handelsbilanz der Bundesrepublik Deutschland ist seit längerer Zeit durch hohe Handelsbilanzüberschüsse gekennzeichnet. Lange war die BRD die Volkswirtschaft mit dem weltweit höchsten Exportvolumen. Geprägt wurde in diesem Zusammenhang der informelle Titel des „***Exportweltmeisters***". Seit 2009 wird der deutsche Export jedoch durch den Export der Volksrepublik China übertroffen.

Die deutsche Wirtschaft ist insgesamt stark exportorientiert, wodurch die wirtschaftliche Entwicklung in Deutschland vergleichsweise stark von der Entwicklung der internationalen Güternachfrage abhängt.

Kritik am deutschen Exportmodell

Insbesondere aus Perspektive der Länder mit hohen Handelsbilanzdefiziten (vor allem den USA) wird die deutsche Exportorientierung als Faktor ***der weltwirtschaftlichen Destabilisierung*** kritisiert, die sich insbesondere in negativen Auswirkungen auf Binnennachfrage (Import ausländischer Güter anstelle Nachfrage inländischer Güter) und Schuldenstand (hohe kreditfinanzierte Importe bei zugleich geringen Erlösen aus eigenen Exporten) in Volkswirtschaften mit hohem Importanteil auswirke. Zudem wird vielfach darauf hingewiesen, dass die deutsche Exportorientierung Lohnsteigerungen im Inland dämpfe (Tendenz zur Lohnzurückhaltung, um internationale Wettbewerbsfähigkeit zu fördern), worunter wiederum die – gegenüber wirtschaftlichen Schwankungen robustere – Binnennachfrage leide.

Die Exportorientierung und ihre Folgen

M 1 Lohnzurückhaltung verhindert privaten Konsum

In den vergangenen Jahren haben Arbeitsmarktreformen und Sozialabbau Löhne und Transfers in Deutschland unter Druck gesetzt. (…) Die deutschen Unternehmen haben die Entlastung vonseiten der Lohnkosten in eine weitere Verbesserung ihrer preislichen Wettbewerbsfähigkeit umgemünzt. (…)

Diese Kombination aus anhaltender Konsumschwäche im Inland und hervorragender preislicher Wettbewerbsfähigkeit der exportorientierten Wirtschaftszweige hatte dazu geführt, dass die deutsche Volkswirtschaft seit dem Jahr 2000 immer größer werdende Exportüberschüsse erzielte. Oft wird so getan, als seien die strukturellen Exportüberschüsse Deutschlands Ausdruck einer erfolgreichen Wachstumsstrategie und Lohnzurückhaltung ein notwendiges Mittel, um dieses Ziel zu erreichen. Das Gegenteil ist der Fall. Die jahrelange Lohnzurückhaltung in Deutschland verhinderte einen höheren privaten Konsum und damit höhere Importe. (…) Per Saldo hat Deutschland mit dieser Strategie seinen Handelspartnern geschadet – aber nicht nur ihnen, sondern auch sich selbst, indem es eigene Wachstumschancen, die sich bei einer stärker binnenwirtschaftlichen Ausrichtung ergeben hätten, vergab (…).

Eine Möglichkeit, diese Situation nachhaltig zu verbessern, besteht darin, den Weg, den Deutschland in der Wirtschaftskrise eingeschlagen hat, weiter zu gehen. (…) Auch nach dem Auslaufen der Konjunkturprogramme sollte die Stärkung der Binnennachfrage weiter im Vordergrund stehen. Die könnte gefördert werden, wenn die Löhne wieder steigen würden (…).

Sabine Stephan/Leonhard Redle: Going East Deutschland setzt auf Handel mit China und den Ländern Mittel- und Osteuropas. IMK-Report Nr. 54, September 2010

M 2 Verbesserung der Investitionsbedingungen

Zur intensiven Einbindung der deutschen Volkswirtschaft in die internationale Arbeitsteilung gibt es ebenso wenig eine Alternative wie zur Spezialisierung der deutschen Wirtschaft auf weltmarktorientierte Industrien und industrienahe Dienstleistungen. (…) Dies muss und darf für die deutsche Wirtschaftspolitik aber nicht bedeuten, den Binnenmarkt zu vernachlässigen.

Der richtige wirtschaftspolitische Weg zu einer Stärkung der Binnennachfrage besteht in einer konsequenten angebots- und wertschöpfungsorientierten Standortpolitik. (…) Im Fokus einer solchen Politik muss die Verbesserung der Investitionsbedingungen (…) stehen. Mehr Investitionen in Deutschland führen zu neuen Arbeitsplätzen und zusätzlichem Einkommen und erhöhen nachhaltig die Konsummöglichkeiten. (…) Andere Maßnahmen sind weniger geeignet, den Binnenmarkt nachhaltig zu stimulieren:

- Von der Produktivitätsentwicklung entkoppelte Lohnerhöhungen würden nur die Lohnstückkosten am Standort Deutschland in die Höhe treiben, Investitionen unattraktiv machen, Arbeitsplätze vernichten und so letztlich die Binnennachfrage schwächen.
- Eine staatliche Nachfragepolitik, die den privaten Konsum etwa durch Ausgabe von Konsumgutscheinen künstlich anzutreiben versucht, würde nur ein Strohfeuer entfachen und wäre auf Dauer nicht Erfolg versprechend.

Bundesverband der Deutschen Industrie: Globale Ungleichgewichte – Exportmodell Deutschland. Eckpunkte für eine BDI-Argumentationslinie. Abrufbar unter www.bdi.eu/download_content/GlobalisierungMaerkteUndHandel/Export modell_Deutschland_neu.pdf (22.11.2010)

1 ***Analysieren Sie M 1 und M 2 hinsichtlich ihrer Aussagen zur Exportorientierung.***

2 ***Vergleichen Sie die jeweils vertretenen Standpunkte zur Frage wirtschaftspolitischer Maßnahmen.***

Wirtschaftliche Entwicklung und Entwicklungspolitik

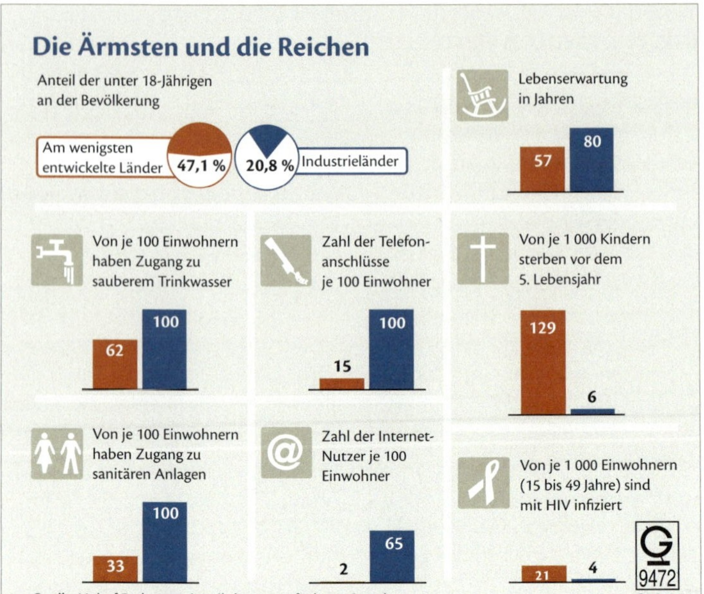

Quelle: Unicef Ende 2009, jeweils letzter verfügbarer Stand

Globale Ungleichheit

Der Prozess der Globalisierung birgt grundsätzlich das Potenzial für deutliche Wohlstandssteigerungen. Zugleich bestehen aber auch in Zeiten der fortschreitenden Globalisierung enorme Wohlstandsunterschiede zwischen den einzelnen Ländern bzw. Weltregionen. Unterschieden wird in diesem Zusammenhang zwischen ***entwickelten Ländern*** (Länder mit hohem Wohlstandsniveau und Lebensstandard, politischer Stabilität und hoher wirtschaftlicher Leistungsfähigkeit), ***Schwellenländern*** (Länder, die sich in einem tief greifenden wirtschaftlichen und politischen Entwicklungsprozess befinden, der eine zunehmende Annäherung an die entwickelten Länder beinhaltet) sowie ***Entwicklungsländern*** (Länder mit geringem Wohlstandsniveau und zum Teil massiven Problemen in Bezug auf die Lebenssituation breiter Bevölkerungsschichten).

Die UN-Millenniumsziele

1. *Halbierung der Zahl der Menschen, die unter Armut und Hunger leiden.*
2. *Grundschulbildung für alle Kinder.*
3. *Gleichberechtigung der Geschlechter im Bildungsbereich.*
4. *Senkung der Kindersterblichkeit um zwei Drittel.*
5. *Senkung der Müttersterblichkeit um drei Viertel.*
6. *Eindämmung der Ausbreitung von HIV/AIDS, Malaria und anderen schweren Krankheiten.*
7. *Förderung ökologischer Nachhaltigkeit.*
8. *Aufbau globaler Partnerschaften für die Förderung von Entwicklung.*

Millenniumsziele der Vereinten Nationen

Vor dem Hintergrund der dringendsten Probleme der Entwicklungsländer einigten sich die Mitgliedsländer der Vereinten Nationen im Jahr 2000 auf die sogenannten ***Millenniumsziele***. Diese sehen eine gemeinsame Verpflichtung zur Durchsetzung von Maßnahmen in zentralen Kernbereichen der sozialen, politischen und ökonomischen Entwicklung vor, die bis zum Jahr 2015 zu nachhaltigen Erfolgen führen sollen.

Entwicklung und Entwicklungspolitik

Die Unterstützung von Entwicklungsländern im Rahmen ihrer sozialen und ökonomischen Entwicklung ist das Kernanliegen von Entwicklungspolitik. Die einseitig gewährte „Entwicklungshilfe" wurde dabei mittlerweile durch das Konzept der ***Entwicklungszusammenarbeit*** abgelöst. Zentraler Leitgedanke ist hierbei, in den betroffenen Ländern ***Hilfe zur Selbsthilfe*** zu leisten. Entwicklungspolitische Maßnahmen und Projekte werden in unterschiedlicher Form (z.B. technische Unterstützung, Transfer von Fachwissen, finanzielle Unterstützung) durch verschiedene Akteure erbracht. Von besonderer Bedeutung sind dabei internationale Organisationen (z.B. Weltbank, Welternährungsprogramm der UNO) sowie spezialisierte Nichtregierungsorganisationen (z.B. Welthungerhilfe, Internationales Rotes Kreuz). Die staatliche Entwicklungszusammenarbeit wird in Deutschland durch das Bundesministerium für wirtschaftliche Zusammenarbeit und Entwicklung koordiniert und mithilfe von Partnerorganisationen umgesetzt. Hierzu zählen v.a. die Gesellschaft für technische Zusammenarbeit (GTZ) sowie – für die finanzielle Zusammenarbeit – die KfW-Bankengruppe.
Von der Entwicklungszusammenarbeit zu unterscheiden ist die ***humanitäre Hilfe***, die in Form einer kurzfristigen Bereitstellung von Hilfs- und Unterstützungsmaßnahmen in akuten humanitären Notlagen (z.B. Naturkatastrophen, Hungersnöte) erfolgt.

Perspektiven auf die WTO

M1 Maßgeblicher Beitrag zur Liberalisierung

Das General Agreement on Tariffs and Trade (GATT) sowie die World Trade Organization (WTO) als seine Nachfolgerin haben durch ihr multilaterales Management maßgeblich zur Liberalisierung des Welthandels seit dem Ende des Zweiten Weltkriegs beigetragen. Bei der Entstehung des GATT 1948 betrugen die Warenzölle der Mitgliedsstaaten im Durchschnitt 40 %; mit dem Abschluss der Uruguay-Runde 1994 waren sie auf einen Satz von 2,9 % gesenkt worden (...). Neben dem Abbau von tarifären (Zölle) und nicht-tarifären Handelshemmnissen (Subventionen, Quoten, Standards etc.) gelang im Rahmen von GATT/WTO der Aufbau einer umfassenden Welthandelsordnung. (...) Diese Erfolge haben maßgeblich dazu beigetragen, dass der Handel mit Waren und Dienstleistungen in den vergangenen 50 Jahren stärker angestiegen ist als jemals zuvor. (...)

Für nahezu ein halbes Jahrhundert war das GATT der Kristallisationspunkt für das multilaterale Management des Welthandels. Die WTO als seine Nachfolgeorganisation konnte durch ihre hohe Mitgliederzahl sowie ihr noch umfassenderes und durchsetzungsfähigeres Regelwerk (...) diese Bedeutung weiter verstärken.

Stefan A. Schirm: Internationale Politische Ökonomie. Baden-Baden, 2004, S. 266 f., 272

M2 Nachhaltigkeit versus Freihandel

Mit der WTO wurde eine rein an marktwirtschaftlichen Prinzipien orientierte Organisation gegründet, ohne auf die in Rio 1992 vereinbarten Nachhaltigkeitsprinzipien Rücksicht zu nehmen. Zwar wurde das Ziel einer nachhaltigen Entwicklung in der Präambel festgeschrieben, aber innerhalb der WTO ist dieses Ziel den Zielen eines größtmöglichen wirtschaftlichen Wachstums und eines globalen Freihandels untergeordnet. Die WTO erhebt den Anspruch, mit ihrem Gründungsvertrag Normen geschaffen zu haben, die im Sinne einer Rechtshierarchie über allen anderen Normen (auch nationalstaatlichen) stehen. Eine nationale Umwelt- und Entwicklungspolitik der WTO-Mitgliedsstaaten ist demnach nur zulässig, soweit sie den Bestimmungen des WTO-Vertrages nicht widerspricht. Wie konfliktträchtig die Diskussion Nachhaltigkeitsprinzipien versus Freihandelsprinzipien ist, zeigten die Verhandlungen um die Johannesburg-Erklärung im Jahr 2002. Nur mit Mühe konnte verhindert werden, dass internationale Umweltabkommen generell nur noch insoweit anzuwenden sind, als sie mit dem WTO-Recht vereinbar angesehen werden (...).

Sitz der WTO in Genf

Seit den großen Protesten am Rande von WTO-Tagungen wird die WTO von vielen Globalisierungskritikern als größter Gegner der umweltorientierten NGOs und Entwicklungsländer angesehen. Viele Autoren beurteilen die Zukunft der WTO daher skeptisch, eine Auflösung scheint heute nicht mehr ausgeschlossen. Ob allerdings die dann zu erwartenden bilateralen Vereinbarungen bessere Ergebnisse zeigen werden, bleibt abzuwarten.

Holger Rogall: Volkswirtschaftslehre für Sozialwissenschaftler. Wiesbaden, 2006, S. 336 f.

1 ***Vergleichen Sie die beiden eingenommenen Perspektiven und arbeiten Sie heraus, wie die WTO jeweils gesehen wird.***

Institutionen der Weltwirtschaft II: IWF und Weltbank

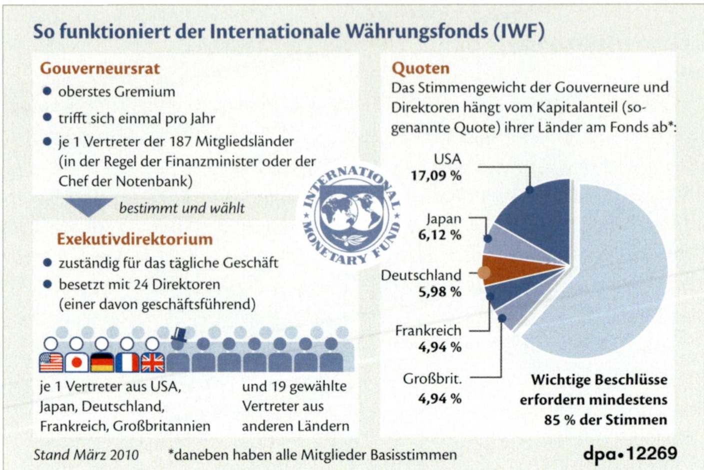

Internationale Zusammenarbeit im Finanzsektor

Der Internationale Währungsfonds (IWF) und die Weltbank sind zwei Sonderorganisationen der Vereinten Nationen, die im Bereich der internationalen Zusammenarbeit im Finanzsektor tätig sind. Beide Organisationen wurden Mitte der 1940er-Jahre ursprünglich mit dem Ziel der Unterstützung des Wiederaufbaus des Weltwirtschaftssystems nach dem Zweiten Weltkrieg gegründet. Heute übernehmen IWF und Weltbank Aufgaben im Bereich der ***Entwicklungs- und Handelsförderung***, der ***Finanzmarktstabilisierung*** sowie der ***Unterstützung bei der Bewältigung ökonomischer Krisensituationen***.

Beide Organisationen haben 187 Mitgliedsländer, die jedoch nicht alle in gleicher Weise stimmberechtigt sind. Der jeweilige Stimmrechtsanteil richtet sich vielmehr danach, welchen Anteil am Grundkapital von IWF bzw. Weltbank ein Land jeweils hält. Infolgedessen verfügen die Industriestaaten bei zentralen Entscheidungen grundsätzlich über eine Mehrheit. Darauf beziehen sich Reformbemühungen, die stärkere Mitbestimmungsmöglichkeiten für die Entwicklungs- und Schwellenländer anstreben.

Internationaler Währungsfonds

Der IWF nimmt die folgenden Aufgaben wahr:

- Förderung internationaler Zusammenarbeit in der Währungspolitik im Interesse dauerhafter Stabilität der Währungsbeziehungen.
- Förderung des freien Handels und eines ausgewogenen Wirtschaftswachstums.
- Sicherung des freien internationalen Zahlungsverkehrs.
- Gewährung von Kreditmitteln für Mitgliedsländer in ökonomischen Krisensituationen mit hohen Zahlungsbilanzdefiziten.

Insbesondere die letztgenannte Funktion steht im Blickpunkt der Öffentlichkeit. Der IWF tritt in diesem Zusammenhang als ***„Lender of last resort"*** (letztmöglicher Kreditgeber) auf und verlangt von dem jeweiligen Kreditnehmer als Gegenleistung zumeist deutliche Sparbemühungen und strukturelle Reformen.

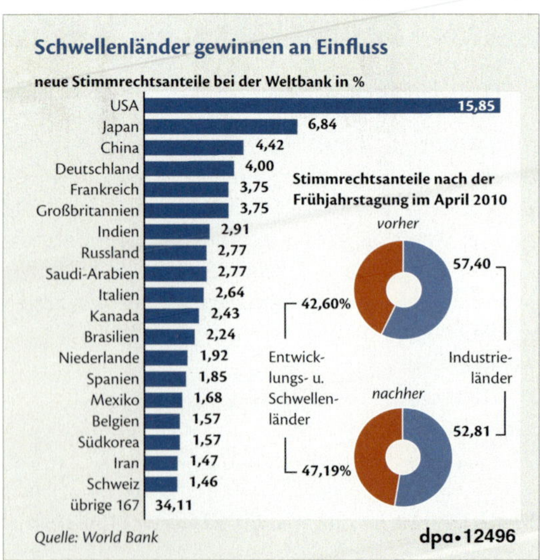

Weltbank

Die zentrale Zielsetzung der Weltbank besteht darin, die wirtschaftliche Entwicklung von gering entwickelten Mitgliedsländern über technische und finanzielle Hilfen zu fördern. Wichtigstes Instrument sind in diesem Zusammenhang Kredite, die manchmal für sehr lange Zeiträume und zinslos vergeben werden.

Kritik an IWF und Weltbank

Neben der strukturellen Benachteiligung der Entwicklungsländer wird insbesondere die Bindung finanzieller Hilfen an marktwirtschaftlich orientierte Bedingungen kritisiert. Die Selbstbestimmung der Kreditnehmer sei dadurch geschwächt und soziale und ökologische Nebenfolgen würden weitgehend außer Acht gelassen.

IWF und Weltbank – Kritik und Reform

M 1 IWF und Weltbank: Mit Schulden Politik machen?

Kritiker werfen dem IWF eine Schuldenpolitik im Interesse der Industriestaaten vor, indem die Wirtschaft sogenannter Entwicklungsländer auf Kosten der Armen liberalisiert werde. Gleichzeitig macht man IWF und Weltbank mitverantwortlich für Umweltzerstörungen durch die langjährige einseitige Förderung von Großprojekten wie Staudämmen oder fossilen Energien.

Das sind schwere Vorwürfe an die Organisationen, die 1944 auf der UN-Konferenz von Bretton Woods gegründet wurden, um nach der Weltwirtschaftskrise der 1930er-Jahre für Stabilität auf den internationalen Finanzmärkten und im Welthandel zu sorgen oder – im Fall der Weltbank – um den Aufbau schwacher Länder zu unterstützen. Auch in der Finanzkrise blickt man auf sie. Beide Institutionen treten seit langem als wichtige Kreditgeber auf. (...)

Tatsächlich sind die meisten ihrer Kredite an strenge Auflagen gebunden. Besonders kritisiert wurden die sogenannten Strukturanpassungsprogramme. Darin gab man den Schuldnerländern häufig vor, Staatsausgaben wie Sozialleistungen drastisch zu kürzen und staatliche Betriebe schnell zu privatisieren. Außerdem sollten Handelsschranken abgebaut werden.

Das empfanden viele als ungerecht, denn Geberländer wie etwa die Staaten der Europäischen Union subventionierten eigene Agrarprodukte und exportierten sie gerade in Entwicklungsländer, was dort die Entwicklung der Landwirtschaft behinderte. So gingen die Maßnahmen in den ärmeren Staaten häufig zulasten der armen Bevölkerungsmehrheit. Profitiert haben meist die nationalen Eliten in den Schuldnerländern und internationale Konzerne. (...)

Gestützt wird die Kritik an den internationalen Finanzorganisationen von einem prominenten Insider, der sich durchaus nicht als Gegner der Globalisierung versteht. Der frühere Chefökonom der Weltbank Joseph Stiglitz, 2001 mit dem Nobelpreis für Wirtschaft ausgezeichnet, wirft in seinem Buch „Die Schatten der Globalisierung" von 2002 dem IWF vor, mit seinen Auflagen immer wieder die Ungerechtigkeit im weltweiten Armutsgefälle forciert zu haben.

So berichtet Stiglitz über Indonesien, wo der Großteil eines Milliardenkredits zur Bezahlung privater Kredite aus den Industrieländern dienen sollte, während den Armen im Lande die Subventionen für Nahrungsmittel gestrichen wurden. (...)

Weil beim IWF die Mitgliedsstaaten mit den größten Anteilen am gemeinsamen Fonds die meisten Stimmrechte haben, wird die Organisation bis heute vom größten Zahler USA und weiteren reichen Industrienationen und ihren wirtschaftspolitischen Vorstellungen dominiert. (...)

Beim G20-Finanzgipfel in Washington im Herbst 2008, bei dem Schwellenländer wie China, Indien, Brasilien oder Mexiko vertreten waren, zeichnete sich allerdings bereits ab, dass diese Länder im Gegenzug für höhere Zahlungen an den IWF künftig auch mehr Einfluss in IWF und Weltbank einfordern werden.

Andrea Grunau: IWF und Weltbank: Mit Schulden Politik machen? In: DW-World, 23.02.2009. Abrufbar unter: http://www.dw-world.de/dw/article/0,,4050118,00.html (23.11.2010)

Gebäude der Weltbank in Washington

1 ***Arbeiten Sie heraus, welche Kritikpunkte im Einzelnen dem Handeln von IWF und Weltbank entgegengebracht werden.***

2 ***Diskutieren Sie: Kann eine Ausweitung des Einflusses der Schwellenländer zu einem Politikwandel bei IWF und Weltbank führen?***

Institutionen der Weltwirtschaft III: OECD, G8 und G20

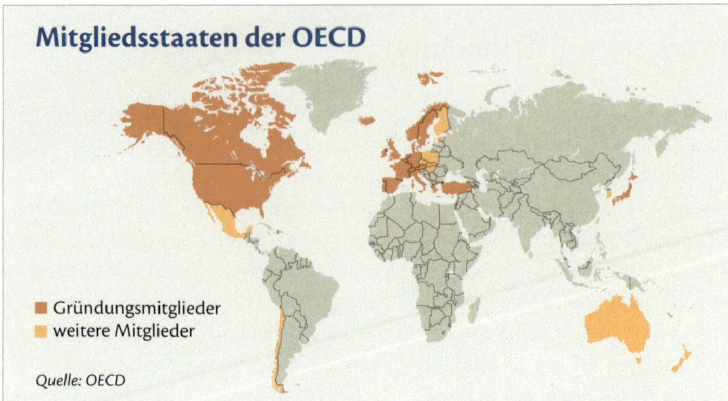

OECD: Forum für den multilateralen Austausch

Mit der Organisation für wirtschaftliche Zusammenarbeit und Entwicklung (engl.: Organization for Economic Cooperation and Development, OECD) besteht ein wichtiges Forum des multilateralen Austauschs zwischen Regierungen von Industrieländern, die sich den Prinzipien der Marktwirtschaft und Demokratie verpflichtet fühlen. Insgesamt 34 Länder sind Mitglied der 1961 gegründeten Organisation (2011), die sich den folgenden grundsätzlichen Zielsetzungen widmet:

- Förderung nachhaltigen wirtschaftlichen Wachstums,
- Ausweitung der Beschäftigung,
- Anhebung des allgemeinen Lebensstandards,
- Förderung des Welthandels,
- Erhaltung finanzieller Stabilität.

Im Mittelpunkt steht dabei der zwischenstaatliche Austausch, der letztlich zu einer Verbesserung der Wirksamkeit sowie einer vertieften Koordination der (Wirtschafts-) Politik der Mitgliedsstaaten beitragen soll. Fester Bestandteil dieses Austauschs sind ***Analysen der gegebenen Situation in den Mitgliedsstaaten*** und die hierauf beruhende Erarbeitung von (allerdings nicht bindenden) politischen Handlungsempfehlungen. So standen mit den „PISA-Studien", die von der OECD durchgeführt wurden, in den letzten Jahren etwa vergleichende Untersuchungen zum Bildungsstand und den Bildungssystemen in den Mitgliedsländern im Mittelpunkt des öffentlichen Interesses.

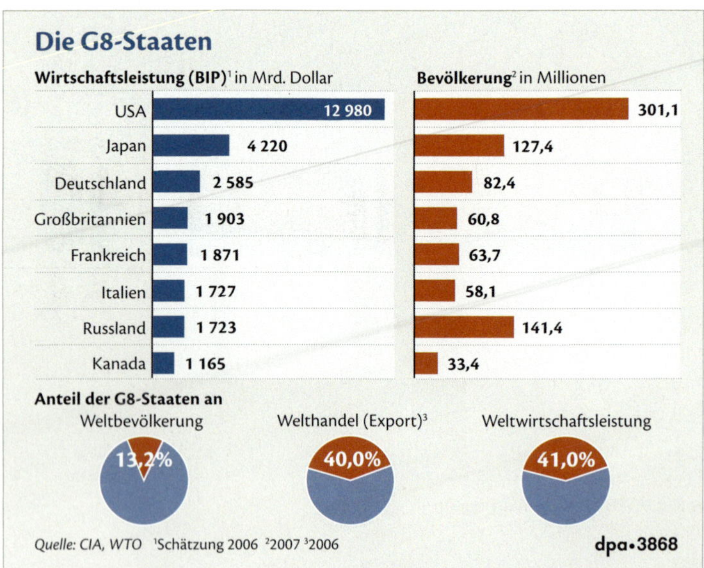

G8: Führende Industrienationen

Bei der Gruppe der Acht (G8) handelt es sich um einen ***informellen Zusammenschluss*** der sieben führenden Wirtschaftsnationen USA, Japan, Deutschland, Großbritannien, Frankreich, Italien, Kanada sowie Russlands. Zudem ist – mit Beobachterstatus – die EU-Kommission beteiligt. Die G8 führen ***regelmäßige Gipfeltreffen*** durch, in deren Rahmen insbesondere auch aktuelle Fragen der internationalen Wirtschaftsbeziehungen behandelt und hierauf bezogene Beschlüsse (in der Regel in Form von Willensbekundungen und Selbstverpflichtungen) gefasst werden. In den vergangenen Jahren widmete sich die G8 etwa Fragen der Energieversorgung, der wirtschaftlichen Entwicklung des afrikanischen Kontinents sowie der globalen Finanz- und Wirtschaftskrise ab 2007.

Kritisiert wird im Zusammenhang mit der G8 insbesondere ihre mangelnde Repräsentativität (z. B. keine Beteiligung von Schwellen- und Entwicklungsländern), die mangelnde demokratische Kontrolle sowie die insgesamt zu konstatierende Unverbindlichkeit der getroffenen Entscheidungen (z. B. bei der Einlösung von Hilfsversprechen für die

Entwicklungsländer). Die jährlichen G8-Gipfeltreffen sind vor diesem Hintergrund regelmäßiger Anlass für große Gegendemonstrationen der globalisierungskritischen Bewegung.

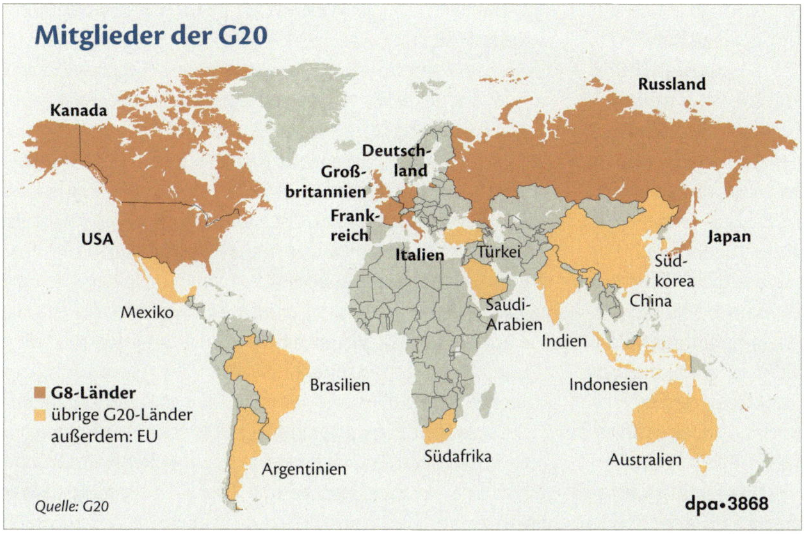

G20: Integration von Schwellenländern

Karikatur: Stuttmann

Schattendasein

Die Gruppe der zwanzig wichtigsten Industrie- und Schwellenländer (G20) besteht seit 1999 parallel zur G8. Auch hierbei handelt es sich um einen informellen Zusammenschluss für multilaterale Verhandlungen, unter bewusster Integration der wichtigsten aufstrebenden Wirtschaftsnationen. Inhaltlicher Schwerpunkt der G20 sind Fragen des Finanzsystems bzw. der Finanz- und Währungspolitik. So nahm gerade die G20 eine zentrale Rolle im Zuge der politischen Auseinandersetzung mit der globalen Finanz- und Wirtschaftskrise seit 2007 ein.
Kritisiert wird in diesem Zusammenhang jedoch, dass mit dem Bedeutungsgewinn der G20 eine Umgehung bereits bestehender multilateraler Strukturen (insbesondere der Vereinten Nationen) einhergehe, wodurch deren Anliegen in den Hintergrund gerieten. Zudem wird aus kritischer Perspektive darauf verwiesen, dass die G20 zwar aufstrebende Schwellenländer integriert, Entwicklungsländer jedoch nicht an ihren Beratungen und Entscheidungen beteiligt.

Alternativer Ansatz: Weltsozialforum

Seit 2001 besteht mit dem Weltsozialforum eine zivilgesellschaftliche Bewegung, die sich als Gegenstimme insbesondere zur WTO sowie zur G8 versteht. Erklärtes Ziel der Bewegung, die jährliche Treffen durchführt und zudem auf regionaler Ebene vernetzt ist, ist das Aufzeigen von Alternativen zum Modell des globalen Neoliberalismus. Der Prozess der Globalisierung wird dabei jedoch nicht grundsätzlich abgelehnt. Es geht vielmehr um die Suche nach Wegen für eine gerechte Ausgestaltung der Globalisierung im Sinne der Menschen.

Politische Steuerung in der Weltwirtschaft

Text 1 Weltwirtschaftliche Steuerungsgremien

Ein Blick auf die Entwicklung der Kooperation im internationalen Wirtschafts- und Finanzsystem der Nachkriegsära zeigt, dass Prozesse zur Bildung von Diskussionsforen und informellen Abstimmungsgruppen schon sehr früh einsetzten und vor allem von den wirtschaftlich mächtigen Nationen ausgingen. Immer neue Gruppierungen bildeten sich, um den Herausforderungen an die Steuerung der Weltwirtschaft zu begegnen. (...) Die Begrenzung des Teilnehmerkreises auf die Welt der führenden Industrienationen hat diesen Gruppen den Charakter „exklusiver Clubs" verliehen. Ungeachtet ihres vorwiegend informellen und deliberativen Charakters und des weitgehenden Verzichts auf operative oder Implementierungskapazitäten üben sie einen bestimmenden Einfluss in den Governance-Strukturen des internationalen Wirtschafts- und Finanzsystems aus. Der einflussreichste dieser „Clubs" ist die G7 bzw. seit 1998 mit der Einbeziehung Russlands die G8 – ein informelles Diskussionsforum, das Mitte der 1970er-Jahre auf Regierungschef-Ebene ins Leben gerufen wurde, um den Folgen des Zusammenbruchs des Systems fester Wechselkurse und der Ölkrise für die globale Wirtschaft zu begegnen. Schon beim ersten Treffen im November 1975 auf Schloss Rambouillet wurde mit der Selbstbezeichnung als „Weltwirtschaftsgipfel" der Anspruch einer globalen Führungsrolle deutlich gemacht. Die Gründung der G7 war eine Reaktion auf die relative wirtschaftliche Schwächung der USA, die die Verantwortung für das Management der Weltwirtschaft auf mehrere Schultern verteilen musste. (...)

Ohne die Koordinierung im kleinen Kreise aufzugeben, ist auf der Ebene der G7-Finanzminister bereits vor einigen Jahren eine Öffnung hin zu wichtigen Schwellenländern vollzogen worden. Unter dem Eindruck des Schocks der Finanzkrisen Ende der 1990er-Jahre wurde 1999 mit der G20 ein neues informelles Dialogforum der Finanzminister und Notenbankgouverneure aus Industrie- und wichtigen Schwellenländern aus der Taufe gehoben. Reagiert wurde damit auf die wirtschaftliche Erstarkung einiger Schwellenländer ebenso wie auf die Erfolglosigkeit der bestehenden institutionellen Strukturen, angemessene Antworten zur Abwendung zukünftiger finanzieller und wirtschaftlicher Krisen zu geben. (...) Diese Ländergruppe repräsentiert etwa 90 Prozent des Welt-Sozialprodukts, 75 Prozent des globalen Handels und 67 Prozent der Weltbevölkerung. Damit ist die G20 im Vergleich zu anderen informellen Gruppierungen wesentlich repräsentativer, zumal sie Länder mit unterschiedlichem wirtschaftlichen Entwicklungsstand und unterschiedlichen Kulturen einschließt (...).

Thomas Manz: Allianzen und Gruppen im Global Governance-System – Multilateralismus zwischen partikularen Interessen und universellen Anforderungen. In: Friedrich-Ebert-Stiftung (Hg.): Internationale Politik und Gesellschaft. Ausg. 2/2007, S. 25–45

Text 2 „Zusammenschluss ohne internationale Legitimation"

Karikatur: Kostas Koufogiorgos

Aus einem Interview mit dem Außenminister Norwegens, Jonas Gahr Støre, über die G20:

SPIEGEL ONLINE: Herr Außenminister, diese Woche treffen sich (...) die wichtigsten Industrie- und Schwellenländer zum Gipfel der G20. Sie sind ein Gegner dieser Organisation – auch weil Norwegen als reichster Flächenstaat Europas nicht dabei ist?

Jonas Gahr Støre: Nein, die G20 hatte ihre Bedeutung, als die Finanzkrise ausbrach, die Not groß war und schnelle gemeinsame Entscheidungen getroffen werden mussten, um die Märkte zu beruhigen. Diese Bedeutung besteht fort. Aber die G20 ist ein Zusammenschluss ohne internationa-

le Legitimation, es gibt für sie kein Mandat, und es ist unklar, welche Aufgaben sie eigentlich hat.
SPIEGEL ONLINE: Der Präsident der Europäischen Zentralbank, Jean-Claude Trichet, sieht in der Gruppe der Zwanzig das „Hauptgremium für globale Wirtschaftssteuerung".
Støre: Gerade deshalb, muss doch die Frage nach der Legitimation erlaubt sein. Wir haben nach dem Zweiten Weltkrieg internationale Organisationen wie die UNO, die Weltbank oder den Weltwährungsfonds mit klaren Aufgaben und klarem Mandat geschaffen. Die müssen wir für die neuen Realitäten in der Welt, für die neuen Kräfteverhältnisse fit machen.
SPIEGEL ONLINE: Ist die G20 nicht genau darauf eine Antwort?
Støre: Die G20 ist eine selbsternannte Gruppe, ihre Zusammensetzung ist von den großen Nationen und Mächten bestimmt. Sie mag repräsentativer sein als die G7 oder G8, in der nur die Reichsten vertreten sind. Aber sie ist willkürlich. Wir leben nicht mehr im 19. Jahrhundert, als sich große Mächte versammelten und die Welt neu definierten. (...)
SPIEGEL ONLINE: Wen vermissen Sie im Kreis der Großen?
Støre: Südafrika ist dabei, aber nicht als Vertreter Afrikas. Saudi-Arabien ist dabei, aber nicht als Vertreter der arabischen Welt. Warum ist dann die EU vertreten und dazu noch vier einzelne EU-Mitglieder sowie zwei weitere als Beobachter? Das ist nicht in Ordnung. Man muss nicht alles ändern, aber mit kleinen Anpassungen könnte man eine regionale Vertretung erreichen, wie wir sie unter anderem im Weltwährungsfonds oder in der Weltbank haben.

Quelle: Spiegel Online v. 21.06.10, abrufbar unter: http://www.spiegel.de/politik/ausland/0,1518,701861,00.html (14.11.2010)

Aufgaben

1 ***Legen Sie anhand von Text 1 dar, was man unter den Stichworten „G8" und „G20" versteht.***
2 ***Analysieren Sie das Interview in Text 2 und arbeiten Sie heraus, auf welche Aspekte sich die hier vertretene kritische Perspektive insbesondere bezieht.***
3 ***Erörtern Sie: Bieten informelle Foren der internationalen Kooperation sinnvolle Ansatzpunkte zur politischen Gestaltung der internationalen Wirtschaftsbeziehungen? Nehmen Sie anschließend Stellung zu den Kernaussagen der Karikatur.***

Hinweise zu den Aufgaben

Aufgabe 1: Hier geht es darum – ausgehend von der Textgrundlage und unter Rückgriff auf zuvor erworbenes Wissen –, eindeutig zu benennen, worum es sich bei den beiden Kooperationsforen G8 und G20 handelt. Insbesondere sollten dabei der informelle Charakter, die Zusammensetzung und die grundlegenden Zielsetzungen hervorgehoben werden. Zudem sollte aufgezeigt werden, worin sich die G20 von der G8 unterscheidet und warum darin eine Form der Weiterentwicklung gesehen wird.

Aufgabe 2: Im Mittelpunkt steht hier die Analyse des Interviews unter besonderer Berücksichtigung der hierin zum Ausdruck gebrachten Kritikpunkte am Bedeutungsgewinn der G20. Hierbei sollte mit den Argumentationslinien mangelnde Legitimation, Aushöhlung bestehender institutioneller Strukturen sowie mangelnde Repräsentativität der Kern der vorgebrachten Kritik erkannt und – im Idealfall unter Bezug auf jeweils geeignete Textstellen – entsprechend benannt werden.

Aufgabe 3: Hier gilt es, die Frage informeller Kooperation im Zusammenhang mit politischen Regelungserfordernissen im Bereich der internationalen Wirtschaftsbeziehungen in den Blick zu nehmen. Zunächst wäre dabei darzulegen, wodurch sich informelle von formellen Kooperationsformen unterscheiden. Anschließend sollten die Vor- und Nachteile informeller Kooperationsformen im Rahmen der politischen Gestaltung internationaler Wirtschaftsbeziehungen benannt werden. Auf dieser Grundlage sollte dann eine eigene begründete Beantwortung der Ausgangsfrage vorgenommen werden. Der dadurch gewonnene Standpunkt kann schließlich die Grundlage für die eigene Positionierung zu den Kernaussagen der Karikatur bilden.

Zum Weiterarbeiten

Aufgaben zu den verschiedenen Anforderungsbereichen

Anforderungsbereich I

- Benennen Sie die historischen Wurzeln des grenzübergreifenden Handels.
- Beschreiben Sie die Entwicklung des grenzübergreifenden Handels seit Mitte des 20. Jahrhunderts.
- Nennen Sie die unterschiedlichen Dimensionen des Globalisierungsprozesses.
- Beschreiben Sie das Prinzip der multilateralen Kooperation im Bereich der politischen Gestaltung internationaler Wirtschaftsbeziehungen.

Anforderungsbereich II

- Erklären Sie die Entstehung grenzübergreifenden Handels mithilfe der klassischen Handelstheorie.
- Erklären Sie die Entstehung grenzübergreifenden Handels mithilfe eines Ansatzes der neueren Handelstheorie.
- Charakterisieren Sie den Prozess der Globalisierung in seinen unterschiedlichen Auswirkungen.
- Charakterisieren Sie die außenwirtschaftliche Ausrichtung der Bundesrepublik Deutschland.
- Erläutern Sie, inwieweit Entwicklungspolitik/Entwicklungszusammenarbeit eine wirtschaftliche Dimension aufweisen.

Anforderungsbereich III

- Erörtern Sie: Wie lässt sich grenzübergreifender Handel theoretisch erklären?
- Problematisieren Sie widersprüchliche Folgen der zunehmenden weltwirtschaftlichen Integration und leiten Sie hieraus zentrale wirtschaftspolitische Handlungserfordernisse ab.
- Diskutieren Sie: Ist die bestehende institutionelle Struktur dazu geeignet, internationale Kooperation zur politischen Gestaltung der Weltwirtschaft zu ermöglichen?

Links zu Welthandel und Globalisierung

www.bpb.de/wissen/Y6I2DP,0,0,Globalisierung.html	Dossier zum Thema Globalisierung (Bundeszentrale für politische Bildung)
www.epo.de/	Entwicklungspolitik online: Webportal zur internationalen Entwicklungszusammenarbeit
www.wto.org/	Welthandelsorganisation
www.imf.org/external/index.htm	Internationaler Währungsfonds
www.worldbank.org/	Weltbank
www.oecd.org	OECD
weltsozialforum.org/	Weltsozialforum
www.attac.de/	Globalisierungskritisches Netzwerk Attac

6 Wirtschaft in der EU

Wie gestaltet sich die Wirtschaftspolitik der EU? Welche wirtschaftlichen Integrationserfolge sind zu verzeichnen, wo sind noch Defizite? Kann sich die EU im internationalen Kontext behaupten? Wie wirkte sich die weltweite Finanz- und Wirtschaftskrise in der EU aus? Mit der Beantwortung dieser und ähnlicher Fragen nähert sich das folgende Kapitel aus einer ökonomischen Perspektive heraus der Europäischen Union.

Wirtschaft in der EU

Aspekte der wirtschaftlichen Integration

Ihren Anfang nahm die europäische Integration in der Europäischen Gemeinschaft für Kohle und Stahl und, wie so oft, war die wirtschaftliche Zusammenarbeit auch Motor für soziale und politische Integration. Ausgehend von einer Zollunion wurde das schon früh anvisierte Projekt eines gemeinsamen Binnenmarkts schrittweise verwirklicht. Infolge der Liberalisierungsbemühungen herrscht seit 1993 zwischen den Mitgliedsländern der EU freier Waren-, Dienstleistungs-, Personen- und Kapitalverkehr. Im Hinblick auf die nunmehr 27 Mitgliedsländer kann jedoch noch nicht von einer einheitlichen Wirtschaftsstruktur gesprochen werden, wenngleich es Annäherungen gibt.

► *1. Europäische Integration als wirtschaftliche Integration*
► *2. Wirtschaftsstruktur und wirtschaftliche Entwicklung im EU-Vergleich*
► *3. Der Europäische Binnenmarkt*

Handelsmacht EU?

Die EU spielt heutzutage eine wichtige Rolle in der Weltwirtschaft, muss sich aber zunehmend gegen erstarkende Volkswirtschaften wie die Volksrepublik China behaupten. Auf dem Welthandelsmarkt tritt die EU in Abhängigkeit der Produkte sowohl als Im- als auch als Exporteur auf; ein Großteil der Güter zirkuliert jedoch nur innerhalb der EU.

► *4. Die EU in der Weltwirtschaft*

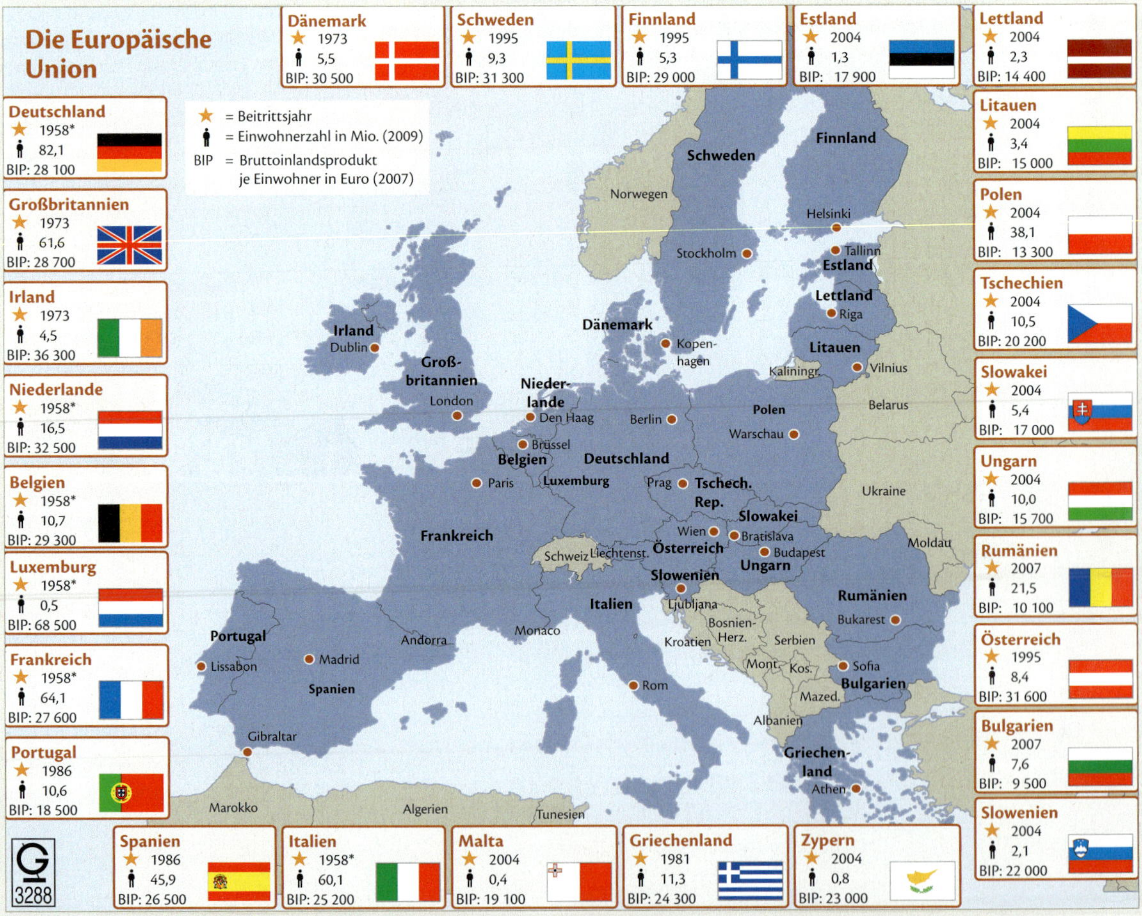

Die EU und der Euro

Mit Einführung des Euro 1999 begann die Wirtschafts- und Währungsunion, zu der mittlerweile 17 der 27 EU-Mitgliedsländer zählen. Die verbleibenden Länder haben sich entweder bewusst gegen einen Eintritt entschlossen oder sind noch nicht in der Lage, die Konvergenzkritieren zu erfüllen. Doch auch einige Euro-Länder haben es – auch aufgrund der weltweiten Finanz- und Wirtschaftskrise – nicht geschafft, den für sie geltenden Stabilitäts- und Wachstumspakt einzuhalten. Die Folgen der Krise sind noch nicht gänzlich abzuschätzen, wohl aber kann der Europäischen Zentralbank und ihrer Geldpolitik eine wichtige Rolle bei der Krisenbewältigung zugesprochen werden.

- *5. Europäische Währungsunion*
- *6. Europäische Zentralbank*
- *7. Europa in der globalen Finanz- und Wirtschaftskrise*

Politikfelder der EU

Die EU-Mitgliedsländer haben bereits einen Teil ihrer nationalen Souveränitäten abgegeben, doch weitere Schritte in dieser Richtung sind umstritten. So fordern einige mit Verweis auf die globale Dimension wirtschaftspolitischer Probleme eine stärkere Zentralisierung, z. B. im Bereich der Wirtschafts- und Energiepolitik. Andere wiederum unterstreichen die Chancen eines durch nationale Zuständigkeiten wachsenden Wettbewerbssystems. Ganz allgemein weisen unterschiedliche Politikfelder deutlich unterschiedliche Verfahren und Zuständigkeiten auf.

- *8. Gemeinsame Wirtschaftspolitik der EU*
- *9. Beschäftigungs- und Strukturpolitik der EU*
- *10. Agrarpolitik der EU*
- *11. Energiepolitik der EU*

Erweiterungen der Europäischen Union

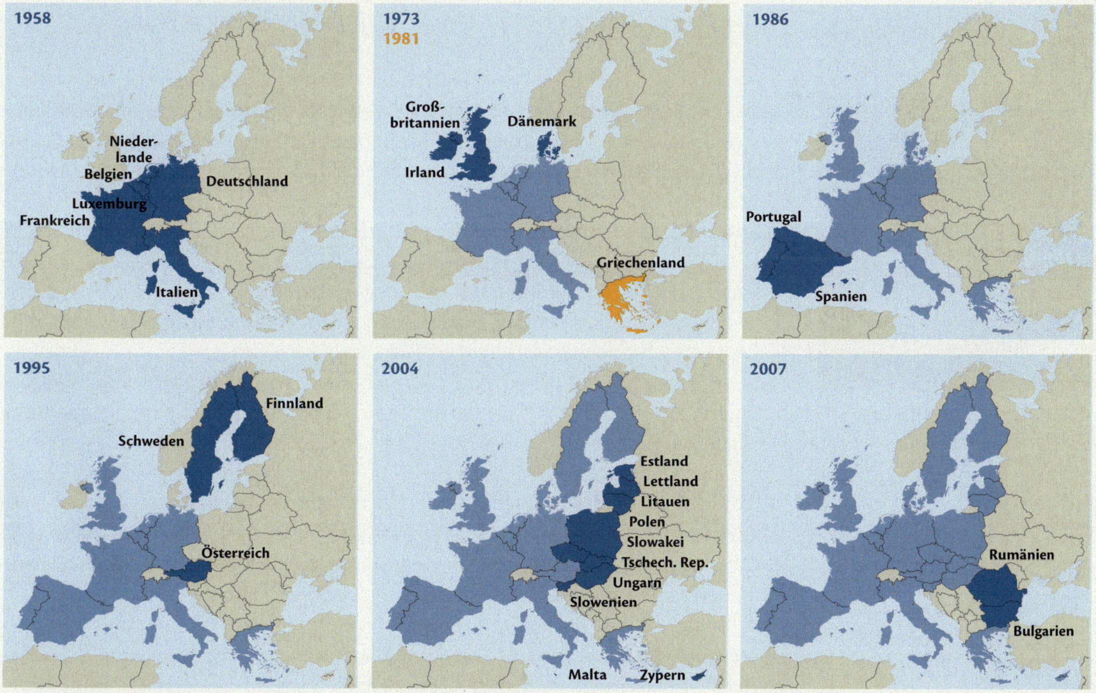

Europäische Integration als wirtschaftliche Integration

Gründe wirtschaftlicher Integration

Das ökonomische Ziel von Integrationsbestrebungen ist die ***Steigerung von Wohlfahrt und Wachstum*** durch die Liberalisierung des Handels zwischen Volkswirtschaften sowie eine Zunahme der internationalen Arbeitsteilung (Handelsschaffung). Gleichwohl sind auch wohlfahrtsmindernde Effekte denkbar, wenn der Handel von kostengünstiger produzierenden Drittländern umgelenkt wird auf Mitgliedsländer mit höheren Kosten, die jedoch keinen Zoll erheben (Handelsumlenkung).

Das ***Allgemeine Zoll- und Handelsabkommen*** (engl. General Agreement on Tariffs and Trade, GATT) regelt die Bedingungen, unter denen eine wirtschaftliche Integration von Mitgliedern der Welthandelsorganisation (engl. World Trade Organization, WTO) zulässig ist.

Allgemeine Stufen der Wirtschaftsintegration

Es lassen sich insgesamt fünf in ihrer Intensität unterscheidbare Stufen der wirtschaftlichen Integration ausmachen:

1. *Stufe:* ***Freihandelszone*** (z. B. EFTA) meint einen Zusammenschluss mehrerer Staaten, mit dem Zweck, schrittweise zollähnliche/tarifäre (z. B. Binnenzölle) sowie zollfremde/nicht-tarifäre Handelshemmnisse (z. B. Einfuhrkontingente) im Innern der Freihandelszone abzubauen. Es wird jedoch kein einheitlicher Außenzolltarif erhoben, d. h. die Länder behalten ihre eigenen Handelspolitiken gegenüber Drittländern.
2. *Stufe:* Bei einer ***Zollunion*** ergänzen die Mitgliedsländer ihre bisherigen Bestrebungen um eine gemeinsame Außenhandelspolitik in Form eines gemeinsamen Zolltarifs (gemeinsame Ein- und Ausfuhrzölle gegenüber Nichtmitgliedsländern). Im Vergleich zur Freihandelszone ist der hierfür notwendige Konsens zwischen den Mitgliedsländern aufgrund des Verzichts auf nationale handelspolitische Autonomie als wesentlich schwieriger einzustufen.
3. *Stufe:* Innerhalb eines ***Gemeinsamen Markts***, auch Binnenmarkt genannt, werden nicht mehr nur der freie Handel mit Waren- und Dienstleistungen, sondern alle sogenannten vier Freiheiten (freier Waren- und Dienstleistungsverkehr, freier Kapitalverkehr, Freizügigkeit der Arbeitnehmer, Niederlassungsfreiheit der Selbstständigen) realisiert. Das Erreichen dieser Stufe setzt in der Regel vielfältige Vereinheitlichungen voraus, so z. B. gemeinsame Wettbewerbsregeln und harmonisierte Rechts- und Verwaltungsvorschriften.
4. *Stufe:* In einer ***Wirtschaftsunion*** findet darüber hinaus eine zunehmende Koordinierung und Harmonisierung der Wirtschaftspolitik, also z. B. der Fiskal-, Struktur- und Sozialpolitik, statt. Damit einher geht der Aufbau entsprechender supranationaler Institutionen, sodass nationale Rechtsordnungen zunehmend durch supranationales Recht ersetzt oder diesem angepasst werden.
5. *Stufe:* Ergänzend zur Wirtschaftsunion gibt es in der ***Wirtschafts- und Währungsunion*** (EWWU) noch eine gemeinsame Zentralbank mit einer gemeinsamen Währung.

Euro-Skulptur vor der Europäischen Zentralbank, Frankfurt/M.

Wichtige Phasen der wirtschaftlichen Integration in Europa

Die Europäische Union gilt als das erfolgreichste Modell regionaler Wirtschaftsintegration. Zwar wurde immer wieder auf eine vertiefende wirtschaftliche Zusammenarbeit hingewirkt, gleichwohl sind auch konkurrierende Entwicklungstendenzen im Zeitverlauf ersichtlich. Dies liegt auch an der nach einem der Vordenker der EU benannten ***Monnet-Methode***, nach der die EU durch konkrete Projekte immer dort vorangetrieben wird, wo es gerade möglich und nötig ist, und sich so in Richtung eines noch nicht eindeutig festlegbaren Ziels entwickelt.

Europäische Integrationsräume im historischen Überblick

Integrationsraum	Abkürzung	In-Kraft-Treten	Ziel	Mitgliedsstaaten (2009)
European Free Trade Association	EFTA	1960	Freihandelszone	Island, Liechtenstein, Norwegen und Schweiz
Europäische Wirtschaftsgemeinschaft	EWG (EEC)	1958	Zollunion, gemeinsamer Markt	Belgien, Frankreich, Deutschland, Italien, Luxemburg, Niederlande
Europäische Gemeinschaft (mit dem EU-Vertrag wurde die EWG in EG umbenannt)	EG (EC)		Wirtschafts- und Währungsunion	EWG und Dänemark, Griechenland, Irland, Portugal, Spanien, Großbritannien
Europäische Union	EU	1993		EG und seit 1995 Finnland, Österreich, Schweden, seit 2004 Estland, Lettland, Litauen, Malta, Polen, Slowakei, Slowenien, Tschechische Republik, Ungarn und Zypern, seit 2007 Rumänien und Bulgarien
Europäischer Wirtschaftsraum	EWR (EFA)	1994	Gemeinsamer Markt	EU und Island, Liechtenstein, Norwegen

Wirtschaftliche Integration in Europa

1952	Auf Basis des nach dem französischen Außenminister benannten Schuman-Plans tritt die Europäische Gemeinschaft für Kohle und Stahl (EGKS, Montanunion) in Kraft, in der Belgien, Deutschland, Frankreich, Italien, Luxemburg und die Niederlande ihre Kohle- und Stahlindustrie fortan gemeinsam verwalten.
1958	Die in Rom gegründete Europäische Wirtschaftsgemeinschaft (EWG) und die Europäische Atomgemeinschaft (EURATOM) nehmen ihre Arbeit im Sinne einer Zollunion auf. Neben einer Ausweitung der wirtschaftlichen Zusammenarbeit streben die sechs Mitgliedsstaaten zudem die Freizügigkeit von Personen, Waren und Dienstleistungen, also einen gemeinsamen Markt an.
1962	Die Gemeinsame Agrarpolitik (GAP) der EWG tritt in Kraft.
1967	Der Zusammenschluss der Organe der EGKS, EWG und EURATOM wird Europäische Gemeinschaften (EG, auch im Singular genutzt) genannt.
1968	Der bereits 1959 begonnene Abbau der Zölle und Handelsbeschränkungen zwischen den Mitgliedsstaaten wird vollendet (für landwirtschaftliche Produkte erst 1970) und die Außenzölle für Güter aus Drittländern werden EWG-weit vereinheitlicht.
1972/73	Abschluss eines Freihandelsabkommens mit den Ländern der Europäische Freihandelsassoziation (engl. European Free Trade Association, EFTA), u. a. Schweiz und Norwegen, woraus sich eine der größten Freihandelszonen entwickelt.
1973	Dänemark, Großbritannien und Irland treten der EG bei.
1974	Der Europäische Fonds für regionale Entwicklung wird gegründet.
1979	Beginn des Europäischen Währungssystems (EWS), dessen Wechselkursmechanismus (WKM) in Form von festen und zugleich anpassungsfähigen Wechselkursen eine Zone der Währungsstabilität schaffen sollte.
1986	Die Einheitliche Europäische Akte wird verabschiedet, insbesondere um die seit Mitte der 1970er-Jahren stagnierende Integration (Phase der „Eurosklerose") durch Reformen wiederzubeleben. Ziel ist die Schaffung eines gemeinsamen europäischen Binnenmarkts mit vereinheitlichten Regeln und Wettbewerbsbedingungen.
1990	Beginn der ersten Phase der Europäischen Wirtschafts- und Währungsunion (EWWU), u. a. durch Liberalisierung des Geld- und Kapitalverkehrs.
1993	Sowohl der EU-Binnenmarkt mit seinen vier Freiheiten als auch der Vertrag über die Europäische Union (Maastricht-Vertrag) treten in Kraft.
1994	Die zweite Phase der EWWU wird durch die Errichtung des Europäischen Währungsinstituts (EWI) eingeleitet. Der zwischen EFTA-Staaten (mit Ausnahme der Schweiz) und EG ausgehandelte Vertrag über den Europäischen Wirtschaftsraum (EWR) tritt mit dem Ziel in Kraft, keine Grenzen zum EU-Binnenmarkt aufkommen zu lassen. Zugleich wurde der Großteil der EU-Binnenvorschriften von den EFTA-Staaten übernommen.
1998	Die Europäische Zentralbank (EZB) beginnt mit ihrer Arbeit.
1999	Die dritte Phase der EWWU beginnt mit der gemeinsamen Währung Euro als Buchwährung sowie einer gemeinsamen Wechselkurs- und Zinspolitik.
2002	Einführung von Euro-Bargeld in den Ländern der Europäischen Währungsunion.
2009/10	Die Euro-Krise als Haushaltskrise mehrerer Mitgliedsstaaten setzt ein. Besonders Griechenland, aber auch Irland, Spanien, Italien und Portugal sind betroffen. Infolge dieser Krise wurde die Währungsunion durch umfassende Maßnahmen im Bereich der Krisenvorbeugung und der Notfallhilfe reformiert.

eigene Darstellung

Wirtschaftsstruktur und wirtschaftliche Entwicklung im EU-Vergleich

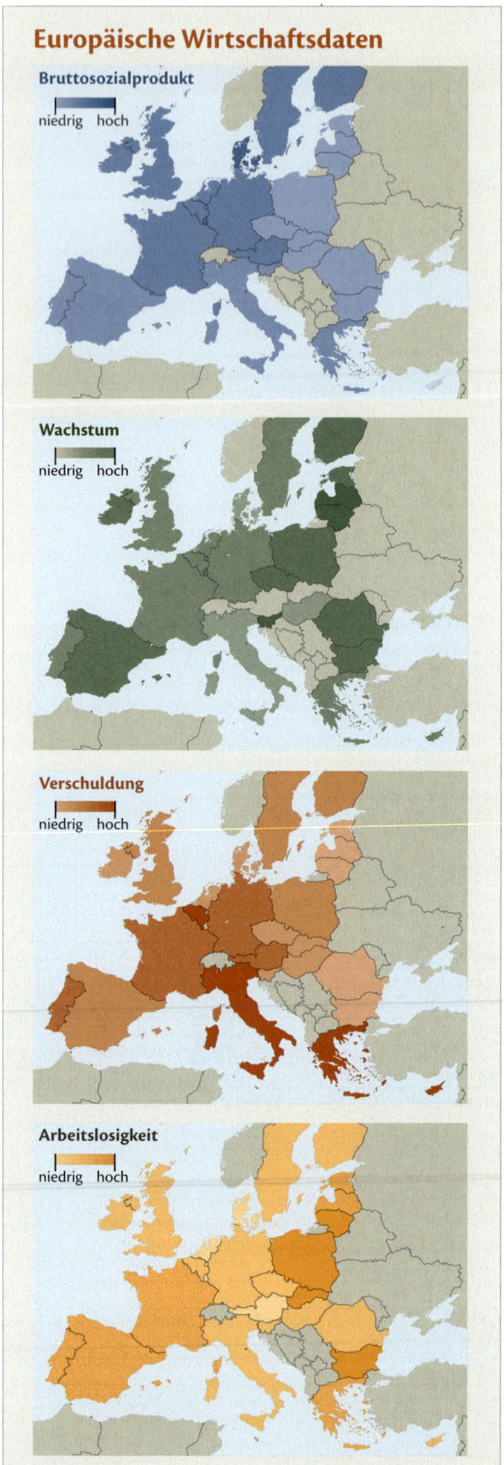

http://www.spiegel.de/flash/0,5532,14958,00.html (28.11.2010)

Als Wirtschaftsstruktur werden der Aufbau und die Gestaltung der Wirtschaft eines Landes oder einer Region bezeichnet. Sie lässt sich anhand unterschiedlicher Merkmale beschreiben und analysieren, so z.B. anhand der Produktion, der Beschäftigung, der Einkommensverteilung oder regionaler Charakteristika.

Allgemeine Entwicklungstendenzen

Vor allem in den 1950er- bis 1980er-Jahren griffen durch nationale Ausbildungssysteme, Wohlfahrtsinstitutionen u. Ä. die wohlfahrtsstaatlichen Prinzipien von Ausgleich und Umverteilung. Damit einher gingen relativ stabile Lebensbedingungen und -chancen sowie relativ hohe Lebensstandards. Mit dem Abbau der Wettbewerbsbeschränkungen und den wirtschaftlichen Integrationsmaßnahmen der EU hat sich jedoch die wirtschaftliche Dynamik insgesamt verstärkt. Die gegenwärtige Entwicklung ist daher auch durch eine ***Vermarktlichung sozioökonomischer Lagen*** gekennzeichnet. Dies bedeutet, dass die Lebensbedingungen und -chancen der Menschen unter dem zunehmenden Verweis auf Eigenverantwortung viel unmittelbarer den Wettbewerbsmechanismen und der Marktbewertung unterworfen sind. Diese Tendenzen setzen insbesondere schwächere Marktteilnehmer (z.B. gering qualifizierte und ältere Arbeitnehmer), Standorte mit veralteten Industrien und nicht wettbewerbsfähige Branchen unter Druck.
Für die relativ neuen EU-Mitgliedsländer Mittel- und Osteuropas gilt, dass sie durch ihre Mitgliedschaft den Zugang zu Märkten deutlich verbessern konnten, jedoch beim Produktionsfaktor Arbeit Verluste durch Abwanderung besonders qualifizierter Arbeitskräfte hinnehmen müssen. Ebenso fällt ihnen der Anschluss an die produktiveren Industrien Westeuropas und deren hochwertigere Produkte schwer.
Insgesamt kann im Zuge des zunehmenden Wettbewerbs und Konkurrenzdrucks ein ***Strukturwandel*** konstatiert werden, bei dem wettbewerbsunfähige Industrien abgebaut werden. Darüber hinaus vollzieht sich in der EU ein intensiver Wandel von der Landwirtschafts- und Industriegesellschaft zur Dienstleistungsgesellschaft.

Grundlegende Unterschiede in der Wirtschaftsstruktur

In einem statistischen Vergleich der Wirtschaftsstruktur der EU-Mitgliedsländer konnten für die Jahre 2000 bis 2005 drei wesentliche Typen unterschieden werden, wobei Mischtypen durchaus möglich sind:

- Typ 1: ***Wohlstandsländer*** aus West- und Nordeuropa mit einer hoch entwickelten Dienstleistungswirtschaft, hohem Einkommensniveau und einem Fokus auf einer eher kleinen, aber hoch entwickelten Technologiewirtschaft (z. B. Deutschland, Frankreich, Schweden).
- Typ 2: ***Tourismusländer*** aus Südeuropa mit einer ungleichen Einkommensverteilung und hoher Staatsverschuldung, in denen die Industrie weitestgehend durch die Tourismuswirtschaft abgelöst wurde (z. B. Griechenland, Spanien, Portugal).

- Typ 3: *Transformationsländer* aus Mittel- und Osteuropa mit einem (noch) kleinen Dienstleistungssektor, einem hohen Anteil am Produktionssektor bzw. an der Technologiewirtschaft und ein u. a. durch hohe Investitionsraten verursachtes schnelles Wirtschaftswachstum (z. B. Litauen, Estland, Polen). Diese Länder befinden sich insofern im Wandel (Transformation), als dass sie sich tendenziell dem Ländertyp 1, teilweise auch dem Ländertyp 2 nähern.

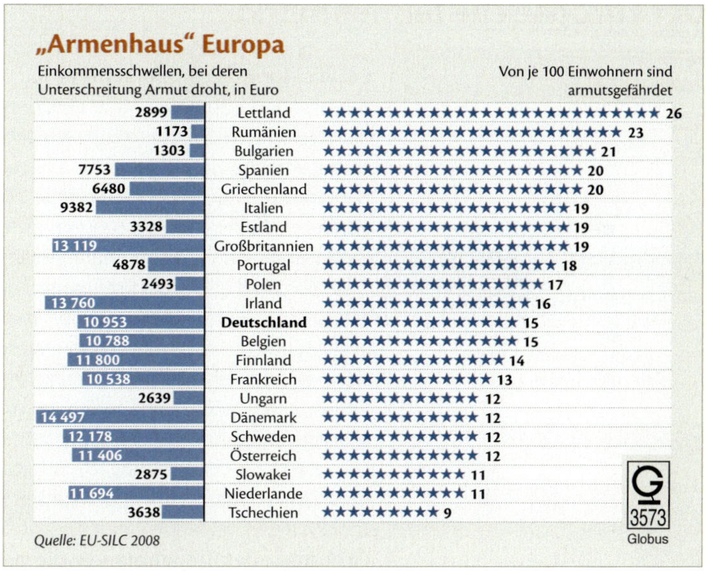

Sozioökonomische Ungleichheiten

Empirische Untersuchungen konnten zeigen, dass es unterschiedliche Entwicklungstrends zwischen Regionen innerhalb der EU-Mitgliedsländer und zwischen den einzelnen Staaten gibt. Seit den 1980er-Jahren haben die innerstaatlichen regionalen Ungleichheiten deutlich zugenommen, während, laut einer Studie der Jahre 1995 bis 2003, die Ungleichheit zwischen den Ländern gesunken ist. Trotz dieses Trends der Annäherung der Mitgliedsländer kann von einheitlichen Lebensbedingungen keine Rede sein, sodass gelegentlich auch vom ***„Armenhaus Europa"*** gesprochen wird.

Eine Ursache der ***Regionalisierung sozialer Ungleichheiten*** in der EU ist die räumliche Konzentration ökonomischer Aktivitäten, die zu Einkommensgefällen und unterschiedlich starker Förderung führt. Die Europäische Union versucht daher mit Förderprogrammen, das wirtschaftliche Ungleichgewicht zwischen den Regionen zu mildern (siehe 6.9).

Wirtschaftliche Ballungsräume der EU

In der EU gibt es Großräume, die aufgrund einer Verdichtung von Bevölkerung, Produktivität, Verkehr und Infrastruktur eine enorme wirtschaftliche Bedeutung besitzen. Ihre geografische Lage wird oftmals durch das sogenannte Bananen-Modell dargestellt. Das Modell der ***Blauen Banane*** wurde im Jahr 1989 vom Franzosen Roger Brunet entwickelt und lässt den langen Korridor von Industrie- und Dienstleistungsregionen in den Industriegebieten Großbritanniens beginnen. Der Verlauf erfährt sodann auf dem europäischen Festland eine Krümmung, schließt dabei u. a. das niederländische Ballungsgebiet Randstad, das deutsche Ruhrgebiet sowie den Rhein-Main-Raum mit ein und endet im Nordwesten Italiens. Insgesamt werden acht Länder durchlaufen, die mit Ausnahme der Schweiz alle zur EU gehören. Eine Erweiterung erfährt dieses Modell durch die ***Goldene Banane***, in Anlehnung an das gleichnamige US-amerikanische Gebiet auch europäischer „Sunbelt" (dt. Sonnengürtel) genannt, der sich durch sonniges Klima und moderne Industrien auszeichnet. Beide Modelle fließen wiederum in die Metapher des ***Blauen Sterns*** ein, welche neue Ausläufer und Ausstrahlungsrichtungen Richtung Osten und somit auch die EU-Osterweiterung berücksichtigt.

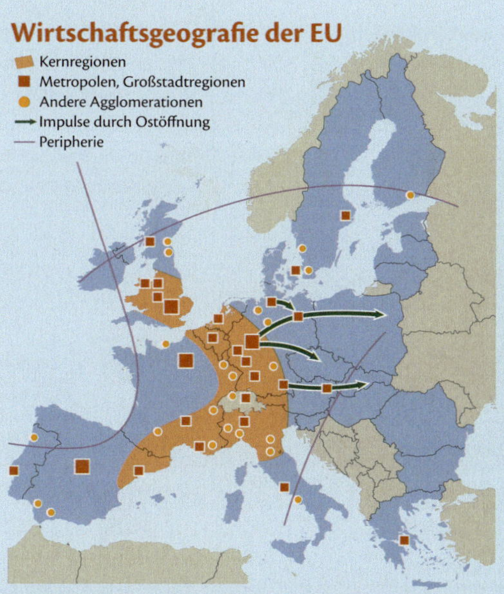

Ludwig Schätzl: Wirtschaftsgeographie der Europäischen Gemeinschaft. Paderborn: Schöningh 1993.

Der Europäische Binnenmarkt

Entwicklung des Binnenmarkts

Als 1957 die Gründungsländer der EU die Römischen Verträge unterzeichneten, wurde die ***Europäische Wirtschaftsgemeinschaft (EWG)*** gegründet, welche die Einrichtung eines gemeinsamen Marktes bis 1970 vorsah. Bei dessen Verwirklichung wurden zwar Fortschritte erzielt, etwa durch die Einführung einheitlicher Außenzölle, doch insgesamt blieb der Markt, z. B. durch unterschiedliche Sicherheits- und Verpackungsanforderungen, in den einzelnen Mitgliedsstaaten unvollkommen und uneinheitlich. Deshalb sah die 1987 in Kraft getretene ***Einheitliche Europäische Akte*** die Schaffung eines echten Binnenmarkts ohne Grenzen vor. Bis 1992 beschloss die EU nahezu 280 einzelne Rechtsvorschriften, um abgeschottete nationale Märkte zu öffnen. Vielfach wurden dabei einzelstaatliche Vorschriften durch eine einheitliche europäische Regelung ersetzt. Üblich war jedoch auch eine Einigung zwischen den Mitgliedsstaaten, die jeweiligen nationalen Gesetze und technischen Normen anzuerkennen („Grundsatz der gegenseitigen Anerkennung"). Infolge dieser Bestrebungen gibt es seit 1993 zwischen den Mitgliedsstaaten die sogenannten vier Freiheiten des Binnenmarkts.

Grundlage des Binnenmarkts: die vier Freiheiten

Der europäische Binnenmarkt basiert auf den zuvor nur im nationalen Rahmen gegebenen vier Freiheiten.

Freiheit des Warenverkehrs

Der freie Warenaustausch innerhalb der EU dient der Erweiterung des Produktangebots sowie der Verbilligung von Gütern, da Unternehmen nicht mehr für jedes Land spezielle Anforderungen erfüllen müssen. Ermöglicht wird diese Freiheit u. a. durch den Wegfall aller Zölle und Mengenbeschränkungen in den EU-Mitgliedsländern. Eine grundlegende Regel ist zudem, dass legal in ein EU-Land gebrachte Waren auch in allen anderen EU-Ländern ohne Behinderung durch Sondervorschriften verkauft werden dürfen. In diesem Kontext hat u. a. das ***Cassis-de-Dijon-Urteil*** von 1979 eine deutliche Sprache gesprochen. Es ging um die Einfuhr eines französischen Likörs nach Deutschland, der jedoch nicht den durch eine deutsche Branntweinverordnung geforderten Mindestgehalt an Alkohol enthielt. Als dadurch einer Lebensmittelkette die Liköreinfuhr verboten wurde, klagte diese und bekam vom Europäischen Gerichtshof (EuGH) Recht, sofern der Likör rechtmäßig hergestellt und in Verkehr gebracht worden sei. Durch diese Freiheit des Warenverkehrs sollen das Produktangebot auf allen Märkten erweitert sowie Güter verbilligt werden.

Die vier Freiheiten

Freier Warenverkehr
bedeutet
- Wegfall der Grenzkontrollen
- Vereinheitlichung von Normen
- Gegenseitige Anerkennung von Prüfzertifikaten

Freier Kapitalverkehr
bedeutet
- Grenzüberschreitender Kapital- und Geldtransfer
- Freie Finanzmärkte
- Ausbau zur Europäischen Währungsunion

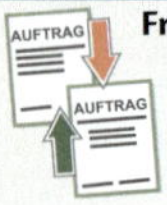

Freier Dienstleistungsverkehr
bedeutet
- Grenzüberschreitende Dienstleistungen
- Bank- und Versicherungsdienstleistungen

Freier Personenverkehr
bedeutet
- Freie Wahl des Wohnsitzes
- Freie Wahl des Arbeitsplatzes
- Niederlassungsfreiheit für Gewerbetreibende und Freiberufler
- Schengener Abkommen

Quelle: http://eurocons.homac.at/programm/3.5html

Freiheit des Dienstleistungsverkehrs

Noch vor 20 Jahren hätte der italienische Koch kein Restaurant in Deutschland oder der österreichische Wirtschaftsberater keine Serviceleistungen in den Niederlanden anbieten dürfen. Heute dürfen sich Selbstständige frei in einem Mitgliedsstaat niederlassen ***(Niederlassungsfreiheit)*** und ihre Dienstleistungen EU-weit anbieten. Gleichwohl sind noch Barrieren aufzufinden, so z. B. durch einige Briefmonopole, die jedoch europaweit zwischen 2011 und 2013 endgültig aufgehoben werden. In Deutschland wurde das Vorrecht der Deutschen Post AG 2008 abgeschafft.

Freiheit des Personenverkehrs

Durch die Personenverkehrsfreiheit können sich alle EU-Bürger in jedem Land der EU aufhalten, einen Beruf ausüben (Arbeitnehmerfreizügigkeit) und dort leben (Niederlassungsfreiheit). Staatsbürger eines Landes dürfen nicht gegenüber anderen EU-Bürgern bevorzugt bzw. benachteiligt werden. Ein wichtiges Feld stellt dabei die Anerkennung der Ausbildungsabschlüsse dar, die jedoch, z. B. weil es bestimmte Berufe in einigen Mitgliedsstaaten gar nicht gibt, noch nicht gänzlich umgesetzt wurde.

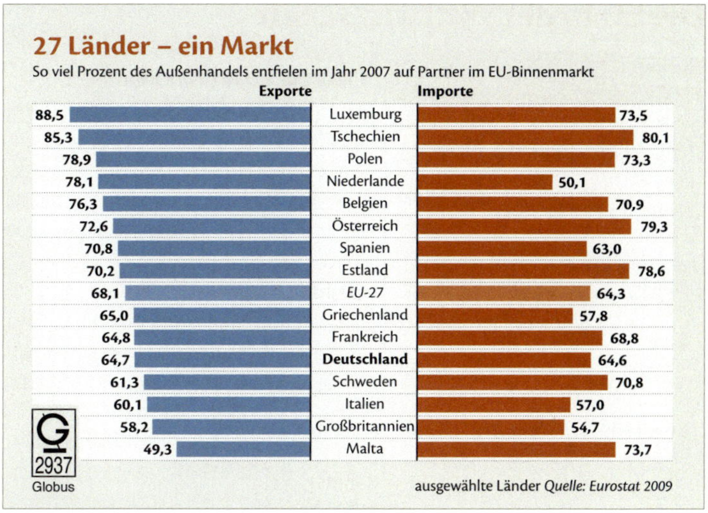

Freiheit des Kapitalverkehrs

Im Zuge der Kapital- und Zahlungsverkehrsfreiheit unterliegen Kapitalflüsse keinerlei Beschränkungen mehr. Der Transfer von Geldern und Wertpapieren ist somit – mit einigen Ausnahmen – in beliebiger Höhe zwischen den Mitgliedsstaaten, aber auch zwischen EU-Mitgliedsstaaten und Nicht-EU-Staaten möglich.

Zukünftige Binnenmarktpolitik: die Binnenmarktakte

Trotz vielfältiger Erfolge ist der europäische Binnenmarkt noch nicht vollendet. Vielmehr ist die Integration der Märkte aufgrund technischer und politischer Entwicklungen eine Daueraufgabe, die stete Aktualisierungen und Überprüfungen erfordert. Entsprechend wurde 2010 die sogenannte Binnenmarktakte entworfen, die aus 50 Vorschlägen für ein besseres Funktionieren des Binnenmarktes besteht, welche bis zum Jahr 2012 durchgesetzt werden sollen.

Kontroverse: Wirtschaftliche und soziale Integration

Es lässt sich unterschiedlichste Kritik an der Ausgestaltung des Binnenmarkts verzeichnen. Kritisiert wird beispielsweise, dass die wirtschaftliche und soziale Integration mit unterschiedlichen Geschwindigkeiten voranschreite. So war lange Zeit ungeklärt, welche Rechte Gewerkschaften und Arbeitnehmer in einem freien Binnenmarkt haben, auch bestehen Unterschiede (z. B. im Bereich Arbeitsschutz) zwischen entsandten und in einem Mitgliedsland dauerhaft beschäftigten Arbeitnehmern. Zudem wird eine Lohnkostenkonkurrenz zwischen Niedriglohn- und Hochlohnländern zulasten der Arbeitnehmer befürchtet.

Ähnliche Kritik zeigte sich auch in der Debatte um den 2004 unterzeichneten, aber aufgrund der ablehndenen Referenden (Volksabstimmungen) in den Niederlanden und Frankreich nicht in Kraft getretenen ***Vertrag über eine Verfassung von Europa (VVE)***. Kritiker bemängelten u. a., man würde liberale Wirtschaftspolitik und Wirtschaftswachstum zu Verfassungszielen erklären, während sozialpolitische Aspekte größtenteils unbeachtet blieben.

Vertrag von Lissabon:
Irland stimmte 2008 in einer ersten Volksabstimmung gegen den Reformversuch und bewirkte in der Folge u. a. eine „Erklärung zu den Rechten der Arbeitnehmer, zur Sozialpolitik und zu anderen Angelegenheiten" zur Stärkung sozialer Fragen in der EU. 2009 bejahte die Mehrheit der Iren in einem zweiten Referendum den Reformvertrag.

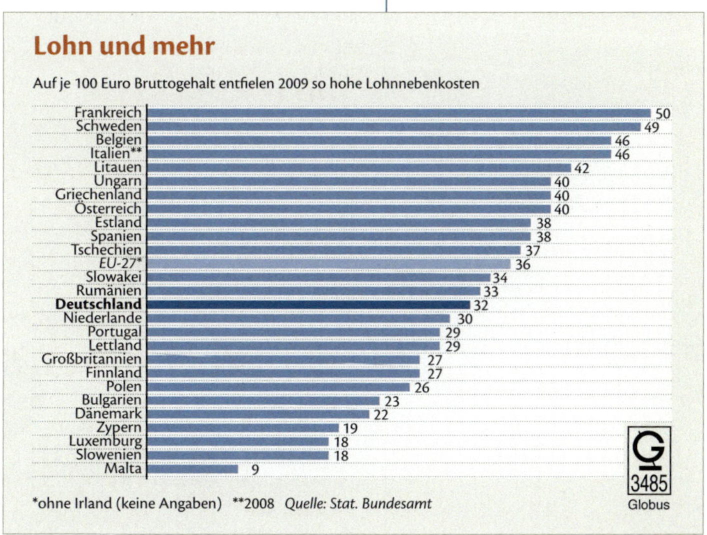

Die EU in der Weltwirtschaft

Warenhandel, gemessen in US-Dollar, in %		
Jahr: 2008	Import	Export
EU-27*	18,3	15,9
USA	17,4	10,6
China	9,1	11,8
Japan	6,1	6,5
Welt	100	100

* *ohne Warenverkehr in der EU*

Weltweiter Handel nach Erzeugnissen			
Jahr: 2009	Import	Export	Handelsbilanz der EU-27, in Mrd. €
Nahrungsmittel und Getränke	6,0 %	5,7 %	−9,8
Rohstoffe	3,9 %	2,5 %	−19,1
Energie	24,2 %	5,2 %	−233,8
Chemische Erzeugnisse	8,8 %	17,1 %	+81,5
Maschinen und Fahrzeuge	28,5 %	41,5 %	+112,3
Sonstige	28,7 %	28,1 %	−36,5
Gesamt	100 %	100 %	−105,2

Außenhandelsbilanz der EU-27 (in Mrd. EUR)		
	2000	2009
China	−48,7	−133,0
USA	+31,9	+44,5
Russland	+22,7	+65,6
Schweiz	+9,9	+14,8
Norwegen	−20,7	−31,1
Japan	−46,5	−19,8
Türkei	+13,1	+7,7
Korea	−10,2	−10,5
Brasilien	−1,8	−4,0
Indien	+0,8	+2,1
Kanada	+2,1	+4,6
Welt	−142,9	−103,7

Daten: WTO, Eurostat

Platz der EU im Welthandel

Im Hinblick auf die Welthandelsströme repräsentiert die EU die größte Handelsmacht und ist Teil des ***Welthandelsdreiecks*** zwischen Nordamerika, Asien/Pazifik und Europa. Auf sie entfallen ca. 18 % der Importe (Einfuhren) und 16 % der Exporte (Ausfuhren) weltweit. Der Warenhandel innerhalb der EU, auf den ungefähr ein Drittel des gesamten EU-Handels fällt, wird dabei nicht berücksichtigt.

Handelsstruktur der Union

Die wichtigsten Import- und Exportwaren der EU sind derzeit Industrieerzeugnisse (ca. 75 % bzw. 90 %), allen voran Maschinen und Fahrzeuge. Es folgen Energie und chemische Erzeugnisse und mit einem Import- und Exportanteil von 6 % bzw. 5 % Nahrungsmittel und Rohstoffe.

Mit Blick auf Dienstleitstungen entfällt mehr als ein Drittel des weltweiten Verkehrs auf die EU, die damit eine führende Stellung einnimmt. Wichtigster Exportbereich sind dabei die unternehmensbezogenen Dienstleistungen wie Versicherungen, Finanz- und EDV-Dienstleistungen.

Wichtige Handelspartner der EU

Auffällig an den Import- und Export-Statistiken der EU-Länder ist, dass wichtige Handelspartner zugleich selbst EU-Mitglieder sind. So gingen beispielsweise im Jahr 2005 allein über 63 % der deutschen Exporte in andere EU-Länder.

Über den EU-Raum hinaus stellen die USA und China die größten Handelspartner der EU dar. Hauptabnehmer von EU-Gütern sind die USA, die jedoch als wichtigster Lieferant der EU 2009 von China überholt wurden. China hat zwischen 2000 und 2009 seinen Handel mit der EU insgesamt stark intensiviert, ebenso Russland, das vom vierten auf den dritten Platz der wichtigsten Handelspartner der EU rückte.

Aufgrund der hohen Bedeutung des Außenhandels für die EU setzen sich die EU-Mitgliedsländer nachdrücklich für die weltweite Liberalisierung des Handels ein. Zugleich gerät die EU selbst jedoch auch immer wieder in die Kritik, weil sie aus Sicht vieler Entwicklungsländer ihren Markt durch Handelshemmnisse, z. B. bei landwirtschaftlichen Produkten, abschottet.

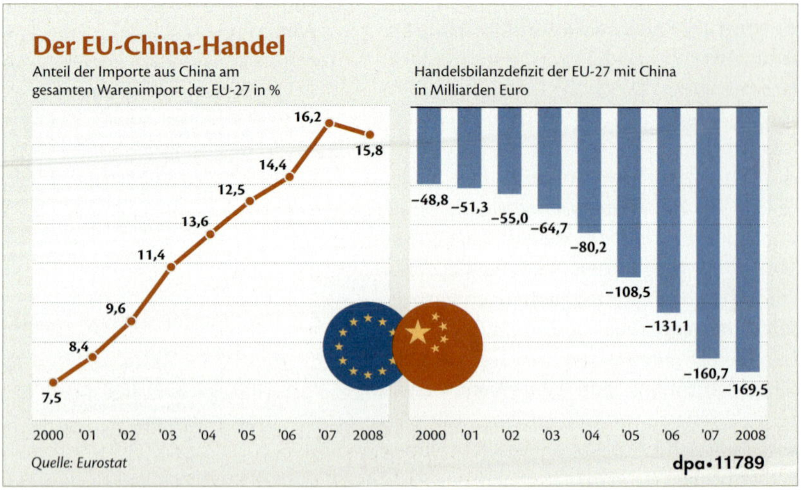

Die EU und China

M 1 Verliert Europa an Einfluss?

Für China waren sehr lange einzelne Mitgliedsstaaten und nicht die Union als Ganzes der bestimmende Faktor. Es hat eine gewisse Zäsur gegeben zu Beginn der ersten Dekade, in den Jahren 2003 und 2004, als China begonnen hat, wirtschaftlich eine entscheidende Rolle zu spielen und eine Erwartungshaltung entstanden ist in Bezug auf Europa. (…) China ist deshalb so dominant als Partner, weil die Europäische Union ein riesiges Handelsbilanzdefizit hat. Das gesamte Handelsvolumen mit Japan zum Beispiel ist geringer als allein das Handelsdefizit mit China. Aber wenn man die Exporte anschaut, sieht es anders aus. Die Union exportiert weniger nach China als in die Schweiz. Das Verhältnis ist von einer großen Ungleichgewichtigkeit bestimmt. (…) Das relative Gewicht Europas wird weiter abnehmen, was ja auch dazu führt, dass dadurch ein Anreiz geschaffen wird zu sagen: Das Gewicht, das Europa überhaupt noch hat, wird viel effizienter eingesetzt werden können, wenn die Europäische Union möglichst einheitlich auftritt in der Welt und nicht aufgespalten zwischen den Mitgliedsstaaten. Ich würde aber auch einwenden: China hat Wachstumsraten im hohen einstelligen und sogar zweistelligen Bereich, und das über einen sehr langen Zeitraum. Es gibt in der Geschichte nicht viele Beispiele, dass sich so ein Wachstum unendlich fortsetzt.

Der Standard v. 06.10.2010: Dietmar Schweinsgut, Ständiger Vertreter Österreichs bei der EU im Interview. http://derstandard.at/1285200208650/Europa-Gespraech-Das-Verhaeltnis-der-EU-zu-China-ist-von-einem-grossen-Ungleichgewicht-bestimmt (26.11.2010)

M 2 Die EU in der Umarmung des Drachen

China ist nach den USA der zweitgrößte Handelspartner der EU. In der ersten Hälfte 2010 legte der Export aller EU-Länder in die Volksrepublik um über 40 Prozent zu. Doch auch das Handelsdefizit mit China stieg auf 71 Milliarden Euro. (…) Auch sonst mangelt es nicht an Streitthemen zwischen der aufsteigenden Wirtschaftsmacht China und den traditionellen Industrienationen in Europa: die Klage europäischer Unternehmen über Marktbarrieren in China und die chinesische Exportbeschränkung einiger wichtiger Rohstoffe, um nur zwei brisante Themen zu nennen. (…) So hat die EU-Handelskammer in Peking vor kurzem in einem Positionspapier Beispiele genannt, wie China ausländischen Unternehmen den Marktzutritt erschwere oder sie gegenüber den inländischen benachteilige. Zudem sei ein Markteintritt oft mit einem erzwungenen Technologietransfer verbunden, für deutsche Firmen ein gewaltiges Problem, sagt Sandschneider (= dt. Politikwissenschaftler): „Abfluss von Technologie ist eine strategische Gefahr für viele Unternehmen, für große, aber erst recht für mittelständische Unternehmen." Langfristig würden sich dadurch Wettbewerbsverhältnisse verschieben. Auch klagen deutsche und europäische Unternehmen über den mangelnden Schutz geistigen Eigentums im Reich der Mitte. (…)

Trotz manch negativer Erfahrung will sich kaum ein europäisches Unternehmen aus dem chinesischen Markt zurückziehen. Zu verlockend sind die Erwartungen an die Dynamik dieses riesigen Marktes. Außerdem würden europäische Firmen in China vor allem für den chinesischen Markt produzieren, so die Untersuchung der EU-Handelskammer in Peking. Vom „Pakt mit dem Teufel" ist in manchen deutschen Medien die Rede. (…) Denn China begnügt sich nicht mehr damit, Werkbank für die ganze Welt zu sein. Sie will eigene Champions haben, die auch in die reiche Welt kommen, um vor allem in der Krise Top-Unternehmen zum Schnäppchenpreis aufzukaufen. (…)

Solche Aussagen taugen hierzulande dazu, Angst hervorzurufen. Angst davor, dass Chinas Durst nach Wohlstand, nach Rohstoffen und nach Märkten zu einem Verteilungskampf führt, den Europa zu verlieren droht. Ist also „Chinas Aufstieg unser Abstieg", wie manchmal zu lesen ist?

Deutsche Welle v. 26.11.2010: http://www.dw-world.de/dw/article/0,,6269037,00.html (26.11.2010)

1 ***Analysieren Sie die Entwicklung der Handelsbeziehungen zwischen China und der EU (linke Seite und M 1).***

2 ***Ermitteln Sie auf Grundlage der Texte M 1 und M 2 die Chancen und Risiken einer intensivierten Handelsbeziehung zwischen der EU und China.***

3 ***Beziehen Sie Stellung: Ist Chinas Aufstieg unser Abstieg?***

Europäische Währungsunion

Die drei Stufen der Wirtschafts- und Währungsunion

Erste Stufe 1. Juli 1990	Zweite Stufe 1. Januar 1994	Dritte Stufe 1. Januar 1999
		Unwiderrufliche Festlegung der Umrechnungskurse
	Errichtung des Europäischen Wirtschaftsinstituts	Einführung des Euro
Verstärkte Zusammenarbeit der Zentralbanken	Verbot der Gewährung von Zentralbankkrediten an öffentliche Stellen	Inkrafttreten des Stabilitäts- und Wachstumspakts
Uneingeschränkter Kapitalverkehr	Koordinierung der Geldpolitik und Stärkung der wirtschaftlichen Konvergenz	Einrichtung des Wechselkursmechanismus II
Verbesserung der wirtschaftlichen Konvergenz	Prozess hin zur Unabhängigkeit der Zentralbanken	Durchführung einer einheitlichen Geldpolitik durch das Eurosystem

http://www.bundesbank.de/download/bildung/geld_sec2/geld2_gesamt.pdf (25.11.2010)

Die drei Stufen zur Währungsunion

Von 1990 bis 1999 wurde in drei Stufen die Europäische Wirtschafts- und Währungsunion (EWWU) gegründet. Im Rahmen der dritten Stufe wurde 1999 für elf der damals fünfzehn Mitglieder der Euro als neue Währung eingeführt; zunächst nur im bargeldlosen Zahlungsverkehr als Buchgeld, ab 2002 schließlich auch als Euro-Bargeld. Im Jahr 2011 zählen 17 der 27 EU-Mitgliedsstaaten zum EU-Währungsgebiet.

Mit der Währungsumstellung wurden alle Banknoten und Münzen der nationalen Währungen zu unwiderruflich festgelegten Umrechnungskursen (z. B. 1 Euro = 1,95583 D-Mark) durch den Euro ersetzt.

Gründe für eine Währungsunion

Es lassen sich mindestens folgende drei Motive für die Währungsunion anführen:

- Wegfall von Wechselkursschwankungen,
- Vollendung des Binnenmarkts,
- wirtschaftspolitische Stärkung Europas durch Schaffung einer weltweit bedeutenden Währung.

Staatsfinanzen im Minus

So oft lag das Staatsdefizit dieser EU-Staaten zwischen 2000 und 2009 unter dem Maastricht-Kriterium von 3 Prozent des BIP

		Defizit 2009 in %
Griechenland	10	-13,6
Ungarn	9	-4,0
Polen	8	-7,1
Malta	7	-3,8
Tschechien	6	-5,9
Italien	6	-5,3
Deutschland	5	-3,3
Frankreich	5	-7,5
Portugal	5	-9,4
Slowakei	5	-6,8
Großbritannien	5	-11,5
Zypern	4	-6,1
Litauen	4	-8,9
Rumänien	4	8,3
Slowenien	3	-5,5
Irland	2	-14,3
Spanien	2	-11,2
Lettland	2	-9,0
Niederlande	2	-5,3
Österreich	2	-3,4
Belgien	1	-6,0
Bulgarien	1	-3,9
Dänemark	0	-2,7
Estland	0	-1,7
Luxemburg	0	-0,7
Finnland	0	-2,2
Schweden	0	-0,5

Quelle: Eurostat dpa•13384

Konvergenzkriterien

Eine Aufnahme der EU-Staaten in die EWWU setzt voraus, dass die nationale Zentralbank unabhängig ist und sich die Länder in ihrer wirtschaftlichen Entwicklung ähneln. Sie müssen also bestimmte Konvergenzkriterien erfüllen, die 1993 im Maastrichter Vertrag festgelegt wurden:

Preisniveaustabilität: Die Inflationsrate, darf nicht um mehr als 1,5 % über der Inflationsrate der drei preisstabilsten Mitgliedsstaaten liegen.

Haushaltsstabilität: Die Neuverschuldung darf nicht höher als 3 % des Bruttoinlandsprodukts (BIP) sein und die Gesamtverschuldung darf maximal 60 % des BIP betragen.

Wechselkursstabilität: Die im Wechselkursmechanismus (WKM II) festgelegten Bandbreiten für Wechselkursschwankungen müssen seit mindestens zwei Jahren ohne Abwertung gegenüber dem Euro eingehalten worden sein.

Stabilität langfristiger Zinsen: Der langfristige Zinssatz für Staatsanleihen u. Ä. darf um nicht mehr als 2 % über dem entsprechenden Satz der drei preisstabilsten Mitgliedsstaaten liegen.

Der Stabilitäts- und Wachstumspakt

Die Mitgliedsländer verpflichten sich, die Vorgabe eines nahezu ausgeglichenen Haushalts zu erfüllen und jährlich aktualisierte Stabilitätsprogramme vorzulegen. Sollte ein Mitgliedsland nicht die erforderlichen Schritte zur Behebung eines übermäßigen Defizits unternehmen, darf der EU-Ministerrat im ***Defizitverfahren*** Sanktionen verhängen.

Die Diskussion um Euro-Anleihen

M 1 Euro-Anleihen – No Way

Die Einführung einer Euro-Anleihe ist indiskutabel. Dies wäre in der Sache verfehlt und sendete politisch ein völlig falsches Signal aus. Es darf nicht sein, dass fehlende Haushaltsdisziplin belohnt und eine verantwortungsvolle Konsolidierung bestraft wird. Länder, die im Windschatten einer guten deutschen Bonität (= Kreditwürdigkeit) fahren könnten, verlören den Anreiz, den eigenen Haushalt zu sanieren. Das Geld bekäme der einzelne Staat, die Schuld trügen alle. Zudem müsste Deutschland durch die Errichtung des Euro-Kreditpools mit höheren Zinskosten rechnen. (...) Das würde den Anreiz jedes Euro-Staates schwächen, mittels eines soliden Haushalts und Wirtschaftsreformen die eigene Bonität zu wahren. Die EU-Akzeptanz würde auf einen neuen Tiefpunkt sinken. Dies kann nicht das Ziel sein. (...) Hier geht es nicht um Solidarität, sondern um die langfristige Stabilität des Euros.

Hintergrund:
Idee der Euro-Anleihe: Sie deckt die Verschuldung der Euro-Staaten in einer bestimmten Höhe ab. In Zukunft sollen die Euroländer einen Teil der Gesamtschulden gemeinsam tragen.

Joachim Pfeiffer: Euro-Anleihen – No Way. Pressemitteilung der CDU/CSU v. 10.11.2010. http://cducsu.de/Titel__pressemitteilung_euro_anleihen_no_way/TabID__6/SubTabID__7/InhaltTypID__1/InhaltID__17037/Inhalte.aspx (25.11.2010)

M 2 Es wird Zeit für die Währungsunion 2.0

Nachdem Irland offiziell um den Beistand des Euro-Rettungsfonds EFSF gebeten hat, sollte endlich auch die Diskussion über gemeinsame Euro-Bonds (= Anleihen) konstruktiver geführt werden als bislang. (...) Dabei zeigt der Rettungsfonds, dass es einen solidarischen Beistand in der Euro-Zone geben muss. (...)
Erstens sind die Euro-Länder durch den Rettungsfonds nahe an den Gedanken der Euro-Bonds gerückt. (...)
Zweitens könnten Euro-Bonds so gestaltet werden, dass sie den Anreiz zur Haushaltsdisziplin sogar noch erhöhen. Einen interessanten Vorschlag gibt es zum Beispiel vom einflussreichen Brüsseler Wirtschaftsforschungsinstitut Bruegel. Demnach sollen die Mitglieder der Währungsunion nur die Anleihen gemeinsam begeben, die für eine Verschuldung von bis zu 60 Prozent des Bruttoinlandsprodukts stehen. Genau diese Marke ist es, die der Maastricht-Vertrag den Euro-Mitgliedern als Höchstgrenze vorschreibt. Das Bruegel-Institut schlägt für diese über alle Bonitätszweifel erhabenen Schuldtitel den Namen „Blue Bonds" vor. Häufen Euro-Länder mehr Schulden an, müssen sie diese mit nationalen Anleihen (= Red Bonds) selbst finanzieren. (...) Im Fall einer Schuldenkrise könnten diese Anleihen teilweise ihren Wert verlieren, denn Garantien von den anderen Ländern gäbe es für diese Titel nicht. Bei hochverschuldeten Ländern würden die Investoren für diese Red Bonds deshalb hohe Zinsen verlangen – und genau deshalb die Staaten disziplinieren.
Drittens ist überhaupt nicht gesagt, dass Deutschland und Frankreich für gemeinschaftliche Anleihen sehr viel höhere Zinsen zahlen müssten als derzeit. Schließlich würden die Blue Bonds von allen Mitgliedsstaaten gemeinsam und vorrangig bedient. (...)
Die Vorteile, die eine Teilfinanzierung der Gesamtschulden über Euro-Bonds bieten würde, reichen aber noch viel weiter. Der gemeinsame Auftritt am Kapitalmarkt würde die Staaten wesentlich stärker zusammenschweißen.

Fazit: (...). Die Zeit für die Währungsunion 2.0 ist reif. Andrea Cünnen, in: Handelsblatt v. 22.11.2010. http://www.handelsblatt.com/meinung/kommentar-politik/euro-bonds-es-wird-zeit-fuer-die-waehrungsunion-2-0;2697005 (27.11.2010)

1 ***Erklären Sie, was unter Euro-Anleihen zu verstehen ist (M 1 und M 2).***

2 ***Führen Sie die in M 1 und M 2 genannten Argumente gegen und für Euro-Anleihen an.***

3 ***Nehmen Sie ausgehend von der Karikatur und der Diskussion um Euro-Anleihen Stellung: Sollte eine gemeinsame Währungsunion auch eine Solidargemeinschaft sein?***

Europäische Zentralbank

Das Europäische System der Zentralbanken

Mit Einführung des Euro im Jahr 1999 hat das Europäische System der Zentralbanken (ESZB) die Aufgabe übernommen, die Geldpolitik für den Euro-Währungsraum zu bestimmen und durchzuführen.

Die Europäische Zentralbank (EZB) bildet zusammen mit den am Euro teilnehmenden 17 ***nationalen Zentralbanken (NZB)*** das ***Eurosystem/Euroland***. Dieses ist wiederum Teil des ESZB, in dem neben den am Eurosystem beteiligten Zentralbanken auch alle weiteren nationalen Zentralbanken der EU Mitglied sind. Die NZB unterliegen einzig den Regelungen der EZB, die bei der Wahrnehmung ihrer Aufgaben vollständig unabhängig ist. Nur so kann gewährleistet sein, dass die EZB eine politisch unbeeinflusste, mittelfristige Orientierung der Geldpolitik durchführen und damit ein entsprechend hohes Maß an Vertrauen aufbauen kann, das für eine erfolgreiche Geldpolitik von ausschlaggebender Bedeutung ist. Sie sorgt in enger Abstimmung mit den nationalen Zentralbanken für die Vorbereitung und Umsetzung der Beschlüsse der Entscheidungsgremien des Eurosystems (***Rat der Zentralbankpräsidenten***, ***Erweiterter Rat***, ***Direktorium***).

Aufgaben der Europäischen Zentralbank

Die grundlegenden Aufgaben der EZB zum Schutz der Stabilität des Euro sind:

- Festlegung und Durchführung der Geldpolitik,
- Durchführung von Devisengeschäften (Tausch von verschiedenen Währungen. Aus Sicht des Inlandes sind Devisen die ausländischen Währungen),
- Verwaltung der Währungsreserven der Mitgliedsländer,
- Gewährung des reibungslosen Funktionierens der Zahlungssysteme (Versorgung der Volkswirtschaft mit Geld, Förderung des Zahlungsverkehrs).

Preisniveaustabilität als oberstes geldpolitisches Ziel

Das oberste Ziel der ESZB ist die mittel- bis langfristige Sicherung der Preisniveaustabilität. Preisniveaustabilität ist dann gegeben, wenn sich das durchschnittliche Niveau der Preise der Waren und Dienstleistungen in den beteiligten Staaten über einen bestimmten Zeitraum hinweg im Vergleich zur Vorperiode nicht maßgeblich verändert. Weder Inflation, d. h. der andauernde und deutliche Anstieg des Preisniveaus, noch Deflation, d. h. das deutliche und anhaltende Sinken des Preisniveaus, sind also mit dem Stabilitätsziel vereinbar. Eine Preisniveaustabilität wird als so wichtig erachtet, weil sie u. a. die Kaufkraft der Einkommen erhält, die Entwertung von Sparguthaben verhindert und vor allem Planungssicherheit für z. B. Investitionen bietet (siehe 7.5).

Zwei-Säulen-Strategie der EZB

Wirtschaftliche Analyse ◀	▶ Monetäre Analyse
= Analyse wirtschaftlicher Entwicklungen und Schocks anhand entsprechender Einflussgrößen wie Löhne und BIP	= Analyse der Geldmengen- und Kreditentwicklung

Geldpolitische Zwei-Säulen-Strategie

Der EZB-Rat beschließt das geldpolitische Vorgehen der EZB auf Basis einer umfangreichen Risikoanalyse, die auf zwei Säulen, der wirtschaftlichen Analyse und der monetären Analyse, beruht.

Der Transmissionsmechanismus der Geldpolitik

Die EZB ist verpflichtet, die Wirtschaft mit Liquidität, d. h. mit einer ausreichenden Menge an Geld, zu versorgen und zugleich die Stabilität des Preisniveaus zu berücksichtigen. Da eine Zentralbank aufgrund des Marktmechanismus durch Angebot und Nachfrage die Preise jedoch nicht unmittelbar beeinflussen kann, geht sie einen Umweg und nutzt den sogenannten Transmissionsmechanismus der Geldpolitik. Dieser Mechanismus entsteht wie folgt: Das Bankensystem, das aus sogenannten Geschäftsbanken bzw. Kreditinstituten, wie den privaten Kreditbanken, den Genossenschaftsbanken und den Sparkassen besteht, benötigt beständig Zentralbankgeld (***Basisgeld***), um

- den Bargeldbedarf ihrer Kunden (Unternehmen, Privatpersonen, öffentliche Stellen) zu decken,
- Interbanksalden (Forderungen minus Verpflichtungen gegenüber anderen Banken) auszugleichen, die dadurch entstehen, dass sich auch Banken untereinander Geld leihen können, und
- die von der EZB geforderten und bei der Zentralbank zu hinterlegenden Mindestreserven an Geld einhalten zu können.

Die Zentralbank wiederum ist alleiniger Herausgeber des von den Geschäftsbanken nachgefragten Basisgeldes. Angesichts ihres Monopols zur Schaffung von Basisgeld ist sie daher in der Lage, die Konditionen, zu denen sich die Geschäftsbanken das benötigte Geld beschaffen können, festzulegen. Diese sogenannten ***Refinanzierungskonditionen*** äußern sich vor allem in der Höhe des von der EZB festgelegten europäischen Leitzinses. Die Geschäftsbanken geben ihre jeweiligen Refinanzierungskosten an ihre Kunden weiter, indem sie die Kreditzinsen verändern. Dies führt zu Veränderungen bei der Kreditnachfrage und der sich im Umlauf befindenden Geldmenge, was sich auf die Konsumgüter- und Investitionsnachfrage auswirkt. Das Verhältnis von Angebot und Nachfrage ändert sich und die Preise werden der neuen Situation angepasst (siehe 1.5).

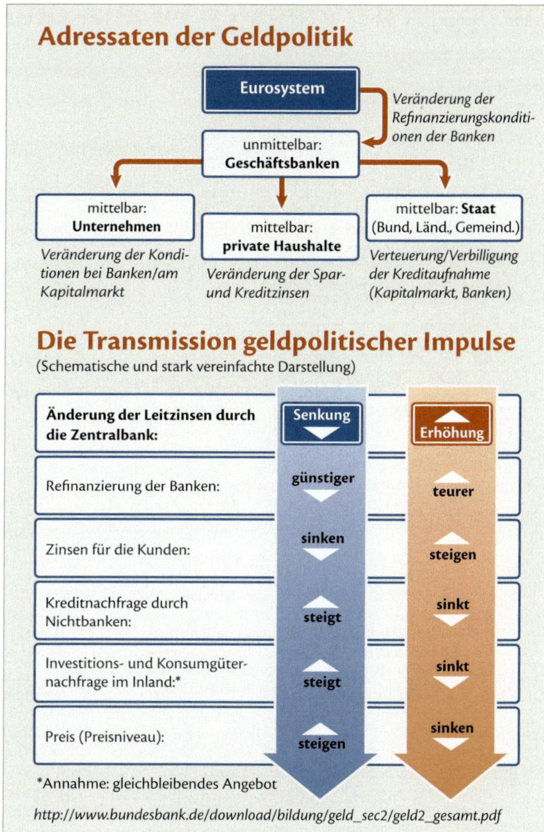

Die Transmission geldpolitischer Impulse, auch ***Zinskanal*** genannt, hat ihr Ende erreicht. Entsprechend wirken sich geldpolitische Maßnahmen in der Regel auch erst mit erheblicher zeitlicher Verzögerung auf die Preisentwicklung aus.

Geldpolitische Instrumente

Die EZB verfügt über verschiedene geldpolitische Instrumente, mit denen sie die Refinanzierungskonditionen der Geschäftsbanken festlegen und die Menge der im Umlauf befindlichen Geldmenge und somit das Preisniveau beeinflussen kann. Die drei wichtigsten Instrumente der EZB sind die Offenmarktgeschäfte, die ständigen Fazilitäten (Kreditmöglichkeiten der Geschäftsbanken) und die Mindestreservepflicht (siehe die ausführliche Darstellung in 7.4).

Europa in der globalen Finanz- und Wirtschaftskrise

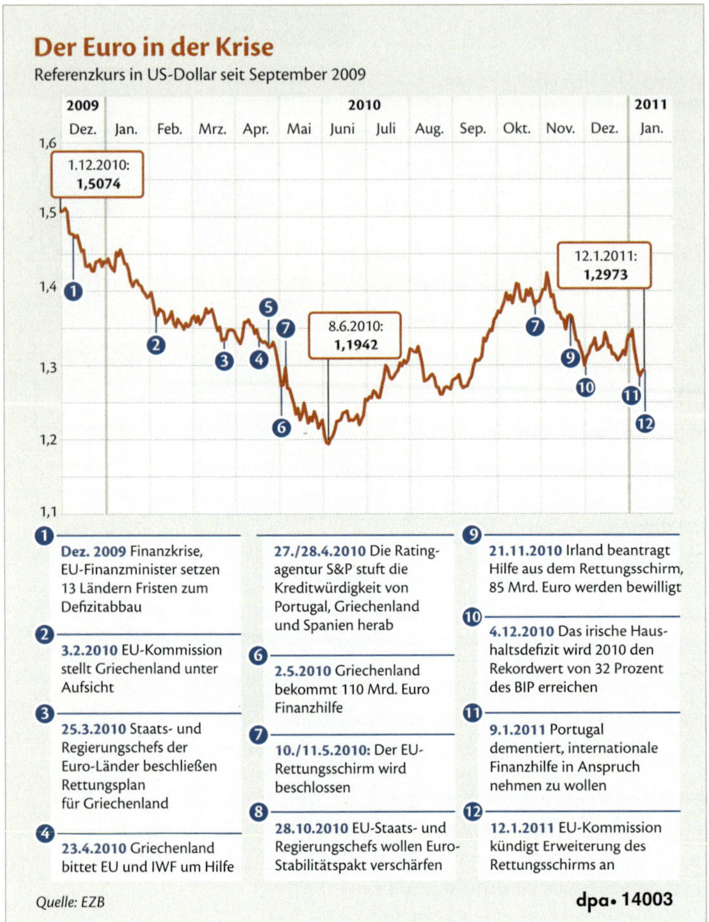

Die griechische Finanzkrise

Die 2007 einsetzende weltweite Finanz- und Wirtschaftskrise (siehe 7.9) wirkte sich auch auf das wirtschaftliche Geschehen in der EU aus. Zuallererst traf es Griechenland, das sich mit einem enormen ***Haushaltsdefizit*** (Neuverschuldung) bei zugleich relativ geringen wirtschaftlichen Wachstumsaussichten konfrontiert sah. Ursachen dieser Überschuldung waren zum Teil hausgemacht, da in Griechenland durch geringe Steuern, hohe Schattenwirtschaft und weit verbreitete Steuerhinterziehung nur geringe Staatseinnahmen bei gleichzeitiger Ineffizienz und Intransparenz der Staatsausgaben erfolgten. Im Zuge der internationalen Finanzkrise unterstützte Griechenland die Banken zudem mit hohen Anteilen an Eigenkapital und gab umfangreiche Garantien. Die Gesamtsituation hatte zur Folge, dass Zweifel an Griechenlands Zahlungsfähigkeit aufkamen und die staatliche Schuldenfinanzierung durch Staatsanleihen nur zu einem stetig wachsenden Zinssatz möglich wurde. Der Staat benötigte immer mehr Mittel für Schuldentilgung und Zinszahlungen und geriet in einen ***Sog der Schuldenkrise***. Griechenland konnte sich ohne Hilfe nicht mehr am Kapitalmarkt refinanzieren, der ***Staatsbankrott*** drohte. Im Rahmen eines Notfallsplans erhielt Griechenland daher im Mai 2010 durch bilaterale, freiwillige Kredite der Euro-Länder 80 Milliarden Euro und durch den IWF (Internationaler Währungsfonds, siehe 5.10) circa 30 Milliarden Euro. Zugleich nahm Griechenland ein rigides Sparprogramm in Angriff.

Die Euro-Krise

Die griechische Finanzkrise ging 2010 unmittelbar in die Euro-Krise über, in deren Rahmen auch Ländern wie Italien, Spanien, Portugal und Irland der Staatsbankrott drohte. Erklärbar ist dies nur teilweise durch die Höhe ihrer öffentlichen Schuldenquote. Vielmehr zeigte sich eine für Finanzkrisen typische, wenngleich auch sehr schnelle, durch Überreaktionen beförderte „Ansteckungsgefahr". Die allgemeine Finanzkrise gepaart mit der Unsicherheit über einige Euro-Mitgliedsländer führte zudem zu einer akuten Gefährdung der ***Stabilität des Euro*** Erkennbar ist dies am Verlauf des Euro-Wechselkurses, der zwischen 2008 und 2010 einer Achterbahnfahrt glich. Einige Wissenschaftler und Politiker stellten daher das Überleben der Euro-Zonen infrage und forderten den ***Ausstieg aus der Euro-Währung***.

Um eine weitere Ausbreitung der krisenhaften Entwicklung über die Eurozone hinaus zu verhindern, die Finanzstabilität der Währungsunion insgesamt zu sichern und die Zahlungsfähigkeit der Euro-Länder zu wahren, haben der Rat und die Mitgliedsstaaten der EU seit Anfang 2010 umfassende Maßnahmen beschlossen.

Maßnahmen zur Notfallhilfe

Damit in finanziellen Notfällen der Euro-Länder klare Mechanismen greifen können, wurde ein temporärer Stabilisierungsmechanismus, auch ***Rettungsschirm*** genannt, eingerichtet. Er ist bis 2013 in Kraft und beruht auf drei Stufen:

- Die erste Stufe sieht einen ***Notfallfonds*** vor, der durch den EU-Haushalt garantiert wird und bis zu 60 Milliarden Euro umfassen kann. Bedürftige Staaten müssen sich bei Erhalt der Hilfe strengen finanz- und wirtschaftspolitischen Auflagen unterwerfen.
- Sollte dieses Gemeinschaftsinstrument in Krisenfällen nicht ausreichen, können den Staaten weitere 440 Milliarden Euro in Form verzinslicher Kredite durch die ***Europäische Finanzstabilisierungsfazilität*** (EFSF) bereitgestellt werden. Die EFSF ist eine Zweckgesellschaft, die am Kapitalmarkt über Anleihen (siehe 7.8) Fremdkapital aufnimmt. Für die Anleihen garantieren die Mitgliedsstaaten der Eurozone mit unterschiedlich hohen Anteilen, sodass sich die EFSF zu guten Konditionen finanzieren kann. Die erhaltenen Kredite werden an die betroffenen Mitgliedsstaaten weitergereicht, die sich aufgrund ihrer finanziellen Lage und mangelnden Kreditwürdigkeit anderweitig nicht mehr zu bezahlbaren Zinsen finanzieren können.
- Ergänzend wird erwartet, dass sich der IWF mit Krediten in Höhe von mindestens der Hälfte der von europäischer Seite aufgebrachten Mittel beteiligt.

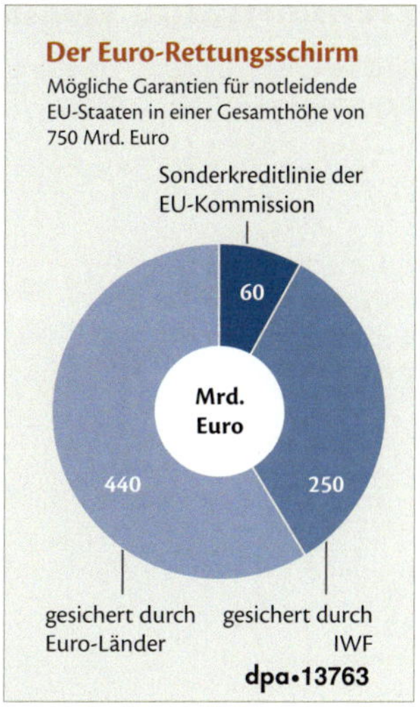

Der vorläufige Rettungsschirm wird 2013 durch einen ***permanenten Europäischen Stabilitätsmechanismus*** (ESM) ersetzt, dessen Ausgestaltung im März 2011 festgelegt wurde. EU-Staaten können demnach weiterhin gegen strikte Auflagen Hilfspakete erhalten. Hierfür wird die EFSF durch einen neuen ESM-Fond abgelöst, in dem die Mitgliedsstaaten ihren Anteil direkt einzahlen und für den sie Kreditgarantien für ESM-Anleihen bereithalten. In absoluten Ausnahmefällen ist es zudem möglich, dass der ESM-Fond direkt vom betroffenen Staat Staatsanleihen ankauft und ihm so Geld verschafft. Ferner werden auch private Gläubiger an der Refinanzierung der betroffenen Staaten in die Pflicht genommen: Sollten Europäische Kommission und IWF zu dem Ergebnis kommen, dass die Schuldenlast des Landes nicht dauerhaft tragfähig ist, verhandeln der begünstigte Mitgliedsstaat und die Gläubiger über einen Teilerlass der Schulden.

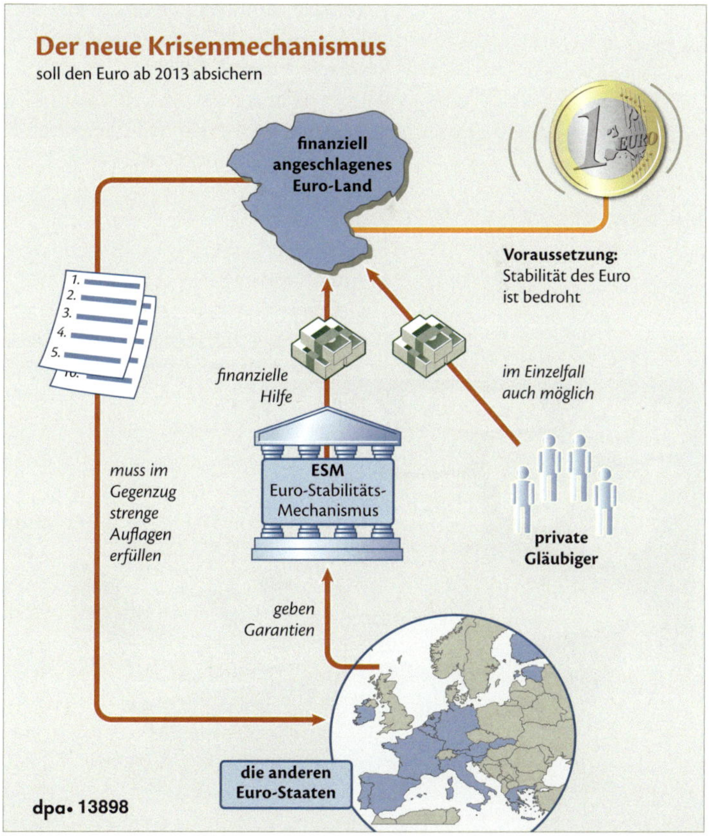

Maßnahmen zur Krisenvorbeugung

- Um eine ***Reduzierung der Staatsverschuldung*** zu bewirken, einigten sich die EU-Finanzminister im März 2011 auf eine Stärkung des europäischen ***Stabilitäts- und Wachstumspaktes***.
- Eine verstärkte ***Koordinierung der Wirtschaftspolitik*** soll die Wettbewerbsfähigkeit der Mitgliedsstaaten ausbauen und zur wirtschaftlichen Angleichung (Konvergenz) führen.
- Zur ***Stärkung der Finanzmarktarchitektur*** wurde im September 2010 eine ***EU-Finanzmarktaufsicht*** beschlossen.

Gemeinsame Wirtschaftspolitik der EU

Die Wirtschafts- und Währungsunion

Mit Einführung des Euro schlossen sich 1999 elf der damals 15 EU-Mitgliedsländer zu einer Europäischen Wirtschafts- und Währungsunion (EWWU) zusammen. Der wirtschaftspolitische Bereich der EWWU ist dabei dezentral aufgebaut bzw. intergouvermental ausgerichtet. Das heißt, die Mitgliedsländer behalten die primäre Zuständigkeit im Bereich der Wirtschaftspolitik, betrachten diese aber als Angelegenheit von gemeinsamen Interesse und koordinieren sie entsprechend im Rat (Koordinierungsgebot).
Der währungspolitische Bereich gestaltet sich hingegen mit der Europäischen Zentralbank als von den Mitgliedsstaaten und den EU-Institutionen unabhängig. Wissenschaftler sprechen daher auch von einer ***asymmetrischen institutionellen Architektur*** der EWWU. Mit Blick auf diesen Dualismus von zentralisierter Währungspolitik und dezentralisierter Wirtschaftspolitik und der politischen Diskussion um die EWWU wird immer wieder die Frage aufgeworfen, ob die Einführung einer gemeinsamen Währung nicht zuletzt auch eine weitere Zentralisierung der Wirtschaftspolitik der Mitgliedsstaaten erforderlich macht.

Grundzüge der Wirtschaftspolitik

Der Vertrag über die Arbeitsweise der Europäischen Union sieht vor, dass die Mitgliedsstaaten ihre Wirtschaftspolitik als ein gemeinsames Interesse betrachten und diese im Rat koordinieren. Das derzeit wichtigste Koordinierungsinstrument sind die sogenannten *Grundzüge der Wirtschaftspolitik der Mitgliedsstaaten und der Gemeinschaft*. Sie werden unter Einbezug der Kommission und des Europäischen Rats als Empfehlung vom EU-Ministerrat verabschiedet und sind damit rechtlich nicht bindend. Da auch der Europäische Rat Änderungen bei der Empfehlung einbringen kann, ist es den Mitgliedsstaaten möglich, Forderungen nach verstärkter Koordinierung abzumildern.
Es ist nicht geregelt, wie oft und in welcher Form die Grundzüge der Wirtschaftspolitik beschlossen werden. Seit 1995 bilden sie zusammen mit den beschäftigungspolitischen Leitlinien die integrierten Leitlinien für Wachstum und Beschäftigung. Da keine länderspezifischen Empfehlungen mehr vorgesehen sind, werden die Mitgliedsstaaten dazu angehalten, nationale Reformprogramme zu erstellen, die in Umfang und inhaltlicher Schwerpunktsetzung doch recht stark variieren. Es folgen Evaluierungen und Umsetzungsberichte.
Gekoppelt werden diese Verfahren an übergeordnete Wirtschaftsstrategien wie die im Jahr 2000 gestartete Lissabon-Strategie (Ziel: die EU zur wettbewerbsfähigsten Wirtschaft der Welt zu machen und bis 2010 Vollbeschäftigung zu erreichen) und das nachfolgende Wirtschaftsprogramm Europa 2020 (Ziel: intelligentes, nachhaltiges und integratives Wachstum).

Karikatur: Stuttmann

Zum Begriff der gemeinsamen Wirtschaftspolitik

Vielfach wird im Hinblick auf die Wirtschaftspolitik der EU-Mitgliedsländer betont, dass längst alle im „gleichen Boot" sitzen. Um nicht gemeinsam unterzugehen – wie befürchtet –, muss es daher auch eine stärker gemeinschaftlich ausgerichtete, verbindlich umzusetzende Wirtschafts- und Finanzpolitik geben. Nur so wäre zudem ein rasches und kohärentes Eingreifen der EU bei wirtschaftlichen Herausforderungen wie der aktuellen Wirtschafts- und Finanzkrise möglich.

Die Diskussion um eine EU-Wirtschaftsregierung

M1 Auf dem Weg zu einer wahren EU-Wirtschaftsregierung?

Bei seiner ersten Rede vor dem Europäischen Parlament am 24. Februar (2010) hat der neue Ratspräsident Herman Van Rompuy das Ziel der EU bekräftigt, eine engere wirtschaftspolitische Koordinierung zwischen den Mitgliedsstaaten anzustreben. Anfang des Monats hatte sich Bundeskanzlerin Merkel beim deutsch-französischen Ministerrat in Paris erstmals für eine europäische Wirtschaftsregierung ausgesprochen. Aus deutscher Sicht kam dieses Bekenntnis einem Tabubruch gleich, hatte sich die Bundesregierung bislang doch vehement gegen Vorschläge aus Paris gewehrt, der EU in Sachen Wirtschaftskoordinierung mehr Einfluss zu gewähren.

Die Forderungen nach einer europäischen Wirtschaftsregierung wurden von deutscher Seite aus stets als Versuch gewertet, die als sakrosankt betrachtete Unabhängigkeit der Europäischen Zentralbank zu unterlaufen. Seit Einführung des Euro wacht Berlin mit Argusaugen über die Geldwertstabilität der Gemeinschaftswährung. Frankreich hingegen kritisiert die einseitige Ausrichtung der EZB am Ziel der Preisstabilität und die damit einhergehende Vernachlässigung wachstums- und beschäftigungspolitischer Ziele. Es ist nicht zuletzt dieser tiefgreifende deutsch-französische Dissens, welcher die zweifelsohne notwendige wirtschafts- und finanzpolitische Kooperation auf EU-Ebene bis dato behinderte. Nun aber stellt die „griechische Tragödie" das zentrale (deutsche) Credo der Wirtschafts- und Währungsunion infrage, das besagte, dass der Stabilitätspakt allein ausreichend sei, um die Euro-Zone auf ein sicheres Fundament zu stellen. (...) Mit dem steigenden Problembewusstsein für gemeinsame Herausforderungen schmelzen zuvor für unüberbrückbar gehaltene Interessengegensätze dahin und öffnen den Weg für kooperative Lösungen. (...)

Dass die Staats- und Regierungschefs sich zu substanziellen Vertiefungsschritten (im Sinne weiterer Kompetenzübertragungen an die EU) durchringen können, ist jedoch unwahrscheinlich. Eher deutet alles darauf hin, dass der Europäische Rat unter seinem neuen Präsidenten Van Rompuy die Einrichtung einer Wirtschaftsregierung dazu nutzen wird, seine eigenen Kompetenzen zu stärken und damit die Exekutivlastigkeit der Europapolitik zu vergrößern – zuungunsten von Kommission, Europäischem Parlament und nationalen Volksvertretungen.

Die Einrichtung einer europäischen Wirtschaftsregierung würde den schwierigen Balanceakt zwischen einer gänzlich der Autorität der EU unterstellten Binnenmarkt- und Geldpolitik und einer nach wie vor nationalstaatlich organisierten Wirtschafts-, Fiskal- und Sozialpolitik beenden. Dass diese Asymmetrie problematisch ist, wurde von Experten in der Vergangenheit vielfach angemahnt. Deutschland jedoch hat aufgrund seiner hohen Exportüberschüsse und seiner Politik der Lohnzurückhaltung von den makroökonomischen Ungleichgewichten in der Union profitiert. Wie kein anderer Mitgliedsstaat hat es die Bundesrepublik verstanden, die spezifischen wirtschaftspolitischen Rahmenbedingungen in der Euro-Zone gezielt zu ihrem eigenen Vorteil zu nutzen. Die deutsche Wirtschaftspolitik wurde in der Vergangenheit daher vielfach als „unkooperativ" gebrandmarkt – vor allem von Frankreich, das sein Wirtschaftswachstum vornehmlich durch interne Kaufkraftsteigerung generiert und damit eine gegenteilige Strategie verfolgt.

Will die Kanzlerin ihren Lippenbekenntnissen nun Taten folgen lassen und tatsächlich den Weg hin zu einer europäischen Wirtschaftsregierung beschreiten, könnte dies für Deutschland zu einem bösen Erwachen führen. Eine engere wirtschafts- und finanzpolitische Koordinierung auf EU-Ebene wird nur schwer mit dem schon seit längerem in der Kritik stehenden deutschen Sonderweg der Exportorientierung in Einklang zu bringen sein. Vielmehr ist davon auszugehen, dass die Einebnung der makroökonomischen Ungleichgewichte in der Euro-Zone ganz oben auf der Agenda einer europäischen Wirtschaftsregierung stehen wird.

Max Conzemius: Eine Wirtschaftsregierung für Europa: Chance der Griechenland-Krise?, http://carta.info/23502/eine-wirtschaftsregierung-fuer-europa-chance-der-griechenland-krise (25.02.2010)

1 ***Erklären Sie, worin der in M1 genannte „deutsch-französische Dissens" besteht.***

2 ***Geben Sie in eigenen Worten die Entwicklungen auf dem Weg zu einer europäischen Wirtschaftsregierung wieder. Was wird unter einer europäischen Wirtschaftsregierung verstanden, wie wird sie wahrscheinlich gestaltet sein?***

3 ***Werten Sie die möglichen Auswirkungen einer solchen europäischen Wirtschaftsregierung auf Deutschland aus.***

Beschäftigungs- und Strukturpolitik der EU

Instrumente der EU-Beschäftigungspolitik

Die Beschäftigungspolitik ist eng verknüpft mit der Sozial- und Strukturpolitik und wird im Rahmen der ***Europäischen Beschäftigungsstrategie (EBS)*** umgesetzt. Hierbei legt der Rat auf Vorschlag der Kommission beschäftigungspolitische Leitlinien fest, die die Mitgliedsstaaten unter Berücksichtigung der zusätzlichen länderspezifischen Empfehlungen in sogenannte ***Nationale Aktionspläne (NAP)*** umsetzen sollen. Die aktuellen Leitlinien, festgelegt im Oktober 2010, umfassen folgende Punkte:

- Erhöhung der Beschäftigungsquote von Frauen und Männern, Abbau der strukturellen Arbeitslosigkeit und Förderung der Arbeitsplatzqualität,
- Heranbildung von Arbeitskräften, deren Qualifikationen den Anforderungen des Arbeitsmarkts entsprechen, und Förderung des lebenslangen Lernens,
- Steigerung der Qualität und Leistungsfähigkeit der allgemeinen und beruflichen Bildungssysteme auf allen Ebenen und Verbesserung des Zugangs zur Hochschulbildung oder zu einer gleichwertigen Bildung sowie
- Bekämpfung von gesellschaftlicher Ausgrenzung und Armut.

Um die Funktionsweise der Arbeitsmärkte Europas zu verbessern, schlägt die Europäische Kommission zudem konkrete Maßnahmen vor, um z. B. gleichermaßen Flexibilität und Sicherheit („Flexicurity") in den Arbeitsbereichen zu verbessern oder die richtigen Arbeitsmarktbedingungen zu erreichen für die Schaffung von Arbeitsplätzen. Festgelegte jährliche Berichts- und Überwachungsverfahren sollen die Umsetzung der beschäftigungspolitischen Leitlinien sichern; wirkliche Sanktionen in Form von rechtlichen Verbindlichkeiten bestehen jedoch nicht.

Setzung beschäftigungspolitischer Prioritäten

Die gemeinsame Bewertung der beschäftigungspolitischen Prioritäten (engl.: Joint Assessment of Employment Priorities, JAP) ist für EU-Beitrittskandidaten zur Reformierung ihrer Beschäftigungssysteme vorgesehen. Die Bewertung verläuft unter Einbezug der Kommission, nationaler Regierungen, Gewerkschaften und weiteren Sozialpartnern, um die folgenden Ziele voranzutreiben:

- Verbesserung der Arbeitsbedingungen,
- Förderung der Beschäftigung,
- Erweiterung der Kompetenzen der Arbeitnehmer,
- Schaffung eines reibungslos funktionierenden Arbeitsmarktes sowie Maßnahmen zur Förderung von Wettbewerb und nachhaltigem Wirtschaftswachstum.

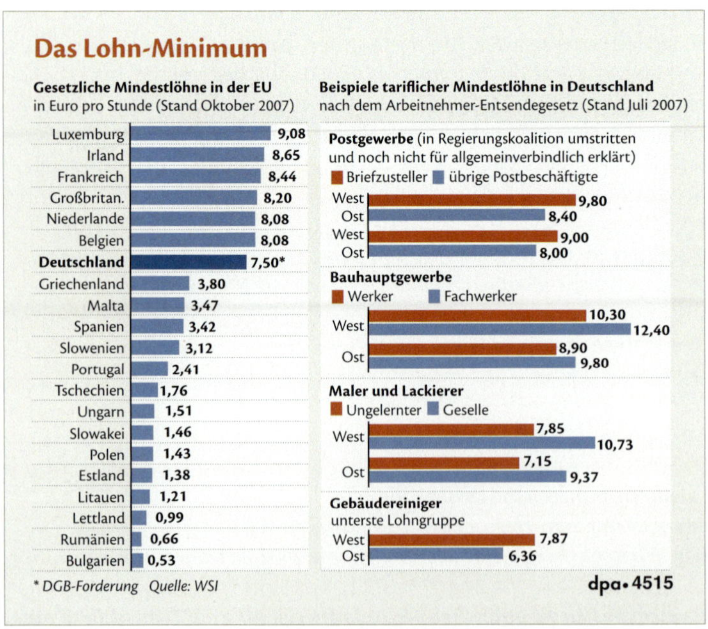

EU-Beschäftigungs- und Sozialpolitik

Die Beschäftigungs- und Arbeitsmarktpolitik ist eng verknüpft mit der Sozialpolitik der EU. So müssen in diesem Zusammenhang insbesondere Fragen des Arbeitsrechts, also Aspekte einer gerechten Entlohnung, der Gleichstellung der Geschlechter, des Kündigungsschutzes und der Angemessenheit von Arbeitsbedingungen diskutiert werden. Um das – insbesondere seit der EU-Osterweiterung – befürchtete Lohn- und ***Sozialdumping*** zu bekämpfen, wurden bereits viele

Bereiche der Arbeitswelt durch die Einführung von ***Mindeststandards*** gegen Unterbietung geschützt. Bekanntheit erlangte vor allem die Entsenderichtlinie, die zur Vermeidung von Sozialdumping eingesetzt wurde. Demnach gelten z. B. für Leiharbeiter, die in ein anderes Mitgliedsland entsandt werden, die Mindestlöhne und andere arbeitsrechtliche Standards des Ziellandes.

Ziele der EU-Strukturpolitik

Die Kohäsions- und Strukturpolitik ist ein zentraler Politikbereich der EU und beansprucht ca. ein Drittel der Haushaltsmittel. Für die Förderphase von 2007 bis 2013 setzen sie vor allem auf:

- *Konvergenz:* Modernisierung und Diversifizierung der Wirtschaftsstruktur in den Mitgliedsstaaten und Regionen mit einem Pro-Kopf-Bruttoinlandsprodukt von weniger als 75 % des Gemeinschaftsdurchschnitts (auf Basis der EU-25) sowie in Übergangsregionen. Dieses Ziel wird mit 81,5 % des Budgets der EU-Strukturpolitik gefördert.
- *Regionale Wettbewerbsfähigkeit und Beschäftigung:* Stärkung der Wettbewerbsfähigkeit und Attraktivität der Regionen sowie der Beschäftigung in Gebieten, die nicht unter das Ziel „Konvergenz" fallen.
- *Europäische territoriale Zusammenarbeit:* Förderung der grenzüberschreitenden, transnationalen und interregionalen Zusammenarbeit mit Schwerpunkte auf Wettbewerbsfähigkeit, auf wirtschaftliche, soziale und ökologische Nachhaltigkeit und auf die Wirtschaftsbereiche Bildung, Innovation sowie Forschung und Entwicklung.

Die EU-Strukturfonds

Zur Erreichung der gesetzten Ziele stehen der EU der Kohäsionsfonds und zwei Strukturfonds zur Verfügung:

- Der *Kohäsionsfonds* fördert Mitgliedsstaaten mit einem Bruttoinlandsprodukt (BIP) von weniger als 90 % des Gemeinschaftsdurchschnitts;
- der *Europäische Sozialfonds (ESF)* wird zur Förderung der Beschäftigung eingesetzt;
- der *Europäische Fonds für regionale Entwicklung (EFRE)* kann für alle Ziele eingesetzt werden und finanziert z. B. technische und infrastrukturelle Maßnahmen.

EU-Strukturpolitik

Ziele	Strukturfonds und -instrumente		
Konvergenz	**EFRE**	**ESF**	**Kohäsionsfonds**
Regionale Wettbewerbsfähigkeit und Beschäftigung	**EFRE**	**ESF**	
Europäische Territoriale Zusammenarbeit	**EFRE**		
	Infrastruktur, Innovation, Investition etc.	Ausbildung, Beschäftigung etc.	Umwelt- u. Verkehrsinfrastruktur, ern. Energien
	alle Mitgliedsstaaten und Regionen		**Mitgliedsstaaten mit BIP pro Kopf < 90 %**

Quewlle: BMFB, http://www.forschungsrahmenprogramm.de/kohaesionsinstrumente.htm (22.11.2010)

Kohäsions- und Strukturpolitik 2007–2013

http://ec.europa.eu/regional_policy/atlas2007/index_en.htm (17.11.2010)

Agrarpolitik der EU

Die gemeinsame Agrarpolitik (GAP)

Aufgaben und Ziele der GAP

- Steigerung der Produktivität der Landwirtschaft u. a. durch Förderung des technischen Fortschritts
- Gewährleistung einer angemessenen Lebenshaltung der in der Landwirtschaft tätigen Personen
- Sicherstellung der Versorgung mit landwirtschaftlichen Erzeugnissen
- Sorge tragen für die Belieferung der Verbraucher zu angemessenen Preisen
- Stabilisierung der Märkte

Säule 1: Gemeinsame Marktordnungen
- **Direktzahlungen**
- **Preisstützung**
- **Lagerkosten**
- **Produktionsquoten**
- **Exportsubventionen**
- **Energiepflanzenprämie**
- **Außenschutz**

Säule 2: Ländliche Entwicklung
- **Ökolandbau**
- **Naturschutz**
- **Gewässerschutz**
- **Handwerkliche Verarbeitung**
- **Regionalvermarktung**
- **Investitionsförderung**

Grundsätze für den gemeinsamen Agrarmarkt
- **Einheit des Marktes** durch den freien Verkehr
- **Gemeinschaftspräferenz:** Agrarprodukte aus der EU erhalten bei der Vermarktung Vorrang und einen Preisvorteil gegenüber Importprodukten, um den Binnenmarkt u. a. vor Niedrigpreisprodukten aus Drittländern zu schützen
- **Finanzielle Solidarität:** Alle im Rahmen der GAP anfallenden Kosten werden vom Gemeinschaftshaushalt der EU getragen

Milchquote: Das Instrument der Intervention, eingesetzt, um in den 1950er-Jahren Anreize für die unter Bedarf produzierenden Landwirtschaftsbetriebe zu schaffen, führte in den 1970er-Jahren zu einer Überproduktion und kostenintensiven Aufkäufen (sog. Butterberge und Milchseen). Um die Milchproduktion zu beschränken, führte die EG 1984 daher eine Milchquotenregelung ein, die nun unter intensiven Diskussion wieder abgeschafft werden soll.

Phasen und Reformen der GAP

Die Agrarpolitik der EU-Mitgliedsländer wird maßgeblich durch die Gemeinsame Agrarpolitik (GAP) der EU bestimmt. Bereits 1962 wurden ihre Grundsätze vereinbart. Sie lässt sich grob in vier Phasen einteilen. In der *Phase der Preisstützung* (Nachkriegszeit bis 1992) wurden überwiegend folgende Instrumente eingesetzt:

- Intervention (die EU legt Mindestpreis für bestimmte Agrargüter fest und kauft diese auf, wenn der Marktpreis darunter liegt),
- Abschöpfung (die EU legt Schwellenpreise fest, Importeure müssen die Differenz zum Weltmarktpreis an die EU abführen),
- Exporterstattung (EU-Exporteure können sich die obige Differenz von der EU auszahlen lassen).

Die beschriebenen Instrumente verloren etwas an Bedeutung als die *Phase der Produktprämien* begann (1993 bis 2004). Während dieser Zeit erhielt ein Landwirt beispielsweise für jeden Hektar Weizenanbau oder jede Mutterkuh einen fixen, marktunabhängigen Betrag. Zwar wurde der Anreiz, möglichst viel zu produzieren, so verringert, zugleich stieg aber der bürokratische Aufwand. Infolge der sogenannten Luxemburger Beschlüsse von 2003 wurde die *Phase der Betriebsprämien* (2005 bis 2013) eingeleitet. Deren Kernprinzipien sind:

- Produktionsunabhänige Direktzahlungen, die sich nach der Betriebsfläche richten, sollen das landwirtschaftliche Einkommen stabilisieren, nicht aber Produktionsentscheidungen lenken (Entkoppelung).
- Direktzahlungen gehen nur in voller Höhe an Landwirte, die auch Vorschriften zum Verbraucher-, Umwelt- und Tierschutz beachten (Cross Compliance).
- Die zweite Säule der GAP ist finanziell zu stärken, indem im Rahmen einer Modulation die Mittel für die Direktzahlungen (Säule 1) gekürzt (in Deutschland seit 2007 um fünf Prozent) und in den Haushalt der Maßnahmen der zweiten Säule übertragen werden (obligatorische Modulation).

Mit diesen Beschlüssen und dem *GAP-„Gesundheitscheck"* von 2008 wurden weitreichende Reformen zur Modernisierung und Marktöffnung des Agrarsektors angestoßen. Der „Gesundheitscheck" prüfte Leistung und Zielerreichung der neuen Agrarpolitik und legte Klimawandel, erneuerbare Energien, Wasserwirtschaft, biologische Vielfalt und die Strukturierung des Milchsektors als prioritäre GAP-Handlungsfelder fest. Die Landwirtschaftsminister der EU einigten sich u. a. auf eine intensivierte Entkoppelung und Modulation sowie auf die schrittweise Anhebung der 2015 auslaufenden *Milchquoten*.

Kosten der GAP

Die Bedeutung der Landwirtschaft als Wirtschaftssektor der EU sinkt immer weiter. Gleichwohl ist die GAP ein großer Kostenfaktor im EU-Haushalt, nicht zuletzt weil viele andere Sektoren (z. B. Bildung, Verkehr) stärker von den nationalen Regierungen getragen werden. So wurden 2010 ca. 53 Mrd. Euro des jährlichen Gesamthaushalts von etwa 120 Mrd. Euro für die Finanzierung der EU-Agrarpolitik veranschlagt. Hinzu kommt, dass mit der GAP und den EU-Zöllen für den Agrarsektor auch außenwirtschaftliche Probleme verbunden sind (vgl. Forum, rechte Seite).

Die Kritik an der Agrarpolitik der EU

M 1 Der EU-Agrarprotektionismus und seine Folgen

Ein Feld der europäischen Politiken mutet seit jeher wie ein eigentlich längst überholter Anachronismus an: der gänzlich vergemeinschaftete Agrarsektor. Hier bestimmen Zölle, Quoten und eine ausgeprägte „Subventionitis" das Bild. Bisherige Reformen blieben meist kosmetischer Natur, eine wirklich substanzielle Neugestaltung wusste die mächtige europäische Landwirtschaftslobby bislang gekonnt zu verhindern. Die supranationale EU-Landwirtschaftspolitik weicht zwar kaum vom Agrar-Protektionismus in außereuropäischen Industriestaaten ab. Dies schützt sie aber trotzdem nicht vor einer kritischen Hinterfragung. (...)

Für viele landwirtschaftliche Produkte wurden in der EU Gemeinsame Marktordnungen (GMO) etabliert. Diese sichern den europäischen Produzenten häufig sogenannte Interventionspreise zu, die weit über dem Weltmarktpreis liegen. Da zu diesem garantierten Preis das europäische Angebot und die Nachfrage weit auseinanderklaffen, verpflichtet sich die EU, den Angebotsüberschuss aufzukaufen und selbst abzusetzen oder den Produzenten über eine Exportsubvention den Verkauf am Weltmarkt zu erleichtern. Beide Varianten machen den EU-Agrarsektor zum Exporteur, obwohl die Union ohne Subventionen eigentlich Importeur wäre, und drücken durch das künstlich erzeugte zusätzliche Angebot den Weltmarktpreis noch weiter. Um potenziellen Import zu den niedrigeren Weltmarktpreisen zu verhindern, schottet sich die EU mit hohen Zöllen ab, die die vom EU-Konsumenten zu bezahlenden Preise für den Import von landwirtschaftlichen Gütern über die Interventionspreise hinaus erhöhen und damit die Einfuhr aus Nicht-EU-Staaten uninteressant machen. Große Wirkung erzielt dieses System vor allem bei der Zucker- und der Bananenproduktion der Gemeinschaft. Die wohl größten Nachteile aus diesem Instrumentarium müssen die Entwicklungsländer tragen, die eigentlich auf den Agrarexport angewiesen wären. Nur in der Landwirtschaft erreichen sie mit ihren Produkten komparative Vorteile gegenüber den Industriestaaten, werden aber durch deren Protektionismus von riesigen Absatzmärkten ausgeschlossen. Zusätzlich senkt der subventionierte europäische Export den Weltmarktpreis und schadet diesen Ländern. (...) Gleichzeitig leiden die europäischen Verbraucher unter den in manchen Sektoren künstlich hohen EU-Interventionspreisen, die die Konsumentenpreise für die EU-Bürger darstellen und den jeweiligen Weltmarktpreis deutlich übertreffen. So bürdet allein die GMO Zucker laut Europäischem Rechnungshof den Konsumenten in der EU jährlich zusätzlich 6,3 Milliarden Euro auf.

Auch wenn die EU, um die grob verzerrende Wirkung auf die Produktion zumindest einzugrenzen, in anderen landwirtschaftlichen Sektoren vermehrt zu produktionsunabhängigen Direktbeihilfen und Flächenstilllegungsprämien übergegangen ist (...), nützt die EU-Agrarpolitik nur wenigen und generiert auch innerhalb der Union gravierende Verzerrungen. Hauptsächlich profitieren in Europa landwirtschaftliche Großbetriebe davon. Diese erhalten oft mehrere hunderttausend Euro an Direktbeihilfe, der bäuerliche Kleinbetrieb bekommt im Durchschnitt um die 10 000 Euro per anno. (...)

Würde sich die EU nun auch im Agrarsektor nach außen hin öffnen, hätten die EU-Produzenten sicherlich mit dem niedrigeren Weltmarktpreis zu kämpfen (...), ein Wegfall von Subventionen würde aber vornehmlich Großbetriebe treffen. Da die „Agrarindustrie" aber weder qualitativ besonders hochwertig noch ausnehmend umweltschonend produziert, wäre eine im Strukturwandel bedingte Ausdünnung in diesem Bereich weniger besorgniserregend. Problematischer wirkte sich zugegebenermaßen ein vom internationalen Preisdruck ausgelöstes „Bauernhofsterben" der Kleinbetriebe auf Produktqualität und Kultivierung des ländlichen Raums aus. (...)

Florian Schliegel: Der EU-Agrarprotektionsmus, in: polinomics Nr.4, 2007. http://www.polinomics.eu/archiv/polinomics_04/druck/agrar_druck.htm (29.11.2010).

1 ***Erklären Sie, wie der EU-Agrarmarkt gefördert wird (linke Seite und M 1).***

2 ***Geben Sie die in M1 dargelegte Kritik in eigenen Worten wieder. Erläutern Sie dabei, wer am ehesten von der EU-Agrarpolitik profitiert bzw. benachteiligt wird und warum.***

3 ***Wie bewerten Sie die Forderung nach einer stärkeren Liberalisierung des Agrarsektors? Gehen Sie auch auf mögliche negative Auswirkungen einer Marktöffnung ein.***

Energiepolitik der EU

Handlungsbereiche und Ziele der Energiepolitik

Energiepolitik umfasst alle staatlichen bzw. supranationalen Maßnahmen zur Regulierung der Erzeugung und Umwandlung von Energie, des Energieverbrauchs sowie des Außenhandels mit Energie. Sie stellt noch ein recht junges Politikfeld dar, denn erst mit den drastischen Erhöhungen des Rohölpreises 1973 und dem damit verbundenen Ölpreisschock wurde den von Rohstoffimporten abhängigen Industrienationen schlagartig klar, dass das Thema Energie keineswegs als politikfreier Raum zu betrachten ist. Die aufkommende Anti-Atomkraftbewegung wie auch erste Diskussionen um nachhaltiges Wirtschaften rückten Energiefragen weiter ins öffentliche Bewusstsein. Auf Basis dieser Entwicklungen ist es das Ziel der EU-Energiepolitik, eine langfristig sichere, wettbewerbsfähige, wirtschaftliche, umweltschonende und klimagerechte Energieversorgung zu ermöglichen. Im Frühjahr 2007 verabschiedeten die Staats- und Regierungschefs der EU im Rahmen ihrer gemeinsamen „integrierten Klima- und Energiepolitik" u. a. erstmals einen „Energieaktionsplan".

Die aktuelle Energiestrategie der EU im Überblick

Die EU setzt in ihrer Energiepolitik derzeit auf folgende vier Strategien:

(1) ***Weg zu einer kohlenstoffemissionsarmen Zukunft*** durch

- das 20-20-20-Ziel bis 2020: Senkung der Treibhausgasemissionen um 20 % gegenüber 1990, Steigerung des Gesamtanteils erneuerbarer Energien um 20 % und Minderung des Energieverbrauchs um 20 %
- und die Übernahme einer führenden Rolle auf dem Gebiet der erneuerbaren Energien und kohlenstoffarmer Technologien.

Diese Maßnahmen tragen zugleich dazu bei, die Energieimportabhängigkeit zu verringern und die Wirtschaft vor schwankenden Energiepreisen und Versorgungsengpässen zu schützen.

(2) ***Energie auch im Notfall:*** Da die EU in hohem Maße von Energieimporten aus Drittländern abhängig ist, die damit eine politisch-ökonomische Machtstellung innehaben, gibt es Bemühungen, den Zugriff auf die von EU-Ländern vor Jahrzehnten angelegten Erdölvorräte zu vereinfachen und zu klären, wann und wie dieser Zugriff im Energienotfall erfolgen kann.

(3) ***Neue Wege für Energie:*** Es ist der Bau neuer Leitungsnetze geplant, z. B. im Rahmen eines südlichen Gaskorridors. Zusätzlich sollen die EU-eigenen Netze optimiert und für die Nutzung erneuerbarer Energien zugänglich gemacht werden.

(4) ***Mehr Wahlmöglichkeiten für die Verbraucher:*** Bereits seit Juli 2007 können alle EU-Haushalte ihren Gas- und Stromversorger frei wählen, ergänzend soll die Lieferung von Strom und Gas von der Erzeugung getrennt werden („Entbündelung").

Karikatur: Klaus Stuttmann

Blickpunkt: Energiebinnenmarkt

Trotz der Integration von Teilbereichen der Energieerzeugung und -verteilung, vornehmlich im Bereich Kohle und Kernkraft, kann von einem EU-Energiebinnenmarkt nicht die Rede sein, da die nationalen Energiemärkte weiterhin kaum miteinander verknüpft sind und sich die nationalen Energiepolitiken deutlich unterscheiden. Zudem sind die Marktstrukturen für die Energieträger Strom

und Gas innerhalb einzelner Mitgliedsstaaten nur unvollständig liberalisiert worden. So kann zwar der Gas- und Stromversorger seit 2007 frei gewählt werden, doch da der Aufbau und die Wartung großflächiger Strom- und Gasnetze mit hohen Kosten verbunden ist, sind auf den Energiemärkten der EU heute diejenigen Energieversorgungsunternehmen im Vorteil, die als einstige ***Gebietsmonopolisten*** nach wie vor über die entsprechenden Leitungen verfügen. Sie sind zwar in der gesamten EU verpflichtet, Strom- und Gaslieferungen Dritter gegen Gebühr hindurchzuleiten, doch da sie zugleich selbst als Energieimporteure fungieren, sind ihre Bemühungen um einen fairen Wettbewerb eher gering.
Sollte es tatsächlich zu einem liberalisierten europäischen Energiemarkt kommen, müssen die Mitgliedsländer einen Teil ihrer nationalen Souveränität bei der Energiepolitik abgeben, d. h. also auch den Einfluss auf die Frage, welche Energieträger zu bevorzugen sind. Dieser Einschnitt wäre groß, da sich die Strukturen der einzelnen Mitgliedsstaaten zum Teil wesentlich unterscheiden. Daher muss auch bei der Bewertung der Zahlen des 20-20-20-Ziels bedacht werden, dass es sich lediglich um europäische Durchschnittswerte handelt.

Blickpunkt: Energieaußenpolitik

Aufgrund der steigenden Nachfrage nach Öl und Gas und den zunehmenden politischen Instabilitäten in vielen Produktionsländern hat sich das Kräfteverhältnis zwischen Energieimporteuren und -exporteuren bereits grundlegend verändert.
So war der im Frühjahr 2005 erstmals aufkeimende ***Gasstreit zwischen Russland und der Ukraine*** nach Ansicht der meisten Experten nicht nur ein Konflikt über die Anhebung der Gaspreise durch die staatliche russische Gesellschaft Gazprom auf ein marktüblicheres Niveau, sondern zugleich eine Demonstration der ***politischen Instrumentalisierung der Energieressourcen***. Damit erhält der Streit eine große internationale und vor allem europäische Bedeutung, da ca. 80 % der russischen Gasexporte in EU-Mitgliedsländer fließen. Energiepolitik wird somit zunehmend nicht nur Teil der Umwelt-, sondern auch der Außen- und Sicherheitspolitik.

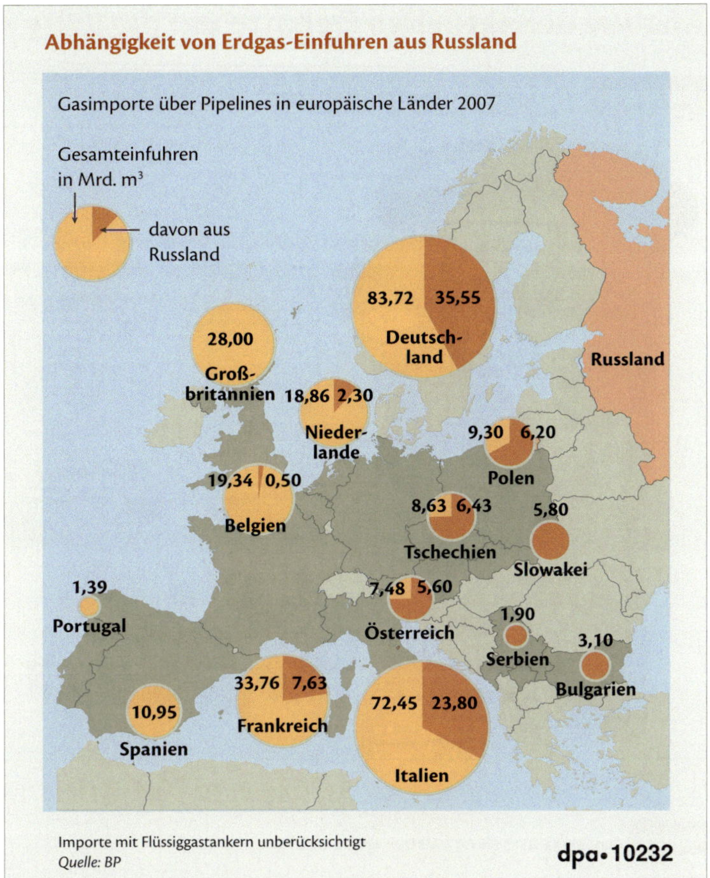

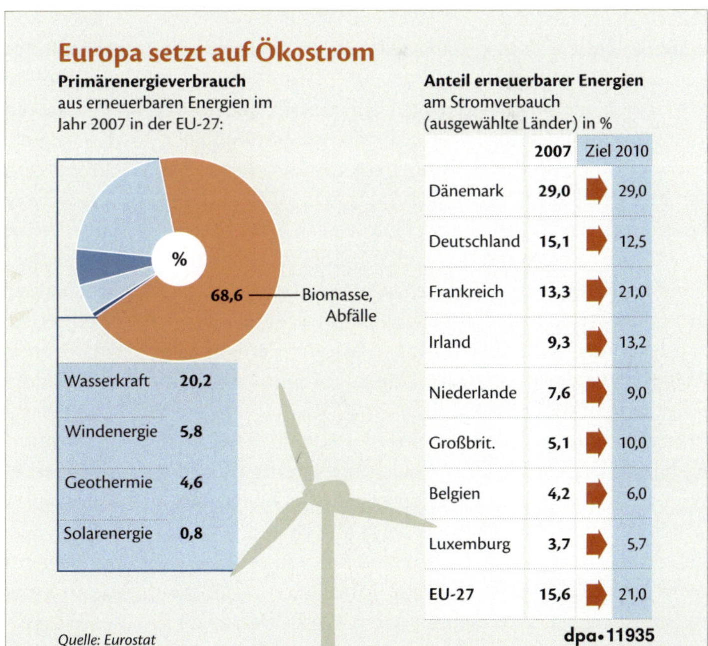

	2007	Ziel 2010
Dänemark	29,0	29,0
Deutschland	15,1	12,5
Frankreich	13,3	21,0
Irland	9,3	13,2
Niederlande	7,6	9,0
Großbrit.	5,1	10,0
Belgien	4,2	6,0
Luxemburg	3,7	5,7
EU-27	15,6	21,0

Analyse der aktuellen Debatte um die Krise des Euro

Karikatur **Denn eines ist sicher: Der Euro**

Karikatur: Klaus Stuttmann

Text 1 **Austritt aus dem Euro – geht das?**

Irland ringt um die Auflagen für EU-Hilfen. Griechenland ächzt unter dem Spardiktat des IWF. Wäre ein Austritt aus der Euro-Zone die bessere Lösung? Und was wären die Folgen für Kerneuropa? Eine Analyse.

Erst brauchten die Griechen Hilfe, dann die Iren, und Portugal ist bereits angezählt. Die EU schnürt ein Rettungspaket nach dem anderen – und dennoch fällt der Euro weiter. Das schürt Zweifel am Sinn der Währungsunion. Der Chef des Ifo-Instituts, Hans-Werner Sinn, legte Griechenland bereits im Frühjahr einen Austritt aus der Euro-Zone nahe. Politisch scheint eine solche Lösung undenkbar: „Wenn die Euro-Zone nicht überlebt, wird die Europäische Union nicht überleben", warnte Mitte November EU-Ratspräsident Herman Van Rompuy. Aber wie sähen die Folgen für Wirtschaft und Finanzmärkte aus?

Ist eine Verkleinerung der Euro-Zone rechtlich möglich?

Der EU-Vertrag von Lissabon sieht ausdrücklich die Möglichkeit vor, die Mitgliedschaft in der Europäischen Union aufzukündigen. Ein Austritt allein aus der Währungsunion ist dagegen nicht vorgesehen. Dennoch könnte nach Einschätzung der Politikwissenschaftlerin Daniela Schwarzer niemand einen Euro-Staat daran hindern, die Gemeinschaftswährung aufzugeben.

Die Rückkehr zu einer nationalen Währung könnte auch schrittweise erfolgen, schreibt Schwarzer in einer Studie für die Stiftung Wissenschaft und Politik in Berlin: „Nachdem er die Schuldzahlung auf seine Anleihen eingestellt hat, könnte ein Staat die inländischen Verbindlichkeiten gegenüber seinen Angestellten und Unternehmen mit frisch gedruckten Geldscheinen oder neuen Staatsanleihen in Geldscheinform decken." Anschließend könnte diese Zahlungsform auf den privaten Geschäftsverkehr ausgeweitet werden. „De facto wäre damit eine Parallelwährung geschaffen, die mit einem Abschlag zum Euro gehandelt würde."

Diesen Weg sei in der argentinischen Schuldenkrise die Provinz Buenos Aires gegangen. Die Provinzregierung gab damals Bonds mit dem Titel Patacones aus, mit denen Steuerschulden beglichen werden konnten. Deshalb seien sie im Geschäftsverkehr innerhalb der Provinz als Zahlungsmittel akzeptiert worden, schreibt Schwarzer.

Für praktisch unmöglich hält sie es dagegen, ein Land gegen seinen Willen aus der Währungsunion auszuschließen. Mangels Regeln für einen solchen Rauswurf müsste dazu der Lissabon-Vertrag geändert werden, wofür die Zustimmung sämtlicher – also auch der betroffenen – EU-Staaten erforderlich wäre.

Was wären die Vorteile eines Austritts?
Ifo-Chef Sinn begründete seinen Appell an Athen in einem Artikel für die „Wirtschaftswoche" mit dem großen griechischen Leistungsbilanzdefizit. Wäre Griechenland nicht Mitglied der Euro-Zone, so könnte es durch eine Abwertung seiner Währung der Exportwirtschaft auf die Beine helfen, argumentierte Sinn. Das wäre innenpolitisch leichter durchzusetzen als Lohnsenkungen. „Eine offene Abwertung machte griechische Produkte billiger, ohne dass sich im Innenverhältnis viel ändern würde. Die sozialen Spannungen blieben beherrschbar. Griechenland würde nachhaltig stabilisiert. Und der Euro auch", schlussfolgerte der Ifo-Chef.
Allerdings verband Sinn seine Austrittsforderung mit der Empfehlung eines Schuldenmoratoriums für Griechenland. Die Gläubiger müssten auf einen Teil ihrer Ansprüche verzichten. Der unausgesprochene Grund: Wenn Griechenland seine in Euro notierten Auslandsschulden in einer neuen Niedrigwährung bezahlen müsste, würde der Schuldendienst für das Land noch teurer.
Damit wird deutlich: Für ausländische Banken, die Staatsanleihen hoch verschuldeter Euro-Länder halten, würde deren Austritt aus der Währungsunion zunächst einmal Verluste bedeuten. Ifo-Chef Sinn ging allerdings davon aus, dass diese „ein Klacks im Vergleich zu den Lasten eines europäischen Finanzausgleichs" seien. Für Letzteren müssen allerdings nicht die Banken, sondern die Steuerzahler aufkommen.
Wie lauten die Gegenargumente?
Der britische Wissenschaftler Simon Hayley von der Londoner City University weist darauf hin, dass die Rückkehr zu einer eigenen Währung auch alle Unternehmen mit Auslandsschulden hart treffen würde. „Einige Firmen, darunter die Banken, müssten ihre Verbindlichkeiten und Vermögenswerte komplett neu bewerten." Zudem würden die Zinsen auf neue Kredite wegen des Wechselkursrisikos deutlich steigen. Auch für die verbleibenden Mitglieder der Euro-Zone hätte das Nachteile, schreibt Analyst Charles Goodhart von Morgan Stanley. Denn ihre Investitionen in den Peripherie-Staaten würden an Wert verlieren.
In einer Analyse spielt Goodhart das fiktive Szenario einer Abspaltung der südlichen Euro-Länder Spanien, Griechenland und Italien durch, die eine neue Währung namens Medi einführen. Der Medi würde gegenüber dem Dollar scharf ab-, der Euro hingegen aufwerten. Die deutschen Exporte in den Süden würden zurückgehen, dafür würden die Deutschen mit dem gestärkten Euro mehr Waren aus dem Ausland einführen. Die sinkende Wettbewerbsfähigkeit der verbleibenden Euro-Staaten werde die dortigen Industrieunternehmen zur Auslagerung weiterer Produktionsstätten bewegen, prophezeite Goodhart.
Die viel beklagten Leistungsbilanzunterschiede würden auf diese Weise zwar letztlich korrigiert, aber „die Kosten wären enorm", warnte der Wirtschaftswissenschaftler. Gerade für Deutschland sind die übrigen Länder der Währungsunion bislang ein wichtiger Absatzmarkt: Gut 40 Prozent der deutschen Exporte gingen im September in Staaten der Euro-Zone. Allerdings hat die gemeinsame Währung nach Einschätzung von Ifo-Chef Sinn auch den Abfluss von deutschem Kapital in die übrigen Euro-Staaten befördert.

Financial Times Deutschland v. 26.11.2010. http://www.ftd.de/finanzen/maerkte/:schuldenkrise-austritt-aus-dem-euro-geht-das/50199039.html?mode=print (27.11.2010)

Aufgaben

1 ***Beschreiben und analysieren Sie die Karikatur.***
2 ***Erarbeiten Sie sich die Kernaussagen des Textes und entscheiden Sie sich: Sind wir ohne Euro besser dran? Fertigen Sie sodann eine entsprechende, begründende Streitschrift zum Thema an.***

Hinweise zu den Aufgaben

Aufgabe 1: Ausgangspunkt bildet die Beschreibung und Interpretation einer Karikatur von Stuttmann, die Bezug nimmt auf die Euro-Krise und – in Anlehnung an den 1986 vom CDU-Politiker Norbert Blüm hervorgebrachten und an Werbesäulen plakatierten Slogan „Denn eins ist sicher: die Renten" – auf ein womöglich nicht einhaltbares Versprechen. Verstärkt wird die Aussage dadurch, dass die Karikatur Menschen – gezeichnet als deutsche Michel, die nationale Personifikation der Deutschen – zeigt, die Gold ankaufen. Das Edelmetall gilt unter Anlegern als krisenfeste Anlage und sein Preis kletterte nach der Einigung auf das Euro-Rettungspaket auf einen neuen Rekordstand.

Aufgabe 2: Hierbei soll zunächst die aktuelle Debatte um die Euro-Krise identifiziert werden, um sich so den Kontext der Frage nach einem Austritt aus dem Euro zu erarbeiten. Sodann ist unter Abwägung der im Text genannten Vor- und Nachteile bzw. Pro- und Kontra-Argumente eine eigene Position zu der Frage nach der Abkoppelung vom Eurosystem zu beziehen.

Zum Weiterarbeiten

Aufgaben zu den verschiedenen Anforderungsbereichen

Anforderungsbereich I

- Erklären Sie die These von der Regionalisierung sozialer Ungleichheiten hinsichtlich der Wirtschaftsstruktur der EU.
- Geben Sie die vier Freiheiten des EU-Binnenmarkts wieder und legen Sie dar, was diese für Sie bedeuten.
- Fassen Sie die drei Stufen der Wirtschafts- und Währungsunion zusammen.
- Nennen Sie die EU-Strukturfonds und deren primäre Ausrichtung.

Anforderungsbereich II

- Charakterisieren Sie die Wirtschaftsstruktur der EU.
- Erklären Sie den Zusammenhang von Preisniveau, Geld- und Gütermenge.
- Erläutern Sie den Begriff „Zinskanal".
- Arbeiten Sie heraus, warum eine Verzahnung der EU-Beschäftigungs- und Sozialpolitik insbesondere für die Arbeitnehmer wichtig ist.
- Analysieren Sie die Bedeutung einer gemeinsamen EU-Energiepolitik.

Anforderungsbereich III

- Informieren Sie sich im Kontext der Gemeinsamen Agrarpolitik der EU über die Diskussion um die Milchquote und bewerten Sie diese.
- Diskutieren Sie: Sollte die Europäische Zentralbank vom alleinigen Ziel der Preisstabilität abrücken und z. B. auch Arbeitslosigkeit berücksichtigen?
- Entwerfen Sie ein Schaubild, das die Wirkung der geldpolitischen Instrumente der Europäischen Zentralbank veranschaulicht.

Links zur Wirtschaft in der EU

www.bpb.de/publikationen/AYU2Y8,0,0,Europ%E4ische_Union.html	Informationen zur politischen Bildung, Themenheft: Europäische Union (Online-Version)
www.bpb.de/themen/OHC9B8,0,0,Europa.html	Bundeszentrale für politische Bildung: Europa-Dossier
europa.eu/index_de.htm	Offizielle Website der Europäischen Union
www.ratgeber-europa.de/	Links und Informationen zu ausgewählten Ländern der EU
www.ecb.int/ecb/educational/facts/html/index.de.html	Power-Point-Folien und Handouts von der und über die EZB
www.bundesbank.de/download/bildung/geld_sec2/geld2_gesamt.pdf	Broschüre der Deutschen Bundesbank zum Thema „Geld und Geldpolitik"
www.bpb.de/themen/OCXBPS,0,0,Energiepolitik.html	Bundeszentrale für politische Bildung: Energiepolitik-Dossier
ec.europa.eu/atoz_de.htm	Lexikon „Europa von A bis Z" der Europäischen Kommission
www.bmwi.de/BMWi/Navigation/Europa/eu-strukturpolitik,did=143850.html	Informationen des Bundesministeriums für Wirtschaft und Technologie zur EU-Struktur-und Kohäsionspolitik

7 Geld und Finanzen

Was ist eigentlich Geld und welche Funktionen erfüllt es im Wirtschaftsalltag? Wozu gibt es Banken und wie ist das Bankensystem organisiert? Was genau wird auf Finanzmärkten gehandelt und wie wirkt sich eine Finanzkrise aus? Diese und weitere Fragen werden im folgenden Kapitel aufgegriffen. Im Mittelpunkt stehen dabei Fragestellungen und Phänomene aus dem Themenbereich Geld und Finanzen, die nicht nur für sich genommen, sondern immer auch in ihrer Einbindung in die Realwirtschaft betrachtet werden.

Geld und Finanzen

Geld – eine Erfindung mit höchster wirtschaftlicher Bedeutung

Geld begegnet uns in unserem Alltag in unterschiedlichen Formen: als Münzen oder Geldscheine im Portemonnaie, als Guthaben auf dem Girokonto, als Betrag einer Banküberweisung. Diese hohe Alltagsbedeutung deutet bereits darauf hin: Geld erfüllt wesentliche Funktionen im Rahmen wirtschaftlicher Prozesse.

Dieser Eindruck verstärkt sich, wenn man zusätzlich berücksichtigt, dass es sich beim Geld keineswegs um eine besonders neuartige Erfindung handelt. In einigen Kulturräumen begannen die Menschen vielmehr bereits kurz nach der Aufnahme erster Handelsbeziehungen damit, den direkten Gütertausch durch den Einsatz von weithin akzeptierten Wertäquivalenten abzulösen. Seitdem hat das Geld mit der weiteren wirtschaftlichen Entwicklung in seinen unterschiedlichen Funktionen zunehmend an Bedeutung gewonnen. Heute sind wirtschaftliche Prozesse ohne seinen Einsatz weitgehend nicht mehr denkbar.

▸ *1. Geld und Geldfunktionen*

Banken und Bankensystem: Finanzinstitutionen der Volkswirtschaft

Geld wird in heutiger Zeit nicht nur als Bargeld, sondern zu einem großen Teil auch als Spareinlage gehalten. Die Verwahrung dieser Einlagen erfolgt zu einem hohen Anteil auf Konten bei Geschäftsbanken. Dabei handelt es sich um Institutionen, die auf die Durchführung von Bankgeschäften bzw. das Anbieten von Finanzdienstleistungen spezialisiert sind. In diesem Zusammenhang werden verschiedene Arten von Bankgeschäften unterschieden. Banken sind dabei meist auf mehreren Geschäftsfeldern tätig.

Von herausgehobener Bedeutung ist jedoch das Kreditgeschäft, in dessen Rahmen die Spareinlagen als Kreditmittel an Unternehmen und private Haushalte verliehen werden. Die Vergabe von Kreditmitteln hat dabei in volkswirtschaftlicher Hinsicht einen doppelten Effekt: Die Halter von Spareinlagen erhalten Zinsen (aus den verzinsten Kredittilgungen), die sowohl den individuellen Ertrag ergeben als auch zugleich als allgemeiner Sparanreiz wirken. Die Kreditnehmer hingegen erhalten finanzielle Mittel für Investitionen, die sich wiederum für die gesamte Volkswirtschaft tendenziell vorteilhaft auswirken. Ein kontinuierlich verlaufendes Kreditgeschäft entfaltet darüber hinaus einen maßgeblichen Effekt auf die Ausweitung der insgesamt nachfragerelevanten Geldmenge (Geldschöpfung im Bankensystem).

Geschäftsbanken stehen zwar in wirtschaftlicher Konkurrenz zueinander, doch sind sie innerhalb des Bankensystems auch stark miteinander vernetzt. Die Strukturen im Bankensystem erfüllen dabei vor allem den Zweck, die Funktionsfähigkeit des Bankensektors vor dem Hintergrund seiner hohen volkswirtschaftlichen Bedeutung aufrechtzuerhalten.

Oberste Instanz des Bankensystems ist die Zentralbank. Diese nimmt wichtige Aufgaben in den Bereichen der Bankenaufsicht sowie der Geldversorgung der Geschäftsbanken wahr. In ihrem Handeln ist die Zentralbank übergeordneten wirtschaftspolitischen Zielsetzungen verpflichtet. Insbesondere Maßnahmen der Geldmengensteuerung durch die Zentralbank werden deshalb als Geldpolitik bezeichnet.

▸ *2. Banken und Bankgeschäfte*
▸ *3. Bankensystem*
▸ *4. Zentralbank und Geldpolitik*

Das Preisniveau: Ziel wirtschaftspolitischer Eingriffe

Die Stabilisierung des Preisniveaus, also die durchschnittlichen Preise für wirtschaftlich relevante Güter, ist eine der wesentlichen Aufgaben der Geldpolitik. In diesem Zusammenhang sollen sowohl ein übermäßiger Anstieg des Preisniveaus (Inflation) als auch ein übermäßiges Sinken des Preisniveaus (Deflation) vermieden werden. Beide Entwicklungen werden aus jeweils unterschiedlichen Perspektiven auf unterschiedliche Gründe zurückgeführt. Konsens besteht aber in der Einschätzung, dass sich starke und anhaltende Veränderungen des Preisniveaus auf Dauer negativ auf das gesamtwirtschaftliche Geschehen auswirken.

▸ *5. Preisniveau: Inflation und Deflation*

Geld im internationalen Kontext: Währungen

Geld wird in wirtschaftlichen Zusammenhängen als Zahlungsmittel, Recheneinheit und Wertaufbewahrungsmittel verwendet. Allerdings wird zu diesen Zwecken nicht in jeder Volkswirtschaft das gleiche Geld verwendet, sondern es gibt Unterschiede zwischen den einzelnen Ländern. Das jeweils in einer bestimmten Volkswirtschaft verwendete Geld wird als Währung bezeichnet. Werden Währungen zueinander in Bezug gesetzt, erhalten sie einen Wert, den Wechselkurs. Wechselkurse haben insbesondere im Rahmen der internationalen Wirtschaftsbeziehungen eine hohe Bedeutung. Dementsprechend werden auch hier potenzielle wirtschaftspolitische Einflussmöglichkeiten in Erwägung gezogen.

▸ *6. Währung und Währungspolitik*

Handel mit Kapital: Die Finanzmärkte

Das Geschehen an den Finanzmärkten wird vielfach mit realökonomischen Entwicklungen in Verbindung gebracht. In der Tat hat der auf den Finanzmärkten stattfindende Handel mit Kapital insbesondere über die Ermöglichung wirtschaftlicher Investitionen einen starken Einfluss auf die Realökonomie.

Dabei lassen sich verschiedene Teilmärkte des Kapitalhandels unterscheiden. In der Öffentlichkeit wird insbesondere der über Börsen organisierte Aktienhandel wahrgenommen. So geben laufende Meldungen über die Entwicklung einzelner Aktienkurse und/oder wichtiger Aktienindizes Auskunft über die aktuelle wirtschaftliche Lage und sich abzeichnende Entwicklungen. Auch werden an der Börse notierte Unternehmen oftmals als besonders leistungsfähig eingeschätzt.

Nicht nur Unternehmen werden am Finanzmarkt aktiv. Auch Staaten nutzen die dort gegebenen Möglichkeiten zur Erschließung von Kapital. Hierbei steht vor allem das Finanzinstrument der Staatsanleihen im Mittelpunkt.

Der Kapitalhandel an den Finanzmärkten erfüllt ökonomisch sehr wichtige Funktionen. Es zeigt sich allerdings auch, dass das Geschehen an den Finanzmärkten keinesfalls automatisch mit Vorteilen für die direkten Beteiligten und die gesamte Volkswirtschaft einhergehen muss. Insbesondere im Zusammenhang mit der Verbreitung spekulativer Anlagestrategien bestehen hier Risiken, die mit einem hohen Verlustpotenzial und möglichen weiteren negativen Folgen einhergehen. Vor diesem Hintergrund rücken nicht zuletzt Fragen der Finanzmarktregulierung in den Blickpunkt.

▸ *7. Finanzmarkt und Börse*
▸ *8. Staaten als Akteure am Finanzmarkt*
▸ *9. Von der Finanzkrise zur Wirtschaftskrise*
▸ *10. Finanzmarkt und Politik – Finanzmarktregulierung*

Geld und Geldfunktionen

Römische Münzen und Prägestock

Geld: Eine jahrtausendealte Erfindung

An der Supermarktkasse, auf dem Wochenmarkt, beim Einkauf im Internet – überall dort, wo Waren und Dienstleistungen erworben werden können, finden ***ökonomische Austauschprozesse*** statt. Diese Austauschprozesse sind dadurch gekennzeichnet (bzw. können erst dadurch stattfinden), dass ein bestimmter Wert (des zu erwerbenden Gutes) gegen einen entsprechenden Gegenwert getauscht wird. Grundsätzlich wäre dabei natürlich etwa denkbar, dass man einen Liter Milch im Supermarkt gegen ein Kilogramm selbst angebauter Kartoffeln tauscht – in der Realität bedienen sich die am Tauschprozess beteiligten Akteure jedoch eines Hilfsmittels: Güter werden gegen einen ihrem Wert entsprechenden Geldbetrag getauscht. Geld fungiert dabei als Zahlungsmittel, entweder in Form von Geldscheinen und Münzen oder in virtueller Form (z. B. Nutzung einer Kreditkarte im Internet).

Auch wenn der Einsatz von Geld als Zahlungsmittel heute allgegenwärtig ist, bedeutet dies nicht, dass es sich hierbei um ein besonders neuartiges ökonomisches Phänomen handelt. Die Anfänge der Geldnutzung reichen vielmehr bis in das sechste Jahrtausend v. Chr. zurück: Während bis dahin der Austausch von Gütern ausschließlich über ***Tauschhandel*** realisiert wurde, kam es nun zum Einsatz von ***Naturalgeld***. Hierbei handelte es sich um natürliche Gegenstände mit allgemein anerkanntem Wert (so dienten etwa Muscheln, Perlen und Edelsteine als Tauschmittel). Im Laufe der Antike wurde die Nutzung von ***Münzgeld*** etabliert, verbunden mit dem staatlichen Monopol zur Prägung und Herausgabe von Münzen. Seit dem 10. Jahrhundert existiert in China und seit dem 15. Jahrhundert in Europa neben dem Münz- auch das ***Papiergeld***. Bereits im 14. Jahrhundert kam es in der islamischen Welt sowie in Teilen Europas zu ersten Formen des ***bargeldlosen Zahlungsverkehrs***. Dieser wurde Ende des 19. Jahrhunderts auch im Deutschen Reich aufgenommen. Seit Mitte des 20. Jahrhunderts wurde der Anteil des bargeldlosen Zahlungsverkehrs schließlich, vor allem im Zusammenhang mit technologischen Entwicklungen (Kommunikation, elektronische Datenverarbeitung), zunehmend ausgeweitet.

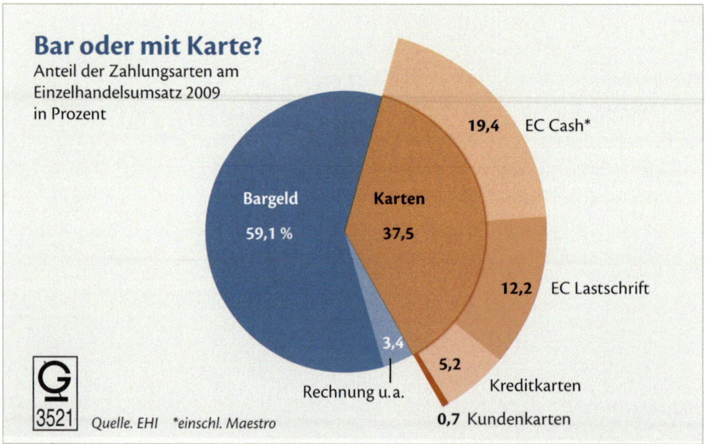

Funktionen des Geldes

Drei zentrale Geldfunktionen werden im ökonomischen Prozess unterschieden:

- *Tausch-/Zahlungsmittel:* Transfer von Geld im Rahmen des Erwerbs von Gütern. Käufer geben Geld an Verkäufer und erhalten im Gegenzug das jeweilige Gut.
- *Recheneinheit:* Geld als Maßstab zur Festlegung ökonomischer Werte. Der Wert eines Gutes könnte beispielsweise auch in Anteilen anderer Güter angegeben werden (z. B. 1 Liter Milch = 50 Gramm Käse). Im Interesse der Vergleichbarkeit wird jedoch für gewöhnlich eine Angabe in Geldpreisen vorgenommen.

- *Wertaufbewahrungsmittel:* Nutzung von Geld, um erworbene Werte über einen bestimmten Zeitraum zu halten. Nicht immer wird erhaltenes Geld unmittelbar für den Gütererwerb verwendet. Ein Großteil des Geldes wird vielmehr mittel- und langfristig gehalten (Bankguthaben, Kapitalanlagen). Geld dient in diesem Zusammenhang gleichsam als Speicher für Kaufkraft, die in der Zukunft wirksam werden kann. Das Ausmaß der Nutzung von Geld zur Wertaufbewahrung lässt sich anhand der Sparquote erkennen: Diese beschreibt den Anteil des gesparten Geldes am verfügbaren Einkommen.

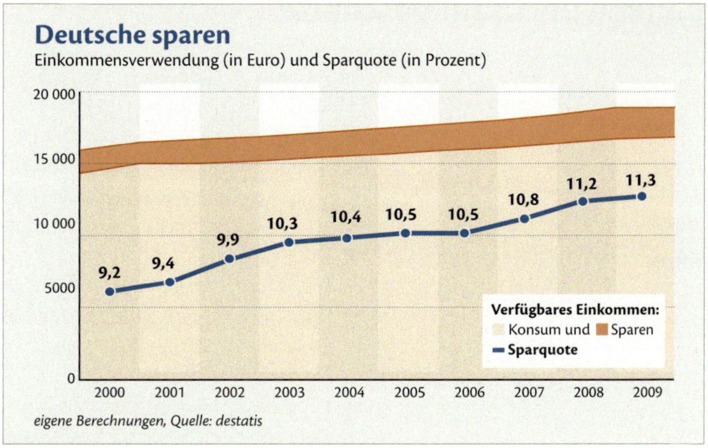

Die elementare Voraussetzung für die tatsächliche Tragfähigkeit dieser Geldfunktionen besteht im Vertrauen in die ***Stabilität des Geldwertes***. Für die ökonomischen Akteure muss in diesem Zusammenhang absehbar sein, dass sich der Wert, der dem genutzten Geld zugeschrieben wird, auf absehbare Zeit nicht maßgeblich ändern wird. So liegt etwa auf der Hand, dass Geld nicht als Wertaufbewahrungsmittel genutzt werden könnte, wenn sich der Geldwert innerhalb weniger Tage halbieren würde.

Geldarten

Es lassen sich verschiedene Geldarten unterscheiden. Die Basisunterscheidung wird dabei zunächst zwischen dem Warengeld und dem Rechengeld vorgenommen:

- *Warengeld:* Geld, das selbst über einen Materialwert verfügt, aus dem sich der Geldwert ergibt (z. B. Edelsteine, Gold).
- *Rechengeld:* Geld, dessen Materialwert nicht dem Geldwert entspricht. Der Geldwert ergibt sich hierbei erst daraus, dass Geld durch gesetzliche Bestimmungen zum allgemeinen Zahlungsmittel erklärt wird (so belaufen sie die tatsächlichen Produktionskosten eines Geldscheines nur auf einen Bruchteil des ihm von staatlicher Seite zugewiesenen Geldwertes).

Im Bereich des Rechengeldes kann Geld in unterschiedlichen Formen verwendet werden. Zentral ist hierbei die Unterscheidung von Bargeld und Buchgeld:

- *Bargeld:* Geld, das in Form von Münzen und Geldscheinen direkt ausgetauscht werden kann.
- *Buchgeld:* Geld, das auf einem Bankkonto gutgeschrieben ist, von dort aus ohne Umwandlung in Bargeld auf andere Konten transferiert werden kann (Überweisungen, Bezahlung per EC-Karte), andererseits aber jederzeit in Bargeld umgewandelt werden kann (z. B. Abhebung am Geldautomaten).

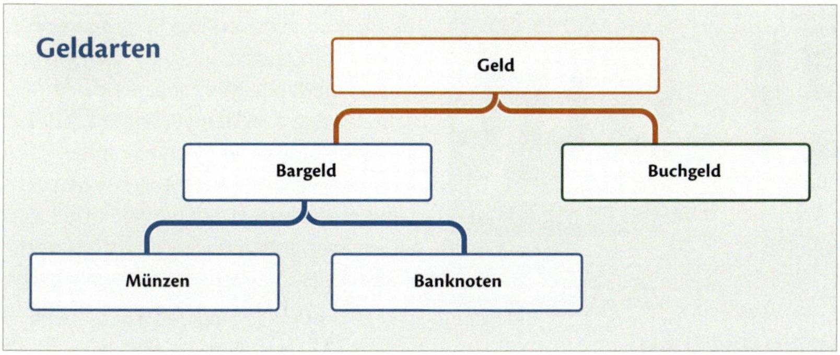

Banken und Bankgeschäfte

Aufgaben von Banken

Banken erfüllen wichtige Funktionen für einzelne Wirtschaftsakteure und die Gesamtwirtschaft. Ganz allgemein handelt es sich hierbei um Institutionen, die Bankgeschäfte durchführen und ihren Kunden unterschiedliche Finanzdienstleistungen anbieten. Was im Einzelnen darunter zu verstehen ist, ist in Deutschland im ***Kreditwesengesetz*** festgelegt. Banken können demnach auf den folgenden Geschäftsfeldern tätig werden:

- Einlagengeschäft: Annahme fremder Gelder (Einlagen auf Giro- bzw. Sparkonten mit unterschiedlicher Verzinsung).
- Kreditgeschäft: Vergabe von verzinsten Krediten aus den vorhandenen Einlagen.
- Diskontgeschäft: Ankauf von Wechseln und Schecks (Zahlungsverpflichtungen Dritter, die zeitverzögert und mit Zinsaufschlag an die Bank gezahlt werden).
- Finanzkommissionsgeschäft: An- und Verkauf von Wertpapieren im eigenen Namen oder im Auftrag eines Kunden.
- Depotgeschäft: Verwahrung und Verwaltung von Wertpapieren.
- Garantiegeschäft: Übernahme von Bürgschaften und Garantien für die Erfüllung von Zahlungsverpflichtungen Dritter.
- E-Geld-Geschäft: Durchführung des bargeldlosen Zahlungsverkehrs.

Das Kreditgeschäft

Das Einlagen- sowie das Kreditgeschäft gehören zum Kernbereich des Aufgabenfeldes von Banken. Beide Geschäftsfelder hängen eng miteinander zusammen, da die bei einer Bank gehaltenen Einlagen erst die Grundlage für die Vergabe von Kreditmitteln durch diese Bank erschließen.

Banken können jedoch nicht alle Einlagen in vollem Umfang in das Kreditgeschäft einbringen. Sie sind vielmehr zur Haltung einer ***Geldreserve*** verpflichtet. Der ***Mindestreservesatz*** wird von der übergeordneten ***Zentralbank*** festgelegt und dient dieser in erster Linie zur Steuerung von Kreditvergabe und Geldumlauf (siehe 7.4). Der Mindestreservesatz im Euroraum beträgt derzeit 2 % (2011).

Das Kreditgeschäft der Banken erfüllt in volkswirtschaftlicher Hinsicht eine wichtige Funktion: So wird das als Einlagen gehaltene Geld (in Abhängigkeit vom Mindestreservesatz) über die Kreditvergabe ökonomisch wirksam, da die Kreditnehmer damit Konsum oder Investitionen finanzieren. Insbesondere Unternehmen sind für die Umsetzung kostenintensiver Investitionen, wie z. B. die Modernisierung einer Produktionsanlage, auf Kreditmittel angewiesen. In diesem Zusammenhang wird deutlich: Das geschäftliche Handeln der Banken hat direkte Auswirkungen auf andere Wirtschaftsbereiche – es besteht ein ***Zusammenhang zwischen Finanz- und Realwirtschaft***.

Die Rückzahlung von Kreditmitteln erfolgt verzinst, d. h., zusätzlich zur Kreditsumme müssen die Kreditnehmer eine prozentuale Gebühr (den ***Kreditzins***) für die Kreditgewährung abzahlen. Die Zinseinkünfte bilden dabei zu einem Teil den Ertrag der Bank aus dem Kreditgeschäft. Zum anderen Teil werden sie den Einlagenhaltern als ***Guthabenzinsen*** gutgeschrieben, woraus sich letztlich der wichtigste Anreiz dafür ergibt, Geldbeträge bei einer Bank abzulegen.

Das Eccles Building in Washington, Hauptsitz der Federal Reserve

Geldschöpfung im Bankensystem

Neben der Finanzierung von Konsum und Investitionen wird über die Kreditvergabe im Bankensystem mit der ***Geldschöpfung*** ein weiterer volkswirtschaftlich relevanter Prozess gewährleistet. Hierbei handelt es sich um eine Vermehrung der Geldmenge durch Kreditgeschäfte. Mit einer solchen Vermehrung der Geldmenge geht wiederum eine entsprechende Ausweitung der gesamtwirtschaftlich relevanten Investitions- und Konsumtätigkeit einher.

Am Beispiel: Angenommen, es besteht ein Mindestreservesatz von 2 % und das (fiktive) Bankhaus Meier verfügt über Einlagen in Höhe von insgesamt 1 000 000 €. Zudem gilt: Die Auszahlungswünsche der Kunden und Neueinlagen fallen im Durchschnitt ähnlich aus.

Bankhaus Meier	
Einlagen: 1 000 000 €	Reserve: 20 000 €
	Kreditmittel: 980 000 €

Abzüglich der Mindestreserve von 20 000 € können somit 980 000 € im Kreditgeschäft vergeben werden. Die ausgezahlten Kreditmittel werden von Kreditnehmern für Konsum und Investitionen genutzt. Die Anbieter der dabei erworbenen Güter legen das dabei erhaltene Geld wiederum bei einer anderen Bank (im vereinfachten Modell wird davon ausgegangen, dass die Anbieter das erhaltene Geld bei lediglich einer Bank einzahlen) an.

Bankhaus Müller	
Einlagen: 980 000 €	Reserve: 19 600 €
	Kreditmittel: 960 400 €

Hier stehen dann Kreditmittel in Höhe von 960 400 € zur Verfügung. Die ausgezahlten Kreditmittel gelangen als Einlagen zur nächsten Bank, wo wiederum ein Teil des Geldes in das Kreditgeschäft eingebracht wird.

Bankhaus Schulze	
Einlagen: 960 400 €	Reserve: 19 208 €
	Kreditmittel: 941 192 €

Im Prinzip würde dieser Prozess so lange fortlaufen, bis der Einlagewert 0 erreicht ist. Doch bereits an dieser Stelle ist ersichtlich: Ausgehend von den ursprünglichen Einlagen im Wert von 1 000 000 € werden Kreditmittel in Höhe von 2 881 592 € „geschöpft".

Der Prozess der Geldschöpfung im Bankensystem sorgt somit für eine ***Ausweitung der Geldmenge***, die insgesamt (über Ausgaben für Konsum und Investitionen) nachfragewirksam wird. Hierdurch werden weitergehende positive Effekte (z. B. Sicherung der Wettbewerbsfähigkeit eines Unternehmens durch Investitionen in die Produktionstechnologie) stimuliert. Der Prozess der Geldschöpfung bietet somit ein Potenzial für Wohlstandssteigerungen. Die Ausweitung der Geldmenge allein ist allerdings nicht gleichbedeutend mit einer Steigerung des Reichtums. Dies wird dann ersichtlich, wenn man berücksichtigt, dass mit jedem Kredit immer auch eine Rückzahlungsverpflichtung einhergeht: Jeder im Bankensystem „geschöpfte" Euro erhöht somit zugleich die Verbindlichkeiten der entsprechenden Kreditnehmer, die die Kreditmittel zwar im Wirtschaftsprozess nutzen können, diese aber nicht geschenkt bekommen, sondern schrittweise an die Bank zurückzahlen müssen.

Bankensystem

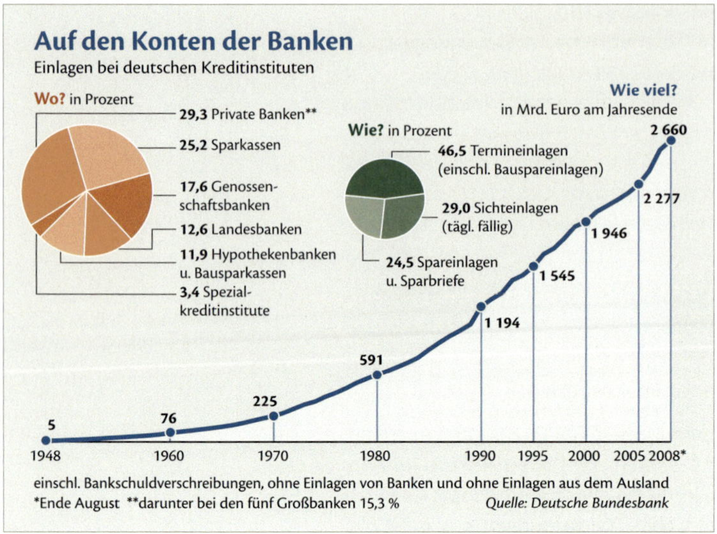

Bankenwesen in Deutschland

In Deutschland gibt es eine Vielzahl an Kreditinstituten bzw. Banken, die auf den unterschiedlichen Feldern des Bankgeschäfts tätig sind. Die einzelnen Banken unterscheiden sich dabei in ihrer Organisationsform und ihren Geschäftsstrategien. Insgesamt besteht im deutschen Bankenwesen eine ***Drei-Säulen-Struktur***.

Es gibt dabei drei Bereiche, denen unterschiedliche Arten von Banken zugeordnet sind:

- *Öffentlich-rechtliche Banken:* Banken, deren Eigentümer die öffentliche Hand ist und die dem gesetzlichen Auftrag verpflichtet sind, Finanzdienstleistungen für die Bevölkerung zu erbringen (Sparkassen und Landesbanken).
- *Genossenschaftsbanken:* Banken, die ihren Kunden die Möglichkeit bieten, Anteile an der jeweiligen Bank zu erwerben und hierüber am Geschäftsergebnis beteiligt zu werden. Bankkunden können hier zugleich Teilhaber einer Bank sein (u. a. Volks- und Raiffeisenbanken).
- *Privatbanken:* Privatwirtschaftlich organisierte Banken, die das Bankgeschäft mit dem Ziel der Erreichung möglichst hoher Gewinne betreiben (z. B. Deutsche Bank, Commerzbank).

Als übergeordnete Instanz im Bankensystem fungiert die ***Zentralbank***. In Deutschland handelt es sich hierbei um die ***Deutsche Bundesbank***, die wiederum gemeinsam mit der ***Europäischen Zentralbank*** in das ***Europäische System der Zentralbanken*** eingebunden ist. Die Zentralbank ist die staatliche Institution zur Ausgabe von Geld. Die wichtigste Aufgabe der Zentralbank besteht dementsprechend darin, die Wirtschaft mit Zahlungsmitteln zu versorgen. Die Versorgung mit Zahlungsmitteln erfolgt jedoch nicht unmittelbar, sondern über die Banken innerhalb der Drei-Säulen-Struktur. Die Zentralbank dient den Banken dabei als letzte Quelle der Geldbeschaffung, also gleichsam als „Bank für die Banken".

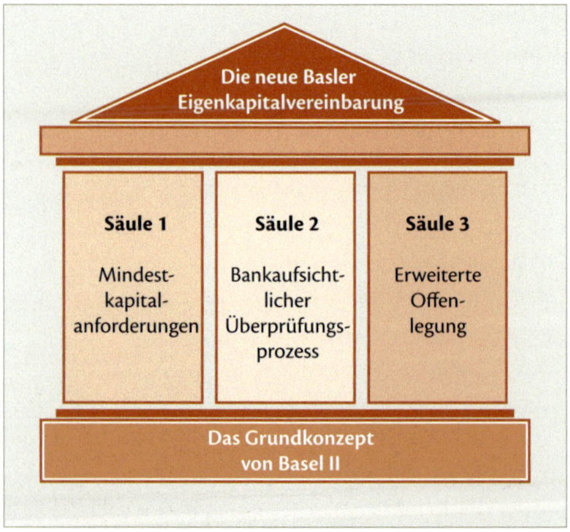

Refinanzierung im Bankensystem

Banken sind für die Wahrnehmung ihrer Geschäfte auf die Versorgung mit Geld angewiesen. Diese erfolgt zum einen über die Einlagen der Bankkunden. Allerdings werden diese zu einem Großteil in das Kreditgeschäft eingebracht. Theoretisch muss jedoch jede Bank in der Lage dazu sein, die Auszahlungswünsche ihrer Kunden kurzfristig zu erfüllen. Diese Fähigkeit, laufende Zahlungsverpflichtungen zu bedienen, wird als ***Liquidität*** bezeichnet.

Wenn also beispielsweise an einem bestimmten Geschäftstag die Auszahlungswünsche der Kunden die getätigten Einlagen übersteigen, besteht für die jeweilige Bank ***Refinanzierungsbedarf***. Dies bedeutet, dass die Bank zur Aufrechterhaltung ihrer Liquidität kurzfristig auf die Beschaffung von zusätzlichem Geld angewiesen ist. Hierbei handelt sich um einen alltäglichen Vorgang im Bankgeschäft, da die Ein- und Auszahlungswünsche der Kunden nicht exakt prognostizierbar sind.

Den Banken bieten sich dabei mit dem Interbankenhandel, der Beschaffung von Zentralbankgeld und dem Handel im Kapitalmarkt drei unterschiedliche Refinanzierungsmöglichkeiten:

- *Interbankenhandel:* Kurzfristiges Kreditgeschäft zwischen Banken mit Refinanzierungsbedarf und Banken mit Liquiditätsüberschüssen.
- *Beschaffung von Zentralbankgeld:* Vergabe von Kurzzeit-Krediten („Übernachtkredite") durch die Zentralbank bei sehr kurzfristig auftretendem Refinanzierungsbedarf.
- *Handel am Kapitalmarkt:* Geldbeschaffung über den Verkauf von Wertpapieren aus dem Bestand der jeweiligen Bank.

Bankenaufsicht

Das Bankensystem erfüllt im ökonomischen Kontext zahlreiche relevante Funktionen. Deshalb besteht sowohl aus Sicht des individuellen Wirtschaftsakteurs (Sicherung der eigenen Einlagen) als auch aus gesamtwirtschaftlicher Sicht (Sicherung gesamtwirtschaftlich relevanter Funktionen der Banken) ein besonderer Bedarf an ***Kontrolle und Absicherung des Bankensystems***. Die öffentliche Aufgabe der Bankenaufsicht ist dabei in ein internationales Regelwerk eingebunden. Das aktuell gültige Basel-II-Abkommen zielt in diesem Fall auf die drei Kernbereiche ***Mindesteigenkapitalanforderungen*** (Abfederung von Verlustrisiken), ***bankaufsichtliche Überprüfungen*** (Analyse von Risiken im laufenden Geschäftsbetrieb durch Banken und Bankenaufsicht) sowie ***Offenlegung*** (Verpflichtung zur Aufklärung über Eigenkapital und eingegangene Risiken, um ein höheres Risikobewusstsein der Banken zu erreichen).

In der BRD wird die Bankenaufsicht arbeitsteilig durch zwei Institutionen wahrgenommen:

- *Deutsche Bundesbank:* Durchführung laufender Kontrollen (insbesondere Auswertung regelmäßiger Meldungen, Prüfungsberichte und Jahresabschlüsse der Banken).
- *Bundesanstalt für Finanzdienstleistungsaufsicht* (BaFin): Wahrnehmung hoheitlicher Aufgaben im Bereich der Bankenaufsicht (insbesondere Zulassung und ggf. Schließung einzelner Kreditinstitute, Mitwirkung an laufenden Kontrollen, ggf. Verhängung von Sanktionen).

Das Bankensystem und die globale Krise

Das Bankensystem war maßgeblich in die Entstehung und den Verlauf der globalen Finanz- und Wirtschaftskrise seit 2007 involviert. Nachdem zahlreiche Banken zum Teil hochriskante Kredit- und Anlagegeschäfte eingegangen waren, konnten die hieraus folgenden Ausfälle nicht durch vorhandenes Eigenkapital gedeckt werden. Einzelne Institute gerieten so an den Rand der ***Zahlungsunfähigkeit***. Den Höhepunkt erreichte diese Entwicklung am 15. September 2008, als die US-amerikanische Großbank Lehman Brothers Insolvenz anmelden musste. Die Folge war ein weltweiter Vertrauensverlust im Finanzsektor, der das Refinanzierungsgeschäft im Bankensystem weitgehend zum Erliegen kommen ließ. Das Bankensystem wurde hierdurch stark destabilisiert, wodurch seine realwirtschaftlich bedeutsamen Funktionen nur noch unzureichend erbracht wurden. Hohe staatliche Rettungszahlungen und Ausfallgarantien wurden notwendig, um das Bankensystem wieder zu stabilisieren. Eine Folge hieraus ist die Diskussion über eine stärkere Kontrolle des Bankensystems. Ein Ansatz hierzu besteht mit dem aktuell diskutierten ***Basel-III-Abkommen***, das u. a. eine Ausweitung der Eigenkapitalverpflichtungen vorsieht.

Karikatur: Frank Speth

Zentralbank und Geldpolitik

Geld in der Volkswirtschaft

In seinen Funktionen als Zahlungsmittel, Recheneinheit und Wertaufbewahrungsmittel kommt Geld in ökonomischen Prozessen eine zentrale Bedeutung zu. Die Versorgung einer Volkswirtschaft mit Geld gehört deshalb zu den zentralen wirtschaftspolitischen Aufgaben. Entsprechende wirtschaftspolitische Maßnahmen, die die Steuerung des Geldumlaufs in der Volkswirtschaft betreffen, werden als ***Geldpolitik*** bezeichnet. Der Geldpolitik werden aus theoretischer Perspektive unterschiedliche Zielsetzungen zugewiesen. Während die ***Nachfragetheorie*** geldpolitische Maßnahmen als wichtigen Beitrag zur Schaffung von Wachstums- und Beschäftigungsimpulsen ansieht, begreift die ***Angebotstheorie*** Geldpolitik in erster Linie als Mittel zur Sicherung der Preisniveaustabilität. Wesentliche Träger der Geldpolitik sind die Zentralbanken. Da Deutschland Mitglied der Eurozone ist, ist hier die ***Europäische Zentralbank (EZB)*** mit Sitz in Frankfurt am Main die zentrale Institution. Weitere wichtige Zentralbanken sind das ***Federal Reserve System (FED)*** in den USA sowie die ***Bank of Japan***. Die Geldpolitik der EZB ist in erster Linie angebotstheoretisch orientiert, also primär dem Ziel der Preisniveaustabilität verpflichtet. Ergänzend sollen jedoch auch Impulse für wirtschaftliches Wachstum und die Sicherung von Beschäftigung geschaffen werden. Letztgenanntes gilt jedoch nur, soweit dabei die übergeordnete Zielsetzung der Preisniveaustabilität nicht beeinträchtigt wird.

Instrumente der Geldpolitik

Zur Umsetzung ihrer geldpolitischen Zielsetzungen greifen Zentralbanken auf unterschiedliche Instrumente zurück. Im Kern geht es dabei um die Steuerung der in Umlauf befindlichen Geldmenge. Dafür sind die wichtigsten Elemente:

- *Offenmarktgeschäfte/Hauptrefinanzierung:* Im Rahmen von Offenmarktgeschäften werden Wertpapiere mit einer festgelegten Laufzeit zwischen den Geschäftsbanken und der Zentralbank gehandelt. Dieser Handel stellt für die Geschäftsbanken ein wichtiges Instrument zur Refinanzierung dar. Die Zentralbank steuert die Offenmarktgeschäfte über einen Zinssatz, den sog. ***Hauptrefinanzierungssatz***. Dieser Zinssatz wird vielfach auch als ***Leitzins*** bezeichnet. Die Zentralbank kann den Geldumlauf über Veränderungen des Hauptrefinanzierungssatzes steuern: Wird beispielsweise der Zinssatz erhöht, besteht für die Banken ein erhöhter Anreiz, in die von der Zentralbank angebotenen Wertpapiere zu investieren. Die im Umlauf befindliche Geldmenge sinkt dadurch, das allgemeine Preisniveau wird gedämpft. Da die Banken zugleich über weniger Geld für die Kreditvergabe verfügen, steigen auch die Kreditzinsen. Die Geldschöpfung wird verlangsamt und kreditfinanzierte Investitionen gehen zurück.
- *Spitzenrefinanzierung:* Für die kurzfristige Refinanzierung (i.d.R. über Nacht) können Geschäftsbanken von der Zentralbank Geld zum ***Spitzenrefinanzierungssatz*** leihen. Auch Veränderungen dieses Zinssatzes wirken sich (über eine Übertragung der Refinanzierungskosten in das Kreditgeschäft) entsprechend auf die Geldmenge aus.
- *Mindestreserve:* Auch über die Veränderung des Mindestreservesatzes kann die Zentralbank die Geldmenge steuern. Ein höherer Mindestreservesatz wirkt sich dabei dämpfend, ein niedrigerer fördernd auf das Kreditgeschäft der Banken.

Leitzinsen der EZB und der FED

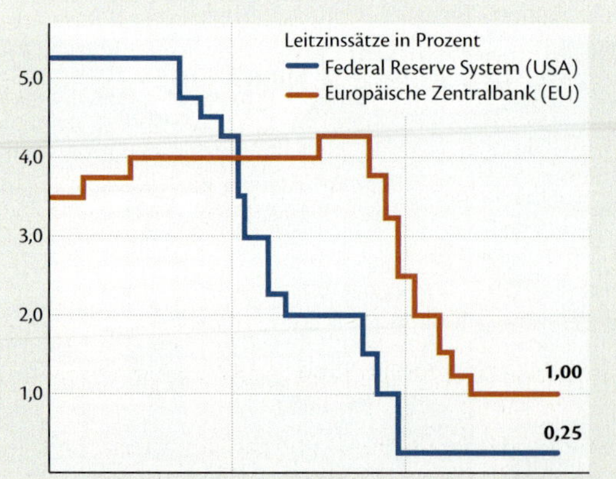

Quelle: F.A.Z., Thomson Reuters

Ansätze der Geldpolitik

M 1 Wirtschaftstheorie und Geldpolitik

Keynesianische Geldpolitik
Unter keynesianischer Geldpolitik wird der Versuch verstanden, durch die Veränderung der Geldmenge und des Zinssatzes Wirtschaftspolitik zu betreiben (...). So soll z. B. in einer Rezession mit Wachstumsschwäche und Arbeitslosigkeit durch eine Geldmengenerhöhung mit geldpolitischen Instrumenten eine Zinssenkung (und) damit eine Erhöhung der Nachfrage und der Investitionen erreicht werden. Der Erfolg einer derartigen Geldpolitik hängt aber von den folgenden Faktoren ab:

- *Zinselastizität der Geldmenge:* (Hierunter) wird die Reaktion des Zinssatzes auf eine Geldmengenveränderung verstanden. Sinken die Zinsen aufgrund einer Geldmengenerhöhung nur wenig, fallen die Erfolge der Geldpolitik nur gering aus.
- *Investitionselastizität der Zinsen:* (Hierunter) wird die Reaktion der Investitionen auf eine Veränderung des Zinssatzes verstanden. Ist z. B. die Investitionselastizität sehr gering, finden auf eine Zinssenkung kaum zusätzliche Investitionen statt.
- *Multiplikatorwirkung:* (Hierunter) wird die Erhöhung der gesamtwirtschaftlichen Nachfrage aufgrund eines Nachfrageimpulses nach mehreren Wirtschaftsumläufen verstanden. Ist der Multiplikator niedrig, ist auch der Erfolg der Geldpolitik gering.

(...)

Monetaristische Geldpolitik
Der Monetarismus hält die keynesianistische Geldtheorie für falsch. Er geht davon aus, dass die Geldmenge keinen Einfluss auf den Zinssatz und damit auf die Investition und Beschäftigung, sondern ausschließlich auf das Preisniveau hat. Hiernach führt eine steigende Geldmenge zu Inflation. (...) Die Konsequenzen aus dieser Theorie sind eindeutig: Eine Geldpolitik zur Einflussnahme auf das Wirtschaftsgeschehen ist sinnlos. Vielmehr dient die Geldpolitik nur der Inflationsbekämpfung. Der Staat (...) muss die Geldmenge begrenzen, damit keine Inflation entsteht (Geldmenge sollte nur in Höhe der Steigerung des BIP wachsen).

Holger Rogall: Volkswirtschaftslehre für Sozialwissenschaftler. Eine Einführung. Wiesbaden, 2006, S. 265 f.

M 2 EZB signalisiert bevorstehende Leitzinserhöhung

Die Europäische Zentralbank hat [im März 2011] (...) eine schon bald bevorstehende Zinserhöhung signalisiert. Der EZB-Rat ließ den Leitzins zwar mit 1 Prozent unverändert. EZB-Präsident Jean-Claude Trichet sagte jedoch, es sei schon im April eine Zinserhöhung möglich. Er begründete das mit der Teuerung von Energie und Lebensmitteln und bezeichnete den starken Anstieg des Ölpreises als „Preisschock". Es gelte Zweitrundeneffekten – zum Beispiel durch überhöhte Lohnabschlüsse – entgegenzutreten. Diese seien zwar noch nicht zu beobachten, aber all jenen, die an der Setzung von Preisen beteiligt seien, solle klar sein, dass die EZB Inflation nicht hinnehme. (...)
Für die bevorstehende Zinswende sprechen auch die verschärften Prognosen der EZB-Fachleute. Sie erwarten nun für dieses Jahr eine Inflationsrate zwischen 2 bis 2,6 Prozent und im kommenden Jahr zwischen 1 und 2,4 Prozent. Im Dezember lag die mittlere Inflationsprognose für 2011 noch um ein halbes Prozentpunkt niedriger. Die Europäische Zentralbank erwartet also, dass sie in diesem Jahr ihr Inflationsziel von knapp 2 Prozent verfehlen wird. Trichet sagte, die Inflationsrisiken seien aus Sicht der EZB zuletzt klar gestiegen und blieben nach oben gerichtet. Zuletzt war die jährliche Teuerung auf 2,4 Prozent gestiegen.

ruh/FAZ: EZB stellt Zinswende in Aussicht. Leitzinserhöhung schon im April möglich. Faz.net v. 03.03.2011, abrufbar unter: http://www.faz.net/artikel/C30770/ezb-stellt-zinswende-in-aussicht-leitzinserhoehung-schon-im-april-moeglich-30329401.html (30.05.2011)

1 ***Vergleichen Sie beide Sichtweisen und arbeiten Sie heraus, welche Beweggründe und welche Zielsetzungen der Geldpolitik hier zugeschrieben werden.***

2 ***Stellen Sie die beiden wirtschaftstheoretischen Auffassungen zur Geldpolitik in einem zusammenfassenden Schaubild dar.***

3 ***Analysieren Sie M 2 und legen Sie begründet dar, welche geldpolitische Positionierung die EZB hier erkennen lässt.***

Preisniveau: Inflation und Deflation

Preisniveau und Verbraucherpreisindex

Das zentrale Ziel staatlicher Geldpolitik besteht in der Sicherung der Preisniveaustabilität. Preisniveaustabilität ist dann gegeben, wenn sich das durchschnittliche Niveau der Preise von Waren und Dienstleistungen in einer Volkswirtschaft über einen bestimmten Zeitraum hinweg im Vergleich zur Vorperiode nicht maßgeblich verändert. Die Entwicklung des Preisniveaus wird über den ***Verbraucherpreisindex*** dargestellt. Hierzu wird in regelmäßigen Abständen die Preisentwicklung der Güter eines repräsentativen Warenkorbs ermittelt, der alle relevanten Waren und Dienstleistungen in unterschiedlicher Gewichtung enthält.

Veränderungen des Preisniveaus: Inflation und Deflation

Aus verschiedenen Gründen kann es zu Veränderungen des Preisniveaus kommen. Unterschieden werden hierbei die ökonomischen Phänomene der ***Inflation*** und der ***Deflation***.

- Bei einer Inflation handelt es sich um einen deutlichen und anhaltenden ***Anstieg des Preisniveaus***. Im Austausch gegen einen gegebenen Geldbetrag erhalten die Nachfrager weniger Gütereinheiten als zuvor. Deshalb wird in diesem Zusammenhang auch von einer ***Geldentwertung*** gesprochen. Das Geld verliert in diesem Zusammenhang seine Wertaufbewahrungsfunktion. Dies bedeutet zum einen, dass es nur noch bedingt als Zahlungsmittel einsetzbar ist (erhaltenes Geld muss unmittelbar in Güter umgetauscht werden, um der Geldentwertung zuvorzukommen) sowie zum anderen, dass die Sparneigung der Bevölkerung weitgehend zum Erliegen kommt. Dies hat gravierende ***Folgen für die Volkswirtschaft***: Aufgrund mangelnder Spareinlagen können keine Kredite für wirtschaftliche Investitionen mehr gewährt werden. Ein mitunter massives Sinken des gesamtwirtschaftlichen Produktionsniveaus und damit einhergehende steigende Arbeitslosigkeit und Einkommensverluste sind die Folgen, die wiederum den Ausgangspunkt für einen sich selbst verstärkenden negativen Prozess bilden können.

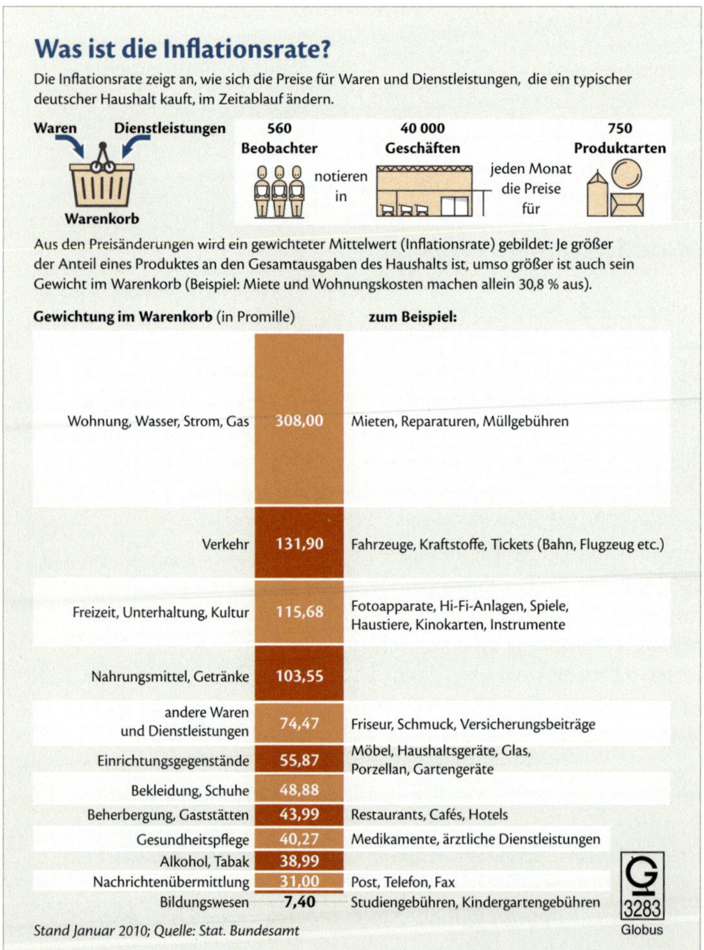

- Bei einer Deflation hingegen kommt es zu einem deutlichen und anhaltenden ***Sinken des Preisniveaus***. Im Austausch gegen einen gegebenen Geldbetrag erhalten die Nachfrager mehr Gütereinheiten als zuvor. Eine ausgeprägte Deflation geht jedoch mit in gesamtwirtschaftlicher Hinsicht ***problematischen Folgen*** einher: Insbesondere allgemein niedrigere Gewinnerwartungen der Unternehmen bedingen eine Drosselung des Produktionsniveaus und einen Verzicht auf unternehmerische Investitionen (z. B. Neu-

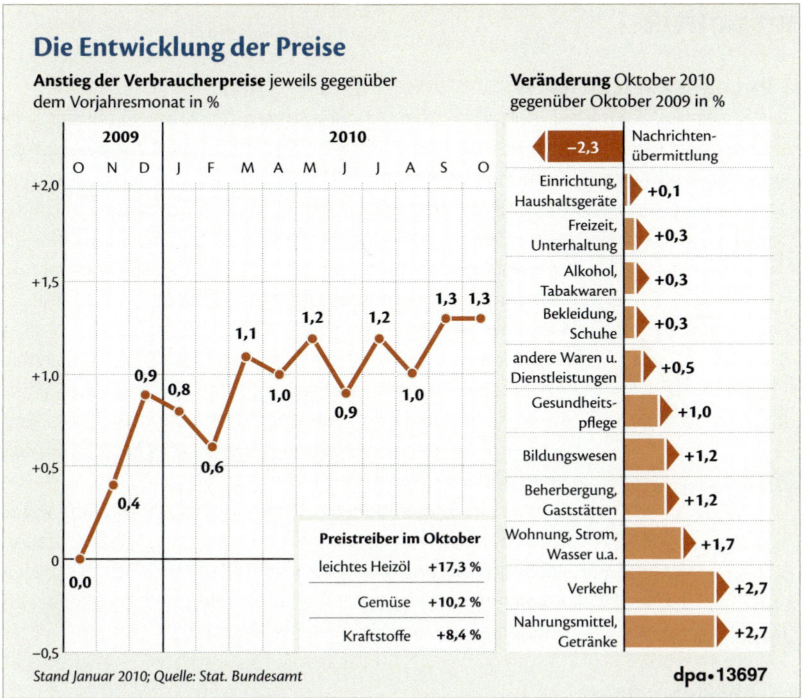

bau einer Fertigungsanlage). Ein Anstieg der Arbeitslosigkeit und damit einhergehende Einkommensverluste führen wiederum zu einem Absinken der Konsumnachfrage, wodurch sich die negative Wirkungskette zusätzlich verstärken kann. Das gesamtwirtschaftliche Leistungsniveau wird insgesamt stark negativ beeinflusst. Aufwändige wirtschaftspolitische Eingriffe sind erforderlich.

Ursachen von Inflation und Deflation

Im Rahmen einer Inflation übersteigt die im Umlauf befindliche Geldmenge grundsätzlich die realwirtschaftlich vorhandene Gütermenge. Dies kann Folge einer konjunkturellen Überhitzung sein, die mit einem Nachfrageüberschuss einhergeht. Dieser fungiert schließlich als Auslöser für Preissteigerungen. Hieraus folgende Lohnsteigerungen können wiederum erneute Preissteigerungen bedingen usw. Dieser sich wechselseitig verstärkende Prozess wird auch als ***„Lohn-Preis-Spirale“*** bezeichnet.
Anzumerken ist hierbei jedoch, dass Lohnsteigerungen keinesfalls per se inflationssteigernd wirken. Ein entsprechender Zusammenhang gilt allenfalls unter den Bedingungen einer sich bereits abzeichnenden Inflation bzw. im Falle sehr massiver Lohnsteigerungen. Eine Inflation muss zudem nicht zwingend mit einer konjunkturellen Überhitzung in Zusammenhang stehen. Auslöser kann auch eine Geldpolitik sein, die eine starke ***Geldmengenausweitung*** anstrebt. Eine solche geldpolitische Strategie kann verfolgt werden, um Wachstumsimpulse insbesondere über die Ausweitung der Kreditbasis zu schaffen. Eine Geldmengenausweitung kann auch dazu dienen, staatliche Ausgaben zu finanzieren. Damit riskiert man allerdings, dass sich inflationäre Entwicklungen verschärfen. Es kann dadurch zu einer rapiden und kontinuierlich zunehmenden Geldentwertung kommen, die als ***Hyperinflation*** bezeichnet wird.
Eine ***Deflation*** ist durch einen Überschuss der Gütermenge gegenüber der Geldmenge gekennzeichnet. Mögliche Gründe hierfür können eine zu starke Geldmengenreduzierung der Zentralbank, eine Überproduktion bei Nachfragerückgang sowie eine starke Importabhängigkeit (Geldabfluss in ausländische Volkswirtschaften) sein.

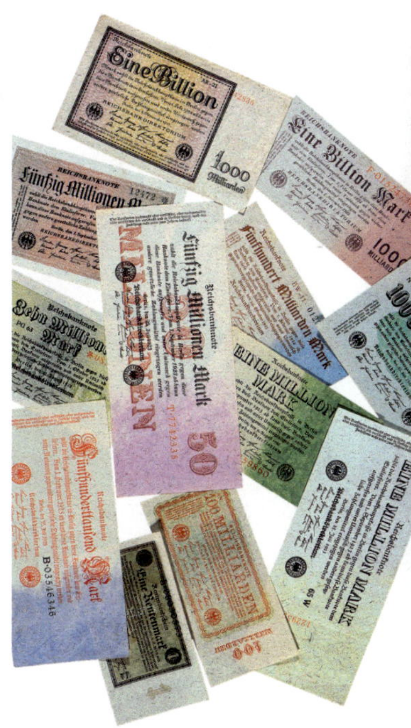

Banknoten der Inflation in Deutschland 1923

Währung und Währungspolitik

Währung und Wechselkurse

Geld findet als Zahlungsmittel in allen intakten Volkswirtschaften Anwendung. Betrachtet man das in einer bestimmten Volkswirtschaft jeweils genutzte gesetzliche Zahlungsmittel, so ist von einer spezifischen ***Währung*** die Rede. Geld, das weltweit im Rahmen ökonomischer Prozesse identische Funktionen erbringt, existiert demnach in unterschiedlichen Währungen, die jeweils an einzelne Nationalstaaten bzw. im Falle des Euro an einen Zusammenschluss mehrerer Nationalstaaten angebunden sind.

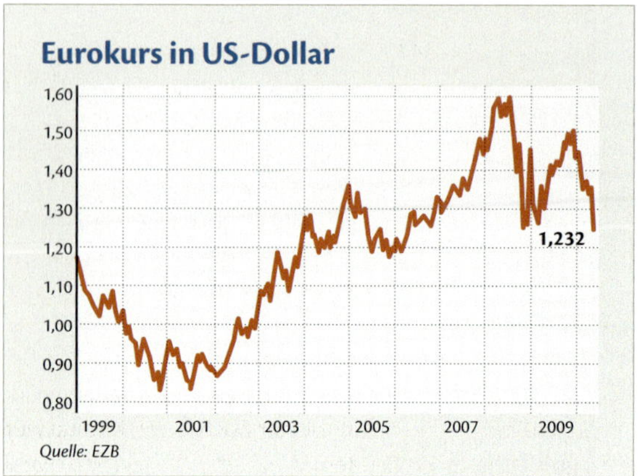

Der Wert einer Währung ergibt sich dabei im internationalen Vergleich und wird in Form von ***Wechselkursen*** angegeben. Ein entsprechender Wechselkurs gibt den Preis einer Währung in einer anderen Währung an und ergibt sich aus dem Verhältnis, zu dem die Währung eines Landes in die Währung eines anderen Landes getauscht werden kann. Wechselkurse können in ***Preisnotierung*** (Preis einer ausländischen Währungseinheit in inländischer Währung, z. B. 1 $ = 0,74 €) und in ***Mengennotierung*** (Menge an ausländischer Währung für eine inländische Währungseinheit, z. B. 1,34 $ je 1 €) angegeben werden.

Wechselkurssysteme

Die Art der Herausbildung konkreter Wechselkurse hängt maßgeblich vom jeweiligen ***Wechselkurssystem*** ab. Unterschieden werden in diesem Zusammenhang fixe Wechselkurse und flexible Wechselkurse:

- *Fixe Wechselkurse:* Festlegung von Wechselkursen der am Wechselkurssystem beteiligten Währungen. Schwankungen der Wechselkurse sind ggf. im Rahmen einer bestimmten Bandbreite möglich, werden aber unter- bzw. oberhalb bestimmter Grenzwerte durch Interventionen der Zentralbanken (An- oder Verkauf der jeweiligen Währung) ausgeglichen.
- *Flexible Wechselkurse:* Wechselkurse ergeben sich aus dem freien Zusammenwirken von Angebot und Nachfrage im Handel der jeweiligen Währungen. Schwankungen der Wechselkurse sind uneingeschränkt möglich.

Bis in die 1970er-Jahre bestand im Rahmen des ***Bretton-Woods-Systems*** ein Wechselkurssystem aus fixen Wechselkursen. Nach dem Zusammenbruch dieses Systems im Jahr 1973 erfolgte ein weitgehender Übergang zu flexiblen Wechselkursen. Die Wechselkurse der wichtigsten Währungen ergeben sich seitdem aus Angebot und Nachfrage auf dem ***Devisenmarkt*** (Markt für den Handel mit ausländischen Währungen). Im System flexibler Wechselkurse unterliegt der Wert einer Währung Schwankungen. Der Anstieg des Werts einer Währung wird dabei als Aufwertung, seine Verminderung als Abwertung bezeichnet.

Währungspolitik

Als Währungspolitik werden alle politischen Maßnahmen eines Staates bezeichnet, die auf eine ***Beeinflussung des Wertes*** der eigenen Währung abzielen. Im Mittelpunkt steht dabei die Frage einer gezielten Auf- oder Abwertung einer Währung (in erster Linie über Währungsan- oder -verkäufe). Hier besteht eine direkte Verbindung zur Realökonomie: Bei einer Abwertung verliert die eigene Währung an Wert, wodurch Exportgüter in Fremdwährung kostendeckend zu einem geringeren Preis angeboten werden können. Eine Aufwertung dagegen kann den Erwerb wichtiger Importgüter (Benzin, Öl, Rohstoffe) deutlich verbilligen.

Währungskonflikt

M 1 Weltkrieg der Währungen

Die Finanzkrise hat die Weltpolitik verändert. Vielseitiger ist sie geworden und komplizierter. Schwellenländer wurden in die globalen Wirtschaftsgremien aufgenommen, die G7 wurde zur G20 ausgebaut. Diese Gemeinschaft hat Banken gerettet, die Konjunktur angekurbelt und die Märkte offen gehalten. Doch nun endet sie offenbar. Im dritten Jahr der Krise ist sich jeder selbst der Nächste.

In den Mittelpunkt der Auseinandersetzung rückt eine ebenso subtile wie effektive Waffe: die eigene Währung. Ob China, Japan oder Südkorea – eine wachsende Zahl von Ländern manipuliert den Wert ihres Geldes, um sich auf dem Weltmarkt Vorteile zu verschaffen. Schon warnt Brasiliens Finanzminister Guido Mantega vor einem „Währungskrieg". (...)

Vor der großen Krise waren die Verhältnisse klar: Die Amerikaner kauften die überschüssigen Produkte auf, die im Rest der Welt hergestellt wurden. Nun müssen die überschuldeten US-Verbraucher kürzertreten. Und Präsident Barack Obama will die Exporte binnen fünf Jahren verdoppeln.

Beschleunigen ließe sich das, wenn die Währung schwächer würde. Dann wären heimische Produkte im Ausland billiger, und so ist es kein Wunder, dass die Politik Druck macht. Vergangene Woche billigte das Repräsentantenhaus in Washington einen Gesetzesentwurf, der Schutzzölle gegen Länder erlaubt, die ihre Exporte mittels einer „fundamental unterbewerteten Währung" subventionieren. Im Visier der Parlamentarier: China. „Unsere Geduld ist zu Ende", so der Abgeordnete Dave Camp aus dem Städtchen Midland in Michigan.

Diesseits des Atlantiks würde man etwas dezenter formulieren, aber auch Kanzlerin Angela Merkel ist zunehmend verstimmt über die fernöstliche Währungspolitik. Eine „Beeinflussung von Wechselkursniveaus zur Erlangung von Wettbewerbsvorteilen" sei „problematisch", sagt Bundesbankvorstand Andreas Dombret.

Chinas Zentralbankchef Zhou Xiaochuan wird sich am Wochenende in Washington kritische Fragen gefallen lassen müssen. Tatsächlich ist sein Land einer der größten Währungsmanipulatoren. Der chinesische Renminbi ist Schätzungen zufolge 20 bis 40 Prozent unterbewertet – auch deshalb ist es den Chinesen möglich, die Weltmärkte mit ihren Waren zu überschwemmen. Im Außenhandel erwirtschaftet das Land einen gewaltigen Überschuss.

Die Finanzmärkte hätten wahrscheinlich längst eine Aufwertung erzwungen – in China genau wie in vielen anderen Boomländern. Allein in diesem Jahr fließen nach Schätzungen des internationalen Bankenverbands IIF 825 Milliarden Dollar aus den reifen Volkswirtschaften in die neuen Märkte. Ein solcher Zustrom an Kapital würde den Wechselkurs normalerweise nach oben treiben.

Mark Schieritz: Weltkrieg der Währungen. In ZEIT Online v. 09.10.2010, abrufbar unter: http://www.zeit.de/2010/41/Waehrung-Staaten-Finanzkrise (9.3.11)

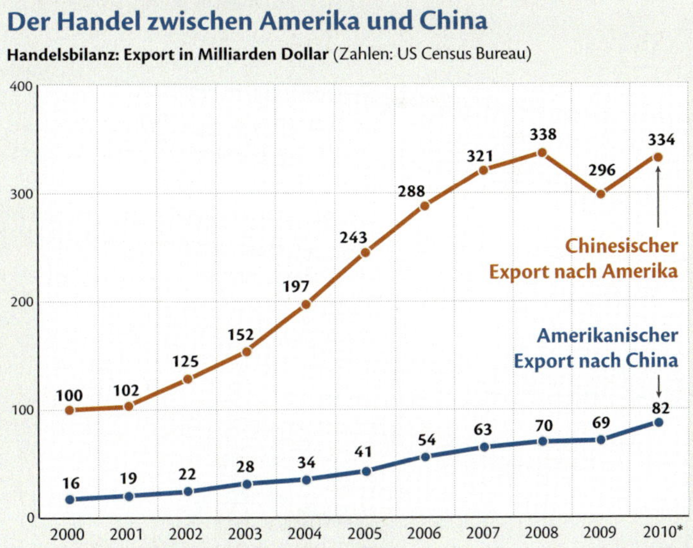

*Stand November 2010 *Quellen: Chinesisches Handelsministerium, US-China Business Council, US Census Bureau*

1 ***Analysieren Sie M 1 und legen Sie in eigenen Worten dar, welche Aspekte bzw. Entwicklungen den „Währungskonflikt" bzw. „Währungskrieg" kennzeichnen.***

2 ***Arbeiten Sie heraus, worin die wesentlichen Interessenskonflikte der beteiligten Staaten bestehen, und erörtern Sie, inwieweit eine Konfliktlösung möglich sein könnte.***

Finanzmarkt und Börse

Finanzmarkt: Handel mit Kapital

Der Finanzmarkt lässt sich definieren als Ort, an dem der ***Handel mit Kapital*** (im Sinne finanzieller Mittel, die für wirtschaftliche Investitionen verwendet werden können) stattfindet. Unterschieden werden in diesem Zusammenhang die folgenden Teilmärkte:

- *Geldmarkt:* Handel zwischen Geschäftsbanken und Zentralbank zur Refinanzierung im laufenden Bankgeschäft.
- *Devisenmarkt:* Handel mit unterschiedlichen Währungen.
- *Kreditmarkt:* Kreditgeschäft der Geschäftsbanken.
- *Kapitalmarkt:* Handel von finanziellem Kapital gegen Wertpapiere.

Insbesondere der Kapitalmarkt steht vielfach im Fokus des wirtschaftlichen Interesses. So gilt das Geschehen an der Börse, dem Ort, an dem Wertpapiere gehandelt werden, als wichtiger Indikator für Entwicklungen in einzelnen Unternehmen, bestimmten Branchen oder ggf. auch der gesamten Volkswirtschaft.

Aktien und Aktienhandel

Im Mittelpunkt des Börsengeschehens steht insbesondere der Handel mit Aktien. Unternehmen können Anteile an ihrem Grundkapital (Gesamtwert von Maschinen, Gebäuden, Geld) in Form von Aktien an der ***Börse*** anbieten. Das erstmalige Angebot von Unternehmensaktien wird dabei als Börsengang bezeichnet. Die Börse fungiert hierbei als ***Primärmarkt*** (Aktien werden erstmalig vom Unternehmen angeboten und von Aktionären nachgefragt).

Der Erlös aus dem Börsengang geht als frisches Kapital an das nun an der Börse notierte Unternehmen, das zugleich die Rechtsform einer ***Aktiengesellschaft (AG)*** annimmt. Hierin liegt der zentrale Beweggrund für einen Börsengang: Durch die Ausgabe von Aktien wird eine Erhöhung des verfügbaren Kapitals erzielt, wodurch zusätzliche unternehmerische Investitionen ermöglicht werden. Im Vergleich zur Kreditaufnahme bietet sich für die Unternehmen dabei der Vorteil, keine verzinste Rückzahlung leisten zu müssen. Bei einer Aktie handelt es sich demnach um einen ***Anteil an einem Unternehmen***. Ein Aktionär (Anteilseigner) wird durch den Erwerb einer (oder mehrerer) Aktie(n) somit zum Mit-Eigentümer des betreffenden Unternehmens. Dementsprechend sind Aktionäre auch am geschäftlichen Erfolg des Unternehmens beteiligt. Bei einer erfolgreichen Geschäftsentwicklung (das Unternehmen erwirtschaftet einen Gewinn) erhalten die Aktionäre eines börsennotierten Unternehmens eine prozentuale Gewinnbeteiligung. Die Auszahlung dieser Beteiligung erfolgt einmal jährlich und wird als ***Dividende*** bezeichnet.

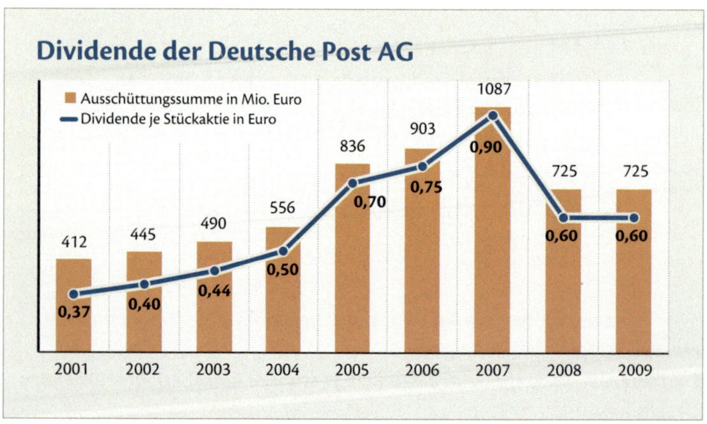

Die Börse als Sekundärmarkt

Die geschäftliche Entwicklung eines börsennotierten Unternehmens hat jedoch auch fortlaufende Auswirkungen auf das Geschehen an der Börse. Dies hängt damit zusammen, dass Aktien an der Börse auch nach ihrer erstmaligen Ausgabe unter den einzelnen Aktionären gehandelt werden. Die Börse fungiert hierbei als ***Sekundärmarkt*** (Anleger handeln Aktien untereinander). Im Rahmen dieses Handels ergibt sich aus dem Zusammenspiel von Angebot und Nachfrage der aktuelle Aktienpreis, der als ***Aktienkurs*** angegeben wird.

Der Aktienkurs gibt dabei Auskunft über den Wert der als Aktien gehandelten Unternehmensanteile. Er ergibt sich als ***Gleichgewichtspreis*** im Aufeinandertreffen von aktuellem Angebot und aktueller Nachfrage der jeweiligen Aktie. Beides ist davon abhängig, wie die aktuelle Situation und die weiteren Aussichten des betreffenden Unternehmens eingeschätzt werden. Überwiegt hier eine negative Sichtweise, sinkt der Aktienkurs, überwiegt eine positive Sichtweise, steigt der Aktienkurs.
Die Entwicklung eines Aktienkurses am Beispiel der *Musterfirma AG*:

Aktien-Preisentwicklung Musterfirma AG

Aktien-preis	01.01.10		02.01.10		03.01.10		04.01.10	
	Angebot	Nachfrage	Angebot	Nachfrage	Angebot	Nachfrage	Angebot	Nachfrage
2,00 €	100	500	**200**	**200**	0	800	100	700
4,00 €	200	400	300	100	100	700	200	600
6,00 €	**300**	**300**	400	0	200	600	300	500
8,00 €	400	200	500	0	300	500	**400**	**400**
10,00 €	500	100	600	0	**400**	**400**	500	300
12,00 €	600	0	700	0	500	300	600	200

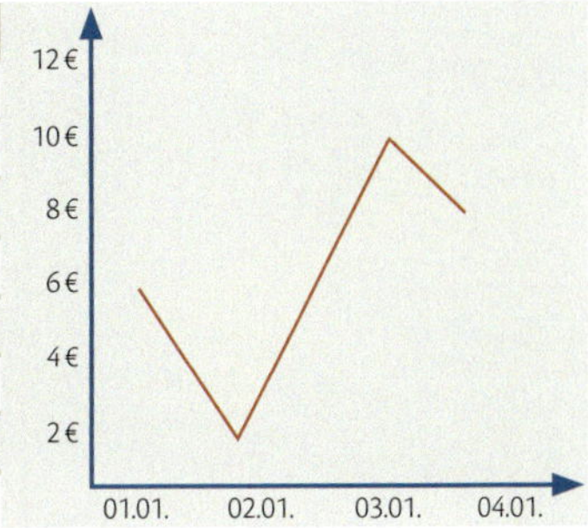

Die Entwicklung einzelner Aktienkurse ist wichtiger Bestandteil des täglichen Börsengeschehens. Als zentraler Indikator für die Gesamtentwicklung am deutschen Aktienmarkt dient der ***Deutsche Aktienindex*** (DAX). In diesen fließt die aktuelle Entwicklung der Aktienkurse der dreißig größten und umsatzstärksten börsennotierten deutschen Unternehmen ein.

Spekulation und Spekulationsblasen

Der Aktienmarkt ist zwar prinzipiell eng mit der Realökonomie verbunden, aber das Marktgeschehen spiegelt nicht immer die tatsächlichen Verhältnisse in der realen Wirtschaft wider. Dies tritt vor allem dann auf, wenn es zur Entstehung sogenannter ***Spekulationsblasen*** kommt. Eine spekulative Anlagestrategie ist dabei dadurch gekennzeichnet, dass Wertpapiere in Erwartung eines baldigen Wertanstiegs kurzfristig gekauft werden, um diese (im Falle eines Eintretens der Wertprognose) bald möglich wieder gewinnbringend zu verkaufen. Es wird hierbei nicht die langfristige Beteiligung am unternehmerischen Erfolg, sondern lediglich der kurzfristige Verkaufsgewinn angestrebt.
Zu einer Spekulationsblase kann es im Falle einer massenhaften Realisierung entsprechender Anlagestrategien kommen: Es gibt einen ***sprunghaften Anstieg*** des jeweiligen Aktienkurses, der jedoch nicht mit einer tatsächlichen massiv-positiven wirtschaftlichen Entwicklung des börsennotierten Unternehmens in Verbindung steht. Diese Entwicklung hält so lange an, wie sich immer neue Käufer (in Erwartung hoher Gewinne) als Nachfrager der entsprechenden Aktie finden. Ist ein Preis erreicht, ab dem dies nicht mehr der Fall ist, kommt es zu einem entscheidenden Umschwung, der in eine ***Kettenreaktion*** mündet: Getrieben von der Befürchtung, keinen Käufer für die gehaltenen Aktien mehr finden zu können, streben immer mehr Anleger plötzlich danach, ihre Wertpapiere schnellstmöglich zu verkaufen. Schließlich kommt es zu einem rapiden Kursabfall, der bei den beteiligten Anlegern hohe Verluste auslöst. Man spricht in diesem Zusammenhang auch von einem „Platzen der Spekulationsblase". Schlimmstenfalls können dabei das gesamte Börsengeschehen und damit auch weite Teile der Realökonomie ernsthaft beeinträchtigt werden.
Besonders in die Kritik geraten im Zusammenhang mit Spekulationsblasen sind sogenannte ***Hedgefonds***. Gerade durch die Einbringung ihres hohen Kapitalbestands können Hedgefonds einerseits sehr hohe Gewinne erzielen, wohingegen sie andererseits die negativen Folgen spekulativer Finanzgeschäfte massiv verstärken können.

Hedgefonds
Ein Hedgefonds funktioniert als eine Sammelstelle für Finanzkapital (z.B. von Privatpersonen). Verwaltet wird das angelegte Kapital i. d. R. von einem Fondsmanager. Dieser Fondsmanager hat von den Anlegern den Auftrag, das gesammelte Kapital wiederum anzulegen – und dies möglichst gewinnbringend. Deshalb verfolgen Hedgefonds oftmals relativ kurzfristige Anlagestrategien und beteiligen sich auch an Kursspekulationen.

Staaten als Akteure am Finanzmarkt

Anleihenhandel am Kapitalmarkt

Am Kapitalmarkt werden nicht nur Aktien gehandelt. Ein weiterer zentraler Bereich besteht mit dem Handel von ***Anleihen***. Wie eine Aktie, wird auch eine Anleihe gegen die Gewährung von finanziellem Kapital ausgegeben. Der Eigner einer Anleihe erwirbt dabei jedoch keine Unternehmensanteile, sondern erhält einen Status als Gläubiger. Das bedeutet, dass eine Anleihe grundsätzlich einen Anspruch auf verzinste Rückzahlung des bereitgestellten Kapitals beinhaltet. Eine Anleihe funktioniert demnach im Prinzip genau so wie ein Kredit. Allerdings tritt hier keine Bank als Kapitalgeber auf, sondern verschiedene einzelne Akteure auf dem Finanzmarkt.

Die Staatsanleihe

Anleihen können sowohl von privatwirtschaftlichen Unternehmen als auch vom Staat ausgegeben werden. Während hierüber im ersten Fall Kapital für unternehmerische Investitionen erschlossen wird, geht es im zweiten Fall um die Kreditfinanzierung laufender staatlicher Ausgaben. So wird etwa in der Bundesrepublik Deutschland über die Ausgabe von ***Staatsanleihen*** am Kapitalmarkt ein Großteil des laufenden Haushaltsdefizits finanziert.

Staatsanleihen gelten im Allgemeinen als risikoarme Anlageform. Der Zinssatz, mit dem Staatsanleihen zurückgezahlt werden, spiegelt dies mit einem vergleichsweise niedrigen Niveau wider. Allerdings gilt dies nicht für alle Staatsanleihen. Länder, die eine sehr hohe Staatsverschuldung und vergleichsweise negative Wirtschaftsaussichten aufweisen, finden in der Regel nur zu einem erhöhten Zinssatz Abnehmer für ihre Anleihen. Dies hängt mit einem potenziell höheren ***Ausfallrisiko*** zusammen, das durch den Zinsaufschlag ausgeglichen wird. Die (risikofreudigen) Anleger erzielen in diesem Zusammenhang einen höheren Zinsertrag (Rendite), während sich für das (ohnehin bereits stark verschuldete Land) die Refinanzierung am Kapitalmarkt zusätzlich verteuert.

Die Kluft wird größer

Rendite zehnjähriger Staatsanleihen (in Prozent)

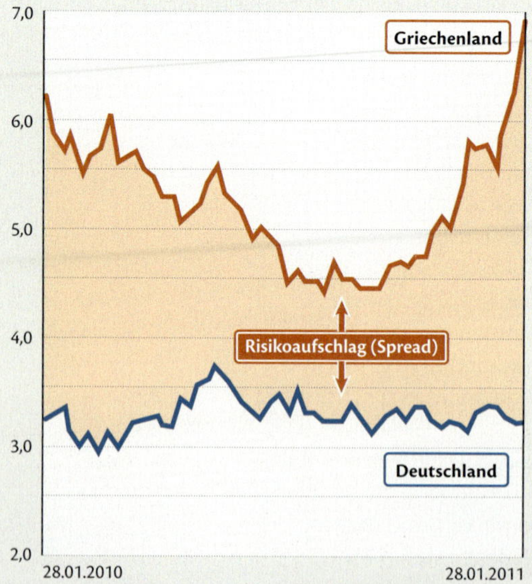

Quelle: F.A.Z.; Bloomberg

Rolle und Einfluss der Rating-Agenturen

Die Entwicklung der Zinsen am Markt für Staatsanleihen hängt eng mit der Tätigkeit von ***Rating-Agenturen*** zusammen. Hierbei handelt es sich um privatwirtschaftliche Unternehmen, die die Kreditwürdigkeit von Kapitalnachfragern bewerten und klassifizieren.

Im Zuge eines entsprechenden Ratings werden Unternehmen und auch ganze Staaten hinsichtlich ihrer tendenziellen Rückzahlungsfähigkeit bewertet und entsprechenden Kategorien zugeordnet. Die entsprechenden Klassifizierungen haben dabei direkte Auswirkungen auf die Zinsentwicklung am Kapitalmarkt. Die Rating-Agenturen sind insbesondere seit der Finanz- und Wirtschaftskrise ab 2007 vermehrt in die Kritik geraten. Neben der weitgehenden ***Intransparenz*** der Bewertungsprozesse wird in diesem Zusammenhang insbesondere auf die privatwirtschaftliche Organisation der Rating-Agenturen verwiesen, die der gebotenen Neutralität im Wege stehen könne. Zudem wird kritisiert, dass die Herabstufung der Kreditwürdigkeit ganzer Staaten in einem Maße destabilisierend wirken könne, dass dies zum tatsächlich gegebenen Ausfallrisiko für einzelne Investoren in keinem Verhältnis stehe. Besonders Griechenland und Portugal sind davon betroffen.

Risikoaufschläge für griechische Staatsanleihen

M 1 Rating-Agentur stuft Griechenland und Portugal herab

Eine der wichtigsten Rating-Agenturen gibt Griechenland keine Chance mehr: Standard & Poor's hat die Kreditwürdigkeit des hochverschuldeten Landes um drei Noten herabgestuft. Auch Portugals Bonität nimmt radikal ab – an den Börsen bricht Unruhe aus.

Die Staatspleite Griechenlands rückt gefährlich nahe: Die Rating-Agentur Standard & Poor's (S&P) hat Athens Kreditwürdigkeit auf Ramschstatus heruntergestuft. Das hochverschuldete Land werde nun nur noch mit BB+/B bewertet, teilte S&P am Dienstag mit. Damit wurde die Einstufung um drei Noten verringert. Auch der Ausblick sei negativ. Dem Land drohe somit eine weitere Herabstufung.

Die neue Einschätzung reflektiere die politischen, wirtschaftlichen und haushaltspolitischen Herausforderungen für die griechische Regierung, sagte der zuständige Analyst Marko Mrsnik. Diese erschwerten es, die Schuldenlast wieder auf ein tragbares Niveau zu bringen. Für die Regierung in Athen hat die Aussage von S&P fatale Folgen, denn Kredite werden für das Land dadurch unerschwinglich.

Und damit nicht genug: S&P stufte am Dienstag auch die Kreditwürdigkeit Portugals herab. Das Rating werde von „A+" auf „A–" reduziert, teilte die Agentur mit. Der Ausblick für das Rating bleibt auch hier negativ. (...)

An den Finanzmärkten löste die Herabstufung beider Länder große Unruhe aus. Die Furcht ist offenbar groß, dass die Probleme Griechenlands auf andere Länder in der Euro-Zone übergreifen könnten. Der deutsche Leitindex Dax gab um fast drei Prozent nach. Der Euro sank binnen kürzester Zeit nach Bekanntgabe der Herabstufungen auf ein neues Jahrestief. „Die Probleme weiten sich aus, das schürt Angst", sagte ein Händler.

Spiegel Online v. 27.04.2010, abrufbar unter http://www.spiegel.de/wirtschaft/soziales/0,1518,691651,00.html (02.12.2010)

Die Bewertungen der Rating-Agenturen

Die Bonitätseinstufungen der drei führenden Rating-Agenturen im Vergleich

STANDARD &POOR'S	Moody's	FitchRatings	
Investment-Niveau („Investment-Grade")			
AAA	Aaa	AAA	Höchste Bonität: Praktisch kein Ausfallrisiko.
AA+ AA AA-	Aa1 Aa2 Aa3	AA+ AA AA-	Sehr gute Kreditqualität: Zins und Tilgung werden mit sehr hoher Wahrscheinlichkeit geleistet.
A+ A A-	A1 A2 A3	A+ A A-	Gute Kreditqualität: Pünktliche Zahlung ist in hohem Maße gewährleistet. Allgemeine wirtschaftliche Entwicklung macht sich etwas stärker bemerkbar.
BBB+ BBB BBB-	Baa1 Baa2 Baa3	BBB+ BBB BBB-	Zufriedenstellende Kreditqualität: Angemessene Fähigkeit zur pünktlichen Zahlung. Diese wird jedoch in stärkerem Maße von der wirtschaftlichen und finanziellen Entwicklung beeinflusst.
Spekulations- o. Ramschniveau („Non-Investment-Grade")			
BB+ BB BB-	Ba1 Ba2 Ba3	 BB BB-	Spekulativ: Pünktliche Zahlung scheint in naher Zukunft gegeben. Schuldner ist stärker abhängig von der wirtschaftlichen und finanziellen Entwicklung.
B+ B B-	B1 B2 B3	B+ B B-	Sehr spekulativ: Pünktliche Zahlung scheint derzeit gegeben. Schuldner ist sehr stark von der wirtschaftlichen und finanziellen Entwicklung abhängig.
CCC CC C	Caa1-3 Ca C	CCC CC C	Hohes Ausfallrisiko: Pünktliche Zahlung ist ausschließlich von den weiteren wirtschaftlichen und finanziellen Rahmenbedingungen abhängig.
SD / R		RD	Zahlungsausfall bei einigen, aber nicht allen Verpflichtungen. „R" bedeutet, dass ein Unternehmen unter Aufsicht steht und ein Ausfall möglich ist.
SD D	D	DDD DD D	Zahlungsunfähigkeit: Schuldner ist in Zahlungsverzug.

erhöhtes Risiko eines Zahlungsausfalls

Quelle: VÖB, S&P, Moody's, Fitch dpa•12809

1 ***Analysieren Sie M 1: Welche Folgen hat das negative Rating für die betroffenen Staaten und darüber hinaus?***

2 ***Erörtern Sie: Rating-Agenturen – überwiegt der Nutzen oder der Schaden?***

Von der Finanzkrise zur Wirtschaftskrise

Konjunktur und Krise

Das wirtschaftliche Geschehen in einer Volkswirtschaft unterliegt konjunkturellen Schwankungen. Auf Phasen des Aufschwungs folgen dabei Phasen des Abschwungs (Rezession), woraufhin sich wiederum der nächste Aufschwung abzeichnet usw. (siehe 2.9). Kommt es allerdings zu einer besonders starken und lang anhaltenden Phase der Rezession mit einem ausgeprägten Einbruch des gesamtwirtschaftlichen Produktionsniveaus, einem deutlichen Anstieg der Arbeitslosigkeit und hieraus folgenden negativen Auswirkungen auf die Einnahmen- und Ausgabensituation des Staates, so ist von einer Wirtschaftskrise die Rede. Die Entstehung einer ***Wirtschaftskrise*** kann unterschiedliche Ursachen haben. Oftmals besteht jedoch ein Zusammenhang zwischen krisenhaften Entwicklungen auf dem Finanzmarkt und hieraus folgenden, stark negativen Entwicklungen in der Realökonomie. Man spricht dabei von einem Übergreifen der Krise vom Finanzmarkt auf die Realwirtschaft. Eine solche Entwicklung hat sich in besonders ausgeprägter Form im Rahmen der globalen Finanz- und Wirtschaftskrise seit 2007 zugetragen.

Entstehung der Finanzkrise

Von der Hypothek zum Wertpapier

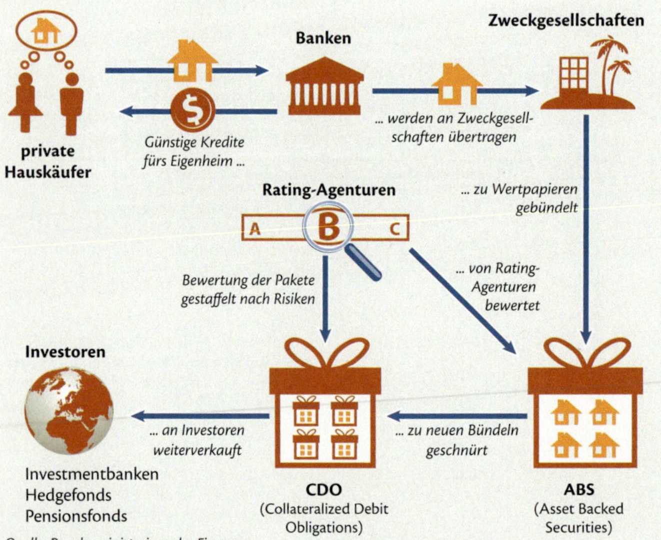

Quelle: Bundesministerium der Finanzen

Entstehung der Finanzkrise ab 2007

Die Entstehung der globalen Finanzkrise ab 2007 nahm ihren Ausgang auf dem ***US-amerikanischen Immobilienmarkt***. Vor dem Hintergrund niedriger Refinanzierungszinsen waren US-Banken dazu übergegangen, massenhaft Kredite an US-Bürger zu vergeben, die ein eigenes Haus bauen oder kaufen wollten. Die Bonität der Kreditnehmer wurde dabei nicht besonders stark berücksichtigt.

Die einzelnen Kreditforderungen wurden von den Banken zu Paketen gebündelt und an Zweckgesellschaften übertragen. Deren Sinn war es, die ***gebündelten Forderungen als Wertpapiere*** auf dem internationalen Finanzmarkt weiterzuverkaufen. Investoren, die solche Wertpapiere kauften, erwarteten hiervon selbstverständlich eine Rendite. Diese Rendite musste letztlich durch die verzinste Kredittilgung der US-amerikanischen Hauseigentümer erwirtschaftet werden.

Die Kredit gebenden Banken sahen im Handel mit gebündelten Forderungen eine Möglichkeit zur Erschließung zusätzlicher Einnahmequellen. Die Wertpapierpakete, die sich aus amerikanischen Immobilienkrediten zusammensetzten, wurden am Finanzmarkt wiederum kontinuierlich zu neuen Bündeln geschnürt und weiterverkauft. Die dabei entstandenen Anlageprodukte wurden von Rating-Agenturen hinsichtlich ihres Risikos und ihrer Renditeerwartungen bewertet. Vielfach wurden dabei Bestnoten vergeben, ohne das tatsächlich gegebene Ausfallrisiko ausreichend zu würdigen. Den Marktteilnehmern wurden dadurch ***hohe Renditeaussichten*** bei relativ geringem Risiko signalisiert.

Die Wertpapierpakete wurden weltweit gehandelt. Aufgrund der Überbewertung durch die Rating-Agenturen und der mehrfachen Neubündelung der enthaltenen Forderungen wurde dabei die ***mangelnde Absicherung*** der zugrunde liegenden Immobilienkredite vernachlässigt. Investmentbanken gehörten zu den Hauptabnehmern. Auch deutsche Banken investierten in großem Stil in diese Finanzprodukte.

Bonität

Fähigkeit einer Person, eines Unternehmens oder eines Staates, aufgenommene Schulden in der Zukunft auch zurückzahlen zu können.

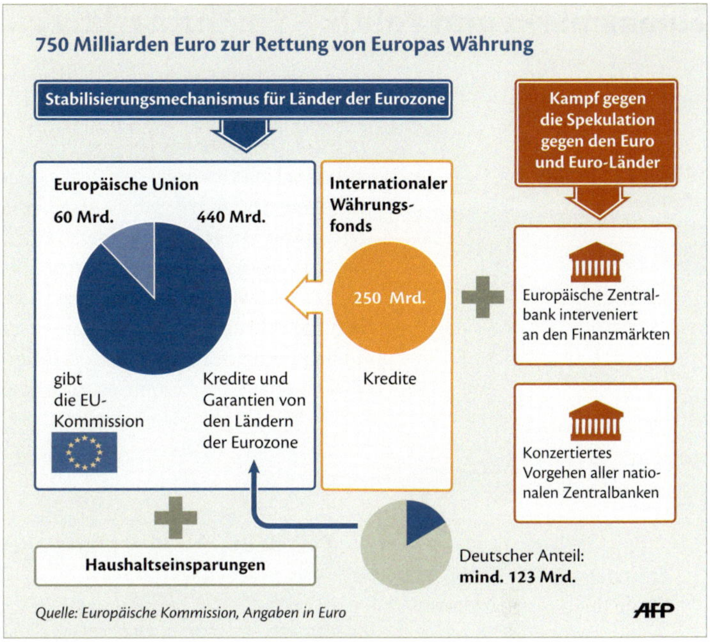

Als dann zahlreiche Hauseigentümer in den USA ihre Kredite nicht mehr tilgen konnten, ergab sich hieraus ein entscheidendes Problem: Die Banken erhielten ***keine ausreichenden Tilgungszahlungen*** mehr. Stattdessen gelangten sie massenweise in den Besitz der durch sie finanzierten Immobilien (die als einzige Sicherheit der gewährten Kredite dienten). Gleichzeitig kam es zu einem Zinsanstieg, weshalb sich keine neuen Käufer für die gehaltenen Immobilien mehr fanden und deren Wert rapide sank. Die als Wertpapier gehandelten Forderungspakete verloren daraufhin massiv an Wert. Die Investoren strebten schlagartig danach, ihre gehaltenen Forderungen umgehend wieder in Geld umzuwandeln. Aufgrund des Wertverlustes gelang dies jedoch nicht bzw. nur mit sehr hohen Verlusten. Insbesondere Banken hatten daraufhin mit enormen Problemen zu kämpfen.
Aufgrund der Intransparenz des vorherigen Marktgeschehens war unklar, welche Bank im Einzelnen wie stark in die nun wertlosen Papiere investiert hatte. Das Vertrauen der Banken untereinander wurde in diesem Zusammenhang entscheidend gestört. Dieser Effekt verstärkte sich, als die US-Investmentbank Lehman Brothers im September 2008 Insolvenz anmelden musste. Die wesentliche Folge aus dem Vertrauensverlust bestand darin, dass sich die Banken gegenseitig kein Geld mehr liehen. Die Refinanzierung über das Interbankengeschäft, die das laufende Kreditgeschäft sichert, kam dabei weitgehend zum Erliegen. Daraus resultierte ein massiver ***Rückgang im Kreditgeschäft***. Dies traf vor allem Unternehmen, die keine Investitionen mehr über Kreditmittel finanzieren konnten. Die Krise war somit vom Finanzsystem auf die Gesamtwirtschaft übergesprungen. Die realwirtschaftlichen Folgen zeigten sich in einer weltweiten Rezession mit entsprechenden ökonomischen, sozialen und politischen Auswirkungen.

Investmentbanken
Banken, die sich auf Geschäfte am Finanzmarkt spezialisiert haben.

Von der Wirtschaftskrise zur Währungskrise

Die Finanz- und Wirtschaftskrise wirkte sich weltweit auf das wirtschaftliche Geschehen aus. Allerdings zeigte sich, dass einzelne Länder besonders stark von den negativen Auswirkungen der Krise betroffen waren. Dies gilt auch für einige Mitgliedsstaaten der Europäischen Währungsunion. Insbesondere Griechenland, Irland, Spanien, Portugal und Italien sind in diesem Zusammenhang mit enormen ***Haushaltsdefiziten*** bei zugleich relativ geringen wirtschaftlichen Wachstumsaussichten konfrontiert.
Im Rahmen der Refinanzierung über Staatsanleihen werden für diese Länder entsprechend hohe Zinsen fällig. Zum Teil wird dieser Effekt noch durch Spekulationen mit Ausfallversicherungen (Ankauf entsprechender Versicherungen in Erwartung sinkender Bonität, daraufhin ggf. Verkauf der Absicherung zu einem erhöhten Preis) verstärkt. In der Folge droht den betroffenen Ländern die Zahlungsunfähigkeit. Dies beeinträchtigt wiederum die Stabilität der Gemeinschaftswährung Euro, deren Wertentwicklung maßgeblich von der Staatsverschuldung in den Euroländern abhängt. Die Finanz- und Wirtschaftskrise geht in diesem Zusammenhang somit zusätzlich in eine Währungskrise über. Als politische Reaktion auf diese Währungskrise wurde von den Euroländern ein ***Schutzschirm für die Gemeinschaftswährung*** aufgelegt.

Finanzmarkt und Politik – Finanzmarktregulierung

Erstes Ziel: Stabilisierung

Die globale Krise seit 2007 hat zu starken Verwerfungen in unterschiedlichen Bereichen des Wirtschaftslebens geführt. Der entscheidende Faktor für das Übergreifen der Krise aus dem Finanzsektor in die Realwirtschaft ist dabei in der ***Destabilisierung der Banken*** zu sehen, wodurch das realwirtschaftlich bedeutsame Kreditgeschäft stark beeinträchtigt wurde. Die Notwendigkeit staatlicher Eingriffe wurde vor dem Hintergrund dieser hochproblematischen Situation unabhängig von unterschiedlichen wirtschaftstheoretischen und wirtschaftspolitischen Auffassungen weithin anerkannt. Dementsprechend richteten sich erste wirtschaftspolitische Maßnahmen zur Krisenbekämpfung auf die Stabilisierung des Bankensektors. Mit staatlicher Hilfe wurde dabei die Refinanzierung von Geschäftsbanken unterstützt und somit ihre Zahlungs- und Geschäftsfähigkeit gestützt. In Deutschland wurde zu diesem Zweck der ***Sonderfonds Finanzmarktstabilisierung*** (SoFFin) aufgelegt, aus dem Kreditinstitute im Bedarfsfall Garantien (für die Ausgabe von Anleihen) und Mittel für die Refinanzierung erhalten können.

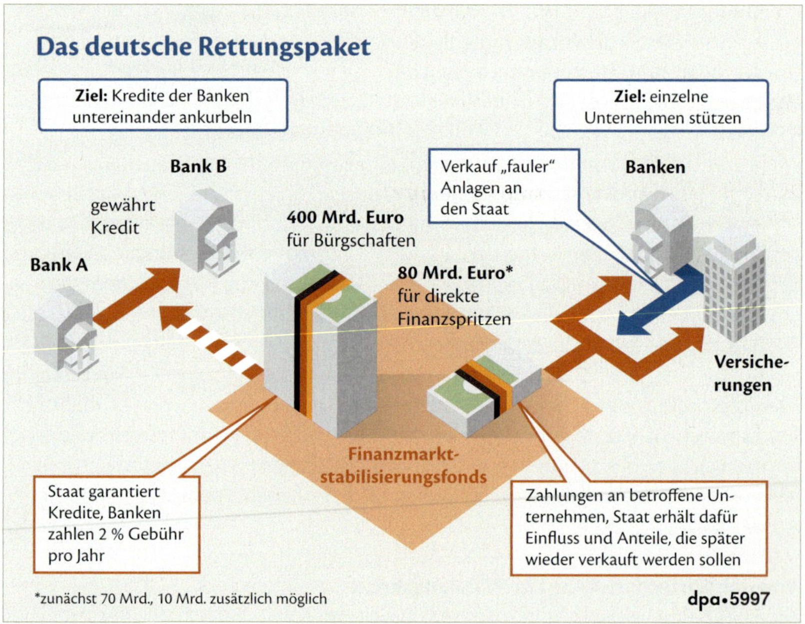

Zweites Ziel: Ursachenbekämpfung

Neben der Bekämpfung konkreter Krisenfolgen rückte vor dem Hintergrund der globalen Finanz- und Wirtschaftskrise auch die Frage nach den tiefer liegenden Krisenursachen in den Blickpunkt. Nachdem zuvor lange Zeit eine weitgehende Freiheit der Marktkräfte auf den Finanzmärkten befürwortet worden war, wurde spätestens mit dem Übergreifen der Krisentendenzen vom Finanzsektor auf die Realökonomie erkannt, dass auch und gerade auf den Finanzmärkten ***wirtschaftspolitische Eingriffe*** in einem gewissen Maß sinnvoll und erforderlich sind. Dabei geht es im Kern um eine staatliche Beeinflussung des Finanzmarktgeschehens (über Verbote, gesetzliche Einschränkungen, Kontrollen). Zielsetzungen solcher Eingriffe sind, künftige krisenhafte Entwicklungen zu verhindern sowie die Stabilität im Finanzsektor allgemein zu erhöhen. Da entsprechende wirtschaftspolitische Maßnahmen regulierend in Marktprozesse eingreifen, wird in diesem Zusammenhang der Begriff der ***Finanzmarktregulierung*** verwendet.

Rahmenbedingungen der Finanzmarktregulierung

Das wirtschaftliche Geschehen auf den Finanzmärkten ist durch eine ***starke internationale Vernetzung*** geprägt. So war der Handel mit Finanzprodukten lange vor dem Güterhandel globalisiert. Für wirtschaftspolitische Eingriffe im Bereich stark international vernetzter Märkte gilt eine grundsätzliche Maßgabe: Regulierende Maßnahmen können zwar auf nationalstaatlicher Ebene getroffen und umgesetzt werden, doch bestehen für die Marktteilnehmer zahlreiche Möglichkeiten für die Umgehung entsprechender Regelungen, solange nicht alle Nationalstaaten im Rahmen einer koordinierten Wirtschaftspolitik ähnliche Maßnahmen umsetzen. Die Erfolgsaussichten für eine wirksame Finanzmarktregulierung hängen demnach eng damit zusammen, inwieweit es gelingt, Formen der ***multilateralen wirtschaftspolitischen Kooperation*** zu etablieren bzw. für die Findung und Umsetzung verbindlicher Entscheidungen zu nutzen.

Karikatur: Thomas Plaßmann

Maßnahmen der Finanzmarktregulierung

Hinsichtlich der konkreten Ausgestaltung der Finanzmarktregulierung werden Maßnahmen in den folgenden Bereichen diskutiert bzw. teilweise umgesetzt:

- ***Absicherung der Banken:*** Erhöhung der Eigenkapitalverpflichtungen (Basel-III-Abkommen).
- ***Erhöhung der Markttransparenz:*** Umgestaltung von Rating-Prozessen (Verpflichtung von Rating-Agenturen zur Einhaltung bestimmter Transparenzanforderungen, Aufbau neutraler Organisationen für die Risikobewertung).
- ***Einschränkung von Spekulation:*** Umstrukturierung der Vergütungssysteme im Finanzsektor (Verpflichtung zur Umsetzung von Vergütungsregeln, die nachhaltig positive Entwicklungen anstelle kurzfristig erwirtschafteter Profite honorieren), Verbot bestimmter Finanztransaktionen (Unterbindung von Geschäften mit hohem Risikofaktor).
- ***Ausbau der Finanzaufsicht:*** Internationalisierung der Finanzaufsicht (Analyse von Risiken und ggf. Einleitung von Gegenmaßnahmen auf internationaler Ebene, Koordination nationaler Aufsichtsbehörden).
- ***Beteiligung des Finanzsektors an den Kosten wirtschaftspolitischer Hilfsmaßnahmen:*** Erhebung von Steuern auf Finanzgeschäfte (hierdurch zugleich Einschränkung der Spekulation), Einführung einer Sonderabgabe für Kreditinstitute (als Beiträge für Notfallfonds).

Die Perspektiven für eine zielgerichtete und wirkungsvolle Finanzmarktregulierung hängen maßgeblich von der ***Einigungsfähigkeit*** und -bereitschaft der internationalen Gemeinschaft ab. Nur über ein weitgehend geschlossenes Vorgehen kann es dabei zur Erschließung von Regulierungswirkungen kommen, die den Beharrungskräften an den stark international vernetzten und lange Zeit vom wirtschaftspolitischen Zugriff weitgehend unberücksichtigten Finanzmärkten entgegenwirken können. Allerdings wird die Notwendigkeit einer umfassenden Regulierung der Finanzmärkte grundsätzlich vor dem Hintergrund der aktuellen wirtschaftlichen Entwicklung gesehen: Maßnahmen, die in Zeiten der akuten Krise noch dringend geboten schienen, könnten in Zeiten des Aufschwungs bereits wieder als potenzielles Wachstumshemmnis angesehen werden.

Finanzmarkt und Finanzmarktregulierung

Text 1 Finanzmärkte und Realökonomie

(Die) Globalisierung der Finanzmärkte (ist) noch weiter vorangeschritten als die Globalisierung von Gütern und Dienstleistungen. Hinter den Zahlen verbergen sich Karrieren und Schicksale, Chancen und Risiken. Zum Beispiel verfügt Europa über ein dichtes Eisenbahnnetz. Das wurde möglich, weil Börsen die gewaltigen Anfangsinvestitionen für Schienen, Bahnhöfe, Lokomotiven und Waggons aufbrachten. Google und Ebay hätten ohne das Geld privater Investoren nicht zu globalen Giganten wachsen können. Pharmakonzerne benötigen für die Entwicklung neuer Medikamente Milliarden an Forschungsinvestitionen. Wenn Innovationen im Bereich der Umwelttechnik den Klimawandel aufhalten sollen, kostet deren Entwicklung in den nächsten vier Jahrzehnten wohl mindestens eine Billion Euro. Für alle diese Investitionen gilt: Ohne die Hilfe der Finanzmärkte bleiben sie ein frommer Wunsch. Erst Finanzmärkte ermöglichen technischen Fortschritt und Wachstum.

Stefan Deges: Globalisierung. Wissen, was stimmt. Freiburg i. Br., 2009, S. 62

Text 2 „Das ungezähmte Monster"

Aus einer Rede des ehemaligen Bundespräsidenten Horst Köhler:

Die Krise hat bewiesen: Im Wirtschafts- und Finanzleben ist eine energische staatliche und zwischenstaatliche Ordnungspolitik unentbehrlich. Die ordnungspolitischen Vordenker unserer Sozialen Marktwirtschaft haben Recht behalten: Der Markt alleine richtet nicht alles zum Guten. Wir brauchen wirtschaftspolitisch weltweit (...) einen starken Staat (...) Stark ist ein Staat, der dem Marktgeschehen klare und wirksame Regeln und Grenzen setzt. (...)

Die Arbeit an einer besseren Weltfinanz- und Weltwirtschaftsordnung hat begonnen. Das ist gut. Und der Einsatz unserer Bundeskanzlerin und unseres Bundesfinanzministers in dieser Frage verdient Dank und Anerkennung – ja, und auch Beifall, meine Damen und Herren. Ich kann aber selbst, ehrlich gesagt, aus den veröffentlichten Beschlüssen von Pittsburgh leider noch nicht entnehmen, dass sich eine Krise dieser Dimension auf den Weltfinanzmärkten nicht doch eines Tages wiederholen kann. Eine solche Krise aber mit hoher Wahrscheinlichkeit auszuschließen muss doch der Maßstab sein, an dem wir den Erfolg der internationalen Bemühungen messen. Wie sollte Politik sonst überhaupt Sinn machen? Wie könnte die Politik den Menschen sonst guten Glaubens zum Beispiel Vorsorgesparen für das Alter empfehlen?

Tatsächlich beobachten wir auf den internationalen Finanzmärkten schon wieder ein Déjà-vu mit Hütchenspielern im Shadow-Banking, mit intransparenten Derivategeschäften und Spekulation auf den Rohstoffmärkten – und alles davon in Größenordnungen, die weiterhin völlig unvorstellbar sind. Ja, ich sehe „das Monster" noch nicht auf dem Weg der Zähmung. Vor allem kann ich auch noch keine tiefer gehende Selbstreflexion der globalen Finanzakteure erkennen, das heißt ihr Nachdenken über die Krise im eigenen Haus, über die Wertekrise im eigenen Denken und Handeln. Es kommt einem so vor, dass die Branche die Politik im Regen stehen lässt. Und die Diskussion darüber, wer die Kosten der aktuellen Krise eigentlich trägt, hat noch nicht einmal ernsthaft begonnen.

Ich warne jedenfalls davor, die Finanzmarktkrise zu stark nach dem „Prinzip Hoffnung" zu handhaben – auch in der Form von Hoffnungen, Wachstum könne das Geschehene zudecken und vergessen machen.

Ansprache des ehemaligen Bundespräsidenten Horst Köhler im Rahmen der Festveranstaltung „60 Jahre DGB" am 05.10.2009, abrufbar unter http://www.bundespraesident.de/Reden-und-Interviews-,11057.657980/Die-Reform-der-Weltfinanzordnu.htm?global.back=/-%2C11057%2C0/Reden-und-Interviews.htm%3Flink%3Dbpr_liste (05.12.2010)

Aufgaben

1 ***Erläutern Sie ausgehend von Text 1, welche Verbindungen in theoretischer Hinsicht zwischen den einzelnen Teilmärkten des Finanzmarktes und der Realökonomie bestehen.***

2 ***Analysieren Sie den Ausschnitt aus der Rede des ehemaligen Bundespräsidenten Horst Köhler. Welche Position vertritt Köhler in Bezug auf die Frage einer Finanzmarktregulierung und welche Problembereiche werden benannt.***

3 ***Beschreiben Sie wesentliche Maßnahmenbereiche der Finanzmarktregulierung und erörtern Sie: Kann eine wirkungsvolle Finanzmarktregulierung gelingen?***

Hinweise zu den Aufgaben

Aufgabe 1: Im Rahmen der ersten Aufgabe geht es darum, die unterschiedlichen Verbindungen zwischen dem Finanzmarkt und der Realökonomie zu identifizieren und zu benennen. Der Ausgangstext liefert hierzu bereits Anknüpfungspunkte, die zunächst eine Fokussierung der Investitionsfinanzierung durch den Kredit- und Kapitalmarkt nahelegen. Anschließend sollte ergänzend auf das Geschehen auf dem Geldmarkt (realwirtschaftliche Auswirkungen der Geldmengenveränderung) sowie auf dem Devisenmarkt (realwirtschaftliche Auswirkungen von Auf- bzw. Abwertungen) eingegangen werden.

Aufgabe 2: Den Ausgangspunkt bildet hier zunächst eine genaue inhaltliche Analyse des Redeausschnitts. Hierbei sollte herausgearbeitet werden, dass sich Horst Köhler eindeutig zur Notwendigkeit einer wirkungsvollen Finanzmarktregulierung bekennt und dass dieses Bekenntnis in enger Anbindung an eine grundsätzliche Anerkennung der Notwendigkeit wirtschaftspolitischer Markteingriffe erfolgt. Anschließend sollte dargelegt werden, dass die bisher getroffenen Maßnahmen zwar begrüßt, aber nicht als ausreichend erachtet werden; ferner, dass aus Sicht Köhlers bereits zum Zeitpunkt der Rede (Oktober 2009) ein Rückfall in problematische Markttendenzen erkennbar sei; sowie schließlich, dass der Glaube an eine „Selbstheilung" durch neues wirtschaftliches Wachstum als problematisch angesehen wird.

Aufgabe 3: Hier geht es zunächst darum, mit der Bankenabsicherung, der Erhöhung von Markttransparenz, der Beschränkung von Spekulation, dem Ausbau der Finanzaufsicht sowie der Beteiligung des Finanzsektors an den Kosten der politischen Behebung krisenhafter Entwicklungen die wesentlichen Maßnahmenbereiche der Finanzmarktregulierung zu nennen und in ihren Charakteristika knapp zu beschreiben. Anschließend ist eine kontroverse Annäherung an die Frage nach den Perspektiven einer wirkungsvollen Finanzmarktregulierung gefragt, die sowohl eher optimistische als auch eher pessimistische Sichtweisen berücksichtigt und schließlich zu einer eigenständigen Bewertung des betrachteten Sachverhalts gelangt.

Zum Weiterarbeiten

Aufgaben zu den verschiedenen Anforderungsbereichen

Anforderungsbereich I

- Nennen Sie die drei wesentlichen Geldfunktionen.
- Beschreiben Sie die historische Entwicklung des Geldes.
- Stellen Sie dar, auf welchen Geschäftsfeldern Banken tätig sind.
- Legen Sie dar, was unter Inflation und Deflation verstanden wird.
- Zählen Sie die unterschiedlichen Teilmärkte des Finanzmarktes auf.
- Legen Sie dar, was unter dem Primärmarkt und dem Sekundärmarkt verstanden wird.

Anforderungsbereich II

- Erläutern Sie, warum dem Geld eine ausgesprochen hohe volkswirtschaftliche Bedeutung zugeschrieben wird.
- Erklären Sie den Prozess der Geldschöpfung im Bankensystem.
- Arbeiten Sie heraus, warum eine Störung der Refinanzierung im Bankensystem aus ökonomischer Perspektive als sehr problematisch angesehen wird.
- Erläutern Sie, wie es zu einem Übergreifen krisenhafter Entwicklungen auf den Finanzmärkten auf die Realwirtschaft kommen kann.

Anforderungsbereich III

- Problematisieren Sie das Verhältnis zwischen dem Anspruch der Realwirtschafts-Förderung und dem Aufkommen spekulativer Tendenzen an den Finanzmärkten.
- Erörtern Sie: Wie strikt sollte staatliche Geldpolitik dem Ziel der Preisniveaustabilität verpflichtet sein?
- Beurteilen Sie die Perspektiven für eine wirksame Finanzmarktregulierung vor dem Hintergrund der gegebenen nationalen und internationalen wirtschaftspolitischen Rahmenbedingungen.

Links zum Thema Geld und Finanzen

www.bundesbank.de/	Deutsche Bundesbank
www.ecb.int/ecb/html/index.de.html	Europäische Zentralbank
www.bafin.de/	Bundesanstalt für Finanzdienstleistungsaufsicht
www.boerse-frankfurt.de/DE/index.aspx?pageID=1	Deutsche Börse in Frankfurt
www.bundesfinanzministerium.de/nn_54/DE/Buergerinnen__und__Buerger/Gesellschaft__und__Zukunft/finanzkrise/node.html?__nnn=true	Themenschwerpunkt Finanzmarktkrise beim Bundesfinanzministerium
www.attac.de/aktuell/krisen/alternativen/regulieren/?L=2	Themenschwerpunkt Finanzmarktregulierung beim globalisierungskritischen Netzwerk Attac
www.bda-online.de/www/arbeitgeber.nsf/ID/home	Homepage der Bundesvereinigung der Deutschen Arbeitgeberverbände

8 Unternehmen und Arbeitswelt

Unternehmerisches Denken und Handeln wird mittlerweile nicht nur von Führungskräften, sondern auch von den Arbeitnehmerinnen und Arbeitnehmern eines Betriebs gefordert. Unternehmen haben Aspekte der Wirtschaftlichkeit beispielsweise bei der Wahl ihrer Rechtsform sowie bei der Wahl des Standortes zu berücksichtigen. Die Unternehmensführung trägt zudem Verantwortung für die konkreten Ziele und die Ausrichtung des Unternehmens. Um die Interessen der Arbeitnehmer angemessen zu vertreten, gibt es gesetzliche Regelungen zur innerbetrieblichen Mitbestimmung. Überbetrieblich werden die Interessengruppen von den Tarifpartnern – Arbeitgeberverbänden und Gewerkschaften – vertreten.

Überblick

Unternehmen und Arbeitswelt

Wirtschaftlichkeit als Prinzip

Zentraler Aspekt unternehmerischen Handelns und Denkens ist die Ausrichtung nach dem erwerbswirtschaftlichen Prinzip. Demnach strebt ein Unternehmen die Gewinnmaximierung bzw. eine möglichst große Rentabilität des eingesetzten Kapitals an. Eng damit verbunden ist das ökonomische Prinzip und die mit ihm einhergehenden Minimal- und Maximalprinzipien.

► *1. Unternehmerisches Denken und Handeln*

Rechtsformen von Unternehmen

Die Unternehmens- bzw. Rechtsform eines Unternehmens kann in der Regel frei gewählt werden. In Abhängigkeit der Rahmenbedingungen kann die am zweckmäßigsten erscheinende Form angenommen werden. Neben Einzelunternehmen gibt es insbesondere die Kapital- und Personengesellschaften sowie die Eingetragenen Genossenschaften, deren Ausformungen sich jeweils voneinander unterscheiden und verschiedene Vor- und Nachteile mit sich bringen.

► *2. Unternehmensformen*

Betriebswirtschaftliche Betätigungsfelder

Das Management eines Unternehmens hat im Rahmen seines Tätigkeitsfeldes vielfältige Aufgaben zu erledigen. Hierzu zählt z. B. die Wahl geeigneter Führungsprinzipien sowie die Planung, Entscheidung und Kontrolle der Arbeits- und Produktionsorganisation. Es hat eine geeignete Strategie zu entwerfen, um am Markt bestehen zu können und die Unternehmenskultur mithilfe geeigneter Ziel zu klären und sodann entsprechend voranzutreiben.
Auch hat die Unternehmensführung über die Wahl des bzw. die betrieblichen Standorte zu entscheiden. Hierbei sind die unterschiedlichsten Standortfaktoren zu berücksichtigen. Ein jedes Unternehmen hat zudem Investitionen wie neue Betriebsstätten oder Maschinen zu tätigen. Hierfür muss Kapital mittels geeigneter Finanzierung beschafft werden.

► *3. Unternehmensführung*
► *4. Standortfaktoren, Investition und Finanzierung*
► *5. Produktions- und Arbeitsorganisation*

Möglichkeiten der arbeitnehmerischen Mitbestimmung

Da es zwischen Arbeitnehmern und Arbeitgebern immer wieder zu Interessenkonflikten (z. B. sicherer Arbeitsplatz vs. Rationalisierung) kommt, wird die unternehmerische Freiheit des Arbeitgebers durch Mitbestimmung der ansonsten in der schwächeren Verhandlungsposition stehenden Arbeitnehmer eingeschränkt. Die Mitbestimmung kann dabei innerbetrieblich mittels eines Betriebsrats und je nach Rechtsform des Unternehmens mittels der arbeitnehmerischen Beteiligung im Aufsichtsrat gestaltet werden. Überbetrieblich setzen sich die Gewerkschaften im Rahmen von Tarifverhandlungen für die Interessen der Arbeitnehmer ein und schließen Tarifverträge mit entsprechenden Arbeitgeberverbänden oder auch einzelnen Unternehmen ab.

► *6. Arbeitgeber und Arbeitnehmer: Mitbestimmung*
► *7. Gewerkschaften*
► *8. Arbeitgeberverbände*
► *9. Tarifautonomie, Tarifverhandlungen und Tarifverträge*

Wesentliche Aspekte im Bereich Arbeit sind zum einen Fragen der Entlohnung bzw. der Entgeltberechnung und zum anderen mögliche Formen der Beschäftigung. Hierbei konnte in den letzten Jahren eine zunehmende Abnahme des sogenannten Normalarbeitsverhältnisses bei gleichzeitigem Zuwachs atypischer Beschäftigung (z. B. Leiharbeit und befristete Beschäftigung) beobachtet werden. Diese Entwicklung bietet den Unternehmen zwar zunehmende Flexibilität beim Einsatz ihrer Mitarbeiter, bedeutet für die Beschäftigten jedoch ein eher schlecht bezahltes und oftmals ungeschütztes Arbeitsverhältnis, das mit erhöhter Aussicht auf Arbeitslosigkeit einhergeht. Diese unsichere Erwerbssituation wird auch prekäres Arbeitsverhältnis genannt.

- ▸ *10. Arbeit und Entlohnung*
- ▸ *11. Arbeitslosigkeit*

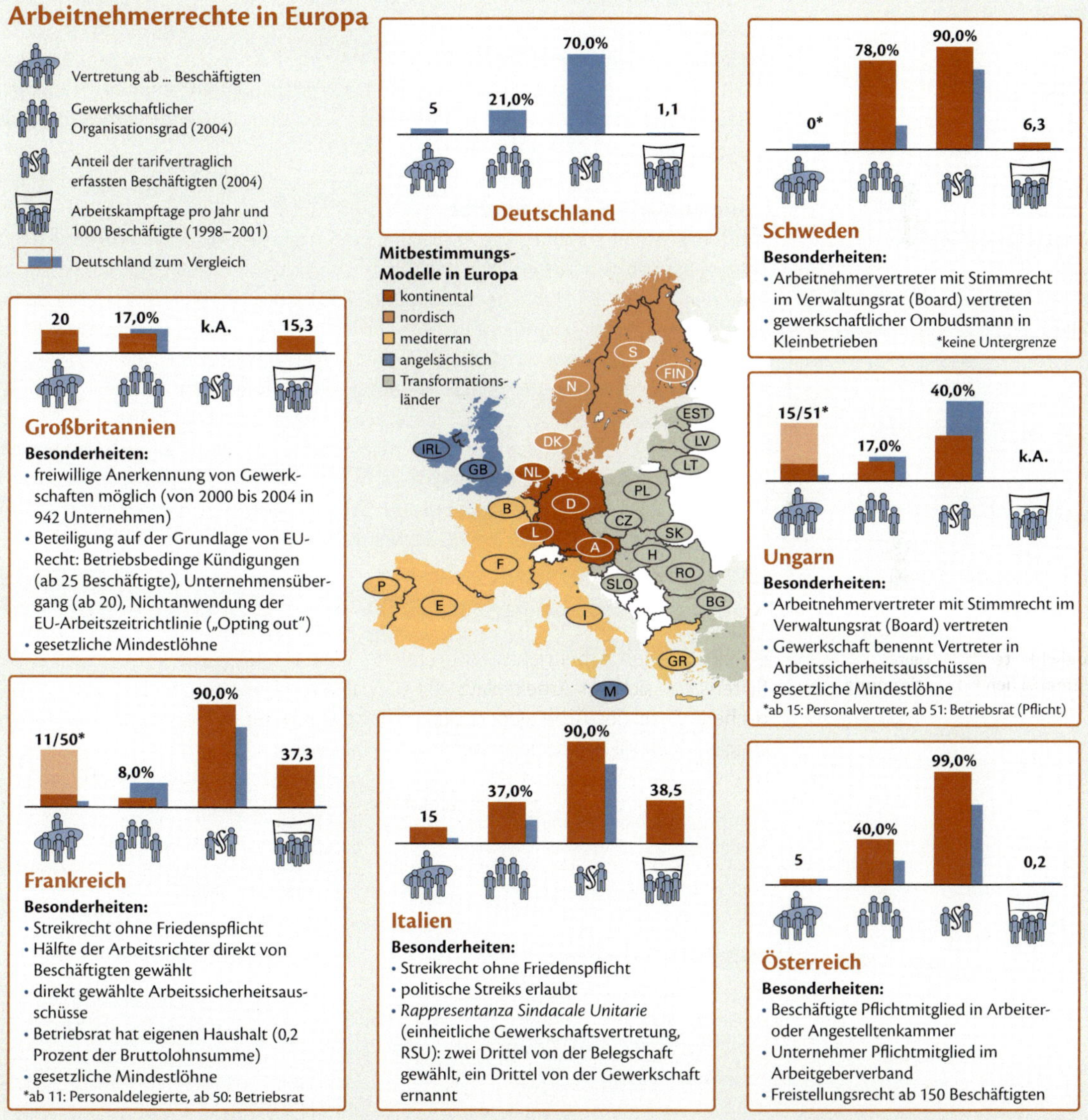

Quelle: Hans-Böckler-Stiftung, Gohde 2005

Unternehmerisches Denken und Handeln

Gewinn = Umsatz – Kosten

Umsatz = Verkaufsmenge x Verkaufspreis

Die **Rentabilität** gibt an, in welcher Höhe sich das eingesetzte Kapital während einer bestimmten Zeitspanne verzinst.

Betrieb und Unternehmen

Betriebe sind Güter produzierende Wirtschaftseinheiten. Im alltäglichen Sprachgebrauch werden die Begriffe Betrieb und Unternehmen/Unternehmung synonym eingesetzt, während die ***Betriebswirtschaftslehre*** differenziert und unter Unternehmen nur solche Betriebe versteht, die marktwirtschaftlich orientiert sind und folgenden Aspekten entsprechen:

- ***Autonomieprinzip***, d.h., der Unternehmensinhaber kann im Rahmen der gesetzlichen Regelungen z.B. über Preise, Produkte und Mitarbeiterwahl frei und unabhängig von einer staatlichen Lenkungsbehörde entscheiden.
- ***Erwerbswirtschaftliches Prinzip***, d.h., das Kernbestreben des Unternehmens ist die Gewinnmaximierung oder eine möglichst große Rentabilität.
- ***Privateigentum***, d.h., die Eigentümer haben die Verfügungsrechte an den Produktionsmitteln und am Gewinn.

Neben diesen Unternehmen gibt es gemeinnützige Betriebe, sogenannte ***Non-Profit-Organisationen***, die lediglich im Sinne der Kostendeckung wirtschaften. Auch ***öffentliche Betriebe*** wie Stadtwerke und Museen folgen dem Kostendeckungs- oder dem Zuschussprinzip.

Kaufmann und Handelsgewerbe

Kaufmann ist nur, wer ein gewerbliches Unternehmen, also ein Handelsgewerbe, betreibt. Neben den Vorschriften des Bürgerlichen Gesetzbuches (BGB) unterliegt dieser zudem denen des ***Handelsgesetzbuches*** (HGB). Jeder Betreiber eines Handelsgewerbes, der einen entsprechenden Geschäftsbetrieb benötigt, muss sich zudem als (Einzel-) Kaufmann bzw. Kauffrau in das ***Handelsregister*** eintragen lassen.
Als Handelsgewerbe gelten gemäß HGB nur gewinnorientierte und auf planmäßige Wiederholung ausgerichtete Aktivitäten. Ausnahmen bilden hierbei wissenschaftliche und künstlerische Tätigkeiten sowie der ***freie Beruf*** des Arztes oder auch des Anwalts.
Jeder Kaufmann ist zur Buchführung mitsamt Jahrabschluss und Bilanzierung sowie bei Eintrag ins Handelsregister zusätzlich zur Angabe von bestimmten Informationen (z.B. Geschäftssitz, Nummer des Handelsregistereintrags) verpflichtet.

Wichtige unternehmerische Ziele	
branchenüblicher Gewinn	Kapazitätsauslastung
maximaler Gewinn auf kurze oder lange Sicht	Verbesserung der Produktivität
maximale Rentabilität	Marktmacht, politischer und/oder gesellschaftlicher Einfluss
Unternehmenswert (Shareholder Value) steigern	Sicherheit des Unternehmens als Vermögensanlage oder Erwerbsquelle
Verbesserung der Liquidität	Sicherheit der Arbeitsplätze und Pensionen
Verbesserung der Eigenkapitalquote	Steigerung der Arbeitszufriedenheit
Verbesserung der Kreditwürdigkeit	Wahrung von Unabhängigkeit
Vergrößerung des Marktanteils	Fortführung einer Tradition
Erschließung neuer Märkte	Versorgung der Bevölkerung zu angemessenen Preisen

Helmut Schmalen/Hans Pechtl: Grundlagen und Probleme der Betriebswirtschaft. Stuttgart: Schäffer-Poeschel 2009, S.90

Das ökonomische Prinzip

Wirtschaften meint ganz allgemein das Umgehen mit dem ***Knappheitsproblem***: Dem Unternehmer stehen nämlich weder unbegrenzt Kapital noch Ressourcen zur Erreichung seiner Ziele zur Verfügung. Die Wirtschaftstheorie unterstellt in ihren Modellen daher grundsätzlich, dass die Unternehmen nach dem ***Wirtschaftlichkeitsprinzip*** handeln (siehe 1.6). Demnach sind Verschwendungen zu vermeiden und ***Produktivitätssteigerung*** anzustreben. Hierbei kann entweder das Ziel (***Output***) in Form der Leistung bzw. des Gewinns oder die Mittel (***Input***) in Form der Kosten als Orientierungsgröße herangezogen werden:

- Das ***Minimalprinzip*** verlangt, bei gegebenem Output den Input zu minimieren (d. h. Kosten bei gleicher Leistung/gleichem Gewinn so gering wie möglich halten). Beispiel: Mit geringstem Benzinverbrauch 20 Pakete ausliefern.
- Das ***Maximalprinzip*** verlangt, bei gegebenem Input den Output zu maximieren (d. h. größtmögliche Gewinn- oder Leistungssteigerung bei festgelegten Kosten). Beispiel: Mit 30 Liter Benzin möglichst viele Pakete ausliefern.

Die Verknüpfung dieser beiden Prinzipien führt zu dem ***generellen Optimum-Prinzip***, das den Abstand zwischen Input und Output betrachtet. Ein Unternehmen stimmt dabei seine Mittel und den sich ergebenden Ertrag derart ab, dass der größtmögliche Abstand zwischen Input und Output erreicht wird. Hierbei gilt für Unternehmen der ***ökonomische Darwinismus***: Nur die Besten überleben am freien Markt, die Schlechten scheiden aus.

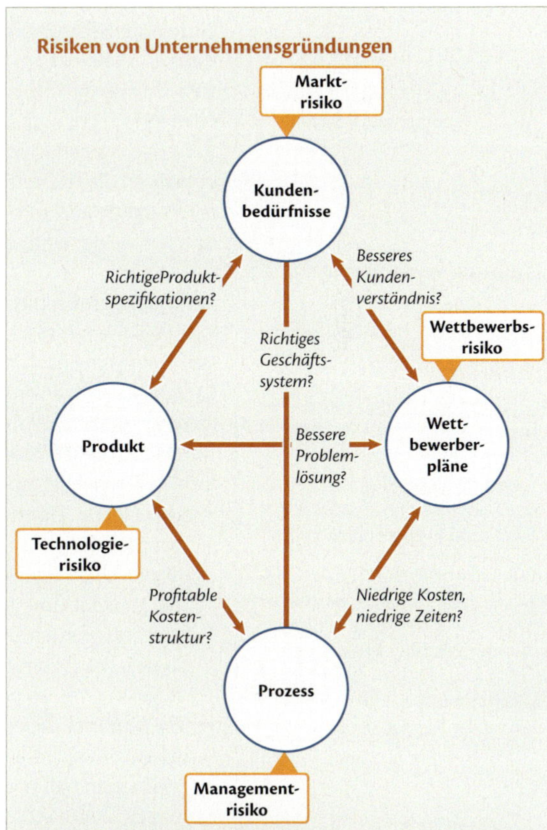

Quelle: Thomas Hutzschenreuter: Unternehmertum und Unternehmensführung. In: Frank Piller (Hg.): Einführung in die Betriebswirtschaftslehre. Vorlesung an der RWTH Aachen, Wintersemester 2009/2010. Wiesbaden: Gabler 2010, S. 37

Unternehmensformen

Bedeutung der Wahl der Unternehmensform

Die Unternehmens- bzw. Rechtsform kann – mit wenigen Ausnahmen – frei gewählt und auch geändert werden, damit die Unternehmen bei sich ändernden Rahmenbedingungen reagieren können. Die einzelnen Rechtsformen unterscheiden sich in mehreren betriebswirtschaftlichen Aspekten, insbesondere hinsichtlich:

- der ***Leitungs- und Kontrollbefugnis*** der Eigentümer (Gesellschafter) und möglicher Nicht-Gesellschafter;
- des Haftungsrisikos bzw. der ***Haftung*** mit Betriebs- und/oder Privatvermögen;
- der Erfordernis eines durch die Gesellschafter aufzubringenden ***Mindest- bzw. Eigenkapitals*** bei Unternehmensgründung;
- der ***Finanzierungsmöglichkeiten*** durch Eigen- oder Fremdkapital;
- der ***Austauschbarkeit (Fungibilität) der Gesellschaftsanteile***, also der Kauf- und Verkaufsmöglichkeiten von Eigenkapitalanteilen;
- der ***steuerlichen Belastung*** der Unternehmensgewinne: Personengesellschaften entrichten die Einkommensteuer, Kapitalgesellschaften hingegen die mit anderen Steuersätzen versehende Körperschaftsteuer;
- der ***Publizitätspflicht*** und des Umfangs der ***Rechenschaftsberichte***;
- der ***Gewinn- und Verlustbeteiligung*** der Gesellschafter.

Einzelunternehmen

Einzelunternehmen werden ohne Einbezug weiterer Gesellschafter lediglich von einem Kaufmann betrieben. Er ist dadurch alleinig zur Geschäftsführung berechtigt und es steht ihm als Inhaber der gesamte Gewinn zu. Ein bestimmtes Mindestvermögen ist zur Gründung nicht vorzuweisen. Eigenkapital erhält das Einzelunternehmen durch ***Einlage***. Vermögensgegenstände aus dem Privatvermögen des Inhabers werden also in Betriebsvermögen überführt. Ein gegenläufiges Verfahren zur Eigenkapitalminderung ist ebenfalls möglich und wird ***Entnahme*** genannt. Das Haftungsrisiko bei Einzelunternehmen ist hoch, da der Unternehmer für Zahlungsverpflichtungen unbeschränkt.

Personengesellschaften

Eine Personengesellschaft wird von mindestens zwei ***natürlichen*** und/oder ***juristischen Personen*** gemeinschaftlich betrieben. Sie setzen ihre Vermögensgegenstände als Eigenkapital ein und erhalten bei Austritt ihren Kapitalanteil zurück. Das Eigenkapitalkonto kann erhöht bzw. vermindert werden, je nachdem, ob Gewinne oder Verluste verbucht werden. Ein ***Gesellschaftsvertrag*** regelt die gegenseitigen Pflichten. Die wichtigsten Ausformungen der Personengesellschaft sind:

- ***die Offene Handelsgesellschaft (OHG):*** In der Regel sind alle Gesellschafter geschäftsführend tätig und können somit Geschäfte im Namen der Gesellschaft abschließen. Eigenkapital wird durch Einlagen des Privateigentums der Gesellschafter gebildet und kann durch neue Gesellschafter oder Einlagenerhöhungen aufgestockt werden. Das Haftungsrisiko ist hoch (Betriebs- und Privatvermögen). Neue Gesellschafter haben auch für die Altschulden zu haften. Die Einlagen werden in der Regel mit 4 % verzinst, Gewinnreste werden auf die Gesellschafter verteilt.
- ***die Kommanditgesellschaft (KG):*** Eine KG besteht aus mindestens einem Komplementär (Vollhafter), der die Geschäftsführung innehat und mit seinem gesamten Vermögen haftet, und einem Kommandisten (Teilhafter), der in Abhängigkeit vom Gesellschaftsvertrag mindestens ein Kontrollrecht gegenüber der Geschäftsführung hat und nur mit seiner Eigenkapitalanlage haftet. Die Eigenkapitalbeschaffung erfolgt dabei analog zur OHG und auch die Einlagen sind entsprechend zu verzinsen. Der Gewinnrest ist angemessen im Sinne des Haftungsrisikos zu verteilen.

Eine **natürliche Person** ist der Mensch als Träger von Rechten und Pflichten, also als Rechtssubjekt.

Eine **juristische Person** ist eine Personenvereinigung oder ein Zweckvermögen mit gesetzlich anerkannter rechtlicher Selbstständigkeit. Sie ist also Träger von Rechten und Pflichten, hat Vermögen, kann erben und klagen sowie verklagt werden.

Kapitalgesellschaften

Die Kapitalgesellschaft stellt eine *juristische Person* dar, wodurch sie Steuern (Körperschaftsteuer) zahlen muss. Es besteht eine grundsätzliche Trennung von Eigentum und Geschäftsführung. Die wichtigsten Ausformungen in Deutschland sind:

- *die Aktiengesellschaft (AG):* Die Gründung einer AG setzt mindestens fünf Aktionäre (bei einer Kleinen AG einen Aktionär) in Form natürlicher oder juristischer Personen sowie Kapitaleinlagen von mindestens 50 000 Euro voraus. Dieses Grundkapital wird in Aktien gestückelt, die jederzeit an Dritte bzw. an der Börse zum aktuellen ***Börsenkurs*** verkauft werden können (hohe Fungibilität). Der Ausstieg aus der AG ist entsprechend durch Verkauf, der Einstieg durch Aktienaufkauf möglich. Erwirtschaftete Gewinne werden entweder in Rücklagen umgewandelt oder als sogenannte ***Dividende*** an die Aktionäre ausgeschüttet. Vorstand, Aufsichtsrat und Hauptversammlung einer AG besitzen unterschiedliche, in der Satzung und Geschäftsordnung genauer festzulegende Rechte hinsichtlich der Geschäftsführung. Die Haftung erfolgt ausschließlich mit dem Vermögen der AG.
- *die Gesellschaft mit beschränkter Haftung (GmbH):* Die Gründung einer GmbH ist personenzahlunabhängig, bedarf jedoch mit Ausnahme einer Mini-GmbH/Ein-Euro-GmbH in der Regel einer Kapitaleinlage (Stammkapital) in Höhe von mindestens 10 000 Euro. Die Fungibilität ist niedrig, da GmbH-Anteile nur durch notariell beglaubigte Abtretung übertragen werden können. Eine GmbH gliedert sich in Geschäftsführung und Gesellschaftsversammlung, der vielfältige Entscheidungskompetenzen zugesprochen werden. Die Haftung erfolgt nur über das Betriebsvermögen, das jedoch mit Eigenkapital aufgestockt werden kann. Die Gewinnverteilung erfolgt anteilig nach dem Verhältnis der Kapitalanteile.

Shareholder Value: Dividendenzahlung + Erhöhung des Börsenkurses einer Aktie (Marktwertsteigerung)

Sonderform: Die *GmbH & Co. KG* verbindet die die Vorteile der Kapitalgesellschaft (Haftung mit Betriebsvermögen) mit den Vorteilen der Personengesellschaft (steuerliche Regelungen), indem die GmbH Komplementär einer KG wird.

Eingetragene Genossenschaften (e. G.)

Genossenschaften sind wirtschaftliche Vereine mit mindestens drei Personen. Ein Mindestkapital ist nicht vorgeschrieben. Um die Eigenkapitalbeschaffung einer Genossenschaft zu erleichtern, können passive bzw. rein ***investive Mitglieder***, aufgenommen werden. Die jeweiligen Kapitaleinlagen ***(Geschäftsanteile)*** bilden das Grundkapital, die zusammen mit dem in den Betrieb zurückgeführten Gewinne das ***Geschäftsguthaben*** eines jeden Mitglieds bilden. Alle Mitglieder haften mit einer zuvor vereinbarten Haftsumme und sind in der Generalversammlung mit jeweils einer Stimme gleichberechtigt.

Unternehmensformen in Deutschland

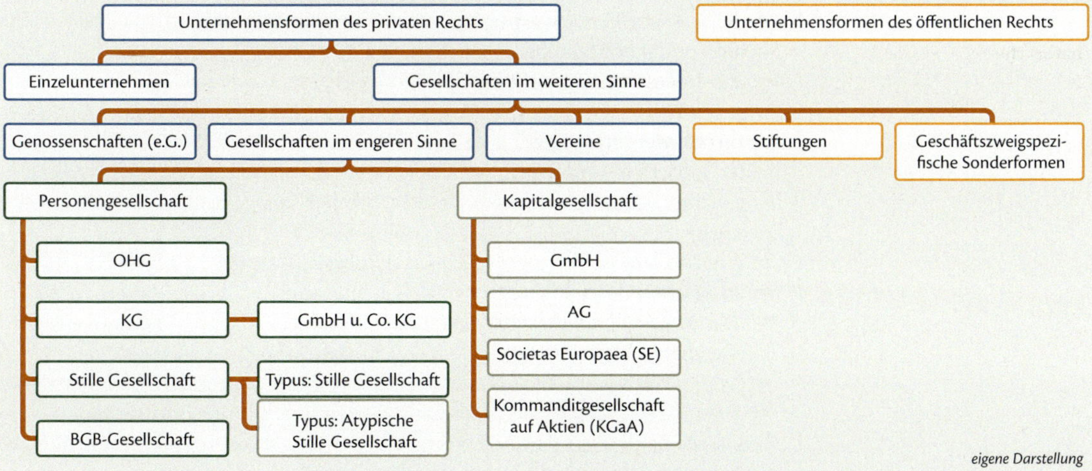

eigene Darstellung

Unternehmensführung

Management als Institution

Unternehmensführung, der englische Begriff lautet Management, kann zum einen als Institution und zum anderen als Funktion aufgefasst werden.

Management als ***Institution*** verstanden umfasst all diejenigen Personen, die in einem Unternehmen leitende Aufgaben erfüllen. Als Manager werden in der Regel die obersten und oberen Führungskräfte eines Unternehmens, also zumeist die angestellten Geschäftsführer, bezeichnet. Das Management vertritt die Interessen des Unternehmers als Arbeitgeber gegenüber der Arbeitnehmerschaft. Hierfür werden unterschiedliche ***Managementprinzipien*** eingesetzt, zu denen auch die Management-by-Techniken zählen. Ihr Einsatz hängt eng mit dem gewählten Führungsstil zusammen, der ganz allgemein die Mitarbeiter zu höherer Leistungsbereitschaft und Motivation, aber auch zu größerer Arbeitszufriedenheit und stärkerer Bindung an das Unternehmen veranlassen soll. Generell wird unterschieden zwischen:

http://www.4managers.de/management/themen/management-by/ (22.12.2010)

- dem ***autoritativen Führungsstil***, der sich durch wenig Mitwirkungsmöglichkeiten und starken Anweisungscharakter auszeichnet und eher aufgabenorientiert ist, und
- dem ***kooperativen Führungsstil***, der sich durch beratende, partizipative oder demokratische Mitwirkungsrechte der Mitarbeiter auszeichnet und eher personenorientiert ist.

Konsens ist, dass nur eine Mischung aus Aufgaben- und Personenorientierung sinnvoll ist. Wie dabei der jeweilige Führungsstil zu gewichten ist, wird hingegen unterschiedlich beantwortet.

Management als Funktion

Management als ***Funktion*** verstanden umfasst alle Tätigkeiten der Unternehmensführung (z. B. in den Bereichen Personalwirtschaft, Beschaffung, Absatz), die sich wie folgt unterscheiden lassen:

- Planung, d. h. Problem- und Aufgabendefinition, Zielsetzung, Entscheidung;
- Realisierung, d. h. Organisation, Information, Kommunikation, Mitarbeitermotivation und -koordination;
- Kontrolle, d. h. Rückmeldung, Soll-Ist-Vergleich zur weiteren Planung.

Unternehmensstrategie

Unter Strategien werden jegliche Maßnahmen zur Sicherung des langfristigen Erfolgs eines Unternehmens verstanden. Das ***strategische Management*** hat sich entsprechend zu fragen:

- Welche langfristigen Ziele sollen wir verfolgen?
- In welchen Geschäftsfeldern wollen wir tätig sein?
- Mit welchen langfristigen Maßnahmen wollen wir den Wettbewerb in den Geschäftsfeldern bestreiten?
- Was sind unsere Kernfähigkeiten, mit denen wir im Wettbewerb bestehen können?
- Was müssen wir tun, um unsere langfristigen Maßnahmen umzusetzen?

Grundlage für die Planung und Entscheidung ist, dass konkrete Ziele bzw. Zielvorgaben unter Berücksichtigung der Rahmenbedingungen formuliert werden.

Als ***exogene Rahmenbedingungen*** gelten z. B. die rechtliche und soziale Ordnung, der technische Wissensstand, die Preise der Produktionsfaktoren, die Aufstellung der Konkurrenz oder die Bedürfnisstruktur und Kaufkraft der Bevölkerung. Diese Faktoren der unternehmerischen Umwelt sind in der Regel nicht bzw. kurzfristig nicht zu ändern. Als endogene Rahmenbedingungen gelten hingegen kurzfristig nicht beeinflussbare Fakten des Unternehmens selbst, also z. B. die Qualifikation der Belegschaft oder die Produktionskapazität. Eine Veränderung dieser Rahmenbedingungen birgt sowohl Risiken als auch Chancen, die im Planungs- und Entscheidungsprozess zu berücksichtigen sind.
Strategisches Management meint also letztlich den Aufbau, die Pflege und die Ausbeutung von Erfolgspotenzialen eines Unternehmens. Erfolgspotenziale, auch strategische Erfolgspositionen (SEPs) genannt, stellen die Existenzberechtigung eines jeden Unternehmens dar und können sich auf verschiedenste Faktoren beziehen:

- *Preis:* Der Kerngedanke hierbei ist, der Billigste am Markt zu sein.
- *Qualität:* Als strategische Stärke des Unternehmens gelten die leistungsstarken, zuverlässigen, luxuriösen und/oder technisch fortgeschrittenen Güter.
- *Image:* Scheinbar subjektive Faktoren wie Markennamen oder das mit der Marke verbundene Gefühl stellen Erfolgspotenziale dar.
- *Service:* Kurze Lieferzeiten und eine kostenlose 24-Stunden-Telefon-Hotline tragen neben dem Kernprodukt zur herausragenden Position bei.
- *Innovationskraft:* Das Unternehmen positioniert sich mit den stets neuesten Produkten am Markt.
- *persönliche Kontakte:* Viele Unternehmen bauen ihren Erfolg auf die Fähigkeiten des Außendienstes oder ihres Eigentümers, die besten Kontakte zu den Kunden knüpfen zu können.

Zielvorstellungen und Unternehmenskultur

Um eine stärkere Identifikation, ein einheitliches Erscheinungsbild und ein Wir-Gefühl zu erreichen, versuchen viele Unternehmen, ihre Ziele den Mitarbeitern gegenüber zu vermitteln. Sie konkretisieren die Ziele in ***Unternehmensgrundsätzen*** (Policies und Practices) mit praktischen Handlungsrichtlinien. Voraussetzung für den Erfolg einer solchen Strategie ist jedoch, dass die Mitarbeiter mit einbezogen werden. Das durch die Grundsätze formulierte Selbstverständnis eines Unternehmens bildet einen Teil der Unternehmenskultur. Zu ihr gehören Grundüberzeugungen, Werte und Einstellungen der Unternehmensmitglieder sowie Art und Weise des Umgangs untereinander.
Einen Schritt weiter geht das Konzept der ***Corporate Identity*** (Unternehmensidentität). Mit diesem werden sowohl Verhaltensweisen, Strukturen und Beziehungen eines Unternehmens nach innen und nach außen festgelegt. Hierdurch soll das auferlegte Image möglichst klar, einheitlich und positiv für alle internen und externen Beteiligten vermittelt werden.
Unterstützt wird dieses Vorhaben durch:

- *Corporate Communications* (Unternehmenskommunikation) als die Gesamtheit der kommunikativen bzw. werblichen Aktivitäten eines Unternehmens;
- *Corporate Design* (Erscheinungsbild) als das gesamte einheitliche visuelle Erscheinungsbild des Unternehmens (z. B. durch Logo, Fahrzeugbeschriftungen)
- *Corporate Behavior* (Unternehmensverhalten) als die einheitliche und widerspruchsfreie Ausrichtung aller Verhaltensweisen der gesamten Belegschaft.

Corporate Identity als Konzept der Identitätsvermittlung
Übereinstimmung von Identität und Image als Kernzielsetzung

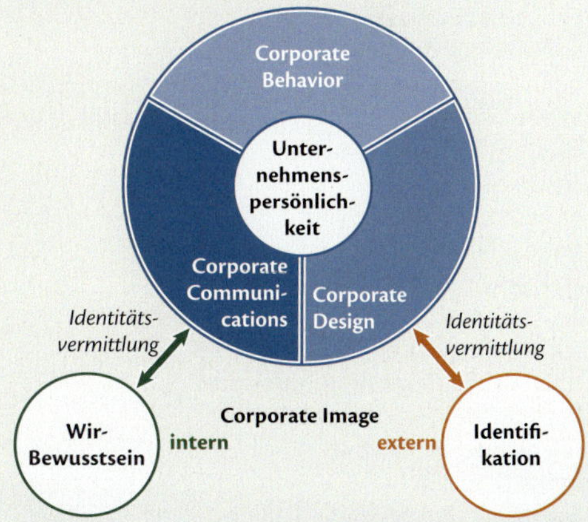

Wirkungen		
• Koordination	• Unverwechselbarkeit	• Glaube
• Motivation	• strategische Stimmigkeit	• Vertrauen
• Leistung	• Kosteneinsparung	• Akzeptanz
• Synergie	• schnelle Markterschließung	• Zuneigung

http://www.newvision-coaching.de/Coaching_CI_Pattensen_Hannover_Hildesheim.htm (21.12.2010)

Standortfaktoren, Investition und Finanzierung

Die Wahl des betrieblichen Standorts

Derjenige Ort, an dem sich das Verwaltungsgebäude, die Produktionshalle, das Geschäft oder die Niederlassung eines Unternehmens befindet, wird Standort genannt. Je nach Tätigkeit kann es sich hierbei um einen ***Produktions-, Forschungs- und Entwicklungs- (F&E-), Verwaltungs- oder Verkaufsstandort*** handeln.

Einige Branchen (z. B. Erzbergwerke) sind an bestimmte Produktionsstandorte gebunden, alle anderen Betriebe können über ihren Standort weitestgehend frei entscheiden. Die Entscheidung erfordert die Berücksichtigung vielfältiger Standortfaktoren (siehe 4.9), da sich diese positiv oder negativ auf die Anlage und den Erfolg eines Betriebs auswirken.

http://www.diercke.de/bilder/omeda/800/6356E_1.jpg (22.12.2010)

Darüber hinaus sind verschiedene Ebenen zu berücksichtigen, da sowohl eine internationale und regionale ***(Makrostandort)*** sowie eine lokale und innerörtliche ***(Mikrostandort)*** Wahl zu treffen ist.

Dabei gilt es, die jeweiligen ***standortabhängigen Kosten und Leistungen*** zu ermitteln und zu bewerten. Der Betrieb sollte sodann den Standort wählen, an dem die Leistungen die Kosten am stärksten übersteigen, also der größte standortabhängige Gewinn erzielt werden kann. Da dies in der Regel nicht mit aller Sicherheit abzuschätzen ist, bleibt die Standortwahl eine ***Risikoentscheidung***.

Wirtschaftsstandort Deutschland aus Unternehmersicht

pro	kontra
– gute Infrastruktur – gut entwickeltes Ausbildungssystem, hohes Qualifikationsniveau – erfolgreiche Forschung und Entwicklung und hohe Ausgaben für F&E – Wertschätzung von Termintreue und Qualität – leistungsfähige Unternehmen – zentrale Lage – hohe Arbeitsproduktivität – hohe Lebensqualität und kulturelle Vielfalt – liberaler Außenhandel – erstklassige Kreditwürdigkeit – sozialer Friede und soziale Sicherheit – hohe Kaufkraft, großer Absatzmarkt – Rechtssicherheit, transparente und unabhängige Judikative – innere Stabilität – leistungsstarkes Straßen-, Schienen- und Telekommunikationsnetz – geringe Betriebsbeeinträchtigung durch Streiktage – geringes Lohnkostenwachstum	– hohe Arbeitskosten – hohe Sozialabgaben – kurze Arbeits- und Maschinenlaufzeiten – langwierige Genehmigungsverfahren (Bürokratie, „Einspruchskultur“) – umfangreiche Umweltschutzauflagen – hohe Energiekosten – umfangreiches Arbeits-, Tarif- und Sozialrecht – geringe Mobilität der Arbeitnehmer – Innovationsskepsis – Kündigungsschutz – Lohnfindung

Helmut Schmalen/Hans Pechtl: Grundlagen und Probleme der Betriebswirtschaftslehre. Stuttgart: Schäffer-Poeschel 2009, S. 30 (erweitert)

Arten der Investition

Der finanzwirtschaftliche Prozess, in dessen Verlauf Kapital beschafft, verwendet, wieder freigesetzt und verwaltet wird, geschieht mittels Investition und Finanzierung. Eine Investition ist die zielgerichtete und in der Regel langfristige Anlage von Finanzmitteln in Vermögensobjekte zur Erwirtschaftung zukünftiger Erträge.

Die Investitionen können kategorisiert werden nach:

- ***Art des Investitionsobjekts:*** Hierzu zählen Real- bzw. Sachinvestitionen (z. B. Maschinen, Grundstücke), Finanzinvestitionen (Erwerb von Forderungs- und Beteiligungsrechten z. B. durch Aktien) und immaterielle Investitionen (z. B. für Aus- und Weiterbildung).
- dem ***Zweck:*** Hierzu zählen Gründungsinvestitionen (z. B. für die Planung der Errichtung und die Erstausstattung eines Betriebs), Ersatzinvestitionen (z. B. Austausch alter durch neue Maschinen), Erweiterungsinvestitionen (zur Vergrößerung der betrieblichen Leistungsfähigkeit z. B. durch weitere Maschinen) und Rationalisierungsinvestitionen (zur Senkung der Kosten z. B. durch energiesparende Maschinen).
- den ***Funktionen:*** Forschungs- und Entwicklungsinvestition, Fertigungsinvestition, Absatzinvestition (z. B. Werbung).

Das Gegenstück zur Investition ist die ***Desinvestition***. Sie liegt vor, wenn die in Vermögensobjekten gebundenen finanziellen Mittel durch Verkauf freigesetzt werden. Es handelt sich also um eine Wiederbeschaffung von früher investierten Mitteln.

Finanzierung

Während es bei der Investition darum geht, wie Geld ausgegeben wird, geht es bei der Finanzierung darum, wo es herkommt. Unterschieden werden kann dabei zum einen hinsichtlich der Art des Kapitals, also zwischen ***Eigenfinanzierung*** und ***Fremdfinanzierung***, und zum anderen hinsichtlich der Herkunft des Kapitals. Dies führt zur Trennung zwischen ***Innenfinanzierung***, also einer vom Unternehmen aus eigener Kraft vorgenommenen Finanzierung, und ***Außenfinanzierung***. Bei ihr kommt das Kapital von Einzelpersonen, den Banken oder über den Geld- und Kapitalmarkt. Die Kombination führt zu vier Arten der Finanzierung:

	Eigenfinanzierung	Fremdfinanzierung
Innenfinanzierung	**Selbst- bzw. Überschussfinanzierung**, d. h., die Gewinne aus vergangenen Zeitspannen werden nicht an die Unternehmer ausgeschüttet, sondern bleiben zur Finanzierung im Unternehmen.	**Rückstellungsfinanzierung**, d. h., die Finanzierung erfolgt durch Fremdkapital, das dem Grund und/oder der Höhe und der Fälligkeit nach ungewiss ist und dessen wirtschaftliche Verursachung in der abgelaufenen Rechnungsperiode liegt (z. B. Rückstellungen für unterlassene Instandhaltung).
Außenfinanzierung	**Beteiligungsfinanzierung**, d. h., dem Unternehmen wird neues Kapital durch die bestehenden oder durch neue Gesellschafter zugeführt.	**Kreditfinanzierung**, d. h., die Finanzierung findet z. B. durch Bankkredite, Bankdarlehen und Kundenkredite (Anzahlungen, bevor Ware geliefert wird) statt.

Neben der Finanzierungsart hat ein Unternehmen zudem die Höhe der zu beschaffenden Finanzmittel festzulegen. Die geschieht bei größeren Investitionstätigkeiten mittels einer ***Kapitalbedarfsrechnung*** und zur Berechnung des kontinuierlichen Finanzbedarfs mittels einer ***Finanzplanung***.

Produktions- und Arbeitsorganisation

Montage bei Ford in den 1950er Jahren

Fordismus und Taylorismus

Der Fordismus ist ein von Henry Ford (1863–1947, Gründer des Automobilherstellers Ford Motor Company) eingeführtes Herstellungsprinzip und eine auf ihn zurückgehende Produktionsweise. Merkmale sind die stark ***standardisierte Massenproduktion*** für den Massenkonsum, die Fließbandfertigung sowie ein hoher Anteil an Eigenfertigung bei der Gütererstellung (hohe Fertigungstiefe). Es ist eine Form der Arbeitsorganisation, die sich vor allem aus der Mechanisierung und der Taylorisierung ergibt. Die Krise des Fordismus setzte in den späten 1960er-Jahren ein, da das standardisierte Angebot die zunehmend individualisierte Nachfrage nicht berücksichtigen konnte.

Der ***Taylorismus*** bezeichnet ein vom amerikanischen Ingenieur Frederick Winslow Taylor (1856–1915) entwickeltes Prinzip zur Optimierung menschlicher Arbeitsproduktivität. Dies geschieht durch ***Teilung der Arbeit*** in kleinste Einheiten. Dadurch wird eine schnelle und wiederholende Arbeit ermöglicht und lediglich eine geringe Qualifikation der Arbeiterschaft benötigt. Die Arbeitsteilung ist zudem dadurch gekennzeichnet, dass strikt zwischen disponierender (= leitende, kontrollierende und steuernde) und ausführender Arbeit, also zwischen Kopf- und Handarbeit, getrennt wird. Die tayloristische Arbeitsorganisation geht daher mit einem ***hierarchischen System*** einher. Um die Arbeitsmotivation und Produktivität zu steigern, wurden zudem monetäre Anreize für zusätzlich erbrachte Leistung eingesetzt.

Dem Taylorismus wird in der Diskussion um die ***Humanisierung der Arbeit*** vorgeworfen, Inbegriff inhumaner Arbeitsgestaltung zu sein, da er für einseitige Belastung, Monotonie, Fremdbestimmung und Unterforderung der physischen und psychischen Möglichkeiten des Menschen stehe. Die hieraus resultierende hohe Fluktuations- und Krankenstandsrate sowie Qualitätsprobleme machen den Vorteil der Arbeitszerlegung somit wieder zunichte. Anhänger der ***Human-Relations-Bewegung*** fordern daher die verstärkte Pflege der zwischenmenschlichen Beziehungen zwischen Management und Belegschaft sowie zwischen den Gleichgestellten.

Job Enlargement

Prinzip der Aufgabenerweiterung/-vergrößerung

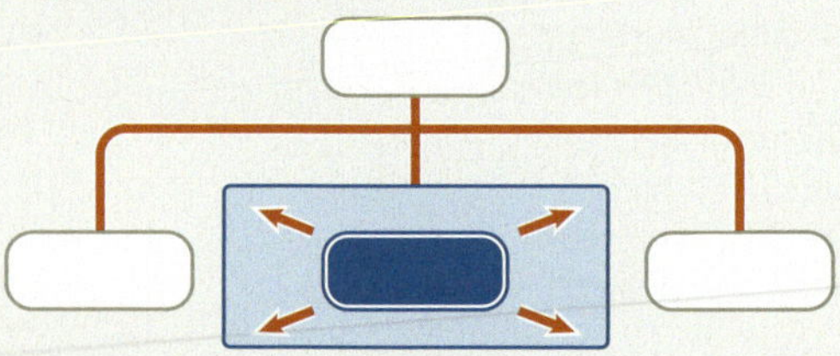

Der Arbeitnehmer übernimmt innerhalb seines Arbeitsplatzes mehrere unterschiedliche Tätigkeiten.

Job Rotation

Prinzip des Arbeitsplatzwechsels

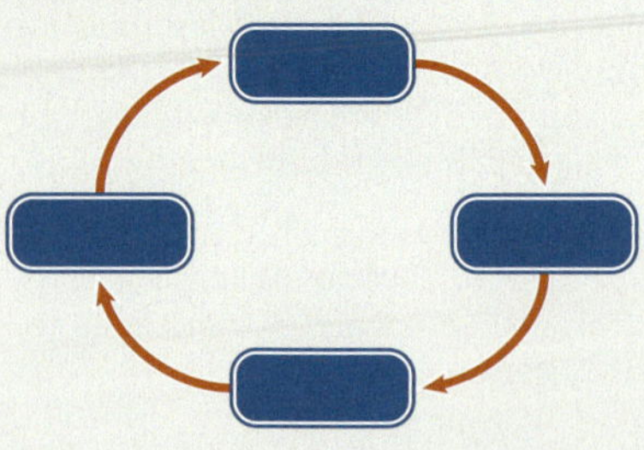

Es findet ein Tausch von Arbeitsaufgaben innerhalb der Gruppe statt, die einzelnen Arbeitsinhalte bleiben unverändert.

http://www.4managers.de/management/themen/job-enrichment/

Postfordismus und Toyotismus

Die nachfordistische Produktionsform zeichnet sich durch eine Vielfalt ihrer Umsetzungsformen aus, wird jedoch primär mit der Umstellung des Produktionssystems beim Automobilhersteller Toyota verbunden Kernelemente des Toyotismus sind die ***Lean Production*** (schlanke Produktion) und das ***Lean Management*** (schlankes Management). Die schlanke Produktion zielt auf die völlige Beseitigung von Verschwendung beim Fertigungsprozess. Weitere Elemente des Toyotismus sind:

- neue und flexible Arbeitsorganisationsformen;
- komplexere Arbeitsgestaltung bei zurückgehendem Arbeitsteilungsgrad;
- steigender Bedarf an hoch qualifizierten Mitarbeitern;
- Stärkung der Gruppenarbeit;
- flache Hierarchien;
- konsequente Just-In-Time-Produktion.

Flexibilisierung der Arbeitswelt

M1 Die Flexibilisierung der Arbeit

Heute vollzieht sich mit der „Flexibilisierung" der Arbeit ein neuer historischer Schritt. Die Zahl der Berufstätigen mit „normalen" Arbeitszeiten sinkt, stattdessen gibt es immer mehr Teilzeitkräfte, Selbstständige und „Vielarbeiter". Mehr Menschen als früher arbeiten heute nachts, und jeder Dritte ist auch am Samstag beschäftigt. „Die Aufhebung aller zeitlichen Restriktionen ist in der Wirtschaft zum wichtigsten Instrument geworden", erklärt Gerhard Bosch, Vizepräsident des Institutes für Arbeit und Technik in Gelsenkirchen. In der Industrie ersetzt der flexible Einsatz von Arbeitszeiten die kostspielige Lagerung der immer größeren Warenvielfalt: Produziert wird „just in time". Bei guter Auftragslage werden Überstunden gemacht, abgefeiert wird in der Flaute. Ähnlich passt sich das Dienstleistungsgewerbe an die Kundschaft an – eine Kassiererin wird nur dann einbestellt, wenn auch eine Kasse für sie geöffnet ist. Gerhard Bosch: „Der Mensch wird der eigentliche Puffer in der Wirtschaft."

„Wir werden zu Simultanten"

Für eine wachsende Zahl von Menschen spielt es keine Rolle mehr, ob sie tags, nachts oder 24 Stunden arbeiten – allein das Ergebnis zählt. Der Endspurt, um noch rechtzeitig eine „Deadline" zu erreichen, heißt im Jargon der Werbeagenturen auch „Todesmarsch". Manager, Experten und „Kreative" sind das wichtigste „Humankapital" – so das Unwort des Jahres 2004 – moderner Unternehmen: Sie sind teuer und müssen bei jeder Wettbewerbsrunde aufs neue den innovativen Vorsprung schaffen – in noch knapperer Zeit. Deshalb werden ihre „Gehirnlaufzeiten" immer weiter verlängert. Per Handy und E-Mail bis in ihr Privatleben hinein: Der flexible Mensch ist immer auf „Stand-by" – allzeit bereit. Um Zeit zu gewinnen, macht er weniger Pausen, erledigt nicht mehr eins nach dem anderen, sondern vieles zugleich: mailen, simsen, essen, telefonieren, das Kind stillen. „Die Mehrfachtätigkeit ist zum Epochemerkmal geworden. Wir werden zu Simultanten", erklärt der Zeit-Theoretiker Karlheinz Geissler. (...)

Körper und Geist kapitulieren vor der permanenten Überforderung

Doch unser Organismus lässt sich nicht austricksen – Körper und Geist nehmen sich Zwangspausen. Und boykottieren auf diese Weise Arbeitszeiten, Zeitdruck und „Multitasking": Die Leistung eines Menschen fällt in der neunten Stunde eines Arbeitstages deutlich ab. Ein Forschungsergebnis, das manche Betriebe bereits bewogen hat, auf Arbeitszeitverlängerungen zu verzichten. Nachtarbeit kann lebensgefährlich sein. Das Reaktorunglück in Tschernobyl, die Havarie der „Exxon Valdez", die Mehrzahl aller Flugzeugunglücke und Autobahnunfälle lassen sich auf Übermüdung in den frühen Morgenstunden zurückführen – dann, wenn alle Menschen ein natürliches Leistungstief haben.

Der Biorhythmus steuert auch, zu welcher Stunde ein Mensch sein Leistungshoch erreicht. Die Chronobiologie unterscheidet hier zwischen den frühen „Lerchen" und den späten „Eulen". „In großen Betrieben ließen sich, bis auf wenige Nachtstunden, Schichten entsprechend den Chronotypen so einteilen, dass sie 24 Stunden abdecken und in ihnen dennoch kein Arbeitnehmer gegen seine innere Uhr leben müsste", erklärt Till Roenneberg vom Institut für Medizinische Psychologie in München. „Die Effektivität der Arbeit würde sich dadurch drastisch erhöhen, während sich die Folgekosten für chronische Krankheiten drastisch senken ließen." Wenn Zeitdruck zu dauernder Überforderung und Gefühlen von Kontrollverlust führt, erhöht sich das Risiko psychischer Störungen. Seit 1997 sind die Erkrankungsfälle um 70 Prozent gestiegen, so eine Statistik der Deutschen Angestelltenkrankenkasse von 2005. Darunter vor allem Angststörungen und Depressionen, mit denen die Seele zu Ausstieg und Innehalten nötigt.

Ines Possemeyer: Die Flexibilisierung von Arbeit: In: Geo Magazin Nr. 08/05. Online unter: http://www.geo.de/GEO/mensch/4157.html?p=3 (22.12.2010)

1 ***Geben Sie Vorteile des Toyotismus im Vergleich zum Taylorismus wieder (linke Seite).***

2 ***Fassen Sie die wesentlichen Kritikpunkte an der postfordistischen Flexibilisierung der Arbeitswelt aus M1 zusammen und bewerten Sie diese.***

Arbeitgeber und Arbeitnehmer: Mitbestimmung

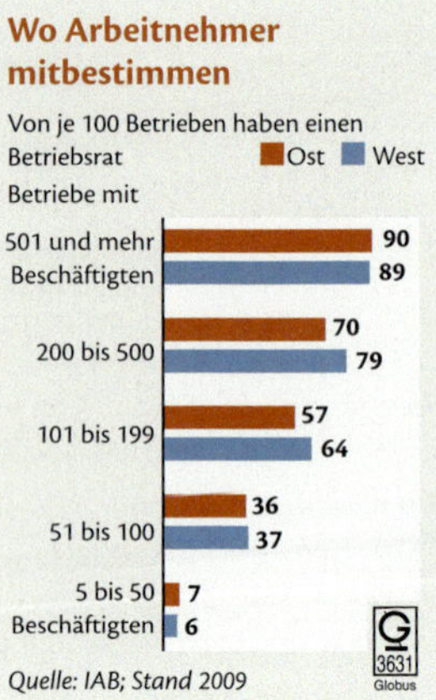

Quelle: IAB; Stand 2009

Ziele der Mitbestimmung

Zwischen Arbeitnehmer und Arbeitgeber eines Unternehmens gibt es vielfältige ***Interessengegensätze***: So ist die Betriebsleitung vornehmlich an Rationalisierung, Marktanpassung und Gewinnmaximierung interessiert, während die Belegschaft in der Regel nach einer Beteiligung am wirtschaftlichen Erfolg, humanen Arbeitsbedingungen und einem sicheren Arbeitsplatz strebt.
Diese Interessenkonflikte werden entweder überbetrieblich zwischen Arbeitgeberverbänden und Gewerkschaften mittels Branchentarifverträgen oder innerbetrieblich durch die Mitbestimmung angegangen und im Idealfall durch Kooperation gelöst. Den institutionellen Kern der Mitbestimmung bilden die ***Betriebsverfassung*** und die Unternehmensmitbestimmung.
Die rechtlich zugesicherte Mitbestimmung soll den Arbeitnehmern gemäß dem Demokratieprinzip Einfluss auf Unternehmensentscheidungen ermöglichen und so die Fremdbestimmung mildern sowie die ökonomische Legitimation der Unternehmensleitung durch eine soziale ergänzen.

Betriebsverfassungsrecht

Durch das Betriebsverfassungsrecht und die Mitbestimmung der Arbeitnehmer wird das ***Weisungsrecht*** des Arbeitgebers eingeschränkt. Das Betriebsverfassungsgesetz (BetrVG) gilt für alle Betriebe in der BRD, die mindestens fünf regelmäßig beschäftigte, ständige, wahlberechtigte Arbeitnehmer haben.
Von diesen Arbeitnehmern müssen zudem mindestens drei wählbar, d. h. über 18 Jahre und länger als ein halbes Jahr im Betrieb tätig sein. Als Arbeitnehmer im Sinne des Betriebsverfassungsgesetzes gelten alle Arbeiter, Angestellten sowie Auszubildenden, jedoch nicht Richter, Beamte, Selbstständige, kaufmännische Hilfspersonen sowie leitende Angestellte.

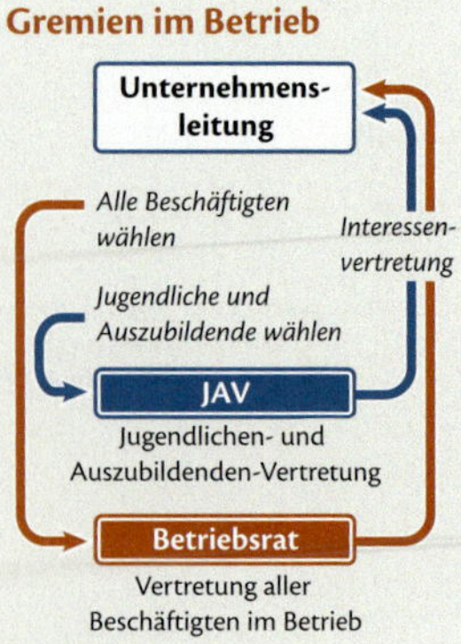

http://www.setup.igm.de/static/gremien/betrieb.png (22.12.2010)

Betriebsrat

Die Wahl eines Betriebsrats (im öffentlichen Dienst: Personalrat) ist freiwillig und kann durch die Arbeitnehmer oder eine Gewerkschaft eingeleitet und sodann vom Wahlvorstand organisiert und überwacht werden.
Die ***Zahl der Betriebsratsmitglieder*** richtet sich dabei nach der Betriebsgröße (z. B. 5–10 Mitarbeiter = 1 Betriebsratsmitglied, 21–50 = 3, 51–100 = 5 etc.). Die Amtszeit der Betriebsratsmitglieder beträgt regelmäßig vier Jahre. Ab 200 Arbeitnehmern können ein oder mehrere BR-Mitglieder auch voll für die BR-Tätigkeit freigestellt werden.
Die Betriebsratmitglieder sind ***ehrenamtlich*** tätig und bekommen daher keine zusätzliche Vergütung oder Begünstigung. Dies kann einerseits kritisch betrachtet werden, da keine Entlohnung gemäß ihrer Verantwortung besteht und so Begehrlichkeiten geweckt werden können. Andererseits erscheint dieser Weg notwendig, da sonst Betriebsräte durch Geld „gekauft" werden könnten. Als Ausgleich steht ihnen dafür eine Arbeitsbefreiung zur ordnungsgemäßen Durchführung der Aufgaben des Betriebsrats ohne Minderung des Arbeitsentgelts sowie ein Freizeitausgleich bei Fortzahlung des Arbeitsentgelts zu.
Betriebsratsmitglieder erhalten neben Schulungen und Bildungsveranstaltungen auf Kosten des Arbeitgebers zudem einen speziellen Schutz. So gibt es beispielsweise einen ***Nachteilsausgleich*** hinsichtlich der Vergütungsentwicklung (Betriebsratsmitglieder werden an der betriebsüblichen Lohnentwicklung beteiligt) und des beruflichen Werdegangs (Mitglieder können eine bis zu zwei Jahre gehende Nachschulung beanspruchen). Auch erhalten die Betriebsräte, die Wahlbewerber, die zur Wahlversammlung Einladenden sowie der Wahlvorstand einen besonderen Kündigungsschutz.

Beteiligungsrechte des Betriebsrats
Initiativrecht/ „echte" Mitbestimmung: Entscheidungen sind nur gemeinsam möglich, die Zustimmung liegt im freien Ermessen des BR. BR kann zudem initiativ tätig werden und Maßnahmen fordern. Beispiel: Art der Lohnauszahlung.
Zustimmungsrechte: Arbeitgeber darf nur mit Zustimmung des BR gewisse Maßnahmen durchführen. BR darf nur aus gesetzlich festgelegten Gründen verweigern und hat kein Alternativvorschlagsrecht. Beispiel: Versetzung von Mitarbeitern.
Beratungsrechte: Arbeitgeber und BR erörtern eine Angelegenheit in einem gemeinsamen Gespräch, die Entscheidung bleibt beim Arbeitgeber. Beispiel: Gestaltung des Arbeitsplatzes.
Anhörungsrechte: BR erhält Möglichkeit zur Stellungnahme, der Arbeitgeber muss die Hinweise/Anregungen aufnehmen und sich mit ihnen auseinandersetzen. Beispiel: Anhörung vor Entlassungen.
Unterrichtungs- und Informationsrecht: Der Arbeitgeber hat dem BR seine Pläne mitzuteilen. Beispiel: Planung von Umbauten.

Unternehmensmitbestimmung

Das Betriebsverfassungsrecht fordert von Arbeitgeber und Betriebsrat eine ***vertrauensvolle Zusammenarbeit*** zum Wohle der Belegschaft. Hierfür haben sich beide Parteien mindestens einmal monatlich zu einer Besprechung zusammenfinden. Ferner werden dem Betriebsrat (BR) allgemeine Mitwirkungsrechte zugesprochen (siehe oben).

In größeren Kapitalgesellschaften wacht der ***Aufsichtsrat*** über die Geschäftspolitik des Vorstands, um Misswirtschaft oder eigennütziges Fehlverhalten zu unterbinden.

Der Aufsichtsrat wird, was die Anteilseignerseite betrifft, von der Hauptversammlung und die Arbeitnehmerseite von den Arbeitnehmern des Unternehmens gewählt. Je nachdem, unter welches der drei Gesetze zur Unternehmensmitbestimmung die Unternehmen fallen, ist eine bestimmte Anzahl an Arbeitnehmervertretern im Aufsichtsrat festgelegt.

Diskussion zur Mitbestimmung

Zusammensetzung und Arbeitsweise von Aufsichtsräten sowie die Funktion von Betriebsräten stehen seit langem in der Diskussion:

Anhänger der ***Partizipationstheorie*** sehen in der Mitbestimmung einen ökonomischen Vorteil, da sich die Identifikation mit dem Betrieb erhöhe und dadurch motivationsfördernd und produktivitäts- bzw. leistungssteigernd wirkt.

Vertreter der ***Property-Rights-Theorie*** argumentieren hingegen, dass wichtige unternehmerische Entscheidungen durch die Interessensgegensätze behindert werden, was zulasten der Wirtschaftlichkeit geht.

Drittelbeteiligungs-Modell

Gesetz über die Drittelbeteiligung der Arbeitnehmer im Aufsichtsrat „Drittelbeteiligungsgesetz" – seit 1. Juni 2004 in Kraft

- Gilt für alle Unternehmen mit zwischen 500 und 2000 Beschäftigten; löste das Betriebsverfassungsgesetz von 1952 ab, das bis dahin die Mitbestimmung dieser Unternehmen geregelt hatte.
- Im Aufsichtsrat sind ein Drittel Arbeitnehmervertreter
- Größe nach Satzung – mindestens drei Aufsichtsräte
- Beteiligung von Gewerkschaften keine Pflicht
- Wahlrecht: Urwahl

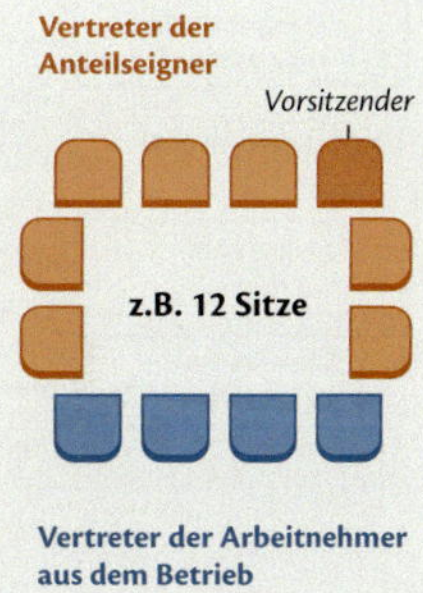

http://www.boeckler-boxen.de/1856.htm#1903 (22.12.2010)

Mitbestimmung nach dem 1976er-Gesetz

Gesetz über die Mitbestimmung der Arbeitnehmer – seit 1. Juli 1976 in Kraft

- Gilt für Großunternehmen mit mehr als 2000 Beschäftigten
- Trotz gleicher Anzahl an Sitzen strukturelle Unterparität der Arbeitnehmerseite
- Der stellvertretende Aufsichtsratsvorsitzende ist in der Regel Arbeitnehmervertreter; beide Vorsitzende müssen mit Zweidrittelmehrheit vom AR gewählt werden
- Anzahl der Aufsichtsräte: 12 bis 20
- Vorschlagsrecht der Gewerkschaften für 2 bis 3 Aufsichtsratsitze; Gewerkschaftskandidaten müssen sich genauso zur Wahl stellen wie betriebliche Vertreter
- Wahlrecht: Urwahl, ab 8000 Beschäftigten Delegiertenwahl

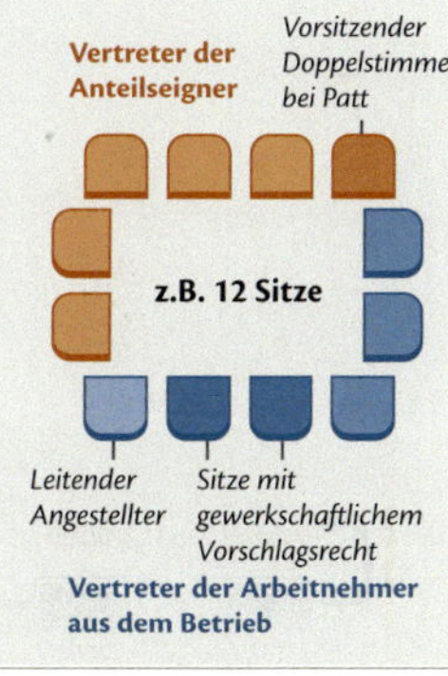

http://www.boeckler-boxen.de/1856.htm#1903 (22.12.2010)

Motanmitbestimmung

Montanmitbestimmungsgesetz– seit 7. Juni 1951 in Kraft

- Gilt im Bergbau sowie der Eisen- und Stahlindustrie bei mehr als 1000 Beschäftigten
- Paritätisch besetzt auf Anteilseigner- und Arbeitnehmerseite plus einem Neutralen
- Anzahl der Aufsichtsräte: 11, 15 bis 21
- Vorschlagsrecht der Gewerkschaften für 2 bis 4 Aufsichtsratssitze; Gewerkschaftskandidaten müssen sich genauso zur Wahl stellen wie betriebliche Vertreter *(bis 1981 hatten Gewerkschaften das Recht, ihre Vertreter zu entsenden)*
- Wahlrecht: Betriebsräte wählen Arbeitnehmervertreter

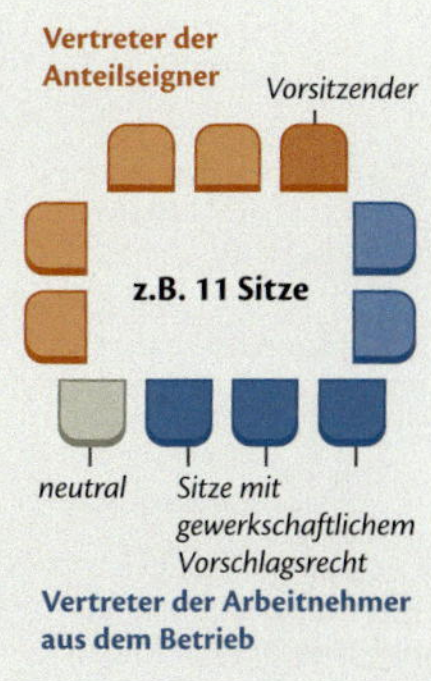

http://www.boeckler-boxen.de/1856.htm#1903 (22.12.2010)

Gewerkschaften

http://www.60-jahre-dgb.de/dgb-heute/das-machen-wir.html (12.12.2010)

Definition, Tariffähigkeit und Grundrechtsschutz

Eine Gewerkschaft ist eine freiwillige, demokratische und auf Dauer angelegte Vereinigung, die unabhängig von Staat, Kirche und politischen Parteien ist und deren satzungsgemäße Aufgabe im ***Abschluss von Tarifverträgen*** liegt. Sie bildet die soziale und wirtschaftliche Interessenvertretung der abhängig beschäftigten Arbeitnehmer (Arbeiter, Angestellte, Beamte, Auszubildende). Ihre Tätigkeit zielt daher vor allem auf die Unterstützung der Arbeitnehmer bei ihren Forderungen nach höheren Löhnen, besseren Arbeitsbedingungen, Arbeitszeitverkürzungen und mehr Mitbestimmung.

Gewerkschaften sind nur berechtigt, Tarifverträge in den Bereichen abzuschließen, die sie zuvor per Satzung festgelegt haben. Hinzu kommt, dass Gewerkschaften nur dann tariffähig sind, wenn sie über eine organisierte und ***demokratische Willensbildung*** verfügen, den Abschluss von Tarifverträgen anstreben und das staatliche Schlichtungs- und Arbeitskampfrecht anerkennen.

In Deutschland stehen die Gewerkschaften unter dem Grundrechtsschutz des Artikel 9 Absatz 3 GG, nach dem ihnen das Recht auf Bildung von Vereinigungen zur Wahrung und Förderung der Arbeits- und Wirtschaftsbedingungen zusteht. Hierdurch soll zwischen Arbeitnehmern und Arbeitgebern im Arbeitskampf ein ***Kräftegleichgewicht*** (Kampfparität) geschaffen werden.

Aufbau, Organe und Finanzierung

In Deutschland legen die jeweiligen Gewerkschaften in ihrer Satzung ihren Aufbau fest, der in der Regel einem Mehrebenensystem entspricht: Auf Ortsebene wählen die Gewerkschaftsmitglieder die Delegiertenversammlung, die wiederum den ***Ortsvorstand*** und die Mitglieder der auf Bezirksebene tätigen Bezirkskonferenz wählt. Deren Mitglieder wählen sodann die ***Bezirksleitung*** sowie gemeinsam mit der Delegiertenversammlung den ***Gewerkschaftstag***. Der auf Bundesebene angesiedelte Gewerkschaftstag wählt letztlich den Vorstand.

Die Satzung der jeweiligen Gewerkschaft legt ebenfalls die Höhe der Mitgliedsbeiträge fest. Aus den Beitragsgeldern finanzieren die Gewerkschaften sowohl ihre Organisation als auch tarifpolitische und betriebliche Leistungen.

Organisationsformen

Gewerkschaften lassen sich entsprechend ihrer Ausrichtung unterschiedlichen Typen zuordnen. In Europa bestehen folgende gewerkschaftlichen Organisationsformen:

- *Berufsgewerkschaften*, d. h., die Arbeitnehmer einer Berufsgruppe schließen sich jeweils zu einem Berufsverband zusammen. Beispiel: Die Mitgliedschaft in der Vereinigung Cockpit (VC) ist auf Flugzeug- und Verkehrshubschrauberführer, Flugingenieure und Fluglehrer beschränkt.
- *Industriegewerkschaften*, d. h., diese Gewerkschaften unterscheiden sich hinsichtlich ihrer Zuständigkeit für bestimmte Branchen. Dieses Prinzip gestaltet maßgeblich die deutsche Gewerkschaftslandschaft. Beispiel: Der Zuständigkeitsbereich der IG Metall ist auf Mitarbeiter in Betrieben der Metallindustrie beschränkt.
- *Statusgewerkschaften*, d. h., diese Gewerkschaften unterscheiden sich hinsichtlich des beruflichen Status ihrer Mitglieder. Beispiel: Deutsche Beamtenbund.

- *Richtungsgewerkschaften*, d. h., diese Gewerkschaften unterscheiden sich hinsichtlich ihrer politischen, religiösen Ausrichtung. Beispiel: Die Christliche Gewerkschaft Metall (CGM) als Mitglied des Dachverbands des Christlichen Gewerkschaftsbundes.
- *Einheitsgewerkschaften*, d. h., durch eine Dachorganisation wird versucht, unterschiedliche politische Richtungen zu integrieren und Konkurrenz zu vermeiden, u. a. indem unterschiedliche Berufs- und Statusgruppen vertreten werden. Beispiel: Der als Dachverband für einzelne Industriegewerkschaften gegründete Deutsche Gewerkschaftsbund (DGB) versteht sich als Einheitsgewerkschaft. Er vereint derzeit über 80% aller deutschen Gewerkschaftsmitglieder.

Arbeitnehmerorganisationen in Deutschland

Die deutsche Gewerkschaftslandschaft wird maßgeblich durch den ***Deutschen Gewerkschaftsbund*** (DGB) geprägt, der als freiwilliger Zusammenschluss von Einzelgewerkschaften derzeit acht Mitgliedsgewerkschaften umfasst: Industriegewerkschaft Bauen-Agrar-Umwelt (IG BAU), IG Bergbau, Chemie, Energie (IG BCE), Gewerkschaft Erziehung und Wissenschaft (GEW), IG Metall, Gewerkschaft Nahrung-Genuss-Gaststätten (NGG), Gewerkschaft der Polizei (GdP), Eisenbahn- und Verkehrsgewerkschaft (EVG) und Vereinte Dienstleistungsgewerkschaft e.V. (ver.di). Der DGB besitzt als Dachorganisation keine Tarifhoheit: Einzig die jeweiligen Mitgliedsgewerkschaften sind berechtigt, Tarifverträge abzuschließen. Aufgabe des DGB ist die Vertretung der Gewerkschaften gegenüber der Politik auf allen Ebenen sowie die Koordination gewerkschaftlicher Tätigkeiten. Darüber hinaus beteiligt er sich an vielfältigen gesellschaftspolitischen Themen.

Mitgliedersituation

In der Tendenz ist ein Schwund der Mitgliederzahlen insbesondere bei den großen DGB-Gewerkschaften zu verzeichnen. Sofern die Arbeitnehmer ihre Gewerkschaft wechseln, ist daher anzunehmen, dass sie ihre Interessen besser in kleineren Gewerkschaften vertreten sehen. Entsprechend ist auch eine Tendenz zur Gründung bzw. Stärkung spezialisierter Berufsgruppen zu verzeichnen. Da ihre Arbeitsplätze nicht bzw. nicht so leicht ersetzt werden können, versuchen sie ihr Monopol in den Verhandlungen durchzusetzen.

Die Diskussion um das Mächtigkeitsprinzip

Um den notwendigen Druck bzw. Gegendruck auf die andere Tarifvertragspartei ausüben zu können, greift bei Gewerkschaften das *Mächtigkeitsprinzip*. So sprach im Dezember 2010 das Bundesarbeitsgericht (BAG) in Erfurt in einem Grundsatzurteil der Tarifgemeinschaft Christlicher Gewerkschaften Zeitarbeit und Personalserviceagenturen (CGZP) die Tariffähigkeit ab, weil Organisation und Mitgliederzahlen unzureichend seien. Generelle Kritiker des Mächtigkeitsprinzips sehen dabei einen Widerspruch zwischen diesem Prinzip und Art. 9 Abs. 3 GG. Sie machen geltend, dass so einseitig die etablierten, großen Gewerkschaften begünstigt werden.

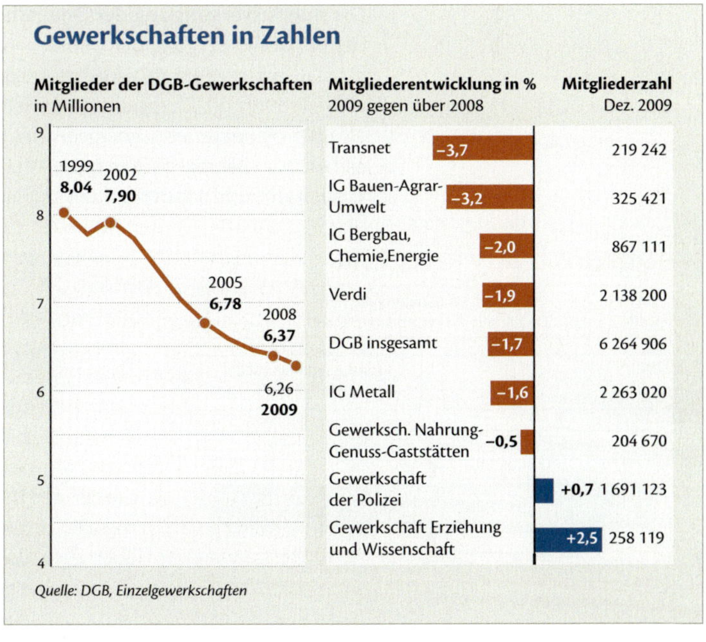

Arbeitgeberverbände

Definition und Tätigkeitsfeld

Ein Arbeitgeberverband stellt einen Zusammenschluss von Unternehmern bzw. Arbeitgebern dar und bildet deren tarif-, sozial-, arbeitsmarkt- und gesellschaftspolitisches Sprachrohr. Historisch betrachtet haben sich Arbeitgeberverbände als ***Gegengewicht zu den Gewerkschaften*** gebildet und stehen wie sie unter dem Schutz des Grundgesetzes. Neben Tarifverhandlungen vertreten die Arbeitgeberverbände ihre Mitglieder zudem vor Arbeits-, Sozial-, Verwaltungs- und Verfassungsgerichten und informieren sie über rechtliche und wirtschaftliche Rahmenbedingungen.

Ähnlich wie die Gewerkschaften dürfen sie nur für den in ihrer Satzung festgelegten Kreis von Arbeitgebern ***Tarifverträge*** abschließen. Ebenso müssen sie als freiwilliger Zusammenschluss demokratisch organisiert und unabhängig vom jeweiligen Gegenspieler sowie von Staat, Kirchen und politischen Parteien sein. Zudem haben sie das staatliche Schlichtungs- und Arbeitskampfrecht anzuerkennen und tarifwillig zu sein.

Aufbau und Finanzierung

Wie die Gewerkschaften sind auch die Arbeitgeberverbände nach Industriezweigen bzw. ***nach Branchen strukturiert*** und auf mehreren Ebenen organisiert, wobei es keine einheitlich vorgeschriebene Regelung für den Aufbau der einzelnen Arbeitgeberverbände gibt.

In Deutschland kann sich ein Unternehmer entscheiden, Mitglied im Orts- oder Bezirksfachverband oder direkt Mitglied im Landesfachverband zu werden. Diese Landesfachverbände sind wiederum Teil eines gewählten Fachspitzenverbands auf Bundesebene oder Teil eines überfachlichen Landesverbands. Derzeit bestehen 56 auf Bundesebene organisierte Branchenverbände und 14 überfachliche Landesvereinigungen. Sie alle gehören dem Dachverband BDA an.

Die Finanzierung der Verbände läuft über Mitgliedsbeiträge, die sich zumeist an der Summe der Jahreslohn- und Gehaltszahlungen des jeweiligen Mitgliedsunternehmens orientieren.

Die Bundesvereinigung der Deutschen Arbeitgeberverbände (BDA)

Die Bundesvereinigung der Deutschen Arbeitgeberverbände (BDA) tritt als Dachverband der deutschen Arbeitgeberverbände auf. Während für den Abschluss der Tarifverträge einzig die ihr zugeordneten Branchenverbände zuständig sind, fungiert die BDA als überregionaler und ***übergeordneter Ratgeber*** in Tarifvertragsverhandlungen der Mitgliedsverbände, als Vermittler in öffentlichen Auseinandersetzungen sowie als Organisator und Moderator des branchen- und regionenübergreifenden Konsens der Mitglieder. Übergeordnete Aufgabe bleibt dabei die aktive Interessenvertretung der Unternehmen im Bereich der Sozialpolitik.

Der ***Vorstand*** des bundesweiten Dachverbands wird mit Mitgliedern der Landesvorstände besetzt und ist für alle wichtigen Beschlüsse zuständig. Entsprechend muss er auch die von der Verhandlungskommission mit den Gewerkschaften ausgehandelten Tarifverträge genehmigen.

Innerhalb der BDA nehmen insbesondere die Spitzenverbände der Industrie, allen voran der Gesamtverband der metallindustriellen Arbeitgeberverbände e. V. (Gesamtmetall), aber auch der Bundesarbeitgeberverband der Chemie e. V. (BAVC) eine gewichtige Stellung bei Tarifverhandlungen ein.

Beispiel: Der AGV Remscheid

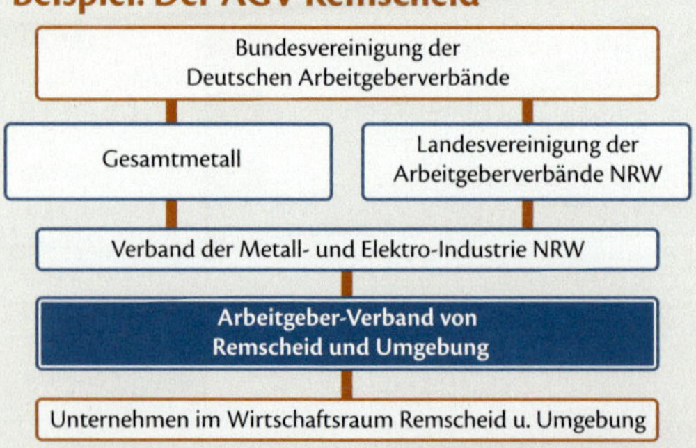

http://www.arbeitgeber-rs.de/bilder/kreisderverbaende.gif

Verbands-/Tarifflucht in der Rechtsprechung

M 1 Bundesarbeitsgericht erschwert die Tarifflucht

Das Bundesarbeitsgericht hat seine bisherige Rechtsprechung geändert: Die Flucht aus der Tarifbindung wird für Arbeitgeber nun wesentlich schwerer. In einigen Fällen droht sogar eine „unendliche Bindung".

Die Frage, welcher Tarifvertrag auf ein bestimmtes Arbeitsverhältnis anzuwenden ist, wird seit etlichen Jahren intensiv und kontrovers diskutiert. Die Gerichte haben hierzu eine Fülle von Urteilen gesprochen, die insbesondere die arbeitsvertragliche Verweisung auf einen Tarifvertrag betreffen. Das Bundesarbeitsgericht (BAG) hat in einer jüngst ergangenen Entscheidung seine bisherige Rechtsprechung zu den Auswirkungen einer solchen Verweisung geändert (Az.: 4 AZR 652/05). Der Richtungswechsel hat weitreichende Folgen für die bisher mögliche „Tarifflucht" von Arbeitgebern.

Ein Tarifvertrag findet grundsätzlich nur dann auf ein Arbeitsverhältnis Anwendung, wenn er entweder allgemeinverbindlich und sachlich anwendbar ist oder wenn beide Parteien tarifgebunden sind. Dies ist dann der Fall, wenn der Arbeitgeber Mitglied des Arbeitgeberverbandes und der Arbeitnehmer Mitglied der Gewerkschaft ist, die jeweils den Tarifvertrag geschlossen haben.

Allerdings finden sich in vielen Arbeitsverträgen individuelle Bezugnahmeklauseln; darin wird auf einen für den jeweiligen Arbeitgeber einschlägigen Tarifvertrag verwiesen, um dessen Inhalte auch in diesem Beschäftigungsverhältnis anzuwenden. (...) Soweit der Arbeitgeber bereits tarifgebunden ist, hat das Bundesarbeitsgericht die Bezugnahmeklausel regelmäßig so verstanden, dass die Vertragsparteien die Gleichbehandlung der nichtorganisierten Arbeitnehmer mit den gewerkschaftsangehörigen Arbeitnehmern beabsichtigten.

Viele Arbeitgeber, die in den vergangenen Jahren ihr Unternehmen oder Teileinheiten restrukturieren wollten, empfanden den durch Tarifverträge gesetzten Rahmen als nicht mehr zeitgerecht. Austritte aus Arbeitgeberverbänden oder Betriebsübergänge an nichttarifgebundene Rechtsträger waren eine Folge. Somit hatte das BAG in einer Reihe von Urteilen zu klären, ob das Unternehmen nach Ende der Tarifbindung auch künftige Änderungstarifverträge anwenden muss.

Bis zu seiner Entscheidung vom 14. Dezember 2005 (Az.: 4 AZR 536/04) hat das BAG diese Frage regelmäßig verneint. So wies es die Klage eines Arbeitnehmers auf Zahlung der tariflichen Vergütungserhöhung ab. In dem Arbeitsvertrag hatten die Parteien auf ein bestimmtes monatliches Bruttogehalt sowie auf den einschlägigen Vergütungs- und den Manteltarifvertrag der Wohnungswirtschaft in der jeweils geltenden Fassung verwiesen. Der Arbeitgeber trat aus dem Arbeitgeberverband aus, die Erhöhung der tariflichen Vergütung gab er nicht an den Arbeitnehmer weiter – nach Ansicht der Bundesrichter zu Recht. (...)

In seiner jüngsten Entscheidung hat das BAG diese Rechtsprechung – wie bereits im Urteil vom 14. Dezember 2005 angekündigt – ausdrücklich aufgegeben (...)

Es komme vielmehr auf den Wortlaut und die Umstände bei Vertragsschluss an. Wenn beides keine Anhaltspunkte dafür biete, dass es den Parteien um die Gleichstellung der nichtorganisierten Arbeitnehmerseite mit den organisierten Teilen der Belegschaft ging, könne die Klausel nur als Verweisung auf „die jeweilige Fassung eines Tarifvertrags" verstanden werden. Folge ist eine „unendliche" Bindung an die in Bezug genommene Tarifordnung. Eine „Tarifflucht" durch Austritt aus dem Arbeitgeberverband oder durch Betriebsübertragungen auf nicht tarifgebundene Einheiten ist in diesen Fällen kaum noch möglich.

Bundesarbeitsgericht erschwert die Tarifflucht. In: faz.net v. 29.05.2007. Online unter: http://www.faz.net/s/RubA5A53ED802AB47C6AFC5F33A9E1AA71F/Doc~E612635F669344773967629347B76CC1C~ATpl~Ecommon~Scontent.html (23.12.2010)

1 ***Geben Sie in eigenen Worten wieder, was gemäß dem Text unter „Tarifflucht" zu verstehen ist. Zum besseren Textverständnis kann die folgende Doppelseite hinzugezogen werden.***

2 ***Nehmen Sie Stellung zu der Situation vor und nach der im Text behandelten Rechtsprechung des BAG.***

Tarifautonomie, Tarifverhandlungen und Tarifverträge

Artikel 9 Absatz 3 GG:
Das Recht, zur Wahrung und Förderung der Arbeits- und Wirtschaftsbeziehungen Vereinigungen zu bilden, ist für jedermann und für alle Berufe gewährleistet.

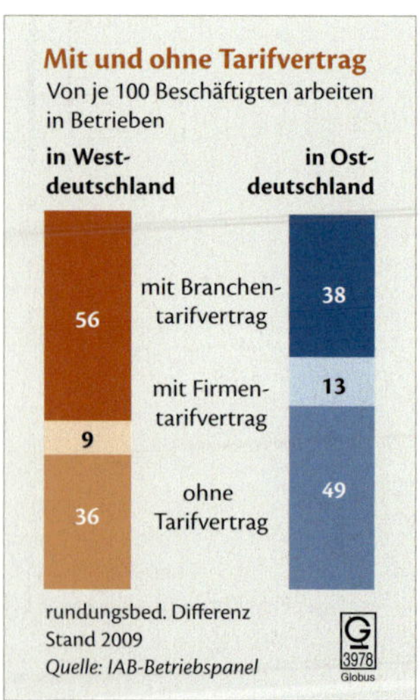

Koalitionsfreiheit

Die *Koalitionsbildungsgarantie* nach Art. 9 Abs. 3 GG gibt den Arbeitgeberverbänden und Gewerkschaften ihr Existenzrecht. Zudem greift hiermit die ***Koalitionsbetätigungsgarantie***, demnach zur Erfüllung des verfassungsmäßigen Auftrags Tarifverhandlungen geführt, Verträge abgeschlossen und Arbeitskämpfe abgehalten werden können. Durch dieses Gesetz wird den Arbeitnehmer und Arbeitgebern darüber hinaus das Recht zugesprochen, der Koalition ihrer Wahl beizutreten bzw. fernzubleiben ***(positive und negative Koalitionsfreiheit)***. Dieses Recht verbietet den Arbeitgebern jedoch nicht, zwischen Gewerkschaftsmitgliedern und Nicht-Mitgliedern hinsichtlich der Leistungen zu differenzieren. Entsprechende tarifliche ***Differenzierungsklauseln*** sind allerdings rechtlich umstritten, da diese auf „Nichtgewerkschaftler" Druck ausüben könnten, der Gewerkschaft beizutreten.

Tarifautonomie

Die Tarifautonomie wird ebenfalls aus Art. 9 Abs. 3 GG abgeleitet und im *Tarifvertragsgesetz* konkretisiert. Sie garantiert den Tarifvertragsparteien eine von staatlicher Einflussnahme unabhängige Regelung der Arbeitsbedingungen und Lohnvereinbarungen. Diese *Staatsneutralität* spielt insbesondere beim Thema Mindestlohn eine wichtige Rolle.

Funktionen eines Tarifvertrages

- *Schutzfunktion*, da für den Arbeitnehmer, der dem Arbeitgeber wirtschaftlich unterlegen ist, unabdingbare Mindestarbeitsbedingungen geschaffen werden;
- *Ordnungsfunktion*, da die Rechtsbeziehungen zwischen den Tarifpartnern geregelt und im Geltungsbereich einheitliche Arbeitsbedingungen geschaffen werden;
- *Friedensfunktion*, da der Tarifvertrag den Vertragsparteien untersagt, während seiner Laufzeit Arbeitskämpfe über in ihm geregelte Sachfragen zu führen (Friedenspflicht);
- *Verteilungsfunktion*, da innerhalb des tariflichen Geltungsbereichs für jede Tätigkeit die absolute Höhe des Lohns und somit auch das Verhältnis der Löhne untereinander festgelegt werden.

Tarifvertragsparteien und Tarifbindung

In Deutschland sind bei Tarifverträgen mindestens zwei Tarifvertragsparteien beteiligt: Die Interessen der gewerkschaftlich organisierten Arbeitnehmer werden von einer oder mehreren tarifvertragsschließenden Gewerkschaften, die der Arbeitgeber von einem Arbeitgeberverband oder von dem Arbeitgeber selbst vertreten.
Da die Tarifbestimmungen geltendes Recht darstellen, sind die Vertragsparteien an die Abmachungen selbst dann gebunden, wenn der Arbeitgeber aus seinem Verband austritt (Tarifbindung). Die Tarifverträge stellen zudem Mindestnormen dar. Sie dürfen also in Einzelarbeitsverträgen zugunsten des Arbeitnehmers verbessert werden *(Günstigkeitsprinzip)*.

Tarifvertragsarten nach Tarifpartnern und Geltungsbereich

Es lassen sich zwei grundlegende Arten von Tarifverträgen unterscheiden:

- *Flächen- bzw. Verbandstarifvertrag*, d. h., eine Gewerkschaft schließt einen Vertrag mit einem Arbeitgeberverband ab. Dieser Tarifvertrag gilt sodann für alle Mitgliedsunternehmen des Verbandes. Vorteil für den Arbeitnehmer ist, dass er im Falle eines Arbeitskampfes auf die Unterstützung seines Arbeitgeberverbandes zurückgreifen kann und zumeist geringere Kosten für die Tarifverhandlungen zu tragen hat. Vorteil für die Arbeitnehmer ist, dass die Verhandlungsmacht bei solchen Kollektivverhandlungen gleichmäßiger verteilt ist

- *Haus- bzw. Firmentarifvertrag*, d. h., der Tarifvertrag wird zwischen einem einzelnen Unternehmen und einer Gewerkschaft abgeschlossen. Vorteil hierbei ist aus Arbeitgebersicht, dass wesentlich speziellere und unternehmensspezifische Arbeitsbedingungen ausgehandelt werden können. Tendenziell nimmt daher die Bedeutung der Tarifbindung einer Branche auch ab, während Firmentarifverträge attraktiver werden.

Darüber hinaus gibt es zwei Fälle, in denen Tarifverträge Gültigkeit erreichen, obwohl der Arbeitnehmer nicht Gewerkschaftsmitglied ist. Arbeitgeber und Arbeitnehmer können einerseits im Arbeitsvertrag die Anwendung des Tarifvertrags erklären ***(arbeitsvertragliche Inbezugnahme)***. Der Staat kann andererseits einen Tarifvertrag für alle Arbeitnehmer einer Branche und Region für geltend erklärt ***(Allgemeinverbindlichkeitserklärung)***. Da hier die Tarifautonomie verletzt wird, ist eine solche Erklärung nur möglich, wenn die tarifgebundenen Arbeitgeber mindestens 50 Prozent der unter den Geltungsbereich des Tarifvertrages fallenden Arbeitnehmer beschäftigen und ein öffentliches Interesse (z. B. Schutz vor Lohndrückerei) besteht.

Tarifvertragsarten nach tariflichen Inhalten

- *Manteltarifverträge:* Sie regeln grundlegende Fragen des Arbeitsverhältnisses (z. B. Urlaub, Arbeitszeit) und laufen daher in der Regel recht lange.
- *Rahmentarifverträge:* Sie definieren die Tätigkeiten, nehmen eine Eingruppierung nach Niveau der Tätigkeit vor und laufen zumeist mehrere Jahre.
- *Vergütungs- bzw. Entgelttarifverträge:* Sie legen mittels Entgelttabellen die vereinbarten Entgelte/Ausbildungsvergütungen befristet (meist ein Jahr) fest.
- Sonstige Tarifverträge, z. B. zur betrieblichen Altersvorsorge.

Inhalte der Tarifverhandlungen und -verträge

Im Tarifvertrag werden im schuldrechtlichen Teil die Rechte und Pflichten der Vertragsparteinen und im normativen Teil Normen über Inhalte, Abschluss und Bedingung von Arbeitsverhältnissen sowie betriebliche und betriebsverfassungsrechtliche Normen geregelt.

Klassische Regelungsinhalte von Tarifverhandlungen und somit von Tarifverträgen betreffen die ***Höhe des Arbeitsentgelts*** und die ***Länge der Arbeitszeit***. Neuere Themen der Tarifpolitik sind Aspekte der Alters- und Beschäftigungssicherung (z. B. betriebliche Altersvorsorgemöglichkeiten) sowie Möglichkeiten der betrieblichen Mitbestimmung und Weiterbildung.

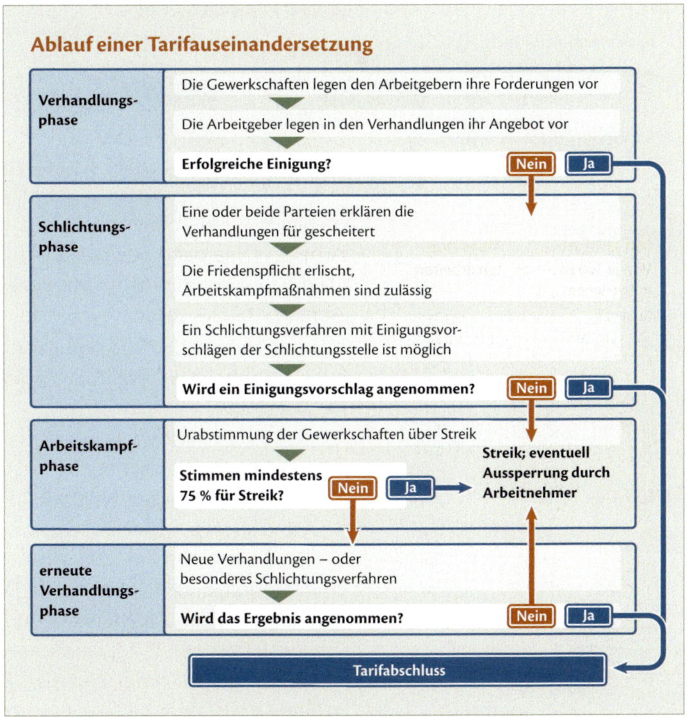

Der Arbeitskampf

Um die jeweils andere Seite zu einem Vertragsabschluss zu bewegen, stehen im Rahmen des Arbeitskampfrechts beiden Seiten entsprechende Mittel zur Verfügung: Gewerkschaftliches „Kampfmittel" ist vor allem der ***Streik***. Formale Voraussetzung für dessen Einsatz ist, dass im Verlauf der Tarifauseinandersetzungen die Verhandlungen gescheitert sind und eine Urabstimmung durchgeführt wurde. Das „Kampfmittel" der Arbeitgeber ist die ***Abwehraussperrung***, also eine vorübergehende Freistellung der Arbeitnehmer von der Arbeitspflicht ohne Lohnfortzahlung. Angriffsausperrungen sind verboten.

Arbeit und Entlohnung

Beschäftigungsformen

Unter einem sogenannten ***Normalarbeitsverhältnis*** ist in der Regel ein unbefristetes und existenzsicherndes ***Vollarbeitszeitverhältnis*** zu verstehen. Normalarbeitsverhältnisse finden sich in Deutschland seit längerer Zeit in einem Auflösungsprozess, da die ***atypische Beschäftigung*** einen immer größeren Raum einnimmt. Als atypisch gelten u. a.

- die ***Teilzeitarbeit***, bei der die Arbeitszeit unterhalb der tarifrechtlichen Wochenarbeitszeit für Vollzeitkräfte liegt;
- die ***befristete Beschäftigung***, bei der der Arbeitsvertrag auf eine bestimmte Zeit oder für einen bestimmten Zweck geschlossen wird (z. B. Vertretung bei Erkrankung, Ferienjob, Probezeit für neue Mitarbeiter);
- die ***Leiharbeit***, bei der ein ***Zeitarbeitsunternehmen*** seine Arbeitnehmer einem Dritten für bestimmte Arbeitsleistungen überlässt. Leiharbeiter sind oftmals ehemalige Arbeitslose, die einen Wiedereinstieg in das Berufsleben anstreben. Von Unternehmen werden sie als Flexibilitätspuffer, Ad-hoc-Ersatz für Ausgefallene und als Strategie im Sinne minimaler Personalkosten und interner Konkurrenz eingesetzt. Prinzipiell sollte dabei das Prinzip des equal pay (gleiche Bezahlung für Stamm- und Leihbeschäftigte) greifen;

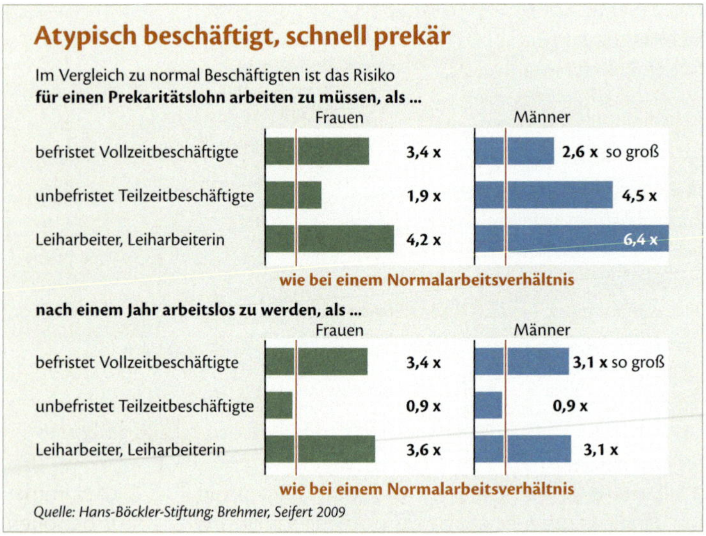

- die ***geringfügige bzw. kurzfristige Beschäftigung***, die verschiedene Tätigkeiten umfasst, bei denen entweder die Entlohnung 400 Euro im Monat ***(Minijob)*** oder die Beschäftigungsdauer zwei Monate bzw. 50 Arbeitstage innerhalb eines Kalenderjahres (z. B. ***Saisonarbeit***) nicht überschreitet.

Atypische Beschäftigung geht häufig mit ***prekären Arbeitsverhältnissen*** einher. Prekär bedeutet, dass die Tätigkeit hinsichtlich des Einkommens, der Sicherheit des Arbeitsplatzes und der Gestaltung der Arbeitszeit flexibel und ungesichert ist.

Entgeltformen

Die Entgeltberechnung kann verschiedenen ***Entlohnungsgrundsätzen*** folgen:

Zeitabhängige Vergütungssysteme: den Zeitlohn (Arbeiter) und das Monatsgehalt (Angestellte) bekommen Beschäftigte für ihre geleistete Zeit im Unternehmen. Nachteil hierbei ist, dass keine Leistungsanreize bestehen und die individuelle Leistung nicht beachtet wird (keine relative Lohngerechtigkeit).

Leistungsabhängige Vergütungssysteme: Genereller Nachteil hierbei sind die schwankenden Einkünfte. Hierzu zählen:

- die ***Akkordentlohnung***, bei der die Arbeitnehmer eine Vorgabezeit erhalten, in der sie eine bestimmte Menge erledigen müssen. Zusätzliche Leistung lässt das Entgelt proportional steigen. Nachteil: Gesundheits- und Qualitätsgefährdung („Akkord ist Mord"), hoher Verwaltungsaufwand, da die Messung leistbar sein und kontinuierlich durchgeführt werden muss.
- die ***Prämienentlohnung***, bei der Mitarbeiter bei Erreichen eines zuvor festgelegten Ziels eine Prämie erhalten.

Darüber hinaus gibt es Mischformen der oben erläuterten Entlohnungsprinzipien, also z. B. Zeitlohn + Leistungszulage, Vergütung im Rahmen von Zielvereinbarungen oder im Sinne einer Erfolgsbeteiligungen (z. B. am Gewinn des Betriebs).

Lohndumping

M 1 Angst vor billigen Osteuropäern

Die vollständige Öffnung des deutschen Arbeitsmarktes für Arbeitskräfte aus Ost- und Mitteleuropa ab Mai 2011 lässt den Ruf nach Mindestlöhnen lauter werden – und auch die Wirtschaft schließt sich den Forderungen an. Nachdem Arbeitgeberchef Dieter Hundt bereits einen Mindestlohn für die Zeitarbeitsbranche gefordert hat, plädiert nun auch der Direktor des Instituts für Arbeitsmarkt- und Berufsforschung (IAB) für einen Mindestlohn in Deutschland. Ab Mai sei eine „Lohn-Abwärtsspirale" zu befürchten, insbesondere in Teilen des Dienstleistungssektors, wo bereits jetzt niedrige Löhne gezahlt werden, erklärte IAB-Chef Joachim Möller in Nürnberg. Die gesellschaftlichen Schäden wären „immens", warnte er. Er sprach sich daher für einen „mit Augenmaß festgesetzten Mindestlohn" aus.

Ab dem 1. Mai 2011 muss Deutschland seinen Arbeitsmarkt für Arbeitskräfte aus Polen, Tschechien, der Slowakei, Ungarn, Slowenien, Estland, Lettland und Litauen öffnen. Menschen aus diesen zehn Ländern können sich dann ohne Beschränkung einen Job hierzulande suchen. Zudem dürfen Unternehmen aus den neuen Mitgliedsstaaten Arbeitnehmer auf den deutschen Arbeitsmarkt entsenden.

Arbeitgeber haben Angst

„Das wird zum Problem, wenn diese Unternehmen ihre Arbeitnehmer zu polnischen oder baltischen Löhnen bezahlen", erklärte IAB-Direktor Möller. Diesen Lohnwettbewerb könnten deutsche Unternehmen nicht gewinnen. Die Situation im Niedriglohnbereich könne sich „gravierend" verschärfen, warnte der Arbeitsmarktexperte. Dabei könnten sich gesellschaftliche Probleme und soziale Spannungen verschärfen: Die Arbeitslosigkeit in dieser Gruppe liege bereits bei mehr als 20 Prozent.

Arbeitgeberpräsident Hundt hatte sich ebenfalls schon für einen gesetzlichen Mindestlohn für die Zeitarbeitsbranche ausgesprochen. Die Gestaltungsmacht der Tarifpartner ende an der Landesgrenze, sagte Hundt dem „Hamburger Abendblatt". „Deshalb brauchen wir den Gesetzgeber, um den Mindestlohn auch auf ausländische Anbieter von Zeitarbeitskräften auszudehnen." Er sehe die Gefahr, dass ein deutsches Zeitarbeitsunternehmen in Stettin eine Filiale aufmache, dort Arbeitnehmer aus Mecklenburg einstelle und diese dann auf Basis des polnischen Tarifvertrags mit vier oder fünf Euro Stundenlohn wieder in Deutschland einsetze, sagte Hundt. Dies würde einen berechtigten öffentlichen Aufschrei geben.

Arbeitgeber und Gewerkschaften haben sich darauf verständigt, am 1. Mai 2011 einen Mindestlohn von 7,79 Euro im Westen und 6,89 Euro im Osten einzuführen. Hundt will auch ausländische Anbieter darauf verpflichten. Der DGB plädiert für einen Mindestlohn und die Einfügung des Prinzips „gleicher Lohn für gleiche Arbeit am gleichen Ort" im Arbeitnehmerüberlassungsgesetz. Die FDP sperrt sich dagegen. (...)

Mindestlöhne in Europa

Gesetzliche Mindest-Stundenlöhne in der EU, Euro		Veränderung 2009 zu 2008, %
Luxemburg	9,08	0
Irland	8,65	+4,2
Frankreich	8,44	+2,1
Niederlande	8,19	+2,6
Belgien	8,15	+2,7
Deutschland*	7,50	
Großbritannien	7,39	+3,2
Griechenland	3,80	+5,1
Spanien	3,59	+5,1
Malta	3,55	+2,2
Slowenien	3,12	+3,3
Portugal	2,55	+5,7
Tschechien	1,87	0
Polen	1,81	+20,3
Estland	1,61	+20,8
Ungarn	1,57	+5,3
Slowakei	1,46	+6,6
Litauen	1,34	+33,3
Lettland	1,34	+33,3
Rumänien	0,80	+28,2
Bulgarien	0,65	+22,2

*DGB-Forderung

Quelle: Hans-Böckler-Stiftung; WSI Mindestlohndatenbank

„Deutschland nicht geschützt"

Die Gewerkschaften fordern schon seit längerem einen Mindestlohn. (...). Die SPD unterstützt ebenfalls die Forderungen nach einem Mindestlohn. „Wir müssen verhindern, dass immer mehr Familien von Armut betroffen sind", sagte Generalsekretärin Nahles und verwies ebenfalls auf die in Kraft tretende Freizügigkeit für Arbeitnehmer innerhalb der EU. „Deutschland ist das einzige Land, das sich von Lohndumping nicht hinreichend schützt."

Arbeitgeber fordern Mindestlohn. In: n-tv.de; Online unter: http://www.n-tv.de/politik/Arbeitgeberfordern-Mindestlohn-article2195561.html (20.12.2010)

1 ***Analysieren Sie die im Text geschilderte Problemlage.***

2 ***Arbeiten Sie heraus, welche Auswirkungen Lohndumping sowohl für die Arbeitnehmer als auch für die Arbeitgeber in Deutschland haben kann.***

Arbeitslosigkeit

Nationale und internationale Arbeitsmarktstatistiken

Die Einwohner eines Landes lassen sich zunächst in ***Erwerbspersonen*** und ***Nichterwerbspersonen*** unterscheiden. Die Erwerbspersonen setzen sich zusammen aus den ***Erwerbstätigen*** und den Erwerbslosen bzw. Arbeitslosen.

Die amtliche Statistik unterscheidet zwischen den bei der Bundesagentur für Arbeit registrierten ***Arbeitslosen*** und den ***Erwerbslosen*** gemäß der Definition der International Labour Organization (ILO), die für den internationalen Vergleich eingesetzt wird.

	Erwerbslos	Arbeitslos
Erhebung	Bevölkerungserhebung, Stichprobe	Meldung bei einer Agentur für Arbeit
Ohne Arbeitsplatz, wenn	unter 1 Wochenstunde gearbeitet wird	unter 15 Wochenstunden gearbeitet wird
Verfügbarkeit	innerhalb der nächsten zwei Wochen	gemäß der Vermittlungsvorschläge
Aktive Suche, wenn	in den vergangenen vier Wochen Suchschritte unternommen wurden	der Vermittler bescheinigt, dass der Arbeitssuchende alle Möglichkeiten nutzt/nutzen will

Die Folge der unterschiedlichen Definitionen ist, dass die Erwerbslosigkeit in den Statistiken deutlich niedriger als die Arbeitslosigkeit ausfällt.

Formen der Arbeitslosigkeit

- *friktionelle Arbeitslosigkeit*, die beim Übergang von einer Arbeitsstelle zu einer anderen oder bei Berufsanfang entsteht;
- *saisonale Arbeitslosigkeit*, die zu bestimmten Jahreszeiten aufgrund von Klimabedingungen (z. B. in der Landwirtschaft im Winter) oder Nachfrageschwankungen (z. B. in der Gastronomie in der Nebensaison) auftritt;
- *konjunkturelle Arbeitslosigkeit*, die durch Konjunkturschwankungen hervorgerufen wird (Entlassungen in der Rezession);
- *Mismatch-Arbeitslosigkeit*, bei der zwar offene Stellen vorhanden sind, die Arbeitslosen aber nicht dem Anforderungsprofil entsprechen;
- *technologische Arbeitslosigkeit*, die im Zuge der Ersetzung der Arbeitskräfte durch Maschinen entsteht;
- *strukturelle Arbeitslosigkeit*, die ein dauerhaftes Phänomen darstellt und häufig mit Wandlungen in der Wirtschaftsstruktur oder technologischen Entwicklungen zusammenhängt, während zugleich der Arbeitsmarkt zu unflexibel ist, die Arbeitslosen in andere Branchen u. Ä. zu integrieren. Strukturelle Arbeitslosigkeit geht häufig mit Langzeitarbeitslosigkeit einher.

Als *verdeckte Arbeitslosigkeit* wird der Anteil der nicht bei den Behörden gemeldeten Arbeitslosen verstanden.

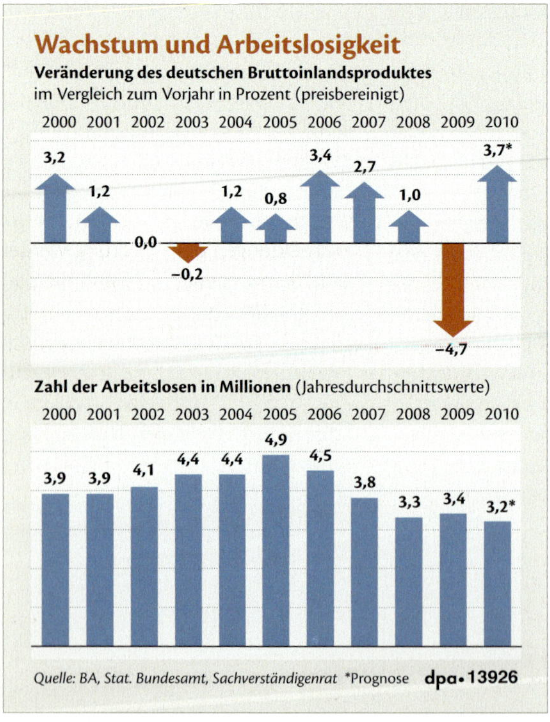

Arbeitslosengeld I und II

In Deutschland erhalten Arbeitslose zunächst als Versicherungsleistung (Arbeitslosenversicherung) Arbeitslosengeld I in Form einer Lohnersatzleistung. Die Zeit, für die Arbeitslosengeld gewährt wird, ist abhängig vom Lebensalter und wie lange man in den letzten fünf Jahren arbeitslosenversicherungspflichtig war. Wer darüber hinaus nicht vermittelbar ist, erhält mit dem Arbeitslosengeld II („Hartz IV") staatliche Unterstützung (siehe 4.10).

Arbeitslosigkeit und das deutsche Jobwunder

M 1 Das Jobwunder, das keines ist

Naschen in der Absackerei

Karikatur: Götz Wiedenroth

Ursula von der Leyen weiß, wie eine Politikerin sich perfekt inszeniert. Am Mittwoch stand die Arbeitsministerin vor einer Stellwand mit der Aufschrift „Weniger als 3 Mio. Arbeitslose wollen wir nicht feiern, sondern in Arbeit bringen", breitete ihre Gehet-hin-in-Frieden-Arme aus und feierte sich dann doch: Dass die Arbeitslosigkeit auf den niedrigsten Wert seit 18 Jahren zurückging, sei ein „Erfolg für die Menschen, für die Tarifpartner, für die Regierung Merkel und für die Mitarbeiter der Bundesagentur".

Bei so viel Schulterklopfen wollte der Wirtschaftsminister nicht zu kurz kommen. Rainer Brüderle kramte tief in seiner Metapherkiste: „Wir befinden uns auf der Schnellstraße zur Vollbeschäftigung." Der deutsche Arbeitsmarkt entwickle sich „vom Sorgenkind zum Musterschüler".

Alles prima also in Deutschland? Schön wär's!

Zwar sind offiziell nur noch knapp 2 950 000 Menschen ohne Arbeit. Das ist, keine Frage, zunächst einmal eine gute Nachricht. Zumal es vor wenigen Jahren noch fünf Millionen waren. Allerdings sagt diese amtliche Jubelzahl nur bedingt etwas über die tatsächliche Situation auf dem Arbeitsmarkt aus.

Entscheidend ist, welche Jobs die einstigen Arbeitslosen bekommen, wie hoch die tatsächliche Unterbeschäftigung ist und ob die Arbeitslosenquote in Zukunft weiter sinkt.

(...) Zwar steigt die Zahl der Menschen, die überhaupt arbeiten gehen, seit Monaten. Das ist positiv für eine Volkswirtschaft. Nur boomen vor allem geringfügige und unsichere Formen der Beschäftigung. Es gibt rund fünf Millionen Deutsche, die zum Beispiel einen 400-Euro-Job haben. Mehr als 2,2 Millionen verdienen sich mit einem Mini-Job etwas dazu.

Und wer eine vermeintlich feste Anstellung findet, landet immer öfter bei einer Zeitarbeitsfirma. Die Branche feiert derzeit einen Rekord nach dem anderen. 900 000 Deutsche arbeiten trotz der wirtschaftlichen Erholung nur dann, wenn sie gerade gebraucht werden. (...) Hinzu kommt: Viele Menschen tauchen überhaupt nicht in der Statistik auf – obwohl sie de facto arbeitslos sind. Fast 1,5 Millionen Deutsche befanden sich zuletzt in staatlicher Beschäftigungstherapie. Sie arbeiteten als Ein-Euro-Jobber, waren in Arbeitsbeschaffungsmaßnahmen oder machten irgendeine Qualifizierung. Das Gros dieser Menschen empfindet sich als arbeitslos – ist es nach amtlicher Lesart aber nicht.

Auch gibt es Hunderttausende Leistungsempfänger, die nicht als arbeitslos gelten, von denen viele aber gern einen Job hätten. (...)

Von der derzeitigen wirtschaftlichen Erholung profitieren, auch das ist nicht wirklich eine überwältigende Nachricht, vor allem die Arbeitslosen, die eh schon immer leicht Jobs gefunden haben: jüngere, gut ausgebildete und flexible Menschen.

Doch eines der größten Probleme des Arbeitsmarktes ist die extrem hohe Langzeitarbeitslosigkeit. Immerhin mehr als jeder Dritte der offiziell gut 2,9 Millionen Arbeitslosen ist seit mehr als einem Jahr ohne Beschäftigung. Im Vergleich zum Vorjahr beträgt der Rückgang geradezu lächerliche 1,1 Prozent.

Viele der verbliebenen Arbeitslosen werden selbst im Aufschwung Schwierigkeiten haben, eine reguläre Beschäftigung zu finden. Ihnen fehlt das, was Arbeitgeber suchen: eine vernünftige Qualifikation. (...)

Die wahren Probleme des Arbeitsmarktes bleiben also. Doch die Jubelmeldungen der Regierung werden trotzdem weitergehen. Denn die Zahl der Arbeitslosen geht schon allein dadurch um 200 000 pro Jahr zurück, dass viele ältere Arbeitnehmer aus dem Berufsleben ausscheiden, aber nur wenige jüngere nachkommen.

Sven Böll: Ein Jobwunder, das keines ist, http://www.spiegel.de/wirtschaft/soziales/0,1518,725853,00.html (28.10.2010)

1 ***Interpretieren Sie die Karikatur mithilfe von M 1.***

2 ***Werten Sie anschließend die in M1 genannten Kritikpunkte an der amtlichen Arbeitslosenstatistik und an der Rede über das sogenannte Jobwunder aus.***

Mindestlohn in der Diskussion

Text 1 „Schadenspotenzial eines gesetzlichen Mindestlohns wäre beachtlich"

Michael Hüther ist deutscher Wirtschaftsforscher und Direktor des Instituts der deutschen Wirtschaft Köln

In Deutschland grassiert die Angst vor Niedriglöhnen. Eine Antwort der Politik ist der Kombilohn, der Arbeitgebern von gering qualifizierten Arbeitnehmern Lohnkostenzuschüsse verspricht. Dieser Vorschlag nährt die Befürchtung von Mitnahmeeffekten durch die Unternehmen. Deshalb wird als notwendige Konsequenz der Mindestlohn gefordert. Dieses Argument ist nicht ganz von der Hand zu weisen, zeigt aber vor allem, dass Lohnsubventionierung der falsche Weg ist. Um bei niedrigen Löhnen zielgenau ein existenzsicherndes Auskommen zu erreichen, muss – wie beim Arbeitslosengeld II grundsätzlich der Fall – an der Einkommensbedürftigkeit der Betroffenen angesetzt werden.

Mittlerweile hat sich die Diskussion um Mindestlöhne völlig verselbstständigt. Dabei gewinnt das Ziel „Faire Löhne für alle" die Oberhand. So soll jede Vollzeittätigkeit ein existenzsicherndes Einkommen gewährleisten, um „Armutslöhne" zu vermeiden. Diese Forderung steht in einem klaren Widerspruch zur bisherigen Arbeitsmarktreform, nach der erstmals auch Löhne unterhalb des Sozialhilfeniveaus zumutbar sind. Denn der beschleunigte Strukturwandel, getrieben durch Wissensintensivierung und internationalen Standortwettbewerb, verstärkt in jeder entwickelten Volkswirtschaft das Problem der working poor .

Mit den Reformen verbindet sich das Ziel, den gering Qualifizierten in einem Niedriglohnsektor mehr Beschäftigungschancen zu bieten. Das setzt vor allem eine Öffnung der Lohnstruktur nach unten voraus, um produktivitätsorientierte Löhne zahlen zu können. Mindestlöhne, zumal mit den derzeit geforderten Niveaus, würden aber gerade das Gegenteil bewirken: Sie stauchen die Lohnstruktur von unten, sie reduzieren Beschäftigungschancen bisher Arbeitsloser, und sie vernichten in nicht unerheblichem Ausmaß bestehende Niedriglohntätigkeiten. Zahlreiche Tarifverträge in Deutschland unterschreiten das diskutierte Mindestlohnniveau von 7,50 Euro je Stunde.

Wer in diesem Sinn „faire Löhne" fordert, der fordert die Vernichtung dieser Arbeitsplätze. Rationalisierung und Dienstleistungsimport werden die Folge sein. Allerdings ist das nicht die einzige Konsequenz, denn die für die meisten drohende Arbeitslosigkeit ist mit deutlichen Verlusten an Lebenszufriedenheit verbunden. Wie jüngste Auswertungen des Instituts der deutschen Wirtschaft Köln auf Basis des Sozio-ökonomischen Panels zeigen, ist die Zufriedenheit von Menschen mit Niedriglohnarbeit größer als die von Menschen in Arbeitslosigkeit und Einkommensarmut. Also gilt: Besser working poor als nur poor. (...)

Noch deutlicher als bei den gesetzlichen Mindestlöhnen sind die beschäftigungspolitischen Risiken bei branchenbezogenen Vorgaben. Wer dies fordert, der enttarnt sein wahres Ziel: Es geht um die Absicherung gewerkschaftlicher Gestaltungsmacht. Denn durch die Festlegung der jeweils untersten Entgeltgruppe eines Branchentarifvertrags als Mindestlohn würde faktisch die Tarifbindung auch dort ansatzweise restituiert, wo in den letzten anderthalb Jahrzehnten die Wirkung der Flächentarifverträge deutlich nachgelassen hat. So sank die Tarifbindung der Beschäftigten in dem genannten Zeitraum von 72 auf knapp 62 Prozent in Westdeutschland und von 56 auf rund 43 Prozent in Ostdeutschland.

Es gibt kein überzeugendes ökonomisches Argument für die Einführung von Mindestlöhnen. (...) Ein gesetzlicher Mindestlohn ist in Deutschland nicht notwendig, sein Schadenspotenzial wäre beachtlich.

Michael Hüther: Contra Mindestlohn. In: Die Zeit Nr. 11 v. 09.03.2006. Online unter: http://www.zeit.de/2006/11/Contra_Mindesstlohn (02.01.2011)

Text 2 „Mindestlohn schützt vor Armut"

Gustav Horn ist deutscher Wirtschaftswissenschaftler und Leiter des Instituts für Makroökonomie und Konjunkturforschung der gewerkschaftsnahen Hans-Böckler-Stiftung.

Deutschland hat ein Lohnproblem. Seit mehr als zehn Jahren müssen die Arbeitnehmer mit stagnierenden oder gar sinkenden Löhnen und Gehältern auskommen. Die Unternehmensgewinne dagegen sind geradezu explodiert. Dies wäre akzeptabel, wenn diese Form der Umverteilung geholfen hätte, die Arbeitslosigkeit in Deutschland zu senken. Doch das ist nicht der Fall.

In allen anderen Ländern der Europäischen Währungsunion sind die Löhne in den vergangenen zehn Jahren zum Teil deutlich gestiegen. Auch dies wäre akzeptabel, wenn sich dadurch die Beschäftigung in Deutschland im internationalen Vergleich günstig entwickelt hätte. Doch auch das ist nicht der Fall.

Die Strategie, die Arbeitslosigkeit in Deutschland durch immer geringere Lohnkosten zu reduzieren, ist gescheitert. Dafür werden die Folgen dieser Strategie immer massiver spürbar. Die Armut in Deutschland nimmt zu, auch unter den

Beschäftigten. Durch die ausbleibenden Einnahmen geraten die Sozialsysteme und die öffentlichen Haushalte immer mehr unter Druck.
Es ist daher an der Zeit, von einem Instrument Gebrauch zu machen, das in anderen Ländern Europas längst Realität ist: ein allgemeiner, gesetzlicher Mindestlohn.
In zahlreichen Industrieländern hat der Mindestlohn eine wichtige ökonomische Funktion. Er stärkt die strukturell schwächere Verhandlungsposition von Arbeitslosen gegenüber potenziellen Arbeitgebern. Wer händeringend einen Job sucht, ist tendenziell in der Situation, jeden Lohn akzeptieren zu müssen. Man denke aktuell in Deutschland nur an die verschärften Zumutbarkeitsbedingungen für Arbeitslose. Den Unternehmen geben sie die Möglichkeit, die Löhne weiter zu senken und die Gewinneinkommen dadurch noch mehr zu erhöhen.
Ein gesetzlicher Mindestlohn ist dabei umso notwendiger, je geringer die Verhandlungsmacht der Gewerkschaften oder der Abdeckungsgrad von Tarifverträgen ist. Beides war in der Vergangenheit in Deutschland relativ hoch. (...) Seit der deutschen Vereinigung und dem Anstieg der Arbeitslosigkeit hat jedoch ein Erosionsprozess eingesetzt. Die Gewerkschaften haben an Macht verloren, mehr und mehr Unternehmen entziehen sich der Bindung durch den Flächentarifvertrag. Dies erzwingt auch in Deutschland eine Debatte über einen allgemeinen gesetzlichen Mindestlohn.
Nun wenden die Gegner einer solchen Lohnuntergrenze regelmäßig ein, dass es faktisch ja schon einen Mindestlohn in Deutschland gebe. Da das Arbeitslosengeld II (Alg II) auch für Nichtstun bezahlt werde, dürfte es wenigen Unternehmen gelingen, für einen Lohn unterhalb des Alg II Mitarbeiter zu finden. Diese Argumentation ist im Prinzip richtig, doch vergleicht man diesen inoffiziellen deutschen Mindestlohn mit den Mindestlöhnen der anderen Länder der Europäischen Währungsunion, so stellt man fest: Er liegt weit niedriger. Insofern ist es nicht verwunderlich, dass der Lohndruck nach unten in Deutschland besonders stark ist (...).
Ein zweiter Einwand besagt, dass Mindestlöhne Arbeitsplätze vernichteten, insbesondere bei den Geringverdienern. Zahlreiche Studien zeigen allerdings, dass zwischen Mindestlöhnen und Beschäftigungsniveau kein eindeutiger Zusammenhang besteht. Oft wird der negativ wirkende Kosteneffekt mehr als ausgeglichen durch den Wachstumseffekt, den die höheren Einkommen der Geringverdienenden auslösen. Da diese Gruppe oft jahrelang auf weit verbreitete Konsumgüter (Urlaubsreisen, Kinobesuche, neue Möbel) verzichten musste, fließt jede Einkommenssteigerung meist vollständig in den privaten Verbrauch.

Gustav Horn: Pro Mindestlohn. In: Die Zeit Nr. 11 v. 09.03.2006. Online unter: http://www.zeit.de/2006/11/Pro-Mindestlohn (02.01.2011)

Aufgaben

1 ***Erschließen Sie sich anhand der Diskussion um Mindestlöhne die derzeitigen Entwicklungen in der Arbeitswelt (Texte 1 und 2).***

2 ***Vergleichen Sie die Positionen und Argumente von Gustav Horn und Michael Hüther und bewerten Sie darauf aufbauend die Forderung nach einem gesetzlichen Mindestlohn.***

Hinweise zu den Aufgaben

Aufgabe 1: Zunächst geht es darum, sich die in den beiden Texten erwähnten Tendenzen in der Arbeitswelt zu erarbeiten. Fokus ist dabei auf die Ausbreitung des Niedriglohnsektors und die Lohnentwicklung in Deutschland zu legen.

Aufgabe 2: Der Vergleich der beiden Standpunkte bedarf zunächst einer genauen Textanalyse und kann sodann im Rahmen einer Pro-und-Kontra-Argumentation verschriftlicht werden. Die anschließende Bewertung erforderte eine abwägende, begründete Stellungnahme unter Einbezug individueller und politischer Wertmaßstäbe.

Zum Weiterarbeiten

Aufgaben zu den verschiedenen Anforderungsbereichen

Anforderungsbereich I

- Legen Sie das ökonomische Prinzip und die ihm zugeordneten Prinzipien dar.
- Nennen Sie mindestens drei Management-by-Techniken.
- Geben Sie jeweils drei weiche und harte Standortfaktoren an.
- Beschreiben Sie die wesentlichen Möglichkeiten der Finanzierung eines Unternehmens.
- Zählen Sie die unterschiedlichen Beteiligungsrechte eines Betriebsrats auf und geben Sie jeweils ein Beispiel.
- Beschreiben Sie die möglichen Organisationsformen von Gewerkschaften.
- Benennen Sie die Funktionen eines Tarifvertrags.
- Legen Sie die Unterschiede zwischen Flächen- und Haustarifvertrag dar.

Anforderungsbereich II

- Erklären Sie, warum Rationalisierungsmaßnahmen als Notwendigkeit angesehen werden, um am Markt zu bestehen.
- Vergleichen Sie die verschiedenen Rechtsformen von Unternehmen unter Berücksichtigung ihrer Vor- und Nachteile.
- Erläutern Sie, was strategische Erfolgspositionen sind.
- Charakterisieren Sie das Konzept der Corporate Identity.
- Vergleichen Sie die drei Gesetze zur Unternehmensmitbestimmung.
- Erklären Sie den Begriff Tarifautonomie.
- Erschließen Sie sich unterschiedliche Ursachen für Arbeitslosigkeit.

Anforderungsbereich III

- Erörtern Sie die Attraktivität des Standorts Deutschland.
- Problematisieren Sie die Arbeitsorganisation des Taylorismus.
- Nehmen Sie Stellung zur Diskussion um das Mächtigkeitsprinzip.
- Bewerten Sie die Entwicklung der Beschäftigungsverhältnisse.

Links zum Thema Unternehmen und Arbeitswelt

www.boeckler-boxen.de/1518.htm	Internetpräsenz der Hans-Böckler-Stiftung mit Praxisbeispielen, Grafiken und Fakten zum Thema „Mitbestimmung in Deutschland“
www.manalex.de/	Online-Lexikon Manalex rund um Aspekte des Managements
www.betriebsrat.com/	Onlinegestützte Wissensplattform für Betriebsräte
www.bpb.de/wissen/CQCQSZ,0,0,Arbeitslosigkeit.html	Von der Bundeszentrale für politische Bildung aufbereitete Zahlen und Fakten zur Arbeitslosigkeit
www.sozialpolitik-aktuell.de/tf-arbeitsbedingungen.html	Informationsportal der Universität Duisburg-Essen zum Thema „Arbeitsbedingungen, Arbeitszeit, Arbeitspolitik“
www.dgb.de/	Homepage des Deutschen Gewerkschaftsbundes
www.bda-online.de/www/arbeitgeber.nsf/ID/home	Homepage der Bundesvereinigung der Deutschen Arbeitgeberverbände

9 Umwelt und Nachhaltigkeit

Welche Rolle spielen öffentliche Güter und externe Effekte im Hinblick auf Umwelt und Nachhaltigkeit? Welche Akteure und Ziele der Umweltpolitik gibt es und wo bestehen Interessenkonflikte? Hat die Umweltpolitik effektive Instrumente zur Verfügung, um den globalen Klimawandel zu stoppen? Wie geht die internationale Politik mit diesem Thema um und welche Chancen bieten nachhaltiges Denken und Handeln? Mit der Beantwortung dieser und ähnlicher Fragen nähert sich das folgende Kapitel dem Themenkomplex „Umwelt und Nachhaltigkeit“, für den auch ökonomische bzw. wirtschaftspolitische Aspekte eine wichtige Rolle spielen.

Umwelt und Nachhaltigkeit

Ursachen des Umweltproblems

Die Zerstörung der natürlichen Lebensgrundlagen schreitet unaufhörlich voran, die Artenvielfalt schwindet, die Weltmeere werden überfischt und verschmutzt, während Industrieabgase die Luft belasten – die Liste der Umweltprobleme ließe sich scheinbar endlos fortführen.

Das Verhältnis von Umwelt und Wirtschaft ist von konkurrierenden Interessen geprägt. Die Natur dient der Ökonomie vor allem als Ressourcenlager und Schadstoffspeicher, gerät aber in beiden Funktionen zunehmend an ihre Grenzen. Die heutzutage schlimmsten Umweltprobleme haben vor allem sozioökonomische Ursachen, insbesondere die verstärkte Ressourcennutzung im Zuge des globalen Wirtschafts- und Bevölkerungswachstums, aber ebenfalls die Funktionsweise der Wirtschaftssysteme, der technische Wandel und umweltfeindliches Verhalten der Menschen. Ein wesentlicher Erklärungsfaktor in diesem Kontext ist, dass die Umwelt überwiegend ein öffentliches bzw. gesellschaftliches Gut darstellt. Sie kann demnach kostenlos genutzt werden, mit der Konsequenz, dass der Zwang zur sparsamen Nutzung fehlt und Umweltgüter sowohl intensiv konsumiert als auch in der Produktion eingesetzt werden. Die Folgen dieser wirtschaftlichen Eingriffe in Natur und Umwelt lassen sich heute an den irreparablen Umweltschäden und den negativen externen Effekten ablesen. Da die Grenzen des Wachstums bereits erreicht oder überschritten worden sind und eine in der bisherigen Form fortgesetzte Ausbeutung natürlicher Ressourcen katastrophale Folgen haben wird, wird eine konsequente Ausrichtung am Nachhaltigkeitsprinzip gefordert.

► *1. Umwelt und Ökonomie*
► *2. Theoretische Grundlagen I: Öffentliche Güter*
► *3. Theoretische Grundlagen II: Externe Effekte*
► *4. Theoretische Grundlagen III: Das Konzept der Nachhaltigkeit*

Umweltpolitik

Umweltpolitik meint all jene institutionellen, rechtlichen und politischen Maßnahmen, die auf die Erhaltung und Verbesserung der natürlichen Lebenswelt der Menschen

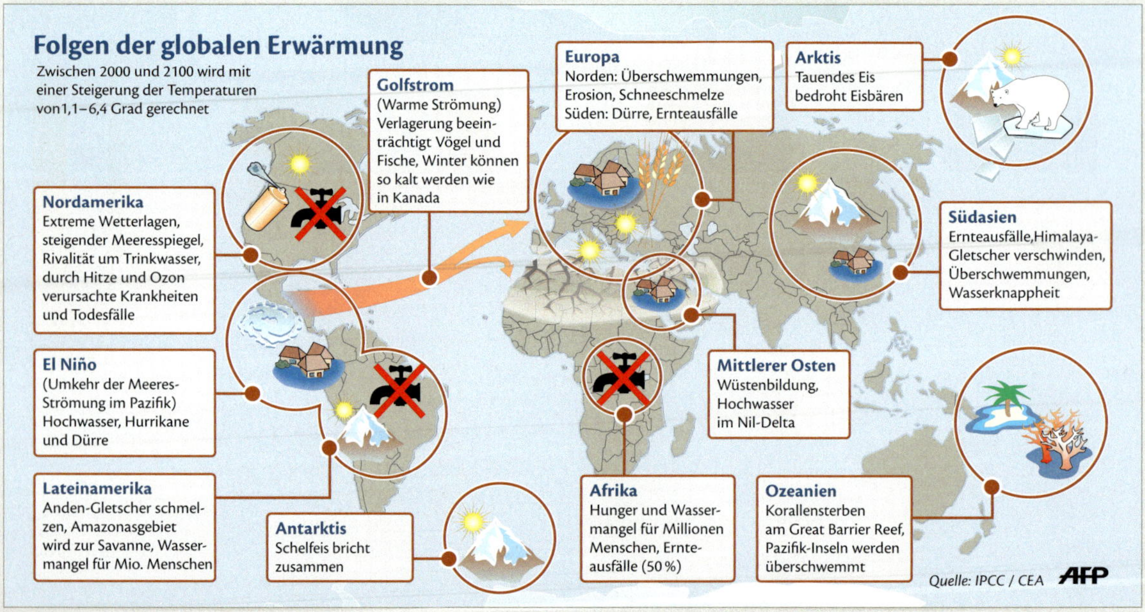

zielen. An ihr ist eine Vielzahl an staatlichen und nicht-staatlichen Akteure beteiligt, um z. B. Ziele wie die Erhaltung und Wiederherstellung von Lebensräumen für Tier- und Pflanzenarten erfolgreich zu erreichen. Unterstützend stehen hierbei unterschiedliche umweltpolitische Instrumente zur Verfügung, allen voran Auflagen, Abgaben und Zertifikate. Dabei sind umweltpolitische Aspekte kaum noch von wirtschaftlichen Belangen zu trennen. Umweltpolitik als Wirtschaftspolitik betont dabei die innovations-, investitions-, standort-, und beschäftigungspolitische Seite dieses Politikfeldes.

- *5. Umweltpolitik: Ziele und Akteure*
- *6. Umweltpolitik: Instrumente*
- *7. Umweltpolitik als Wirtschaftspolitik*

Klimawandel

Als die größte Herausforderung des 21. Jahrhunderts gilt der menschgemachte Klimawandel, dessen wichtigste Ursache der Treibhauseffekt ist. Entsprechend vielfältig sind die Bemühungen im Rahmen nationaler und internationaler Politik – wenngleich mit ganz unterschiedlicher Reichweite. Der Kampf gegen den Klimawandel bedarf internationaler Abstimmungsprozesse und Abkommen, die u. a. die Nutzung der Gemeinschaftsgüter wie der Atmosphäre regeln. Vielfach bleiben die aktuellen Klimakonferenzen und die daraus hervorgehenden Abkommen jedoch hinter den notwendigen Maßnahmen zurück.

- *8. Kernherausforderung Klimawandel*
- *9. Klimawandel und internationale Politik*
- *10. Emissionshandel: Ökonomisches Instrument gegen den Klimawandel*

Nachhaltigkeit vor Ort

Die Bedeutung lokalen Handelns im Kontext der Nachhaltigkeit wurde vielfach erkannt und findet beispielsweise in der Lokalen Agenda 21 Beachtung. Darüber hinaus kann auch regionales Wirtschaften – als eine Ergänzung zur globalen Wirtschaftsweise – nachhaltiges Denken und Handeln und somit die Umwelt unterstützen.

- *11. Nachhaltigkeit: Global denken, lokal handeln*

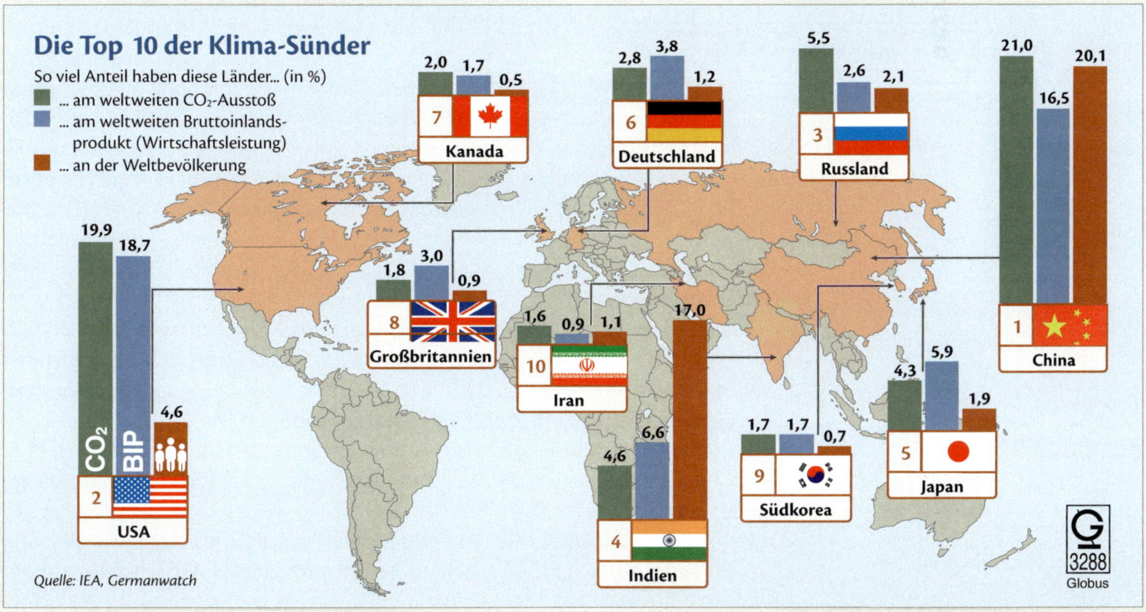

Umwelt und Ökonomie

(Ökonomische) Funktionen der Umwelt

Der Begriff „Umwelt" umfasst die natürlichen Lebensgrundlagen Wasser, Luft, Landschaft, Tier- und Pflanzenwelt sowie Boden und Bodenschätze. Der so definierten Umwelt werden von der Ökonomie vor allem folgende Zwecke zugeschrieben:

- *Konsumgut:* Die Umwelt versorgt die Menschen mit lebensnotwendigen Gütern wie Luft und Wasser. Zudem bietet sie Möglichkeiten zur Erholung und zur Freizeitgestaltung.
- *Produktionsfaktor:* Die Umwelt bietet den Boden als Produktionsstandort und Rohstoffe für den Produktionsprozess.
- *Aufnahmemedium für Schadstoffe:* Die Umwelt nimmt einen Teil der durch Abwässer, Müll, Strahlungen, Abgase entstehenden Schadstoffe auf.

Die Güter und Dienstleistungen, die der Mensch aus den Ökosystemen bezieht, werden auch Ökosystemdienstleistungen genannt. Für die 2001 von den Vereinten Nationen in Auftrag gegebene Studie „Millennium Ecosystem Assessment" wurde eine Liste solcher Ökosystemdienstleistungen erarbeitet, die unterteilt wurde in bereitstellende (z. B. Nahrung, Holz), regulierende (z. B. Klimaregulation, Wasserqualität), kulturelle (Erholung, ästhetisches Vergnügen) und unterstützende (z. B. Nährstoffkreislauf, Bodenbildung) Dienstleistungen.

Wichtigste Wechselwirkungen Umwelt – Wirtschaft

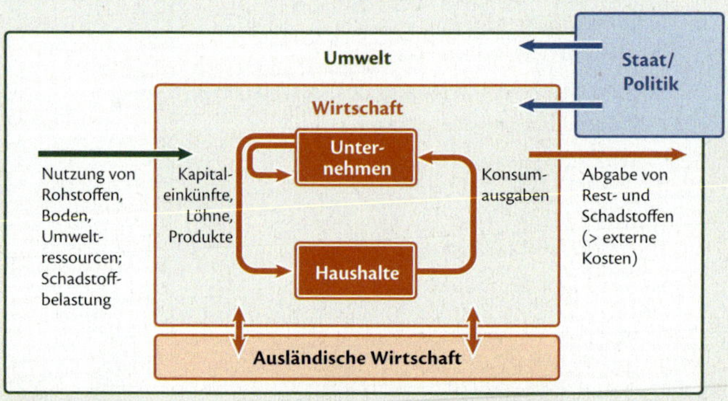

Quelle: *Bundesamt für Umwelt Schweiz (Hg.): Wirtschaftliche Dimensionen der Umweltpolitik 2005*

Spannungsverhältnis von Umwelt und Wirtschaft

Natur und Umwelt bilden die Lebensgrundlage der Menschen und sind sowohl Basis als auch Voraussetzung des Wirtschaftens. Wirtschaftliches Handeln wiederum gilt ebenso als unverzichtbar für die menschliche Existenz und materiellen Wohlstand. Umwelt und Wirtschaft stehen dabei in einer von problematischen Spannungen und konkurrierenden Interessen geprägten Beziehung. So hat seit Beginn der Industrialisierung das Wirtschafts- und Bevölkerungswachstum eine solche Größenordnung erreicht, sodass die ohnehin begrenzt vorhandenen Rohstoffe und Umweltressourcen knapp geworden sind. Die Folgen der wirtschaftlichen Eingriffe in die Natur lassen sich heutzutage sowohl an den hohen negativen externen Kosten als auch an den teilweise ***irreparablen Umweltschäden*** ablesen. Die fortschreitende Globalisierung verstärkt und beschleunigt zudem durch intensivierte Wirtschaftsbeziehungen diese Entwicklung.

Hierzu ein Beispiel:

- 1950 belief sich der Fischfang noch auf insgesamt 20 Megatonnen (Mt) jährlich, steigerte sich bis 1970 auf 70 Mt und hat sich seither bei 80 bis 90 Mt eingependelt (Stand 2006). Die intensive Zunahme ist größtenteils auf die industrielle Nahrungsverwertung zurückzuführen. Der Fang wird zu Produkten wie Fischmehl und Fischöl verarbeitet, die dann wiederum bei der Herstellung von Tierfutter eingesetzt werden. Als Folge leiden die Meere unter Überfischung und die Fischbestände gehen zurück.

Mit den ökologischen Problemen gehen zugleich wirtschaftliche Folgen (u. a. Verknappung und Verteuerung der Güter) einher, die sich auch auf das Wirtschaftswachstum auswirken.

„Grenzen des Wachstums"

Bereits 1972 veröffentlichten Wissenschaftler des Massachusetts Institute of Technology (MIT) eine Studie zur Zukunft der Weltwirtschaft. Sie trug den Titel „Limits to Growth", auf Deutsch ***„Die Grenzen des Wachstums"***. In dieser Studie wurden mittels Computersimulation global beobachtbare Tendenzen wie Bevölkerungswachstum und Ausbeutung von Rohstoffreserven untersucht. Die zentrale Schlussfolgerung dieser und daran anknüpfender Analysen war, dass bei Fortführung des bisherigen Handelns die absoluten Wachstumsgrenzen auf der Erde im Laufe der nächsten hundert Jahre erreicht sein würden und ein Kollaps drohe.
Auf Initiative der Vereinten Nationen wurde zudem von 2001 bis 2005 die Studie ***„Millennium Ecosystem Assessment"*** zur Ermittlung des globalen Zustands von 24 zentralen Ökosystemen erstellt. Laut dem zusammenfassenden Bericht „Ecosystems & Human Wellbeing: Synthesis" befinden sich bereits 60 % der Ökosysteme in einem Zustand fortgeschrittener und/oder anhaltender Zerstörung.
Ähnliche Ergebnisse liefert auch ein Modell des Stockholm Resilience Centre an der Universität Stockholm, das zeigen soll, innerhalb welcher Grenzen das Ökosystem ohne massive Gefahren für die Menschheit genutzt werden kann. Hierbei wurde festgestellt, dass in drei von neun Bereichen die Grenzen bereits überschritten sind (Klimawandel, Artensterben und Stickstoffkreislauf).

Ressourcennutzung weltweit

Der Ressourcenverbrauch der einzelnen Staaten ist ungleich verteilt, denn die Industrieländer nehmen die natürlichen Ressourcen überproportional in Anspruch.
Neben dem Kernproblem, also der Verwendung (zu) hoher Mengen an Ressourcen, ist auch die Unwirtschaftlichkeit (Ineffizienz) der Ressourcennutzung kritisch zu sehen. Sie zeigt sich u. a. in der weltweiten Ressourcenverschwendung sowie in unwirtschaftlichen Produktionstechniken und mit Wohlstandsdenken verbundenen Konsumgewohnheiten.

Globale Ressourcennutzung pro Kopf der Bevölkerung

nach Regionen geordnet, 1980 und 2007, in Tonnen

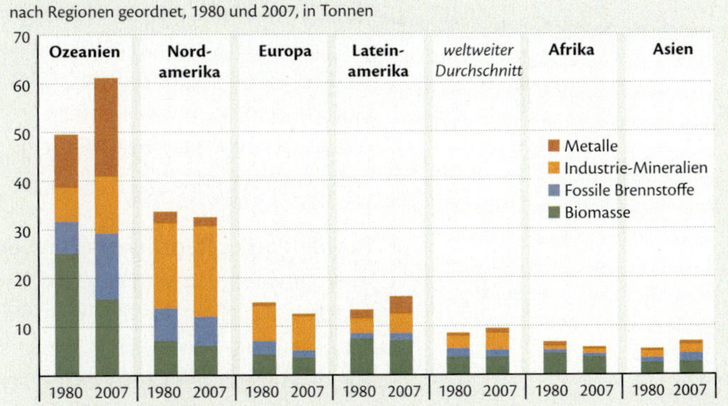

http://www.materialflows.net/index.php?option=com_content&task=view&id=77&Itemid=47 (4.12.2010)

Nullwachstum und Entkoppelung

Wirtschaftliches Wachstum kann im Kontext zunehmender Umweltzerstörung nicht mehr nur aus rein ökonomischer, sondern muss auch aus ökologischer Perspektive betrachtet und bewertet werden. Hierbei lassen sich unterschiedliche Argumentationen und Bewertungen des Wirtschaftswachstums ausmachen:

- Lange Zeit herrschte die Meinung, Wirtschaftswachstum schade der Umwelt. In den 1970er-Jahren entwickelte sich daher die Forderung nach ***Nullwachstum*** (Stagnation).
- Später dominierte das Postulat der ***Entkoppelung***: Gelingt Wirtschaftswachstum bei gleichzeitig abnehmender Umweltbelastung, so wird von Entkoppelung gesprochen. Angenommen wird, dass dies durch ökologisch orientiertes Wirtschaften erreicht wird; entsprechend ist auch von qualitativem oder nachhaltigem Wachstum die Rede.
- Parallel dazu lässt sich auch die These der quasi ***automatischen Entkoppelung*** identifizieren. Demnach steige zwar zunächst mit dem Wirtschaftswachstum die Umweltbelastung, doch der höhere Wohlstand führe ab einem gewissen Grad auch zu mehr Geld und Wissen, um die Umweltbelastung zu senken.

Theoretische Grundlagen I: Öffentliche Güter

Die bedeutsamsten Umweltprobleme unserer Zeit haben sozioökonomische Ursachen. Ein wesentlicher Faktor ist das Wirtschafts- und Bevölkerungswachstum seit der Industrialisierung. Eine Rolle spielen außerdem die Funktionsweise der Wirtschaftssysteme, der technische Wandel und umweltfeindliches Verhalten der Menschen. Doch warum zerstören Menschen ihre natürlichen Lebensgrundlagen? Die Umweltökonomie erklärt dies unter anderem mit Marktversagen, verursacht durch die Behandlung der natürlichen Ressourcen als öffentliche Güter.

Merkmale öffentlicher Güter

Güter lassen sich je nach Fokus unterschiedlich einteilen (siehe 2.6). Mit Blick auf Umweltgüter ist insbesondere die Frage zu stellen, wie gut der Markt-Preis-Mechanismus bei der Bereitstellung dieser Güter funktioniert. Diese Frage wird in den Wirtschaftswissenschaften unter Einbezug zweier Prinzipien beantwortet:

- Zum einen wird im Rahmen des ***Ausschlussprinzips*** gefragt, ob andere Menschen vom Konsum des zu betrachtenden Guts ausgeschlossen werden können, wenn sie nicht dafür bezahlen.
- Zum anderen wird im Rahmen des ***Konkurrenzprinzips*** gefragt, ob ein Nutzer eines Gutes einen anderen (potenziellen) Nutzer zur selben Zeit ganz oder teilweise die Nutzungsmöglichkeit dieses Gutes nimmt.

Bei den meisten Gütern (z. B. Kleidung, Supermarktartikel, Kinoticket) treffen sowohl das Konkurrenz- als auch das Ausschlussprinzip zu. Man spricht von ***privaten Gütern***. Darüber hinaus gibt es jedoch auch Güter, die nicht dem Ausschlussprinzip unterliegen und deshalb für jeden frei zugänglich und kostenlos sind, das sind öffentliche Güter und gesellschaftliche Ressourcen. ***Reine öffentliche Güter*** unterliegen weder dem Ausschluss- noch dem Konkurrenzprinzip. ***Gesellschaftliche Ressourcen*** – auch Allmende- oder Gemeinschaftsgüter genannt – unterliegen ebenfalls nicht dem Ausschlussprinzip, wohl aber dem Konkurrenzprinzip. So sind die Fischbestände in einem Gewässer mit freiem Zugang zwar für alle Angler zugänglich, aber die Fischer stehen in Konkurrenz zueinander, da ein Fisch auch nur von einem Angler gefischt werden kann.
Da jedoch der Grad der Konkurrenz unterschiedlich ausfallen kann (mit einer Tendenz zu öffentlichen Gütern oder zu privaten Gütern), wird auch von ***unreinen öffentlichen Gütern*** gesprochen. So kann es z. B. im Sommer am öffentlichen Badesee zu Konkurrenzsituationen um Liegeplätze und Schwimmfläche kommen, während im Winter dies nicht gegeben ist.

Als **natürliche Ressourcen**, auch Umweltgüter genannt, gelten
- nicht erneuerbare Ressourcen wie Rohstoffe und Boden;
- erneuerbare Ressourcen wie Pflanzen, Tiere und Wasser;
- quasi unerschöpfliche Ressourcen wie Wind und Gezeiten.

Problematik öffentlicher (Umwelt-)Güter

Viele Umweltgüter sind sogenannte (reine und unreine) öffentliche Güter. Dies gilt zum Beispiel für die Luft, für die Tier- und Pflanzenwelt und eingeschränkt auch für das Wasser. Es gilt jedoch nur noch selten für den Boden, da dafür in der Regel recht einfach Eigentumsrechte festgelegt und somit Menschen von der Nutzung ausgeschlossen werden können. Das Hauptproblem ist nun, dass für die meisten anderen Umweltleistungen nur sehr schwer Eigentumsrechte definiert und durchgesetzt werden können, da das Ausschlussprinzip nicht bzw. nur eingeschränkt greift. Diese Tatsache hat weit reichende Folgen:

- Niemand ist bereit, für Güter zu bezahlen, wenn er diese auch kostenlos nutzen kann. Dies wird als ***Trittbrettfahrerproblematik*** bezeichnet.
- Es werden dadurch zu hohe Mengen an öffentlichen (Umwelt-)Gütern nachgefragt, während diese Güter zugleich nur begrenzt zur Verfügung stehen. Bei privaten Gütern würde nun der Preismechanismus greifen und Angebot und Nachfrage regulieren (siehe 1.5). Bei öffentlichen Gütern hingegen versagt der Preismechanismus

als Lenkungsinstrument des Umweltverbrauchs aufgrund der Trittbrettfahrerproblematik. Zudem wird ohne Preisbildung auch ***kein Knappheitssignal*** ausgesendet.
- Da durch die fehlende Preisbildung der privatwirtschaftliche Zwang zur sparsamen Nutzung der Umwelt sowie privatwirtschaftliche Anreize zur Verbesserung der Umweltqualität fehlen, werden die Umweltgüter exzessiv konsumiert und im Produktionsprozess eingesetzt. Die einzelnen Personen ignorieren dabei, dass bei diesen Umweltgütern in der Regel Konkurrenz im Konsum besteht (unreine öffentliche Güter). Sie ignorieren also die Kosten, die ihre Aktion der Gesellschaft insgesamt auferlegt ***(Allmendeproblematik)***.

Karikatur: Klaus Stuttmann

Trittbrettfahrerproblematik am Beispiel des Umweltschutzes

Aus der repräsentativen Umfragestudie „Umweltbewusstsein in Deutschland 2010" des Umweltbundesamts kann die Erkenntnis gezogen werden, dass bei den Deutschen durchaus ein hohes Umweltbewusstsein vorhanden ist, gleichzeitig jedoch zwischen Anspruch und Wirklichkeit eine beachtliche Lücke klafft. So stimmen beispielsweise 85 % der Befragten der Aussage zu: „Wir brauchen einen konsequenten Umstieg auf erneuerbare Energien", doch seit 2008 ist der Anteil der Ökostrombezieher nur von drei auf acht Prozent gestiegen. Leider ist dies keine Ausnahme. Wenn es um öffentliche Güter geht, ist die Bereitschaft zum eigenen Handeln gering, wenn man dem eigenen Beitrag eine unerhebliche Wirkung im Vergleich zum Handeln der Gesamtgesellschaft beimisst. Die Installation einer Solaranlage ist zunächst für den einzelnen Hausbesitzer mit hohen Kosten verbunden (die späteren Einsparungen werden dabei nicht berücksichtigt). Auch ist er durch diese Maßnahme kaum in der Lage, die Umweltbedingungen spürbar zu verändern. Doch wenn alle Hauseigentümer Solaranlagen anbringen würden, entstünde ein großer volkswirtschaftlicher Nutzen (z. B. die Einschränkung des Klimawandels und der damit verbundenen Folgekosten). Das verleitet den einzelnen Hauseigentümer zu folgenden Überlegungen:
- Wenn nur ich eine Solaranlage anbringen lasse, dann habe ich die Kosten, aber keinen großen Nutzen.
- Wenn wir alle keine Solaranlagen installieren, dann habe ich ebenfalls keinen Nutzen, aber immerhin auch keine Kosten.
- Wenn alle anderen Hauseigentümer in Solaranlagen investieren, dann ist der Nutzen für alle am größten und ich bräuchte meine Solaranlage nicht zu installieren. So spare ich mir die Kosten, ohne der Umwelt sehr zu schaden.

Allmendeproblematik am Beispiel der Übernutzung von Wiesenfläche

Das Trittbrettfahrerproblem steht im direkten Zusammenhang mit der Allmendeproblematik, wonach gesellschaftliche Ressourcen wie Umweltgüter stärker ausgebeutet werden, als dies aus volkswirtschaftlicher Sicht wünschenswert ist.
Beispiel: Angenommen, die Wiesen um eine Stadt herum sind Gemeinschaftsgut und jeder Bürger hat das Recht, seine Schafe auf den Wiesen weiden zu lassen. Im Laufe der Jahre steigt die Anzahl der weidenden Schafe stetig. Da die Wiesen gesellschaftliche Ressourcen sind, hat niemand für sich allein einen Anreiz, die Herde zum Schutz der Wiesen zu verkleinern. Sie werden daher so stark abgeweidet, dass sie ihre Fähigkeit zur Erneuerung verlieren und kahl bleiben. Die Problematik der Allmende beruht also darauf, dass private und gesellschaftliche Anreize auseinandergehen.

Theoretische Grundlagen II: Externe Effekte

Soziale Kosten und **externe Kosten** werden hier als Synonym verwendet. In der Literatur werden soziale Kosten bisweilen auch als Summe aus privaten Kosten und externen Kosten verstanden.

Positive und negative externe Effekte

Wirtschaftliches Handeln von einzelnen Menschen kann sich sowohl negativ als auch positiv auf die Gesellschaft auswirken. Damit verbundene zusätzliche Kosten bzw. zusätzlicher Nutzen für unbeteiligte Akteure werden als externe Effekte oder Externalitäten bezeichnet. Kernmerkmal dieser externen Effekte ist, dass sie keine Auswirkungen auf den Verursacher haben. Zwischen ihm und den Betroffenen besteht nämlich weder eine über den Preis- bzw. Marktmechanismus vermittelte Beziehung noch anderweitige Vertragbeziehungen.

Bei ***positiven externen Effekten*** erhöht sich die Lebensqualität oder die Produktion der anderen Gesellschaftsmitglieder, ohne dass der Verursacher dafür zusätzlich bezahlt wurde. Es entsteht also externer Nutzen bzw. ein sozialer Ertrag.

Bei ***negativen externen Effekte*** entstehen hingegen Belastungen, für die nicht deren Verursacher, sondern andere Gesellschaftsmitglieder aufkommen müssen. Es entstehen also externe Kosten, auch soziale Kosten genannt. Diese Kosten werden externalisiert, d. h. auf andere Personen abgewälzt.

Ursache externer Effekte und ihre Bedeutung für Wirtschaft und Umwelt

Externe Effekte entstehen durch ein Ungleichgewicht zwischen privaten und sozialen Kosten. Als ***private Kosten*** werden Kosten von Unternehmen und Haushalten bezeichnet, die bei der Produktion und beim Verbrauch in die private Wirtschaftsrechnung einfließen. Externe Kosten hingegen hat die Volkswirtschaft als Ganze zu tragen.

Da viele Umweltgüter niemandem gehören und keiner von ihrer Nutzung ausgeschlossen werden kann, handelt es sich um (reine bzw. unreine) öffentliche Güter. Weil den meisten Umweltgütern demnach auch kein Preis zugeschrieben wird, taucht ihre Nutzung oder auch ihre Erhaltung als Kostenfaktor in der internen Wirtschaftsrechnung der Unternehmen und Haushalte nicht auf. Da die Unternehmen also nur mit den privaten Kosten kalkulieren und diese im Preis veranschlagen, werden viele Güter unter den volkswirtschaftlichen Kosten (= private + externe Kosten) verkauft. Dies hat mit hoher Wahrscheinlichkeit zur Folge, dass es zu Fehlallokation, das heißt also zu übernutzten und ineffizient verwendeten (Umwelt-)Ressourcen, kommt.

Im Zusammenhang mit externen Kosten wird daher auch von einem sogenannten ***Kosten-Eisberg*** gesprochen, da nur ein Teil der tatsächlichen Kosten sichtbar ist.

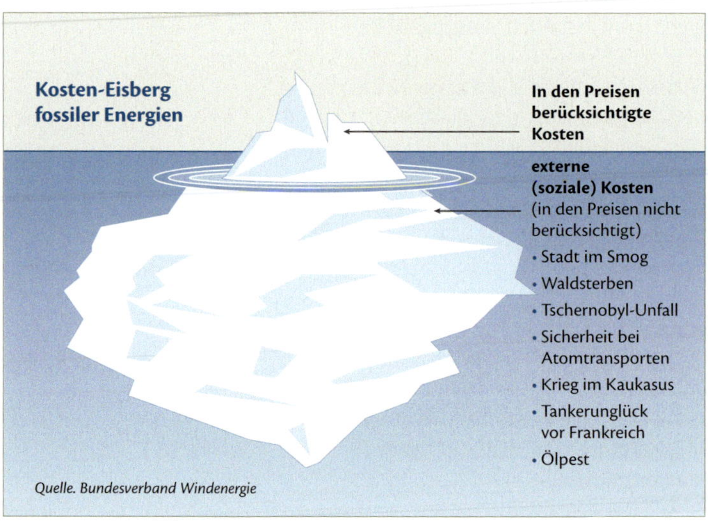

Unterscheidung und Beispiele

Positive und negative externe Effekte lassen sich im Bereich des Konsums und in der Produktion finden:

- Ein ***positiver externer Effekt beim Konsum*** entsteht, wenn z. B. ein Telefonat getätigt wird, da in der Regel der Angerufene die Möglichkeit einer kostenlosen Kommunikation erhält.
- Ein ***negativer externer Effekt beim Konsum*** besteht, wenn z. B. ein Raucher beim Konsumieren seiner Zigarette nicht nur sich, sondern zugleich einen anderen gesundheitlich beeinträchtigt.
- Ein ***positiver externer Effekt in der Produktion*** entsteht, wenn z. B. ein Imker mit seiner Bienenzüchtung dem benachbar-

ten Obstgärtner Vorteile verschafft, indem die Bienen die Obstblüten bestäuben. Zugleich stellt der Obstgärtner die für die Bienen wichtigen Blüten zur Verfügung.
- Ein ***negativer externer Effekt in der Produktion*** besteht, wenn z. B. eine Chemiefabrik den anliegenden Fluss verunreinigt, was sich auf den Fischbestand im Wasser und die Fischfangergebnisse auswirkt.

Internalisierung sozialer Kosten: die Pigou-Steuer

Arthur Cecil Pigou (1877–1952) veröffentlichte 1912 und 1920 zwei Werke zur Wohlfahrtsökonomie, in denen er sich mit der oben genannten Problematik der Externalisierung von Produktionskosten auseinandersetzte. Als Lösung schlug er die Erhebung einer Steuer vor, der sogenannten Pigou-Steuer, welche die externen Kosten ***internalisieren***, d. h. auf den Produktpreis zurückwälzen, sollte.

Berechnung externer Kosten

Die Berechnung externer Kosten erweist sich als schwierig. Sollen in der Kostenrechnung zum Beispiel die durch Luftverschmutzung verursachten Krankheiten durch die Leistungen der Krankenkasse gemessen werden oder ist das Leiden der Erkrankten ebenfalls zu berücksichtigen? Fragen dieser Art müssen beantwortet werden, um ökologische Prozesse in einer ökonomischen Kostenrechnung darstellen zu können.

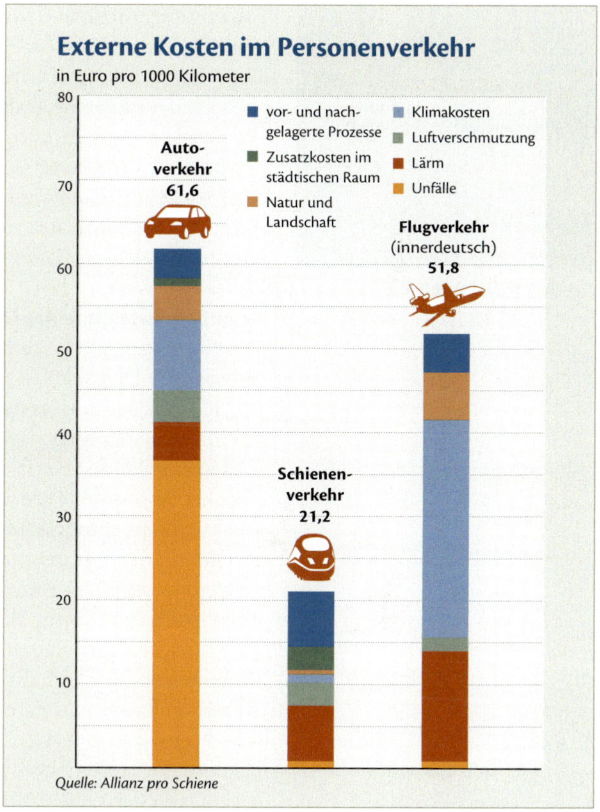

UGR und Ökoinlandsprodukt

Umweltökonomische Gesamtrechnungen (UGR) dokumentieren anhand von Statistiken die Beziehungen zwischen wirtschaftlichen Aktivitäten und der Entwicklung der Umwelt und versuchen, auch externe Effekte zu erfassen. Die UGR bieten u. a. Antworten auf folgende Fragen:
- ***Umweltbelastungen:*** Welche Belastungen für die Umwelt entstehen? Welche natürlichen Rohstoffe werden der Umwelt entnommen und verbraucht? Inwiefern wird die natürliche Umwelt für menschliche Aktivitäten (z. B. Freizeitgestaltung, Bebauung) genutzt?
- ***Umweltzustand:*** Wie sieht der derzeitige Zustand der Umwelt aus? Wie hat er sich verändert?
- ***Umweltmaßnahmen:*** Welche Umweltschutzmaßnahmen werden von staatlicher und unternehmerischer Seite eingeleitet und umgesetzt?

Das ursprüngliche Ziel der UGR war, ein ***Ökoinlandsprodukt*** im Rahmen der Volkswirtschaftlichen Gesamtrechnung, kurz VGR (siehe 2.10), erstellen zu können. Damit sollten der Verbrauch und die Wertminderung der bislang nicht berücksichtigen natürlichen Ressourcen in Rechnung gestellt werden, die u. a. durch den Abbau von nicht-regenerierbaren Ressourcen, der Übernutzung erneuerbarer Ressourcen sowie der Umweltbelastung durch Abfallstoffe der Wirtschaft verursacht werden. Um den Wert der Ökosysteme zu erfassen, hat sich in diesem Kontext der Begriff ***Naturkapital*** etabliert. Nicht zuletzt wegen Berechnungsschwierigkeiten wird jedoch das Ökoinlandsprodukt in die amtliche Statistik auf absehbare Zeit nicht aufgenommen werden. Das Statistische Bundesamt erhebt daher im Rahmen seiner UGR physische und monetäre Daten zu den oben genannten Fragen, setzt diese zueinander in Bezug und erstellt für politisch wichtige Wirtschaftsbereiche (z. B. Verkehr und Umwelt) Berichte.

Theoretische Grundlagen III: Das Konzept der Nachhaltigkeit

Bis Mitte der 1990er-Jahre wurde über das Konzept der Nachhaltigkeit zumeist nur in wissenschaftlichen Kreisen diskutiert. Erst seitdem es auch in der Politik präsent ist und verstärkte Bemühungen um den Umweltschutz spürbar sind, wurde das Thema interessant für Medien, Gesellschaft und Wirtschaft.

Der Begriff der Nachhaltigkeit stammt aus der Forstwirtschaft

Begriffsgeschichte: Nachhaltigkeit in der Forstwirtschaft

Das Prinzip der Nachhaltigkeit ist nicht neu, es wurde in Europa bereits vor 300 Jahren im Zuge einer drohenden Rohstoffkrise formuliert und in der Forstwirtschaft angewandt. Damals war Holz für alle ein sehr wichtiges wirtschaftliches Gut. Ganze Wälder wurden abgeholzt, um heizen und wirtschaften zu können, was zu einer zunehmenden Holzverknappung führte. Der Mangel bedrohte auch die Existenz des Silberbergbaus im Erzgebirge in Sachsen, da Holz u. a. für den Ausbau der Gruben, den Abbau des Erzes und für den Betrieb der Schmelzöfen benötigt wurde. Die Vernachlässigung ökologischer Aspekte in Form der maßlosen Abholzung der Wälder hatte also weit reichende ökonomische, aber auch soziale Folgen (z. B. Arbeitslosigkeit). Der Oberberghauptmann Hans Carl von Carlowitz forderte daher im Namen der Wirtschaft einen – wie er es formulierte – „pfleglichen" Umgang mit Holz, um eine „beständige" und „nachhaltende" Nutzung zu ermöglichen. Sein Vorschlag lautete, dass immer nur so viele Bäume und Sträucher abgeholzt werden dürfen, wie durch planmäßige Aufforstung nachwachsen. Das Prinzip der nachhaltigen Bewirtschaftung war geboren.

Weiterentwicklung des Nachhaltigkeitskonzepts

Nachhaltiges Wirtschaften wurde jedoch lange Zeit außerhalb der Fortwirtschaft nicht angewandt. Dies änderte sich, als im Jahre 1972 die Studie „Grenzen des Wachstums" veröffentlicht wurde (siehe 9.1). Als eine der ersten Untersuchungen zur nachhaltigen Entwicklung bekräftigte sie insbesondere den umweltschützenden Aspekt des Nachhaltigkeitsbegriffs. Verstärkt wurde diese Entwicklung durch die erste im selben Jahr in Stockholm stattfindende weltweite ***Umweltschutzkonferenz*** der Vereinten Nationen.
Weltweite Beachtung erfuhr der Gedanke der Nachhaltigkeit dann 1987 durch den als ***Brundtland-Report*** bekannt gewordenen Bericht „Unsere gemeinsame Zukunft" der Weltkommission für Umwelt und Entwicklung (engl. World Commission on Environment and Development, WCED). Darin wurde erstmals das noch immer aktuelle Leitbild einer „nachhaltigen Entwicklung" (sustainable development) formuliert, welche, laut Kommission, „den Bedürfnissen der heutigen Generation entspricht, ohne die Möglichkeiten künftiger Generationen zu gefährden, ihre eigenen Bedürfnisse zu befriedigen und ihren Lebensstil zu wählen".
Generationengerechtigkeit ***(intergenerationale Gerechtigkeit)*** wie auch Gerechtigkeitsaspekte zwischen heute lebenden Bevölkerungsgruppen z. B. in Industrie- und Entwicklungsländern ***(intragenerationale Gerechtigkeit)*** wurden durch diesen Bericht als wichtige soziale Elemente des Nachhaltigkeitsbegriffs gestärkt.
Ein Meilenstein der Nachhaltigkeitsdebatte war die 1992 in Rio de Janeiro abgehaltene Konferenz der Vereinten Nationen für Umwelt und Entwicklung (siehe 9.9). Das dort beschlossene Aktionsprogramm ***„Agenda 21"*** erklärte den Nachhaltigkeitsgedanken zum Leitprinzip der Politik. Einig war man sich, dass die drei Dimensionen Wirtschaft, Umwelt und Soziales gemeinsam zu berücksichtigen sind und dass nur eine globale Partnerschaft und Zusammenarbeit die dringendsten ökologischen und sozialen Probleme lösen kann.
Als unverzichtbare Voraussetzungen für eine nachhaltige Entwicklung wurde zudem die Bekämpfung von Armut, eine angemessene Bevölkerungspolitik, die Verringerung und der Abbau nicht nachhaltiger Konsum- und Produktionsweisen sowie eine umfas-

sende Einbeziehung der Bevölkerung in politische Entscheidungsprozesse festgelegt. Um die verabschiedeten Ziele zu erreichen, sollten entsprechende nationale Strategien und Maßnahmen eingeleitet werden.

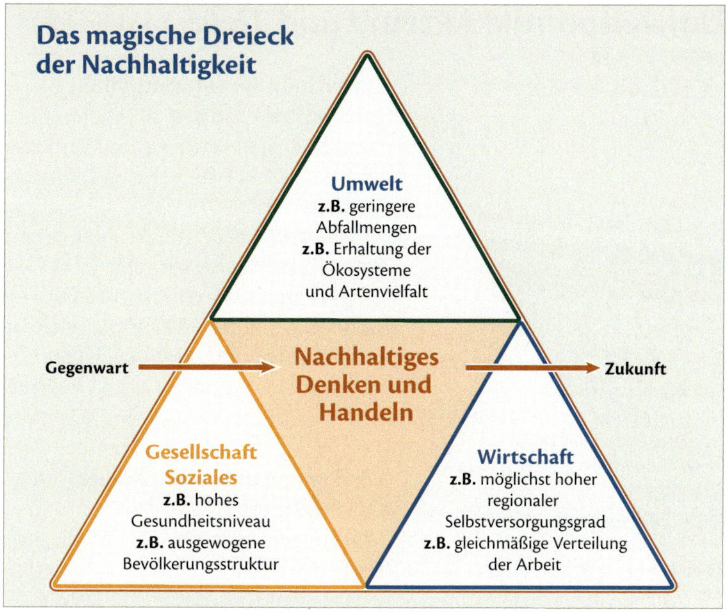

Die Dimensionen der Nachhaltigkeit

- Die *ökologische Nachhaltigkeit* betont den Wert der Umwelt und zielt darauf ab, Natur und Umwelt für die nachfolgenden Generationen zu erhalten.
- Die *ökonomische Nachhaltigkeit* grenzt sich von einem auf kurzfristige Gewinne setzenden Handeln ab und konzentriert sich auf eine Wirtschaftsweise, die u. a. durch Erhalt der natürlichen Ressourcen eine dauerhaft tragfähige Grundlage für Erwerb und Wohlstand bietet.
- Die soziale Nachhaltigkeit strebt eine Partizipation aller Mitglieder einer Gemeinschaft an, was neben dem Ziel der Grundbedürfnisbefriedigung auch einen Ausgleich sozialer Machtungleichgewichte beinhaltet.

Da diese drei Dimensionen miteinander in Wechselwirkung stehen, ist auch von einem *magischen Dreieck der Nachhaltigkeit* die Rede.

Starke und schwache Nachhaltigkeit

In Wissenschaft und Politik wird heute diskutiert, wie die Dimensionen der Nachhaltigkeit inhaltlich zu gestalten, zu gewichten und umzusetzen sind. Hinsichtlich der Gewichtung sind zwei Tendenzen auszumachen:

- Das Konzept der ***schwachen Nachhaltigkeit*** folgt der Annahme, dass Naturkapital (z. B. nicht erneuerbare Energieträger) verbraucht werden darf, wenn es durch andere Kapitalformen (z. B. Technologien zur Nutzung erneuerbarer Energieträger) ausgeglichen werden kann. Bei diesem Verständnis stehen die Dimensionen „Wirtschaft", „Umwelt" und „Soziales" gleichberechtigt nebeneinander.
- Das Konzept der ***starken Nachhaltigkeit*** folgt der Annahme, dass Naturkapital durch kein anderes Kapital ersetzt werden kann. Der Erhalt der natürlichen Ressourcen habe daher im Vordergrund zu stehen. Bei diesem Verständnis wird entsprechend die ökologische Dimension als vorrangig bewertet.

Handlungsgrundsätze einer nachhaltigen Entwicklung

Aufbauend auf den Ergebnissen der Enquete-Kommission des Deutschen Bundestages „Schutz des Menschen und der Umwelt" haben sich vier sogenannte Managementregeln für eine nachhaltige Entwicklung entwickelt:

- die *Abbauregel*, nach der der Natur nur so viele Rohstoffe entnommen werden dürfen, wie sich erneuern oder wie wiederhergestellt werden können;
- die *Substitutionsregel*, nach der nicht erneuerbare durch erneuerbare Ressourcen zu ersetzen sind;
- die *Assimilationsregel*, nach der nicht mehr Schadstoffe an die Umwelt abgegeben werden dürfen, als die Ökosysteme aufnehmen/abbauen können;
- die *Erhaltungsregel*, nach der die Natur und Umwelt in ihrer Eigenart und Schönheit bewahrt werden soll, da sie den Menschen Lebensgrundlage und Lebensqualität bietet.

Umweltpolitik: Akteure und Ziele

Grundgesetz Art. 20a:
Der Staat schützt auch in Verantwortung für die künftigen Generationen die natürlichen Lebensgrundlagen und die Tiere im Rahmen der verfassungsmäßigen Ordnung durch die Gesetzgebung und nach Maßgabe von Gesetz und Recht durch die vollziehende Gewalt und die Rechtsprechung.

Entstehung der Umweltpolitik

Umweltpolitik umfasst all jene institutionellen, rechtlichen und politischen Maßnahmen, die auf die Erhaltung und Verbesserung der natürlichen Lebenswelt von Mensch und Tier zielen. Erste Forderungen nach umweltpolitischen Maßnahmen fanden u. a. mit dem im Jahr 1972 eingeleiteten Umweltprogramm der Vereinten Nationen (UNEP) zunehmend Gehör auf der internationalen Ebene. Die Entstehung des gesonderten Politikbereichs Umweltpolitik ist in Deutschland außerdem eng an gesellschaftspolitische Prozesse, wie die Ende der 1970er-Jahre aufkommende Umwelt- und Anti-Atomkraftbewegung, die Bildung grün-alternativer Parteien sowie die Atomreaktor-Katastrophe in Tschernobyl von 1986, gekoppelt.
Heute ist Umweltpolitik weltweit verbreitet. Über 100 Staaten haben Umweltministerien eingerichtet und in einer Vielzahl von Ländern hat Umweltschutz ***Verfassungsrang***.

Direkte und indirekte Akteure

Da umweltpolitische Maßnahmen und eine nachhaltige Entwicklung vielfältige Ziele und Handlungsfelder umfassen, sind alle aufgerufen, sich an diesen Prozessen zu beteiligen. Dazu zählen zum einen alle staatlichen bzw. ***direkten Akteure***, die direkt an der Einführung entsprechender Gesetze und Regelungen mitwirken. Zum anderen gehören dazu alle nicht-staatlichen bzw. ***indirekten Akteure***, die Einfluss auf die direkten Akteure ausüben.

Staatliche Akteure der Umweltpolitik

In Deutschland wurde die Umweltpolitik als neues Politikfeld 1970 durch die SPD/FDP-geführte Regierung im Rahmen eines Sofortprogramms eingeführt. Eine entsprechende ***institutionelle Verankerung*** erfolgte 1971 durch die Einberufung des Sachverständigenrates für Umweltfragen und 1974 durch die Gründung des Umweltbundesamtes (UBA). 1986 wurde das Bundesministerium für Umwelt, Naturschutz und Reaktorsicherheit (BMU) gegründet. Als weiterer staatlicher Akteur kam 1993 das Bundesamt für Naturschutz (BfN) hinzu. Im Zuge der Etablierung staatlicher Akteure folgten auch wichtige Eckpunkte der Umweltgesetzgebung, so z. B. das Abfallbeseitigungsgesetz (1972), das Bundesnaturschutzgesetz (1976) und das Chemikaliengesetz (1980). Mit der 2001 eingeführten Nationalen Nachhaltigkeitsstrategie „Perspektiven für Deutschland" folgten zudem weitere staatliche Organe.
Zusammen mit den übergeordneten internationalen Organisationen (z. B. Vereinte Nationen), den EU-Einrichtungen (z. B. die Generaldirektion Umwelt der Kommission) sowie den Landes- und Kommunalbehörden des Umwelt- und Naturschutzes sind die nationalstaatlichen Akteure Teil eines differenzierten ***Mehrebenensystems*** im Bereich der Umweltpolitik.

Nicht-staatliche Akteure der Umweltpolitik

Neben dem Staat spielen auch vielfältige nicht-staatliche Akteure im Bereich der Umweltpolitik und einer nachhaltigen Entwicklung eine wichtige Rolle. Sie stellen die notwendige Basis für erfolgreiche Veränderungen, nehmen an der öffentlichen Diskussion um Umweltschutz teil und beeinflussen durch ihre Entscheidungen und Handlungen das weitere Vorgehen maßgeblich.

- *Umweltverbände:* Sie sind gemeinsam mit der Umweltbewegung öffentlichkeitswirksame umweltpolitische Akteure der Zivilgesellschaft. Mit ihren über vier Millionen Mitgliedern repräsentieren sie einen hohen Grad der Organisation des gesellschaftlichen Umweltinteresses. Viele Umweltverbände verfügen zudem über entsprechende organisatorische, finanzielle und publizistische Kapazitäten, um Defizite im Umweltschutz analysieren, kritisieren und entsprechend auf die Tagesordnung der Politik bringen zu können.

- *Umweltwissenschaft:* Ihren Problemanalysen und ihrer Politikberatung kommen heutzutage erhebliche Bedeutung zu. Hierzu zählen auch wissenschaftliche Beratungsgremien wie der Sachverständigenrat für Umweltfragen (SRU) und der Rat für Nachhaltige Entwicklung.
- *Medien:* Sie stellen nicht nur das Medium anderer umweltpolitischer Akteure dar, sondern wirken durch Auswahl und Darstellung der Informationen selbst auf die Umweltpolitik ein.
- *Privatpersonen:* Jeder Bürger hat prinzipiell die Möglichkeit, über politische Partizipation die Umweltpolitik zu beeinflussen sowie über ein gezieltes Konsumverhalten (z. B. Wahl umweltfreundlicher Produkte) und einer entsprechenden Lebensweise umweltpolitische Ziele zu unterstützen.
- *Wirtschaftsverbände:* Neben Umwelt-Industrien, die wichtige Technologien für den Umweltschutz bieten, nehmen zunehmend Unternehmensverbände eine Akteursrolle in der Umweltpolitik ein. So leisten Bundesverbände wie B.A.U.M. e.V. und UnternehmensGrün e. V. Öffentlichkeits- und Lobbyarbeit im Sinne einer ökologischen Ausrichtung und Erneuerung der Wirtschaft. Darüber hinaus haben diverse Wirtschaftsverbände eigenständige umweltpolitische Positionen entwickelt und sich in Selbstverpflichtungserklärungen eigene umweltpolitische Ziele gesetzt. Da dahinter oftmals die Hoffnung steht, neue rechtsverbindliche Regelungen seitens des Staates vermeiden zu können, ist diese Entwicklung kritisch zu verfolgen.

Akteursebene	Maßnahmen
Direkte Akteure	
Globale Ebene	Internat. Verträge, Konventionen (inkl. Protokolle)
Supranationale Ebene (z. B. EU)	Verordnungen, Richtlinien, Programme
Nationale Ebene	Gesetze, Verordnungen, Richtlinien, Förderprogramme
Regionale Ebene (z. B. Bundesländer)	Gesetze, Verordnungen, Förderprogramme
Kommunale Ebene	Planungsrecht, Beschaffung, städtebauliche Verträge
Indirekte Akteure	
Unternehmen	Nachhaltige Unternehmensgestaltung (Produkt- und Produktionsgestaltung z. B. mittels Öko-Audits, Öko-Controlling usw.)
Initiativen, NGOs (z. B. Umweltverbände, Kirchen)	Agendaarbeit, öffentlicher Druck, „Aktionen", Publikationen, Politikberatung
Konsumenten	Nachhaltiger Konsum und Finanzanlagen (z. B. Einkauf von Öko-Produkten, Boykotts), Stärkung der Verbraucherverbände

Holger Rogall: Ökologische Ökonomie. Eine Einführung. Wiesbaden: VS Verlag für Sozialwissenschaften 2008, S. 238

Ziele

Generelles Ziel der Umweltpolitik ist, das Verhalten der privaten und öffentlichen Produzenten und Konsumenten direkt oder indirekt so zu beeinflussen, dass Umweltbelastungen reduziert oder vermieden werden.

Exemplarische Ziele für ausgewählte Umweltbereiche:

Natur und Landwirtschaft	Chemikalien und Biozide	Luft
Erhaltung und Wiederherstellung von Lebensräumen für Tier- und Pflanzenarten	Vorrecht der menschlichen Gesundheit gegenüber ökonomischem Nutzen	Nachhaltige Verbesserung der Luftqualität in stark belasteten Gebieten
Abfallwirtschaft	**Wasser und Gewässer**	**Lärmbelästigung**
Aufbau einer weitgehenden Kreislaufwirtschaft	Reduzierung der Schadstoff- und Nährstoffbelastung	Minderung des Verkehrslärms

Umweltpolitik: Instrumente

Prinzipien staatlicher Umweltpolitik

Auswahl und Ausgestaltung umweltpolitischer Instrumente richten sich u. a. nach den folgenden vier Prinzipien:

Vorsorgeprinzip	Verursacherprinzip
d. h. Umweltschäden sind schon im Vorfeld zu vermeiden. (Instrument: nahezu alle) - zumeist kostengünstiger als Schadensbehebung; - Vermeidung bzw. Reduzierung zukünftiger Umweltschäden; - Anreiz für innovative Unternehmen. - schwere Durchsetzbarkeit; - erfordert langfristige Ausrichtung; - Vorsorgeaufwand ist politisch festzulegen.	d. h. der Schadensverursacher trägt auch die Kosten zur Vermeidung, Reduzierung oder Beseitigung (Instrument: z. B. Auflagen, Abgaben, Zertifikate) - entspricht gängigem Gerechtigkeitsempfinden; - verhindert ökonomische und ökologische Schäden, die durch falsche Anreize ausgelöst wurden; - zum Teil unbekannte Ursachen und Verursacher; - Schadensmaß nicht immer (monetär) errechenbar; - ggf. Konflikt mit wachstums- und beschäftigungspolitischen Zielen mit der Folge erheblichen Widerstands.
Gemeinlastprinzip	**Kooperationsprinzip**
d. h. der Staat finanziert Umweltschutzmaßnahmen aus Steuern. (Instrument: z. B. Subventionen) - schnell und relativ leicht einsetzbar; - geringe Widerstände, da ökonomische Last für den Einzelnen nicht direkt spürbar ist; - kein Anreiz für Verursacher zur Reduzierung seiner Umweltbelastungen; - tendenziell ungerecht.	d. h. möglichst alle Akteure wirken an umweltpolitischen Entscheidungen und Maßnahmen mit. (Instrument: z. B. Einspruchsrechte, Selbstverpflichtungen) - besserer Informationsfluss und größere Handlungskompetenz; - Glättung bzw. Vermeidung von Konflikten; - ggf. fehlende Entscheidungs- und Mitwirkungsstrukturen; - Verhandlungsergebnisse abhängig vom Informationsstand und der Macht der Beteiligten.

Kriterien zur Bewertung der Instrumente
- Ökologische Wirksamkeit
- Ökonomische Effizienz
- Fortlaufende Anreizwirkung

Ausrichtung der Instrumente

Die umweltökonomischen Instrumente lassen sich fünf Gruppen zuordnen:
- *regulative Instrumente*, die eine bestimmte Verhaltensweise verlangen (z. B. Ge- und Verbote, Grenzwertsetzung, Produktionsstandards);
- *planerische Instrumente*, die sich auf ausgewählte Gebiete oder Aufgabenbereiche beziehen (z. B. Abfallentsorgungsplanung, Regionalplanung);
- *anreizorientierte/marktwirtschaftliche Instrumente*, die nachhaltiges Handeln belohnen bzw. umweltschädliches Handeln kostenintensiver machen (z. B. Subventionen für Umweltforschung, Steuern, Abgaben, Lizenzen und Zertifikate);
- *kooperativ-partizipative Instrumente*, die auf gemeinsame Entscheidungen verschiedener Akteure zielen (z. B. Runde Tische, Anhörungen, freiwillige Selbstverpflichtung, Absprachen, Verhandlungen und Branchenabkommen);
- *informativ-erzieherische Instrumente*, die das Verhalten der Akteure indirekt beeinflussen (z. B. Umwelterziehung, Umweltzeichen, Betriebs- und Produktprüfungen).

Drei klassische umweltpolitische Instrumente

- *Auflagen* umfassen Verbote (z. B. Verbot des Insektizids DDT), Gebote (z. B. Abgasnormen für Kfz) und Grenzwerte (z. B. Mengenbegrenzung an Schwefeldioxid-, Stickstoffoxid und Kohlenmonoxid-Emissionen eines Kraftwerks).
- Eine Politik der *Abgaben* verlangt, dass der Verursacher des betreffenden Schadstoffes für die von ihm verursachte Menge an Emissionen zahlt. Solche Ökosteuern können an der Endproduktmenge (z. B. phosphathaltige Waschmittel), an den Produktionsmitteln (z. B. Energie) und an der Schadstoffemission selbst ansetzen.
- *Zertifikate* (Emissionserlaubnisscheine) erlauben den Verursachern die Emission einer bestimmten Schadstoffmenge innerhalb einer Region (siehe 9.10).

Ökosteuer

M1 Verbraucher zahlen Öko-Zeche der Konzerne

Die Trimet Aluminium AG könnte eigentlich glücklich sein. Denn ihr Fortbestand wurde dieses Wochenende vorerst gesichert. Eigentlich wollte die Regierung diverse Steuerprivilegien für Deutschlands größten Aluminiumproduzenten zusammenstreichen – ebenso wie die Vorteile anderer deutscher Firmen mit exorbitant hohem Energieverbrauch. Hätte die Regierung ihren ursprünglichen Plan verfolgt, wären die Gewinne der Trimet Aluminium AG massiv eingebrochen.

Bei voller Auslastung verbraucht das Unternehmen 4,6 Milliarden Kilowattstunden Strom pro Jahr – das ist rein rechnerisch so viel Elektrizität wie 1,3 Millionen Dreipersonenhaushalte benötigen. Theoretisch müsste das Unternehmen auf jede verbrauchte Kilowattstunde Ökosteuer zahlen. Doch der Staat gewährt energieintensiven Firmen großzügige Vergünstigungen. Jedes Jahr subventioniert die Regierung so den gewaltigen Stromverbrauch der Konzerne mit Milliarden.

Seit Sonntag ist klar: Das wird auch in Zukunft so sein. (…) Dass die Vergünstigungen bei der Ökosteuer weitgehend bestehen bleiben, offenbart ein tiefes, strukturpolitisches Problem der Bundesrepublik: Es stellt sich die Frage, inwieweit energieintensive Branchen in Deutschland überhaupt überlebensfähig sind. (…) Was wäre passiert, wenn die Regierung härter durchgegriffen hätte? Hätte sie den Industriestandort Deutschland zerstört? Oder doch nur die Unternehmen zu mehr Energieeffizienz gezwungen?

(…) „Es gibt in zahlreichen Branchen noch deutlichen Optimierungsbedarf", sagt etwa Helmut Groscurth, Geschäftsführer des unabhängigen arrhenius Instituts für Energie- und Klimapolitik, das bisweilen Analysen für die Regierung anfertigt. „Besonders mittelständische Unternehmen könnten ihren Stromverbrauch durch den Einsatz von Energieeffizienzsystemen senken." Tatsächlich sollte die Ökosteuer genau das bewirken, als die rot-grüne Regierung sie einführte. Unternehmen, die viel Energie verbrauchen, sollten dazu gezwungen werden, ihre Produktionsprozesse so effektiv wie möglich zu gestalten, um Kosten zu sparen.

Mit den Aufschlägen, die Unternehmen auf Strom- und Heizkosten zahlen müssen, wird zudem die gesetzliche Rentenversicherung subventioniert. Deren Beitragssatz würde ohne die Ökosteuer rund 1,7 Prozent höher liegen, rechnete der Bundestag aus. Die Energiekosten stiegen also, und die Lohnkosten fielen. Der Übergang von der Industrie- zur Dienstleistungsrepublik sollte dadurch beschleunigt werden.

Klimaschützern zufolge konnte die Steuer nie besonders viel Wirkung entfalten – die Privilegien, die Stromfresser-Industrien erhielten, waren offenbar zu groß, um die Energieeffizienz flächendeckend zu steigern. Sollten hingegen die Angaben aus der Industrie stimmen und Unternehmen wie die Trimet Aluminium AG ihre Effizienz tatsächlich nicht mehr sehr viel steigern können, würde das nichts anderes bedeuten, als dass ganze Industriezweige ohne die zahlreichen Privilegien, die ihnen die Regierung gewährt, kaum überlebensfähig sind.

So oder so: Die Rechnung übernimmt letztlich der Steuerzahler. Laut Subventionsbericht der Bundesregierung haben die Sonderregelungen zur Ökosteuer gegenwärtig ein Gesamtvolumen von gut 5,3 Milliarden Euro. (…) Die Milliarden, mit denen der Staat die hohen Energiekosten der Unternehmen subventioniert, fehlen der Regierung an anderer Stelle. Da das Geld aber laut Sparpaketsbeschluss irgendwo herkommen muss, holt es sich Schwarz-Gelb künftig einfach woanders: bei den Rauchern. Mit anderen Worten: Damit die Unternehmen bei der Ökosteuer sparen können, müssen die Bürger beim Zigarettenkauf draufzahlen.

Stefan Schultz: Verbraucher zahlen Öko-Zeche der Konzerne. In: Spiegel Online v. 25.10.2010. Online unter: http://www.spiegel.de/wirtschaft/unternehmen/0,1518,725100,00.html (20.12.2010)

1 ***Beschreiben Sie das Prinzip der von der rot-grünen Regierung 1999 eingeführten ökologischen Steuerreform, auch Ökosteuer genannt.***

2 ***Geben Sie anschließend die im Text genannte Kritik an der Ökosteuer wieder.***

Umweltpolitik als Wirtschaftspolitik

Karikatur: Roger Schmidt

Die mit dem globalen wirtschaftlichen Entwicklungsprozess verbundenen ökologischen Herausforderungen führen dazu, dass umweltpolitische Aspekte kaum noch von wirtschaftlichen Belangen getrennt werden können. Die innovations-, investitions-, standort- und beschäftigungspolitische Seite der Umweltpolitik rückt in den Mittelpunkt.

Kosten und Nutzen des Umweltschutzes

Deutschland gibt insgesamt rund 1,5 % des Bruttoinlandsproduktes für den Umweltschutz aus, wobei im internationalen Vergleich der Anteil der Wirtschaft eher gering ist, während die staatlichen Umweltschutzausgaben sehr hoch sind. Oftmals wird Umweltschutz lediglich als Kostenfaktor betrachtet, wodurch jedoch ausgeblendet wird, dass mit Investitionen in ***Umweltschutztechniken*** sowohl Kostenersparnisse auf Betriebsebene (z. B. durch geringeren Energieverbrauch) als auch geringere soziale Kosten für die Gesellschaft ermöglicht werden.

Umweltschutzwirtschaft und grüne Märkte

Zur Umweltschutzwirtschaft werden alle Unternehmen gezählt, die Güter zur Vermeidung, Verminderung oder Beseitigung von umweltschädlichen bzw. -belastenden Faktoren auf die Umwelt anbieten. In Deutschland trifft dies auf mindestens 11 000 Unternehmen zu. Dabei ist anzunehmen, dass der ***Umweltschutzmarkt*** in den nächsten Jahren weiter expandieren wird, da die Nachfrage nach Umwelttechniken in anderen Ländern überdurchschnittlich steigt. Studien vermuten, dass der weltweite Umsatz mit Umwelttechniken im Jahr 2020 um die 3 Billionen Euro ausmachen wird. 2005 waren es dagegen geschätzte 1 Billion Euro. Als grüne Märkte der Zukunft gelten z. B. Bereiche der nachhaltigen Wasserwirtschaft und Mobilität, der Energieeffizienz und -erzeugung sowie der Abfall- und Recyclingwirtschaft.

In Deutschland fallen bereits über 5 % der Industriegüterproduktion auf potentielle Umwelt- und Klimaschutzgüter, die 2007 einen Wert von 69,5 Milliarden Euro hatten.

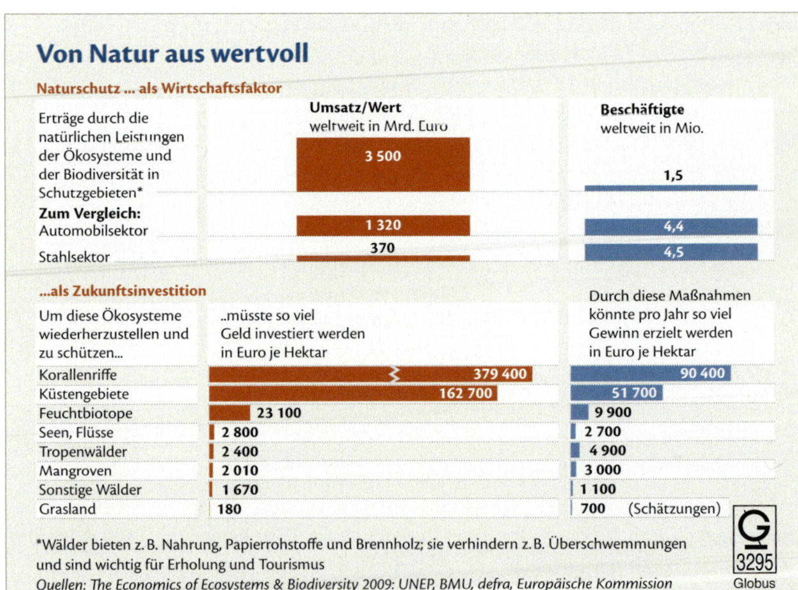

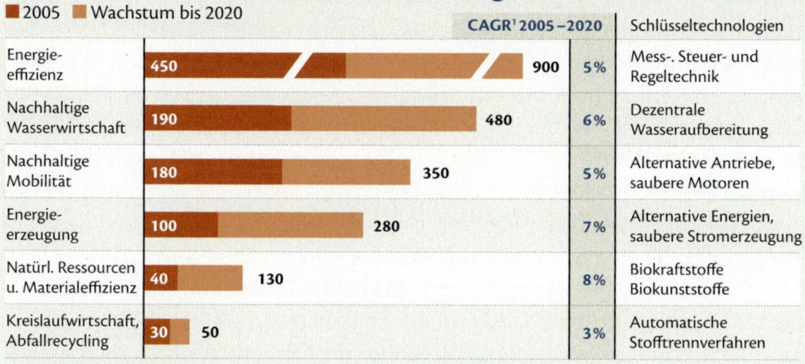

¹Cumulated average growth rate (durchschnittliches jährliches Wachstum)
http://www.bmu.de/files/pdfs/allgemein/application/pdf/umweltwirtschaftsbericht_2009.pdf (22.12.2010)

Umweltpolitik als Standort- und Innovationspolitik

Die deutsche Umweltwirtschaft gewinnt zunehmend an Bedeutung für die Weltwirtschaft, da die hiesige Industrie derzeit weltgrößter Exporteur potenzieller Umweltschutzgüter ist. Dies ist u. a. darauf zurückzuführen, dass die Umweltpolitik in Deutschland eine vergleichsweise hohe Stellung einnimmt. Entsprechende staatliche Regelungen und Rahmenbedingungen sorgen für die Nachfrage nach umweltschonenden Produkten und Techniken und werden somit zum Motor für Umweltinnovationen und Forschung. Dieser Zusammenhang zeigt sich beispielsweise deutlich am Zuwachs der erneuerbaren Energien.

Umwelt und Beschäftigung

Klassische Bereiche des Umweltschutzes wie Abfallbeseitigung, Gewässerschutz, Lärmbekämpfung und Luftreinhaltung verzeichnen einen Arbeitsplatzzuwachs, wenn private und staatliche Betriebe in diese Bereiche investieren. Schätzungen zufolge gab es 2006 im Umweltschutz knapp 1,8 Millionen Jobs.
Gerade im Vergleich mit anderen klassischen Industriebranchen darf der Umweltsektor jedoch nicht pauschal überbewertet werden, da die Umweltindustrie kein statistisch abgrenzbarer Bereich ist und auch keine einheitliche Datenbasis zur Beschäftigungssituation vorliegt.

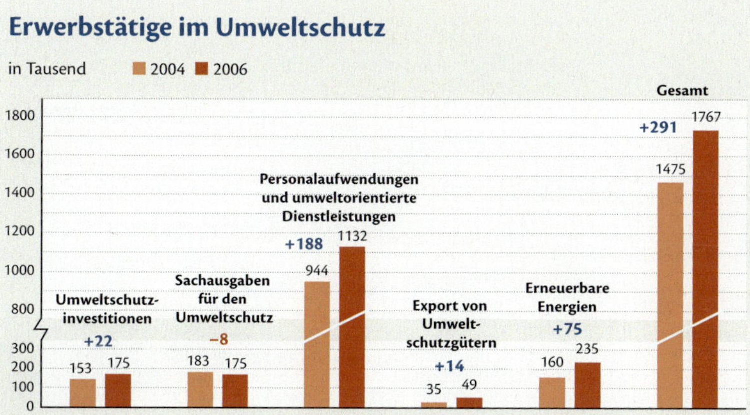

http://www.bmu.de/files/pdfs/allgemein/application/pdf/umweltwirtschaftsbericht_2009.pdf (22.12.2010)

Kernherausforderung Klimawandel

Ursachen und Folgen des Klimawandels

Auf der Erde wäre Leben, wie wir es kennen, ohne die schützende Atmosphäre aus Gemischen verschiedener Gase nicht möglich. Die einfallende Sonnenstrahlung wird von der Erdoberfläche in Form von Wärme gespeichert und als Infrarotlicht wieder zurückgestrahlt. Die Atmosphäre besteht zum Teil aus Gasen wie Kohlenstoffdioxid (CO_2), Wasserdampf (H_2O), die weitaus undurchlässig für Infrarotlicht sind. Diese Treibhausgase können daher die Energie wieder aufnehmen und zurückstrahlen. Ihnen ist es zu verdanken, dass die durchschnittliche Temperatur der Erdoberfläche nicht −18 °C, sondern +15 °C beträgt. Diese Tatsache wird ***natürlicher Treibhauseffekt*** genannt.
In der Natur entstehen Treibhausgase zum Beispiel durch Vulkantätigkeit (CO_2) und Verdunstung von Gewässern (H_2O). Je höher die Konzentration dieser Gase, desto höher auch die Temperatur auf der Erde. Im Laufe der Zeit hat sich die Treibhausgaskonzentration und somit auch das Klima vielfach geändert ***(natürlicher Klimawandel)***.
Seit etwa 150–250 Jahren jedoch verstärken Einflüsse des Menschen den natürlichen Treibhauseffekt in erheblichem Maße. Verursacht wird dies vor allem durch CO_2-Emissionen, die bei der Verbrennung fossiler Energieträger durch Verkehr, Heizen, Stromerzeugung und Industrie entstehen. Man spricht daher von einem menschgemachten bzw. ***anthropogenen Klimawandel***. Prognosen besagen, dass sich dadurch die globale Durchschnittstemperatur bis 2100 um 1,1 bis 6,4 °C erhöhen wird und spätestens ab 2050 weitreichende Folgen zu erwarten sind: weniger Wasservorräte, mehr extreme Klimaereignisse wie Überflutungen, weniger biologische Vielfalt, mehr Infektionskrankheiten, weniger landwirtschaftliche Ressourcen und Gletscherschmelze.

Klimawandel und Wirtschaft

Der von der britischen Regierung in Auftrag gegebene ***Stern-Report*** geht davon aus, dass die Welt infolge des Klimawandels fünf bis 20 Prozent ihrer Wirtschaftsleistung einbüßen muss. In der Folge von Dürre, Hitze und Bränden sind weitreichende Verluste in Landwirtschaft, Viehzucht und Forstwirtschaft sowie durch Schneemangel im Ski-Tourismus zu erwarten. Um Störungen in der Energiebereitstellung und Schäden in der Infrastruktur möglichst zu vermeiden, müssten Unternehmen zudem in gefährdeten Regionen hohe Anpassungskosten tätigen oder ihren Standort verlagern, wodurch die betroffenen Regionen wirtschaftlich noch weiter geschwächt werden. Für die Finanzwirtschaft würde die Kalkulation von Risiken schwieriger und viele Rohstoffe würden – nicht zuletzt auch durch staatliche Umweltschutzmaßnahmen – für die Industrie teurer werden.

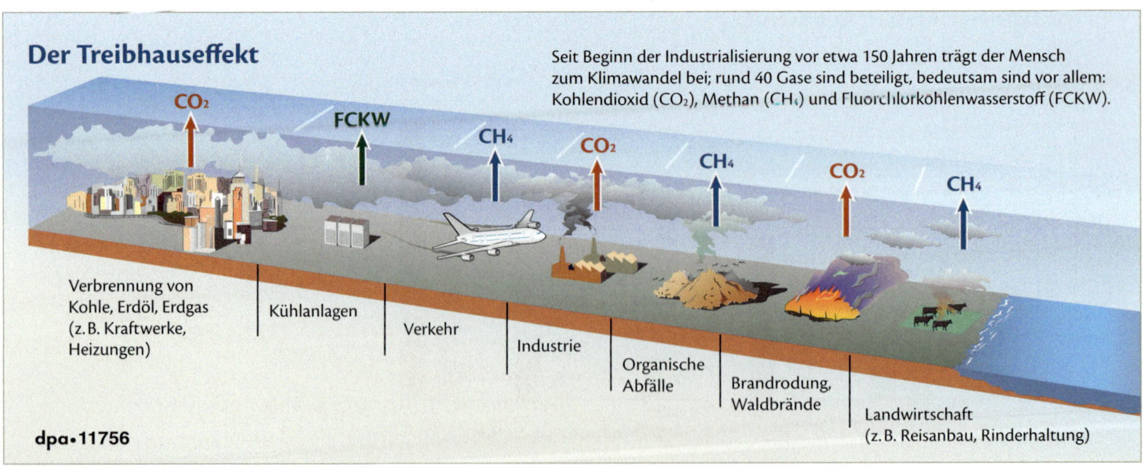

Klimarettung in der Diskussion

M1 Kontra: Die Kosten und Nutzen sind abzuwägen

Computer können immer mehr berechnen, doch der Blick in die Zukunft ist uns weiterhin verwehrt. (...) Keine Computerprognose hat vorausgesehen, dass es im ersten Jahrzehnt des neuen Jahrhunderts nicht mehr wärmer wurde. (...) Entgegen der Prognosen blieb auch der Anstieg des Meeresspiegels im Bereich einiger Millimeter pro Jahr. (...)
Wäre es nur schlecht, wenn sich das Klima weiterhin erwärmte? (...) Wärmeres Klima muss nicht nur negative Folgen haben. So zeigen Satellitenbilder, dass der Südrand der Sahara immer grüner wird – was Ökologen auf erhöhte Luftfeuchtigkeit zurückführen. Weltweit dehnen sich vielerorts die Wälder aus. Im letzten halben Jahrhundert nahmen die Getreideernten erheblich zu. Einige Agrarwissenschaftler sind überzeugt, dass der höhere Anteil von CO_2 in der Luft dabei eine Rolle spielt. Sicher ist: Die erdgeschichtlichen Warmzeiten waren die besseren Zeiten für Natur und Mensch, wie Ökologen und Klimahistoriker bestätigen. Prähistorische Warmzeiten zeichneten sich durch höhere Artenvielfalt aus. Die Wärmeperioden der menschlichen Geschichte waren Epochen des Wohlstandes. (...)
Deshalb ist es falsch, in einer Welt mit begrenzten Mitteln weiterhin Hunderte von Milliarden Euro in Klimaschutzmaßnahmen zu pumpen, ohne Kosten und Nutzen dabei abzuwägen. Eine Milliarde Menschen haben nicht genug zu essen, Hunderttausende sterben alljährlich an verschmutztem Wasser. Die Tropenwälder werden abgebrannt und die Meere geplündert. Das sind die wirklichen Probleme des Planeten. Sie sind lösbar und sie sollten Priorität haben vor einem auf unsicheren Prognosen basierenden Klimaschutz.

Michael Miersch: Warum wir das Klima nicht retten müssen. In: Welt Online v. 19.10.2009. Online unter: http://www.welt.de/wissenschaft/article4897687/Warum-wir-das-Klima-nicht-retten-muessen.html (17.12.2010)

M2 Pro: Es wäre unverantwortlich abzuwarten

Die mehrjährige (Nahezu-)Stagnation der Globaltemperatur ist kein Widerspruch zu den Warnungen der Klimaforscher. Selbst ein weiteres Stagnieren der Temperatur bis 2015 halten einige für möglich. Natürliche Zyklen bei zwei Meeresströmungen im Pazifik und Atlantik kompensieren den menschgemachten Treibhauseffekt. Doch dies sind Zyklen von wenigen Jahren Dauer. Kehren sie sich 2015 um, steigt die Temperatur umso schneller.
(...) Kohlendioxid (CO_2) ist ein Treibhausgas. Das ist seit 1859 prinzipiell bekannt, Ende der 1950er-Jahre wurde der Effekt auch für die Atmosphäre nachgewiesen und danach kontinuierlich gemessen. CO_2 aus der Verbrennung fossiler Brennstoffe verstärkt seit etwa 1850 den natürlichen Treibhauseffekt, seit 1965 wird vor diesem Phänomen gewarnt.
Der Klimawandel hat also begonnen, die Erdtemperatur stieg vom Menschen verursacht bislang um 0,8 Grad. (...) Die große Mehrheit der tatsächlichen Experten und die internationale Politik halten die Plus-Zwei-Grad-Grenze für noch handhabbar. Sie mag willkürlich erscheinen. Niemand kann mit Sicherheit vorhersagen, ob Sturmhäufigkeit, Niederschläge, Ernten und Gesellschaften bei 1,8 oder 2,8 Grad in einen unkontrollierbaren und nicht mehr rückführbaren kritischen Zustand kippen. Doch wir wissen heute genug, um zu sagen: Wir müssen jetzt das Klima retten. Es wäre unverantwortlich abzuwarten, bis alle Details klar sind. (...) Vorsorge ist allemal besser, als sich gegen die Folgen zu schützen. Was nützt es, die Deiche an Nord- und Ostsee zu erhöhen, wenn aus dem Süden eine Welle von Millionen Klimaflüchtlingen nach Europa schwappt.

Wolfgang W. Merkel: Warum wir das Klima retten müssen. In: Welt Online v. 19.10.2009. Online unter: http://www.welt.de/wissenschaft/article4895088/Warum-wir-das-Klima-retten-muessen.html (17.12.2010)

1 ***Stellen Sie die kontroversen Argumente aus M1 und M2 gegenüber.***
2 ***Erläutern Sie auf der Basis Ihrer bisherigen Auseinandersetzungen, warum aus sozialer, politischer und ökonomischer Perspektive über die Rettung des Klimas diskutiert wird.***
3 ***Nehmen Sie Stellung: Müssen wir das Klima retten?***

Klimawandel und internationale Politik

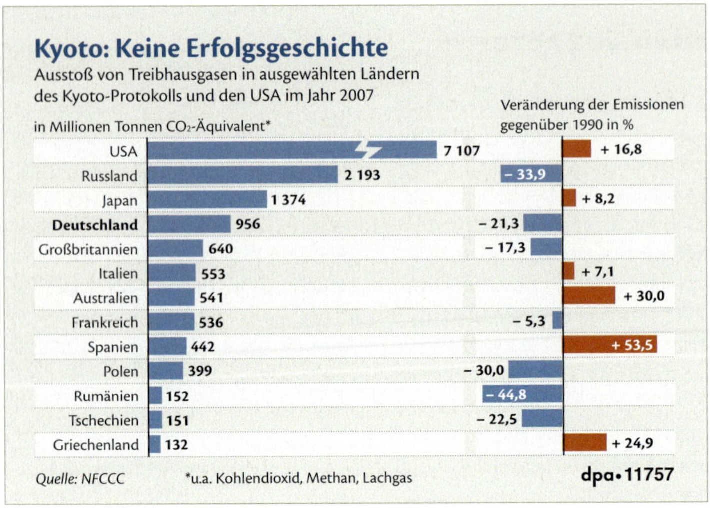

Eine nachhaltige Entwicklung und der Kampf gegen den Klimawandel betreffen nicht nur Fragen wirtschaftlich-technischer Optimierung, sondern es müssen auch auf politischer Ebene Vereinbarungen getroffen werden. Internationale Strategien sind dabei von besonderer Bedeutung. Entsprechend wurde in den vergangenen Jahrzehnten zunehmend versucht, in internationalen Abstimmungsprozessen verbindliche Abkommen zu erarbeiten.

Erdgipfel in Rio 1992

Die erste Konferenz der Vereinten Nationen „Umwelt und Entwicklung" (engl. United Nations Conference on Environment and Development, UNCED) im Jahre 1992 in Rio de Janeiro erzielte folgende wesentliche Ergebnisse:

- Die ***Rio-Erklärung über Umwelt und Entwicklung***, deren 27 Grundsätze auf das Verhalten der Staaten untereinander und gegenüber ihren Bürgern abzielen. So wurde u. a. erstmals das Recht auf nachhaltige Entwicklung festgehalten und das Vorsorge- und das Verursacherprinzip als Leitprinzipien anerkannt.
- Die ***Klimarahmenkonvention***, die eine Reduzierung der Treibhausgase vorsieht, um den Klimawandel in vertretbaren Grenzen zu halten. Im Rahmen dieser Zielsetzung finden die jährlichen Klimakonferenzen der Vereinten Nationen (engl. Conference of the Parties, COP), auch Klimagipfel genannt, statt.
- Die ***Agenda 21***, nach der es vor allem die einzelnen Staaten sind, die auf nationaler Ebene mittels Umweltaktionsplänen die Umsetzung der nachhaltigen Entwicklung zu planen haben.
- Die im Sinne der Nachhaltigkeit verfasste ***Walddeklaration*** und die ***Artenschutz-Konvention***.

Diese Deklarationen und Konventionen wurden vor dem Hintergrund der Vielzahl der Interessensgegensätze vielfach als Erfolg gewertet, gleichwohl auch deutliche Kritik aufgrund unpräziser Formulierungen ursprünglicher Forderungen aufkam. Außerdem sei der Gegensatz zwischen ungehemmter Globalisierung der Wirtschaft und Ökologisierung von Produktions- und Konsummuster nicht ausreichend thematisiert worden.

Die Gruppe der 77 (**G-77**) umfasst 130 Staaten, die überwiegend als Entwicklungs- und Schwellenländer eingestuft werden. Ihr Ziel als loser Zusammenschluss ist, die gemeinsame Position bei internationalen Verhandlungen zu stärken.

Das Kyoto-Protokoll 1997

Auf dem Klimagipfel im japanischen Kyoto wurden 1997 erstmals völkerrechtlich (d. h. nach überstaatlichem Recht) verbindliche Zielwerte für den Ausstoß von Treibhausgasen in den Industrieländern festgelegt. Bald nach der Kyoto-Konferenz haben die meisten beteiligten Staaten das Protokoll symbolisch unterschrieben und sind ihm bald auch rechtskräftig beigetreten und haben es als völkerrechtlich verbindlich erklärt, also ratifiziert.

Die USA als Land mit den höchsten energiebedingten CO_2-Emissionen haben es nie ratifiziert und 2001 zudem ihren Ausstieg aus dem Ratifizierungsprozess erklärt, da es der US-Wirtschaft schaden würde. Befürworter dieser Argumentation sehen die Gefahr, dass Unternehmen an andere Standorte ausweichen, wenn Vorschriften zu rigide sind. Gegner der These gehen hingegen davon aus, dass das Kyoto-Protokoll durch neue Geschäftsfelder und Marktchancen positive Effekte auf die Wirtschaft haben wird.

Karikatur: Klaus Stuttmann

Das Kyoto-Protokoll trat im Februar 2005 in Kraft, da dann die im Protokoll vorgeschriebenen mindestens 55 Staaten, die zusammen mehr als 55 Prozent der CO_2-Emissionen des Jahres 1990 verursachten, das Protokoll ratifiziert hatten. Bisher konnten jedoch nur einzelne Länder einen deutlichen Emissionsrückgang vorweisen.

Klimagipfel 2007, 2009 und 2010

Das wichtigste Ziel der jüngsten Klimagipfel war, eine Nachfolgeregelung für das 2012 endende Kyoto-Protokoll zu schaffen.

Die ***UN-Klimakonferenz auf Bali 2007*** drohte zunächst zu scheitern, letztlich konnte aber zumindest ein Fahrplan für weitere Verhandlungen beschlossen werden. Ein Grund dieses Umschwungs war, dass die EU-Staaten mit den ***G 77-Staaten*** kooperierten. Die EU liefert seitdem den G 77-Staaten u. a. technisches Wissen, um dort wirtschaftliches Wachstum zu ermöglichen. Erhofft wird sich dadurch, dass mit mehr Geld und Wissen auch effektiverer Klimaschutz betrieben werden kann (siehe 9.1: These der automatischen Entkoppelung).

Auf der ***Klimakonferenz in Kopenhagen 2009*** trafen erneut Staaten mit unterschiedlichsten Rahmenbedingungen und Verhandlungszielen aufeinander. Ein noch anhaltender Hauptstreitpunkt ist, wie die G 77-Staaten am Klimaschutz beteiligt werden. So erwarten die USA und Europa u. a. von China einen größeren Beitrag, während dort angemerkt wird, dass die Industrieländer – anders als Afrika und Asien – schon seit Jahrhunderten Ressourcen verbrauchen, die eigentlich allen Menschen zustehen müssten. Die Entwicklungs- und Schwellenländer betonen dabei ihr Recht auf ***nachholende Entwicklung***, d. h. die Möglichkeit, die Industrieländer wirtschaftlich – ohne große Einbußen durch Klimaschutzmaßnahmen – einzuholen. Diesbezüglich konnte eine erste Einigung erzielt werden: Die Industrieländer sagen den Entwicklungsländern finanzielle Unterstützung für Klimaschutzmaßnahmen in Höhe von 30 Milliarden US-Dollar im Zeitraum 2010 bis 2012 zu. Darüber hinaus wurde als Minimalkonsens ausgehandelt, die globale Erwärmung auf weniger als 2 °C im Vergleich zur vorindustriellen Zeit zu begrenzen. Statt konkrete Forderungen und Ziele für die einzelnen Ländern festzulegen, sollten diese bis 2010 ihre jeweiligen Reduktionsziele bis zum Jahr 2020 in einem Anhang eintragen. Die Konferenzteilnehmer nahmen diese „Kopenhager Erklärung" zudem nur zur Kenntnis, anstatt sie zu verabschieden. Insgesamt konnte somit keine völkerrechtlich verbindliche Nachfolgeregelung für das Kyoto-Protokoll verabschiedet werden.

Auch die ***UN-Klimakonferenz 2010 in Cancun*** vermochte dies nicht zu schaffen. Die Delegierten verabschiedeten jedoch ein weitgehendes Abkommen, das ein Fundament für den angestrebten Weltklimavertrag sein könnte, der mit der Weltklimakonferenz 2011 im südafrikanischen Durban angestrebt wird.

http://www.bmu.de/files/bilder/allgemein/image/jpeg/grafik_international.jpg (20.12.2010)

EU-Klima und Energiepaket

Unter dem Motto ***„20-20-20 bis 2020"*** hat sich die EU 2008 verpflichtet, die Treibhausgasemissionen um 20 % zu reduzieren, den Gesamtanteil der erneuerbaren Energien in der EU auf 20 % zu bringen und die Energieeffizienz um 20 % zu erhöhen.

Emissionshandel: Ökonomisches Instrument gegen den Klimawandel

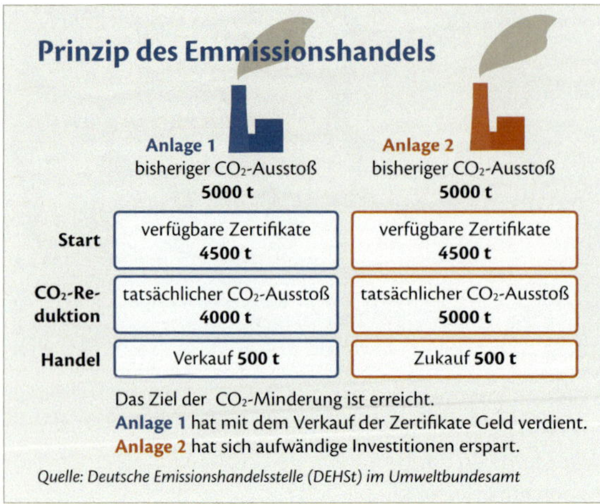

Quelle: Deutsche Emissionshandelsstelle (DEHSt) im Umweltbundesamt

Emissionszertifikate

Emissionszertifikate sind ein im Kyoto-Protokoll festgelegtes, marktwirtschaftliches ***Umweltinstrument***, um konkrete Reduktionsziele im Sinne des Klimaschutzes zu erreichen.
Dafür wird zunächst die Treibhausgas-Emission aller betroffenen Industrieanlagen auf eine Gesamtmenge (engl. cap) begrenzt. Die erlaubte Emissionsmenge wird in der EU gemäß dem EU-Emissionshandelsrecht nach bzw. in jeder vereinbarten Handelsperiode reduziert. Die jeweiligen Verursacher (Emittenten) von Treibhausgasen dürfen nur die Menge an Schadstoffen in einem festgelegten Zeitraum freisetzen, für die sie entsprechende Emissionsrechte besitzen. Bei Missachtung fallen Strafgelder an.
In den ersten beiden Perioden (2005–2007, 2008–2012) erstellten die EU-Mitgliedsstaaten jeweils zu Beginn sogenannte nationale Zuteilungspläne (***nationale Allokationspläne***, NAP), mit denen sowohl die Gesamtmenge der Zertifikate als auch deren Verteilung festgelegt wurde. Um die finanziellen Belastungen für Unternehmen durch die Emissionsberechtigungen zunächst gering zu halten, wurde in der EU zunächst das Prinzip einer weitgehend kostenfreien Grundausstattung der Emittenten mit Zertifikaten verfolgt. In der derzeitigen zweiten Periode werden bereits 10 % der Rechte verkauft, ab 2013 wird dann der Großteil versteigert.
Den Unternehmen steht es prinzipiell frei, ob sie ihre Emissionsberechtigungen voll ausnutzen oder ob sie versuchen, die Schadstoffmengen durch technische Erneuerungen oder Innovationen zu reduzieren. Kerngedanke hierbei ist, dass durch die Verhandlungen auf dem freien Markt das optimale wirtschaftliche Ergebnis erzielt wird.

Emissionsrechtehandel in der BRD

Wer seine Treibhausgas-Emissionen reduziert, kann die nicht benötigten Rechte an der Börse an Unternehmen verkaufen, die solche Zertifikate aufgrund ihres zu hohen Schadstoffausstoßes benötigen. In Deutschland nehmen über 1660 Anlagen am Emissionshandel teil, insbesondere die großen Feuerungsanlagen sowie die energieintensivsten Industrieanlagen sind dazu verpflichtet. 2012 wird zudem der Flugverkehr für den Emissionshandel geöffnet, weitere Bereiche folgen 2013.

Quelle: Deutsche Emissionshandelsstelle (DEHSt) im Umweltbundesamt

Joint Implementation (JI) und Clean Development Mechanism (CDM)

JI (dt.: Gemeinschaftsreduktion) und CDM (dt.: Mechanismus für umweltverträgliche Entwicklung) sind zwei parallel zum Emissionsrechtehandel im Kyoto-Protokoll vorgesehene Instrumente. Im Rahmen von JI kann ein im Protokoll als sogenannter Annex-B-Staat (zumeist Industrieländer) durch Umsetzung emissionsminderner Maßnahmen in einem anderen Annex-B-Staat zusätzliche Emissionsrechte erwerben. CDM ermöglicht Annex-B-Staaten zudem, Emissionsrechte durch Maßnahmen in einem dem Protokoll beigetretenem Entwicklungs- oder Schwellenland zu erhalten.

Kritik am Emissionshandel

M 1 „Der Emissionshandel ist eine sehr gute Methode, mit der man demokratische Regelungen unterlaufen kann“

Welche Rolle spielt als Kompensationsinstrument für die Umweltverschmutzung der Emissionshandel?

Elmar Altvater: (…) Natürlich will niemand CO_2-Emissionen kaufen, denn die sind schädlich, die kann man niemandem andrehen, man will sie ja loswerden. Man kriegt sie aber nur los in den Büchern und nicht in der Realität. Was macht man also? Man privatisiert die Atmosphäre, indem man Verschmutzungsrechte ausgibt (…). Dazu entstehen dann Börsen, an denen Börsenhändler und Beratungsfirmen usw. ganz gut verdienen können. Wenn man heutzutage ins Internet geht und „Emissionshandel“ aufruft, dann findet man ein paar wissenschaftliche Studien, auch ein paar Weltbankberichte, vor allem findet man aber Firmen, die mit Emissionshandel zu verdienen versuchen. Das ist kein Wunder, denn nach Weltbankangaben ist allein im Jahr 2006 der Umfang des Emissionshandels von 10 Milliarden auf 30 Milliarden US-Dollar gestiegen, hat sich also in nur einem Jahr verdreifacht. Man versucht mit der Privatisierung der Atmosphäre und der Schaffung von „Handelsplattformen“ die Effizienz der CO_2-Reduktion zu erhöhen. Allerdings tauchen nun auf einmal Akteure auf, die gerade daran interessiert sind, dass der Emissionshandel aufrechterhalten bleibt und daher auch weiterhin Emissionen zugelassen werden. Man will zwar, so sagt man, die Emissionen beseitigen, aber man schafft ein Instrument, mit dem man gerade Emissionen erzeugen muss, damit überhaupt gehandelt werden kann.

Es gibt noch eine Menge anderer Probleme mit dem Emissionshandel: Die Zertifikate sind in der ersten Handelsperiode der EU an die berechtigten großen Unternehmen – das waren europaweit so an die 12 000 – kostenlos verteilt worden. Die Unternehmen haben aber die kostenlos verteilten Zertifikate nicht etwa kostenlos weitergegeben, sondern sehr schön in den Strompreis eingepreist mit etwa 30 Dollar pro Tonne und damit bei den Verbrauchern Kosten geltend gemacht, die sie gar nicht gehabt haben. Das sind die sogenannten „Windfall Profits“ (= Gewinne, die nicht auf entsprechende Leistungen der Gewinnbezieher basieren) der großen Energieversorger. Nun sagt man, in der zweiten Periode machen wir es besser, wir versteigern die Emissionszertifikate. Klar ist das besser, nur stellen sich dabei ganz andere Fragen: Wer nimmt denn überhaupt an den Versteigerungen teil? Wie hoch soll denn die Berechtigung sein, CO_2 in die Luft zu emittieren? Was kann denn auf die CO_2-Emissionen angerechnet werden, wenn Unternehmen nicht nur CO_2 emittieren, sondern behaupten, auch zu absorbieren, also in sogenannten CO_2-Senken zu vernichten? Man kann ja für Pflanzen, die im Prozess des Wachsens CO_2 aus der Luft aufnehmen, Pflanzungen errichten. Dies geschieht im Rahmen des „Clean Development Mechanism“ des Kyoto-Protokolls in Afrika und Lateinamerika in großem Umfang. In welchem Umfang kann man sich dann die CO_2-Absorption in diesen Senken anrechnen lassen auf die möglichen CO_2-Emissionen hier? (…) D. h., der Emissionshandel ist, gleichgültig wie er ausgestaltet ist, ein offenes Scheunentor, in dem Korruption und Lobbyarbeit eine große Rolle spielen. D. h., es ist eine sehr gute Methode, mit der man demokratische Regelungen unterlaufen kann.

Darüber hinaus und sehr grundsätzlich ist der Emissionshandel schon deswegen ineffizient, weil damit die Schnittstelle zwischen den fossilen Reserven und dem Kohlenstoffkreislauf, wenn er einmal durch die Verbrennung der fossilen Energieträger in Gang gesetzt worden ist, nicht bearbeitet werden kann. Die Möglichkeit nämlich, die Flasche zu verkorken, aus der der Geist des CO_2 in die Atmosphäre entweicht, bleibt im Emissionshandel außer Betracht. Weniger fossile Energieträger zu verbrauchen und zu einer fossilfreien Ökonomie überzugehen und auf erneuerbare Energieträger auf vernünftige Weise umzuschalten, ist jenseits des Horizonts der Akteure im Emissionshandel. (…)

Auszug aus dem Interview mit dem Politikwissenschaftler Elmar Altvater über die Außen- und Umweltpolitik der EU, Interview geführt von Reinhard Jellen. In: Telepolis, Heise Online v. 21.01.2008. Online unter: http://www.heise.de/tp/r4/artikel/27/27096/1.html (20.12.2010)

1 ***Geben Sie das Prinzip des Emissionshandels in eigenen Worten wieder (linke Seite).***
2 ***Werten Sie den Text aus und notieren Sie sich die wesentlichen Kritikpunkte.***
3 ***Beziehen Sie Stellung zu der Diskussion um den Emissionshandel.***

Nachhaltigkeit: Global denken, lokal handeln

Nachhaltig handeln

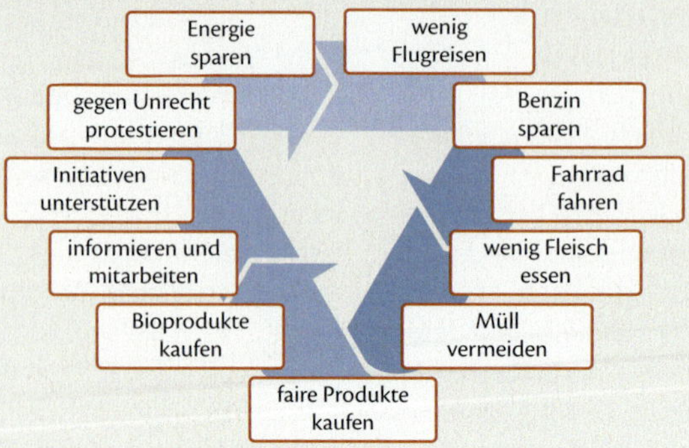

http://www.dadalos-d.org/nachhaltigkeit/grundkurs_2.htm (13.12.2010)

Think Globally – Act Locally

Global denken – lokal handeln. Diesem Leitsatz der Umweltbewegung liegt die Annahme zugrunde, dass die Betonung des Globalen im Handeln eine einfache Ausrede ist: Wer nicht lokal handelt, handelt gar nicht – es bleibt bei bloßer Absichtsbekundung. Zugleich bedarf nachhaltiges Handeln vor Ort eines globalen Blicks, da es vielfältige und weitreichende Auswirkungen haben kann. In der Praxis bedeutet dies beispielsweise, dass Wert auf regionale Produkte und auf Erzeugnisse, die unter sozial fairen Bedingungen erzeugt und zu existenzsichernden Preisen verkauft wurden (Fair-Trade-Produkte), zu legen ist.

Die Lokale Agenda 21

Die Bedeutung lokalen Handelns ist auch auf dem Klimagipfel in Rio erkannt worden. Das dort beschlossene Programm „Agenda 21" spricht daher den Kommunen als kleinster politischer Organisationseinheit eine wichtige Funktion zu. Jede Kommune soll in einen Dialog mit ihren Bürgern, örtlichen Organisationen und der Privatwirtschaft eintreten und eine kommunale Agenda 21 beschließen, um Ziele und Maßnahmen in kommunalen Aufgabenbereichen festzulegen sowie Projekte und Kampagnen – zum Beispiel im Bereich des Umweltmanagements in Unternehmen und der Energie- und Abfalleinsparungen in Schulen – durchzuführen. Die Überlegung ist, dass bei Lokalen Agenden 21 (LA21) das Akteurs- und Veränderungspotenzial gebündelt, vielfältige Interessen berücksichtigt, die erforderlichen Informationen direkt ausgetauscht und so gemeinsame Schritte ermöglicht werden können.

Nach zunächst sehr zögerlichen Umsetzungsversuchen ist die Lokale Agenda 21 heute mit weltweit 10 000 beteiligten Kommunen zu einer Selbstverständlichkeit geworden. Allein in Deutschland wurde der Nachhaltigkeitsprozess mit circa 2600 LA21 „von unten nach oben" vorangetrieben. Erfolge wurden z. B. in den Bereichen Klimaschutz, Abfallreduzierung, Wasserqualität und Sensibilisierung des öffentlichen Umweltbewusstseins erzielt.

Phasen des Lokale-Agenda-21-Prozesses

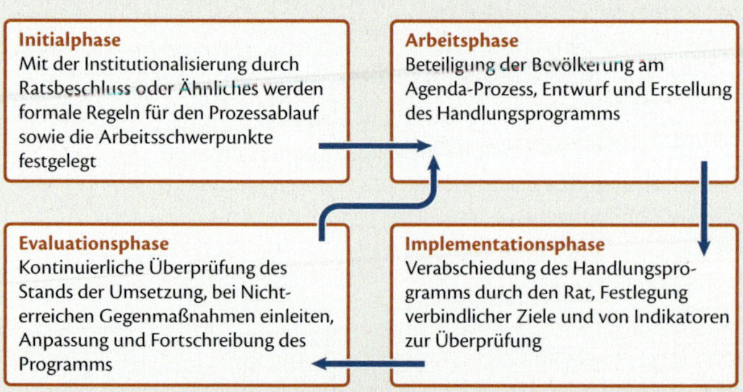

http://www.dadalos-d.org/nachhaltigkeit/grundkurs_3.htm (13.12.2010)

Nachhaltige Regionalentwicklung durch regionales Wirtschaften

Regionales Wirtschaften ist als Ergänzung zur globalen Wirtschaftsweise zu verstehen und wird u. a. wie folgt begründet:

- Die Bindung an lokale Ressourcen macht diese und ihren Erhalt besonders bedeutsam, sodass regionales Wirtschaften umweltbewusstes Verhalten verankert.
- Die Produktion wird durch räumliche Nähe von Produzent und Endverbraucher transparenter, was umweltschonende und sozialverträgliche Verfahren fördert.
- Kürzere Arbeits- und Transportwege reduzieren Schadstoff-Emissionen.

Regionalwährung

M1 Der Chiemgauer

Idyllisch ist es in Prien am Chiemsee – das betrifft das Leben genauso wie das Wirtschaften. In dem kleinen süddeutschen Ort sind Einzelhändler und Dienstleister geeint von einer Idee, die sich als äußerst einträglich erwiesen hat. Ob Apotheker oder Bäcker, Optiker oder Steuerberater – die Einwohner von Prien können seit kurzem mit einer neuen Währung bezahlen: dem Chiemgauer. Bereits knapp 150 Gewerbetreibende akzeptieren die Währung, die vor anderthalb Jahren an den Start ging und sich als kleine Erfolgsgeschichte erweist. (...)

Sein Ziel, erklärt Gelleri, sei es, „regionale Kreisläufe zu erhalten, die durch die Globalisierung endgültig zusammenzubrechen drohen". Und tatsächlich hat die anfänglich gern als Spielerei belächelte Initiative im Kleinen neue Wirtschaftskreisläufe entstehen lassen. So findet etwa eine bislang ausschließlich überregional tätige Käserei nun in der Nachbarschaft neue Kunden, mit denen in Chiemgauer abgerechnet wird. (...)

Die etwas skurril anmutende Idee erobert Deutschland. Parallel zum gesetzlichen Zahlungsmittel bringen inzwischen bundesweit rund 50 Initiativen verschiedene Komplementärwährungen wie den Chiemgauer in Prien oder den Roland in Bremen in Umlauf. Sie setzen auf den Charme ihrer Heimatregion und treten an gegen die Internationalität des Euro. Sparstrumpf und Spekulation wollen sie das Geld entziehen, Bürger wieder zu Konsumenten machen und so die arg gebeutelte heimische Wirtschaft stützen. Selbst die Sparkassenchefs in Delitzsch-Eilenburg bei Leipzig erwägen die Einführung eines Alternativkreislaufs, um dem Einzugsgebiet, einer strukturschwachen Region mit einer Arbeitslosenquote von 20 Prozent, wieder auf die Beine zu helfen. (...)

Raus das Geld und rein in die Geschäfte, könnte das Motto dieser Bewegung lauten, die ihre Vorbilder insbesondere in Asien und Amerika findet. So gibt es in Japan bereits 175 Varianten solch alternativen Geldes, etwa unter den Namen Peanuts, Yufu und Ohmi, in Kanada hat sich der Gogo etabliert. Allen Initiativen gemein ist, dass das Zahlungsmittel nur regional gilt. Die Begründung dieses Prinzips liefert Margrit Kennedy (...): „Außerordentlich zerstörerisch für soziale, ökonomische und ökologische Systeme ist die unbegrenzte Mobilität des Kapitals, das immer dahin fließt, wo der höchste Gewinn lockt. So aber werden weder soziale noch lokale Bedingungen beachtet." Probleme wie etwa Arbeitslosigkeit hätten diffuse globale Ursachen, aber konkrete lokale Wirkungen. Das dürfe nicht so bleiben.

„Mit Regionalwährungen werden Regionen in die Lage versetzt, ihre Probleme weitgehend selbst zu lösen", sagt Kennedy. Alternativgeld sei kein „gewinnbringendes Geld, wie es der Euro ist, sondern ein nutzbringendes". (...) Unternehmen in einem begrenzten Umkreis würden sich vernetzen und lokale Wertschöpfungsketten schaffen. (...)

Um diesem Prinzip zum Durchbruch zu verhelfen, wird, zumindest bei den hiesigen Alternativwährungen, sanfter Druck angewandt: Geld, das nicht ausgegeben wird, verliert an Wert. Wer zum Beispiel den Chiemgauer länger als drei Monate behält, muss einen quartalsweisen Wertverlust von zwei Prozent hinnehmen. Wie Monatsmarken für öffentliche Verkehrsmittel werden die Geldgutscheine mit einer Wertmarke versehen, die ihnen für nur ein Quartal Gültigkeit verleiht. Am Ende des Quartals ist ein Umtausch fällig. Wer das Geld wieder komplett in Euro zurücktauschen will, bekommt von der „Dezentralbank" fünf Prozent des Betrages abgezogen. Die so erhaltenen Gelder fließen gemeinnützigen Projekten zu. (...)

„Je vielfältiger die wirtschaftliche Ausgangssituation ist, desto besser. Wichtig ist, dass sich eine Region noch selbst versorgen kann", sagt Alternativgeldexpertin Kennedy. (...)

Derweil übt der Unternehmensberater Egon W. Kreutzer Kritik: „Solange es noch parallel eine reguläre Währung gibt, wird das System nicht funktionieren, denn Außenhandels- und Zahlungsbilanzprobleme sind vorprogrammiert. Chiemgauer & Co taugen allenfalls als Marketing-Gag für eine Region." Eine derartige „währungspolitische Kleinstaaterei" werde den Gegebenheiten eines hoch industrialisierten und arbeitsteiligen Landes nicht gerecht. (...)

Chris Löwer: Das Geld der Anti-Globalisierer. In: Die Zeit Online v. 05.08.2004. Online unter: http://www.zeit.de/2004/33/G-Regionalw_8ahrungen (22.12.2010)

1 ***Erklären Sie auf Basis von M1 das Prinzip des Regionalgeldes.***

2 ***Diskutieren Sie, inwiefern Regionalgeld nachhaltige Entwicklung unterstützen kann.***

3 ***Problematisieren Sie die Umsetzbarkeit des Regionalgeldes/des regionalen Wirtschaftens hinsichtlich der Frage, welche Rolle der Standort spielt.***

Umwelt – Wirtschaft – Politik

Text 1 Klage gegen Brunsbütteler Kohlekraftwerk

Umweltverbände und Anwohner klagen gegen ein Kohlekraftwerk in Brunsbüttel. Sie fürchten, dass Feinstaub-Grenzwerte überschritten und geschützte Tier- und Pflanzenarten bedroht werden.

Die Pläne, Steinkohlekraftwerke in Brunsbüttel an der Unterelbe zu errichten, scheinen zu zerbröseln. Zwei von drei Vorhaben ruhen derzeit; gegen ein drittes, das das größte Kohlekraftwerk Europas werden sollte, haben die Deutsche Umwelthilfe (DUH), der Umweltverband BUND und Anwohner am Dienstag Klage eingereicht. Der vom Rat der Stadt Brunsbüttel beschlossene Bebauungsplan für das Kraftwerk verstoße gegen europäische und nationale Vorschriften zum Umwelt- und Gesundheitsschutz, führen sie in ihrer Normenkontrollklage beim Oberverwaltungsgericht Schleswig-Holstein aus.

Die Klage richtet sich gegen das größte der drei Kraftwerksprojekte. Die Firma Südweststrom (SWS), die zur Hälfte deutschen Stadtwerken gehört, plant zwei Kraftwerksblöcke mit jeweils 900 Megawatt Leistung. Damit ließe sich die Abschaltung des benachbarten Atomkraftwerks Brunsbüttel mehr als wettmachen. „Das SWS-Kohlekraftwerk würde die strombedingten Emissionen des Klimakillers CO_2 in Schleswig-Holstein auf einen Schlag verdreifachen", warnte Hans-Jörg Lüth, Landesgeschäftsführer des BUND beim Erörterungstermin für die Pläne vor einem Jahr.

Bei der jetzt eingereichten Klage geht es darum nur am Rande. Die Kläger monieren, dass die zulässigen Feinstaubgrenzwerte überschritten würden, sollte das Steinkohlekraftwerk in Betrieb gehen. Feinstaub sei „das derzeit schwerwiegendste Luftreinhalteproblem in Deutschland". Nach Angaben der Weltgesundheitsorganisation WHO stürben allein in Deutschland jährlich 75 000 Menschen daran. Weiterhin gelange mit dem Kraftwerksrauch Quecksilber in die Umgebung – und das, wo die Quecksilber-Grenzwerte in den Fischen und Muscheln aus der Elbe schon weit überschritten würden.

Das Kraftwerk drohe europarechtlich geschützten Tieren und Pflanzen zu schaden. Mit 60 Kubikmetern Kühlwasser aus der Elbe sauge es große Mengen an Fischeiern, Larven und kleinen Fischen an. Sollte das geplante Scheuch-Konzept nicht funktionieren, könnte es sein, dass auch größere Fische angesaugt und zumindest verletzt, wenn nicht getötet würden, warnt DUH-Sprechers Jürgen Quentin. „Es ist zu befürchten, dass einige Arten an den Rand des Aussterbens gebracht werden", sagt er. Brisant sei das im Falle des Schnäpels, der von der EU besonders geschützt wird.

„Wir sind überzeugt, dass unser Bebauungsplan einer Überprüfung standhält", kontert Wilfried Hansen, der parteilose Bürgermeister Brunsbüttels. (…) Brunsbüttel wolle der Industrie Planungssicherheit bieten, sagt Hansen. 4000 Menschen arbeiteten in dem Industriepark in der Nähe des Kraftwerkstandorts. Drei Viertel aller Stadträte hätten sich für das Kraftwerk ausgesprochen. „Das ist ein Zeichen für Verlässlichkeit", findet Hansen.

Gernot Knödler: Klage gegen Brunsbütteler Kohlekraftwerk. Klimakiller vor Gericht. taz.de v. 02.02.2011, abrufbar unter: http://www.taz.de/1/nord/artikel/1/klimakiller-vor-gericht/ (12.6.2011)

Karikatur Umweltzerstörung! Wirtschaftswachstum!!

Karikatur: Gerhard Mester

Aufgaben

1 ***Fassen Sie in eigenen Worten zusammen: Um welchen Konflikt geht es im Text 1 und welche Akteure sind mit welchen Interessen beteiligt?***

2 ***Erläutern Sie die beiden theoretischen Konzepte öffentliche Güter und externe Effekte. Verknüpfen Sie Ihre Ausführungen daraufhin mit dem Fallbeispiel in Text 1.***

3 ***Beschreiben, analysieren und interpretieren Sie die Karikatur und nehmen Sie begründet Stellung: Kann staatliche Umweltpolitik dazu beitragen, einen Ausgleich zwischen ökologischen Interessen einerseits und ökonomischen andererseits zu erreichen?***

Hinweise zu den Aufgaben

Aufgabe 1: Den Ausgangspunkt bildet hier eine möglichst gründliche Materialanalyse (Text 1). Zunächst geht es darum, den zugrunde liegenden Konflikt (Auseinandersetzung um den Neubau eines Kohlekraftwerkes) zu benennen, um anschließend herauszuarbeiten, welche Akteure im Einzelnen hieran beteiligt sind und welche Interessen sie jeweils in die Auseinandersetzung einbringen. Hierbei sollte in jedem Fall der zentrale Gegensatz zwischen Befürwortern (Kraftwerksbetreiber, Kommunalregierung) und Gegnern (DUH, BUND, Anwohner) des Kraftwerkneubaus dargestellt werden. Hiervon ausgehend kann daraufhin anhand der im Text enthaltenen näheren Informationen zu den Standpunkten der einzelnen Akteure erarbeitet werden, worin die spezifischen Interessen der beteiligten Akteure bestehen.

Aufgabe 2: Hier geht es darum, mit den öffentlichen Gütern sowie den externen Effekten zwei zentrale theoretische Konzepte im Themenkontext Ökologie und Ökonomie zunächst in ihren Grundzügen zu erläutern. Im Mittelpunkt sollten die grundsätzlichen Eigenschaften öffentlicher Güter (Nicht-Ausschließbarkeit, keine Konkurrenz) sowie der Grundzusammenhang externer Effekte (Auswirkungen wirtschaftlichen Handelns auf unbeteiligte Dritte) stehen. Hiervon ausgehend sind dann Bezüge zum zuvor analysierten Fallbeispiel herzustellen. Neben der Art und Weise der Nutzung des öffentlichen Gutes Umwelt durch den Betrieb des geplanten Kohlekraftwerkes sind hierbei insbesondere Fragen möglicher Auswirkungen des Kraftwerkes auf Dritte zu fokussieren.

Aufgabe 3: Zunächst steht hier eine strukturierte Auseinandersetzung mit der Karikatur im Vordergrund. Als Verfahren soll hier der Dreischritt aus einer Beschreibung (Was genau ist dargestellt? Personen, Gegenstände, Gebäude, Tätigkeiten, Aussagen u. Ä.), einer Analyse (Wofür könnten die einzelnen Bildelemente der Karikatur stehen? Welche Symbole und Metaphern sind zu erkennen und was sagen diese aus?) sowie einer abschließenden Interpretation (In welchen übergeordneten Zusammenhang ist die Karikatur einzuordnen? Welche Sichtweise wird erkennbar bzw. welche Grundaussage lässt sich der Karikatur zuordnen? Ist der Grundaussage aus eigener Sicht zuzustimmen?) Anwendung finden. Die Auseinandersetzung mit der Karikatur sollte in einer grundsätzlichen Fokussierung des potenziellen Spannungsverhältnisses zwischen Ökonomie einerseits und Ökologie andererseits münden. Hieran anschließend soll schließlich eine individuelle Stellungnahme vorgenommen werden, die sich insbesondere auf die Frage möglicher politischer Eingriffe innerhalb dieses Spannungsfeldes bezieht.

Zum Weiterarbeiten

Aufgaben zu den verschiedenen Anforderungsbereichen

Anforderungsbereich I

- Benennen Sie die ökonomischen Funktionen der Umwelt.
- Fassen Sie die Grundzüge des Konzepts der Nachhaltigkeit zusammen.
- Beschreiben Sie die vier sogenannten Managementregeln.
- Geben Sie die indirekten und direkten Akteure der Umweltpolitik wieder.
- Nennen Sie Beispiele Ihrer Wahl für umweltpolitische Ziele.
- Fassen Sie das Prinzip der Lokalen Agenda 21 zusammen.

Anforderungsbereich II

- Erklären Sie, was öffentliche Güter sind und welche Problematik mit ihnen verbunden ist.
- Charakterisieren Sie das sogenannte Allmendeproblem.
- Erläutern Sie den Begriff „externe Effekte".
- Vergleichen Sie die vier Prinzipien staatlicher Umweltpolitik.
- Analysieren Sie die Funktionsweise von Auflagen, Abgaben und Zertifikaten.
- Beschreiben Sie Bereiche, in denen Umweltpolitik auch als Wirtschaftspolitik verstanden werden kann.
- Arbeiten Sie die Kritik an den Klimagipfeln 2007, 2009 und 2010 heraus.

Anforderungsbereich III

- Problematisieren Sie die Wechselwirkung zwischen Umwelt und Ökonomie.
- Erörtern Sie die Rolle und die Verantwortung der Industrienationen hinsichtlich der weltweiten Ressourcennutzung.
- Setzen Sie sich mit dem Emissionshandel auseinander.

Links zu Umwelt und Nachhaltigkeit

www.bpb.de/publikationen/JNSCIW,0,Umweltpolitik.html	Online-Variante des Hefts „Informationen zur politischen Bildung" zum Thema „Umweltpolitik"
www.bmu.de/allgemein/aktuell/160.php	Homepage des Bundesministeriums für Umwelt, Naturschutz und Reaktorsicherheit (BMU)
www.nachhaltigkeit.info/	Website „Lexikon der Nachhaltigkeit"
www.dadalos-d.org/nachhaltigkeit/uebersicht.htm	Informationen des UNESCO Bildungsservers D@dalos zum Themenkomplex „Nachhaltigkeit"
www.bpb.de/themen/W4I2EB,0,0,Klimapolitik.html	Dossier der Bundeszentrale für politische Bildung zum Thema „Klimawandel"
www.umweltdaten.de/publikationen/fpdf-l/3342.pdf	Fakten zur Umwelt 2007 des Umweltbundesamtes
www.kompetenzcluster.org/fileadmin/vdidaten/Umwelttechnik/Fakten/broschuere_wirtschaftsfaktor_umwelt.pdf	Broschüre „Wirtschaftsfaktor Umwelt" des BMU
www.bmu.de/files/pdfs/allgemein/application/pdf/umweltwirtschaftsbericht_2009.pdf	Umweltwirtschaftsbericht 2009 des BMU

10 Methoden

Wirtschaft spielt in unserem Alltag eine große Rolle. Dies bedeutet jedoch nicht, dass wir hierdurch gleichsam automatisch ein vertieftes Verständnis ökonomischer Probleme, Phänomene und Prozesse erlangen. Will man genau dies erreichen, ist die vertiefte und gezielte Auseinandersetzung mit eben diesen Problemen, Phänomenen und Prozessen unumgänglich. Wie kann aber eine solche Auseinandersetzung zu tragfähigen Einsichten führen? Den Schlüssel hierzu stellen bestimmte Methoden und Arbeitstechniken bereit, die wichtige Hilfestellungen im Rahmen der gezielten Auseinandersetzung mit dem Themenbereich Wirtschaft geben.
Das folgende Kapitel gibt einen Überblick über zentrale Methoden und Arbeitstechniken, die die Erschließung ökonomischer Zusammenhänge ermöglichen und unterstützen.

Ökonomische Modelle

Grundlegende ökonomische Modelle – zwei Beispiele:

- *Homo Oeconomicus:* Modellvorstellung des strikt rational handelnden und ausschließlich an der eigenen Nutzenmaximierung orientierten Wirtschaftsakteurs.
  Zentrale Annahmen: Vollständige Information über alle möglichen Entscheidungsalternativen sowie über ihre Kosten und Folgen / Fähigkeit zur kurzfristigen Reaktion auf veränderte Rahmenbedingungen / Verfolgung eines widerspruchsfreien Zielsystems.
- *Vollkommener Markt:* Modellvorstellung eines Marktes, auf dem der Güteraustausch über das freie Zusammenspiel von Angebot und Nachfrage vollzogen wird.
  Zentrale Annahmen: Zahlreiche Nachfrager und Anbieter / Vollständige Konkurrenz.

Funktion ökonomischer Modelle

Wirtschaftliche Phänomene und Prozesse sind oftmals sehr komplex und stehen mit anderen Phänomenen und Prozessen sowie unterschiedlichen Begleitfaktoren in Zusammenhang. Es ist also in der Regel nicht ganz einfach, wirtschaftliche Sachverhalte unmittelbar und umfassend zu verstehen bzw. zu erklären. Allerdings besteht aufgrund der hohen alltäglichen Bedeutung der Wirtschaft bzw. des Wirtschaftens gleichzeitig ein ausgeprägter Bedarf danach, wirtschaftliche Realität zu erfassen und zu analysieren. Deshalb hat sich im Zuge der wissenschaftlichen Auseinandersetzung mit ökonomischen Fragestellungen vor diesem Hintergrund der Rückgriff auf ökonomische Modelle bewährt. Diese Modelle erlauben es, den Blick gezielt auf bestimmte Ausschnitte der ökonomischen Realität zu richten und die dort vorgefundenen Aspekte nachzuvollziehen.

Kennzeichen ökonomischer Modelle

Die Funktion ökonomischer Modelle beruht im Wesentlichen darauf, dass sie in einer bestimmten Art und Weise strukturiert sind. Die folgenden grundlegenden Kennzeichen sind dabei bedeutsam:

- Es handelt sich um ***stark vereinfachte Abbildungen*** von bestimmten Ausschnitten der wirtschaftlichen Realität.
- Dadurch wird die tatsächlich gegebene Komplexität der wirtschaftlichen Realität in einer bestimmten Art und Weise ***reduziert***.
- Von entscheidender Bedeutung für die Vereinfachung von Komplexität sind jeweils vorab getroffene ***Annahmen***, die sowohl Ausgangsbedingungen als auch begleitende Faktoren des jeweils betrachteten ökonomischen Sachverhalts betreffen können.
- Insgesamt erlauben ökonomische Modelle demnach ein mehr oder weniger stark ***vereinfachtes Verständnis*** desjenigen Sachverhalts bzw. derjenigen Sachverhalte, auf den bzw. die sich das Modell hauptsächlich bezieht.

Die Rolle der Annahmen

Vorab getroffene Annahmen spielen eine zentrale Rolle für die Erklärungskraft von ökonomischen Modellen. Die bewusste Festlegung bestimmter Rahmenbedingungen ermöglicht es, die Komplexität der vorfindbaren wirtschaftlichen Realität zu verringern und diese hierüber zu erschließen. Es lassen sich zwei Arten von Annahmen unterscheiden:

- Annahmen bezüglich bestimmter ***Ausgangsbedingungen*** setzen voraus, dass bestimmte Aspekte, die das betrachtete ökonomische Phänomen betreffen, in einer bestimmten Art und Weise Weise auftreten. Ein Beispiel ist das rationale, nutzenmaximierende Handeln des Homo Oeconomicus.
- Annahmen bezüglich der ***Entwicklung bestimmter Rahmenbedingungen*** setzen voraus, dass sich bestimmte Aspekte, die das betrachtete ökonomische Phänomen betreffen, grundsätzlich in einer bestimmten Art und Weise entwickeln. Beispielsweise die Annahme, dass alle Rahmenbedingungen, die im Modell nicht direkt betrachtet werden, grundsätzlich unverändert bleiben (hierbei spricht man von einer „Ceteris-paribus-Annahme“).

Modell und Realität

Ökonomische Modelle beziehen sich auf die vorgefundene wirtschaftliche Realität. Sie dienen dabei als Hilfsmittel für die Analyse und Erklärung ökonomischer Phänomene und Prozesse. Entscheidend ist aber, dass ökonomische Modelle (und Modelle im Allgemeinen) die Realität ***nicht abbilden***. Sie eröffnen vielmehr eine vereinfachte, durch bestimmte Vorannahmen gestützte Sichtweise auf den jeweils zu betrachtenden Sachverhalt. Hierüber erlauben sie eine Betrachtung und Analyse mittels reduzierter Komplexität.

Dies bedeutet jedoch, dass die Ergebnisse einer solchen modellhaften Betrachtung durchaus (zum Teil sehr deutlich) von der tatsächlich vorgefundenen Realität abweichen können. So unterscheidet sich beispielsweise die Preisfindung auf vielen Märkten sehr deutlich vom Modell der Vermittlung von Angebot und Nachfrage auf dem vollkommenen Markt. Das Gleiche gilt für zahlreiche wirtschaftsbezogene Entscheidungen von Wirtschaftsakteuren, die sich keinesfalls mit dem Modell des Homo Oeconomicus in Einklang bringen lassen.

Die Auseinandersetzung mit ökonomischen Modellen kann somit insgesamt hilfreich sein, jedoch ersetzt sie nicht die analytische und beurteilende Auseinandersetzung mit tatsächlich vorgefundenen Sachverhalten.

Umgang mit ökonomischen Modellen

Vor dem Hintergrund der genannten Aspekte empfiehlt es sich, im Rahmen der Auseinandersetzung mit ökonomischen Modellen einige ergänzende Fragen zu berücksichtigen. Auf diese Weise wird ein erfolgversprechender und reflektierter Umgang mit ökonomischen Modellen ermöglicht.

1. Welche Basisannahmen liegen dem jeweiligen Modell zugrunde und inwieweit weichen diese von der Realität ab?
2. Inwiefern wird hierdurch eine Vereinfachung der in der Realität vorgefundenen Komplexität erreicht?
3. Was genau wird mithilfe des Modells erklärt?
4. Wo liegen die Grenzen des Modells?
5. Welche Erkenntnisse können bei einer Übertragung auf die Realität übernommen werden und wo sind Ergänzungen/Erweiterungen notwendig?

Vergleichende Analyse von Theorie und Empirie

Lehrbücher vermitteln oftmals den Eindruck, als sei Ökonomie ein fest gefügtes Fundament an Fakten, Gesetzen und Theorien, das unumstößliche Wahrheiten hervorgebracht hat. Mit Blick auf die Geschichte wird jedoch schnell ersichtlich, dass die Ökonomie eine Wissenschaft ist, die sich – wie alle anderen Wissenschaften auch – wandelt. Denn zur Beschreibung und Systematisierung wirtschaftlicher Zusammenhänge werden Theorien gebildet, nach denen die Wirklichkeit dann theoretisch funktionieren sollte. Da ein Blick auf die realen Prozesse jedoch immer wieder die Grenzen der Theorien aufzeigt, befinden sich die Theorien in einem beständigen ***Diskussions- und Verbesserungsprozess***. Dieser Wandel wird durch die vergleichende Analyse von Theorie und Empirie stetig vorangetrieben. Das (Er-)Kennen der Wandelbarkeit ist dabei Voraussetzung, um z. B. eine kritische Haltung gegenüber verallgemeinerten Aussagen und dem jeweiligen Ökonomie-Mainstream einnehmen zu können.

Karikatur: Georg Mühlbauer

Zum Begriff „Empirie"

Der Begriff Empirie stammt aus dem Griechischen und bedeutet so viel wie Erfahrung, auf Beobachtung beruhend. Das Adjektiv empirisch steht somit für Aussagen, die sich auf Erfahrungen beziehen und sich zugleich an ihnen überprüfen lassen.

Wer sich also zum Beispiel über den in seiner Stadt fehlenden Wettbewerb im Elektronikbereich beschwert, weil es nur einen Anbieter mit im Vergleich zu anderen Städten hohen Preisen gibt, der argumentiert empirisch.

Solche alltagsweltlichen Wahrnehmungen finden ihre Entsprechung in der ***empirischen Sozialforschung***, die jedoch weitaus systematischer vorgeht und sich nach wissenschaftlichen Kriterien wie Objektivität und Wiederholbarkeit der Beobachtung zu richten hat. Ihre wichtigsten Techniken sind die teilnehmende oder nichtteilnehmende Beobachtung, das Experiment, die schriftliche oder mündliche Befragung sowie die Inhaltsanalyse (siehe 10.6). Die aus solchen empirischen Erhebungen systematisch gewonnenen Daten und Informationen lassen sich sodann mittels spezieller Verfahren bzw. Methoden analysieren. Am Ende steht die Interpretation der Ergebnisse, bei denen sich häufig auf Theorien oder wissenschaftliche Thesen bezogen wird.

Zum Begriff „Theorie"

Der Begriff Theorie kommt ebenfalls aus dem Griechischen und steht für Anschauung, Überlegung oder auch Einsicht. Theorien entwerfen gemeinhin ein Bild bzw. ein Modell der Wirklichkeit, um diese besser verstehen zu können. Alle Menschen verfügen über eigene Alltagstheorien zu bestimmten Phänomen. Davon abzugrenzen sind wissenschaftliche Theorien, die sich durch eine bewusste und ausdrückliche Formulierung der Annahmen (***Hypothesen***) auszeichnen und einen größeren Umfang besitzen. Auch gehen sie – zumindest bei wissenschaftlichen Theorien – in der Regel mit systematischer Beobachtung (***empirischer Prüfung***) einher, um das konstruierte Modell zu überprüfen und die Annahmen zu belegen. Aussagen, die sich nicht empirisch prüfen lassen (z. B. Definitionen oder hinsichtlich der Zukunft spekulative Aussagen), zählen allein nicht als Theorie. Denn Theorien sollten u.a. sowohl logisch, widerspruchsfrei und überprüfbar sein als auch einen Erklärungswert besitzen.

Als Beispiele für den Bereich Volkswirtschaftslehre können folgende Theorien als maßgeblich betrachtet werden: Theorie des klassischen Liberalismus, der Marxismus, die Theorie der Nachfrageorientierung, die Theorie der Angebotsorientierung und die klassische Handelstheorie.

Das Zusammenspiel von Theorie, Empirie und Praxis

Theorie, Empirie und Praxis stehen in einer engen Wechselbeziehung zueinander. So bildet die Theorie zum einen den Rahmen für empirische Forschung, wird an deren Ergebnissen geprüft und gegebenenfalls modifiziert. Zum anderen liefert sie Anregungen und mögliche Erklärungsansätze für die Praxis, die der Theorie wiederum Rückmeldungen gibt. Auch dies kann zu einer Modifikation der Theorie führen. Zudem kann auch die Empirie Empfehlungen für die Praxis liefern und von dieser wiederum Rückmeldungen erhalten.

Trotz der Vorteile dieses Zusammenspiels sind „wirklichkeitsfernes Theoretisieren" und „theorielose Forschung" im Wissenschaftsbetrieb noch weit verbreitet.

Induktion und Deduktion

Der methodische Weg, wie Theorien zustande kommen, kann unterschieden werden in Induktion und Deduktion.

- ***Induktive Theoriebildung*** meint, dass der Wissenschaftler zunächst empirische Erhebungen durchführt und die Daten auswertet, um auf innere Strukturen und Gesetzmäßigkeiten zu stoßen, die wiederum den Ausgangspunkt der Theorie bilden. Die Gültigkeit der Theorie soll sodann durch weitere passende empirische Ergebnisse gestützt (verifiziert) werden.
- ***Deduktive Theoriebildung*** hingegen beginnt mit durch Kreativität gewonnenen Annahmen, deren Stimmigkeit von dem Wissenschaftler durch empirische Verfahren überprüft wird. Annahme hierbei ist, dass die Theorie stets empirisch widerlegt (falsifiziert) werden kann. Ziel ist es daher, durch ständige Fehlersuche und systematische Kritik Widersprüche der jeweiligen Theorie aufzudecken und dann entsprechende Verbesserungen vorzunehmen. Diese Annahme ist zentraler Kern des Kritischen Rationalismus, deren bekanntester Vertreter Karl Raimund Popper (1902–1994) ist.

Analyse und Vergleich von Theorie und Empirie

Fragen zur Analyse von...	
Theorie	**Empirie**
- Innerhalb welchen Kontextes (Forschungsrichtung, „Schule") ist die Theorie zu verorten? - Von welchem Faktenmaterial, von welchen Beobachtungen geht die Theorie aus? - Welchen Anspruch hat die Theorie, was will sie erklären? - Welche Reichweite beansprucht die Theorie oder woran kann man die Gültigkeit dieser Theorie messen (z. B. durch eine aus der Theorie hervorgehende Vorhersagbarkeit gesellschaftlicher Ereignisse)?	Die Ergebnisse empirischer Untersuchungen werden zumeist in Grafiken, Statistiken und Schaubildern dargestellt. Folgende Leitfragen helfen bei der Analyse: - Was ist abgebildet und wie lässt es sich beschreiben? - Wer hat die Daten erhoben? - Mit welchen Teilaspekten der Wirklichkeit können die dargestellten Elemente in Verbindung gebracht werden? - Welche Sichtweisen auf die politische, gesellschaftliche oder ökonomische Wirklichkeit eröffnet die Darstellung?

Leitfragen für einen Vergleich von Theorie und Empirie

- In welchen Aspekten bestehen Gemeinsamkeiten oder Ähnlichkeiten hinsichtlich der Aussage?
- In welchen Aspekten unterscheiden bzw. widersprechen sich Theorie und Empirie?
- Welche Qualität haben die Unterschiede? Sind sie geringfügig oder grundlegend?
- Ist die Theorie mithilfe des vorliegenden empirischen Materials nachvollziehbar oder kann sie falsifiziert werden?
- Hat sich die Theorie in der Wirklichkeit/Praxis bewährt?

Umgang mit Statistiken

Statistische Erhebungen liefern Aussagen über verschiedenste ökonomische, soziale und politische Phänomene. Statistische Ergebnisse können auf unterschiedlichen Wegen gewonnen werden. Unterschieden werden in diesem Zusammenhang die folgenden Typen statistischer Erhebungen:

- *Gesamterhebungen* (z. B. Volkszählung, Befragung aller Unternehmen eines bestimmten Wirtschaftszweigs).
- *Repräsentative Untersuchungen* (Erhebungen anhand einer Stichprobe, die anhand verschiedener Kriterien so zusammengesetzt ist, dass die erhobenen Ergebnisse verallgemeinert werden können, z. B. „Sonntagsfrage": Ermittlung von Wahlpräferenzen über die Befragung einer repräsentativen Stichprobe).
- *Nicht-repräsentative Untersuchungen* (Erhebungen anhand einer Stichprobe, die nicht repräsentativ zusammengesetzt ist. Zugleich kein Verallgemeinerungsanspruch, z. B. spontane und nicht-repräsentative Umfragen zu einem bestimmten Thema).
- *Beobachtungen* (z. B. Ermittlung des Konsumentenverhaltens über direkte Beobachtungen).
- *Inhaltsanalysen* (z. B. inhaltliche Auswertung bestimmter Dokumente nach bestimmten Kriterien, intensive inhaltliche Analyse von Interviews).

Die zentralen Aussagen, die aus einer vorliegenden Statistik zu gewinnen sind, liegen jedoch in vielen Fällen nicht direkt auf der Hand. Eine strukturierte Auswertung von statistischem Material ist deshalb notwendig und sinnvoll. Diese kann dabei helfen, eine vorliegende Statistik zu erschließen und die in ihr enthaltenen Informationen nutzbar zu machen. Es wird hierüber aber auch möglich, den tatsächlichen Aussagegehalt einer statistischen Erhebung zu erfassen und ggf. ihre inhaltliche und/oder methodische Begrenztheit zu benennen.

Statistisches Datenmaterial kann mithilfe unterschiedlicher Darstellungsformen veranschaulicht werden. Unterschieden werden hierbei Tabellen, die das Zahlenmaterial zusammenfassen, und Grafiken, die das Zahlenmaterial in Form von Diagrammen visuell aufbereiten. Die häufigsten Diagrammarten sind das ***Kurvendiagramm***, das ***Säulendiagramm*** und das ***Kreisdiagramm***.

Diagrammarten

Kurvendiagramm
Umsatz des Unternehmens „Fahrrad Schmidt" in Tausend Euro

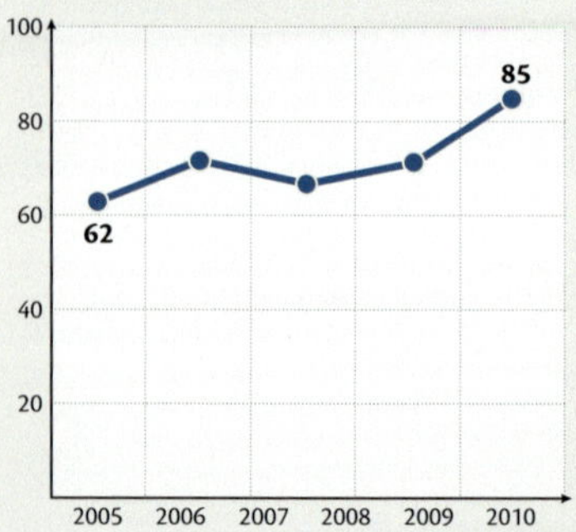

Säulendiagramm
Durchschnittspreis verschiedener Fahrradtypen in Euro

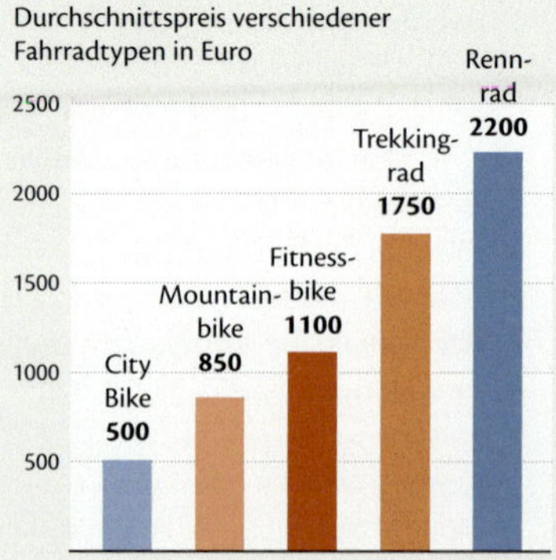

Kreisdiagramm
Marktanteil des jeweiligen Fahrradtyps in Prozent

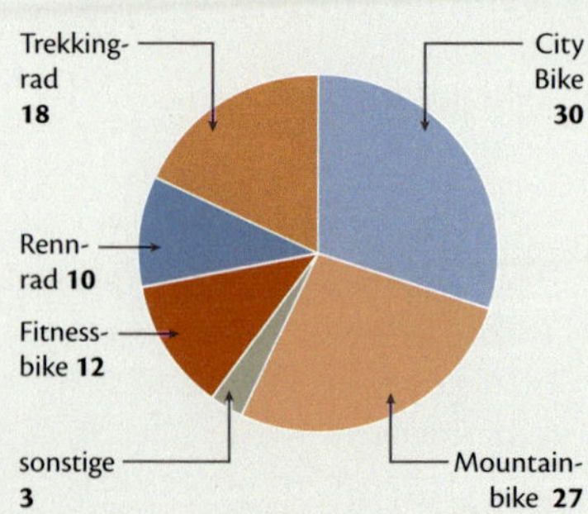

Checkliste für die Auswertung von Statistiken

Für die Analyse von Statistiken bietet sich ein Vorgehen in unterschiedlichen Arbeitsschritten an:

1. Formale Gesichtspunkte:

- Überschrift der Statistik.
- Darstellungsform (z. B. Tabelle, bestimmte Form eines Diagramms).
- Zahlenarten (absolute Zahlen [gegebene Menge, Häufigkeit] oder relative Zahlen [Bezug zwischen zwei Werten], reale Zahlen [Werte unter Berücksichtigung der Entwicklung anderer Zahlen, z. B. Lohnsteigerungen unter Berücksichtigung der Entwicklung der Inflationsrate] oder nominale Zahlen [Absolutwerte, unabhängig von der Entwicklung anderer Zahlen], Prozentzahlen, Indexzahlen [Zahlenwerte im Verhältnis zu einer i. d. R. am Beginn einer Datenreihe liegenden Grundzahl = 100]).
- Ggf. Fehler im vorliegenden Zahlenmaterial.
- Gewinnung der vorliegenden Zahlen (gezählt, geschätzt, vorläufig oder fortgeschrieben).
- Welche Größen werden dargestellt? Wofür sind sie ein Indikator? (z. B. Darstellung des Auftragseingangs der Industrie und mögliche Rückschlüsse auf die BIP-Entwicklung).
- Wer hat die Daten erhoben bzw. veröffentlicht (z. B. neutrales Forschungsinstitut oder Lobbygruppe)?
- Quelle (z. B. seriöse Publikation oder unbekannte Internetseite).

2. Beschreibung:

- Gliederungskriterium der Statistik (thematische Gliederung der vorliegenden Daten).
- Extremwerte (z. B. Höchst- und Tiefstwerte der Arbeitslosenstatistik).
- Tendenzen in der zeitlichen Entwicklung.
- Zahlenangaben evtl. bearbeiten (Berechnung von Prozentanteilen, Spalten bzw. Zeilensummen).
- Ggf. Umsetzung einer Tabelle in ein Kurvendiagramm (z. B. grafische Aufbereitung der zeitlichen BIP-Entwicklung).
- Zusammenstellung zentraler Aussagen in Form einer Kurzpräsentation.

3. Erklärung:

- Fachlicher Hintergrund der Statistik (z. B. Entwicklung des grenzübergreifenden Handels vor dem fachlichen Hintergrund „Freihandel vs. Protektionismus").
- Einordnung der zentralen Aussagen in größere sachliche Zusammenhänge.
- Einordnung der zentralen Aussagen in theoretische Zusammenhänge (z. B. Verknüpfung von statistischen Aussagen zur qualitativen Entwicklung von Handelsströmen mit bestimmten Ansätzen der Handelstheorie).

4. Bewertung:

- Kritische Auseinandersetzung mit der Statistik unter formalen Gesichtspunkten.
- Kritische Auseinandersetzung mit den zentralen inhaltlichen Aussagen der Statistik vor dem Hintergrund der übergeordnet betrachteten Themenstellung.

nach: Kurt Lach/Peter Massing: Umgang mit Statistiken und Tabellen. In: Bpb: Methodentraining II für den Politikunterricht. Bonn, 2007, S. 30, geändert

Medienanalyse

Der Blick in die Zeitung, das Anschalten der Fernsehnachrichten, der Klick auf das Online-Nachrichtenportal: Die Nutzung unterschiedlicher Massenmedien ist für uns in unserem Alltag selbstverständlich. Dies gilt besonders dann, wenn es um Themen mit öffentlicher Bedeutung geht. Die wenigsten Informationen über politische, soziale und ökonomische Prozesse und Phänomene erhalten wir aus erster Hand. In der Regel werden sie über Massenmedien verbreitet. Das bedeutet: Will man entsprechende Prozesse und Phänomene verstehen und ggf. auch im Sinne der eigenen Interessen mitgestalten, ist eine intensive Auseinandersetzung mit diesem medialen Informationsangebot unumgänglich. Dabei ist aber wichtig zu erkennen, dass auch die mediale Übermittlung selbst bestimmte ***Einflüsse auf die Darstellung und den Inhalt*** der jeweiligen Informationen ausübt. Es ist daher sinnvoll, Medienerzeugnisse (z. B. Zeitungsartikel, Beitrag auf einer Website, Nachrichtenbeitrag) strukturiert auszuwerten, um die hierüber erschlossenen Informationen anschließend besser einordnen und nutzen zu können.

Journalistische Darstellungsformen

Unabhängig vom jeweiligen Medientyp (Zeitung, Radio, Fernsehen, Internet) lassen sich in der journalistischen Behandlung öffentlich bedeutsamer Themenstellungen grundsätzlich verschiedene Darstellungsformen unterscheiden:

Tatsachenbetonte Darstellungsformen	
Meldung	• Elementarinformation der Information • knappste Form der Mitteilung über ein Ereignis (wer, was, wann, wo) • häufig nur ein Aussagesatz
Nachricht	• erster Satz entspricht häufig der Meldung (lead) • Erweiterung der Meldung um Mitteilungen zu den näheren Umständen eines Geschehens
Bericht	• Erweiterung des Inhalts der Nachricht um interessante Einzelheiten, um Eindrücke und Meinungen von Beteiligten • redaktionelle Aufbereitung einer Nachricht (Langform der Nachricht)
Reportage	• subjektiv geprägte, anschaulich wirkende Berichtsform (Erlebnisbericht) mit vorwiegend informativem Charakter • Verarbeitung und Aufbereitung eigener Beobachtungen und Empfindungen eines Reporters
Interview	• Gespräch zw. einem Journalisten und einer Person/Persönlichkeit • Information aus „erster Hand" – Feature
Meinungsbetonte Darstellungsformen	
Kommentar	• subjektive Stellungnahme zu einem Geschehen/Problem • informativ • meinungsbetont: kritische Fragen, Argumente, Ironie • appellativ: auffordern, warnen
Leitartikel	• im Vergleich zum Kommentar umfangreicher und an besonders herausgehobener Stelle platziert • nicht unbedingt tagespolitisch bestimmt • regelmäßig erscheinende Kolumne als Sonderform
Glosse	• witzig-ironischer Kommentar, der sich um eine pointierte Sichtweise auf ein Ereignis o. ä. bemüht • humoristische, polemische, satirische Form wird durch äußerst prägnante Formulierungen, Vergleiche u. Ä. erreicht

Die Zuordnung des zu analysierenden Medienerzeugnisses zu einer der journalistischen Textformen bildet den Ausgangspunkt für die Medienanalyse. Hierdurch kann zunächst erkannt werden, was mit dem Medienerzeugnis ganz grundsätzlich angestrebt werden soll (Information, Meinungsbekundung).
Hieran anknüpfend kann eine weitergehende Analyse anhand verschiedener Leitfragen vorgenommen werden.

Leitfaden für die Medienanalyse
Diese Leitfragen beziehen sich auf unterschiedliche Analysebereiche. Sie lassen sich zu einem Analyseleitfaden verknüpfen, der die schrittweise Erschließung zunehmend konkreter Einsichten ermöglicht.

Aspekt	Leitfragen
Medienumfeld	- Handelt es sich tatsächlich um eine rein journalistische Quelle oder liegt ein Ergebnis professioneller (und interessengeleiteter) Öffentlichkeitsarbeit vor (ggf. in Form eines „neutralen“ journalistischen Formats)? - Ist etwas über die inhaltliche und/oder politische Grundausrichtung des jeweiligen Mediums bekannt?
Inhalt	- Auf welches konkrete Ereignis, welchen Sachverhalt, welche Person bezieht sich die Veröffentlichung? - Zu welchen übergeordneten Themenbereichen ergeben sich Bezüge? - Sofern eine oder mehrere Personen im Vordergrund stehen: Ist eine Tendenz zur Personalisierung erkennbar? - Welche zentralen Informationen werden zum inhaltlichen Fokus gegeben (was hat sich wo und wann zugetragen, wer ist beteiligt)? - Gibt es Verweise auf weitere Sachverhalte (Hintergrundinformationen) oder auf frühere auf den Sachverhalt bezogene Ereignisse (ggf. zusätzliche Recherche zur Verständnissicherung)? - Wo und auf welche Art und Weise kommen individuelle Positionierungen (des Journalisten und/oder zu Wort kommender Personen) zum Ausdruck? - Welche inhaltlichen Sichtweisen kommen weniger bzw. nicht zum Ausdruck?
Präsentation	- Wie werden die Inhalte sprachlich aufbereitet? - Wie werden die Inhalte durch zusätzliche Materialien ergänzt (Bilder, Grafiken, Statistiken)? - Welcher Eindruck wird dem Mediennutzer insgesamt nahegelegt?
Weiteres Vorgehen	- Welche zusätzlichen Informationen sollten bzw. könnten recherchiert werden? - Welche alternativen inhaltlichen Sichtweisen und Standpunkte könnten erschlossen werden?

Fallanalyse

Ökonomische, politische und gesellschaftliche Sachverhalte lassen sich aus einer allgemeinen, theoretisch orientierten Perspektive in den Blick nehmen. Im Mittelpunkt steht dabei die Auseinandersetzung mit allgemein vorgefundenen bzw. wirksamen Prinzipien und Strukturen sowie deren theoretische Erklärung. So können auf diesem Wege zum Beispiel Funktion und Stellenwert der aktiven Wettbewerbspolitik in der Sozialen Marktwirtschaft mithilfe ordnungstheoretischer Grundlagen des Ordoliberalismus erklärt werden.

Die ökonomische, politische und gesellschaftliche Realität begegnet uns in der Regel jedoch zunächst nicht in Form allgemeiner Prinzipien und theoretisch geschlossener Denkgebäude. Es überwiegen vielmehr konkrete Ereignisse, die an bestimmte Personen (bzw. Personengruppen) und/oder (wirtschaftliche, politische oder gesellschaftliche) Institutionen sowie deren jeweils verfolgte Interessen angebunden sind. Ein solches konkretes Ereignis könnte beispielsweise ein aktuelles Wettbewerbsverfahren der EU-Kommission gegen ein Softwareunternehmen sein, von dem letztlich auch alle Computernutzer betroffen sind. Auch hier geht es um Fragen der Wettbewerbspolitik – jedoch am Beispiel eines konkreten Falles.

Die gezielte Auseinandersetzung mit entsprechenden Ereignissen bzw. „Fällen" ermöglicht es, konkretes Geschehen in seinen unterschiedlichen Dimensionen zu erfassen, zu analysieren und zu verstehen. Auf dieser Grundlage kann daraufhin ein Bezug zu übergeordneten Sachverhalten und Prinzipien sowie theoretischen Hintergründen hergestellt werden. Dabei lassen sich insgesamt zwei wesentliche Ziele erreichen:

- Das Verständnis des herangezogenen Falles profitiert von der gezielten Analyse und Verknüpfung mit übergeordneten theoretischen Hintergründen.
- Die Einsicht in übergeordnete Sachverhalte und Prinzipien sowie theoretische Hintergründe profitiert von der engen Anbindung an ein konkretes Fallbeispiel. Dabei sollten keineswegs nur Fakten erlernt werden – es bietet sich zudem die Möglichkeit, theoretische Perspektiven praxisbezogen einem kritischen Blick zu unterziehen.

Prinzip einer Fallanalyse

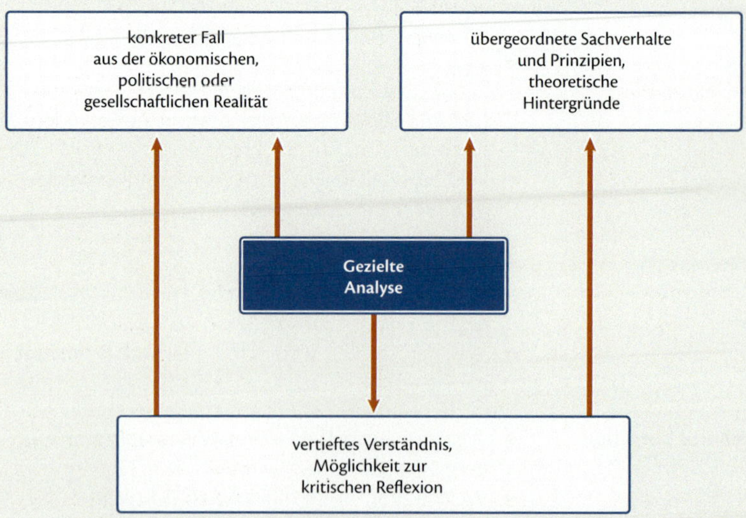

Eine gezielte Fallanalyse umfasst insgesamt die folgenden Arbeitsphasen mit je unterschiedlichen Schwerpunktsetzungen:

Phase	Aufgabe	Leitfragen
1. Konfrontation	Grundlegende Erschließung des zu analysierenden Sachverhalts.	- Worum geht es genau? - Wer ist beteiligt? - Welche unterschiedlichen Interessen treffen ggf. aufeinander?
2. Information	Vertiefte Erschließung des Sachverhalts unter Hinzuziehung von Hintergrundinformationen (in Arbeitsgruppen).	- Welche zusätzlichen Informationen werden für das genaue Verständnis des zu analysierenden Falles benötigt? - Welche Bezüge zu übergeordneten Prinzipien und/oder theoretischen Hintergründen lassen sich herstellen?
3. Exploration	Erarbeitung und Erörterung möglicher Perspektiven bzw. Lösungsmöglichkeiten (in Arbeitsgruppen).	- Welche Perspektiven/Lösungsmöglichkeiten sind grundsätzlich denkbar? - Welche weiteren Folgen bzw. Vor- und Nachteile wären in Bezug auf unterschiedliche Perspektiven/Lösungsmöglichkeiten zu erwarten? - Worin unterscheiden sich die Alternativen insgesamt?
4. Resolution	Entscheidung für die (argumentativ gestützte) Befürwortung einer bestimmten Perspektive bzw. Lösungsmöglichkeit (in Arbeitsgruppen).	- Welche Alternative wird als besonders sinnvoll betrachtet?
5. Disputation	Diskussion der unterschiedlichen fallbezogenen Standpunkte.	- Welche Vorteile der gewählten Alternative sind besonders hervorzuheben? - Wo könnten mögliche Kritikpunkte liegen und was ist diesen zu entgegnen?
6. Kollation	Vergleich der erarbeiteten Perspektiven bzw. Lösungen mit der in der Realität abgelaufenen Entwicklung.	- Welche Entwicklung hat der Fall in der Realität genommen (bzw. welche Entwicklung ist absehbar)? - Worin unterscheidet sich die tatsächliche Entwicklung von den eigenen Überlegungen? - Wie sind eventuelle Unterschiede zu bewerten?

Empirische Erhebungen

Stichproben-Verfahren
Nur in seltenen Fällen können wie bei einer Totalerhebung alle zur untersuchenden Gruppe gehörenden Individuen (z. B. alle Beamten der EU) befragt werden. Daher wird eine Auswahl an Individuen untersucht, die dann repräsentativ ist, wenn sie ein verkleinertes Abbild der Gesamtgruppe darstellt. Aus pragmatischen Gründen wird jedoch oftmals eine Zufallsstichprobe durchgeführt.

Ziele

Empirische Forschung stellt das Handwerkszeug des Sozialwissenschaftlers dar und dient unterschiedlichsten Zielen. Es können

- ***soziale Sachverhalte*** wie z. B. das wirtschaftliche Wachstum anhand systematischer Daten analysiert werden,
- ***sozialwissenschaftliche Theorien*** und daraus abgeleiteten Hypothesen anhand empirischer Daten überprüft oder auch entwickelt werden und
- ***Planungs- und Entscheidungsprozesse*** (z. B. Konjunkturpolitik) durch die Daten unterstützt und geleitet werden.

Fragestellung und Hypothesenbildung

Jedes empirische Vorhaben geht zunächst von einer möglichst ***präzisen Fragestellung*** aus (z. B.: Wie setzt sich die Gruppe der Mitglieder des Europäischen Parlaments zusammen?). Im Vorfeld der Erhebung oder spätestens vor der Datenauswertung sollten zudem Hypothesen formuliert werden, also Annahmen über die noch zu prüfenden Ergebnisse (z. B. vereinfacht: Es gibt mehr männliche als weibliche, mehr katholische als evangelische und mehr über 50-jährige als unter 50-jährige Parlamentsmitglieder).

Methodenüberblick: Quantitative und qualitative Methoden

Je nach Fragestellung und Untersuchungsgegenstand kann zwischen qualitativen und quantitativen Verfahren der Datengewinnung gewählt werden:

- Die ***quantitative Sozialforschung*** arbeitet vor allem mit standardisierten Daten (z. B. Umfrageergebnisse, bei denen die Befragten aus vorgegebenen Antwortalternativen wählen konnten) und verarbeitet diese mit statistischen Methoden (z. B. Mittelwert). Da quantitative Vorhaben auf die Erfassung von Mengen, Häufigkeiten und statistischen Zusammenhängen zielen, arbeiten sie mit einer relativ hohen Anzahl an Erhebungen.
- Die ***qualitative Sozialforschung*** erhebt unstandardisierte Daten (z. B. in offenen Interviews, die normalen Gesprächen ähneln), sodass die Methoden Offenheit und Flexibilität aufweisen. Qualitative Vorhaben wollen soziale Strukturen tiefergehend erkunden, Sinnstrukturen erfassen, Handlungsmuster erforschen und diese letztlich analysieren.

Die gebräuchlichsten und auch in der Schule im Rahmen eigener Forschungprojekte einsetzbaren Verfahren sind das Interview, die Beobachtung und die Umfrage. Während Umfragen eher im Rahmen quantitativer Forschung eingesetzt werden, können die beiden anderen Verfahren sowohl für qualitative als auch für quantitative Vorhaben genutzt werden.

Interviews

Grundsätzlich gibt es drei Formen von Interviews:

- ***standardisierte Interviews*** mit einer vereinbarten Anzahl von Fragen und definierten Antwortmöglichkeiten (ja/nein, Skala von … bis …),
- ***halbstandardisierte Interviews*** mit klarem Fragenkontext und einer vereinbarten ungefähren Fragenanzahl,
- ***nicht-standardisierte Interviews*** mit einem stichwortartigen Gesprächsleitfaden.

Bei der Formulierung entsprechender Fragen ist die sogenannte KROKUS-Regel hilfreich: 1) **K**urze Fragen formulieren 2) **R**edundante Fragen, also Doppelungen vermeiden 3) **O**ffene Fragen (W-Fragen) stellen 4) **K**onkrete Fragen stellen 5) **U**nterfragen und Kettenfragen vermeiden 6) **S**uggestive Fragen vermeiden.

Beobachtungen

Bei einer Beobachtung werden Ausschnitte der Wirklichkeit wahrgenommen und dann mit Blick auf bestimmte Aspekte beschrieben bzw. rekonstruiert. Oftmals werden Beobachtungen mit einer Befragung mittels Fragebogen oder mit einem Interview verknüpft, um die Ergebnisse zu prüfen oder die Forschung zu vertiefen. Beobachtungen lassen sich sowohl in dem Grad ihrer Strukturiertheit als auch hinsichtlich der Frage der Involviertheit des Beobachters (teilnehmend, nicht-teilnehmend) unterscheiden.

Umfragen

Umfragen mittels Fragebogen können asynchron bearbeitet werden, d. h. der Interviewer sendet die Fragen z. B. per E-Mail oder Brief zu und der Befragte kann diese ohne Anwesenheit des Interviewers bearbeiten. Andernfalls können sie sowohl schriftlich als auch mündlich durchgeführt werden. Mündliche Umfragen wiederum lassen sich unterscheiden in persönliche oder telefonische Befragungen. Für die schriftliche Version bieten sich Papierfragebogen ebenso wie computerunterstützte Fragebogen an.
Fragebogen können besonders gut verwendet werden bei sensiblen Daten wegen der möglichen Anonymität, klaren Fragen, die keiner persönlichen Erklärung bedürfen, und mengenmäßig vielen Teilnehmern.
Neben dem wichtigsten Teil, den aufeinander aufbauenden Fragen, enthält ein Fragebogen in der Regel eine kurze Einleitung und Beschreibung der Zielsetzung der Befragung, eine knappe Anleitung zum Ausfüllen, gegebenenfalls einen Bereich für sozioökonomische Daten (Fragen zur Person wie Geschlecht, Alter, Nationalität) und abschließend Platz für Anmerkungen und Dank für die Teilnahme.

Gütekriterien empirischer Forschung

Die Hauptkriterien, nach denen letztlich jede Untersuchung bewertet wird, sind die Objektivität, die Reliabilität und die Validität. Als Nebengütekriterien können zudem die Prinzipien der Wirtschaftlichkeit, Nützlichkeit und Vergleichbarkeit herangezogen werden.

- *Objektivität* meint das Ausmaß, in dem ein Untersuchungsergebnis in Durchführung, Auswertung und Interpretation vom Forscher nicht beeinflusst werden kann. Objektivität ist bei quantitativer Forschung gegeben, wenn unabhängig vom einem Forscher und dem jeweiligen Forschungskontext übereinstimmende Ergebnisse erzielt werden. Objektivität bei qualitativer Forschung meint, dass die Authentizität der kommunikativ strukturierten Lebensinhalte unangetastet bleibt.
- *Reliabilität* gibt die Zuverlässigkeit einer Methode an. Eine quantitative Erhebung ist dann reliabel, wenn sie bei einer wiederholten Messung unter sonst gleich bleibenden Bedingungen zu dem gleichen Ergebnis kommt. Reliabilität in der qualitativen Forschung bedeutet hingegen, dass die Interpretation konsistent, d. h. in sich stimmig ist.
- *Validität* (Gültigkeit) gilt als das wichtigste Kriterium, da es den Grad der Genauigkeit angibt, mit dem eine Untersuchung das erfasst, was sie erfassen soll. Bei der quantitativen Forschung erfolgt dies vor allem durch die möglichst konkrete Operationalisierung, d. h., die theoretischen Begriffe (z. B. volkswirtschaftliche Leistung) müssen in konkrete und messbare Begriffe bzw. sogenannte Indikatoren umgewandelt werden (z. B. wird das Bruttonationaleinkommen als Einkommensindikator einer Volkswirtschaft angesehen, da es die wirtschaftliche Leistung an den Erwerbs- und Vermögenseinkommen misst).
  Bei der qualitativen Forschung bezieht sich die Frage nach der Gültigkeit vor allem auf die angemessene (richtige) Deutung der Daten durch den Forscher, der sein Vorgehen beispielsweise durch Argumente oder durch den Austausch mit anderen Forschern validieren kann.

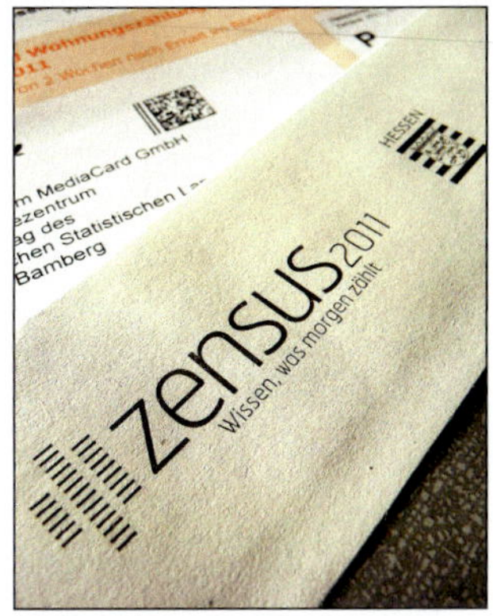

Volkszählung 2011: Die empirischen Erhebungen des Statistischen Bundesamts …

… stoßen bei Datenschützern auf Kritik.

Simulation

Simulationsspiele und ihre Funktion

Simulationsspiele sind handlungsorientierte Methoden, die sich dadurch auszeichnen, dass die Teilnehmer einen wirtschaftlichen bzw. politischen Prozess oder eine Argumentationsstruktur spielerisch gestalten. Simulatives Handeln geht also über das reine Nachvollziehen hinaus. Indem die Teilnehmer sich in die Situation verschiedener Handlungsträger hineinversetzen, wird eine sozioökonomische Realität „hergestellt" und analysiert. Den Simulationsteilnehmern liegt dabei ein realitätsnahes, wenngleich vereinfachtes Problem vor, das sie in einer modellhaften Situation spielerisch zu bewältigen haben. So schlüpfen die Teilnehmer beispielsweise in die Rolle eines Betriebsrat, eines Arbeitgebers u. Ä.

Jeder Mitspieler ist dabei zur Mitarbeit, zur Berücksichtigung der Argumente anderer, zur Entscheidung und zur Reflexion der Konsequenzen des eigenen Handelns aufgefordert.

Simulationsspiele dienen der ***Stärkung des methodischen Handelns***, indem man als Teilnehmer lernt, Situationen zu gestalten, und die Möglichkeit erhält, seine Argumentationsfähigkeit auszubauen und Kommunikationsformen einzuüben. Hierdurch können zudem die oftmals vorhandenen Hemmungen hinsichtlich der Beteiligung an öffentlichen Diskussionen abgebaut werden.

Auch ermöglicht eine Simulation, die eigenen sozioökonomischen bzw. politischen Verhaltensweisen in einem relativ geschützten Raum zu studieren und zu bewerten.

Grundlegende Ausgestaltung von Simulationsspielen

Entscheidenden Stellenwert für den erfolgreichen Verlauf und für die Qualität der Simulationsspiele nimmt die inhaltliche und formale Ausgestaltung des jeweiligen Spiel- und Handlungsrahmens ein. Gängige Elemente sind:

- ***offene Rollenhinweise***, damit die Spieler ihre Rolle selbstständig ausgestalten können, oder aber geschlossene Rollenvorgaben, die die Aktionsmöglichkeiten der Spieler eingrenzen, auf ein Ziel ausrichten und gegebenenfalls entsprechende Argumente vorgeben;
- Gleiches gilt für die eventuell benötigte ***Spielleitung***, die ebenfalls offene Hinweise oder feste Vorgaben erhält. Sie kann in Diskussionsphasen die Moderation übernehmen und ist ansonsten zuständig für die Überwachung der Spielzüge;
- ***Spielregeln*** (z. B. zeitlicher Rahmen), die eine festen oder beeinflussbaren Rahmen vorgeben;
- je nach Art der Simulation können zudem ein ***Spielbrett*** mit verschiedenem Zubehör sowie sonstige Materialien Teil des Spiels sein;
- ***Spielprotokolle*** oder -auswertungsformulare bieten zudem die Möglichkeit, Ergebnisse oder im Abschluss Überlegungen festzuhalten;
- um die Reflexionsphase zu stärken und alle Anwesenden einbeziehen zu können, ist zudem die Bildung einer ***Beobachtungsgruppe*** möglich, die nicht als Spieler fungiert, sondern das Spielgeschehen dokumentiert.

Arten der Simulation

Es gibt eine Vielzahl von Methoden, die auf simulatives Handeln zielen:

- Rollenspiele
- Planspiele und Entscheidungsspiele
- Konferenzspiele
- Pro- und -Kontra-Debatten
- Hearings
- u. Ä.

Blickpunkt: Entscheidungsspiel und Planspiel mit Interaktionsphase

Planspiele lassen sich mindestens in zwei Varianten spielen:

- *Entscheidungsspiel*, bei dem sich zunächst die Gruppen in die Situationsbeschreibung und ihre Rollen einarbeiten, um sodann ihre Positionen und Strategien zu entwickeln. Die anschließende Konferenz zielt darauf, dass nach einer Diskussionsphase eine Entscheidung hinsichtlich eines Problems getroffen werden muss.
- *Planspiel* mit Interaktionsphase, bei dem vor der Konferenzphase noch eine Interaktionsphase stattfindet. Hierbei können die Gruppen miteinander agieren, d. h. verhandeln, Bündnisse schließen, Kompromissmöglichkeiten besprechen u. Ä. Die hieraus resultierenden Ergebnisse beeinflussen die Konferenzphase maßgeblich.

<table>
<tr><th></th><th>Entscheidungsspiel</th><th>Planspiel</th></tr>
<tr><td>Vorbereitung</td><td colspan="2">Die Regeln des Spiels werden vorgestellt</td></tr>
<tr><td>Situationsanalyse</td><td colspan="2">Die Situation, die dem Entscheidungsspiel zugrunde liegt, wird vorgestellt. Fragen werden geklärt.</td></tr>
<tr><td>Strategiephase</td><td colspan="2">Die einzelnen Gruppen klären ihre Zielsetzungen (Maximal- und Minimalziele) und ihre Strategie für die Konferenzphase bzw. Interaktionsphase.</td></tr>
<tr><td>Interaktionsphase</td><td></td><td>Die einzelnen Gruppen interagieren miteinander. Sie schließen Bündnisse gegen- und miteinander, treffen Verabredungen. Die wichtigsten Ergebnisse der einzelnen Interaktionen sollten schriftlich festgehalten werden und an die Spielleitung (Lehrer) weitergegeben werden.</td></tr>
<tr><td>Rückkopplung</td><td></td><td>Nach jeder Spielrunde informiert der Spielleiter über die veränderten Bedingungen. Unter Umständen verändert er selbst durch die Eingabe von Ereigniskarten die Situation.</td></tr>
<tr><td>Konferenzphase</td><td colspan="2">Die einzelnen Gruppierungen stellen ihre Problemlösungen (beim Planspiel auch den Stand der Verhandlungen mit den anderen Spielgruppen) vor. Sie suchen nach (weiteren) Gemeinsamkeiten, arbeiten Gegensätze heraus, finden u. U. (neue) Kompromisslösungen zwischen allen oder zwischen einzelnen Gruppierungen.</td></tr>
<tr><td>Entscheidungsphase</td><td colspan="2">Die Entscheidungsvorschläge, die in der Konferenzphase vorgelegt wurden, kommen zur Abstimmung.</td></tr>
<tr><td>Reflexionsphase</td><td colspan="2">Die Schüler überdenken noch einmal kritisch den Verlauf des Spiels, die Art und Weise, wie die Entscheidung zustande kam, und die möglichen Folgen der Entscheidungen für die einzelnen Gruppen.</td></tr>
</table>

Peter Herdegen: Planspiel. In: Dirk Lange (Hg.): Methoden der Politischen Bildung. Handbuch für den sozialwissenschaftlichen Unterricht. Band 6. Baltmannsweiler: Schneider Verlag Hohengehren 2010, S. 186

Kurzpräsentation

Die Kurzpräsentation bietet eine informierende Kurzfassung zu einem bestimmten Thema oder einer ausgewählten Fragestellung. Der Unterschied zu einem regulären Referat bzw. einer Präsentation liegt also vornehmlich in der Kürze der Darstellung. Der Umfang bewegt sich dabei in der Regel zwischen 5 bis 10 Minuten.

Grundlegendes zur Vorbereitung

Zu Beginn bieten sich zur Vorbereitung der Kurzpräsentation folgende Schritte an:

1. ***Thema eingrenzen:*** Selbst wenn das Thema vorgegeben ist, muss es in der Regel noch auf bestimmte Aspekte reduziert und somit eingegrenzt werden. Hierzu bietet es sich zunächst an, die Methoden Mindmap oder Brainstorming anzuwenden, um alles, was Ihnen an Aspekten oder Fragen zum Thema einfällt, zu notieren. Hilfreich ist es zudem, sich einen ersten Überblick über das Thema mithilfe eines Lexikons zu verschaffen. Anschließend gilt es, alle Punkte auszusortieren, die die Kurzpräsentation überfrachten würden. Folgende Fragen können dabei leitend sein:

- Was ist das Wesentliche an dem Thema?
- Was halte ich für besonders wichtig?

Die Auswahl der Aspekte und die Klärung der Fragen kann nach Einarbeitung in das Thema erneut erfolgen.

2. ***Informationsquellen auswählen:*** Zunächst ist zu überlegen, ob die Information anhand von Büchern, Internetquellen, Zeitschriften und Zeitungen, eigenen Erhebungen und Auswertungen oder durch einen Mix der Informationsquellen erfolgen soll. Hier spielt sicherlich das Thema eine wichtige Rolle. So lassen sich beispielsweise tagesaktuelle Themen eher in Zeitungen und im Internet nachlesen, während tiefergehende Analysen etablierter Themen eher in Fachbüchern zu finden sind. Je nach Informationsmedium sollte man sich dann überlegen, mit welchen Suchbegriffen oder Schlagwörtern die Suche erfolgen soll. Prinzipiell bietet es sich an, zunächst allgemein zu beginnen und dann speziellere Aspekte anzugehen.

3. ***Informationen auswerten:*** Die recherchierten Informationen sind – vor allem im Internet – kritisch auf ihre Qualität hin zu überprüfen. Nicht immer bietet der erste Treffer bei einer Suchmaschine auch die besten Ergebnisse. Überprüft werden sollte:

- die Relevanz (Ist die Information für das Referat wirklich wichtig?),
- die Seriosität (Wer ist der Urheber und was lässt er an Niveau erwarten?) und
- die Wissenschaftlichkeit (Wird das Thema ausgewogen, objektiv und sachlich richtig dargestellt bzw. werden eigene Standpunkte und Meinungen auch als solche markiert?).

4. ***Auswahl der Informationen:*** Abschließend ist ein Vergleich des Informationsgehalts vorzunehmen, um die wichtigsten Informationen für die Kurzpräsentation zu übernehmen.

Informationen effizient aufnehmen und strukturiert auswerten

Hilfreich ist es, gewisse ***Lesetechniken*** anzuwenden, um die Informationsaufnahme zu beschleunigen und effektiver zu gestalten:

- Beim punktuellen Lesen werden Texte wie ein Mosaik betrachtet, während die Gesamtstruktur und Argumentation des Textes unwesentlich ist. Dies ist hilfreich, wenn man nach ganz bestimmten Informationen sucht.
- Beim diagonalen Lesen wird der Text quer bzw. slalomförmig überflogen, um so einen guten Überblick erhalten zu können und auf dieser Basis die Relevanz des Textes für das Thema einschätzen zu können.
- Beim intensiven Lesen soll ein tiefergehendes Textverständnis erlangt werden, sodass die Kernaussagen, die Argumentation, der Aufbau, der Stil und die Intention des Textes herausgearbeitet werden können.

Intensives Lesen geht in die strukturierte Auswertung der Informationen über. Sofern Ihnen der Text ausgedruckt oder in einem Textbearbeitungsprogramm vorliegt, bietet es sich an, hierbei wie folgt vorzugehen:

- Systematisches ***Markieren*** wichtiger Stichwörter und Textstellen, gegebenenfalls mit unterschiedlicher Farbe.
- ***Randbemerkungen*** anfertigen, um den Text mit knappen Wörtern oder Symbolen inhaltlich und logisch zu gliedern, zu kommentieren und zu bewerten.

Abschließend können alle für relevant gehaltenen Informationen in Form eigener Notizen exzerpiert, also zusammengefasst werden. Dies kann wörtlich in Form von Originalzitaten geschehen oder paraphrasierend, d. h. sinngemäß, mit eigenen Worten. Notieren Sie stets den Urheber der Gedanken, da bei der Präsentation erkennbar sein muss, von wem Sie Ihre Ergebnisse erhalten haben.

Wahl und Einsatz des Präsentationsmediums

Bei der Kurzpräsentation sollten Sie als Referent das wichtigste Informationsmedium sein. Unterstützend können jedoch verschiedene Medien zur Präsentation eingesetzt werden:

- Folien via Tageslichtprojektor: Wichtig hierbei ist, die Folien mit wenig Text und überschaubar zu gestalten, eine schnörkelfreie Schrift wie Arial mit einer Schriftgröße ab 18 pt zu wählen, die Folien durchzunummerieren und beim Auflegen die Sichtbarkeit und Lage zu kontrollieren.
- PowerPoint-Präsentationen via Beamer und Notebook: Auch hier sind die Folien übersichtlich zu gestalten, indem z. B. auf Animationen verzichtet wird, in Stichpunkten geschrieben wird und eine klare Schrift ab 20 pt gewählt wird.
- Wandzeitungen bzw. Poster: Um Übersicht zu gewährleisten, bietet es sich an, die Inhalte mittels Kästen, Pfeilen, Farben und Symbolen zu strukturieren. Getippte Texte wirken zudem ruhiger, sollten jedoch nur sparsam und ausreichend groß eingesetzt werden.

Thesenpapier

Eine Kurzpräsentation kann durch eine schriftliche Ausarbeitung in Form eines Handouts bzw. Thesenpapiers ergänzt werden. Geben Sie hierbei stets Ihren Namen, das Datum der Kurzpräsentation, Ihr Thema, die wichtigsten Inhalte oder Thesen sowie Ihre zentralen Quellen an.

Präsentationsablauf: Hinweise für den mündlichen Vortrag

- *Einleitend* wird immer der Name, das Thema bzw. der Gegenstand der Kurzpräsentation, die Gliederung und gegebenenfalls auch die Fragestellung genannt. Gehen Sie anschließend knapp auf das Ziel, den Anspruch oder die Absicht Ihrer Präsentation ein.
- Versuchen Sie im ***Verlauf*** des Vortrags langsam und deutlich zu sprechen, Pausen zu machen und Blickkontakt zu den Mitschülerinnen und -mitschülern zu halten. Wichtig ist, dass Sie stets deutlich machen, an welchem Punkt Ihrer Gliederung oder Argumentation Sie stehen. Mit Ausnahme von Zitaten oder Definitionen sollten Sie ihre Sätze frei formulieren und nicht ablesen. Es ist daher zu empfehlen, dass Sie Ihre Notizen zum Vortrag lediglich in Stichworten formulieren. Versprecher oder Denkpausen sind dabei kein Vergehen.
- Fassen Sie ***abschließend*** die Kernaussage Ihrer Kurzpräsentation in wenigen Worten zusammen und bedanken Sie sich bei Ihren Mitschülerinnen und Mitschülern für die Aufmerksamkeit.

Facharbeit

Aufgabe der Facharbeit

Im Rahmen der Facharbeit geht es darum, sich weitgehend ***selbstständig und intensiv*** mit der Erstellung einer schriftlichen Arbeit zu einer bestimmten fachlichen Themenstellung zu befassen. Die Facharbeit bietet dabei die Möglichkeit, sich über einen längeren Zeitraum mit einem bestimmten Themenbereich auseinanderzusetzen und diesen unter Orientierung an einer bestimmten Fragestellung schrittweise zu erschließen. Die Facharbeit bietet Gelegenheit, erste Erfahrungen mit wissenschaftlichem Arbeiten zu machen, an die durchaus in einem möglicherweise späteren Studium angeknüpft werden kann.

Phasen einer Facharbeit

Die Erstellung einer Facharbeit umfasst selbstverständlich nicht nur den Schreibprozess. Vielmehr gilt: Bevor der tatsächliche Text der Facharbeit geschrieben wird, sind zahlreiche ***vorgelagerte Arbeitsschritte*** zu absolvieren. Der Arbeitsprozess, an dessen Ende die fertige Facharbeit steht, lässt sich in mehrere Phasen und Unterschritte unterteilen:

1. Phase: Themenfindung und Informationsrecherche

- *Ein Thema finden und festlegen:* Sofern kein Thema vorgegeben wird, können eigene Ideen eingebracht und besprochen werden. Wichtig ist hierbei, dass vorab eingeschätzt wird, ob das jeweilige Thema wirklich in der vorgegebenen Zeitspanne bearbeitet werden kann. Grundsätzlich sinnvoll ist es, Bezüge zu vorherigen Unterrichtsinhalten sowie zu eigenen Interessenschwerpunkten herzustellen.
- *Informationen zum Thema recherchieren:* Die Facharbeit stellt eine gute Gelegenheit dar, einmal eine nahe gelegene Universitätsbibliothek zu besuchen und dort nach wissenschaftlicher Literatur zum Thema der Arbeit zu suchen. Zudem bietet natürlich das Internet eine große Informationsfülle (hier ist unbedingt darauf zu achten und zu reflektieren, mit welcher Quelle man es jeweils zu tun hat).
- *Erste Überlegungen zur Gliederung:* Auf der Basis eines Überblicks über die recherchierten Informationen können erste Überlegungen für einen möglichen Aufbau der Facharbeit vorgenommen werden: Welche (Unter-)Aspekte sollen in welcher Reihenfolge bearbeitet werden? Welche Quellen sollen an welcher Stelle berücksichtigt werden?)

2. Phase: Informationen auswerten und Gliederung erstellen

- *Materialauswertung:* Um die recherchierten Informationen tatsächlich für den Arbeitsprozess nutzbar zu machen, kommt es auf eine zielgerichtete Auswertung der herangezogenen Materialien an. Es bietet sich an, hierzu die Methode des Exzerpierens zu nutzen: Hierbei geht es darum, die Hauptaussagen eines Textes zu ermitteln und anschließend wörtlich oder sinngemäß auf ein Blatt Papier zu schreiben. Beziehungen zwischen den beiden Aussagen können etwa durch Pfeile dargestellt, eigene Ideen und Gedanken ebenfalls in das Exzerpt integriert werden. Wichtig ist, immer auf eine exakte Quellenangabe zu achten.
- *Gliederung des Materials:* Ist die Materialauswertung abgeschlossen, ist im Idealfall ein strukturierter Gesamtüberblick über die vorliegenden themenbezogenen Informationen möglich. Auf dieser Grundlage kann das Material dann mit den ersten Überlegungen zur Gliederung der Arbeit verknüpft werden.
- *Endgültige Gliederung erstellen:* Anknüpfend an die ersten Gedanken zur Gliederung sowie an die Informationsauswertung, kann nun die endgültige Glie-

rung der geplanten Facharbeit erstellt werden. Diese legt fest, welche Aspekte in welcher Reihenfolge bearbeitet werden sollen, und strukturiert den Gang der Argumentation der späteren Arbeit. Wichtig ist, dass eine Facharbeit immer in die Abschnitte Einführung (Vorstellung der Themenstellung, knappe Beschreibung der geplanten Vorgehensweise), Hauptteil (Bearbeitung der Themenstellung in einzelnen Arbeitsschritten), Schluss (Zusammenfassung der Arbeitsergebnisse in Bezug auf die Themenstellung, Ausblick auf weitere Forschungsnotwendigkeiten) gegliedert ist.

3. Schreibprozess, Überarbeitung, Fertigstellung

- *Schreibprozess:* Abfassung eines zusammenhängenden Textes unter Orientierung an der vorliegenden Gliederung. Besonders bedeutsam ist hierbei die Arbeit mit und die Integration von Thesen und Argumentationen aus den recherchierten und ausgewerteten Quellen. Wichtig: Fremde Gedanken müssen im Text immer mit einer Quellenangabe kenntlich gemacht werden. Wörtliche Zitate sind durch Zitatstriche zu kennzeichnen, bei Zusammenfassungen fremder Gedanken muss per Quellenangabe (Vgl.) auf ihre Herkunft verwiesen werden.
- *Überarbeitung:* Korrektur und Überarbeitung nach inhaltlichen und formalen Gesichtspunkten.
- *Fertigstellung:* Druck und Heftung.

Umfang und Form einer Facharbeit

Die genauen Regelungen zum formalen Aufbau der Facharbeit werden im jeweiligen Kurs vor Beginn der Bearbeitungsphase abgesprochen und festgelegt. In der Regel besteht der Textteil einer Facharbeit aus 8 bis 12 DIN-A4-Seiten. Als Schrifttypen und -grade bieten sich Times New Roman (12 pt) oder Arial (11 pt) an. Der Zeilenabstand beträgt immer 1,5 Zeilen, die Seitenränder sind ggf. etwas erweitert. Grundsätzlich besteht eine Facharbeit aus:

- Deckblatt (Thema, Name, Schule, Kurs, Schuljahr)
- Inhaltsverzeichnis
- Textteil (Einleitung, untergliederter Hauptteil, Schluss)
- Literaturverzeichnis (Angabe aller herangezogenen Quellen, genaue Zitationsregeln sind vorab abzusprechen)
- Ggf. Anhang (zusätzliche Materialien, Dokumentationen des Arbeitsprozesses, Grafiken, Schaubilder o. Ä.)
- Erklärung der Eigenständigkeit

Thema der Arbeit

Facharbeit
an der Nameschule
Allstadt

eingereicht bei
Herrn A. Lehrer

vorgelegt von
Karen Mustermann
Kurs 12 im
Schuljahr 2011/2012
Allstadt, im Februar 2012

Deckblatt einer Facharbeit (Vorschlag)

Bildquellenverzeichnis

5 picture-alliance/Bildagentur-online/PWI-McPhoto; 8 o. picture-alliance/reality/Foto: Frank May; 8 u. picture-alliance/© dpa - Report/Foto: Der Tagesspiegel Kitty Kleist-Heinrich; 9 picture-alliance/Arco Images GmbH/Foto: Dieterich, W.; 19 picture-alliance/© dpa/Foto: Oliver Berg; 22 picture-alliance/photononstop/Foto: Pascal BROZE; 25 picture-alliance/© dpa/Foto: Peter Steffen; 31 picture-alliance/© dpa – Report/Foto: Wolfram Steinberg; 34 picture-alliance/MAXPPP/©Bianchetti/Leemage/Foto: Bianchetti Stefano; 36 picture-alliance/Bildagentur-online/PWI-McPhoto; 39 picture-alliance/© dpa/Foto: Bernd Thissen; 41 o. picture-alliance/ZB/© dpa/Foto: Jens Büttner; 41 u. picture-alliance/dpa/© epa/Foto: David Fernandez; 42 Haus der Geschichte, Bonn; 57 picture-alliance/© dpa - Report/Foto: Daniel Karmann; 60 picture-allianc/dpaweb/© dpa/Foto: David Karp 1357387; 62 o. ullstein bild; 62 m. www.ruestow.org; 62 u. picture-alliance/© dpa - Bildarchiv/Foto: DB Ringier Bilderdienst; 64 picture-alliance/© dpa - Report/Foto: Brock; 68 o. picture-alliance/akg-images; 68 u. picture-alliance/dpa/© dpa - Bildarchiv; 71 Der Spiegel, Hamburg; 72 picture-alliance/akg-images/Foto: Gert Schuetz; 73 picture-alliance/dpaweb/© dpa - Fotoreport/Foto: Tim Brakemeier; 74 picture-alliance/Foto: Friedel Gierth; 75 o. picture-alliance; 75 m. picture-alliance/© dpa - Report/Foto: Jörg Carstensen; 75 u. picture-alliance/Foto: Frank Rumpenhorst; 81 picture-alliance/CHROMORANGE/Foto: Frank Röder ; 85 picture-alliance/© dpa - Report/Foto: Soeren Stache; 90 picture-alliance/MAXPPP/©Bianchetti/Leemage/Foto: Bianchetti Stefano; 92 picture-alliance/91050/United_Archives/TopFoto; 102 picture alliance/© dpa/Foto: Oliver Berg; 119 picture alliance/chromorange; 122 picture-alliance/akg-images; 124 o. picture-alliance/©MP/Leemage; 124 u. picture-alliance/maxppp/©Leemage ; 127 picture-alliance/dpaweb/© dpa - Fotoreport/Foto: Gero Breloer; 139 picture-alliance/Bildagentur-online/Foto: G.Fischer ; 141 picture-alliance/© dpa - Report/Foto: Abaca Olivier Douliery; 147 picture-alliance/© dpa - Report/Foto: Maxppp Alexandre Marchi; 150 picture-alliance/© dpa/Foto: Soeren Stache; 175 picture-alliance/Foto: Peter Kneffel; 178 picture-alliance/akg-images/Foto: Erich Lessing; 180 picture-alliance/© dpa/Foto: Rainer Jensen; 187 picture-alliance/akg-images; 201 picture-alliance/chromorange/Foto: Reinhold Tscherwitschke; 212 picture-alliance/akg-images; 229 picture-alliance/Foto: Reinhard Dirscherl; 238 picture-alliance/Arco Images GmbH/Foto: D. Mahlke; 257 picture-alliance/© dpa/Foto: Olivier Hoslet; 269 o. picture alliance/Beate Schleep; 269 u. picture-alliance/© dpa/Foto: Uli Deck;
Nicht in allen Fällen war es uns möglich, die Rechteinhaber der Abbildungen ausfindig zu machen. Für eventuell entstandene Fehler oder Auslassungen bitten wir um Verständnis. Berechtigte Ansprüche werden selbstverständlich im Rahmen der üblichen Vereinbarungen abgegolten.

Die Exportorientierung und ihre Folgen

M 1 Lohnzurückhaltung verhindert privaten Konsum

In den vergangenen Jahren haben Arbeitsmarktreformen und Sozialabbau Löhne und Transfers in Deutschland unter Druck gesetzt. (...) Die deutschen Unternehmen haben die Entlastung vonseiten der Lohnkosten in eine weitere Verbesserung ihrer preislichen Wettbewerbsfähigkeit umgemünzt. (...)
Diese Kombination aus anhaltender Konsumschwäche im Inland und hervorragender preislicher Wettbewerbsfähigkeit der exportorientierten Wirtschaftszweige hatte dazu geführt, dass die deutsche Volkswirtschaft seit dem Jahr 2000 immer größer werdende Exportüberschüsse erzielte. Oft wird so getan, als seien die strukturellen Exportüberschüsse Deutschlands Ausdruck einer erfolgreichen Wachstumsstrategie und Lohnzurückhaltung ein notwendiges Mittel, um dieses Ziel zu erreichen. Das Gegenteil ist der Fall. Die jahrelange Lohnzurückhaltung in Deutschland verhinderte einen höheren privaten Konsum und damit höhere Importe. (...) Per Saldo hat Deutschland mit dieser Strategie seinen Handelspartnern geschadet – aber nicht nur ihnen, sondern auch sich selbst, indem es eigene Wachstumschancen, die sich bei einer stärker binnenwirtschaftlichen Ausrichtung ergeben hätten, vergab (...).
Eine Möglichkeit, diese Situation nachhaltig zu verbessern, besteht darin, den Weg, den Deutschland in der Wirtschaftskrise eingeschlagen hat, weiter zu gehen. (...) Auch nach dem Auslaufen der Konjunkturprogramme sollte die Stärkung der Binnennachfrage weiter im Vordergrund stehen. Die könnte gefördert werden, wenn die Löhne wieder steigen würden (...).

Sabine Stephan/Leonhard Redle: Going East Deutschland setzt auf Handel mit China und den Ländern Mittel- und Osteuropas. IMK-Report Nr. 54, September 2010

M 2 Verbesserung der Investitionsbedingungen

Zur intensiven Einbindung der deutschen Volkswirtschaft in die internationale Arbeitsteilung gibt es ebenso wenig eine Alternative wie zur Spezialisierung der deutschen Wirtschaft auf weltmarktorientierte Industrien und industrienahe Dienstleistungen. (...) Dies muss und darf für die deutsche Wirtschaftspolitik aber nicht bedeuten, den Binnenmarkt zu vernachlässigen.
Der richtige wirtschaftspolitische Weg zu einer Stärkung der Binnennachfrage besteht in einer konsequenten angebots- und wertschöpfungsorientierten Standortpolitik. (...) Im Fokus einer solchen Politik muss die Verbesserung der Investitionsbedingungen (...) stehen. Mehr Investitionen in Deutschland führen zu neuen Arbeitsplätzen und zusätzlichem Einkommen und erhöhen nachhaltig die Konsummöglichkeiten. (...) Andere Maßnahmen sind weniger geeignet, den Binnenmarkt nachhaltig zu stimulieren:

- Von der Produktivitätsentwicklung entkoppelte Lohnerhöhungen würden nur die Lohnstückkosten am Standort Deutschland in die Höhe treiben, Investitionen unattraktiv machen, Arbeitsplätze vernichten und so letztlich die Binnennachfrage schwächen.
- Eine staatliche Nachfragepolitik, die den privaten Konsum etwa durch Ausgabe von Konsumgutscheinen künstlich anzutreiben versucht, würde nur ein Strohfeuer entfachen und wäre auf Dauer nicht Erfolg versprechend.

Bundesverband der Deutschen Industrie: Globale Ungleichgewichte – Exportmodell Deutschland. Eckpunkte für eine BDI-Argumentationslinie. Abrufbar unter www.bdi.eu/download_content/GlobalisierungMaerkteUndHandel/Export modell_Deutschland_neu.pdf (22.11.2010)

1 ***Analysieren Sie M 1 und M 2 hinsichtlich ihrer Aussagen zur Exportorientierung.***
2 ***Vergleichen Sie die jeweils vertretenen Standpunkte zur Frage wirtschaftspolitischer Maßnahmen.***

Wirtschaftliche Entwicklung und Entwicklungspolitik

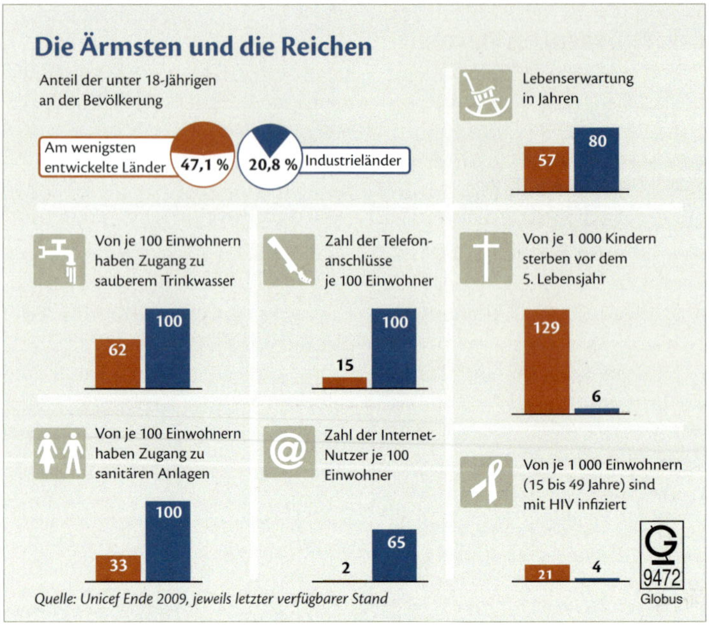

Globale Ungleichheit

Der Prozess der Globalisierung birgt grundsätzlich das Potenzial für deutliche Wohlstandssteigerungen. Zugleich bestehen aber auch in Zeiten der fortschreitenden Globalisierung enorme Wohlstandsunterschiede zwischen den einzelnen Ländern bzw. Weltregionen. Unterschieden wird in diesem Zusammenhang zwischen ***entwickelten Ländern*** (Länder mit hohem Wohlstandsniveau und Lebensstandard, politischer Stabilität und hoher wirtschaftlicher Leistungsfähigkeit), ***Schwellenländern*** (Länder, die sich in einem tief greifenden wirtschaftlichen und politischen Entwicklungsprozess befinden, der eine zunehmende Annäherung an die entwickelten Länder beinhaltet) sowie ***Entwicklungsländern*** (Länder mit geringem Wohlstandsniveau und zum Teil massiven Problemen in Bezug auf die Lebenssituation breiter Bevölkerungsschichten).

Die UN-Millenniumsziele

1. *Halbierung der Zahl der Menschen, die unter Armut und Hunger leiden.*
2. *Grundschulbildung für alle Kinder.*
3. *Gleichberechtigung der Geschlechter im Bildungsbereich.*
4. *Senkung der Kindersterblichkeit um zwei Drittel.*
5. *Senkung der Müttersterblichkeit um drei Viertel.*
6. *Eindämmung der Ausbreitung von HIV/AIDS, Malaria und anderen schweren Krankheiten.*
7. *Förderung ökologischer Nachhaltigkeit.*
8. *Aufbau globaler Partnerschaften für die Förderung von Entwicklung.*

Millenniumsziele der Vereinten Nationen

Vor dem Hintergrund der dringendsten Probleme der Entwicklungsländer einigten sich die Mitgliedsländer der Vereinten Nationen im Jahr 2000 auf die sogenannten ***Millenniumsziele***. Diese sehen eine gemeinsame Verpflichtung zur Durchsetzung von Maßnahmen in zentralen Kernbereichen der sozialen, politischen und ökonomischen Entwicklung vor, die bis zum Jahr 2015 zu nachhaltigen Erfolgen führen sollen.

Entwicklung und Entwicklungspolitik

Die Unterstützung von Entwicklungsländern im Rahmen ihrer sozialen und ökonomischen Entwicklung ist das Kernanliegen von Entwicklungspolitik. Die einseitig gewährte „Entwicklungshilfe" wurde dabei mittlerweile durch das Konzept der ***Entwicklungszusammenarbeit*** abgelöst. Zentraler Leitgedanke ist hierbei, in den betroffenen Ländern ***Hilfe zur Selbsthilfe*** zu leisten. Entwicklungspolitische Maßnahmen und Projekte werden in unterschiedlicher Form (z. B. technische Unterstützung, Transfer von Fachwissen, finanzielle Unterstützung) durch verschiedene Akteure erbracht. Von besonderer Bedeutung sind dabei internationale Organisationen (z. B. Weltbank, Welternährungsprogramm der UNO) sowie spezialisierte Nichtregierungsorganisationen (z. B. Welthungerhilfe, Internationales Rotes Kreuz). Die staatliche Entwicklungszusammenarbeit wird in Deutschland durch das Bundesministerium für wirtschaftliche Zusammenarbeit und Entwicklung koordiniert und mithilfe von Partnerorganisationen umgesetzt. Hierzu zählen v. a. die Gesellschaft für technische Zusammenarbeit (GTZ) sowie – für die finanzielle Zusammenarbeit – die KfW-Bankengruppe.
Von der Entwicklungszusammenarbeit zu unterscheiden ist die ***humanitäre Hilfe***, die in Form einer kurzfristigen Bereitstellung von Hilfs- und Unterstützungsmaßnahmen in akuten humanitären Notlagen (z. B. Naturkatastrophen, Hungersnöte) erfolgt.